高等学校小学教育专业卓越教师培养系列

# 小学班队管理实务与案例分析

## （第二版）

主编　秦启轩

南京大学出版社

图书在版编目(CIP)数据

小学班队管理实务与案例分析 / 秦启轩主编.
2版. — 南京:南京大学出版社,2025.7. — ISBN
978-7-305-29513-3
Ⅰ.G622.421
中国国家版本馆 CIP 数据核字第 2025WH9042 号

| | |
|---|---|
| 出版发行 | 南京大学出版社 |
| 社　　址 | 南京市汉口路 22 号　　邮　编　210093 |
| 书　　名 | **小学班队管理实务与案例分析**<br>XIAOXUE BANDUI GUANLI SHIWU YU ANLI FENXI |
| 主　　编 | 秦启轩 |
| 责任编辑 | 钱梦菊　　　　　编辑热线　025-83592146 |
| 照　　排 | 南京南琳图文制作有限公司 |
| 印　　刷 | 南京新洲印刷有限公司 |
| 开　　本 | 787 mm×1092 mm　1/16　印张 16　字数 350 千 |
| 版　　次 | 2025 年 7 月第 2 版　2025 年 7 月第 1 次印刷 |
| ISBN | 978-7-305-29513-3 |
| 定　　价 | 39.00 元 |

网址:http://www.njupco.com
官方微博:http://weibo.com/njupco
微信服务号:NJUyuexue
销售咨询热线:(025) 83594756

\* 版权所有,侵权必究
\* 凡购买南大版图书,如有印装质量问题,请与所购
　图书销售部门联系调换

# 第二版前言

"人类灵魂的工程师"是教师众多"隐喻"之一,言其职业的伟大与高尚,亦有言其职业塑造学生灵魂的特点。班主任不外如是。作为教师,小学教师要"教书育人";作为班主任,要"管理育人"。小学班主任是班队工作的组织者,是班集体建设的指导者,是小学生健康成长的引领者,是小学生的人生导师。小学班主任是小学思想道德教育的骨干,是加强和改进未成年人思想道德建设,全面实施素质教育的重要力量。

就人的成长过程来说,儿童年龄越小,越容易改变,对儿童的教育影响力就越大,这个时候,对教育的方法、策略与智慧的要求就越高,越要求教师对学生的了解体察入微,越要深入研究,注意教育的方式与方法。因此,小学教师和班主任必须具备良好的道德素养、班队管理能力。小学是人发展的一个重要阶段,无论作为教师还是作为班主任都担负着重大的教育管理责任。班级和少先队是小学学校教育和教学工作的基本单位,是小学生成长及个性化发展的家园。班队管理工作十分艰巨与繁杂,小学班主任必须不断地提高自己的班队管理能力和素养。学习与提升班队管理知识水平既是职前小学教师专业的必然选择,也是每一位在职小学教师专业发展的必然之路。

班队管理是小学教育专业的核心课程之一。《小学教师专业标准》《教师教育课程标准》等专业标准的颁布,《中小学教师资格考试暂行办法》《中小学教师资格定期注册暂行办法》的相继实施,以及《中共中央 国务院关于全面深化新时代教师队伍建设改革的意见》等要求,无不昭示着教师教育专业要进一步提升教师教育培养质量,提高小学教师素质。鉴于此,在编写本教材时力图体现时代背景和新标准、新要求,并力求体现几个特点:

明确的指向性,即针对小学教育专业,针对小学的班队管理,为小学教育专业的师范生、在职小学教师以及有志从事小学教育的社会人士提供一本更合适的学习用书。

全面的内容性,即尽量涵盖小学班队管理的各项工作。然而,小学班队管理是教育学、管理学、儿童心理学等多学科支撑的一门学科,限于篇幅,教材不可能面面俱到。因此,大量的相关理论更需要教师、学生在教学过程中自己扩展。严格说来,本教材只是"小学班队管理"这门课程的一个"摘要",要用教材而不是教教材、围绕教材学而不拘泥于教材。

较强的实践性,即加强理论与实践的相互联系和理论知识的横向联系。这种实践性主要表现为:第一,大量借鉴一线班主任班队管理实践的经验或教训,以案例或链接的形式在正文中进行穿插。第二,在每章最后开辟"拓展阅读""案例研究""实践探索"等栏目,向读者提出实践要求,以确保读者既学以致用,又切实有效地提升分析问题、解决问题的能力。第三,小学班队管理的理论掌握与能力磨炼更需要以实践为基础,做中学。读者应具有一定的小学实践经历,以便在课程学习中有良好的理论与实践基础。在教学过程中,教师可以组织学生观摩与模拟,学生还可以自行参与各项活动,以亲近小学班队和小学生,亲近小学班队管理。这样有助于学生在实践中运用与反思所学的内容,提高课程学习的效率。

感谢所有小学班主任提供的实践智慧以及所有相关理论工作者的科学研究。作为一本教材,其中的思想、观点不仅是编者想表达的,更是来源于班级管理特别是小学班队管理这个领域所有工作者集体智慧。编者怀着敬意引用了一些理论或案例,并尽量标明出处,但难免会有疏漏,恳请作者能予反馈,以便在修订时补充。由于编者水平有限,本教材还存在很多不足,希望广大读者能不吝赐教。读者如有更好的素材或案例,也欢迎提供!大家的批评、建议与支持将是本教材不断完善的重要基础。

本教材依托江苏师范大学卓越小学教师培养计划项目,是高等学校小学教育专业卓越教师培养系列教材中的一部。其中第八章由江苏师范大学许静老师编写。在教材编写过程中,江苏师范大学教育科学学院(教师教育学院)贾林祥教授从编写方案的制定,到教材的篇章结构,以至最后的审稿出版,都倾注了大量的心血,在此表达诚挚的谢意!同时,特别感谢为本教材提供素材与灵感的肖丽容老师、马凌然老师,特别感谢南京大学出版社编辑们的审慎态度和细致工作!

编　者

# 目　录

第一章　绪　论 ································································· 1

　　第一节　小学班队概述 ····················································· 1

　　第二节　小学班队管理 ····················································· 4

第二章　小学班主任与中队辅导员 ··········································· 14

　　第一节　小学班主任的职责与权利 ······································ 14

　　第二节　小学班主任的素养 ·············································· 20

　　第三节　中队辅导员 ······················································ 42

第三章　小学班队管理的准备工作 ··········································· 47

　　第一节　了解小学生 ······················································ 48

　　第二节　留下美好的第一印象 ··········································· 68

　　第三节　班队工作计划 ··················································· 74

第四章　小学班队日常管理 ···················································· 80

　　第一节　小学班队日常行为管理 ········································ 80

　　第二节　学生发展指导 ··················································· 83

　　第三节　班队偶发事件的管理 ··········································· 117

第五章　小学班队组织建设与管理 ··········································· 131

　　第一节　小学班集体的形成 ············································· 131

　　第二节　小学班队组织结构 ············································· 138

第三节 群体与非正式群体教育管理……………………………… 148

## 第六章 小学班队文化建设…………………………………………… 156

第一节 班队环境文化建设……………………………………… 157

第二节 班队规范文化建设……………………………………… 170

第三节 班队精神文化建设……………………………………… 175

## 第七章 小学班队活动管理…………………………………………… 187

第一节 班队活动的内涵、特点与教育意义…………………… 187

第二节 班队活动的类型与组织方式…………………………… 193

第三节 班队活动的组织与开展………………………………… 205

## 第八章 小学班队教育力量管理……………………………………… 218

第一节 班主任与科任教师的协调……………………………… 218

第二节 家庭教育资源的开发和利用…………………………… 226

第三节 社区教育资源的开发和利用…………………………… 244

## 参考文献……………………………………………………………… 250

# 第一章
# 绪　论

中国少年先锋队章程及其修正案

**学习目标**

1. 明确班级和少先队的含义。
2. 理解班级和少先队的特点。
3. 掌握小学班队管理的内容，领会班主任班队管理理念对班队管理的作用。

## 第一节　小学班队概述

"班队"一词仅用于小学阶段，是小学"班级"与"少先队"的合称。实践中，班主任及其他管理者多用"班级"一词。不同于青少年时期的共青团或其他组织，小学班主任既是"小学班级"的管理主体，也是"少先队"的管理主体，一人兼有两种身份。小学生既是"班级"组织成员，又是"少先队"组织成员。

### 一、小学班级

#### （一）班级的含义

班级是学校教育活动的基本单位。班级应包括两层含义："班"和"级"。学校中将年龄和发展水平相当的一群学生安排在一个固定的组织中，形成了"班"；由于"班"处于学校教育系统中一定的教育阶段上，因而被称为"级"。所以，班级是一定年龄阶段、发展水平相当的一群学生组成的学校教育基层组织。小学班级特指一定年龄阶段、发展水平相当的一群小学生组成的学校教育基层组织。

班级是现代学校教育制度的产物，是与班级授课制的建立联系在一起的。古代社会，无论是东方还是西方，教育教学的组织形式主要是个别授受的形式。即使教师面对着一群学生进行教学，也并不具备现代"班级"的意义。近代西方经济的发展，提出了普及教育的要求，教学活动中个别授受的传统教育教学的组织形式已不适应社会发展的要求，15~16 世纪欧洲的古典中学出现了班级教学的尝试。率先使用"班级"一词的是文艺复兴时期的著名教育家埃拉莫斯。当然,那时班级中开展的教育教学活动远没有现代班级活动那么规范、高效和丰富,这与当时班级组织的初级性有关。17世纪捷克大教育家夸美纽斯总结了当时已有的班级教育实践的经验,从理论上分析并规范了学校教育教学的基本组织形式"班级授课制",从而使班级成为学校教育教学活动的基本组织。

现代学校以年级和班级为基本组织构架,这意味着人们认为同年龄的学生有同等的学力,同一年级的学生可以用同一教材、同一进度、同一方法和同一标准来学习和接受教育。随着社会的发展,当人们更关注教育的民主化、个性化,更关注学生作为个体的人的发展时,便对这种固定的教育活动组织——"班级"提出了改革的要求。诸如20世纪初出现的沃德的分团制、伯克的个别计划、华虚朋的文纳特卡制、帕克赫斯特的道尔顿制、贝克的底特律制、霍西克的合作小组计划,直至当下的多级制、不分级制,无一不冲击着班级的组织束缚。这说明,班级是学校教育教学活动的基本组织,但不是唯一的组织形式。

### 【链接】

#### 大山深处的复式班

在灵川县海洋乡有一个中心岐教学点,位于大山之中。这个中心岐教学点,只有两名教师却承担着安泰村学前及小学一二三年级学生的教学任务。教学点共有十五名学生,四个班(年)级,只有秦兴国和蔡教宏两人负责教学。两位老师既要负责四个班(年)级语文、数学、体育、书法等各门功课的教学,还得兼任厨师和采购员。为了更好地照看孩子和方便教学,他们采取了复式班教学法,即不同年级的学生在同一教室先后上课。一个年级上课时,另一个年级自习或作业。复式班教学法往往是教学资源严重不足的地方人们不得已采取的应对措施,相对一班一教室,一课一老师而言,存在天然缺陷。然而两位老师却化劣势为优势开展"我是小小老师"教学活动,让高年级教低年级,角色互换,培养学生口语表达和自主学习能力。复式班教学可以认为是多级制的体现。[①]

### (二) 班级的特点

1. 组织性

班级是学校实施教育教学的基本单位,是由一定数量的特殊人群形成的社会群体。因而,班级是一种社会组织。首先,班级具有社会组织的基本特征:明确的组织目标、严

---

[①] 参考:灵川中心岐教学点教师秦兴国:一杖撑起学子梦[EB/OL]. http://edu.gxnews.com.cn/staticpages/20160810/newgx57aa5a8b-15258039.shtml.

密的组织机构和严格的组织规范。其次,班级是具有特定的成员、特定的目标、特定的文化、特定的人际交往及特定的功能的社会组织。

2. 教育性

学校是专门的教育组织,学校教育是教育者根据社会的要求,有目的、有计划、有组织地向受教育者的身心施加影响,以使其向着期望的方向发展的活动。学校教育活动所依托的最基本的组织就是班级,所以班级是一种教育组织。

作为教育组织的班级,有明确的组织目的性和独特的教育性。班级聚合着各种教育的影响力,形成班级自身特有的教育氛围,对学生的发展发挥着教育的作用。学校的教育意图通过班级管理者渗透到班级的教育教学等各项活动中,使学生在各项活动的参与中接受教育影响。

3. 社会性

班级是社会的微型缩影,是一种具有教育作用的特殊的社会组织。班级具有社会性的特殊结构,这种特殊的组织结构决定了班级的特殊的社会组织功能:吸收并反映来自社会的各种信息;提供学生参与社会人际交往的环境;为学生个体的社会化成熟提供实践性条件。

由于小学生的特殊性,小学班级在教育教学及管理上,要适合他们的年龄特点和身心发展规律。

## 二、少先队

### (一) 少先队的含义

少先队是"中国少年先锋队"的简称。少先队是中国少年儿童的群众组织,是少年儿童学习中国特色社会主义和共产主义的学校,是建设社会主义和共产主义的预备队。少先队是中国共产党创立并委托中国共产主义青年团直接带领的儿童组织。凡是6周岁到14周岁的少年儿童,愿意参加少先队,愿意遵守队章,向所在学校少先队组织提出申请,经批准,就成为队员,佩戴红领巾。

### (二) 少先队的特点

1. 群众性

中国少年先锋队是"中国少年儿童的群众组织","凡是6周岁到14周岁的少年儿童,愿意参加少先队,愿意遵守队章,向所在学校少先队组织提出申请,经批准,就成为队员"。这个规定指出少先队不是少数少年儿童的组织,而是由全体符合队龄的少年儿童组织起来的群众性组织。

2. 教育性

中国少年先锋队是"少年儿童学习中国特色社会主义和共产主义的学校"。少先队全面贯彻党的教育方针,按照实践育人的要求,努力提高少年儿童的综合素质,促进他们全面发展。

3. 政治性

少先队是中国共产党创立和领导的委托中国共产主义青年团带领的,是少年儿童学习中国特色社会主义和共产主义的学校,是建设中国特色社会主义和共产主义的预备队,具有鲜明的政治属性。

4. 组织性

中国少年先锋队是"中国少年儿童的群众组织",具有明确的组织目的、严密的组织结构和鲜明的组织标志。

中国少年先锋队的目的是"团结教育少年儿童,听党的话,爱祖国、爱人民、爱劳动、爱科学、爱护公共财物,努力学习,锻炼身体,参与实践,培养能力,立志为建设中国特色社会主义现代化强国贡献力量,努力成长为社会主义现代化建设需要的合格人才,做共产主义事业的接班人"。

中国少年先锋队的组织是"在学校、社区建立大队或中队,中队下设小队。小队由5至13人组成,设正副小队长。中队由两个以上的小队组成,成立中队委员会,由3至7人组成。大队由两个以上的中队组成,成立大队委员会,由7至13人组成"。

少先队还有自己的队旗、队礼、呼号和队员标志等。

5. 自主性

少先队是少年儿童自己的组织,队员在少先队集体中充分发挥积极性和主动性,自己管理自己,自己教育自己。"举行队会,组织参观、访问、野营、旅行、故事会,开展文化科学、娱乐游戏、军事体育等各种有意义有趣味的活动,以及参加力所能及的公益劳动和社会实践。"

## 第二节　小学班队管理

班队管理可以从两个层面来理解,一是学校对班队的管理,一是班主任主导的班队管理。学校对班队的管理包括班队的编制、班主任的委任、班队活动空间的确定、以班级(少先队)为单位的活动的总体安排等。显然班队管理是学校管理工作的一个重要组成方面,但学校对班队的管理并不直接对具体的班队实施管理。班主任对班队的管理则是对具体班队的直接管理。本书所指班队管理主要是从这一层面而言的。

班队管理是班队管理者根据一定目的和要求,对特定班队的资源进行合理的配置,通过计划、组织、指挥、协调、控制,引导被管理者高效率地实现班队目标的组织活动过程。班队管理包括班级管理和少先队管理。

## 一、小学班队管理的目标

班队管理目标是一定时期内班队管理活动预期达成的成果。班队管理目标是班队管理者对一定时期内班队活动结果的预设。由于班队是一种教育组织,班队管理的宗旨在于班队中学生的教育和培养,所以班队管理目标首先在于学生的发展;班队又是一种社会组织,是由学生群体组成,班队管理的目标还在于形成班队组织的凝聚力,使班队成为一种具有教育作用的集体,并在学校中发挥应有的基层的作用。

班队是学校中的基层组织,班队管理目标与学校教育目标有着内在的层次性联系。班队管理目标是由学校的教育目标规定的,与学校教育目标在方向上是一致的,体现着学校教育目标的要求。班队管理目标是班队管理者为有效实现学校教育目标,完成学校教育的任务,从班队实际出发,所确定的一定时期内管理活动的结果和所要达到的标准。班队管理目标从属于学校教育目标。

## 二、小学班队管理的内容

### (一) 班级管理的主要内容

班级管理的内容是班级中的各种管理资源(包括人、事、物、时间、空间、信息)的配置。在人方面,包括知人善任,发掘学生专长及家长人力资源的有效应用等;在事方面,包括班级一切事务的处理,如常规管理、教学活动、少先队活动、班级事务、亲师合作、不当行为的辅导、沟通管理等;在物方面,包括教具、教材的安置与使用,班级物品的保管,班级图书的使用等;在时间方面,包括每节、每天、每星期的时间运用与安排,也就是教师的班级时间管理艺术;在空间方面,包括班级情境布置、学生座位编排、教室功能版块的布置等;在信息方面,包括学生基本情况(静态与动态)、班级基本信息和家庭、学校、社会反馈信息等。

根据班级管理中各项工作所占比重及其性质,班级管理的内容可以分为:班级建设、班级日常管理、班级活动管理、班级教育力量管理等。一般说来,班级建设是班主任的核心工作,包括班级目标管理、班级文化建设和班级组织建设等方面。

### (二) 少先队管理的主要内容

少先队的目的是"团结教育少年儿童,听党的话,爱祖国、爱人民、爱劳动、爱科学、爱护公共财物,努力学习,锻炼身体,参与实践,培养能力,立志为建设中国特色社会主义现代化强国贡献力量,努力成长为社会主义现代化建设需要的合格人才,做共产主义事业的接班人"。为达到这一目的,少先队组织主要开展以下几方面的工作:

1. 少先队组织教育

一是队前教育。队前教育是指少先队组织对适龄儿童进行的"准备参加少先队"的教育,其内容可以概括为队前教育十知道:知道队的名称,理解"先锋"的意义;知道队旗的图案和含义;知道队员的标志是红领巾,了解红领巾的意义,学会系红领巾,爱护红领巾;知道怎样敬队礼及队礼所表示的意义;知道队的呼号;学会写入队申请书;知道入队的时候为集体或其他人做一件好事;会唱队歌;知道入队誓词的内容;知道一个合格的少先队员要做到"五自"(自学、自理、自护、自强、自律)。

二是日常组织教育。少先队日常组织教育的内涵极其丰富,核心内容和要求是要培养少先队员的组织意识、组织观念、组织情感以及服务组织的能力。这种教育和训练的依据便是中国少先队章程。中国少先队章程的主要内容,就是少先队组织教育的内容。少先队组织教育的具体内容应包括:队史教育、队容教育、组织制度教育、组织纪律教育和组织作风教育。

2. 少先队组织建设

少年儿童入队后,辅导员要引导队员开展好中队和小队的组织建设。

一是完善组织结构。少先队中队一般以班级为单位组建,也可以根据队员需求和实际工作需要跨年级、跨班级建立临时性或较长时间的联合中队;少先队的小队一般即教学班的教学小组,也可以根据特殊需要(如家庭地址、兴趣爱好等)组建。中队辅导员要帮助少先队员按照队章中有关基层组织建设的规定形成小队和中队,指导队员进行小队长和中队委员会的选举,协助队干部开展少先队的各项活动。

【链接】

## 小队的优化组建

我国著名少年儿童教育专家、少先队最有影响的理论与活动家段镇(1928—2014)指出,理想的小队组建方法是尊重队员的意愿,"自愿结合、合理编队、自取队名、自选队长、自定目标、辅导员自聘、自主开展活动"。他提出了"小队优化组建"的八种方法:

(1) 实行自愿编队,合理组合。

(2) 取名设标,强化小队集体意识。

(3) 实行一年一次的常任小队长和一月一次的轮流小队长相结合的队干部制度。

(4) 实行队员岗位职称制,人人有岗位。

(5) 建立定期的小队活动制度。

(6) 评比竞赛,激励导向。

(7) 引导发动孩子去聘请小队校外辅导员。

(8) 优化大中队组织领导,让小队建设同整个集体建设配套。

集体建设重在小队,小队活力在于自动,自动需要系列改革,合理的改革才能达到小队集体优化组建的目的。

摘自段镇.少先队学[M].上海:上海人民出版社,2008.

二是少先队干部培养。首先,引导队员正确对待小干部岗位、教育队员树立正确的观念、指导队员遵守小干部产生的规则、鼓励队员学习身边的榜样。其次,确立少先队干部产生方法,主要包括民主选举法、辅导员任命法、自我推荐法、队长责任制、竞争选举法和队干部轮换制等方法。再次,指导队干部成长。辅导员要注意培养队干部,指导他们开展工作;指导队干部制定工作计划并督促落实,提高小干部的工作能力。

## 【链接】

### 少先队小干部产生方法

民主选举法:就是在队员、队组织推荐的基础上,由全体队员投票选举产生队干部。这种方法,比较符合《中国少年先锋队的章程》中所规定的队干部产生的办法,经民主选举产生的队干部,也是队员们所喜欢的,工作责任心强、在全体队员中有一定威信的队员。

这种方法,也容易使一部分对工作认真负责的队干部,在工作中得罪一批队员,而不能当选;同时,所选举产生的队干部容易造成"终身制",使老干部们在工作中,逐渐失去兴趣,使队的组织失去活力,而一部分工作责任心强、非常想当队干部、想为队员们服务的队员因在同学中没有威信,而失去机会。

辅导员任命法:就是由辅导员根据队员们日常的表现,让学习成绩好、能力强的乖孩子来担任队干部。这样,我们在研究中发现:学习好虽然是榜样、是资本,但这种方法会导致一些小干部只顾自己的学习,对少先队的工作漠不关心;能力强的孩子,虽然能做教师的左膀右臂,能替代教师的一部分管理工作,但这样会导致能力强的小干部不断得到锻炼,能力越来越强,当他们的能力无可替代时,"终身制"就产生了。

自我推荐法:就是队干部的产生由队员进行自我推荐,来担任自己所喜欢的职务。这种方法所产生的队干部工作责任心强,在队组织工作的开展中工作力度也较大,所担任的职务也能根据自己的实际情况来选择。这样,队员们有了充分发展的空间,有了角色体会的过程。由于队干部是由自我推荐产生的,存在队干部的素质不平衡,使一部分当"官"欲望强、自私的队员担任队干部后,只会发号施令、盛气凌人、欺上瞒下,根本谈不上为队员服务,既害了这个队员的本人,也不利于队组织正常工作的开展。

队长责任制:就是通过竞争、演讲、队员投票等程序,选拔产生队长,再由队长根据工作的需要,聘任队员来担任其他的职务。队长责任制,有利于选拔工作责任心强、能力高、在同学中有一定威信的队员来担任队长,队长在挑选其他队干部时,也能根据各人的特长,让合适的队员来担任相应的队干部职务,从而便于队委会形成一个合力的领导核心,便于队组织顺利地开展工作。

竞争选举法:就是队干部通过自愿报名、民主选举、考察任命以后产生的。

队委会成员各分管一项工作,在任期内看谁的部门贡献大,问题少。通过竞争选举法产生的队干部,往往是组织能力强、威信高、学习成绩好的队员担任队干部,他们的整体素质高,工作热情高,使队组织充满活力,效果也好。这种方法,也容易产生队干部的"终身制",不利于队员的全面素质的提高。

队干部轮换制:就是在各级队干部任职期满后,应由中队、大队辅导员及时组织进行换届选举。新一届的候选人要坚持主要在未担任过队干部的队员中产生。因工作需要连任的队干部的比例不能超过总人数的30%,并不能连任两期。少先队干部的轮换制,能够为更多的队员创造锻炼和实践的机会,调动更多的队员挖掘自身的潜力,追求进步的积极性,逐步培养他们关心集体、服务他人、勤奋学习、热爱工作的良好品质,充分体现了少先队组织的育人思想和素质教育的内在要求;通过对队干部任职制度的改革,有利于克服实际工作中存在的队干部任职的"终身制"的弊端,进一步调动了队干部工作的积极性,促进了基层少先队工作内容的不断丰富和形式的不断创新,使少先队焕发出旺盛的生命力,以此来推动少先队各项改革的不断深入;同时,少先队员来自社会的基础细胞——家庭,少先队事业与全社会紧密相连。少先队干部的工作常常得到家庭乃至社会各方面的有力支持。队干部轮换制,就能够通过队干部的交替,最大限度调动社会力量,优化少先队的社会环境,为少先队组织争取更多的支持,延伸少先队组织的工作手臂,加快社会化进程。

在利用"轮换制"推荐时,所采取的是队员轮流担任队干部,而违反了队长产生的原则"民主选优",如果队长不是队组织中最优秀的,在这个组织中就没有威信,也就不能起到模范带头作用。

**讨论:**

少先队小干部是否需要设定前提条件?如果是,条件是什么?

三是协助健全管理制度。辅导员应协助中队委员会建立、健全管理制度,包括选举制度、干部例会制度、评议与考核制度、队活动制度等。通过完善的制度,规范少先队的工作。

3. 少先队队务管理

少先队大队的队务项目主要有少先队队室、红领巾广播站及电视台、红领巾走廊或红领巾区、鼓号队、红领巾文明示范岗、红领巾储蓄站、小主人信箱、少先队日志、光荣册、少先队插旗制度等。

少先队中队的队务项目主要有队报、中(小)队活动日志、光荣册、各种队角、小队之家、主题教育专栏等。

辅导员直接管理的队务是少先队中队的队务。辅导员的管理更应当是指导中队委工作,积极提供条件、协调关系、予以指导,帮助完善和提高,增强教育效果。辅导员应明确少先队队务管理的"队员自理"原则,充分尊重和发挥队员的主动性和创造性,不可包办代替。

4. 少先队活动开展

少先队活动是少先队组织领导的、以队员为主体开展的群众性活动,是少先队组织团结、教育少年儿童,向少先队员进行共产主义教育的基本形式,是少先队员在组织中学习共产主义理想、获得全面发展的基本途径。少先队员在少先队活动中接受教育,扩充知识,丰富情感,锻炼意志,增长才干。因此,没有少先队活动就没有少先队教育。寓教育于活动之中,是少先队工作的特色。

少先队活动根据不同标准可以分为不同类型的活动。按活动规模的大小,少先队活动可以分为大、中、小活动。按活动形式的不同,少先队活动可以分为队务活动、主题活动和阵地活动。① 有关少先队活动的组织与开展,后面将继续介绍。

### 三、小学班队管理的理念

"理念"有四方面的含义:一是理性认识,二是理想追求,三是思想观念,四是哲学观点。理念反映了对事物的基本认识、思想、价值观、信念、意识、理论、理性、理智,以及反映上述内容的目的、目标、宗旨、原则、规范、追求等。理念是指导人们行动的深层次的思想观念、指导思想。人们可能意识到从而自觉地运用,也可能没有意识到而不自觉地运用。一般说来,理念是反映事物本质的内在的发展规律,是正确的、符合客观实际的。

我们不难发现,在班队管理中,不同班主任的管理行为、方式和方法是不同的。差异的背后隐含了管理者的不同价值取向和教育、管理理念。"思想决定行动",小学班队管理的成效,往往取决于教师是否具有正确的管理理念。这些管理理念以不同学科领域的理论为基础。

#### (一) 教育学理论与班队管理

小学班队是教育性组织,班队管理首先是一种教育行为。① 以生为本。一切教育都必须以学生为本,这是现代教育的基本价值。以学生的发展为本,面向全体学生,充分尊重、理解和信任每一个学生;尊重小学生权益,以小学生为主体,充分调动和发挥小学生的主动性;遵循学生身心发展特点和教育教学规律,提供适合的教育,促进小学生生动活泼地学习、健康快乐地成长。② 集体教育理论。马卡连柯(А. С. Макаренко)把集体和集体教育看成是全部教育理论的首要和关键的问题。"在集体中、通过集体、为了集体"的教育,是马卡连柯集体教育理论的核心思想。集体运动、平行影响、要求人和尊重人相结合是集体教育的基本原则。③ 自我教育理论。苏联教育家苏霍姆林斯基(В. А. Сухомлинский)说:"一个少年,只有当他学会了不仅仔细地研究周围世界,而且仔细地研究自己本身的时候;只有当他不仅努力认识周围的事物和现象,而且努力认识自己的内心世界的时候;只有当他的精神力量用来使自己变得更好、更完善的时

---

① 沈嘉祺.小学班队管理[M].北京:高等教育出版社,2014:27.

候,他才能成为一个真正的人。这里说的就是学生的精神生活的一切领域里的自我教育。""只有能够激发学生去进行自我教育的教育,才是真正的教育。"苏霍姆林斯基认为,应当在童年时期和少年早期,即从7岁到10岁,就教给一个人自己安排自己的事,并在必要的时候能够强制自己,如果错过了这个时期,那么以后就不可避免地出现再教育的问题。

### (二) 社会心理学理论与班队管理

在班队管理中,了解小学生的心理发展特点和规律是班主任的基本功,也是班队管理的基础。社会心理学相关理论有助于班主任理解和指导班队内部与外部的集体行为,及时发现和解决问题,提升班队管理水平,促进专业发展。例如:从众与逆反、群体影响、冲突与和解等典型社会心理学理论,从不同角度揭示群体行为调适。

### (三) 管理学理论与班队管理

在班队管理中,主要存在两大班队管理理念,即科学主义和人本主义。科学主义强调结构、效率,行为过度就容易背离教育的本质,忽视人的发展规律;人本主义则是对科学主义的批判与超越,旨在回归到人的本性和教育的本质,强调"以人为本"。前者更多受到管理学中如科学管理理论、行为科学理论和全面质量管理理论的影响。学校、班级不是企业组织,学生也不是企业中的生产者、服务者。所以,科学主义管理理念在班队管理中在获得高效的同时,带来的负面影响如没有个性、创造性等绝不可忽视。正因为如此,人本主义才得以出现和发展。当下的科学管理理论既不是单纯的科学主义的管理理论,也不是单纯的人本主义管理理念,而是科学与人文理念的融合。

管理学中群体发展阶段与高效团队理论对班队组织建设具有重要的指导意义。群体的发展一般会经过五个阶段:形成阶段、震荡阶段、规范阶段、执行阶段和解体阶段。

这五个阶段的基本特征分别是:① 形成阶段,它以群体在目的、结构、领导方面存在着大量的不确定性为特点。当群体成员把自己视为群体的一分子思考问题时,这一阶段就结束了。② 震荡阶段,群体成员虽然接受了群体的存在,但却抵制着群体对个体所施加的控制,进一步会在由谁控制群体的问题上发生冲突。这一阶段结束时,群体内部出现了比较明朗的领导层级,群体成员在发展方向上也达成了共识。③ 规范阶段,群体进一步发展了密切的群内关系,同时也表现出了内聚力。当群体结构比较稳定,群体成员也对那些正确的成员行为达成共识时,这阶段就结束了。④ 执行阶段,此时群体的结构发挥着最大作用,并得到广泛认同,群体的主要精力从互相了解认识进入了完成当前的工作任务上。⑤ 解体阶段,存在于临时群体,人们不再关心工作业绩而是善后事宜。

高效团队的特征包括:清晰的目标、相关的技能、相互的信任、一致的承诺、良好的沟通、谈判的技能、恰当的领导、内部和外部的支持等。群体发展与高效理论为班队管理者判断班队形成状态、规划班队发展目标和过程提供了理论依据。

【链接】

## "班级管理"逐层提升的五个境界[①]

第一层境界:维持班级秩序。这显然是最基本的境界。班级不陷入混乱,才有可能继续运行下去,并在此基础上发挥更多样、更积极的作用。就这一境界的班级而言,学生的发展特征是"规规矩矩"。

第二层境界:营造学习氛围。在维持秩序的基础上,力争形成集体学习氛围,形成良好的学风。在这样的班级,每门学科的学习成为班级生活的核心。毕竟,学习知识是学生在校生活的主要内容。不过,学习活动不是由每位学生个体孤立进行的,而是在与其他同学的相互联系之中进行的,同学之间,有相互比较,更有相互促进,相应地,学生的发展特征可被描述为"相互激励"。

第三层境界:形成班级合力。与上一境界相比,这样的班级在知识学习之外还有更多文化生活,通过丰富的班级生活,同学之间形成了团结的氛围、学生非常认同并珍惜积极向上的班级整体形象,产生班级凝聚力。在这样的班级中,学生具有更鲜明的发展特征:"乐于奉献",即乐于为同学、为班级做出更多贡献。

第四层境界:学会自主活动。到达这一境界的班级,不仅有良好的秩序、学习氛围和班级凝聚力,更在此基础上致力于培养学生自主活动的能力,这包括多方面的自主活动:自主管理班级事务、自主组织实施班会、自主开展小组活动,等等。学生在这一境界的发展特征是"积极自治":许多事务性的工作都不必班主任亲自操劳,因为学生们(主要是班干部)能自己处理好这些事情。

第五层境界:提升精神品质。这可能是班级管理的最高境界,即关注学生个体和班级整体的精神生活质量,这样的班级,以达到前四种境界的要求为基础,为学生提供了更为开阔的精神生活空间。不仅如此,在拓展精神生活空间、丰富精神生活内容的基础上,更强调提升精神生活质量。这种提升,就在于让学生不仅有各种基础知识、基本能力,更有清晰的自我意识、高尚的追求、远大的志向;并且,这种更高质量的精神生活又以成熟的发展能力为基础,相互支撑。这种境界的学生发展特征可被描述为"做人高尚"。

班队管理实践中,班主任的班队管理理念可能而且应当是具体的、可认识的和可操作的,比如以学生为主体的理念、发展理念、爱的教育理念、公平理念,等等。

---

[①] 李伟胜.辨析班级管理的境界,追求学生的发展[J].班主任之友(小学版),2008(7).

【案例1-1】

## "好学生"就可以免处罚吗？
——班队管理中的公平

小雨同学是某师范大学教师教育专业三年级生，在"班级管理"课中谈起小学的一次经历，仍不免耿耿于怀。事情的起因是值日——擦黑板。

那时我正上六年级，老师在教室上课依然是粉笔板书，每节课后由值日生擦干净。擦黑板不是一个好活。每次擦完之后，不仅双手沾满粉笔灰，连头上和衣服上也飘落少许。班主任是语文老师，有一天接着数学课后上课。她发现黑板不干净，星星点点的粉笔印非常清晰，当场就吼了"这黑板擦的是啥？有没有责任心？谁值日的，站起来！"我战战兢兢站了起来，强忍着眼泪没有掉下来。"值日生黑板擦不干净，罚值日一周。如果还擦不干净，继续值日一周，直到擦干净为止。"

当时我个子偏矮小，力量也不足，有时得跳着才够得着黑板上方的字。数学老师是个男的，写字比较重，我哪里能把黑板上方的字都擦干净啊！我觉得是我的责任，哪怕再委屈也认了。我内心非常好强，为了擦干净黑板，我把凳子搬上讲台，擦干净一片，下了凳子再把凳子挪动一下擦下一片。

然而，我完成处罚任务后的下一周，班主任进教室上课时发现上一节课的板书内容还在，同样吼了一声"谁值日的？站起来！"全班同学的眼睛齐齐看向中队委。中队委红着脸站起来跑上讲台擦黑板。班主任明显愣了一下，就说："下次记得！我们打开书本某某页。"

当时，我就惊呆了，真的惊呆了！脑子里就三个字"凭什么"。怎么说我也是六年级小学生，知晓很多道理了。我没有勇气喊出"不公平""老师偏心"。后来，班上多数同学对中队委有意保持一定距离，不愿意对她说心里话，怕她打小报告。我沉默了很长一段时间，语文课上不再抢答，甚至不愿意看她，只是静静听课和完成作业。小学毕业之后我再没有回去看过她……

小雨同学谈起自己的经历仍然伤感和痛心。不过，欣慰的是，她并没有自暴自弃，初中换了学校，遇上明师，走出低谷，高考以较高分数选择了教师教育专业，立志做一名优秀教师，一名优秀班主任！

**思考：**

班主任的班队管理理念对班队管理的作用有哪些？班主任应当如何树立科学的管理理念？

## 思考题

1. 什么是班级、班队？什么是班队管理？
2. 班级管理和少先队管理的主要内容有哪些？
3. 班队管理的理念有哪些？

## 实践探索

走进小学观察，走近小学班主任工作观摩，了解小学班主任实际工作的内容并与他们座谈，倾听他们的工作体会。

## 拓展阅读

1. 教育部：《中小学班主任工作规定》。
2. 《中国少年先锋队章程》。
3. 段镇.少先队学[M].上海：上海人民出版社，2008.
4. 浏览班主任之友(www.bzrzy.cn)、中小学班主任(www.zxxbzr.cn)等网站。

# 第二章
# 小学班主任与中队辅导员

《中小学班主任工作规定》
班主任队伍专业化建设实施意见

**学习目标**

1. 明确小学班主任的角色，树立多重角色意识。
2. 熟悉小学班主任的职责，理解班主任的工作边界。
3. 了解班主任应享有的权利，坚定从事班主任工作的信心。
4. 掌握班主任应具备的基本素养，促进班主任的专业化发展。
5. 了解中队辅导员的职责，正确认识班主任与中队辅导员的工作差异。

## 第一节　小学班主任的职责与权利

### 一、小学班主任的职责

#### （一）小学班主任的角色

1. 班主任是亲人与教育者

一年级小学生，多数年仅6岁，从幼儿园或从家庭来到学校。在幼儿园，他们受到老师和保育员精心照料和看护；在家庭，他们更是得到百般宠爱和呵护。他们生活自理能力还没有形成，不懂照顾自己。初入学校，他们远离亲近的人而往往心理不安和焦虑。因此，初入学儿童不仅必须掌握学校生活中各种严肃的规则，还需要情感上的弥补。对于其他年级的儿童，学习和生活中也总会遇到种种困难和问题，需要有人倾听和帮助。所以，班主任应扮演小学生的亲人角色，给予他们父母般的温暖。

实践中，有些年轻班主任单纯为追求学生的欢迎而与学生打成一片，结果反而失去了学生的尊敬；有些老班主任，则为了学生专注于学习而包办一切班级事务，沦为班级"保姆"。这两种班主任在扮演亲人角色时，都忽视了班主任的另一种重要角色——教育者。班主任的第一身份是老师，第一角色是教育者，承担着教书育人的责任。班主任对学生的爱是理性的爱、负有责任的爱、致力于学生精神成长的爱。亲人角色与教育者角色应统一于班主任对学生的爱之中。

【案例 2-1】

### 老师妈妈

校门口,有数列整齐的长队,那是小学一年级的孩子们放学归家了。肖老师是一年级班主任,笑容可掬地站在(2)班队伍的最前面。每一个出门的孩子,她都要牵着小手,摸摸脑袋,然后轻拍一下小肩和小书包,说道:"和肖老师再见!"孩子们或大声或小声说着"老师再见",小手就从老师的大手转移到家长的大手。

"妈妈,再见!"慕涵挥着小手,甜甜地道别。她稚嫩的声音,在"老师再见"声中格外不同。"这孩子……"慕涵妈妈有点不好意思略带歉意地望着肖老师。肖老师还没结婚呢,多难为情啊!肖老师却点点头,笑道:"说明慕涵喜欢肖老师啊!"

虽然当老师才两年而且是第一次当班主任,然而,开学一个月来,她已经不止一次听到班上孩子叫她妈妈了。第一次听到"妈妈"时,她还嗔怪孩子,认真纠正孩子的口误。事后,她就释然一笑,有那么一点小得意。不过,每当有孩子口误时,她依旧会笑着认真地纠正。慕涵呢,第一天入学时,两眼泪汪汪地牵着妈妈的手不松开,不放妈妈离开。肖老师说着"妈妈要上班,慕涵是个好孩子要上学……"就从慕涵妈妈的手里接过一双小手,顺利送上座位。

孩子有困难就找肖老师。天宇膝盖磕出血了,肖老师送校医;小雅小拇指通红,肖老师轻轻地吹;安杰小水杯倒了,肖老师重新给接满;青青翻绳没有伙伴,肖老师蹲下来伸出手一起;大伟上厕所急得哭,肖老师送去手纸……

肖老师是老师,肖老师是"妈妈",肖老师是"老师妈妈!"

**调查讨论:**

还有哪些现象体现了小学生得到班主任像父母一样的关心?

2. 班主任是班队的管理者

管理是管理者运用一定的原理和方法,在特定的组织中,引导被管理者去行动,使有限的资源得到合理的配置,以实现预定目标的活动。管理是一种协调工作活动的过程,以有效率且有效用的方式达成组织目标的过程。班级是学校的基层组织,少先队是少年儿童的群众组织,班主任是学校委派到班级和少先队组织进行管理的教师。班主任的重要职责就是组织班队工作,建设班集体,协调科任教师的教学,积极支持少先队活动,沟通学校、家庭和社会,引导家长和社区配合学校共同做好学生的教育管理工作。

3. 班主任是学生全面发展的指导者

(1)学生思想道德的引领者。思想道德素质是学生全面发展的重要内容。对学生进行思想道德教育是班主任的重要工作。小学生处于思想道德发展的初始阶段,班主任有责任帮助他们在寻求社会需要与满足自身愿望之间保持有益的张力，引导学生积极向上。一方面，要以赋予意义的解释拨动学生的心灵琴弦，或通过生动活泼的班队活动，潜移默化地达到最佳内化的教育效果；另一方面，要以自身的角色完善做保证，给学生树立为人师表的榜样。

（2）学生学习活动的指导者。学生在校的首要任务是学习。班主任和其他教师一样应该帮助学生学会学习。班主任要指导学生适应学校生活和学习规则，帮助他们端正学习态度，养成良好的学习习惯，指导他们进行有效的学习。班主任应成为学生学习的同行者和伙伴，在学习过程中和学生一起去解决困难，寻找答案；指导学生保持积极的学习态度，采用有效的学习策略，激发学生学习的积极性和兴趣，提高学习效率。

（3）学生精神情感的关怀者。班主任不仅仅是学生学习和生活的关心者，更应该是学生精神的呵护者。追求儿童的幸福是教育的神圣使命。对人的教育，应该以"人心向善"为起点，应该尊重个人的权利，理解个人成长和发展的要求。特别在人际交往和心理体验等方面，要允许学生犯错误，允许学生失败，鼓励学生自身去发现和总结教训。让学生感受到自己是一个有独立意志和独立人格的人，感受到自己对自己负责的必要性和可行性。

（4）学生心理健康的维护者。少年儿童正处在身心发展的重要时期，随着生理的发育和心理的发展、竞争压力的增大、社会阅历的扩展及思维方式的变化，儿童在学习、生活、人际交往和自我意识等方面可能会遇到或产生各种问题。班主任从学生的身心特点加以引导，对学生进行必要的心理健康教育。班主任应注意创设良好的心理氛围，维护学生的心理健康，满足学生合理的心理需要，理解学生，维护其自尊心，缓解学生对学校适应过程中的紧张和焦虑情绪。

4. 班主任是研究者

苏霍姆林斯基曾经说过："如果你想让教师的劳动能够给教师带来乐趣，使天天上课不至于成为一种单调乏味的义务，那你就应当引导每一位教师走上从事研究这条幸福的道路上来。"20世纪60年代以来西方国家掀起了一股"教师成为研究者"的潮流，认为教师在日常教育教学中，要以研究者的眼光来看待自己所遇到的问题，并以进行科研的态度进行钻研，加以解决。班主任要善于总结班队管理经验，发现和掌握教育科学规律，即在了解学生身心特点的基础上，通过共性与案例，研究小学生发展成长的规律，用科学教育手段去引导学生，运用科学管理理论与现代教育思想创造性地指导班队管理工作，努力使自己成为一名教育研究专家。

5. 班主任是社会活动家

班主任在班队管理的过程中要接触到各种人士，如学生、家长、科任教师、社会教育人员等，在实际工作中不仅要与不同的人群打交道，还可能与不同的教育组织和社会各种部门有交流。因此，从这个意义上说，班主任就是协调多方关系的社会活动家，以保证班队管理活动正常开展和班队管理工作顺利进行。

综上所述,我们仅仅从有限的几个方面论述了班主任所扮演的最基本的角色,但是班主任在履行工作职责时,往往是同时扮演几个角色,面临着不同角色之间的冲突,以至于很难将这些角色加以融合和组织,使得班主任难以在对立中找到统一。要解决这一矛盾,需要班主任在角色扮演中把握一个适当的度,正如乌申斯基所说:"严肃中渗着笑语,但不完全是玩笑;对人温柔可亲,但不甜得腻人;为人公正厚道,但不吹毛求疵;做人善良仁慈,但不软弱无能。"同时,我们应当看到班主任扮演的多重角色,每重角色都需要经过学习和专门培训才能胜任,或者说,班主任工作是专业性很强的工作,应当以专业态度对待,以专业精神处理,更要将班主任工作专业化。

(二)小学班主任的职责

1. 小学班主任职责的内容

2009年8月,教育部印发了《中小学班主任工作规定》(以下简称《工作规定》),该规定第三章明确规定了班主任的职责与任务:

▷【链接】

### 第三章 职责与任务

第八条 全面了解班级内每一个学生,深入分析学生思想、心理、学习、生活状况。关心爱护全体学生,平等对待每一个学生,尊重学生人格。采取多种方式与学生沟通,有针对性地进行思想道德教育,促进学生德智体美全面发展。

第九条 认真做好班级的日常管理工作,维护班级良好秩序,培养学生的规则意识、责任意识和集体荣誉感,营造民主和谐、团结互助、健康向上的集体氛围。指导班委会和团队工作。

第十条 组织、指导开展班会、团队会(日)、文体娱乐、社会实践、春(秋)游等形式多样的班级活动,注重调动学生的积极性和主动性,并做好安全防护工作。

第十一条 组织做好学生的综合素质评价工作,指导学生认真记载成长记录,实事求是地评定学生操行,向学校提出奖惩建议。

第十二条 经常与任课教师和其他教职员工沟通,主动与学生家长、学生所在社区联系,努力形成教育合力。

概括起来说,小学班主任负有五方面职责:全面了解每一个学生,促进学生全面发展;认真做好班级的日常管理工作,维护班级良好秩序;组织、指导开展形式多样的班队活动;组织做好学生的综合素质评价工作;协调多种教育资源,形成教育合力。

2. 正确理解班主任职责

(1) 育人为核心。"中小学班主任与学生接触较多,沟通便利,影响深刻,肩负着育人的重要职责。"(《教育部关于进一步加强中小学班主任工作的意见》,教基〔2006〕13号,以下简称《意见》)可见,班主任的核心职责就是"育人"。班主任的"育人"导向必须符合对青少年成长的期望。我国的《义务教育法》规定:"义务教育必须贯彻国家的教育方针,实施素质教育,提高教育质量,使适龄儿童、少年在品德、智力、体质等方面全面发展,为培养有理想、有道德、有文化、有纪律的社会主义建设者和接班人奠定基础。"

(2) 全面负责。所谓全面负责,是指班主任"履行好班主任职责"(《意见》),"教师担任班主任期间应将班主任工作作为主业"(《工作规定》),对一个班及其学生负有全面职责。即班主任至少要承担起《工作规定》第三章所列举出的五方面职责,对班队进行全面管理。

(3) 有限责任。责任是指"分内应做的事"。"分内"与"分外"相对应,因此,任何责任都是有限的,班主任工作同样存在工作边界。由于班级的发展与学生个体的成长都时刻处于多种因素的影响之下,"有时过分简单和绝对地肯定某种教育因素是唯一主要的,会使青年教师无所适从,因为在教育过程中,一切都是重要的,一些都有自己的意义"①。班主任的管理与教育只是学生成长的众多外部因素之一,他并不是学生成长的决定性因素,因而班主任也绝不是唯一的责任人。

## 二、小学班主任的权利

### (一) 享有普通公民和教师应享有的一切权利

作为一名普通公民,班主任享有我国宪法所赋予公民的一切权利,诸如平等权、政治权利与自由、宗教信仰自由、人身自由以及社会经济与文化教育方面的权利。

作为一名教师,其权利在《中华人民共和国教师法》中有明确保障:

(1) 进行教育教学活动,开展教育教学改革和实验;

(2) 从事科学研究、学术交流,参加专业的学术团体,在学术活动中充分发表意见;

(3) 指导学生的学习和发展,评定学生的品行和学业成绩;

(4) 按时获取工资报酬,享受国家规定的福利待遇以及寒暑假期的带薪休假;

(5) 对学校教育教学、管理工作和教育行政部门的工作提出意见和建议,通过教职工代表大会或者其他形式,参与学校的民主管理;

(6) 参加进修或者其他方式的培训。

### (二) 班主任的特有权利

根据《工作规定》,班主任所享有的权利主要体现在以下几方面:

1. 班级管理与教育的权利

《工作规定》指出:"班主任是中小学日常思想道德教育和学生管理工作的主要实施者,是中小学生健康成长的引领者。"管理班级,教育班级学生,引导学生健康成长,既是

---

① [苏]B.A.苏霍姆林斯基. 给教师的一百条建议[M]. 周蕖,等译. 天津:天津人民出版社,1981:128-131.

班主任的职责,也是班主任所享有的特定权利。管理班级与教育学生需要采取多种手段,班主任应以尊重学生、正面激励为主,但针对现实中有的教师尤其是班主任不敢管学生、放任学生的现象,《工作规定》还特别强调:"班主任在日常教育教学管理中,有采取适当方式对学生进行批评教育的权利。"

2. 参与学校管理的权利

班主任是由学校选聘的,必须接受学校的管理,遵守学校的规章制度。同时,他们又分担着学校的教育责任,是学校教育第一线的骨干力量,是学校教育工作最基层的组织者和协调者。也正因为班主任与学生联系最紧密、最了解学生的发展需求,他们不仅有权依据《教师法》对学校教育教学、管理工作和教育行政部门的工作提出意见和建议,而且他们的意见和建议能更多地反映学生及家长的心声。因此,学校在教育管理工作中应充分发挥班主任的骨干作用,注重听取班主任意见。

3. 进修、培训的权利

每一名教师都享有参加进修培训的权利,但是,以往班主任参与进修、培训的机会与平台却很少。《工作规定》指出:"教育行政部门和学校应制定班主任培养培训规划,有组织地开展班主任岗位培训。""教师初次担任班主任应接受岗前培训。"实际上,2006年8月,教育部就正式启动了《全国中小学班主任培训计划》,规定从同年12月起建立中小学班主任岗位培训制度,而且培训"要坚持以各级政府财政投入为主,多渠道筹措中小学班主任培训经费。设立中小学班主任培训专项经费。不得向教师个人收取培训经费"。这些都意味着班主任的进修、培训权利从此得到了政府的有力支持。

4. 享有公正报酬与待遇的权利

2006年6月,《意见》指出:"要提高中小学班主任的地位和待遇。班主任工作是中小学教育中特殊重要的岗位,中小学校要在教师中营造以从事班主任工作为荣的氛围。要将班主任工作记入工作量,并提高班主任工作量的权重。各地要根据实际,努力改善班主任的待遇,完善津贴发放办法。要适当安排班主任的教学任务,使他们既要上好课又要做好班主任工作。"

《工作规定》则具体对班主任应享有的工作报酬、待遇和奖励予以了明确:"班主任工作量按当地教师标准课时工作量的一半计入教师基本工作量。各地要合理安排班主任的课时工作量,确保班主任做好班级管理工作。""班主任津贴纳入绩效工资管理。在绩效工资分配中要向班主任倾斜。对于班主任承担超课时工作量的,以超课时补贴发放班主任津贴。""教育行政部门建立科学的班主任工作评价体系和奖惩制度。对长期从事班主任工作或在担任岗位上做出突出贡献的教师定期予以表彰奖励。选拔学校管理干部时优先考虑长期从事班主任工作的优秀班主任。"

## 第二节　小学班主任的素养

"从一个人的成长看,班主任对中小学生的成长影响非常大,是中小学生学习做人做事最具有影响力的指导者。目前,全国中小学约有440万个教学班,约有450万个教师担任着班主任工作,影响着2亿多中小学生,他们的素质如何,他们开展工作的效果如何,关系到中小学教育质量,关系到中小学教育目标的实现,关系到一代甚至几代人的健康成长,关系到中华民族的未来。"[1]

### 一、小学班主任的基本素养

所谓小学班主任的基本素养,是指中小学教师尤其是新教师从事小学班主任工作必须具备的素养。《工作规定》要求,选聘班主任应当在教师任职条件的基础上突出考查以下条件:① 作风正派,心理健康,为人师表;② 热爱学生,善于与学生、学生家长及其他任课教师沟通;③ 爱岗敬业,具有较强的教育引导和组织管理能力。

《意见》强调:"班主任岗位是具有较高素质和人格要求的重要专业性岗位,应由取得教师资格、思想道德素质好、业务水平高、身心健康、乐于奉献的教师担任。""中小学班主任要忠诚党的教育事业,热爱学生,善于做学生的思想工作,具有符合素质教育要求的教育观和较强的教育教学和组织能力,掌握教育学、心理学的基本知识和方法,熟悉相关法律法规;品德高尚,为人师表,具有团结协作精神和较强的人际沟通能力。"

【链接】

**学生心目中的好班主任具有哪些特点**[2]

(1) 真心实意地关心爱护学生,体贴理解学生;
(2) 平等地对待学生,每天能用微笑面对学生;
(3) 能督促学生抓紧时间;
(4) 经常给学生鼓励,不打击、不训斥学生;
(5) 不说套话,布置工作有重点;
(6) 善于发现学生的心理变化,给予学生心理指导;
(7) 能把学生的意见反映到学校领导那里去;

---

[1] 陈小娅.认真做好班主任培训工作(代序)[A].教育部师范教育司,基础教育司.班主任工作基本规范[C].北京:北京师范大学出版社,2008.
[2] 唐巨南.学生喜欢怎样的班主任[N].德育报,2004-04-19(4).

(8) 能融入学生之中,有号召力、凝聚力,能带动班级活跃气氛;

(9) 能如实公布班级的每一点进步和退步;

(10) 博学多才,幽默风趣,性格好,易相处;

(11) 经常对学生进行学习方法指导,减轻学生学习心理负担;

(12) 小事糊涂,大事清楚,该管的管好,不该管的不管;

(13) 经常开展有益于学生才能发挥的活动;

(14) 教会学生怎样才能做好,而不是一味讲道理;

(15) 经常与学生聊一些社会动态方面的信息,开阔学生视野;

(16) 不拿扣分约束学生。

## (一) 班主任的品德素养

1. 对待班主任工作的品德:具有敬业精神

在这里,敬业精神是指班主任基于对班主任工作意义的深刻认识和对班主任工作的热爱而产生的一种对班主任工作的全身心的忘我投入的精神境界。敬业精神的本质是奉献。与科任教师的工作相比较,班主任工作不仅意义重大,而且更为繁杂和艰巨,同时,班主任工作的付出与回报失衡。这就要求班主任具有更高境界的敬业精神。

2. 对待学生的品德:关爱、尊重和信任学生

因为班主任是班级中每一位学生全面发展的关注者,学生也往往把班主任看作"替代父母",因此,与科任教师相比较,班主任更应该关爱学生,重视学生身心健康发展,保护学生生命安全;尊重学生独立人格,维护学生合法权益,平等对待每一位学生;尊重个体差异,主动了解和满足学生的不同需要;信任学生,积极创造条件,促进学生的自主发展。

3. 对待其他教育者的品德:团结协作

因为班主任是校内外各种教育力量的协调者,需要经常联系校内教育力量,尤其是本班科任教师,需要经常沟通学校、家庭和社会,所以班主任应该具有团队合作精神,积极开展协作与交流。

4. 对待自己的品德:为人师表

班主任自身的品德修养对于班主任工作具有特别重要的意义。有学者指出:"班主任的工作就是以人格引领人格,以情感陶冶情感,以德性培育德性。"[①]与科任教师相比较,班主任要在更高水平上做到富有爱心、责任心、耐心和细心;乐观向上、热情开朗、有亲和力;善于自我调节情绪,保持平和心态;勤于学习,不断进取;衣着整洁得体,语言规范健康,举止文明礼貌。

---

① 冯建军.班主任专业化初论[J].教师之友,2005(8).

【案例2-2】

### 晨检少了一名学生，班主任找上门救命①

10月25日7点40分，衢江区莲花小学五三班班主任童旭燕，和往常一样开始晨检。

"徐一曦，没来吗？"点完名的童旭燕发现班上少了一名学生。

"和徐一曦同坐一辆校车的同学，在车上看到她没？"童旭燕再次追问。

童旭燕班上的学生有近一半是留守儿童，见始终没人能答出徐一曦的下落，她有些着急。

一走出教室，童旭燕便翻开通讯录，拨通了徐一曦父亲的电话。电话那头的徐父告诉她，自己在市区上班，每周才回家一次，平常孩子都是和她奶奶一起生活。

然而，一连几通电话，徐一曦的奶奶始终联系不上。

"难道是没搭上校车，走路来学校了？"童旭燕坐不住了，她打算沿着孩子上学的路线开车寻找。

徐一曦的家在衢江区莲花镇涧峰村，离学校约有2.5公里，步行需要40来分钟。"早点找到她，孩子还能赶上第一节课！"

车子缓慢地驶向莲花镇涧峰村方向，一路走走停停，童旭燕仔细地在人群中寻找那个熟悉的身影。

但10分钟过去了，涧峰村近在眼前，她却一无所获。"难不成是抄小路走，已经到学校了？"童旭燕抱着一丝希望，但学校的回应依旧令她失望，孩子还没到学校。

此时，徐一曦奶奶的电话终于接通了。听说孩子还没到学校，正在村附近一处气球加工点上班的徐奶奶急匆匆地往家赶。

当徐奶奶和早已等在家门口的童旭燕一起冲进卧室，眼前的一幕让人揪心，只见徐一曦脸色发白，双眼紧闭，横卧在床和书桌间的地面上，额头还有一处明显的瘀青。

"曦曦，你怎么了！快醒醒！"徐奶奶大声呼唤。

"是昏迷了，赶快按住人中。"童旭燕边说，边将孩子抱上床。

闻讯而来的徐父随后将孩子送到就近医院抢救……

依据徐奶奶的回忆和对她平时上学时间的推断，从昏迷倒地到被发现，至少过去一个小时了。

当天，徐一曦被送往医院后，童旭燕就回到学校，和往常一样上课。

学生家长从孩子那里了解到事情的来龙去脉后，纷纷为童旭燕的行为点赞。

---

① 班级晨检少了一名学生 衢州这位班主任找上门[EB/OL]. http://zj.qq.com/a/20161108/041070.htm.

> "要不是童老师及时发现,后果真不敢想象。"
> "童老师,是名副其实的'最美老师'!"
> ……
>
> **讨论:**
> 案例中的童老师体现了班主任的哪些素养?我们能从中学到什么?

### (二)班主任的知识素养

与科任教师的知识结构包括通识知识、学科知识、教育知识相比,班主任的工作范围不局限于某一学科或某一领域,而是关注学生发展的各个方面。能够体现班主任工作特殊性的班主任知识结构主要包括以下三个部分。

1. 广博的通识知识

从学科角度说,班主任的通识知识大致包括自然知识、人文知识和社会知识;从学生发展的角度说,班主任的通识知识大致包括道德、智慧、身体和心理健康等方面的知识。对于科任教师来说,上述知识属于通识知识,而对于班主任来说,这些知识既是通识知识,同时也是班主任引导学生在这些方面得到健康发展的专业知识。要引导班级学生全面发展,班主任就必须具有全面的知识。当然,由于班主任是学生思想品德的教育引导者,在班主任的上述知识中,有关道德方面的知识相对重要一些。

2. 精深的学科专业知识

班主任一般都要在学科教学中担任一门学科的教学任务,因此,班主任要有较好的教学水平,有比较深厚的专业知识。班主任的专业知识基础与教学水平,作为一种有教育意义的因素,也是班主任能否取得权威性的重要因素。

3. 扎实的班主任专业知识

班主任专业知识主要是三类:教育学、管理学和心理学。毫无疑义,教育学是基础。班级管理也属于管理范畴,管理学知识丰富了,才会吸收先进的适合班级管理的知识,放弃粗暴的"管理主义"倾向。心理学是前两学科的基础,更是班主任专业化的基础,了解与理解学生、开展心理咨询等都必须掌握心理学知识。这三门学科知识繁多,而班主任学习时间总是有限的,要择其相关的精华来学习。

按照学术研究的规范,借助多学科理论框架,深入研究中小学班级管理实践,形成比较完整的知识体系,这种知识体系就是"班级管理学"或"班主任工作原理"。它是教师教育中的一门课程,也是学科研究的重要领域。这门学科虽然不够完善,许多问题有待于进一步深化,但它包括许多有价值的东西,为班主任专业发展提供了理论基础。

[案例 2-3]

### 班主任的下马威①

有一位体育老师被学校安排任一个"差班"的班主任——学校之所以让他出任这个班的班主任,就是因为前几任班主任对这个班束手无策。于是学校不得不寄希望于这位身材魁梧的体育老师,看他能不能把学生"镇住"。

第一次到班上去,迎接他的是教室里的吵闹,本来已经上自习好几分钟了,教室里却毫无学习气氛,连桌子上都站着打闹的顽童!班主任生气地指着那个顽童:"你们跟我走!"

几个顽童满不在乎地跟着老师走了,而且越走越快,走到了老师的前面,一直走到办公室,然后不等老师命令,他们自觉地面对墙壁站成一排。显然,以前班主任的常规教育方式让他们形成了定势思维——犯了错误,自然要被老师叫到办公室罚站,不如争取主动,先站好再说。随后进来的班主任哭笑不得:"我叫你们到办公室了吗?我只说要你们跟我走,你们却朝办公室跑。"

几个顽童有点纳闷:"你不是让我们跟着你走吗?不到办公室到哪里去呢?"

班主任指了指操场:"到那儿去!"

顽童们似乎恍然大悟,随即一溜小跑直奔操场,等班主任赶到操场,几个孩子已经在跑道上跑了将近一圈了。

这下班主任乐了:"我叫你们跑了吗?"

学生们更加不解了:"那你叫我们到操场来干啥呢?"

班主任让他们到单杠边,说了一声:"站在这里,看我的!"

班主任很敏捷地跃上单杠,开始甩大回环,动作优美潇洒,轻松自如,一圈、两圈、三圈,越甩越快,一口气甩了几十个大回环,让几个孩子眼花缭乱,目瞪口呆!

班主任和顽童们第一次见面,就以自己精湛的专业技艺给了他们一个下马威。他们"服了"。经几位顽童之口的渲染以及他们本人行为的改变,班主任赢得了学生的心,全班同学尽皆佩服,以后的"较量"自然一马平川,势如破竹。

讨论:

你如何看待案例中班主任的下马威?

**案例分析:**

顽童确实被"镇住",的确达到了学校任命班主任的目的。不过,他们不是被体育老师"魁梧"的身形"镇住",而是被他过硬的专业技能镇住。案例中顽童为什么会信服老师并"改邪归正"?最根本的原因在于班主任所拥有的专业技能。有老师说,我没有体

---

① 李镇西. 做最好的班主任[M]. 桂林:漓江出版社,2014:53-54.

育老师玩大回环等技能,也能管理好班级成为优秀班主任吗?

单杠大回环、篮球暴扣、足球倒钩射门或者充满激情的健美操、韵律优美的艺术体操等是体育老师的专业技能。余音绕梁、高山流水、百鸟朝凤或许是音乐大师的专业技能,识谱教唱、指挥编舞、熟练地演奏多种乐器等则是普通音乐老师应有的专业技能。美术老师信手画一只灵动可爱的小兔子、一朵飘逸流动的云彩等专业技能自然会赏心悦目、陶冶情操。制作造型奇特的纸雕、变废为宝的废弃材料组合,或者熟练即便是略懂皮毛的剪纸、制陶、刺绣、做风筝等会吸引学生的探索目光和求知欲望。

音体美老师的专业技能极有可能令学生"一见钟情"而喜欢上该老师和所教科目。当然,作为小学课程体系中的音体美教学活动是轻松而活泼的,加上几乎没有课外作业,小学生最喜欢了。

较之于音体美科目,语文、数学或者英语老师可能比较委屈:"我们哪有他们那些吸人眼球的华丽技能?"将外显的专业技能等同于某一科目的专业知识与技能,失之于肤浅了。案例中体育老师的大回环,是其专业知识与技能的体现。他将该技能用在班级管理上而非体育教学中,虽然不能提升学生的单杠技巧、技能,同样不能提高班级管理水平,但其结果是因为专业技能精湛"镇住"学生,为他的班主任工作开了一个好头。

学校在选择班主任时,要考虑他们的教学科目背景。一般而言,那些语文、数学和外语等科目背景的老师更容易选择出来(小学班主任是语文老师的天下),一则是在学校中他们数量较大,二则是他们科目的班级周学时数多,教学工作环节多,与学生相处时间长,更容易了解学生的学习、生活、思想行为等基本情况及其需求。或者说,他们的优势在于更容易了解和把握小学生的身心发展特点。

无论何种科目背景做班主任,他们首先是学科教师,必须具备至少四大专业知识:小学生发展知识、学科知识、教育教学知识和通识性知识。这些专业知识虽经过职前教师教育基本得到满足,但专业知识的更新与发展需要通过终身学习和持续的专业发展获得。

"我不止一次听一些校长这样介绍某位老师:'这个老师虽然课上得不是太好,但适合于做班主任。'对此,我总是表示怀疑——一个连课都上不好的老师,果真适合于做班主任吗?"[1]

我也表示怀疑。"班主任应是优秀教师,但优秀教师未必能够成为优秀班主任。"[2]即班主任应该是教师群体中的佼佼者,他们综合素质高,能力强,具备胜任班主任工作的特质,甚至可以说只有他们才能做好班主任工作。那些连课都上不太好的老师,哪有时间和精力去管理班级?怎么会有耐心和恒心教育引导和转化学生发展?他们不仅要反思上不好课的原因和态度,而且要反思专业发展的目标和动力。我们很难设想一个课堂教学中屡屡出错或者味同嚼蜡、抑或经常解决不了所教科目学生提出的学习疑问

---

[1] 李镇西.做最好的班主任[M].桂林:漓江出版社,2014:51.
[2] 段作章,刘月芳.德育与班级管理[M].南京:南京大学出版社,2014:102.

的老师如何得到学生信服并能安之若素地管理好班级。

### (三) 班主任的能力素养

班主任的能力素养是指班主任在完成工作任务过程中所表现出来的个性心理特征,既包括实践的能力,也包括心理潜在的能力。一般说来,班主任要具有以下几个方面的能力:

#### 1. 了解、研究学生的能力

班主任必须具备敏锐的观察力,要有善于通过各种渠道调查、了解学生情况的能力,还要有对信息进行分析、判断的能力。了解、研究学生的能力是班主任能力的基础,也是前提。

#### 2. 教育、管理和组织能力

因为班主任是学生思想品德的教育引导者,所以班主任必须具有良好的对学生进行思想品德教育的能力。该能力不仅表现在对班集体的教育方面,而且表现在对个别学生的教育方面。班主任应善于全面掌握学生的情况,及时发现已经出现和可能出现的问题,并加以正确分析,制定出科学有效的教育方案。

因为班主任是班级管理者,所以班主任必须具有良好的管理能力。该能力主要表现为班主任善于领导学生制定班级管理目标、建立班级管理机构、健全班级管理规范和形成健康的班级舆论。

因为班主任是班集体活动的组织者,所以班主任必须具有良好的组织能力。该能力主要表现为班主任善于制定活动计划,周密安排活动时间、地点和程序,鼓励学生积极参与,善于根据情况的变化,迅速做出决定和采取措施。

#### 3. 教学能力

班主任也要从事教学工作,这样既便于与学生接触,也是更好地教育学生的渠道。较强的教学能力是每个教师应具备的,班主任更不能例外。教学能力是教师取得威望的极为重要的条件之一,如果教学水平比较平常或低下,就几乎无法担任和开展班主任工作,家长也难以对班主任工作给予良好的配合。所以,选择班主任绝对不能忽视教学水平,甚至应着重考虑到他们的教学水平和能力。

#### 4. 人际交往能力

因为班主任是校内外各种教育力量的协调者,所以班主任必须具有良好的人际交往能力。该能力主要表现为班主任应善于待人接物,处理好公共关系,善于与学校管理者、科任教师、家长和社会相关人员建立良好的人际关系。事实证明,只有那些善于交往、能团结人的班主任,才能够更好地协调各方面的教育力量,才能把班主任工作做好。

#### 5. 移情能力

移情能力主要是指班主任能设身处地地站在小学生的角度,理解或欣赏他们的感受。在现实中,一些班主任将"责任"与"爱"演变成对学生的进攻性武器或免遭抵抗的温柔盾牌,它们同时也成了阻碍班主任反思和进步的羁绊。因此,小学班主任应具有移情能力。即,小学班主任不仅要把儿童当作"人",更要善于体会儿童独特的精神世界,把儿童当作"儿童";教育应尊重儿童的未成熟状态,不应为儿童的未来而牺牲儿童的现在。当然如果小学班主任不仅能理解儿童,还能怀有一颗不泯的童心,不过于看重"成人"的价值和教师的"尊严",与小学生形成亦师亦友的多重关系,班主任的管理与教育就会更加贴近学生,赢得学生的主动参与和支持。

【案例2-4】

## 学生竟然说老师卑鄙[①]

班里的小浓浓思维怪异,从来不戴红领巾,作业从来都是乱乱的,但能保持很高的正确率;上课从来不记笔记,还经常在不影响听讲的同时一心二用画他津津乐道的简笔画,如果这时你提问他,他保证知道你问什么;跑步总是落到最后;经常偷懒,总想逃值日,组长和组员要在放学时紧紧地盯着他,不然他就悄悄地溜之大吉了。

一天下午的管理班时间,小浓浓的组长又跟我反映,昨天下午他们去友谊班做值日,小浓浓又逃了。这学期他几乎就没做值日。他们小组的其他几位同学此时也纷纷开始控诉小浓浓。小浓浓却满不在乎地说:"我为什么要给友谊班做值日?"我顿时就来气了:"我们是六年级的学生,帮助一下低年级的小学生怎么就不可以呢?这点道理都不懂,还问我为什么。你既然不愿意给低年级的小学生做值日,那你就在班里做值日吧。"

我教了这么多年的书,从来没有遇到这样的学生。但接下来发生的事更令我惊讶,小浓浓竟然说出了让我惊呆的两个字:"卑鄙。"

我呆住了,愣了几秒钟,就在这几秒钟里,我的大脑迅速转动,怎么办?跟他急,对他这样的学生管用吗?不理他,我多没面子,让他这么没规矩下去,也不行呀。此时全班学生也都停下写字的笔,看着小浓浓。我深吸一口气,对全班学生说:"同学们,咱们停一下笔,一起查一下字典,什么叫卑鄙?""哗哗哗",大家纷纷开始查字典,有同学迅速说出了答案——卑鄙就是不道德的人或事。我接着问小浓浓:"那你说说,我哪一点不道德了?"他显然没想到我问他这个问题,没话了,但他很聪明,立刻转移话题:"我能问你几个问题吗?"我说:"当然可以。""您做值日吗?"没等我说话,下面的学生七嘴八舌地回答了:"郭老师天天来得最早,天天做值日。"

我看着小浓浓,乘势教育他:"谁都得做值日,为他人服务,这是义务。不管你怎

---

[①] 郭育新.学生竟然说老师"卑鄙"[A].李秀萍.班主任工作的30个典型案例(小学篇)[M].上海:华东师范大学出版社,2014:153-160.

么想,你是我的学生,我都要教育你,教育你成才。"没想到,他又一次说了令我惊讶的话:"我不想成才。""不管你想不想成才,你当我学生一天我就有义务教育你一天。""那您教过的学生都成才了吗?""告诉你,我教过的学生有北京市的状元,有研究生,有本科生,有中专生……不管是做什么工作的,都对社会做出了贡献,可以说都成才了。"下面的学生又开始七嘴八舌了,"对,每年教师节都有很多学生来看郭老师"……这时,小浓浓无奈地发出了一声叹息:"哎……""你的问题问完了吗?""问完了。"

这时正好下课了,我把他叫到办公室,本想批评完他,再安慰安慰他,可他依旧摆出一副绝不跟老师靠得太近的样子,我严肃地说:"你说我卑鄙,现在却说不出我哪一点卑鄙,那你得向我道歉。""那好,我跟你道歉,我说错了。"说完,又摆出了他的经典表情,眉头紧皱,双手一摊。

和小浓浓的斗智斗勇,真是费脑子。他离开办公室后,我感到很累,静静地反思:如果我当时跟小浓浓发火,会是什么样的结果?如果当时我不理他,会是什么样的结果?有过错的学生由于担心受到人们的严厉指责与嘲笑,往往比较"心虚""敏感""有戒心""有敌意",常常主观地认为教师也轻视自己、厌弃自己,甚至会"迫害"自己,以至于对真正关心他们的教师采取回避、沉默甚至对抗的态度,不愿接近。我们班的这个小浓浓就是这样,刚刚做完沙盘游戏,心理老师就跟我说小浓浓对周围的事物总是采取敌视的态度,不相信他人。这样的学生要从他的成长历程中找到答案,从而寻求解决问题的方法。

教师如何才能消除学生的"对抗逆反"心理呢?苏霍姆林斯基曾经指出,"人类有许多高尚的品格是人性的顶峰,那就是个人的自尊心"。尊重学生的人格,尤其是问题学生,教育者应本着循序渐进的原则,耐心地指导他们,热心地教育他们,即使批评也要注意"艺术性",甚至加以策略性的"包庇",如同在药片的表面涂上一层糖衣,做到良药不苦口,这样才能消除问题学生的逆反心理,引导他们在学习的道路上稳步前进,激发他们的学习动机,并且从内心对教师产生好感、信任和尊敬,产生良好的双向反馈,从而促进学生智力发展,促进其成才。

总之,对问题学生,教育者必须尊重他们,爱护他们,使他们像好学生一样健康成长。此外,我还认为对问题学生应该更宽容,那不仅是一种美德,还是一种教育艺术。"没有宽容就没有教育。"我真的庆幸自己当时没有发火,否则后果是不堪设想的。

**讨论:**
案例中郭老师在针对学生骂他"卑鄙"事件上处理得比较到位,值得借鉴的有哪些?你认为郭老师对小浓浓的教育能否起到应有效果,是否有改进的措施?

### （四）健康的身体素养和良好的心理品质

班主任工作不仅包括教学任务，还包括班级工作的任务。教学任务是繁重的劳动，需要有很好的体质。班主任缺乏良好的身体条件会影响他们去做更多的工作，也会使他们常常感到力不从心。出现这种情况不仅会影响班主任工作的深度和广度，班主任才能的发挥，而且也会影响学生的情绪，影响学生的精神状态。所以，身体素质是班主任不可忽视的任职条件。

小学班主任具有良好的心理品质不仅有助于班主任提升生活品质、促进班队工作顺利开展和推动专业发展，而且极大地影响着孩子们的健康成长。班主任良好的心理品质主要是乐观、开朗、自信的心境，良好的个性品质，丰富的情感、良好的情绪，广泛的兴趣爱好，等等。

【案例 2-5】

小娜是一个小学三年级的女孩子，性格内向，胆子较小。在班里担任算术课代表，一向做事认真负责，学习也很好。一天下午自习课上，小娜收齐了作业后高高兴兴地来交给教算术的王老师。当她把一大摞作业放到王老师的书桌上后，不知为什么，王老师把作业本一下子全都扔到了地上，把小娜吓了一大跳，赶紧蹲在地上把作业一本一本地捡起来，重新放到老师的桌上，没想到，第二次又被老师扔到了地上。当时，小娜被吓得不知所措，浑身哆嗦。回家后，当天夜里就做噩梦、说胡话，第二天说什么也不敢再到学校去了。经医院诊断，她患了学校恐惧症。事后了解，这位老师只是因为被领导批评了几句，心里憋了一肚子气，小娜就成了她的出气筒。

**案例分析：**

类似王老师这样的教师在现实中并不是个别的。教师不健康的心态，尤其是喜怒无常的情绪状态和暴躁乖戾的性格，常常会成为造成学生心理障碍的直接原因。实际上，有些学生的某些心理问题与心理障碍就是教师不健康心态影响的产物。上例中的小娜所患的学校恐惧症就是王老师随便发泄不良情绪所造成的。据有关方面统计，90％的学校恐惧症是由于教师的非正常教学行为引起的。由于一些教师在同学生交往中表现得过于情绪化，对学生的态度与评价倾向很容易受自己情绪的影响，缺乏应有的自制力。这种消极的不稳定的情绪带给学生的不仅是一时的伤害，有时很可能会影响他们长期的甚至是一生的发展。国外一些发达国家对教师的心理健康都给予了高度的重视，对那些情绪经常失控的教师也有严厉的行政制裁措施。比如美国全国教育联合会在一份《各级学校的健康问题报告》里专门指出："由于情绪不稳定的教师对于儿童的决定性影响，就不应该让他们留在学校里面。一个有不能自制的脾气、严重的忧郁、极度的偏见，凶恶不能容人，讽刺刻毒或习惯性谩骂的教师，其对于儿童心理健康的威胁，犹如肺结核或其他危险传染病对儿童身体健康的威胁一样严重。"

李镇西老师则将班主任必须具备的素养概括为:"25年的班主任工作经验告诉我,优秀的班主任,应该具备童心、爱心和责任心:童心使我们能够和孩子融为一体,爱心使我们能'把整个心灵献给孩子',而责任心则能使我们站在人生和时代的高度,着眼于儿童的未来与社会的未来培养出'追求真理的真人'。同时,优秀的班主任还应该是'专家''思想家'和'心理学家'——这里,我之所以将这三个称谓加上引号,是想表明并强调,也许我们的班主任一辈子都成不了真正意义上的专家、思想家和心理学家,但这不妨碍我们给自己的事业定一个终生努力的奋斗目标:专家,能够使我们在学科教学或其他专业技能上(而不仅仅是单纯的道德上)征服学生的心,并给他们以积极的影响;思想家,能够让我们随时反思自己的工作,并以鲜活的思想点燃学生思考的火炬;心理学家,能够使我们不知不觉走进学生的心灵,同时让学生不知不觉向我们打开心灵的大门。"[①]

## 二、小学班主任的专业发展

班主任专业化、班主任专业发展在我国基础教育界愈来愈受到重视。教育部在《意见》中明确指出:"班主任岗位是具有较高素质和人格要求的重要专业性岗位,应由取得教师资格、思想道德素质好、业务水平高、身心健康、乐于奉献的教师担任。"该文件从制度层面赋予了班主任工作的专业性。与教师专业发展相比较,有关班主任专业发展的研究和实践要滞后得多。因为班主任属于教师范畴,是教师职业中的一种特殊岗位,所以,对班主任专业发展的研究可以参照有关教师专业发展的分析框架。

### (一)班主任专业发展的内涵

班主任专业发展的内涵有广义和狭义之分。广义地说,班主任专业发展等同于班主任专业化,它是指班主任这一群体或职业从非专业或半专业逐渐发展成为一种专业的过程。从专业所具有的特征角度说,班主任专业化既需要班主任自身具有高水平的专业素质,更需要外界在社会地位、工作自主权等方面给予班主任充分保障。

【链接】

**专业的特征体系**[②]

(1)服务于社会的意识,终生献身于职业的志向;
(2)仅为本行业的人所掌握的明确的知识技能体系;
(3)将研究成果和理论知识运用于实践;
(4)长时间的专门职业训练;
(5)控制职业证书的标准或资格的认定;

---

① 李镇西.做最好的班主任[M].桂林:漓江出版社,2014:41-42.
② 陈永明.现代教师论[M].上海:上海教育出版社,1999:173.

(6) 拥有选择工作范围的自主权;

(7) 对所做出的专业判断和行为表现负责,设立一套行为标准;

(8) 致力于工作和为当事人服务,强调所提供的服务;

(9) 安排行政人员是为方便专业工作,而非事无巨细的岗位监督;

(10) 专业人员组成自我管理组织;

(11) 专业协会或特权团体对个人的成就给予认可;

(12) 一套伦理规范以帮助澄清与所提供服务有关的模糊问题或疑难点;

(13) 从业中高度的公众信任和自信;

(14) 较高的社会声誉和经济地位。

狭义地说,班主任专业发展概念等同于班主任专业成长,它是指班主任个体不断提升专业素质,逐渐从新手型班主任成长为专家型班主任的过程。

广义的班主任专业发展包含狭义的班主任专业发展,换言之,班主任专业化的必要条件是班主任具有较高的专业素质。此处的班主任专业发展指的是其狭义的内涵。

**(二) 班主任专业发展的内容**

借鉴教师专业发展内容框架,班主任专业发展主要包括以下几方面内容:[①]

1. 班主任专业信念

专业信念是一项事业、一个专业岗位要求从业者信奉或坚守的理念,起着为专业指导方向、提升层次和提供动力的作用。班主任专业信念是指班主任自己认可并确信的、指导自己班级管理和教育实践的理念。

如何选定班主任工作的专业信念呢?班主任工作的信念是为许多优秀班主任所信奉的信念,或者是被许多理论学者认可的信念,并且能够构成一个比较完整的体系。

(1) 管理育人,做一名教育型管理者。相信班级管理与教育并不冲突,相信能够在班级管理中促进学生的发展,提升学生的生命质量,让学生感受生活的幸福,立志做一名教育型的管理者。这一信念决定着班主任工作追求的目标和达到的境界,是班主任专业发展的基础。管理育人与教书育人并列,是一种公认的说法。

它与"新基础教育"提倡的"生命教育"和班级建设中"教育学立场"相通。"教育型管理者"因王晓春《做一个专业的班主任》一书而广为人知。

(2) 学生为本,也称学生立场。班主任在工作中树立一切为了学生,学生利益摆在第一位,全心全意为学生服务的职业信念。这是以人为本的科学发展观对班级管理的要求,也是众多优秀班主任坚守的理念。

(3) 民主管理。肯定民主管理的正当性,并在班级管理中坚持民主管理。魏书生老师视民主管理为班主任工作最基本的两项原则之一,"民主就是大家的事大家商量,班级怎么管?知识怎样教?能力怎样练?作业怎样留?班会怎样开?都和同学们商

---

① 熊华生.班主任专业发展:概念、内容与制度保障[J].班主任之友(中学版),2011(07-08):7-14.

量。"李镇西老师提出:"没有民主,便没有创造;没有民主的教育,便没有民主的未来。"坚持民主管理,不仅仅是因为民主管理有效,还因为它是未来成人社会民主政治的预演,培养了学生的民主意识和能力。

(4) 自主管理。相信学生的潜能,学生能做的事,尽可能让学生去做,这不仅有助于管理班级,还锻炼了学生的能力。这也就是魏书生老师讲的"班级的事,事事有人干;班级的人,人人有事干"。

(5) 精神关怀。班主任专业化主要倡导者和研究者班华教授认为,班主任最根本的教育理念、最重要的教育品质就是对学生的精神关怀。精神关怀主要是关怀学生的心理生活、道德情操、审美情趣等方面的成长与发展,即关心他们的精神生活质量和精神成长。精神关怀最基本的表现是关心、理解、尊重、信任学生,学会精神关怀是班主任专业化的必然要求。

专业信念,是班主任信奉和坚守的理念,是班主任自觉行动的指南,是克服职业倦怠、专业发展自我修炼的动力。班主任选定自己的信念,长期坚守信念的过程,就是专业发展的过程。

### 2. 班主任专业知识

如前所述班主任知识素养,这里仅涉及班主任的实践知识。

实践知识是班主任在实践中反思和总结出来的知识。这类知识极为丰富,也最有价值,是班主任专业知识的主体。这类知识存在形式多种多样。一是以著作、论文和各种讲演的形式出现。特别是近些年来,随着班主任工作越来越受重视和班主任培训的展开,一线优秀班主任纷纷著书立说。这类知识来自实践,贴近实际,最受班主任老师的欢迎。二是以日常工作中的经验交流的形式出现,更多时候,这类知识存在于班主任身上,与实践合为一体,有待于反思,有待于被叙说。

### 3. 班主任专业能力

班主任的专业能力是指班主任在工作中所形成的,围绕班级管理、学生思想工作的一整套顺利完成教育工作的实践能力。它是班主任专业发展的核心构成,是完成班主任工作的保障。班主任专业能力如前文所述。

### 4. 班主任专业态度与人格

班主任的专业态度是指班主任专业行为的心理倾向,由认知、情感和行为三种成分构成。班主任的专业态度是隐于内在情感,显于外部行为,如爱心、责任感和公正感。

(1) 爱心。关爱学生是班主任最宝贵的职业情感。只有当班主任真正从内心热爱学生,才会潜移默化地影响学生、感染学生,从而生成有效的教育。无论有多丰富的知识,多么强的能力,没有爱心,一切都是空的。

(2) 责任感。责任感是班主任对社会、对他人应承担的义务和应尽职责的内心体验。班主任工作非常细致、琐碎、复杂,难以在各个方面规定详细的操作规程,难以对工作的数量、质量提出额定的要求,工作做多做少,工作绩效如何,往往取决于班主任的责任心。因此，教育从本质上说是一种需要有高度责任感的活动。

（3）公正感。公正就是班主任在教育教学过程中，公平合理地对待和评价每一个学生。具体地讲，就是要求班主任在教育和评价学生的态度和行为上，应公正平等，正直无私，不偏袒，对待不同智力、不同性别、不同个性、不同亲疏关系的学生，都一视同仁，公平相待，满腔热忱地去关心热爱每一个学生，从每个学生的不同特点出发，因材施教。

班主任人格与个性修养就更为复杂和丰富，在这里也只选择了三项我们认为最能影响班主任专业品质的内容：

一是善良宽容。善良，与人为善、时时处处为学生着想；宽容，能够容纳与自己不同的看法与见解，从成长的角度看待和处理学生问题。宽容不是纵容，在宽容基础上的严格，体现着班级管理的专业品质。

二是为人正派。正直，诚实，正派，为人师表，学生才会在内心真正佩服。

三是乐观幽默。班主任乐观向上，笑对生活，班级才会充满阳光；有幽默感，能营造轻松气氛，就能化解班级管理中的许多矛盾，更显智慧；有童心的老师更可爱，更能走进学生的心灵。

5. 自主专业发展意识与能力

班主任专业发展是一个自主发展的过程。班主任专业知识主体是实践性知识，而这类知识的获得依靠自我反思；专业能力是在实践中自我磨炼而成的；专业信念是自我的长期坚守；专业态度的形成过程和专业人格的提升过程，更是班主任自我修炼的过程。

班主任专业发展属于反思性实践取向。这种取向中的教师的专业程度是凭借"实践性知识"来加以保障的。"实践性知识"有这样五个特点：其一，它依赖情境而存在，透过丰富、复杂、动态的关系反映出来，植根于生动、具体、完整的教育场景中；其二，它是作为一种"案例知识"而积累并传承的；其三，它是以实践性问题的解决为中心的综合多学科的知识；其四，它是作为一种默会知识发挥作用的；其五，它是一种"个体性知识"。

班主任专业发展反思性实践取向不同于理智主义取向。在知识属性上，理智主义取向主张教师职业同其他专业职务一样，其专业能力是教育学、管理学、心理学原理与技术的合理运用，专业属性受专业领域的科学知识与技术的成熟度所制约。反思性实践取向主张教师工作具有创造性、发散性的特点，不仅需要知识、技术和技能，而且需要艺术素养和审美情趣。理智主义取向认为专业发展过程是一个由他人主导的训练过程，而反思性实践取向则主要依靠自主的修炼；理智主义取向专业发展强调规范化、通用化、程序化，而反思性实践取向专业发展则强调情境性和个性化。

因此，对于班主任来说，有没有强烈和长久的专业发展意识，是否学会阅读，学会反思，学会与他人组成专业共同体共同分享实践经验，学会修身养性，决定了他的专业发展水平所能达到的高度。

### (三) 班主任专业发展的途径

20世纪80年代以来,教师专业发展出现了三种不同取向的途径,即理智取向途径、实践反思取向途径和生态取向途径。① 这些途径对于班主任专业发展具有非常重要且适切的指导意义。班主任专业发展是一个多因素相互作用、长时间持续不断的过程。在此,我们从班主任职前培养和在职培训一体化、外部教育与自我教育相统一的角度来探讨班主任专业发展的主要途径。基于此,我们认为,班主任专业发展的途径主要有以下方面。

#### 1. 专业引领

班主任专业发展的专业引领途径是指班主任(或未来的班主任)通过自觉加强有关班主任工作的理论学习或自觉接受有关班主任工作的理论指导,从而促进自身专业发展。该途径是对教师专业发展的理智取向途径的借鉴。持该取向的研究者认为,正是由于拥有专门知识和技能才使得医生与律师获得相当高的专业地位,因此,教师专业发展的关键是教师掌握专门知识与技能。

班主任专业发展的专业引领途径强调的是理论在班主任专业发展中的重要性。研究专业特征的研究者几乎都承认从业者掌握高深的专门知识和技能并将其运用于实践是专业的主要特征之一。因此,无论实践经验多么重要,它都代替不了理论的力量,英国哲学家培根所提出的"知识就是力量"命题可能永远不会被"经验就是力量"命题所代替。美国实用主义哲学家、教育家杜威虽然非常重视经验,但他并没有将经验与理论对立起来。在他看来,理论或系统知识是一种处于疑难情境时可以依靠的已知的、确定的、现成的、有把握的材料。他指出,"无论如何,一个人应能利用别人的经验,以弥补个人直接经验的狭隘性,这是教育的一个必要组成部分";"个人直接经验的范围是非常有限的。如果没有代表不在目前的、遥远的媒介物的介入,我们的经验几乎将会停留在野蛮人的水平上。……所以,我们依靠文字,借以获得有效的有代表性的间接经验。"② 显然,该间接经验以理论为主。

在专业引领途径中,其内容以德育和班级管理理论为主,此外还包括教育学基础、普通心理学、教育心理学、教育社会学、教育管理学等理论。这些理论的创造者主要是各级各类教育科研机构和高校中的专业研究者,也包括个别学者型的优秀班主任。我们认为,上述理论多是研究者的智慧结晶,在一定程度上揭示了有关班级管理工作的正确理念、本质规律和科学方法,具有宝贵的指导、启迪和借鉴意义。

在专业引领途径中,理论的存在形式有两种:一是蕴藏在研究者的头脑中,二是发表于书本、杂志、报纸和网络等媒体上。因此,班主任接受专业引领的方式相应地包括两种:一是通过面对面地互动,直接接受研究者的专业引领,二是通过阅读理论成果,间

---

① 教育部师范教育司.教师专业化的理论与实践[M].北京:人民教育出版社,2003:27-31.
② 吴式颖.外国教育史教程[M].北京:人民教育出版社,1999:518.

接接受专业引领。直接接受专业引领的途径主要包括参加课程学习、听讲座、接受现场指导等方式。由于受诸多因素制约,对于在职班主任来说,间接接受专业引领可能更加现实和重要。为此,班主任要养成尊重理论、勤于学习的习惯,就像众多教育家所说的那样,"读书、读书、再读书""把读书当成一种职业生活方式"。

【案例2-6】

## 初为班主任[①]

那年,刚刚师范毕业的我,背上铺盖卷,怀揣梦想,来到那个小山村。这所小学共有六名教师,都是本村的民办教师,年龄在五十岁左右。听他们讲着土话,用填鸭式的教学方法给学生上课,我顿时有了一种舍我其谁的使命感——用最先进的教育理念,让山村教育大变样。

山里的人是很淳朴的,学校的老师见我是一个刚走出校门的十八九岁的小姑娘,纷纷向我传授教育之道。原来的班主任更是热情地向我介绍班级的情况,特别指出小新这个学生:上课经常睡觉,学习很吃力⋯⋯

"没有教不好的学生,只有不会教的老师,我要做中国的苏霍姆林斯基。"我暗下决心。

"一个年轻漂亮的女老师给我们当班主任了。"孩子们奔走相告,那高兴劲,仿佛过年穿上了新衣服,吃上了甜甜的糖果。课堂上,他们坐得端端正正,思维活跃,发言积极,虽然不是普通话,但声音响亮。小新也只打过一次瞌睡。我被孩子的纯真感染着,倾尽所学,引经据典,幽默风趣。课间,我就与学生一起玩耍,一起游戏,做他们的知心姐姐。

第三个周,小新上课打瞌睡的次数越来越多了。"新鲜劲过去了吧?你还是应该严厉一点。"老教师们不断地提醒。"只要耐心一点,走进他的内心世界,一定会感化他,我相信自己的人格魅力。"我斩钉截铁地说。

课下,我成了小新的铁哥们,形影不离——聊天、玩游戏、讲故事,到小河里捉鱼摸虾,到草丛里捉蚂蚱。小新也信誓旦旦,要"改过自新",做个全新的小新。我们拉钩盖戳的那一刻,他像个小男子汉,挺起了小腰板。连续两天,他没有在课堂上睡着。

此后,每当小新又要昏昏欲睡时,我就轻轻走过去,悄悄伸出盖过戳的大拇指,给他一个暗示。小新也会使劲地眨几下眼皮,好像要赶走那讨厌的瞌睡虫。然而瞌睡虫还是不知疲倦地骚扰他。看着他睡得那么香甜,我突然有种要把铁杵磨成针的豪情:小新,我一定要让你在我温柔的怀抱里醒来。

---

① 张翠梅.初为班主任[J].班主任之友(小学版),2011(6):60-61.

我跑到镇上的小卖部,买了好多儿童食品及玩具。既然口头说服不行,那就物质奖励吧。农村的孩子几乎没有零食和玩具,这些奖励对小新的诱惑应该很大。果然,小新看到这些好东西,兴奋得两眼放光,我的信心大增。

可是不久,小新睡觉的频率越来越高。这会不会是一种病呢?我找来小新的妈妈。这位善良的母亲也很无奈:"老师,我们也怀疑过,到镇卫生院查过,医生说这是明显的厌学现象。不行的话,让他上课站着听。"对啊,不妨试一下,总不能站着都能睡着吧!跟小新耐心谈过之后,我把他的座位调到了最后,安排班长跟他同桌。在他又要昏昏欲睡时,班长会悄悄请他站起来。最初几天效果很好,我暗自窃喜,成就感也油然而生。

几天之后,我发现他站着竟然也能睡着。怎么会这样呢?从没有听说站着也能入睡的啊?我百思不得其解。也曾想过用前任班主任的方法——扔粉笔头。可对小新来说,那是一种侮辱,会让他在同学面前抬不起头,我不能那样做。真愁人啊!而小新好像忘记了当初的誓言,依然如故,站着居然也睡得很惬意。

老师们劝我别再浪费时间和精力了,但我不愿放弃,骑两个多小时的自行车,我跑到城里的书店,试图从书上找到答案;翻出以前的读书笔记,希望对自己有所帮助;找师范的心理学老师,期望能给我指点迷津……所有的办法都失灵了!小新仍然如故。哎,真是黔驴技穷啊!

那天,怀着一线希望,我走进小新的家里,想说服他妈妈跟我一起把他带到县医院里检查一下。然而,没有走出大山的小新妈妈断然拒绝了:"老师,孩子没有头疼脑热的,能吃能喝,能蹦能跳;动时不睡,静时爱睡。很明显,这不是病。"得不到家长的支持,唯一的希望又破灭了。

激情被浇灭了,对小新,我抱着不阻拦不放弃的态度:课上睡觉不阻拦,睡觉落下的知识课下补。虽然学习没有落下,但小新失去了课间跟同学玩耍的机会,失去了原本属于他的快乐,我也在痛苦中煎熬着。

那天,在痛苦中徘徊了两年多的我,无意中从一本医学杂志中了解到,像小新这种情况是发作性睡病——嗜睡症的一种,需要进行科学的治疗。

我深深认识到三年师范所学远远不够,需要不断充实自己。于是,我参加了自学考试,力求将自己的这桶水装满。为了拥有"一桶常换常新的水",我大量阅读教育类书籍,力求接受新的教学理念和教育信息;为了成为"一条源源流淌的河流",我订阅了许多有关教育和教育之外的其他刊物,全方位提升自己。

二十多年来,我且学,且行,且思,教育之路也越走越坚实。如今,回头细细品味,发现风景无限,而前方的路还在无限延伸……

(山东莱阳实验小学)

**案例分析：**

郭老师上任伊始，就做了班主任。民办老教师们热情地传授给她一些教育之道。郭老师年轻漂亮，孩子们喜欢她。郭老师有理想，有激情，有信念，家长们信任她。然而，郭老师遭遇了教科书中所没有的困境——如何转化小新——时间、精力和金钱的付出，"试图从书上找到答案；翻出以前的读书笔记，希望对自己有所帮助；找师范的心理学老师，期望能给我指点迷津……所有的办法都失灵了！小新仍然如故。"家长不再支持配合，小新失去了快乐，"我也在痛苦中煎熬着"。

两年后，郭老师无意中从一本医学杂志中了解到小新其实犯了嗜睡症。虽然她说的是"无意中"了解到，但是我们从中看出，郭老师一直将小新的事情放在心上，才能在第一时间联系起来。嗜睡症需要从医学角度获得根本治疗，不是班主任的责任感、爱心和无私奉献能解决的。

然而，小新事件成为起点，郭老师自觉走上了班主任专业发展之路。她参加自学考试，提高学历；大量阅读教育类书籍；力求接受新的教学理念和教育信息；订阅许多有关教育和教育之外的其他刊物，全方位提升自己。诚然，得益于专业引领，二十多年中，郭老师"且学，且行，且思，教育之路也越走越坚实"。

2. 实践反思

班主任专业发展的实践反思途径是指班主任以自己的班级管理实践活动为思考对象，对自己在班级管理工作中所做出的行为以及由此产生的结果进行审视和分析，从而促进自身专业发展。该途径是对教师专业发展的实践反思取向途径的借鉴。

持教师专业发展实践反思取向的研究者不仅强调实践，而且强调反思，认为教师不是在理论学习中而是在实践反思中获得专业发展的。美国著名教育家舒尔曼指出，"对于专业人员来说，最难的问题不是应用新的理论知识，而是从经验中学习。学术知识对于专业工作是必需的，但又是远远不够的。因此，专业人员必须培养从经验中学习和对自己的实践加以思考的能力。"[1]美国心理学家波斯纳提出了一个著名的教师成长公式：教师成长＝经验＋反思，并认为，"没有反思的经验是狭隘的经验，至多只能成为肤浅的知识。如果教师仅仅满足于获得经验而不对经验进行深入的思考，那么他的教学水平的发展将大受限制，甚至会有所滑坡。"[2]

实践反思途径是对科技理性主义的超越。科技理性主义认为，理论是实践的"准绳"，研究者为实践者"立法"，实践者只要按照研究者所创立的理论以及在此基础上开发出的技术去操作，就能够取得实践的成功。持实践反思取向的研究者则认为，实践者并不是被动和机械的"技术操作工"，而是主动和富有创造性的"反思性实践者"；他们秉持实践性知识观，认为直接支配教育实践的不是研究者创立的理论性知识，而是教师自

---

[1] 李·S.舒尔曼.理论、实践与教育的专业化[J].比较教育研究，1999(3).
[2] G. J. Posner. Field Experience: Method of Reflective Teaching [M]. New York: Longman, 1989: 22.

己的实践性知识。我国有学者指出,教师实践性知识直接支配着教师的日常教育教学行为,它在教师选择、解释和运用理论性知识时起重要引导作用,支持教育教学理论和原则,有效指导教学活动。① 因此,教师专业发展的知识基础不是理论性知识,而是实践性知识,而教师获得实践性知识的最主要的途径就是实践反思。

班主任属于教师群体,教师专业发展的实践反思途径同样适应于班主任的专业发展。经过实践反思,班主任对自己的班级管理行为进行审视,在发现存在的问题和不足的基础上,分析和解决问题,改进实践;在总结成功经验的基础上,对其加以继承和发扬光大。在实践反思基础上所获得的教训或经验就是班主任的实践性知识,这些知识在促进班主任提高班级管理质量的同时促进班主任专业发展。

班主任进行实践反思的重要形式是撰写日志、开展经验研究、案例研究、叙事研究等。这些形式会使得班主任的实践反思更为自觉,所获得的实践性知识更为明显和更容易积累。在实践反思中,班主任应重视来自学生视角的反馈信息。学生是班主任工作的当事人和对象,对班主任的工作感同身受。他们不仅有重要的发言权利,而且有一定的评价能力。更为重要的是,班主任关于自己的行为对学生的影响的判断,很可能与学生的体验存在差异,甚至大相径庭。美国教育家布鲁克菲尔德指出,教师碰巧说出的没有特殊意义的评论,学生可能认为是必须遵循的训令;教师未经思考顺口说出的并不重要的问题,可能被学生用以证明教师的自相矛盾;教师认为是令人充满信心的行为,可能被学生解释为对他们过于悉心的保护;教师以为是鼓舞人心、富有创造性的时刻,可能被学生认为是言行不一,让他们感到迷惑;教师出于善意的激励性的玩笑,可能对学生造成伤害。② 所以,班主任在实践反思时必须重视听取学生的意见和建议。

【案例2-7】

## 你要爱每一个学生③

那是2005年的秋天,我因工作调动,从乡下调入城里的一所学校,也就从以前的小班教学转到大班教学,而且还担任了班主任。在起初的一段日子里,我对这样的转变很不适应。当时我带的是二年级的一个班,班上66名学生,个个性格迥异。一到上课,他们各行其是,很少有集中注意力听讲的。为压服他们,我想尽了办法,软硬兼施,可收效甚微。就在我心灰意冷的时候,校长找我谈话了,说这个班情况是有点特殊,留守儿童比较多,难以管教,但相信我会有办法的。

是的,我应该会有办法的! 我对自己说。也许,我需要的只是时间。

---

① 陈向明.实践性知识:教师专业发展的知识基础[J].北京大学教育评论,2003(1).
② [美]斯蒂芬·D.布鲁克菲尔德.批判反思型教师ABC[M].北京:中国轻工业出版社,2002:37.
③ 张香君.你要爱每一个学生[J].班主任之友(小学版),2011(10):58-59.

一天，我来到班上，教室里吵吵闹闹，乱成一团！我站在讲台上，表情严肃地怒视着这些孩子，想努力凭借自己的威信使大家安静下来。可大部分学生根本没把我这个班主任放在眼里，照样视若无人，窃窃私语。突然间，我注意到了坐在教室后排靠窗的一个女孩。她一直盯着我，静静地坐着，眼神里似乎有一种暗示与期待。

对这个孩子，因她的男孩发型，我把她当作了调皮的"假小子"。可是，除此之外，我对她没有特别的印象，准确地说，我很少注意到她的存在。我每天进入教室上课，她每天坐在那里，我们每天都见面，但没什么交往。教室里的学生太多，我一直提醒我自己，要像有些专家提醒的那样：要爱学生。但是，学生人数多了，我总感觉自己只能做到爱某几个学生，只能做到爱部分学生，但无法做到爱每一个学生。

那天中午，我早早来到学校，准备备课。翻开教科书，一张纸条滑落下来，上面写着："老师，能教我们唱歌吗？"我猛然想起，教室里好久都没有歌声了。音乐老师请了产假。我喜爱音乐，在学校又练过弹琴，上一堂音乐课应该是没有问题的。我打算答应这个学生的请求。看看课表，刚好下午第二节课便是音乐课。

上课了，我端着电子琴走进教室。教室里沸腾了，同学们一阵欢呼。我坐在琴前用音乐声向同学们问好，教室里顿时安静下来。没有了吵闹声，孩子们个个坐得很端正。我们唱的那首歌是《小乌鸦爱妈妈》。我带着孩子们边弹边唱，一遍又一遍。

我完全忘记自己是谁了，仿佛自己便是乌鸦妈妈，学生们便是小乌鸦。我发现我原来是如此爱着他们。因为有爱，也越发觉得这些孩子可爱起来。其实，老师爱学生并不遥远，只要老师和学生在一起做开心的事情，学生自然会爱他们的老师，老师也自然会爱他的学生。爱学生，就是去和学生一起做开心的事情——这是我领会的第一条"爱学生"的教育信条。

第二天，课堂纪律明显大有好转，只是王玉萍那双大眼睛，除了专注，还多了一些难以名状的东西。我在想，莫非她和那张纸条有关？我便开始注意起她来，尽量找机会接触她。在后来的谈话中，她告诉我，那纸条是她写的，她喜欢上音乐课。

一次放学后，我们同路，我想顺便到她家去做一次家访。她家就住在我经过的路边，一间破旧的平房。她告诉我，她父母在外打工，留下她和年迈的奶奶相依为命。每天，她都要过马路去打回开水，为奶奶泡脚。她带着遗憾的语气告诉我，她本来有一头乌黑的长发，可妈妈打工去了，没人为她梳理，只得剪了。我答应她，等她头发长了，我一定教她梳头，扎漂亮的马尾辫。

那次家访让我几天都感到难过。她每天坐在教室的后排，我很少关注她，她成绩不怎么优秀，发言也不怎么积极，自然而然地成了班上的"边缘学生"。我从来没有想过，在我的班上，这样一个普通、朴实得不会引起任何一个老师和同学注意的女孩，竟然有这样强大的生存能力，竟然有这样博大的爱心，耐心而持久地照看自己年迈的奶奶。我无法想象，年幼的她是怎样吃力地提着开水，来回穿梭于车水马龙之间的？

自从那次家访,我开始关注这个女孩。我并没有强迫自己去关注她,但我每天上课的时候,都会忍不住去看她。甚至,在每天走向教室的途中,我都会想到她。有一段时间,她似乎使我的上课成为一种期待:我期待进入那个教室,期待见到她,期待看看她今天穿什么衣服,她今天有什么表情。

突然有一天,我发觉,我找到了爱我的学生的感觉。

在和学生一起唱歌的那天,我曾经领会到"爱学生"的第一条教育信条:爱学生,就是去和学生一起做开心的事情。

在家访之后,我领会的"爱学生"的第二个教育信条:爱学生,就是去了解、理解你的学生。

老师不可能平均地爱教室里的每一个学生。但是,如果老师了解、理解了班上的某个学生,了解、理解了学生的真实生存状态,他会自然而然地爱这个学生。爱学生不是一个教育口号,也不是一个教育任务。爱学生需要老师和学生真实的理解和交往。一旦老师和学生一起做开心而不是令学生厌恶的事情,一旦老师真实地了解、理解他的学生,这个老师就会真实地爱他的学生。

**案例分析:**

张香君老师在一次"不务正业"的音乐教唱中领悟了"爱学生"的第一条教育信条,又在后续家访中领会了"爱学生"的第二条教育信条。张老师的经验表明:实践反思是班主任专业发展的基本途径。

张老师从乡下到城里,从十几二十人的小班到66人的大班,以前的教学与班级管理经验不合适了,"为压服他们,我想尽了办法,软硬兼施,可收效甚微",甚至于"心灰意冷"。"世上无难事,只怕有心人。"校长的鼓励、期待和张老师的"不言弃"精神,她终于找到突破口。一个无存在感的小女生"暗示与期待"的眼神,一张偷偷夹在教科书中的小纸条,班主任"不务正业"客串起了音乐老师教唱歌,教室里再次充满了欢乐的歌声。张老师不仅满足了孩子们的愿望,更是在教唱中"顿悟"而体验到了"爱学生"的真谛。

继而,张老师在家访中发现"一个普通、朴实得不会引起任何一个老师和同学注意的女孩,竟然有这样强大的生存能力,竟然有这样博大的爱心,耐心而持久地照看自己年迈的奶奶。我无法想象,年幼的她是怎样吃力地提着开水,来回穿梭于车水马龙之间的?"这一发现,在一定程度上颠覆了张老师对小女生的原有认知。我们在教室里,看到的或许是一个或调皮或沉默或违纪的学生,甚至于可能给他们贴上"差生""问题生"的标签。如果不去了解、发现他们,那么我们可能一直坚持我们的看法而不自知。事实上,每一个孩子都有其闪光点,只是我们能不能发现,发现多少而已。

"纸上得来终觉浅,绝知此事要躬行。"曾经,我们在学校中孜孜不倦地学习,掌握了丰富的教育思想,科学的教育理论,可行的教育方法。然而,面对活生生的教育个体,那些思想、理论、方法却是那么不足和苍白。张老师从班级管理的实践中总结出两条"爱学生"的"教育信条",超越了书本,超越了自己,实现了成长。

张老师将自己的经验再以案例形式发表,不正是实践反思的一种形式吗?实践反思简不简单?简单。

3. 同伴互助

班主任专业发展的同伴互助途径是指班主任通过与同事之间互相帮助,互相学习,分享经验,彼此支持,从而促进专业发展。该途径是对教师专业发展的生态取向途径的借鉴。

持生态取向的研究者认为,教师专业发展并不全然依靠自己,而会向他人学到许多;教师并非孤立地形成与改进其教学策略与教学风格,而是依赖于"教学文化"或"教师文化",正是教师生活于其中的这种文化为教师的工作提供了意义、支持和身份认同。① 因此,教师专业发展不能单打独奏,而应同伴互助。社会建构主义则为教师专业发展的生态取向途径提供了心理学视角的合理性辩护。以维果茨基的思想为基础发展起来的社会建构主义主要关注学习和知识建构的社会文化机制。该理论认为,虽然知识是个人主动建构的,而且只是个人经验的合理化,但这种建构也不是个人的任意建构,而是需要与他人磋商并达成一致来不断地加以调整和修正,并且不可避免地要受到当时社会文化因素的影响。也就是说,学习是一个文化参与的过程,学习者只有借助一定的文化支持来参与某一学习共同体的实践活动,才能内化有关的知识,从而获得发展。借鉴教师专业发展的生态取向途径,班主任要实现专业发展,就必须高度重视同伴互助。

班主任开展同伴互助的主要形式如下:① 信息交流。通过信息交流,班主任促进信息流动,扩大和丰富信息量和各种认识。② 经验共享。通过经验分享,班主任借鉴和吸收他人的经验,反思和提升自己的经验。③ 深度会谈。它是一个自由、开放和发散性的谈话过程,具有生成性和建设性,会使班主任把深藏的个人实践性知识展示出来,形成有价值的新见解。④ 专题讨论。班主任群体围绕某个问题畅所欲言,提出各自的意见和看法。在这个过程中,大家互相丰富着彼此的思想,不断提高自己和同事对问题的认识。在讨论中,每个教师都能获得单独学习所得不到的东西。⑤ 结对帮扶。经验丰富的优秀班主任指导年轻班主任,发挥传、帮、带作用,帮助其尽快适应班主任角色和工作环境的要求。

班主任通过同伴互助途径实现专业发展的重要保障是学校从观念、制度和物质等方面创造有利条件,尤其是建立班主任合作文化,在班主任之间形成心理相容、互相体恤、互相尊重、互相支持的文化氛围。

班主任专业发展的上述途径既具有相对独立性,又相辅相成、相互补充、相互渗透、相互促进。其中,实践反思是班主任专业发展的核心途径,它不仅最能体现自主性、积极性和主动性,而且专业引领和同伴互助这两条途径的作用发挥必须以该途径为基础和中介。班主任的实践反思也不能是自我封闭式的苦思冥想或玄观静览,因为"纯粹从自己眼中之我的角度出发,是不能观照并理解自我的外表的",更不能关注自己的心

---

① 教育部师范教育司.教师专业化的理论与实践[M].北京:人民教育出版社,2003:30.

灵。① 为了突破自我视角的局限,班主任在实践反思时需要借助多种视角作观照。在某种程度上说,专业引领和同伴互助就是班主任有效进行实践反思的两个重要视角。

【案例2-8】

### 老陈授徒记②

老陈是学校中资格最老的班主任,眼看就要退休;小陈初当班主任,新接手一个班,学校安排他拜老陈为师。老陈悉心传授多年来的班级管理经验:"班主任这个行当,没有什么窍窍道道,你多理理他们就好啦。""理理?"小陈不明白——自己每天面对全班孩子,管都管不过来,有时理都不想理。可是这个师傅不愿意多说。无奈,所谓的学习就是"偷师",悄悄跟在老陈后头,师傅怎么做,咱依葫芦画瓢。

小陈的笔记本上记录着老陈语录——教育,不依赖"技术",靠的是人类本初的良知。小陈每天阅读,仔细琢磨。作为青年班主任,他还处在"技术"层面,但这个小伙子本性纯善,悟性很高,对于自己情绪的控制,进展很快。不过,新的问题随之而来。他发现,随着孩子和自己越来越熟悉,班级管理中的问题也越来越多。在老陈的帮助下,"高压锅"——班级中易怒群体——问题得到了妥善解决,班级公物严重损坏的问题也完美解决。

扫码阅读案例详情

**思考:**
你如何看待案例中小陈老师拜师老陈老师?"师徒式"同伴互助需要注意什么?

## 第三节　中队辅导员

### 一、中队辅导员的职责

《中国少年先锋队章程》(以下简称《章程》)中规定,少先队的辅导员"由共青团选派优秀团员或聘请思想进步、作风正派、知识丰富、热爱少年儿童的教师以及各条战线的先进人物来担任。他们是少先队员亲密的朋友和指导者,帮助中队或大队委员会进行工作,组织活动。"

---

① 巴赫金.文本·对话与人文[M].石家庄:河北教育出版社,1998:3.
② 节选自何捷.老陈授徒记[J].班主任之友(小学版),2016(3):51-55.

辅导员的产生一般"采用公开、竞争、择优方式,选聘教师队伍中的共产党员、优秀共青团员、入党积极分子担任大队辅导员。中队辅导员一般由班主任兼任,也可由其他课任教师兼任"[1]。《章程》没有规定小队是否设置辅导员,但是在实践中小队可以自己聘请高年级同学或者校外热心少先队工作的人员担任小队辅导员。

少先队中队是少先队生活的基本单位,是支撑少先队组织的关键层级。学校的少先队工作要通过中队贯彻实施;少先队组织特有的教育作用,也要通过中队工作来有效发挥。在小学,中队一般建立在教学班上,因而,中队辅导员通常由班主任兼任。按我国目前班额的实际情况,一般而言,一个教学班级就是一个中队,共青团选派或聘请班主任兼任中队是合适的,符合《章程》规定的。因此,班主任与中队辅导员角色重叠,职责一致。

一方面,作为班主任,他们肩负着具体贯彻党的教育方针,实施学校教育教学计划,沟通师生、学校与家庭以及社会之间的联系,落实学校育人目标,推进全面素质教育的重要职责。他们应面向全体学生,促进学生全面发展。另一方面,作为中队辅导员,他们的职责是"少先队员亲密的朋友和指导者,帮助中队或大队委员会进行工作,组织活动"。他们是少年儿童人生追求的引领者,是少年儿童实践体验的组织者,是少年儿童健康成长的服务者,他们要起到导师的作用,成为学生的良师益友。

从中队辅导员出发,在职业定位上,要强调作为党的少年儿童工作者、思想指导者的特殊定位;在职业精神上,要强调忠诚党的教育事业和对少先队事业的执着精神;在职业素质上,要强化思想政治素质和专业能力;在职业发展上,要探索有效的激励机制。

## 二、中队辅导员与小学班主任比较[2]

在实际工作中,一些小学班主任对中队辅导员这个特殊身份的认识和操作方式处于模糊状态,很容易将"班主任"与"中队辅导员"等同起来,出现"班、队混淆"甚至"以班代队"的情况,使少先队的组织教育功能未能启动或未被合理启动。因此,正确认识班主任和中队辅导员两种角色的共同点和不同点,有着十分重要的意义。

### (一)任职条件的异同

1. 相同点

班主任和中队辅导员都是学校教育的重要角色,都对少年儿童的成长具有重要影响,因此,都要选派思想端正、知识丰富、热爱少年儿童、具有较强的沟通和教育引导能力的人员担任。

2. 不同点

班主任是由学校选聘的,而中队辅导员是由共青团选派的;班主任来源于班级任课教师,而中队辅导员必须由校优秀的共青团员才能担任,可以是教师中的团员,也可以

---

[1] 少先队工作五年纲要(2010—2014)[Z].2010.
[2] 邓艳红.小学班级管理[M].上海:华东师范大学出版社,2010:206-208.

是其他各条战线上的先进人物;在班主任的素养中,对班主任与学生家长及其他任课教师的沟通能力和组织管理能力要求突出,而中队辅导员更需要思想先进、信念坚定、有较强的组织观念和教育引导能力。

### (二) 教育对象的异同

1. 相同点

小学班主任和中队辅导员的教育对象都是少年儿童及其组成的群体。而且,因少先队"全童入队"的原则,在儿童入队、班主任兼任中队辅导员之后,小学班主任和中队辅导员两种角色由一人兼任,其所面对的群体也会是同一个少年儿童群体。

2. 不同点

虽然教师面对的是同一群少年儿童,但是不同的群体却有两种不同的组织特性:作为班主任,所面对的是一个一般社会组织——教学班级;作为中队辅导员,所面对的是一个政治性、革命性组织——少先队中队。从群体成员的身份来看:在教学班级中,组织成员是"小学生";而在少先队中,组织成员是"少先队员"。

### (三) 教育目标的异同

1. 相同点

小学班主任和中队辅导员的终极教育目标是一致的,即都要促进少年儿童德、智、体等方面全面发展,使全体少年儿童成长为社会主义的建设者和接班人。

2. 不同点

在促进全体学生全面发展的过程中,班主任工作的侧重点在于形成班集体,并通过集体的力量带动全体学生在原有的学业基础上获得最大的发展;中队辅导员的侧重点则是帮助少年儿童了解少先队的知识,并通过队组织教育使学生继承革命传统,树立共产主义理想。

### (四) 师生关系的异同

1. 相同点

无论班主任,还是中队辅导员,都应和学生或少先队员建立平等、和谐的师生关系,成为他们的"亲密的朋友"和"指导者",成为他们"健康成长的引领者"和"人生导师"。

2. 不同点

相对而言,班主任的主要角色定位应是教育者、管理者、组织者。当然,在教育和学习的过程中要注意充分调动和尊重学生的主动性、积极性,养成学生的自我教育能力;而中队辅导员的主要角色定位应是少先队员的"亲密朋友",其次是"指导者"。这是少先队的组织性质——自主性所决定的,也是队章所明确规定的。因此,相对于班级管理来说,辅导员更要把少先队中、小队组织和中、小队干部向前推进一步,而自己向后退一步,即引导少先队干部和少先队员独立开展工作、组织活动,而将自己摆在"从旁指导"

的位置,充分尊重少先队组织制度和自我教育的本质特征,给队干部出主意、当参谋,设法启发队员们的积极性、创造性。

### (五) 教育途径的异同

1. 相同点

班级管理和少先队工作都应引导学生和少先队员开展内容丰富、形式生动的各项活动,寓教育于活动之中。另外,班队工作都应重视文化建设,让学生和少先队员在班队文化中受到潜移默化的影响。

2. 不同点

与班级活动不同的是,少先队有自己的品牌活动,如体验教育活动、"手拉手"互助活动、"雏鹰争章"活动、"民族精神代代传"活动、少年军校活动、中国少年儿童平安行动、中华少年小甲A足球运动、中国少年科学院活动等。此外,少先队还要开展组织建设和阵地建设。

少先队活动还注重完整而独特的活动仪式,通过仪式培养少先队员的组织纪律性、荣誉感和责任心。严肃的列队、逐级报告人数,能增进队员的组织观念;激昂雄壮、催人奋进的号声,节奏明快、鼓舞人心的鼓乐,徐徐行进的队旗,少先队员举手敬礼、高唱队歌、举拳呼号,无不叩击着队员的心扉,感染着队员的情感,体现了队员的崇高理想和决心,引发队员们对美好生活的深切向往。

在参加活动和队员集会时,辅导员也必须和队员一样佩戴红领巾、敬队礼,以体现与队员的平等关系和对队组织的尊重。

### 思 考 题

1. 小学班主任的工作职责有哪些?
2. 联系小学班主任工作实际,谈谈小学班主任工作需要具备的素养。
3. 联系小学班主任工作实际,谈谈小学班主任专业发展的途径。

### 实践探索

1. 走进小学校:调查不同年级小学生心目中理想的班主任形象。
2. 依据小学班主任的素养,撰写一篇反思性文章或者专业发展规划。

### 案例研究

**案例1:**

杭州网友微信圈:我女儿在余杭一所小学读二年级。最近听女儿说,老师把学生分三种,精英组、平民组、麻将组。其中,平民组又分好几个等级,而麻将组底下的,就是学习不好的小朋友。班主任语文老师是按每一单元考试来划分,我女儿是在平民组2号,我想麻将组的小朋友心理阴影面积有多大呢?我还想知道,老师有权这样做吗?

请你为这位家长解惑。

**案例2:**

心中的那一片绿叶

坐在窗前,望着窗外的繁花似锦,我的内心隐隐透着一阵阵激动——我被生命的色彩感动着,被我成长里的寻找经历感动着……

我的童年是在一个小山村度过的,陈老师是我的班主任——上海知青,文静寡言,但却很喜欢和我交流,而我也非常敬重陈老师。

陈老师喜欢绿叶,在她的书里,常常夹着她用形状各异的叶子制成的精美书签。记得有一次,我和陈老师在山坡上散步,她低头捡起了一片宽大的绿叶。我忍不住问道:"陈老师,你喜欢绿叶?"陈老师笑了笑,反问我:"你喜欢吗?""我不喜欢,我爱花!"

对我的回答,陈老师不置可否,却讲了一个感人的故事:"一个小女孩患了重病,觉得自己将不久于人世,她望着窗外的常春藤说:'藤上最后一片叶子落下时,我就要离开人世了!'人们都为她伤心难过。这件事被一个年迈多病的老画家知道了,他在一个风雨交加的夜晚,抱病画了一片晶莹碧绿的叶子,把它牢牢地扎在青藤上,而小女孩儿从此坚强地活了下来。"听完陈老师的动情讲述,我似懂非懂地点点头。

后来,我离开山村到外地读书。有一天回到家中,父亲说陈老师已经随着知青返城了。临走时,她托父亲送给我一个笔记本。我小心翼翼地翻开,只见里面夹着一片用绿叶制成的书签。叶子之下,整齐地写着一段话:"花的事业是尊贵的,果实的事业是甜美的,让我们做叶的事业吧!因为叶的事业是谦逊的。"我顿时大悟陈老师喜欢绿叶的真正原因。

如今,我从教已有20多个春秋,每每站在讲台上,陈老师的身影和那片绿叶都仿佛在我眼前迭现。多少次的寻找,多少次的期待,我彷徨过,痛苦过,绝望过,但是我却愈加的平和、淡定,因为我知道,其实我真正寻找的是一种向往、一种精神、一种理想,而这正是恩师所期待的!

你是如何理解文中"叶的事业是谦逊的"?对班主任工作有什么启示?

### 拓展阅读

1. 李镇西.做最好的班主任[M].桂林:漓江出版社,2014.
2. 魏书生.班主任工作漫谈[M].北京:文化艺术出版社,2014.
3. 王晓春.做一个专业的班主任[M].上海:华东师范大学出版社,2008.
4. 教育部教师工作司.小学教师专业标准解读[M].北京:北京大学出版社,2013.

# 第三章
# 小学班队管理的准备工作

排座位是技术也是艺术
拓展阅读

> **学习目标**
>
> 1. 掌握班队管理的准备工作的基本内容。
> 2. 了解和掌握小学生身心发展的一般特征,运用正确的管理策略。
> 3. 认识和理解特殊需要小学生。
> 4. 学会技巧化、艺术化地与学生初次见面,留下美好印象。
> 5. 学会排列座位,为建立良好学习秩序奠定基础。
> 6. 理解班队计划的重要意义,学会编制科学合理的班队工作计划,树立目标意识和活动意识。

肖老师报到结束,就被校长召见。一番简洁的开场白之后,校长谈起近两年来生育政策放开,几位骨干女教师相继取得生育指标,因而学校教师短缺,不得不给她委派一(2)班班主任。在校长鼓励的话语和殷切的希望中,肖老师愉快地接受了任务。肖老师师范大学小学教育专业本科毕业,品学兼优,有满腔热情和远大抱负,希望能在热爱的教师岗位上有一番成就。然而,她知道如果不是因为教师极度缺乏,学校是不会安排一位刚刚走上工作岗位的新手教师担任班主任的。作为一个从来没有从教与带班经验的纯新手教师,肖教师很忐忑,如何才能做好一名小学班主任呢?

肖教师的忐忑是对班主任工作的敬畏。正如她知道的,如果不是因为教师极度短缺,班级管理任务安排不过来,学校是不会安排一位刚刚走上工作岗位的新手教师担任班主任。学校这样安排承担着极大的风险。一方面可能要承受来自学生家长的压力。家长们可能不了解学校实际情况,可能不会理解学校面临的现实困难,因而,他们不会接受一位没有任何教学经验和带班经验的年轻老师。或者,他们不愿意把自己的孩子交给年轻老师"练手"。另一方面,可能给未来一年级小学生和肖老师造成极大的心理影响。如果肖老师工作做得好,自然是皆大欢喜的局面。但是,如果肖老师做得不好,观念错误,方法简单粗暴,无疑会对小学生的学业和心理发展产生极其不利的影响。肖老师也将因此而产生严重的失败感,可能对其职业发展产生消极影响。

如果说职前教师教育是为进入教育领域走上教师岗位做基础准备、理论准备的话，那么了解小学生、走进小学生、做好班队管理计划等则是班主任工作的具体准备、现实准备了。了解小学生，树立正确的小学生观是班主任工作的起点。

## 第一节　了解小学生

【案例3-1】

### 三次班会[①]

十二年前，我开了个精彩的主题班会。

"有个孩子到饭店，用父母的血汗钱点了一大桌子菜，可他守着不吃不喝。服务员劝，父母劝，谁劝也不吃！他饿着肚子离去。请评议。"

"傻瓜——"学生们哄笑。

我不动声色："这孩子买了车票，却不上车，跟着跑。"

"傻瓜——"学生们大笑。

我也笑了："他买了新衣，却撕成一条条扔掉。"

"傻瓜——"学生大乐。

一切尽在掌握之中，我做出沉痛状："有个孩子，将父母辛辛苦苦挣来的钱交了学费，买来书本，却整天胡打乱闹，不好好学习，浪费时间。"

"傻——瓜！"同学们回答得很沉重。

我脸上"苦大仇深"，心里却乐开了花。

六年前，我踌躇满志地将这个主题班会搬进了三年级四班。

"有个孩子点了一桌子菜，可守着不吃不喝，饿着肚子离开。请评议。"

"减肥呗——"学生们不感兴趣。

我扶扶眼镜："他买了车票，却不上车，跟着跑。"

"锻炼呗——"懒洋洋地回答。

我勉强笑笑："他买了新衣，却撕成一条条扔掉。"

"烦呗——"有气无力地回答。

我不再迂回，直奔主题："交了学费，买来书本，不好好学习，整天胡打乱闹。请评议。"

---

[①] 王立腾.三次班会[N].重庆晚报，2009-06-25(44).

"……"似是而非地回答。
"什么意思?"我指着经常不交作业的张朋作答。
"可能想当大款,或歌手,嘿嘿。"张朋挠着头皮说。

今天,我怀着异样的心情,在三年级六班开了这个班会。
"有个孩子点了一桌子菜,可守着不吃不喝,饿着肚子离开。请评议。"
"派儿——"学生们兴奋起来。
我扶扶眼镜:"他买了车票,却不上车,跟着跑。"
"帅呆——"学生们手舞足蹈。
"他买了名牌服装,去撕成一条条扔掉。"
"哇——太酷啦!"学生拍桌子,擂凳子。
我干脆直接点题:"交了学费,买来书本,不好好学习,整天胡打乱闹……"
"耶——新新人类!"异口同声地回答。
我的眼镜跌了下来。

这三次主题相近的主题班会,学生的反应大相径庭,班主任的心情从"乐开了花"到"勉强笑笑"到最后"眼镜跌了下来",完美地诠释了"不是我不明白,是世界变化太快"。主题班会也从"精彩"发展成"异样心情"下的无果。为什么会这样?当我们探讨其背后的原因时,我们需要回答一个问题:你了解你的学生吗?

## 一、小学生发展的一般特征

### (一) 小学生身体发展的一般特征

身体发展是儿童心理发展的物质基础,小学生身体的健康发展为他们从事学校学习活动提供了保证,而脑及高级神经系统的发育便是他们心理发展的前提和重要的物质基础。小学生身体发展在人的一生发展中处于一个相对平稳的状态。他们的身高平均每年增长4～5厘米,体重平均每年增长2～2.5千克。同幼儿相比,骨骼更加坚固,但由于骨骼中所含的石灰质较少,比较容易变形、脱臼。小学生身体的肌肉组织有所发展,但不够强壮,缺乏耐力,容易疲劳,不易长时间从事过于激烈的体育运动。

从体内机能的发育来看,小学生的心脏和血管在不断增长,其容积没有成人的大,但新陈代谢快,所以小学生心跳速度比成人快。从肺的发育来看,6～7岁儿童肺部结构就已发育完成,至12岁时已发育得较为完善,儿童的肺活量在这一阶段也迅速增加,表明肺功能不断发展。

从脑和神经系统的发育来看,小学生的脑容量已逐渐接近成人水平。随着大脑皮层的生长发育,儿童脑的兴奋过程与抑制过程逐渐走向平衡,觉醒时间逐渐延长,睡眠时间缩短,这使儿童有更多的时间从事学习活动。

## （二）小学生心理发展的一般特征

小学生的心理发展特点，是由其心理发展的条件所决定的。生理，特别是脑和神经系统的均匀和平稳的发育，构成了小学生心理的协调发展。学习成为主导活动，不仅使小学生的智力从具体形象思维过渡到抽象逻辑思维，而且也使他们的社会性和个性获得迅速的发展。

小学阶段的时间跨度有六年之久，儿童的具体成长过程在不同的年级及年龄阶段具有明显的差异，低年级、中年级、高年级是三个具有相对独立性特征的阶段。

### 1. 小学1~2年级学生心理发展的特征

刚入学的儿童虽然已经步入小学阶段，却不可避免地延续着幼儿时期的一些心理发展特征。他们依然喜欢游戏，同伴交往、社会性发展都在游戏中继续发展着。此时的儿童对是非、善恶的判断还处在以成年人的标准为标准的阶段，对成人的依赖开始从对父母的同一转向对教师的同一，明显的表现为对老师权威的服从，最典型的特色就是"打小报告"。教师要根据小学低年级儿童的这些心理特点加以引导，给孩子一个适应的过程，做好幼小衔接的入学教育工作。

低年级儿童还保留着幼儿期"口语时代"自我中心的特征，他们在倾听和与别人对话时，总会拼命地讲自己想说的话，却不大关心对方所讲的内容。他们的思维有时显得很散，回答问题常会答非所问，或者说许多不相关的话，课堂上也会出现类似的情况。大约二年级起，儿童自我中心言语在逐渐减少、弱化。刚入学的儿童正经历着由口头语言向书面语言的转化，最初在进行书写训练时常费劲而又没有把握，因此学龄之初的孩子会有一段"橡皮时代"。如果教育者能深刻地理解儿童的这些内心世界，就不会觉得孩子的这些行为令人费解、"无聊"和"徒劳"了。

### 2. 小学3~4年级学生心理发展的特征

小学中年级的儿童已经完全脱离了幼儿时期的发展特点，全身心地投入学校集体生活中，他们一边继续服从着教师的权威，一边开始重视伙伴之间的真诚与法则，伙伴规则时代悄然而至。

这一时期的儿童对成人的意见和命令不再那么唯命是从，而是试图发表自己的看法，在家里他们总是试图摆脱父母的管束，开始讨厌保护和命令，喜欢独立，进入了"不听话时代""歪理时代"。其实这正是儿童"见解形成期"的典型特征，这种"见解"并不像青春期那样完全独立，而主要是情感方面的独立。对这一时期儿童的教育指导，要关注他们情绪、情感发展的特点，而不能简单地滥用权威；应允许儿童适当地坚持自己合理性的"见解"，当然也不能让不合理的"见解"肆意扩张，毕竟此阶段孩子的"见解"还不够成熟。

小学中年级儿童正处在从对成人的认同到对朋友的认同的转换期，进入了伙伴规则时代，他们内心渴望与同龄伙伴交往，开始形成小团体，团体内的人际关系既凝聚又排他，在某些情况下同伴的规则比父母和教师更有控制力。在此阶段，学校应不断增加集体生活，鼓励同伴之间的交往，不断增强团体气氛，为儿童今后社会化的发展打下良好的基础。

3. 小学5～6年级学生心理发展的特征

高年级小学生从发展的总体上看还处于儿童期,但其中一些年龄偏大的儿童已处于儿童向少年的过渡期。这一时期的儿童有了向更高层次学习的认识基础,有些孩子生理发育开始趋于成熟,青春期明显提前,使他们开始关注男女之间的差异,社会化发展进入了快速发展的状态。

高年级的孩子对各种事物都怀有极强的好奇心和求知欲,带着开放、探究的心态显示出他们广泛的爱好。在这种求知的心理状态下,他们的判断力开始理智地发展,对成人尤其是教师的批判精神开始萌生。与中年级充满反抗、逆反情绪的"见解"不同的是,他们相对显示出一些稳定与成熟,批判的目的也更多是想弄清是非,或表明他们的公正。

对性别角色差异的认识,其实早在中年级就已经步入了快速的发展时期,如男生会时常对女生恶作剧,会在女生游戏时滋事扰乱,而女生则喜欢频频向老师告状,男女同桌时常会画出分界线。到了高年级,由于青春期的开始,男女儿童对各自所属的性别意识的强化,有些儿童会出现疏远异性的现象,他们开始关注自己的内心世界,心理发展正在开始一个崭新的质的飞跃。这些情况会一直延续到青年初期。

【案例3-2】

## 中学都教不好,居然让他去教小学[①]

有一次教育局邀请我作为教育督导专家去参加一个评估督导工作。这间学校在几年前曾经发生过一件恶性的教育事故。校长都因此被撤换了,说起此事,一起同行的教育领导仍满脸悲伤。恶性教育事故发生的过程是这样的:

当地有一个中学女教师,因为脾气与性格的问题,与她所教的学生的关系很差。经常被家长、学生投诉,投诉的内容主要是对学生的体罚或者辱骂之类。当地的教育行政管理部门考虑到投诉太多了,影响不好,因此就把这个老师调到本地的一间小学去任教。以为到小学应该没有多少问题,这位老师到小学任三年级的一个班的课,并且当这个班的班主任。没有想到的是,仅仅半个学期,就发生了一起恶性教育事故。有一次课间,班上两位女生因为一些小事吵架,这个事情很快就被报告到了班主任这里。这位刚从初中调到小学的女班主任,竟然当众袒护其中的一位学生,另一位学生委屈地哭了起来。然后,这个班主任就说,你会哭算什么,还不如死了好。说完,这个受到委屈的女生果然就从教室所在的四楼上纵身跳下,当场身亡。

---

① 许锡良. 中学都教不好,居然让他去教小学[J]. 教师博览:原创版,2016(4).

**案例分析：**

两个小女生之间的课间吵架，演变成一位烂漫儿童的意外身亡，结果令人伤感和沉思。班主任老师对结果的发生负有不可推卸的责任。中学老师能胜任小学老师吗？中学老师能胜任小学班主任吗？

上一章谈到，教师胜任班主任工作必备的基本素养。其中，不同学段教师均要具备学生发展知识与通识性知识。然而，由于所处学段不同，他们可能对学科知识和教育教学知识要求会有所不同。这一点我们考察《教师教育课程标准》可以进一步得出结论。

根据《教师法》和《教师资格条例》我国教师按学段序列可以分七种类别：幼儿园教师、小学教师、初级中学教师、高级中学教师、中等职业学校教师、中等职业学校实习指导教师和高等学校教师。《教师教育课程标准》规定了幼儿园教师、小学教师和中学教师职前教师教育的课程目标与课程设置。其中的"中学教师"没有区分为"初级中学教师"和"高级中学教师"，也可以理解为《教师教育课程标准》对这两类教师要求是一样的。

表 3-1 《教师教育课程标准》关于教师教育课程最低总学分数规定

| | 教师教育课程最低总学分数（含选修课程） |
|---|---|
| 幼儿职前教师 | 64 学分＋18 周 |
| 小学职前教师 | 32 学分＋18 周 |
| 中学职前教师 | 14 学分＋18 周 |

以四年制本科为例我们发现教师教育课程设置最低总学分随着序列上升而显著下降，即从幼儿园教师到中学教师除规定共同 18 周教育实践，教师教育课程最低学分从 64 学分降到 32 学分直到 14 学分。如果换算成具体课程，那么幼儿职前教师的教师教育课程要开设 20~30 门次，小学职前教师要开设 10~16 门次，而中学职前教师仅开设 5~7 门次。从实践中，四年制本科总学分数均超过 160 学分。各校之间有差异，但不可能差异太大。再除去差不多学时（学分）的通识课程，开设的教师教育课程越多，相应学科科目就越少；反之，开设的教师教育课程越少，相应学科科目就越多。

从另一个方面我们可以看出，越是趋向于幼儿园教师，越是要求更懂教育教学规律和儿童心理发展；而越是趋向于中学教师，越是对学科专业知识要求更高。为什么？这是由儿童发展特点和教育规律决定的。幼儿园的稚童与中低年级小学生的生活、学习都离不开老师的教育和指导。

从学科知识上论，幼儿园教师固然教不了小学、中学、大学，反过来，大学教师就能胜任中学、小学、幼儿园工作吗？这不是必然的。也就是说，能够教大学的教师，未必就一定能够教好中学、小学。相反，就教育教学能力与素质而言，其实小学的要求比中学高，中学的要求比大学高。为什么会这样倒过来？那是因为教育过程针对的是人的成长过程。就人的成长过程来说，儿童年龄越小，越容易改变，对孩子的教育影响力就越大，这个时候，对教育的方法、策略与智慧的要求就越高，越要求教师对学生的了解体察入微,越要深入研究,注意教育的方式与方法。而且教师与学生的关系,越是在儿童年龄小的时候,越是亲密。幼儿园里的师生关系,仅次于亲子关系;小学比幼儿园要疏一些;初中又比小学要疏一些;高中阶段因为学生接近成年,学生的思想人格开始独立,有自己的分析判断,对教师的依赖性逐步减弱,也就意味着教师的教育作用在逐步降低;到了大学,特别是博士阶段,导师对学生的影响有时仅仅是在某个学术领域的某个问题上,甚至在学术领域上也无法左右自己的学生。这样一个过程,同时也说明就教育艺术性而言,小学要高于中学,中学要高于大学。一个人教不好大学,或者连大学的师生关系都处理不好,就不要指望他能够很好地适应中学,如果一个教师连中学的师生关系都处理不好,就不要指望他能够教好小学。

作为小学教师和班主任,我们不仅要具备相应的学科知识,更要学习教育教学知识和儿童发展心理,研究教育教学规律。唯其如此,我们才能为成长为优秀班主任做好准备。很显然,上述案例中,一个曾经的中学老师根本不了解中学与小学的不同,也不了解中学生与小学生之间的差异。

## 二、特殊需要学生

"世界上没有两片完全相同的树叶",生活中也没有两个完全相同的人。儿童间的差异是普遍存在的。造成这种差异的原因有多种:儿童先天素质的不同,儿童后天生理发育的不同,儿童后天生活环境,如生活地域的经济文化发展状况、家庭生活条件、家庭氛围、父母的教养方式等方面的差异都是影响儿童发展的重要条件。每一个儿童在其独特的环境中,通过与环境的交互作用不断地成长、发展,表现出不同于他人的身心特征。

### (一) 特殊儿童

特殊儿童是指在智力、感官、情绪、身体、行为和沟通能力上与正常情况有明显差异的儿童。广义上,特殊儿童既包括发展上低于正常的儿童,也包括心理发展高于正常的儿童。但早期人们更多地把特殊儿童理解为残疾儿童——生理和心理上有缺陷的儿童,这是一种狭义的理解。二十世纪七八十年代,一些学者认为,每个儿童都是平等的,不应该把儿童分为有无残疾;残疾儿童分类给儿童打上了有害的"标记",仅有医学意义,对教育没有意义。他们提出用"特殊教育需要儿童"代替特殊儿童和残疾儿童的概念。

### (二) 特殊需要儿童

特殊需要儿童又称特殊教育需要儿童。这是从教、学的角度考察儿童的个别差异,在强调儿童个别差异的基础上更加关注那些与教学有关的、具有教育意义的个别差异因素,强调那些达到一定程度、引发特殊教育需要的个别差异因素。这一界定凸显了对儿童差异分类的教育意义。

1994年,在西班牙萨拉曼卡召开的"世界特殊需要教育大会"通过了《萨拉曼卡宣言——关于特殊需要教育的原则、方针和实践》。宣言发表后,特殊需要儿童的概念代替了特殊儿童、残疾儿童的概念,被世界各国普遍接受。

### (三) 特殊需要学生

特殊需要学生是指在学校中需要特殊教育帮助的学生,即学校中的特殊需要儿童。随着教育的发展,特别是全纳教育的兴起和发展,普通学校中需要特殊帮助的学生越来越多,特殊需要学生的范畴更为广泛。主要包括:

(1) 生理特殊需要学生,如体弱多病、肥胖、遗尿症、睡眠障碍等;

(2) 注意特殊需要学生,如多动症、抽动症等;

(3) 感知发展特殊需要学生,如感觉运动统合失调、视觉残疾、弱视、弱听等;

(4) 智力发展特殊需要学生,如智力超常、智力落后等;

(5) 情绪特殊需要学生,如易怒、忧郁等;

(6) 个性特殊需要学生,如嫉妒、依赖、孤傲、自卑等;

(7) 学习特殊需要学生,如学习障碍、非智力性学业不良等;

(8) 交往特殊需要学生,如交往紧张、不合群等;

(9) 品行特殊需要学生,如说谎、攻击、偷拿、打骂行为等;

(10) 处境特殊需要学生,如单亲家庭子女、下岗工人子女、城市务工人员子女、服刑人员子女、外出务工人员子女等。

### (四) 正确认识特殊需要学生

特殊需要儿童的产生是不可避免的。儿童的发展受多种因素影响,先天的遗传素质、基因突变,后天成长当中的疾病、身体损伤以及生活的物质环境、社会团体的因素都会影响儿童的身心发展,使儿童表现出与众不同的独特性,这是一种正常的现象。而把特殊需要儿童——特别是残障和心理障碍儿童——的产生归罪于家长,或认为是"前世作孽所以遭报应"等,这都是不公平的,也是迷信、缺乏科学依据的。

特殊需要学生既具有一般学生的共性,又具有其特殊性。班主任要尊重特殊需要儿童,对于特殊的需要给予特定的帮助,同时,不因其生活依附于父母和学习上依附于教师而忽视孩子的主体性,任意安排孩子活动。

特殊需要儿童的特殊既不是家长的错更不是孩子的错。随着融合教育观念的发展,小学中特殊需要儿童的数量呈现增长的趋势。班内特殊需要儿童数量越多,班级管理难度也就越大。一些教师对特殊需要学生或声严厉色,或不闻不问,这些态度都是不正确的。班主任必须正确认识和接纳特殊需要儿童,要用发展的眼光看待特殊需要学生,要细心地观察这些儿童,了解他们独特的需要,选择适合其发展水平、发展特点的教学材料及教学方法。

### 【案例3-3】

#### 我也愿意和他同桌[①]

李济舟，四年级学生，多动症儿童，有时会在课上或是课后大叫大嚷，有时也会对同学大打出手，偶尔还会对身边人进行各种骚扰，安静时又特别天真、可爱。新学期开始了，我没有像以前一样让他单独坐在教室最前面，因为我希望能让大家逐渐淡化他是特殊儿童的意识，也许他会减少因别人关注而更加兴奋的情绪表现。所以我把全班按身高排队，一个比他稍高些的男生江林泽就这样成了他的第一任同桌。这只是暂时的一个缓冲办法，我知道，接下来选李济舟的同桌会是我班务工作的一大挑战。

扫码阅读成长故事

姚老师怎么迎接这一挑战？后来，同学们为什么愿意与济舟同桌呢？

**案例分析：**

李同学患有多动症。姚老师称之为"特殊儿童"，也就是我们前面所说的"特殊需要儿童"。姚老师"没有像以前一样让他单独坐在教室最前面"，而是希望淡化他是特殊儿童的意识。对于多动症儿童，单独一桌不失为一种解决方法。但是，这种方法显然不能有效解决问题，反而突出了李同学的特殊问题。

面对特殊需要儿童，姚老师认为"教师不能逃遁、忽视、回避、简单地呵斥，而应该努力靠近、积极帮助"。她没有贸然采取措施，而是小心翼翼地找办法、分析原因，"流动同桌"成为全班同学爱的驿站，流动的不再是"任务式的座位"，而是孩子们春天般温暖的关爱。

案例中，姚老师没有单纯地以任务式要求同学，更没有强迫安排李同学的同桌，而是引导同学们积极主动帮助李同学，并通过班级微博表达了对李同学同桌发自内心的赞美。姚老师的班级管理经验无疑非常丰富，就算是对同学的鼓励与表扬也要选择合适的方式方法。

值得商榷的是，这种流动同桌会不会同样让李同学感到特殊，从而"增加因别人关注而更加兴奋的情绪表现"呢？针对李同学的"多动症"，姚老师是否有针对性地引导或建议家长积极矫正与治疗呢？

思考：班主任如何有效了解学生？班主任应该树立何种学生观？

调查：小学生的时代特征有哪些？

---

[①] 姚国艳. 我也愿意和他同桌[J]. 班主任之友(小学版)，2011(12)：28-30.

## 三、小学各年级段的管理策略

### (一) 低年级学生入学适应的引导

低年级阶段班主任工作的最重要的三个方面是：

1. 重视幼小衔接，加强入学适应引导

小学一年级是儿童接受学校教育的起点，对刚刚离开幼儿园进入小学的幼儿来说，这是他们人生的一个根本性的转折点。他们由事事依赖父母逐渐过渡到事事独立完成，开始承担"学生"的责任。他们已经适应的以游戏为主要形式的活动转变为以学习为主要形式的活动。小学一年级对儿童今后学业的发展起着一个重要的作用。

一般而言，由于对新环境的好奇，对上学这种行为本身的喜欢，学生会在入学之初对丰富的学习活动产生兴趣，但渐渐地，学校的各种制度要求、学业要求会使学生产生不适应，再加上小学生自身控制能力差、注意力容易分散等诸多原因，孩子会面临很多的困难困惑和压力。所以，做好幼小衔接是一件非常重要的事情。

班主任应当重视幼小衔接，加强儿童入学适应引导，缩短儿童入学适应期。对校园生活的适应性影响到儿童社会适应能力、自我评价的形成和发展。

【案例 3-4】

### 妈妈着急，老师解惑

文文今年刚上小学一年级，开学 20 多天了，刚开始还有点新鲜头，可是这几天，文文回到家就哭。文文妈妈很心疼："一年级能有什么作业？每天回家就是读读拼音、音节，我女儿平时玩性大，读书可能不太快，也没用心，每天的认读作业她两个多小时也只能完成一半。"

现在文文学拼音学到翘舌音了，舌头不大会打卷儿，所以就不太会读，这两天文文天天哭，读不出来更不愿读。妈妈就把她关在黑屋子里直到她说愿意读为止，结果到晚上 10 点也没有完成读 10 遍的任务。

第二天，晚上读到 8 点半，文文读得满头汗，妈妈实在不忍心，就让她洗澡睡觉了。

第三天，老师布置的认读还不会，文文妈妈火了，又把她关在屋子里让她好好反省，饭也不让她吃了。

文文从屋子里出来后，在晚上睡觉前说了一句话："妈妈，我明天早上早点起来再念吧。"文文妈妈听完后觉得很心酸。

"文文在幼儿园的时候读得好好的，怎么上了一年级就不行了？"文文的妈妈感到疑惑，请教班主任赵老师："文文上的幼儿园，很注重孩子的兴趣和素质教育，不刻意教孩子学习,文文在幼儿园学会了表达,心态也好,懂礼貌,有自己的兴趣,个性发展也不错。本来文文上小学我一点都不担心的,结果现在弄得我整夜失眠,压力太大了。"

班主任赵老师听后,半是欣慰半是庆幸。

"……非常感谢你将问题提出来,我和数学老师都密切关注她们。从幼儿园到小学,孩子们有一个适应过程……现在语文课教到了第八课,学拼音字母'zh、ch、sh、r',数学课教到了认字'10'。语文和数学都没有布置回家写的作业,课堂上基本上就能让孩子完成写的部分,回家主要是读、认。"

据赵老师观察,每次开课10分钟后,有几个孩子的视线便离开了老师。有的孩子一会儿到抽屉里摸东西,一会儿晃动椅子,看见老师看他,赶紧坐端正,不一会儿,又乱动起来。有的孩子总是低头玩手指,不抬头看老师。有的孩子趴在桌上,很没精神。

"一个班总有五六个孩子还没从幼儿园以'玩'为主的状态中适应过来。"赵老师说。

"有几类孩子幼小衔接时容易出问题:一是精力旺盛的孩子,让人感觉很调皮,他们上课爱做小动作,注意力也难集中。二是性格内向的孩子,不喜欢与人交流,也不太回应老师的问题。还有就是基础较弱、学习比较吃力的孩子。

具体情况具体分析,针对不同情况的孩子采取不同的应对措施。第一类孩子,家长要在家里帮孩子立规矩,不能手软,要让孩子有常规的意识,还要训练孩子的注意力——比如让孩子看着家长的眼睛,重复家长的话。懂得了规矩,孩子很快就会适应起来。第二类孩子呢,家长要和孩子多聊天,找机会夸他,建立他们的自信心。在家也要多表扬孩子的优点,孩子被关注了,有了信心,就没什么问题了。

文文其实属于第三种情况。在幼儿园阶段没学认字和数学的孩子,可能会遇到这种情况。你不要太过担心,孩子跟不上的时候,老师一般会特别关照。只要在我们眼底有进步,我们就不会打电话给家长反映的。除非孩子表现一直跟不上,老师说了也没多大效果,我们才会打电话,请家长配合。说起来,无非是要求家长要有耐心,不能急躁,在家精心辅导,培养孩子好的学习习惯,这样孩子的进步会很快……文文妈妈,我倒是要给你提一个意见呢……"

文文妈妈听了赵老师的一番长论,正暗自消化,听到此话,忙道:"赵老师,您提,您尽管提,为了文文进步,别说一个意见就是一万个意见都行,我保证改!"

"你别紧张,环境也是影响孩子学习的重要因素。文文正在学的汉语拼音,要求读得准确。可是,你和我说了这么久一直用着方言呢。所以,我提议你们一家子相处时一定要讲普通话!"

文文妈妈恍然大悟,原来对女儿的教育有那么多的讲究。

**案例分析：**

从幼儿园进入到小学，是儿童生活的一大变化。这些变化主要有：

第一，生活环境的变化。幼儿园的活动室，一般布置得美观、形象和富有儿童情趣，不仅有丰富的物质环境，而且包括和谐的心理环境。而小学教室只有桌椅，固定的座位对幼儿缺乏吸引力，而操场上的运动器械低年级享用机会较少，必然使幼儿感到枯燥。

第二，生活内容的变化。小学学习是社会义务，是小学生的主要活动，不论对所学的课程是否感兴趣，孩子都要根据国家统一规定的教学大纲来学好所规定的课程。

第三，师生关系的变化。幼儿教师像父母般地照料幼儿并参加到幼儿生活的各项活动之中，师生之间形成了和谐、亲密的气氛。而小学教师主要精力放在教学上，对学生生活关心机会较少，师生个别接触时间少，新入学的幼儿可能感到压抑和生疏。

第四，教学方法的变化。幼儿园教学具有直观性、趣味性和多样性的特点，是在玩中学，学中玩。而小学强调系统文化知识教育和读写、算术等基本技能的训练，这需要勤奋刻苦才能完成学习任务。

一部分儿童能迅速适应变化，愉快地生活学习，体验到新的乐趣。但也有一部分儿童出现或多或少的不适应，诸如注意力不集中、做事拖沓、粗心大意等问题，严重的如厌学、畏学情绪等。这是幼儿园教育过渡到小学教育或者幼小衔接中常见的现象。幼小衔接问题是长期被教育工作者和家长所关注却一直没有得到很好解决的难题。幼儿园教师和小学教师只有充分认识到这些变化将给孩子带来的影响，才能科学地从生理、心理、行为习惯等方面为孩子做好入学前的准备和入学后的教育、疏导。

另外，儿童家长也要正确认识，配合老师做好幼小衔接工作。案例中，文文母亲显然发现了女儿入学后在学习上遇到的困难以及由此产生的问题，然而她的应对措施"关在黑屋子里直到她说愿意读为止""又把她关在屋子里让她好好反省，饭也不让她吃了"极不专业，且极易造成严重的负面后果。幸运的是文文妈妈疼爱女儿，没有采取进一步的严厉措施，在与班主任交流时，道出了她的困惑。

班主任赵老师当然注意到了这个问题。她从专业的角度解疑释惑，从班主任角度介绍了对幼小衔接问题的认识、解决措施。赵老师最后提的建议是希望有一个好的家庭环境或者说是教育氛围，也体现了家校合作教育精神。

案例里因为班主任赵老师带班经验丰富，对一年级新生可能产生的问题心中有数，预防到位，及时发现问题苗头，且采取了针对性强的教育管理措施，加上文文妈妈没有进一步的不当措施，避免了文文同学可能的畏学、厌学后果。

事实上，因为班主任工作经验不足（如初任班主任即带一年级新生）或者家长的言行不当（如"不听话，老师会管教你"）而导致部分一年级新生在入学后产生畏学情绪，从而影响孩子成长，困扰家长。

**2. 抓好常规教育，养成良好习惯**

研究表明，小学阶段是一个人形成一生行为习惯的关键时期。小学低年级阶段是养成遵守规则的习惯、良好的学习习惯、交往的习惯、生活自理和自我保护习惯的重要时间节点。良好的习惯受益终生。因此,低年级班主任的工作重点应放在常规教育上,养成学生良好的学校生活习惯。

(1)明确规章制度

低年级的小学生,刚刚从幼儿园进入正规的学校教育,虽说行为习惯和学习习惯都有一些基础,但养成教育依然是教育管理的重中之重。对学生明确规章制度,是养成教育的第一步。在这个过程中,班主任要做到"三勤",即脚勤、眼勤、嘴勤。

脚勤,即要经常走到班级同学中去,多与学生接触。在学生习惯还未养成时,要多跟班进行督促检查,随时宣传各种制度。

眼勤,即要经常去观察学生们的情况,以便及时掌握第一手材料,及时举例,让学生与规章制度相印证。

嘴勤,即多与学生谈心,及时提醒他们;多与家长沟通,让家长了解学校的规章制度,做到家校共建,家校互动。

(2)从细节入手

习惯的养成要有一个过程,是循序渐进的。班主任对小学生的要求应从"小"入手,由低到高,逐步积累,逐渐定型。具体而言,班主任要做到"五细"。

细心:低年级的孩子遇到事情,经常不善表达,最需要教师细心观察,发现问题,及时处理。

细致:孩子年龄小,行动能力差,教师在布置任务时要考虑周详,步骤衔接紧密,跨度合理。

细节:通过细节,教师传达符合要求的正确行为。关注细节,教师可以了解到学生对要求的理解程度。

仔细:仔细是一种工作态度。它保证了教育的公正性和准确性。同时,教师的"仔细",对学生们做事态度也会产生潜移默化的影响。

细作:对低年级的孩子,教师一定要认真对待每一件事情,耐心、持续地坚持习惯培养。

3. 建立合适的评价体系

评价体系有的是学校依据学生守则、上级教育部门的规定贯彻的,有的是根据班里学生的实际情况建立的。需要强调的是评价体系的建立和宣传过程就是一个重要的教育过程。评价体系要适合小学生的身心发展规律,易于理解,易于操作。

【链接】

表3-2 小学低年级习惯养成项目

| 项目 | 一年级习惯 | 二年级习惯 |
| --- | --- | --- |
| 学习习惯 | 1. 按时完成作业<br>2. 养成正确的读书写字姿势。知道三个一<br>3. 能阅读拼音小故事 | 1. 每天预习半小时<br>2. 独立完成作业<br>3. 认真听讲<br>4. 自觉阅读课外书 |

(续表)

| 项目 | 一年级习惯 | 二年级习惯 |
| --- | --- | --- |
| 生活习惯 | 1. 每晚准备好第二天的学习用品<br>2. 早睡早起<br>3. 按时吃饭,不吃零食,爱惜粮食<br>4. 爱护书本,爱惜学习用品<br>5. 自己穿衣服,系鞋带 | 1. 自己能做的事情自己做<br>2. 吃饭不挑食<br>3. 早睡早起 |
| 交友习惯 | 1. 同学之间友好相处,不打架,不骂人<br>2. 乐于帮助同学<br>3. 不与陌生人交往 | 1. 不与陌生人交往<br>2. 不欺负比自己弱小的同学<br>3. 同学间要相互帮助 |
| 健康习惯 | 1. 早晚刷牙<br>2. 饭前便后要洗手<br>3. 不买小摊食品<br>4. 按时做两操 | 1. 早晚刷牙<br>2. 饭前便后要洗手<br>3. 不买小摊食品<br>4. 每天锻炼身体一小时 |
| 行为习惯 | 1. 见到老师和客人主动问好<br>2. 不乱扔果皮纸屑<br>3. 公共场合不大声喧哗 | 1. 会用礼貌用语<br>2. 按顺序上下车<br>3. 爱护花草树木 |
| 其他习惯 | 1. 对他人的帮助要心存感激 | 1. 学会感恩<br>2. 随手关灯和水龙头 |

**(二) 中年级学生自我管理的指导**

在小学中年级,逐步开始引导班级和学生个体学会自我管理,不仅是基于他们的年龄特征——即已经有了自我管理的一定能力,而且自我管理能力的不断完善对于班级的发展和学生个体的发展具有重要的意义。

1. 实现自我管理的意义

(1) 引导学生自我管理是班级组织形式的必然要求

班级组织形式下的教育教学可以提高工作效率,但是不足之处是难以顾及集体中每一位成员的具体情况。数十名学生组成的一个班级,仅靠班主任、科任教师等几个人的力量,是无法取得较好的管理效果的。引导全班的每一位同学,发扬主人翁精神,个个都成为班集体管理工作的积极参与者,班集体方能成为健康、完整的有机体。

(2) 引导学生自我管理可以提高其自我教育能力

从根本上说,儿童能否受到良好的教育有内外两方面因素的影响,而引导小学生自我管理正是其内部因素发挥积极作用的重要途径,这样可使学生在更好的环境中接受教育。

（3）引导学生自我管理可以培养儿童独立的个性

"独立"不仅指不依赖父母，有较强的生活自理能力，更重要的是指具有开拓创新的思维能力。在班级管理中有效地实行自我管理，有助于儿童认识自我，了解他人，明确人与人之间的合作关系，培养其独立分析问题、解决问题的能力。

2. 实现自我管理的策略

（1）强烈的自我服务意识是实现自我管理的动力

自我管理的直接动力来源于小学生自我服务，行为自律的需要。真正的自我服务、自我管理是儿童发自内心的行动，具有明确的目的性和计划性，因此，引导自我管理首先要强化自我管理的意识。一方面，班主任要对孩子们进行生活学习的独立性教育。另一方面，班主任要保护孩子们自我管理的积极性，经常进行成就强化。一般说来，少年儿童的心灵是纯洁无瑕的，他们乐于遵守纪律，乐于配合教师的工作，也乐于为集体服务。只要教育得法，每个孩子都会成为班级管理的积极参与者。

（2）良好的班风班貌是实现自我管理的前提

中年级段的小学生因为身心发展的特点，他们在班集体建设中不可能居于主导地位，而且他们刚刚参与到班队管理中来，所以，他们能实现自我管理的前提只能是那些具有良好班风班貌的班队。中年级引导学生自我管理，首先应该使他们树立集体主义观念，使学生的自我管理植根于集体中，具有集体的内涵。应该说，先要搞好班级建设，自我管理才能有效开展。班级成员一方面要管理好自己；另一方面，还要关心他人和集体，认识到自己是班队的一员，管理好班集体是大家的共同职责。

（3）提升实践能力是实现自我管理的基础

第一，责任落实到人，强化自我管理。班队的各项工作都分配到人，责任落实到人。由于各项工作都有专人负责，因此，即使班主任不在，学生也能按部就班地正常开展工作，在此过程中，班主任并非不管，而是仔细观察，发现其中的问题及时处理，并定期进行总结和表扬，以增强学生自我管理的能力。

第二，为学生搭建活动平台，提高自我管理能力。丰富多彩的活动是学生喜闻乐见的受教育方式。为了最大限度地让学生通过活动提高自我管理的能力，活动前，教师可以和学生共同拟订严密的活动计划，确保活动的顺利进行，在给予活动指导的同时，尽量鼓励每一位学生发挥自己的作用，使每一位学生都得到锻炼的机会；活动后，教师要注重对活动的后续管理，引导学生对活动进行总结，让学生明确活动的重要性以及活动的一些具体的要求。总之，平时也应该使活动发挥效能，从而提高学生的自我管理能力。

第三，要在学生中适时地树立典型。小学生的模仿力强，可塑性大。对他们来说，榜样的力量是无穷的，尤其是身边的典型事例真实、直观，更能感染他们。榜样可以是一贯优秀的学生，也可以是进步较大的学生。让优秀的学生在体验成功的愉悦中再接再厉，不断奋进；让暂时落后的学生以典型为榜样，找差距奋起直追，不断进步。

(4) 师生的正确评价是实现自我管理的保障

班主任应该经常对学生的自我管理能力进行肯定,使他们不断看到自我管理的成绩。心理学研究表明,人们往往对自己可能成功的事情感兴趣,而不愿去干不能成功的事情。因此,不断让孩子体验到成功的快乐是调动起积极性的最有效的手段。

小学中年级段,学生开始越来越在乎同伴的评价。所以,教师要多在孩子之间创造互评的机会。在互评的过程中,不但要给他们评价的标准,更重要的是引导学生如何客观地、全面地评价一个人,从多方面去评价,不要以成败论英雄。

3. 培养自我管理要注意的问题

(1) 关注不同学生的需求

学生差异变大,需求更加体现个性。由于中年级阶段是学生意志品质发展的低谷期,再加上学习难度的增加,学生之间的学业成绩开始出现较大差距。这时期又是学生自信心发展的关键期,部分学习成绩好的学生在接受别人的评价过程中发现自身的价值,产生兴奋感、自豪感,对自己充满信心,有的甚至有时"目空一切";相反有的由于成绩不良或某些方面的缺失,没有受到班级同学的重视,往往对自己评价过低,对自己失去信心。除此之外,情绪的不稳定、独立意识的增强都会使学生面临各种困惑,这些要求班主任应关注不同学生的需要。

(2) 用发展的眼光看待学生的成长

事物总是发展变化的,学生也是如此。在实际工作中,一些教师会给学生贴上"好"或"差"的"标签"。这种"标签"有的是有意贴的,有的是在不经意之间流露出来的。比如在教学中,教师提出一个比较难的问题,自然想寻找能够顺利回答的人,于是目光不自觉地投到成绩较好的学生那里。同样,班主任需要学生协助工作,也通常会不由自主地想到应交给开朗、稳重的学生去做,而那些不引人注意的学生不容易获得机会。

学生的成长是有阶段性的,学生个体发展是不平衡的。所谓的"差生",只是暂时的落后或者发展中的不平衡,而他们的"差"其实正是教师应该帮助的重点。无数的事例证明,"士别三日,当刮目相看",儿时的"差"并不意味着将来的"差"。陈子昂、牛顿、林肯、爱因斯坦等就是典型例证。

教师一定要用发展的眼光看待学生,要怀有一种"成长的期待"[①]。"成长的期待"是一种智慧。智慧的教育是因材施教、因人施教、以智启智。对正在学习与成长的孩子来说,赏识是最好的教育方式。赏识孩子,并且相信孩子会一点点地进步,这是一种充满智慧的等待。"成长的期待"需要坚持,对正在学习与成长中的孩子来说,重要的是习惯的养成以及学习思维的形成。这些需要班主任通过一次又一次的教育去发现、去感悟、去生成。班主任应坚持科学的方法,坚持良好的习惯;坚持信

---

① 余承智. 师爱是一种等待[J]. 中小学心理健康教育,2008(23).

任,相信孩子们能做好每一件事,不能因为某些因素的变化就突然否定一切,尤其是否定孩子们的信心。

➡ 【链接】

**教育是慢的艺术**[①]

秋风、秋菊,晚风、晚霞,忙碌的大学校园开始寂静下来。年轻的妈妈带着蹒跚学步的孩子,年轻的情侣相拥着漫步林间小道,步履稳健的金婚夫妇相伴缓行,好一首舒缓的小夜曲。

在蹒跚学步的孩子旁边,我停下了脚步。只见年轻的妈妈放开学步的孩子,在几步之遥处蹲下来,拍着双手,面带微笑望着颤巍巍的孩子说:"宝宝,过来!"孩子面露惧色,双腿发颤,双手打开,试着迈开脚步,却又难以挪动。年轻的妈妈没有上去搀扶,依然在原处微笑着、等待着、鼓励着孩子的勇敢和尝试。孩子几次努力之后,终于大胆地挪动脚步,扑向妈妈的怀抱。年轻的妈妈一把把孩子搂进怀里,在孩子粉嫩的脸蛋留下一个幸福的吻,尽情地享受着孩子的成长。从孩子迈开第一个脚步的时候,成长就开始了,教育也就开始了。

教育恰如教孩子学步。对待学生的成长,来不得半点儿急躁,不需要越俎代庖。放手是必要的,尝试是必要的,等待是必要的。孩子还没有迈开第一个脚步,你就去牵引他,甚至一会儿捉住他的右腿,一会儿抓住他的左腿,帮他迈步,那孩子也许永远也学不会独立迈步。

教育,是一种慢的艺术。慢,需要平静和平和;慢,需要细致和细腻;慢,更需要耐心和耐性。在对待孩子的态度上,我们很多教师和家长有太多的恨铁不成钢、太多的急功近利、太多的急躁冒进和揠苗助长、太多的高期待和不理解。

教育,作为一种慢的艺术,尤其需要合理地对待学生的不足、缺陷甚至错误。每个人的成长过程,就是点滴错误、点滴成绩、点滴感悟积累而至质变的过程。这个过程中充满着跌下去和爬起来。他一跌倒,你就去惩罚他,而不是等待他、鼓励他自主地站起来,那他也许会耍性子,干脆不起来,等着你来拉扯他。对学生来说,错误是什么?错误是一种经历,错误是一种行为,错误是一种认识的暂缓,错误是一种履历性的成长资源。学会使用这种不可再生的资源,需要教师发挥慢的艺术。

教育,作为一种慢的艺术,需要留足等待的空间和时间,需要有舒缓的节奏。高频率、快节奏、大梯度,不利于学生的有序成长和发展。

---

[①] 郭元祥.教育是慢的艺术[EB/OL]. http://blog.sina.com.cn/s/blog_65fac4530100jd1s.html.

**(3) 对学生提供及时有效的帮助**

第一,引导学生树立服务意识。首先,班主任要树立为学生服务的观念。从本质意义上说,班主任不是警察,不是监工,而是学生的公仆,是为学生服务的。只有从这个意义上思考问题,班主任才不至于做凌驾于学生之上发号施令的事情。其次,班主任要引导、帮助学生形成自我服务、为同学服务的观念和意识。班主任必须坚信:学生命运的主人是学生自己,班级的主人是全班学生。只有这样,班主任才能切实保障学生的主体地位,提高学生的主人作用,培养学生自主、自立、自强的信心和对集体的主人翁责任感。从而,实现自我服务,自我管理。

第二,为学生提供有针对性的帮助。这要求教师尽可能细致地了解每个学生的具体情况,在此基础上,为每个人提供适宜的帮助。帮助的目标不能脱离实际,应是学生经过努力所能达到的。

第三,和学生交心。班主任要勇于把自己的人生态度、教育教学理念、人生阅历、生活的经验、成长的教训与学生交流,以获得学生的理解和配合;让学生从老师这面镜子中照见自己的不足,少走弯路,早日成长为理智的人。

第四,遇事要和学生商量。教师遇事要和学生商量,具体包括教育教学内容、集体活动、比赛等都应跟学生交流,了解学生的兴趣、能力、要求,与学生一起参与、总结。在此过程中,可渗透班主任的教育思想,使学生们有一个比对、参照,以达到自觉矫正的目的。

**(三) 高年级学生青春期前期教育**

有学者指出,近几十年来,人类在生物性成熟方面存在着全球性提前的倾向。这主要表现在青春发育期提前到来和青春发育期完成的缩短化两个方面,从而使儿童提早达到成人的成熟标准。一般而言,青春期指 12～18 岁儿童的一段特殊发育期。世界卫生组织(WHO)将 10～20 岁规定为青春期范围。

这种具有时代性的发展加速现象受当代经济和科学技术高度发展、现代文明的普及以及全球气候条件的变化等多种因素的影响所致。这种青春发育期普遍提前趋势,给社会和教育带来很多的矛盾和问题,也使青春期儿童身心发展的不平衡和种种危机与困难更加明显地表现出来。小学高年级段学生年龄上已经达到 11～12 岁,对他们进行青春期前期教育是适当和必要的。

1. 青春期前期教育的主要内容

一是青春期生理教育。懂得青春期身体发育特点,知道青春期男女两性生理及卫生保健的基本知识,从而使学生了解自身身体变化的情况和有关问题,并能正确认识和对待这些生理变化,自觉健身,追求健康。

二是青春期心理教育。知道男女两性青春期心理的产生与发展,以及心理卫生保健的知识,使学生懂得如何使自己的心理保持健康状态,并养成良好的心理卫生习惯。

三是青春期自我保护教育。教育学生提高自身素质、抵制外部消极影响,分析社会上存在的不良现象,使学生能够自觉抵制社会环境中的不良影响,利用社会环境中的有利条件保护自己健康成长,能辨识危险,自觉远离危险。

2. 开展青春期前期教育的原则

(1) 适时、适量、适度的原则

在青春期前期教育中,必须依据青少年身心发展渐进性的特点,既不超越,也不延缓,确定恰当的教育时机,使学生有准备,能愉快健康地走进青春期。在传授性知识时,要根据学生年龄特点和承受能力,把握分寸,防止过度,选择相匹配的教育方法,并组织灵活多样的教育和辅导形式,指导青少年形成健康的性意识。

(2) 科学的原则①

在对学生进行青春期前期教育时,建议把握"温、文、稳、问"的四字原则。具体是:"温"即温暖,科学地谈性,并不意味着专用术语、现实回放,而更应是一种温柔、自然、充满爱的态度,令人感到温暖的态度是性教育前提;"文"即科学性,科学不仅指概念的科学,还指传授知识的方式是科学的;"稳"指的是不能操之过急,尤其在性教育方面,必须小心翼翼;"问"指的是要鼓励孩子发问,让孩子能和教师自然地交流。为孩子们铺设不同的交流渠道,这既是课堂的延伸,同时也是解决所谓敏感话题的必要手段。

(3) 紧密联系学生生活实际的原则

青春期前期教育有一个很显著的特点,就是要帮助学生解决生活、心理等诸方面的实际问题。所以,不能一味地讲解知识,而要通过引导和实践,让学生掌握解决问题的方法。比如,女生可以从生理变化讲解入手,让她们学会爱惜保护自己的身体,进而懂得如何自尊自爱。而这时的男生随着身体不断地强壮开始对"力量"着迷,觉得可以靠力量控制、解决事情,达到一些目的。所以在青春期,很多男孩子会因为使用不好"力量"而带来恶果。如果仅用以往的纪律强化,往往会带来孩子情绪的反弹,因此在小学高年级引导学生重新认识力量是非常必要的。

3. 开展青春期前期教育的方法

(1) 讲座

讲座是进行青春期前期教育常用的方法。讲座的好处是覆盖面广,内容具体,指向性强,信息量大;不足是缺少互动,不能照顾到个别需要。讲座的方法比较适用于知识的讲解。

(2) 谈话

谈话是班主任与学生的个别谈心与交流,其优势是及时、私密、高效、灵活。这里需要强调的是,谈话决不能是教师的单向输出,要有"倾听、激导、支持"的过程。倾听,是了解的手段,是无条件接纳的表现;激导,是帮助学生自己理清思路,寻找解决问题的方案;支持,是一旦看到学生找到了相对正确的答案,表示支持,加以强化。教师要实现角

---

① 李红延. 为心灵点灯[J]. 北京教育·普教版,2009(3).

色转换,坚持平等,尊重学生,实现师生双方沟通,共同探讨,帮助学生做出决定;应充分理解学生,无条件地接纳他们,真诚地对待每一位学生,把学生看成有个人价值的人、有无限潜能的人、人格健全完善的人。教师要引导学生能尽快诉说自己心中的想法,从他们的倾诉中发现问题,并在此基础上,帮助他们自我解决问题,挖掘自身的发展潜能,顺利地进入青春期。

(3) 班会

班会的优势是主题鲜明、形式活泼,学生之间可以相互交流,互相影响。因为涉及青春期性教育问题,所以,班主任在设计班会时一定要注意科学性和形式的多样性。

【案例3-5】

## 一堂由脏话引出的青春期教育课①

同学递给我两张纸条,说是小沈和小张上课递给小王的,原本也没太当回事,以为就是一般的课堂小纸条传递事件,可一看纸条内容,不禁叫我咋舌:其文字不仅包含辱骂性质的诅咒文字,中间更是夹杂了大量有关男女性器官的称谓描写,并反复强调了一些极恶劣词汇。这还是我平素自以为乖巧的本班学生吗?尤其小沈还是一个比较乖巧的女生,居然写得那么赤裸裸,我这个成年人看了都不觉有些脸红,不要说班上看到纸条内容的其他学生了。

即刻找来三人,一问才知道,原来是小王同学在上一节课间的集会时间当众叫了小沈的绰号,作为还击,小沈和同桌小张一起写下这两张带有众多侮辱性词汇的小纸条。作为班主任,我没有对还击现象进行评判,因为我明白这也是青春期少男少女的一种正常行为表达,但是,出于对文字中流露出来的孩子青春期心理紊乱尤其是语言文明方面的失控现象,我表现出了极大的焦虑。让我感到不可思议的是,作为当事人的小王居然一脸的茫然,既没有对叫绰号事件进行辩驳,也没有对小纸条内容表示愤慨;而另外两位肇事者对此却颇有些不以为然,说是类似的脏话全班几乎人人在传,吃惊之余,我表示将会彻查此事。

当即微信联系了小张和小沈的家长,并将孩子证词一同以图片形式发给了各自家长,两位家长都非常震惊和焦急,但均强调孩子在家里没有类似的言语表露,当我委婉向两位家长咨询孩子在家上网的情况时,家长表示孩子也都只是上上QQ,并没有"特殊"的爱好或倾向。

下课之后,小沈再次主动来到办公室向我解释,说这些话原本就是小王平时在班里经常传递的,她只不过是把这些话收集起来,以彼之道还施彼身罢了,对于这些词的真正含义,她表示自己并不完全理解,也没想到会引发我这么大的震怒。此外,

---

① 姚贺国.一堂由脏话引出的青春期教育课[J].班主任之友(小学版),2016(6).

小沈还"招供"了班里流传这些脏话较多的小邵、小张、小戚、小吴等同学,而这些话流动最多的空间居然是班级新建的一个QQ群。说起班级QQ群,原本是小邵同学经过我的同意后创立的,目的是在毕业之际给大家留一个网上的交流空间,虽然我自己没有加入该群,但是对于几位群管理还是有专门进行培训,并且向全班约定了文明用语、在线时间等规范制度。没想到,因为有同学经常违规在群里发图片被禁言,于是兴起了建立一个言论自由的班级新群的打算,并将此付诸了实践,于是也有了本次的网络脏话班级发酵事件。某种程度上,我还得感谢小沈和小张,因为是他们的两张小纸条给我提了醒;但同时也引发了我的个人反思:是不是因为我的光堵不疏,才滋生了本次的脏话事件。

经过班级调查发现,确实有不少同学在私底下经常使用不文明词语,且有个别已经衍生出恶心网络流行语,其中不乏平时比较乖巧的女生,似乎说脏话隐隐成了班级同学下课彼此打趣的一种常见交流方式。他们并不明白这些脏话的真正含义,也不知道说这些脏话可能带来的不良影响,在他们看来,说一些别人都听不懂但都知道不好的话,这是一种高人一头的流行风尚,似乎别人说我不说就是落伍,然后借由网络平台的催生和滋养,迅速地在班级队伍里流行起了这样一股歪风。

当着全班同学的面,我没有全文朗读两张小纸条的内容,只是提取了其中几个不好的词眼,也从平时同学们日常交流中的脏话中选取了个别单词进行了强调,一方面是表达身为师长对这些不文明用语的愤慨和反对,另一方面也隐隐有一种明令禁止的威胁。当天的回家作业,我增加了100字和500字的同学评价作业,没有涉及今天的脏话事件的同学写100字的旁观者言,已经涉案的同学则需要400字的自我反思以及100字的观点评述。由于平时有写周记的习惯,这区区几百字对孩子们压根就算不上作文压力,第二天作业上交,发现绝大多数同学都是超额完成任务,尤其是那些写500字的同学,好几个都写到一千开外了。孩子们也在文字中坦言,对于这些脏话他们本身也是反感的,但正如笑话里说的那样,流行性感冒也是一种流行,正值青春期的他们会有一种特别的懵懂和萌动,生怕一不流行就out了,这或许是他们彼此之间兴起脏话交流的主要原因之一,更有平时学习过程中表现良好的几位男生坦白,自己说这些脏话已经有很长一段时间了,想要立刻改掉可能有些困难,但表示肯定会在一定时限内进行转变,努力成为一个文明语言的践行者。

有鉴于此,我给男女生分开各自上一堂青春期教育课,男生课当然我亲自操刀,女生课则约请了有多年班主任经验的搭班老师代劳,尤其请她强调了对于那些带性词眼的不文明用语的解释和说明。通过网上资料查找和个别同学交流,我最终放弃了用PPT图片展示的方式进行授课,而是把全体男生带到了操场边的一处空地,彼此围圈而坐,以本次班级脏话事件为契机,进行了一场别开生面的"答记者问",错了,应该是答学生问。正是在这场男人与男人的对话过程中,我不仅向小男子汉们解释了男生青春期发育的几种生理和心理变化,对一些男性生理期注意事项进行了简单叙述,更为他们解答了诸如"割包皮""梦遗"等私密话题。至于女生课的形式和内容,由于性别差异,我也不太方便跟进,但是,我依然郑重其事地向全班同学家长发出了普及男生女生青春期教育知识的呼吁,希望能在小学的最后阶段为孩子们的青春期升级路进行妥善的铺垫。

讨论:
本案例中,班主任处理脏话问题的得失?

## 第二节 留下美好的第一印象

所有的学生都很用心观察班主任的每一个动作、每一个眼神、每一种表情,会细心倾听班主任的每一句话。当接手一个班级,是班主任"感情投资"的最佳时机,要注意给学生留下良好的第一印象。

心理学中有一条重要的效应——首因效应,也称为"第一印象作用",或"先入为主效应"。首因效应,是指个体的社会认知过程中,通过第一印象最先输入的信息对客体以后的认知产生的影响作用。首因效应是人们普遍存在的一种主观性倾向。人们主要依靠性别、年龄、体态、姿势、谈吐、面部表情、衣着打扮等形成第一印象,判断一个人的内在素养和个性特征。班主任给学生留下的第一印象,对其威信的树立以及教育工作的顺利开展有着重大的影响。

### 一、可亲的外在形象

小学生活,对一年级新生而言,是一个充满着不确定的期待、美好以及恐惧(某些家长有意无意将学校描述成管束、不自由的场所)的未知世界。因此,即将面临的班主任以何种形象出场,会对孩子产生不可估量的影响。常言道:"亲其师,信其道。"

美国著名心理学家艾伯特·赫拉别恩曾提出过一个公式:信息交流的效果=7%的语言+38%的态度+55%的表情和动作。而表情和动作则是构成人们身体语言的重要组成部分。可见,表情语言对信息传递的重要性。表情语中目光和微笑是表现力最丰富、最有效的一种非语言符号。其实,在某种程度上小学生比成人更懂得"察言观色",当教师走进教室的那一刻,学生首先观察的就是教师的面部表情。一些对学生的调查也显示,学生喜欢面带微笑的教师,而不喜欢教师生气和严厉的样子,因为看到教师的微笑就会消除紧张感,从而轻松愉快地学习。这正所谓"感人心者,莫先乎情"。因此,班主任要通过亲切的面容、慈爱的微笑、期待的目光、简洁的仪表及适当的举止,给学生留下良好的第一印象,形成良好的教育基础。同时,班主任良好的仪态还是促进学生健康个性形成的重要影响因素。

对于小学低年级段的新学生,初入学的第一天,能够在忐忑不安中看见面带微笑、亲切地叫出名字、温柔地牵过迟疑小手的和蔼班主任老师,无疑会消除他们的不安全感与内心的惶恐,从而开始崭新而美好的校园生活。接手中高年级段班队,班主任的良好的外在形象,自然可以赢得信任,消除因前任班主任离开而可能产生的矛盾。

## 二、温馨的教室布置

### (一)教室环境布置

儿童进入学校后,教室便成为他们的"新家"。班主任应努力将教室营造出家一般的温馨,使学生产生认同感和归属感,减轻其入学焦虑。

为迎接学生的入学或者返校,班主任可以在黑板上写上欢迎词、画上简洁而美丽的图案。在低年级,班主任还可以提前在墙壁上设计出能全面反映学生学习和生活的多个板块,以便开学后填充具体内容,而中高年级班主任则可以在开学后再与学生共同商议教室设计。

### (二)座位安排

【案例3-6】

**李镇西老师排座位的方法**[①]

多年的班主任实践,使我对给学生编排座位有一套比较成熟的做法。我排座位的原则是:尊重学生,利于学习,小组固定,每周轮换。所谓"尊重学生",就是尽可能满足学生的愿望,甚至让学生在一定条件下自己确定座位,当然也不是任意想坐哪里就坐哪里。所谓"利于学习",就是排座位要考虑成绩搭配,让不同基础的学生坐在一起。所谓"小组固定",意思是前后四人或六人就是一个整体,小组内部可以相互调整。所谓"每周轮换",是说每个星期全班都要以小组为单位变化一次座位,让每一个同学在一学期之内几乎都能把教室的每个方位坐遍。

具体操作分两个步骤,开学第一天排一次,一个月以后排一次。开学第一天排座位,主要是让学生自己安排,老师只和他们讨论安排座位的原则……因为是随意坐的,因此,教室里面男生女生坐的比例不太合理,阵线分明。于是,我和大家商量着略做了调整,使男女同学能够混合地坐在一起。最后,我问了问那些需要照顾的同学,并把一位视力特别不好的女生安排在了最前排,然后对她说:"我和同学们也

---

[①] 李镇西. 做最好的班主任[M]. 桂林:漓江出版社,2014:77-79(节选).

只能照顾你一周,请理解!因为我们每周都要轮换座位。"

第二个月后,师生之间、学生之间比较熟悉了,同时,第一次安排的座位是否合适,大家也比较清楚了,这时再进行调整。这次的调整,不但是根据任课老师的意见和同学们的反映,将不合适的同桌分开,而且还要确立学习小组。我班的学习小组是四至六人,刚好前后左右相邻。学习小组一旦编定,原则上便三年不变,这样便于组与组之间竞赛。

我还要详细说说教室里的课桌布局。教师站在讲台上,一般来说,下面是八列小纵队,其中每两列靠得比较紧密,于是形成四列大纵队;同时,又是七横排(刚好56个学生)或八横排(刚好64个学生)。从每个大纵队中间截开,便是前后两个小组。这样,全班就有八个小组,每个小组四至六人。每周轮换座位的时候,是小组整体搬迁移动,而且是一轮朝右斜上方(从站在讲台的视角看),教室最右上角那个小组则移动到最左前方的角落,教室最右边最靠前那个小组则朝左边后方移动。在小组整体搬迁移动的同时,小组内部也进行前后左右的循环调整。

这样每周循环的好处是,第一,保持了小组的整体性,有利于课堂学习的交流讨论和小组之间的学习竞赛;第二,任何一个学生都有机会坐教室里任何一个位置,对每个学生来说都显得十分公平。

李镇西排座位的方法是多年实践,行之有效,公平合理。虽然这种方法更适合年龄较大的初、高中学生,但是其中的尊重学生、体现公平的思想同样适用于小学生。

一年级新生一入校,班主任就不得不面对座位排列问题。学生的座位排列,事小却关系重大。学生的座位排列是否科学、合理、有效,不仅会影响师生间的关系,还会涉及学生与学生、家长与教师、家长与家长之间的诸多关系,直接决定着班级的凝聚力和向心力的形成,关系到学生的学习情绪、纪律状况和班级课堂气氛的好坏,关乎班主任甚至学校在社会、家长、学生心目中的形象。班主任排座位的策略是其教育公平理念的体现。座位排列的方法有如下几种:[①]

(1) 身高排列法。依据身高排座位是一种常用且简便的方法,可以有两种具体的策略:

第一,依身高排队,然后依次坐满第一排、第二排直至最后一排,最后再根据个别学生的特殊情况,适当调整。定期(通常每周或每两周)每列整体向左或向右移动一列。

第二,依身高纵向排列并按照教室每列桌椅数满额即成一组,以此类推,组成与教室桌椅相应的列数,一列学生对应一列桌椅。定期左右加前后循环,即整列左右循环时每组的后排同学依次向前移动一排,最前排同学移到最后排。

(2) 自由搭配法。请学生写出希望哪些同学坐在自己身边,并说明理由。只要理由合情合理,班主任应尽量满足,把相互喜欢的学生安排成左右桌或前后桌。这种方法

---

[①] 邓艳红. 小学班级管理[M]. 上海:华东师范大学出版社,2010:46-47.

能满足学生的安全感,但对于那些班级学生地位不高的学生来说不利。因此,需要班主任做好学生的思想动员,如先组织全班学生讨论建立良好同学关系的意义和方法,或通过游戏融洽学生间的关系,还可以私下找一些自制力强、个性随和的学生带头接受那些地位不利的学生。

(3) 学习小组排位法。让学生按照不同的课程选择跟自己差不多水平的同学坐在一起,形成学习小组。同质分组有利于激发学生之间的竞争意识,避免异质分组在完成小组作业时由成绩好的学生包揽一切的情况。学生在不同的课上有不同的座位,上课也更有新鲜感。当然对成绩较差的组,班主任要投入更多的关注和鼓励。

(4) 男女组合法。男女组合也是班主任常用的一种排座位方法。一般来说,一二年级男女搭配,三四五年级男男搭配和女女搭配,到六年级再男女搭配。因为一二年级的时候男生厚重而女生比较文静、自控力较强,男女搭配可以互相牵制、互相影响;可到了三四五年级的时候,学生进入性别认同时期,男女生之间开始相互排斥,因此可以暂时分开;而到了六年级,学生开始进入青春期早期,男生会在女生面前力图表现出绅士的一面,而女生也会在男生面前格外文气,男女搭配也可以达到相互激励、相互促进的效果。[①]

➢ 扫描本章首二维码,阅读《排座位是技术也是艺术》。

## 三、美妙难忘的初次相逢

初入校门的小宝贝,心情或许很简单,或许很复杂。对即将开始的校园生活充满期待,对未来朝夕相处的小伙伴充满好奇,对亲切和蔼的老师是探询的目光。人生历程中的崭新一天,如何才能留下一个美好的可能终生不会遗忘的印象?

因为种种原因,老生班级也会迎来新班主任。或许,新班主任赴任第一天,迎接她的可能就是一场艰巨的考验。新班主任自然要有所准备,给彼此留下深刻的记忆。

【案例3-7】

### 给孩子一个甜蜜的入学仪式[②]

许是粗枝大叶惯了,我从不会刻意设计所谓的"仪式"去装点生活,直到看了这句话:"生活是需要一些仪式感的,这跟矫情无关,而是关于你对生活的热爱,对幸福的敏感,乃至有时候它是一种结束,也是一种开始。"

是呀!岁月流逝,很多东西会随风而去,只有那些曾经的"仪式"在生命的记忆

---

[①] 宗合.班级排座位的"排兵布阵"[J].楚天金报,2007-07-28(41).
[②] 唐朝霞.给孩子一个甜蜜的入学仪式[J].班主任,2016(3).

里久久回旋,牵动着个体和群体的心灵密码,撞击着柔软的心房,激荡层层涟漪。所以,当我送走六年级迎接一年级小生命时,就决定通过一个甜蜜的入学仪式帮助这些小天使和他们的爸爸妈妈开启生命的新篇章。

8月31日是孩子们报名注册的日子。一早,我就在教室里播放轻柔的音乐。当爸爸妈妈拉着孩子的小手走进教室时,一眼就看到了我放在课桌上的班徽。孩子们把玩着这个"班级图腾",顿时安静下来,设计着把它贴在胸前还是胳膊上,也在暗暗猜测着图案和文字所蕴含的深意。

音乐渐弱,我让家长尝试坐孩子的座位。家长们有的说"座位太小了,坐不下来",有的说"太矮了,腿都伸不直",有的说"太挤了,动也不能动"……我说:"不管多么难受,在这一个小时里,您都必须坐在孩子的座位上。这样做,您就会知道六七岁的孩子坐在教室里学习是一种什么样的感受,在家庭教育中才会遵循'儿童本位',在拔高孩子时才会有恻隐之心……"只有站在儿童角度去教育儿童,狼爸虎妈才会减少,呵护孩子天性的家长才会增多。我无意为难家长,只是想通过这个"仪式"给儿童树立一道屏障,给那些准备拔苗助长的家长打一支"预防针"。

当我说这些话时,家长们都显得特别安静,孩子们则睁大眼睛看着陌生的教室、老师和同学。再过几个小时,他们将离开父母独自住校,那是一个多么艰难的开始。我问他们:"小学生活是什么味道的呢?"孩子的口中,酸甜苦辣咸各种答案都有。家长们都笑了。我神秘地告诉孩子们,小学生活更多的是甜味。然后,我让他们依次到讲台上领糖果,要求上台时必须大声说出自己的乳名。我一边叫着孩子的乳名一边发糖果,孩子们都很兴奋!我不断表扬双手接过礼物的孩子、主动说谢谢的孩子、落落大方的孩子……希望通过强化一个个细节,将好品格烙印在他们的生命里。看着孩子们舔着糖果的馋样,我顿觉一种莫名的幸福感流遍全身。

在孩子们舔着糖果的温馨时刻,我为家长们送上一首小诗《从此刻起,我要……》。全体家长在我的带领下深情诵读:"从此刻起,我要多鼓励、赞美孩子,而不是批评、指责、埋怨孩子。因为我知道只有鼓励和赞美,才能带给孩子自信和力量……"会后,很多家长把这首诗放到了微信朋友圈里,传递着爱孩子、尊重孩子的正能量。

短短一个半小时的入学仪式,我、孩子、家长进行着毫无隔阂的互动。

我何其有幸,用自己的方式给了孩子们一个甜蜜的开端;我何等荣耀,见证了那么多孩子灿烂而满足的笑容。我不敢保证每个孩子都能记住入学仪式上的那份甜蜜,也不敢奢望每个家长都能体会我的良苦用心,但是,仪式会成为一个里程碑,标志着一段结束,或者是一段开始。我在本该喧嚣和杂乱的开学报名时刻给了孩子们一个安静和谐的空间。上学第一天,他们看到的不是乱糟糟、闹哄哄的报名场景,而是品尝了甜甜糖果里饱含的爱和期待。

> 教育生活中如果缺乏必要的仪式感，师生生命中一些特别的瞬间就会被错过。美好的"仪式"对儿童一生的影响是不可估量的。让我们慢下脚步，花点心思设计一些小小的仪式，让孩子们的学校生活更加美丽多彩，帮助他们开启更加美好的明天！

"一个甜蜜的入学仪式帮助这些小天使和他们的爸爸妈妈开启生命的新篇章。"一个入学仪式，是爱的赞歌，也是一场生命的教育。唐老师收获的不仅仅是孩子的认同，还是爸爸妈妈们的信任与期待。

【案例3-8】

### 初次见面：我来猜一猜[①]

开学前几天，学校宣布新学期的教育教学分工，我即将接手五(1)班班主任工作。

五(1)班前任班主任张老师很优秀，在三年级的时候，就带领这个班开展过国学经典诵读活动，为这个班打下了扎实的国学基础。如今张老师调到别校去了，我成了新学期五(1)班的班主任。

如何送出我跟五(1)班的"见面礼"，一番深思熟虑后，我决定拿孩子们的名字做做文章。

扫码阅读案例详情

**案例分析：**

覃老师别出心裁，拿学生姓名做文章，开学第一天送给学生的"见面礼"很新颖，很别致，给"学生和家长留下美好的印象"。覃老师深刻理解了心理学上的"首因效应"，完美诠释了"第一印象"的重要性。五(1)班学生可能"眷恋"优秀的张老师，也可能对新来的覃老师充满期待，从而不可避免会将前后两任班主任进行对比。前任班主任张老师非常优秀，覃老师接手五(1)班倍感压力大，然而，覃老师充分发挥语文老师的优势，在第一次的见面会上取得了初步成功。

---

① 覃梅玲.初次见面：我来猜一猜[J].班主任之友(小学版),2015(11):44-45.

## 第三节　班队工作计划

### 一、制订班队工作计划的必要性

**（一）制订工作计划是学校教育特点决定的，是提高班队管理效益的重要保证**

与家庭教育、社会教育相比，学校教育的目的性、计划性、组织性更强。学校要有整体工作计划，班队也要有工作计划，这是学校教育的常规要求。班主任工作头绪多、任务重，而且要求高、难度大，要做到统筹兼顾，富有成效，是很不容易的。许多年轻班主任虽有工作热情，但缺乏经验，工作不知从何处着手，从何处抓起，通常的做法是按照学校的总体要求开展班队管理，处于被动应付的状态，常常顾此失彼，事倍功半。要摆脱这种被动局面，必须从班队实际出发，分析班队具体情况，制订适合班队情况的工作计划，这样，工作起来井井有条，才有可能收到事半功倍的效果。

**（二）制订工作计划可使班主任做到目标明确，保证教育的系统连贯性**

在国外，班级管理又称为"教室管理"，以区分教育行政管理和学校管理，是教育管理的最低一个层次。班队管理具有这样三个特点：① 管理范围小，内容全。② 管理层次低，工作细。③ 管理方法杂，难度高。这就决定了班队管理必须加强计划性，明确每学期、每学年的教育目标、教育内容、教育重点，以便有条不紊地全面贯彻落实学校教育计划，使学校培养目标具体化、阶段化、层次化，从而保证学生按照全面发展的要求健康发展。

### 二、制订班队工作计划的主要依据

**（一）上级指示**

上级指示包括国家的教育方针、政策、法规，地方教育行政部门的管理目标以及学校的总体教育计划。只有从这些依据出发，才能保证班队管理与上级要求合拍，保证班队工作计划的方向性。其中，学校的总体教育计划是班主任制订工作计划的直接依据。因为班队管理是学校管理的一部分，所以班队工作计划是学校整体计划的具体化，必须在学校整体计划的框架内设计班队工作计划。

**（二）班队实际情况**

班队工作计划是为保证本班教育管理工作有序开展而制订的，班队实际情况是制订班队工作计划的基础。从本班实际情况出发，才能保证班队工作的针对性。班队实际情况主要包括三个方面：一是班队原有的工作基础；二是当前班队面临的主要矛盾和问题；三是班队进一步发展的可能性。

### （三）班主任自身的教育理念

无论对学校教育计划的执行和具体化，还是班队个性化计划的制定与执行，都与班主任自身的理念有关。班主任应树立先进、正确的教育理念，对全体学生的全面发展负责。

## 三、制订班队工作计划的基本要求

### （一）体现明确的目的性

目的是一切工作的出发点和归宿，是制订工作计划的核心。制订班队工作计划，首先要有明确的目的，然后才好设计工作内容和步骤，选择工作方法和措施，并据此确定工作重点。这种目的性在工作计划中表现在以下四个方面：

1. 方向性

班队工作的总目标是培养社会主义事业的建设者和接班人。作为一个学期或学年的目标，班队工作计划还应指明班队近期的发展前景和努力方向。

2. 多元性

班队管理的目标是多元的，包括德育目标、智育目标、体育目标、美育目标、心理健康教育目标等。各类目标各自独立，又相互联系，构成有机整体。这种多元性是素质教育在班队管理目标上的体现。

3. 层次性

苏联著名教育家马卡连柯的"前景教育理论"认为，在集体面前永远要有容易得到满足的近景目标，有在相当时间之后可以实现的中景目标，更要有"作为照耀着今天许多生活细节的重大而高尚的目标"摆在集体前头。班集体教育，就应该使集体永远从一个目标奔向另一个目标，不断前进，不断发展。这启示我们，确定班队工作计划的目标要有层次性，由小到大，从低到高，形成一个目标系列。

4. 具体性

目标是指向未来的，是努力的方向，但又必须是具体的。这种具体性不仅体现在内容上，而且体现在程度上，要明确在哪些方面、教育管理到何种程度。比如，智育目标应表明通过一个学期或一个学年的努力，全班学生的学业成绩提高到何种程度。德育目标应表明实施哪些方面的教育，重点教育对象是谁，收到怎样的效果。

### （二）保证教育过程的整体性

工作计划的整体性是指要保证对学生进行德智体美劳全面教育的有机统一，保证教育过程的整体性。班队工作计划是学校整体工作计划的组成部分，它必须服从于德智体美劳全面发展的教育方针，所以，班主任制订工作计划时应考虑全校工作计划的要求，把学校的教育活动及其要求反映进去，并结合本班实际，组织具体活动，提出切实可行的活动方案。

### (三) 注意计划的可行性

主客观条件是制订工作计划的依据之一,体现在具体的计划上,就是计划的可行性。这种可行性的重要内涵就是立足本班学生实际,符合学生的年龄特征。发展心理学表明,青少年学生的身心发展是一个持续不断的前进过程,是逐渐地、持续地由较低发展水平到较高水平的过程。这个过程既有一定的顺序性,又有一定的阶段性。在他们身心发展到某一阶段时总会出现一些普遍的、典型的稳定性特征,即年龄特征。因此,教育工作既要与其身心发展的年龄特征相适应,又要积极促进他们的身心发展。从"积极促进"意义上说,工作计划确定的奋斗目标应适当超越学生的发展水平,是经过努力可以实现的。难点在于如何定位才是"适当"的,这需要班主任了解发展心理学,掌握学生的年龄特征。

工作计划的可行性还表现为,确定的奋斗目标和任务,是符合班队发展水平的,是由主客观条件支撑的。班队发展是一个由低级到高级、由松散到凝聚的发展过程,是一个逐渐成熟的过程。班主任必须考虑本班目前处于怎样的发展状态,确定的奋斗目标和任务是否与班队发展水平相吻合,并保持适度的超前性。如果过于超前,就难以实现。此外,还要考虑完成这样的目标和任务需要具备哪些条件,学校和班队能否提供这样的条件。如果不具备这些条件,工作计划就不具备可行性。

## 四、班队工作计划的类型、结构与形式

### (一) 班队工作计划的类型

班队工作计划主要包括学期工作计划、月或周工作计划和具体活动方案三种类型。

1. 学期工作计划

班队工作计划是学期开始之初制定的、对整个学期班队管理和教育进行设计的计划,是全学期班主任工作的总纲和班队发展的总思路。学期计划中的活动设计既可以是专题式,也可以是依时间顺序的罗列式。

2. 月或周工作计划

班队的月或周计划,是根据学习目标和计划以及阶段性任务和学生实际,对某月或某周的班队管理和教育进行设计的计划。这种计划可以与学习计划合二为一,但通常会在宏观的学习计划基础上再完善出一份略为详细、重点突出的计划。它一般包括阶段性的教育目标以及相适应活动的时间、内容、地点、方式、措施、执行人员等。

3. 具体活动方案

具体活动方案是指对某一项教育活动的开展而做出的细致安排,如某一次主题班会的组织、某一次文体活动的安排等。这种计划要制订得更为详细、具体、明确,包括对活动的准备过程、活动的实施过程以及活动的延伸等做出详细而具体的设计,以保证活

动时做到胸有成竹,有条不紊。

(二) 班队工作计划的结构

1. 班队基本情况分析

班队基本情况包括全班学生的思想品德状况、班风的基本特点、全班学生学习质量、学习中存在的主要问题及其原因、纪律卫生、健康状况、团队工作等。基本情况分析应尽量客观、准确、真实,力避大而化之,似是而非。

2. 工作目标与具体任务

工作计划要明确提出一学期(甚至一学年)本班工作的总目标、阶段目标和各层次具体目标,并具体提出学生思想品德教育、学习和生活指导、课外活动的组织、班集体建设与管理等具体任务。

3. 措施安排

为了实现教育管理目标,完成工作任务,就要落实工作措施,包括制度的建立与完善、活动的设计与安排、组织与分工、日期的确定与时间分配等。这是工作计划的主体部分。

4. 活动效果检测办法与反思

这部分应是计划实施之后完成的内容。活动开展之后班主任要及时反思活动目的、过程和效果,及时总结经验教训,以便更好地执行和适当地调整后期的活动安排。

(三) 班队工作计划的形式

班队工作计划是一种常见的教育应用文,因此,要遵循一定的写作规范。这里以最常见的学期工作计划为例分析其形式。

第一部分,标题,即计划的名称,通常为:××年级×班20××—20××学年度第×学期工作计划。有时为了突出主题,也可以加上一个比较醒目的正标题,将计划的名称作为副标题。

第二部分,主要内容,即计划的正文。计划的正文一般包括以下五个部分:① 前言。简述计划制订的依据,说明上级教育行政部门及学校整体工作计划要求,概括地提出制订班队工作计划的指导思想。② 本班基本情况分析。③ 本学期工作目标与任务。④ 主要措施。⑤ 时间安排。

第三部分,计划制订人与制订日期。

班队工作计划完成后,应打印一式两份。一份交给学校领导,供检查、督促、指导工作用,一份留给自己实施、检测与反思。

## 思 考 题

1. 小学生身心发展的特征有哪些?
2. 小学班主任如何做好幼小衔接工作?

3. 小学班主任如何进行青春前期的教育工作?
4. 什么是特殊需要学生?如何正确认识特殊需要学生?
5. 作为新班主任或者接手一个新班级的老班主任,需要做好哪些准备工作?
6. 班队工作计划有什么意义?班队学期工作计划的内容与形式有哪些?

## 实践探索

1. 选择一个班级,对班级进行全面分析,并拟定班队工作计划。
2. 设想你刚成为一名班主任,请撰写一篇向小学生介绍自己的发言稿。

## 案例研究

**案例1:**

小徐是一年(2)班一个调皮而又聪明的男孩,他的故事可真多。

故事一:"让我自由吃饭!"

听他妈妈说,孩子从小就很调皮任性。就拿吃饭这件小事来说吧,每到开饭时间,大家都吃饭,他却说不饿,不想吃。家人吃饭,他就开始玩。奶奶也惯着他,看见孩子不吃饭,总是说:"反正我闲着也没什么事,孩子不想吃就不吃吧,等饿了再给他做。"结果孩子在上幼儿园之前,很少按时吃过饭。上了幼儿园,他不习惯集体生活,常常因为吃不好饭而不去上学。爸爸妈妈批评他,他却振振有词:"吃饭是我自己的事,让我自由地吃饭好不好?"小小年纪的他居然会这样说,着实让爸爸妈妈吃了一惊。

故事二:"安静不了!"

课上,老师讲得正投入,小徐又发"人来疯"了:他一会儿把文具盒弄得当当响;一会儿往后一仰,人连同椅子轰然倒地,逗得同学哈哈大笑。老师大声说:"小朋友,请安静!"他却笑嘻嘻地来了一句:"安静不了!"全班同学又一次哄堂大笑,老师又好气又好笑。

故事三:"我最聪明!"

思品课堂,老师让学生交流端午节的习俗。小徐迫不及待地站了起来,小手举得高高的,嚷嚷着:"我说,我说!"好不容易等老师点到他了,他不慌不忙地站起来,说得头头是道。老师听了,赞许地点点头,同学们也热烈地鼓掌。他得意地笑着,那样子好像在对大家说:"怎么样,我聪明吧!"

(1) 请分析一年级小学生小徐的特点。
(2) 班主任应当如何进行教育管理?

**案例2：**

### 老师，我怕打扰您①

祥是全年级出了名的"学困生"，门门功课不及格，老师都对他一筹莫展。

一天早读课，我来到教室，看到学生都在认真地高声诵读，心里十分高兴，转了一圈后就在祥旁边坐了下来（他的同桌因病请假），翻开课本准备备课。

过了一会儿，我突然感到有点奇怪：祥离我这么近，我怎么一点也听不见读书的声音呢？

我扭头一看，他正用双手举着课本，嘴一张一合地"读"着，却没有发出半点声音。我不禁火冒三丈：原来你是这样早读的，怪不得老是学不好呢，就这样糊弄人啊！

我马上厉声说道："你怎么读书的？怎么听不见你的声音啊？大声读出来，不出声怎么行啊？"他吓了一跳，有些惊慌地看了我一眼，轻轻说了一句话。我没听清，便接着喊道："我没听清，你要大声说出来！"

他又重复了一遍刚才的话，这次我听清了："老师，我怕打扰您！"我脸上的怒气顿时凝固了，时间好像在那一瞬间被冻结了，空气仿佛也停止了流动。我有些茫然无措，不知道怎么面对那双清澈的眼睛。

原来，在他无声的"朗读"中饱含着这样深切的爱：不要打扰老师，老师在忙，让老师好好看书。在日常生活中，祥很少得到表扬，表现自己的机会也不多，但他却用一颗几乎"卑微"的心感触着这个世界，给身边的人带去爱和体谅。

我不禁深深内疚起来：自己刚才到底都做了什么？我伤害了一颗多么纯真的心？想到这儿，我用手轻轻地抚摸了一下祥的头发，俯下身子轻轻在他耳边说了一句："谢谢你！你不会打扰老师的，老师最想听到的就是你响亮的读书声。"

听了我的话，他咧开大嘴笑了，原本暗淡怯懦的眼睛也突然明亮起来，那节早读课，他那响亮的读书声一直萦绕在我的耳边……

请问：案例中，"我"在班队管理中还存在哪些问题？我们应该如何解决这些问题？

### 拓展阅读

1. 张永明，宋彩琴.小学班级管理[M].北京：北京大学出版社，2014.
2. 庞云凤，王燕红.小学班队管理[M].济南：山东人民出版社，2014.
3. 许丹红.打造小学卓越班级的38个策略[M].北京：中国轻工业出版社，2014.
4. 张万祥.给年轻班主任的建议[M].上海：华东师范大学出版社，2006.
5. 刘正荣.中小学班级管理：从技巧到技术[M].北京：知识产权出版社，2011.
6. 林崇德.发展心理学[M].北京：人民教育出版社，2009.

---

① 马纯茂.老师，我怕打扰您[J].班主任，2013(5).

# 第四章
## 小学班队日常管理

谁是优生,谁是差生
拓展阅读

> **学习目标**
>
> 1. 了解班队日常行为管理的内容。
> 2. 了解学生日常生活指导的任务和内容,正确指导学生独立生活。
> 3. 理解健康教育的目标和要求,促进小学生身心健康发展。
> 4. 了解学习指导的内容,科学指导小学生的学习,引导小学生学会学习,养成良好学习习惯。
> 5. 明确个别教育的含义与意义,理解并掌握个别教育的常用策略。
> 6. 了解班队偶发事件的特点,学会正确处理偶发事件。

班队的管理首先面对的是日常管理,这是班队工作的基础,日常管理中要做好日常行为管理、学生发展指导、个别教育和偶发事件的管理等工作。班主任通过班队日常管理,与学生展开交流,全面了解他们各方面的现实表现,并予以及时的表扬或批评。

## 第一节 小学班队日常行为管理

小学班主任在每日工作中经常碰到的问题就是学生的行为问题,每天主要管的事情也是学生的行为。一个班队组织有它所要求的共同行为,班队组织中行为的一致性,就成了班队日常管理的首要任务。

### 一、小学班队日常行为管理的含义

小学班队日常行为管理是指班队管理者向班队成员传授小学生在班队组织中的规范行为,帮助小学生掌握规范行为,同时也纠正小学生违反组织规范的行为。

任何一个组织都有他自己规定的行为方式,一个组织特定的行为方式是组织存在的基础。任何一个组织也要求其成员掌握组织的行为方式。在社会的成人组织中,成人有能力理解组织的规范,能够自己学习掌握组织规范。但是,在由未成年的人组成的小学班队中,受到年龄、认知能力等方面因素的影响,行为的学习对他们来说,还不可能完全靠自己完成。因此,在小学班队的日常管理中班主任就有向班队组织成员传授规范行为的任务。

小学生在班队中学习组织的规范行为,不仅是组织活动的需要,更是小学生个体发展的需要。学生学会在组织中学习、生活,是个体社会性发展的要求。正确的行为规范,能引导人健康地发展。

## 二、小学班队日常行为管理的内容

小学班队日常行为管理的内容是班主任(中队辅导员)对班级学生(少先队员)进行管理的日常行为。这些日常行为受日常行为规范制约。

班队的日常行为规范,既要遵循国家教育行政部门颁布的《小学生守则》《小学生日常行为规范》,也要体现学校制定的具体规定,同时反映本年级和本班的特殊要求。班主任应根据这些守则、规范、要求及本班学生年龄特征和日常行为规范的实际情况,制定本班一日规范,促进学生成长与发展。

根据小学生的一日活动情况和我国教育活动的实际,可以列出如下小学班级一日规范主题。

▶【链接】

小学班级一日规范主题

1. 上学。主要内容有到校时间、礼仪、进班要求等。
2. 升旗、早操。主要内容有升旗礼仪,早操排队、动作等。
3. 晨会。主要内容有态度、行为等。
4. 上课。主要内容有课前准备、听课、课堂作业、下课等。
5. 课间。主要内容有时间、活动方式等。
6. 眼保健操。主要内容有姿势、动作等。
7. 午间用餐。主要内容有时间、吃饭要求等。
8. 午睡。主要内容有时间、安静等。
9. 劳动。主要内容有态度、方式等。
10. 放学。主要内容有排队、安全等。
11. 家庭作业。主要内容有时间、数量、质量等。

## 三、小学班队日常行为管理的方法

### (一)榜样示范法

榜样示范法是教育者以他人的高尚思想、模范行为和卓越成就影响学生,促使其形成优良品德、养成良好习惯的方法。通过榜样来学习规范行为,从本质上说也是观察学习。这里的榜样特指小学生自己班队中的榜样,因为置身班队群体中的行为样板更容易得到认同。供班队成员学习的本班中的行为榜样,要靠班主任树立。但是,在采用这种方法时,班主任不可认为榜样就是班队中一两个优秀的学生,而要逐步扩大榜样行为的人群。当榜样人群足够大时,就会形成行为压力,从而更好地促进所有班队成员习得规范行为。

如果班队管理中感到榜样缺乏模范作用,可能就在于榜样的人数有限,不能对周围的人形成学习的压力。同时,班主任在给孩子们树立身边的榜样时,一定要慎重,号召学习时要特别讲清楚学习榜样的什么。毕竟,孩子们天天在一起,彼此知根知底,难免会看到榜样的某些方面的不足。

### (二)行为强化法

行为强化,是紧随某一特定行为之后给予某一刺激作为其结果,这个结果导致该行为在未来更容易出现,或使该行为发生率得到了提高,这个过程就是行为强化。行为强化是行为习得的重要条件。

用以强化行为的强化物是多种多样的。我们在小学低年级普遍看到一种行为管理的强化方法,即给具有规范行为的学生一个印有红花、五角星和笑脸的纸片,也可把红花、五角星和笑脸做成印章,盖在或贴在墙上的表格中,等等。这些东西就是强化物。到了小学高年级,就换成了评分表上的分数。然而无论是前者还是后者,都是符号性的。这种强化被称为"代币强化"。所谓代币,就是替代强化物的符号性的东西,就像纸币一样,代币是可以换取东西的。代币强化的特点在于,学生由于规范性行为积累起来的代币最终可以换得他们所期待的强化物,比如,"三好生"的荣誉称号。

【案例 4-1】

#### 学校发行"银币"助学生习惯养成①

在龙岗区如意小学,每位学生都有一本由"如意银行"发行的"好习惯存折"。老师们则人手一个"如意银币印章",学生有了好的表现,就可以得到印章,包括积极举手回答问题、出色地完成作业、养成了讲卫生的习惯及乐于助人,等等。每个学期

---

① 姚卓文."代币管理"孩子良好习惯靠物质激励养成?[N].深圳特区报,2015-11-04(A13).

末,学校的"如意超市"将举行一学期一度的如意银币消费活动,联合各班的跳蚤市场进行,超市的文具玩具由学校出资购买,各班的跳蚤市场集中了由学生从家里带来的二手书籍、礼品、玩具、文具等。

如意小学德育处主任刘聪告诉记者,学生经过了一学期的辛勤付出,将积累在"存折"里的"如意银币"拿来消费,兑换自己喜爱的礼品,有助于激发学生养成良好习惯的决心。

不仅是如意小学,深圳有不少学校也纷纷采取类似的办法。在坪山新区金田小学的学校入门处,设置了金星奖品超市,每周一到周四的上午7点30分至8点20分是超市的"营业时间",商品是一些文体用品,并根据奖品价值的不同分为了十张券区、六张券区等。金田小学副校长廖雁妮介绍,要得到这些兑换券则需要孩子们有良好的表现,老师会根据学生课内外的表现发放兑换券。

### (三) 规范制约法

规范制约法是用规范、制度等约束学生行为,促使学生逐步形成良好行为习惯的方法。

班级规范的内容一般包括两个方面:一是学生在学习、生活中应该遵守的准则,具体可以包括课堂规范、作业规范、出操规范、卫生规范、劳动规范、就餐规范、宿舍规范等。二是执行和违反规范的奖惩规定。在运用规范制约法时,要注意以下几点:第一,引导学生共同制定班规,从而使班规得到更好的认同;第二,注意加强指导和监督,防止规范软化现象;第三,适当利用奖惩手段,优化规范的运用效果;第四,教师要发挥榜样作用。

## 第二节 学生发展指导

### 一、日常生活指导

#### (一) 日常生活指导的内涵[①]

日常生活指导是指班主任根据学生的身心特点和学校教育管理的任务,教育、指导学生独立生活,培养学生自制、自主、自理生活能力的活动。

伟大的人民教育家陶行知先生的"生活教育理论"认为:生活即教育,社会即学校,教、学、做合一。生活指导蕴含着"关爱生命,共享生命尊严""关注生长,体验生活经验"

---

① 杨瑞清.基于生活教育理论的小班化实验[J].生活教育,2010(12).

"关心生态,培养文明生活""关切生机,培养生活情趣"的真谛。

1. 关爱生命,共享生命尊严

生命是珍贵的,然而比生命更珍贵的就是人的尊严。尊严是生命的彰显,更是生命的价值所向。卢梭说过:"每一个正直的人都应该维护自己的尊严。"班主任生活指导关注的是人的内在尊严,它是赢得外在尊严的关键因素和内在依据。这就是要凸显日常生活中的主体:让每个学生生命成为爱的聚焦;启发学生"自爱";让每一个生命成为爱的堡垒;要引导师生间"施爱",让每一个生命成为爱的源泉。无限尊重每个人的生命价值,无限相信每个人的生命潜能,真正落实"以人为本""促进公平"的根本指导思想,体现教育"关怀每一个"的卓越品质,让生命的气息渗透在日常生活中的每一个领域、每一阶段、每个要素之中。

2. 关注生长,体验生活经验

生活教育通俗地讲就是让人"生"让人"活"的教育。日常生活指导的核心词"关爱",是关爱每个生命,为生命的幸福生长创造良好的生态,提供充足的精神营养,让生命保持生气勃勃、生机盎然的美好状态。这就是说要优化教育过程,尊重生命生长的客观规律,既欣赏盛开的鲜花,又善待迟开的花苞,坚决走出拔苗助长、急功近利的误区,促进生命自主成长,让每个学生充分享受成长的快乐、童年的幸福。

3. 关心生态,培养文明生活

要改善教育条件,为生命的健康成长配备现代化的教育设施,创造良好的教育生态,提供健康丰富的小学环境。烂漫的童真童趣,往往成为一个人生命中最美好的时光。只有用教育生态的视角,整合人物、地方、政策、方案、过程等要素,体现关爱、尊重、信任、乐观等价值观,才能最大限度地发挥生活指导作用,培养文明生活的方式,享受幸福的生活真谛。

4. 关切生机,培养生活情趣

关切生机就是要抓住教育灵魂。生机是对生命、生长、生态的一个整体关照,是教育的价值所在、意义所在、希望所在,是教育的出发点和归宿。有了生机,生命就有了活力,生长就有了动力,生态就有了魅力。因此,要教育小学生热爱生活,学会发现生活中的真善美,乐观地对待生活中的困难,还要指导他们在课余闲暇时间避免消极因素的干扰,做有益于身心健康的事,如读书看报、欣赏节目、看望长辈、外出游玩等,进而发展个人兴趣和特长。

(二) 生活指导的任务[①]

1. 传授基础生活知识

小学阶段主要让学生懂得穿衣、洗涤、收藏方面的基本知识,其他较复杂的知识可

---

① 吴荔红,骆风. 中小学生生活素质教育的几个问题[J]. 教育导刊,1998(10).

以在以后继续学习。此外饮食、居住、交往、娱乐的常识,也必须传授给小学生。

2. 传授基本生活技能

生活技能是指个体生存和发展的技能,是个体能够独立地进行日常生活,并能够适应生活环境变化的行为能力。人们的生活需要一定的技能技巧。要结合家务劳动、公益劳动教给小学生基本的生活技能,如家务劳动中的整理衣服、叠被、淘米煮饭、择菜、做简单菜等技能,公益劳动的清除垃圾、铺路填坑、种树浇花、美化校园与街道等技能。

3. 传播文明生活观念

教育小学生树立正确的人生观,特别要引导他们正确看待奉献与索取、劳作与享乐、美观与享用、共性与个性、自主与合作、节约与浪费的关系问题,懂得生活的基本要义。

4. 培养良好生活习惯

生活习惯是一种在日常生活中经多次重复养成的比较固定的、无须意志努力就可完成的自动化了的行为倾向。生活习惯对人的心理素质和生理素质的形成和发展具有重要意义,对生活实践活动起积极作用。小学阶段是生活习惯养成的关键时期,一方面要培养他们良好的生活习惯,如起居有常、勤俭节约、珍惜时间、劳逸结合、清洁卫生等,另一方面要注意纠正他们不良的生活习惯。

### (三) 生活指导的途径

1. 通过课堂进行日常生活指导

通过生活指导课和学科课程进行日常生活指导。生活指导课以活动的形式让学生参与、体验,把生活的知识技能、做人的道理等寓在其中,让儿童积极地面对生活、创造生活。劳动、卫生、德育等课程非常有利于对学生进行日常生活指导。如,可在课堂中介绍相关的生活知识、生活技能,传输文明的生活观念,批判消极的生活观念,引导学生正确对待各种生活事件,养成良好的生活习惯和生活情趣。

2. 通过活动进行日常生活指导

通过班队活动进行日常生活指导。开展班队活动是进行班级生活管理的有效途径之一。可在班级各项活动中渗透生活素质教育的内容,如活动中要求学生衣着干净合体,饮食营养卫生,交往友情为重等;开展生活知识、生活技能的竞赛活动,使小学生自觉提高生活素质。因此,可通过班会、晨会、少先队活动等班队活动对学生的生活观念、生活习惯进行指导,宣传科学的、文明的、健康的生活方式,使他们认识现代文明生活的特征,抵制陈腐生活观念和不良生活方式的干扰。

通过开展社会实践活动进行日常生活指导。社会是生活的海洋,也是教育取之不竭的天然素材库,把教育放到社会这个大环境中去,放到生活的方方面面中去,这样才能抓住生活教育的真谛。可定期组织学生去农村考察、福利院慰问、参加环保夏令营等,从而让学生感知生活的艰辛、懂得关心他人等,了解更多复杂变化的世界。

### 3. 通过环境熏陶进行日常生活指导

通过班级环境熏陶进行日常生活指导。班级是小学生生活的主要环境,班集体生活经验是小学生日常生活素质发展的基础,这就决定了班级环境是小学生生活知识与生活技能教育的最主要的途径。班级民主协商的方式,文明生活的准则,对待人处事、使用零花钱、作息时间、文体活动做出规定等,都为小学生提供了文明的日常生活环境。

通过学校环境熏陶进行日常生活指导。学校文明的日常生活环境,能成为影响小学生日常生活素质的正面材料,学校利用广播、电视、报纸、黑板报、宣传橱窗、刊物等传播手段传播弘扬时代主旋律的优秀文化作品,能为小学生营造文明的日常生活环境;此外,学校还能利用这些媒介介绍日常生活的知识和技能,能为小学生普及日常生活的知识和技能。

### (四)生活指导的内容

班级生活指导主要包括生活技能、安全防护等生活常识的指导,以及闲暇生活指导、人际交往指导与消费指导等社会生活能力的指导。

#### 1. 生活技能指导

生活技能是人们在长期的实践生活中形成,是人们利用生活知识和经验去完成某一活动的方式。它在现实生活中具有重要作用,是国民素质的一个重要方面,是"学会生存"所必须具备的一种能力。学校应当开设生活技能常识课程,在学生中普及生活技能常识。对低年级学生指导他们注意个人卫生(如刷牙、洗脸、梳头等),自己穿衣服,自我劳动(如叠被子、洗小件衣物、整理用品、打扫卫生等),让孩子养成"自己的事情自己做的好习惯"。在中高年级的生活指导上,指导他们学会生活,在实践中习得生活技能和养成良好的生活习惯。在这个过程中,教师和家长应该起表率作用。

#### 2. 安全防护指导

我国每年因意外伤害而死亡的儿童超过 20 万,平均每天有 540 多个儿童意外死亡,意外伤害死亡占儿童死亡数量的 1/3。[①] 上海儿童医学中心提供的资料显示,52%的儿童意外伤害发生在家庭,19%发生在街道,12%发生在学校。小学生年龄幼小,没有社会阅历,单纯、幼稚,安全意识差,防护能力低,不能正确判断生活中的潜在危险,加上行动能力不足,容易受到伤害或者上当受骗。因此,我们要从孩子入学之日起,教育他们不轻信他人,保持警觉,培养他们的防范能力、自救能力、遇到紧急情况寻求帮助的能力。主要对学生进行安全自救演练活动,对学生开展安全预防教育,使学生接受比较系统的防溺水、防地震、防交通事故、防触电、防食物中毒、防病、防体育运动伤害、防火、防盗、防骗、防煤气中毒等安全知识和技能的教育,做到尽可能减少各种悲剧的发生。

---

① 我国每年超 20 万儿童意外死亡[EB/OL]. http://society.people.com.cn/n/2015/1130/c1008-27869076.html.

【案例4-2】

　　成都金堂县金龙镇街道上一处民房突发大火,房内一个9岁女孩"照老师教的"躲进湿被子,隔绝了大火产生的有害气体,为自己争取了获救的机会,随后被进屋营救的消防员救出火海。小女孩说,用湿被子盖头的方法是学校老师教的。其所在小学的老师说,该学校开设了安全教育培训,其中包括火灾逃生培训。

　　这个小女孩之所以能够逃生,简单而言,就是因为学校教了一些有用的常识和知识。有用,就是对小学生而言有可能用,或终生都要用的常识和知识。这些有用的常识和知识,大都是人们应对既有的自然和社会等生存环境的方法和行为规范。这些方法和行为规范,既是前人经验的总结和传递,也是通过行为规范体现出来的应然社会秩序和关系。由"红灯停、绿灯行"的常识和规范,可观整个社会秩序和社会关系全貌的道理所在。

3. 闲暇生活指导

　　闲暇生活指导的重要任务之一是帮助学生树立正确的闲暇生活价值观,珍惜时间,合理安排时间,做时间的主人。第一,指导小学生善于集中时间。善于集中时间而不平均分配时间。第二,指导小学生要善于利用零散时间。要珍惜并充分利用大大小小的零散时间、碎片时间。第三,指导小学生合理地使用闲暇时间。班主任要指导小学生会利用事情的先后顺序安排闲暇时间;会利用自己的最佳学习时间安排闲暇时间;会利用个人的目标和兴趣来安排闲暇时间。第四,引导小学生闲暇生活知识化、价值化和个性化。利用闲暇"充电"是适应时代的需要,是自我完善和发展的需要。应该用有限的闲暇时间去涉猎有用的知识和技能,使之体现闲暇生活的积极意义和对个人发展的价值。

4. 消费指导

　　合理地消费、有计划地消费,是未来合格公民的一项基本素质要求。学校和家庭应当对小学生进行消费行为指导,使他们较早懂得父母辛苦赚钱之不易,合理安排收支,不滥花钱财,并教给他们一些挑选日常生活用品、使用和保护日常生活用品的知识与技能。指导小学生在物质消费方面应提倡"节制""节俭""计划开支",主要从以下两方面着手:第一,指导小学生养成节俭习惯,即班主任应当指导小学生科学、合理地消费,特别在物质消费上培养学生力求节俭的习惯。第二,指导小学生有计划地消费,即指导他们制订消费计划,合理使用手中的零花钱,不能盲目消费,高消费,唯我消费。指导他们参与家庭消费计划,了解家庭收入来源,合理消费;指导他们消费记账,学会支出反思,避免盲目消费。

## 二、健康教育

### (一) 健康教育的目标与要求

健康教育是指通过信息传播和行为干预,帮助学生掌握卫生保健知识,树立健康观念,自愿采纳有利于健康的行为和方式,预防疾病,促进健康,提高生活质量的教育活动与过程。在中小学校中,以处于生长发育过程中的儿童青少年作为主要受教育者,开展适宜、适时的健康教育。

1. 健康教育的目标

(1) 增进儿童青少年的卫生知识,明了健康的价值和意义,提高儿童青少年自我保健、预防疾病的意识。

(2) 使儿童青少年逐步建立、形成有益于健康的行为,自觉选择健康的生活方式,从而促进身心健康,提高生活质量。

2. 健康教育的要求

(1) 使儿童青少年掌握一定的卫生知识,认识个人卫生习惯、营养、体育锻炼、防病保健、环境卫生、心理卫生、安全措施等诸多因素与个体健康的相互关系及影响作用,逐步自觉地形成对自己健康负责的卫生观念。

(2) 培养儿童青少年良好的卫生习惯和健康的心理状态,正确了解自身生长发育的不同阶段,特别是青春期生理和心理的变化特点及影响因素,改变不良行为,建立健康行为,改善环境,促进身心健康发育。

### (二) 健康教育的主要内容

1. 个人卫生习惯与健康

(1) 个人卫生:饭前便后洗手,勤洗澡、勤换衣、常剪指甲、早晚洗脸、睡前洗脚,不与他人共用毛巾、水杯;不吸烟,辨识禁止吸烟的标志,吸烟有害健康;生活作息要有规律,睡眠充足,坚持午睡,劳逸结合。

(2) 口腔卫生:早晚刷牙,刷牙的正确方法,怎样选择牙刷、牙膏。

(3) 用眼卫生:保护眼睛、预防近视,如何做眼保健操,养成正确的读写姿势,注意看电视的卫生。

(4) 正确的坐、立、行姿势,讲究仪表美。

2. 合理营养与健康

(1) 初步认识人体需要的七大营养素——蛋白质、脂肪、碳水化合物、无机盐与微量元素、维生素、纤维素和水。

(2) 食物是提供各类营养素的主要来源。

(3) 合理营养的基本要求,良好饮食习惯的重要性,不偏食、不挑食、定时定量进餐,认识暴饮暴食的危害,吃早餐的必要性,少吃零食。

(4) 预防食物中毒,不吃变质腐烂的食品。

(5) 生吃瓜果要洗净,不吃不洁食品,防止病从口入。

(6) 水与生命:注意饮水卫生,不喝生水。

3. 环境卫生与健康

(1) 健康的三要素:日光、空气、水。

(2) 保持环境卫生的重要,环境污染(废水、废气、废物、噪声)的危害。

(3) 保护环境的美化,爱护益虫、益鸟和花草。

(4) 创造良好的学习环境,教室、家庭居室的采光和通风。

(5) 自觉维护公共场所卫生,不乱扔废弃物,不随地吐痰,公共场所禁止吸烟,讲究公共卫生的重要性。

(6) 消灭蚊、蝇、虱、蟑螂、臭虫、老鼠。

4. 体育运动与健康

(1) 体育锻炼有益身体健康,充分利用阳光、空气和水,锻炼身体、坚持做广播操。

(2) 户外活动的好处,课间活动的作用与方法。

(3) 劳逸结合,如何安排一天的学习、锻炼与休息,怎样度过休假日。

5. 常见疾病的预防

(1) 呼吸道、消化道传染病的一般传播途径,怎样预防这些传染病。

(2) 计划免疫的意义,小学阶段应该完成的预防注射。

(3) 小学阶段常见病的预防:沙眼、近视、龋齿、脊柱异常弯曲、营养性缺铁性贫血、肥胖。

(4) 常见肠道寄生虫病的预防:蛔虫、蛲虫、钩虫、鞭虫。

(5) 常见肠道传染病的预防:肝炎、菌痢。

(6) 常见呼吸道传染病的预防:流感。

(7) 根据各地的具体情况,确定对某些常见地方病的预防。如血吸虫病、地方性甲状腺肿、氟中毒、克山病、流行性出血热等以及疥疮、头虱、冻疮的预防、中暑的预防。

6. 安全与意外事故伤害的预防

(1) 交通安全:识别交通标志,遵守交通规则。

(2) 游戏和锻炼中的安全:不做危险游戏,燃放鞭炮注意安全,体育课的衣着要求,运动前做准备活动,游泳注意安全,注意溺水的预防。

(3) 劳动中的卫生和安全,预防砸伤。

(4) 预防触电、烫烧伤、煤气中毒、气管异物。

(5) 一般外伤的简易处理:止血、包扎。发生意外伤害要及时求医。

7. 心理卫生

(1) 人体健康包括身体和心理两部分,心理健康有益于身体健康。

(2) 保持心理健康与良好的情绪,与父母、同伴、教师和睦相处,自己的事情自己做,培养独立生活的能力。

(3) 团结互助、尊重他人、正确对待身体残疾的同伴。

### (三) 健康教育的方式

健康教育的方式主要有知识传播和行为干预两个方面。具体说来,健康教育的主要方式有:

#### 1. 传授知识

开设健康课程和心理教育课程,但心理健康教育的作用不仅是要扩展学生的知识,而且还要改善学生的情绪状态、转变其态度、养成必要的社会技能等,所有这些单靠知识传授是难以奏效的。

#### 2. 学科渗透

教学活动是在教师的主导作用下进行的,因此,教师完全可以通过不同的教学途径,变换多种教学方法,在传授知识、训练技能的同时,培养学生的心理素质。

#### 3. 结合班队、团队活动

不把心理教育作为一门课程单独开出、列入课程计划,而是结合班队活动、课外活动、团队活动来进行,是这一途径的特点。新生入学时的"新生教育"、毕业时的升学就业辅导也属于这一类。

#### 4. 寓于活动

课外活动是课堂教学的补充、扩大和延伸。它通过社会实践活动(社会调查、社会服务、参观、旅行、夏令营、冬令营等)、文学艺术活动、科学技术活动、体育锻炼活动、劳动公益活动等,为学生走向社会、接触自然提供了广阔的天地。

#### 5. 辅导与咨询

个别辅导是辅导老师通过与学生一对一的沟通互动来实现的专业助人活动,比较常用的方式有个别谈话、电话咨询、信函咨询、个案研究等。有些小学开展的"知心姐姐信箱"活动、中学的"成长热线"等,就是通过信件、电话的咨询辅导。个案研究则是针对个别学生实行比较深入、持续时间较长的个别辅导方式。也可结合小组辅导或者是团体咨询进行心理健康教育活动。

小学班主任在学校心理健康教育中负有特定责任,并具有无可替代的教育优势,班主任要尊重学生人格,对学生一视同仁,以身作则,加强交流,了解学生,不增加学生心理压力,能够及时发现学生行为异常。严格说来,班主任并非专业心理咨询师,对于学生可能出现的心理健康问题要慎重对待,既不能忽视,又不能过度关注。

【案例 4-3】

**小学生心理健康个体辅导**[①]

应婷婷同学家长的要求,我校六年级的婷婷同学走进了我的视线。根据他的症状和家长及班主任的介绍,我认定他属于亲子关系问题中的逆反心理问题。于是经过科学的诊断,我制定相应的辅导目标及方案,通过一个阶段的实施,婷婷的叛逆心理得到了很好的调整,收到了不错的效果,最终基本上克服了叛逆的性格。

扫码阅读案例详情

## 三、学习指导

学生的主要任务是学习,学生的学习过程是在教师引导下,主动地、积极地掌握知识、发展能力和提高思想道德水平的过程。班主任必须重视班队学习指导。班主任的学习指导主要包括:引导小学生体验学习乐趣,保护小学生的求知欲和好奇心,培养小学生的广泛兴趣、动手能力和探究精神;引导小学生学会学习,养成良好学习习惯。

### (一) 激发学习兴趣

1. 激发学习兴趣的原则

兴趣是学习入门和获得成功之间的"牵引力"与"黏合剂",是构成学习动机的最现实最活跃的成分。在其结构上,兴趣不是一种单维度的心理倾向,而是由三个层次所构成的梯度兴趣结构,它包括兴趣生成、兴趣发展和兴趣内化。这三个层级环环相扣、层层相衔,前一层级的兴趣孕育着后一层级的兴趣雏形,后一层级的兴趣又包含着前一层级兴趣的特征,它们有机地结合在一起贯穿于教学过程的始终,保证了教学活动的顺利进行,促进了学习者认知能力和个性的发展。针对兴趣结构的三个维度,班主任在激发学生学习兴趣的过程中要遵循以下一些原则:

(1) 选择性原则

在兴趣生成过程中,我们的目的是发现每个学习者独特的兴趣倾向,找到一把开启其思维盲点的钥匙。班主任在日常班级管理活动中,要注意通过设计情景,唤醒学生的学习兴趣。在这一过程中,我们要贯彻"选择性原则",以期提高学生的参与热情,调动主动性,抓住兴趣点。这里的选择性有两层含义:第一,在特定的教学过程中,学习者有权选择适合自己的学习内容、学习方法、学习环境,有权表达自己不同于教师的见解和观点;第二,教师应根据学习者的特点,从他们的立场、他们的智力水平、他们的兴趣倾

---

① 张云飞.小学生心理健康个体辅导案例[EB/OL]. https://wenku.baidu.com/view/9ac26e062f60ddccda38a0bd.html.

向出发,运用巧妙的教育艺术,使需要完成的学习任务变为学习者内在的自觉要求,实现"要我学"到"我要学"的转变。

(2) 挑战性与开放性原则

苏霍姆林斯基说过:"如果你指望靠表面看得见的刺激来激发学生对学习、对课的兴趣,那就永远也培养不出学生对脑力劳动的真正热爱。"这就告诉我们,兴趣不应该仅仅停留在由现象表征所引起的感官刺激上,只有当兴趣指向事物本质属性、因果关系的探讨,方能转化为一种求知欲,维持认知活动持久而恒定地进行,这恰恰是兴趣发展的内涵。兴趣发展是兴趣生成和兴趣内化的中介环节,它是一个动态发展的过程。因此在促进兴趣发展的过程中班主任应既遵循"挑战性原则",又符合"开放性原则"。"挑战性原则"是指运用维果茨基的"最近发展区"理论制造认知冲突,推进兴趣深化;"开放性原则"则强调针对学习者个性差异、发展模式的独特性,灵活多样地运用教学手段。

(3) 创造性原则

在兴趣内化阶段,兴趣已经内化为个性的一部分,它类似于休金娜所说的认知兴趣的高级层次,它已不单单属于非智力因素范畴,它是以人的智力、情绪、意志过程的统一整体为基础的特殊"合金"。处在这种状态下的学习个体对待学习——认知过程的视野,已不仅仅停留在狭义的知识认知层次,他们的视角透过书本、透过校园的生活,开始关注更宏观的世界,探究的激情、创造的冲动在积蓄中待势而发。因此,在兴趣内化阶段,我们应该遵循"创造性原则"。我们想做和能做的事情就是如何"搭桥造船",把这种内化的认知兴趣迁移、转化,让它在信息的碰撞、串联中,让它在发散思维与收敛思维的交替转换中,产生创意的火花。

2. 激发学习兴趣的条件

(1) 多重角色的师生关系

真正良好的师生关系中,教师应该扮演几种不同的角色,即生活中的"知心人",教学中的"合作者",方向上的"导航员"。教师只有在日常生活中成为学生的知心人,才能赢得学生的信赖。教师在教学过程中只有把自己放在一个合作者的位置上,才能诚心地听取学生独到、新颖的见解,激发学生的自信心。然而学生毕竟是成长中的青少年,他们敢想敢说却不失莽撞、偏激;他们充满激情、灵气却难免缺乏一份理智,这时教师就应该积极引导、拨正航标,展现师者的高知灼见。

(2) 民主平等的教学氛围

对于班级而言,教学民主不仅体现为师生之间的双向交流,它更应是多种思想观点碰撞、信息的多向交流过程。对于个人而言,教学民主则体现为由于个人的发展条件、水平和可能不同,应该允许他们选择不同的学习方式和方法、不同长短的学习时间,甚至对他们应达成的结果的期望也各不相同,也就是说应该承认每个个体存在与发展的独一无二性。强制的一统,超过实际发展可能的高期望的目标只能压抑个性,抹杀创造精神,更无从奢谈兴趣的生成与发展。

(3) 开放式的教学时空

为了促使兴趣生成,在实施教学活动时应突破封闭的教学时空,实行课内、课外相结合的组织形式。在课堂教学中,我们侧重于观察学习者的个性特征和思维类型;在课外生活中我们强调在组织阅读和活动的过程中辨别每个学习者真实、独特的兴趣点,教师把二者有机结合,加以适当的引导则可实现兴趣生成。

(4) 诱导式的问题情境

真正兴趣的发展是当人们在认知过程中遇到阻力而竭力克服的过程中进行的。维果茨基认为,只有走在发展前面的教学才是好的教学。苏霍姆林斯基也说:"认知本身就是一种最令人惊讶、诧异和感到神奇的过程,能激起高昂而持久的兴趣。"他们所坚持的一个共同信念就是:兴趣的发展是在学习主体不断解决认知冲突、跨越问题障碍的过程中,逐步深化和完善的。因此我们认为创设问题情境能够激发学生的学习兴趣。

(5) 个性化的思考空间

面对"适者生存"的国际人才竞争环境,面对民族所赋予教育的重任,给学生一个自由选择、自由思考的空间已成为一种必需。他们可以选择学习方式、学习程序、学习内容,有时甚至可以选择适当的学习场所。在封闭、僵化的教学体制中给学习者打开一扇天窗,让外面的新鲜空气进来,让学生的眼睛看出去,让他们有更广阔的视野,使他们有受尊重、受信任的情感体验,使他们感觉到自己是学习的主人,从而把学习从"要我学"变为"我要学"。这样他们就会用富含智慧的个性的方法,实现这种不同知识迁移的跨越,体现创新。

(6) 互助式的合作群体

这里的"互助"有两层含义。其一,情感具有共振效应。一个人在探索过程中,难免出现落寞、孤独无助的感觉,处理不好容易导致兴趣下降。但是,如果具有共同爱好的学习者建立一个合作群体,这时的认知兴趣不仅有相互支持作用,而且有加倍增值效应。其二,在认知兴趣迁移过程中,尽管每个学习者都可以独立思考,甚至创造性地解决一些问题,但是在实际操作过程中面对如此庞杂的知识网络,学习者个体由于受自身素质和思维局限性的制约,往往不能全面、深刻地把握问题的核心。这时建立一个互助式的合作学习群体则可以实现思想共享,同时不同的思想在相互碰撞、冲突的过程中往往可以孕育创新的火花。

(二) 树立学习信心

美国作家爱默生曾说,"自信是成功的第一秘诀"。对于班主任来说,在指导学生学习的过程中,树立学习信心是引导学生成才的重要途径。指导学生树立学习信心的方法体现在以下几个方面。

1. 寻找学生的闪光点

自信心,是一个人自己相信自己的愿望或预想一定能够实现的一种心理状态,是一个人的自我意识的重要组成部分,具有自信心是自我意识成熟的一种表现。自信心是勤奋进取的力量和源泉,是走向成功的保证。在日常的教育活动中,由于教师把注意的焦点更多地集中在学习成绩优异的学生身上,而对于那些学习困难的学生缺乏耐心和信心,从而导致这些学生在老师的漠然与放任中,自暴自弃,一蹶不振。现代心理学的研究表明,人们在能力倾向甚至是智力类型上是存在差异的,一个在学业上成绩并不突出的学生,并不能证明以后他在社会发展中的成就会低于当时在学校中成绩优异的学生。每一个人都有自己成长的模式,关键是老师能否在教育过程中,及时地发现学生的优势智能,发现学生的闪光点,并以此为契机,激发学生的学习信心。

【案例4-4】

班里有一名学生叫李岩,是学校有名的"小淘气",他虽然不笨,但懒于学习,经常不完成作业,上课从不举手发言,学习成绩很差,更让人头痛的是和同学不是打,就是骂,做错了以后还不承认,像顽石一样固执。

据我了解,这个学生一二年级的时候各方面表现还可以,后来父母离了婚,可能是受家庭的影响吧,自此表现就越来越差了。对这样一个心灵上受过很大伤害,思想上已走向极端的学生,态度简单粗暴,只能使他产生逆反心理,更加破罐子破摔,而进行正面教育也简直是"对牛弹琴"。但我还是相信"精诚所至,金石为开",怎么才能找到他思想上的突破口呢?

机会终于来了,学校安排我们班拔操场的草,我把任务分派到六个值日小组,结果李岩所在的小组最先完成任务。任务完成后,他们组有的同学喝水去了,有的玩去了,而李岩却在帮助其他小组干。劳动总结会上,我突出地表扬了李岩,李岩先是一惊,脸上随即闪过几丝喜悦,然后不好意思地低下了头,我看在眼里,喜在心上,这个孩子开始信任我了。如果说恰如其分的批评能使人进步,那么恰到好处的表扬就更能催人奋发向上,接连几天李岩打架、骂人的毛病收敛多了。

经过一段时间的了解,我发现这个孩子之所以经常犯错误,是因为缺乏人们的关心和信任。在一次班会上,我做出了一个超乎同学们意料的决定,让他当劳动委员,这个学生眼睛里闪现出从没有过的自信的光芒。可谁知第二天就出了岔子,他又和别人打了一架,我没有鲁莽行事,而是先做了一番了解,原来是一个学生不服他管,顶撞了他,他们才打架的。我单独找到了他,声色和悦地对他说:"那位学生不服你管是错误的,可这是因为什么呢?因为在他的眼里还是过去的你,你应该鼓起勇气向过去告别,让大家看到全新的你。"

自那以后,他像变了一个人,凡遇劳动,他总抢着干脏活、累活。而我呢?每当看到这个学生有了点滴的进步,就及时地给予热情的表扬、鼓励,并抽空讲一些同龄

> 儿童积极进取的故事耐心地帮助他改正学习上懒惰的缺点。慢慢地,他上课举手的次数多了,作业不仅能认真及时完成,而且还能热情地帮助其他后进的同学。后来在一次班会上。他自荐当班长,同学们立即报以热烈的掌声,他激动地望着我,泪水"唰"地流了下来。①

2. 多做肯定性评价

学习的信心来自哪里?这其实是一个不是问题的问题,无数实践中的案例告诉我们,学习的信心和教师的肯定性评价是密不可分的。信念可能是一切奇迹的萌发点,教师的责任就是要在学生的心里播下信念的种子。事实上,心理学的研究早就为这种现象提供了理论依据,罗森塔尔效应告诉我们,对于教师这一职业而言,学生"向师性"的特点决定了教师的言行对于学生的成长具有重要的影响,教师的一句无心的鼓励可能改变一个学生的人生命运,同样教师的一个无意的伤害也可能毁掉一个学生的前程。因此,在树立学生学习信心的过程中,教师一定不要吝啬自己的鼓励和表扬,及时地给那些需要精神支持的孩子以肯定性的评价。

3. 信任学生

爱默生曾有过一个精彩的论断:"教育的秘密在于尊重学生,选择他要知道什么、要做什么的不是你。它已经选择好了,预定了,唯有他才知道自己的秘密的钥匙。由于你的瞎胡来和阻挠以及过分的管理,他可能受阻而不能得到他的目的并置身于他的目的之外。"这就要求我们的教育活动要给学习者提供自由选择、自由探索的空间,其中包括试误的自由。学习者在解决问题的过程中,由于个人思维类型及认知水平的制约,可能会出现许多的错误,可这恰恰反映了他现有的理解水平还不完全适应外在的问题情境。这时,如果我们用统一的知识、方法去强行灌输,不但不能实现发展的目的,反而可能导致思维的懒怠、自信心的下降和学习兴趣的消减,当前教学实践中"双差生"的产生恐怕与此不无关系。反之,如果教师鼓励学生大胆地"冒险"、勇敢地尝试并在适当的时机提供支持性的材料,让他们在自我探索的过程中不断获得成功的体验,教师将会惊诧地发现,学习者不但学习热情高涨、参与意识与日俱增,而且认知能力也将得到显著提高。

4. 选择合适的教育方式

苏霍姆林斯基在《给教师的建议》一书中的第一条建议就是"请记住:没有也不可能有抽象的学生",并在这一标题下第一段旗帜鲜明地表达了自己的观点:"为什么早在一年级就会出现一些落伍的、考不及格的学生,而到二三年级有时候还会遇到落伍的无可救药的,因而教师干脆对他放弃不管的学生呢?这是因为在学校生活的最主要的领域——脑力劳动的领域里,对儿童缺乏个别对待的态度的缘故。"苏霍姆林斯基的观点明确地告诉我们一个浅显的道理,不能选择适合教育的学生,只能选择适合学生的教

---

① 张爱萍. 抓住闪光点,促其全面发展[EB/OL]. http://www.wdjyzx.com/blog/user1/15137/59920.html.

育。学生是一个不成熟的群体,他们是教育的对象,他们需要教育来实现转变。但转变的前提是必须承认"学生"这个群体性名词的概念里面,包含的是一个个充满情感、富有个性的生命,他们有自己的认知方式,他们有自己独特的人格特征,他们的学习不是被动的、消极的,他们有选择的权力,也有选择的能力,他们在自己的生活世界里能动地设计着自己的未来。他们要求参与课堂、参与教学;他们渴望学习,也重视学习。他们所缺乏的是一个能充分发挥积极性和主动性的学习空间,缺乏的是一种对其内在潜能客观的、肯定性的评价。信心是成功之源。学生学习成绩差,除先天智力低下外,还有许多非智力因素的影响。如果班主任的教育方式得当,在教育活动中能够针对学生的个别差异,选择合适的教育方法,因材施教,让学生不断获得成功的体验,我们相信在这一过程中,伴随学生成绩的提高,学生的学习自信也在悄然确立。

5. 榜样激励

榜样在学生发展过程中能够发挥巨大的影响作用,有其心理学理论的支持。促使榜样发挥示范作用的心理机制是模仿,模仿是一种重要的社会学习方式,它通过观察他人在特定情境中的行为,审视他人所接受的强化,然后在自己的行为方式中加以运用和体现。通过模仿个体不仅能够巩固和改变已有行为,而且能够学到新的行为。班主任在日常的教育过程中,要时常给学生讲张海迪、华罗庚、爱迪生等名人的学习事迹,激发学生的学习自信,也可以把身边一些同龄群体作为示范的榜样。学生榜样的选择,不仅需要那些具有永恒价值的历史人物,而且需要那些能体现时代价值的当代榜样;不仅需要各行各业的精英人物,而且需要那些生活在身边的普通公民,在现实生活中后者比前者更具有教育意义,更能体现教育对儿童的"成长关怀"。此外,我们要注重榜样教育的实践性。榜样教育为学生的成长提供一种行为示范,其实效性的发挥在儿童的学习信心养成中有着重要作用。但是长期以来,我们的榜样教育更多地注重说教、注重形式和口号,从而使榜样教育形同虚设。榜样教育的实践性正是为了弥补这种缺陷,它要求在榜样教育中要引导学生,把对榜样的认识和理解转化为具体的日常的学习和生活行为。

(三)养成良好的学习习惯

大哲学家柏拉图有一次就一件小事毫不留情地训斥了一个小男孩,因为这个孩子总在玩一个很愚蠢的游戏。小男孩不服气:"您就为这一点小事而谴责我?"柏拉图回答说:"你经常这样做就不是小事了,你会养成一个终生受害的坏习惯。"我国教育家陈鹤琴先生也曾说过,习惯养得好,终生受其益;习惯养不好,终生受其累。因此,在班级管理活动中班主任须高度重视学生良好学习习惯的养成。小学是养成良好学习习惯最重要的阶段。

1. 良好的学习习惯的内容

(1) 一心向学

对于学生而言,学习是一种责任也是一种生活方式,它是学生全面发展的前提和基础。因此在教育过程中,除了各科教师在具体的教学中要激发学生产生学习的渴望,班主任在日常的管理活动中,也要利用各种有利的教育时机,唤起学生对知识的崇拜,使他们有志于学,养成一心向学、自觉上学的学习习惯。一年级新生,是养成良好学习习惯的重要阶段。班主任和家长一定要注重培养他们按时上学,有病有事请假的习惯。让学生感受到上学既是自己的权利又是自己的责任。对于经常迟到的学生,班主任要耐心地帮助他们找到迟到的原因,并指导他们努力加以克服,有效帮助他们养成良好的起居习惯。

(2) 专心致志

《孟子·告子上》曾云:"今夫弈之为数,小数也,不专心致志,则不得也"。小学生年幼,自控力不足,犹易受身外事物诱惑而分神,在学习的过程中,如果三心二意,朝秦暮楚,必然会极大地降低学习效率,影响学习的质量,久而久之,会造成思维迟钝,注意紧张度降低,影响智力发展,使学业落后,以致形成拖沓的作风,学习、工作都没有效率。因此班主任在日常的管理活动中,要加强督促和监控,让学生养成课前预习、上课认真、独立完成作业的学习习惯。

(3) 勤学好问

"业精于勤,荒于嬉"。在学习过程中,教师要不断地告诫学生谦虚谨慎、反骄破满,勤学不辍。与勤奋相对应的一种优秀学习品质就是好问,在学习过程中,班主任要鼓励学生敢问、乐问、善问,在尊重科学的前提下,不唯书、不唯上,敢于挑战权威,敢于刨根问底,这样才能真正学有长进。

(4) 学思结合

"学而不思则罔,思而不学则殆"。好的学习习惯重在思考,不满足于只知其然,而要知其所以然。学是思的基础,思是学的深化,思则生疑,疑则生问,问则求解。知识的获得是自我建构的过程,只有在学习中不断地反思、感悟,把别人的思想观点、技术方法结合自己的实际有所取舍地内化为自己的东西,才能真正获得知识,才是真正意义上的学习。如果读书拘泥于书本,依赖于书本,不加思考地盲目吸收,只是学到了一些无用的条条框框,反而限制了自己的主观能动性。所以读书、学习一定要思考、感悟。

(5) 切磋琢磨

我们国家有句古谚,"骨曰切,象曰磋,玉曰琢,石曰磨;切磋琢磨,乃成宝器。人之学问知能成就,犹骨象玉石切磋琢磨也"。这形象地表明了讨论交流的重要性,无独有偶,中国第一本系统论述教育思想的典籍《学记》上也讲"独学而无友,则孤陋而寡闻"。同学之间的学习交流和思想交流是十分重要的,遇到问题要互帮互学,展开讨论、研究甚至争辩,在讨论交流的过程中能够取长补短,相互启迪,促进智慧的发展。

(6) 温故知新

德国心理学家艾宾浩斯创制的"遗忘速度曲线"表明,遗忘是有规律的,即先快后慢,刚记住的东西最初几小时内遗忘速度最快,两天后就较缓慢。因此,要巩固所学知识,必须及时复习,加以强化,并养成习惯。

(7) 锲而不舍

荀子在《劝学》中说:"骐骥一跃,不能十步;驽马十驾,功在不舍。锲而舍之,朽木不折;锲而不舍,金石可镂。"纵观古今中外,凡是在事业上有所建树的名家学者,无一不是在锲而不舍的努力中取得成就的。学习是一个漫长而艰辛的过程,如果我们一曝十寒,浅尝辄止,是不可能取得成功的。

➡ 【链接】

**良好学习习惯标准**[①]

1. 有计划,能合理安排学习时间,主动求学。

2. 提前预习,会读教材、查字典、划标记、勤思考、做练习、敢质疑等相结合。

3. 读书声音洪亮,充满感情,使用普通话。

4. 读书写字做到"头正、身直、足平、臂开",姿势正确,书写正确工整规范,卷面整洁,不乱涂画,重视学习。

5. 上课前5分钟做好课前准备,准备好本节课需要的书、练习本和工具。上课时不随便下位、不随便推桌椅发出声响。

6. 学会仔细聆听,会记要点、重点;课堂上聚精会神(口到、耳到、眼到、心到、手到),不做与上课无关的事,积极参与交流讨论,回答问题大胆、大方、大声,敢于并善于提出问题。

7. 认真及时完成好老师布置的各种作业,书写符合要求;写完作业注意检查纠错,讲究学习效率。在家能按时、独立完成作业,不用家长陪学,先做完作业后休息。不抄袭作业。

8. 课外时间多读书、读好书,与图书交朋友;读书时,勤做笔记,注意积累材料,养成不动笔墨不读书的好习惯。及时复习,会主动给自己留作业,会总结学习上的得失。

9. 爱惜学习用品,自己的学习用品分类摆放,整洁有序。

10. 能早起晨练,为一天的学习生活提供充沛而旺盛的精力。

2. 如何养成良好的学习习惯

(1) 赏罚分明

学生良好学习习惯的养成是一个不断反复的过程。在这个过程中我们可以跟学生摆事实、讲道理,让学生明白养成良好学习习惯的重要性,但是,知易行难,有时候,千言万语抵不上一个行动。缺乏必要赏罚措施的保障,我们很难纠正学生的一些不良习惯。但是在运用这种方法的时候,我们还需要遵循这样一个准则,赏罚只是外部的力量,教师更要关注学生的内在动机。赏罚是激发、调动学生内在动机的一种有效手段,但是毕竟只是一种外在手段。要使学生的行为长久,教师的要求必须内化为学生的内部动机。

---

[①] 白丽娜. 小议学生良好学习习惯培养[J]. 河北教育,2012(10).

否则,一旦外部的赏罚没有了,一切可能照旧。教师要善于通过各种不同的方法使学生意识到做一件事不仅仅是因为有赏罚,而是自己必须这么做。这样的教育效果才会持久。

(2) 家校联动

只有各方面的力量协调一致,才能形成一种合力,形成一股强大的教育力量,取得良好的教育效果。学习习惯的养成,需要老师和家长消除隔阂,增加信任,密切配合,一体同心,形成合力,共同督促,这样才能产生比较好的教育效果。

(3) 有的放矢

学习习惯不是一般的行为,而是一种定型性行为。学习习惯是经过反复练习而养成的语言、思维、行为等生活方式。它是人们头脑中建立起来的一系列条件反射。这种条件反射是在重复出现而有规律的刺激下形成的,只要接触相同的刺激,就会自然地出现相同的反应,所以说它是条件反射、长期积累、反复强化的产物。学习习惯的养成也是一个有意识、有计划的过程,因此班主任在班级管理活动中,要把它作为一项常规性工作来抓,有的放矢,常抓不懈。

(4) 注重细节

学习习惯是经过重复或练习而形成的自动化了的行为动作,它不是一朝一夕就能形成的,而必须有一个过程,要养成良好的学习习惯,需要不断强化,需要持之以恒地渗透,同时不能忽视对细节的强调。细节决定成败,"天下难事,必作于易;天下大事,必作于细",教育无小事。任何一名有责任感的班主任,都应该做到"勿以恶小而为之,勿以善小而不为",把养成学习习惯的每一个细节做精做细,落到实处。大处着眼,小处着手,在一举一动、一言一行中逐渐养成学生良好的学习习惯。

## 四、个别教育

### (一) 班队个别教育的概念及意义

班队个别教育是指班主任针对班队中每个学生的具体情况或不同类型学生的特点进行的有的放矢的教育,既包括针对个别学生特点进行的教育,也包括针对不同类型学生进行的教育。班主任要搞好班队管理工作,不仅要培养班集体,而且还应有针对性地指导和教育个别学生,二者相辅相成、缺一不可。

1. 个别教育是集体教育的深化和补充

集体教育往往解决的是学生的共性问题、普遍性问题,但是,由于学生受到不同的家庭、不同的学校、不同的遗传素质、不同的社会环境等因素的影响,他们每一个人的思想、性格、情感、行为、意志、兴趣、爱好、习惯等各不相同,表现出千差万别的个性。班主任必须善于全面观察每一个学生的言行,掌握每一个学生的真实思想和特点,针对其不同的思想特点,采取不同的教育方法,把教育工作做深做细。由此可见,个别教育是集体教育的进一步深化。另外,集体教育的重要任务在于培养每个学生的集体意识,而集体意识又是以个人的自我控制为基础的,因此进行个人自我控制教育也是培养集体意识的必要补充。

2. 个别教育有利于每一位学生品德的健康发展

品德结构包括道德认识、道德情感、道德意志和道德行为习惯。在学生良好品德形成和发展的过程中,既有知与不知、知之较多与知之较少的矛盾,也有正确认识与错误认识之间的矛盾,既有知与情、知与意之间的矛盾,也有知与行之间的矛盾,等等。所以,班主任的职责是针对不同类型学生的各自特点,激起他们头脑里两种思想的矛盾斗争,鼓励他们战胜自我,帮助他们确立主体意识,培养他们自我教育的能力和习惯。

(二)个别教育的策略

在任何一个班队中,都存在着不同类型、不同层次的学生,我们可以从不同的角度来进行区分。根据学生所处的外部环境、先天条件、心理因素以及他们在校学习的优劣表现,一般可以分为优秀生、中等生、后进生三个层次。班主任除了进行一般性的教育之外,还要善于在平常的学习和生活中,了解他们的思想状况、内心世界,有针对性地开展教育工作,因材施教、因层施教,引导教育每个学生都能成人、成才、成功。

1. 优秀生的保持

优秀生一般是指那些在德、智、体诸方面发展较好、品学兼优的好学生。在一个班集体中,优秀生可以使全班学生有榜样,带动和鼓励班级成员积极向上,共同前进,是班主任工作中借以使用的教育力量。但是,优秀生并不是十全十美,他们的先进因素中也有落后因素,有优点也有缺点。因此,班主任要有针对性地帮助优秀生发扬优点,确立新目标,提出新要求,把自己融合到集体之中。引导他们正视自己的不足,扬长补短,不断前进;对他们的评价客观公正,实事求是;对优秀生爱严相济,使其健康成长。班主任对优秀生的教育要把握以下几点:

(1)正确认识

优秀一般表现为接受外界信息敏捷,善于感知和记忆,在短时间内能够掌握较多知识,学习成绩优秀,遵守纪律,工作认真负责,注意的转移具有一定的自觉性和灵活性。这些学生由于智力因素和非智力因素的相互作用,学习成绩一直保持优秀的地位。由于他们身上有许多优点,不管是在学校里,还是在家里、社会上,经常能得到别人的赞扬,因此他们往往有较强的自尊心、自信心。但金无足赤,人无完人,优秀生也容易出现一些问题,如恃才自傲,目空一切;自我中心,处世冷漠;娇生惯养,自理能力差;盲目自信,讳疾忌医等。由于晕轮效应的影响,有的班主任总是以欣赏的眼光看待优秀生学业上的优点、长处,看不到他们某些优点掩盖下的不良倾向,以致贻误了教育时机。所以,必须以全面发展为标准,正确认识优秀生。

(2)发扬优点

优秀生一般是学生集体里的佼佼者,在各方面能起带头作用。班主任应善于利用他们的这些积极因素带动班级中其他学生尤其是后进生的进步。优秀生在帮助后进生的过程中,不但充分发挥了自己的智慧和才干,同时也锻炼了自己的各种能力,学到了更多的知识,从而不断地完善自己。

(3) 严格要求

优秀生有许多优点,容易产生优越感。班主任对他们要坚持高标准、严要求。对他们潜在的和已经暴露的缺点和错误不能姑息迁就、掉以轻心,要及时地进行批评和教育。不能只看到他们的长处而偏袒他们的缺点,不能因为他们在学习方面表现好而对他们另眼相看,满足他们的一些特殊要求。防微杜渐才能彻底消除滋生特殊化、产生虚荣心的土壤,从而促使他们"百尺竿头,更进一步"。

(4) 提高耐挫力

优秀生在众口赞辞中极易发生心理错位,一旦遇到某些失败挫折,容易一蹶不振,因此,班主任对优秀生的表扬和批评都要注意分寸,既不能表扬过分,使之飘飘然,又不能重加惩罚,伤害其自尊心。班主任对他们的激励必须适度,甚至适时泼点冷水,让他们保持清醒理智的头脑,引导他们控制和调节好自己的心态,给自己准确定位。要经常渗透这样的教育:一个人要能上能下,要能拿得起放得下,跌倒了能重新爬起来等,使他们明白,人人都有优点和缺点,人人都可能成功或失败,从而锻炼优秀生对表扬、批评、挫折的耐受能力,使其心胸更加宽阔,更有可能振奋精神、继续努力。

【案例4-5】

赵某从跨进小学那一天起,学习成绩一起保持全班第一,年年被评为"三好学生"。尽管是独生子,但一点也不娇气,好吃的东西知道让给长辈,从来不和小朋友争吵。他成了小朋友生活和学习的榜样,成了老师和亲戚教育其他孩子的典范。久而久之,他形成了强烈的荣誉感和自尊心,力求完美无缺成为他生活的目标,对自己要求严格近乎苛刻。他特别重视考试分数,甚至把分数作为一个出类拔萃孩子的最重要的标准。升入三年级后,他依然是品学兼优的好孩子。然而,期末考试前,他悄悄对同学说:这次考试如果考不好就自杀。期末考试结果出来后,他的数学成绩为90分,名列全班第五,他接受不了这样的结果,竟然真的服毒自杀身亡。他用残酷的事实刺痛了大人的神经:这究竟是为什么?这位学生所在学校的老师说,我们平时看到的是一位品学兼优、尊师敬长的好学生,但没有人会去注意他的个性和心理,没有人去体会和了解他的内心世界,造成了他人格的畸形发展。[①]

案例中的赵某同学,确实是品学兼优的好学生。但是,无论老师还是家长都忽视他的个性和心理,没有人引导他、教育他。一帆风顺的他没有机会面对挫折或者说失败,从而也不可能产生"耐挫折性"。当他眼中的"失败"来临时,他当然无法接受。也就是

---

① 孙孔懿.教育失误论[M].南京:江苏教育出版社,1997:125.

说,优秀学生的耐挫力教育是极其重要的。

2. 中等生的提高

中等生是相对于后进生和优秀生而言的。中等生既不像优秀生那样思维敏捷,在德、智、体诸方面十分突出;又不像后进生那样惹是生非、学习困难。他们表现一般,不引人注目,在思想品德、学习成绩、工作能力以及人际交往等方面处于中等。有些班主任认为,在班级管理中,只要采取"抓两头、带中间"的办法,就可以把班级管理好。诚然,"抓两头、带中间"的确不乏成功的范例,但未必具有普遍意义。问题的关键在于如何"带中间",如果班主任的主要精力放在"两头",而任凭中间状态的学生受"两头"学生"自然"影响,那么,他们就会向"两头"转化,其中一部分人有可能滑入后进生的行列。因此,班主任对这类学生的教育,应密切关注、深入了解,摸清其变化规律。

【案例 4-6】

## 一封"中间生"的来信[①]

尊敬的班主任老师:

我很难想象您看到这封信时的心情,就像我第一次看到您一样,心中充满了欣喜和期待。因为我期待年轻的您会给我带来一个崭新的开始。然而,两个月过去了,就像您掀开信封看到这里时的心情一样,我在惊讶之余,便感到了一丝失望,尽管为了赢得您的目光,我做出了很多努力,认真学习,严格按照您的要求去做,然而情况并未因此而改变,我还是一个被遗忘的中间生!是的,我的成绩总是不好也不坏,我不会给班级带来很多的荣誉,但也绝不会给班级带来很大的麻烦,所以,您不用担心我成为害群之马,当然,您也不会指望我能出人头地。我,一个中间生,就这样被遗忘着!!可是,您知道吗?尊敬的班主任,我也有努力呀!我也需要有人看见我的进步(哪怕是一点点微不足道的进步),我也希望在我没有动力、徘徊不前的时候,能得到您的帮助。好了,请老师不要介意,我就是这样一个很情绪化的人。您也不用担心,明天我还会和每天一样的上学、放学。最后,我代表全体中间生祝您工作顺利,也衷心希望您能关注我们的存在。

一个不愿意被遗忘的"中间生"

东子老师曾说过的一段话:"有这样一群人,他们没有出类拔萃的天分,没有耀眼夺目的成绩,就连犯错误都缺乏勇气,他们不受关注,不受重视,生活在'阳光'撒播不到的角落,行走在教育遗忘的边缘。"的确,审视我们的教育活动,在功利化的"学业成绩"评

---

[①] 李宏亮."抓两头、带中间"可行吗?——一封学生来信的启示[J].班主任,2000(8).

价标准之下,我们早已习惯了把关注的焦点放在"优等生"和"后进生"身上,习惯了所谓的"抓两头、带中间",而大面积的中等生群体却鲜为人重视,在有意无意中成了被忽略的一个群体,甚至成了教师眼中的盲区,遗失在被爱淡忘的角落里。这一群人,"中间生"或者说"中等生",是"沉默的大多数"。有时候,他们甚至愿意成为"坏孩子",宁愿被责骂被罚站,也要吸引班主任关注的目光。所以,班主任对中等生的教育也要重视起来,在工作中要把握以下几点:

(1) 主动接近,热情关心

在班级教育工作中,班主任往往把较多的精力放在对优秀生的培养和后进生的转化上,这当然是非常必要的。但是,对中等生的关注相对不够,会使相当一部分中等生身上潜藏的许多积极因素难以得到表现和发展,失去了在教师指导下成才、发展的机会。每一个学生都渴望得到老师的重视和信任,希望老师为自己提供表现才能和智慧的机会。班主任要深入了解学生,了解学生的心理特点和内在需求,主动接近、热情关心他们。中等生的情绪不够稳定,在他们身上,积极因素和消极因素经常呈矛盾斗争状态,当积极因素占主导地位时,他们往往表现出进入先进行列的愿望,反之,表现就差。因此,班主任应密切关注中等生的发展趋势,当他们情绪高涨、呈积极状态时,要及时鼓励他们积极进取,为他们创造发挥才能的条件和机会,促使他们向先进层次发展。当他们遇到挫折、情绪低落时,也应及时帮助他们分析原因,克服和解决各种困难与问题,使他们尽快解除困惑,振奋精神,防止他们自我消沉,滑入后进生行列。

(2) 长善救失,积极鼓励

长期以来,我们的班主任习惯于给优秀生锦上添花,给后进生雪中送炭,却常常忽视甚至遗忘了对中等生的关心、教育,使他们的品德得不到提高,智力得不到开发,能力得不到培养,情感得不到陶冶,心理得不到满足。由于缺乏展示的机会,他们往往体验不到成功带来的喜悦,从而甘居中游。为此,要想教育提高中等生,班主任必须给他们提供展示自己的机会,帮助他们挖掘自己的才能,使他们在展示中享受到成功的体验,发现自己、肯定自己,以激发其奋发进取的内在动力,争取进入优秀生的行列。

(3) 个别施教,促进转化

中等生也有各自不同的特点,如有的进取心很强,但又常常被挫折感所困扰;有的学习成绩中等,但相对稳定;有的自觉性和自我约束力较强,容易管理;有的意志薄弱,自控能力差,怕苦畏难;有的散漫疲沓,安于现状,缺乏上进心和好胜心;有的学习态度时好时差,学习成绩时有波动;等等。班主任不仅要发挥中等生的优势,还要了解掌握中等生存在的主要问题,帮助他们克服缺点,变消极因素为积极因素,讲究教育艺术,进行个别施教。例如,对于兴趣广泛的学生,可组织班级兴趣小组,开展"小科技""小发明"活动;对于思想表现良好,工作、交往能力一般的学生,对他们要致力于培养,让中等生在为班级、为同学服务中表现自己,施展才华。

【案例4-7】

## "中等生"也需要关注的眼光①

　　李华是新转来的学生。温柔文静,学习成绩中等,头总也抬不起,这就是她留给大家的印象。上课,静静地听课,按时完成作业,从不惹事,是那种不引人注目的学生。很快,她就不再引起大家的注意了。

　　但我总觉得有些异样,课堂上,我精心设计的情景深深地吸引同学们,他们积极发言,热烈讨论,我和同学们一起享受学习,一起体验快乐。但我发现,李华依然安静,依然低着头,我看不到她眼里的光。我试图通过提问来调动她的积极性,她倒也认真回答,但还是不主动。两个月过去了,李华依然默默无闻。罢了吧,她既不是学习有困难,需要帮助的后进生,也不是学有余力,需要特别"加餐"的优等生,很快,我也不再留意她了。和许多老师一样,我把目光更多地投向需要帮助的后进生和学有余力的优等生,以保证合格率和优秀率。

　　期中考试后,李华的妈妈有一次来到学校,她说,她躲到窗外听了我好几次课了。是吗? 我心里一惊。她说,女儿经常眉飞色舞地向她描述,说老师的课上得好,她特别喜欢听。几乎每天晚上,李华写完作业后,总要在自己房子里,给布娃娃们上课。她发现女儿的眼神、语气都极像老师。毫不起眼的李华居然能那样眉飞色舞,被我忽视的李华居然把我当偶像一样模仿。末了,李华的妈妈说出了孩子小小的心愿:请老师多看看她。

　　我诧异、感激,进而内疚:我的漠视正在慢慢地熄灭她的热情,我居然轻易忽视了这样用心的学生。曾几何时,老师们在"考试"这根大棒的指挥下,目光一再地偏移,使尽一切办法提升学生考试的合格率和优秀率,所谓的"抓两头,丢中间"就因此而产生。是啊! 不是要看合格率吗? 老师就花时间辅导后进生;不是要看优秀率吗? 老师就花力气给优等生更多的机会。至于中等生,没必要也没时间没精力照顾了。其实,中等生所占比例最大,他们基础并不差,潜力很大。但他们容易转化,受消极因素推动就会变成"差生"。他们同时需要老师的目光注视,需要平等的机会,他们的热情还可以充分地燃烧。

　　我感谢李华的妈妈给我上的这一节课。带着内疚,我把目光投向每一个学生,尽力给每一个学生应有的关怀。我相信,当我的目光不再偏移时,"李华"们的眼里一定会发光,笑容一定会更灿烂。

---

①　"中等生"也需要关注的目光[EB/OL]. http://blog.zzedu.net.cn/chenxizhen/article_984DDF50-472A-4B.html.

教育,应该是一场美丽的相遇,而不是牺牲一部分学生成全另一部分学生。每一粒沙都有自己的精彩,每一朵花都有自己的花期,每一个孩子都是一个独特的世界,都有无限发展的潜能。教育应该给他们以平等,这种平等,绝不是形式上的平等,而是因材施教,提供给每个儿童最适合他的教育,让每个孩子都成为最好的自我。然而,在现有的教育场景中,我们习惯了用一个统一的尺度衡量每一个孩子,于是把青睐的目光给了"优等生",把"后进生"当成受教育的主角,却忘记了一个最简单的事实:学得好的学生未必就是教师最美好的成果,学得不好的学生也不是教师一直努力就可以完全改变的,教育最能够有所作为的恰恰是被我们忽略掉的这个庞大的中等生群体。"第十名现象"充分印证了中等生有着广阔的发展空间,作为教师,不能以今天狭隘的评价标准,限制了孩子明天的飞翔高度。

学生中能给老师留下深刻印象的,往往是那些成绩较好或特别差的,对于大部分中等生却连名字也想不起来了。仔细一想,中等生们智商虽不算太高,但有相当的理解、分析能力;功底说不上扎实,但有一定基础;成绩虽不优秀,但知道去学,所以老师们都认为他们本身没有什么问题,学习上不去是有客观因素的,用不着太过费心。然而,班级中"沉默的大多数"可能决定着班级的发展方向,影响着班集体建设。

3. 后进生的转化

所谓后进生,通常是指那些在正常生理状况下,在思想品德、学业成绩、智力发展等方面距教育目标的要求相差较远,落后于一般同学的学生。他们既不是指由某些遗传的或生理的因素造成的智力落后、反应迟钝、神经质、脑功能轻微失调等的儿童,也不是指已经走上犯罪道路的"问题儿童"。虽然这些学生在班里为数不多,但经常惹是生非,所以他们的消极影响较大。对后进生的教育转化,不仅关系到学生个人的前途命运,还会影响到班队的进步、家庭的幸福、社会的安定和班主任的成就。可见,教育转化后进生有着不可估量的实际意义,它是班主任工作的重中之重。

(1) 后进生的成因

分析后进生产生的原因,是教育和转化后进生的一个重要前提。后进生的形成主要有家庭、社会、学校和学生自身等四个方面的原因。

一是家庭原因。主要指家庭学习环境、家庭道德和情绪气氛、家庭温暖、家庭教育方式等方面的原因。如家庭成员的政治、思想、道德状况;家庭的人际关系状况;是否在思想品德方面对孩子有严格要求,而且经常抓紧教育;是否尊重孩子的人格,进行耐心的说服教育而不搞"虐待型"的教育;对孩子的期望值是否适当;在经济上是否满足孩子的合理需要,而又不助长孩子乱花钱、超消费;家长自身是否尊重知识,有求知欲;家长关心孩子的学习,是只重分数,还是更重视学习态度、学习习惯、学习方法;是否为孩子提供良好的学习环境;家庭成员的兴趣爱好对孩子的影响等。

二是社会原因。主要指不良文艺作品、不良交往、社会不正风气等方面的影响。如不良社会风气,一切向钱看;不健康的网络文化、书刊、影视及其他"娱乐"活动;赌博与封建迷信活动;不良社会团伙;读书无用论等。

三是学校原因。主要指办学思想、教育内容和方法、教育者自身等方面的问题。如片面追求升学率;施教"求同",忽视因材施教、教育方法失当;没有强有力的德育工作,不重视非智力因素的教育培养;缺乏防止学生分化和减少后进生的有力措施等。

四是学生自身的原因。主要指遗传素质、早期教育、适应能力、青春期等的影响。如缺乏强烈的求知欲;道德无知,是非模糊;自尊心损伤;意志力薄弱;学习基础差;学习方法不适应;不良社会交往等。

总之,一个学生之所以成为后进生,绝不是由某一种原因造成的,它总是在外因、内因的相互影响下,外因通过内因而起作用的。

(2) 后进生的类型

一般说来,后进生既包括由于学习态度不端正,存在厌学思想,或智力迟钝、身体不好等原因造成的"成绩不良"学生——学习后进生;也包括思想觉悟低、存在不良品德习惯,或经常有过失行为的"表现不良"学生——思想品德后进生;还包括学业成绩不好、思想表现亦差的学生——"双后进生"。此外还有所谓的"准后进生",即学习成绩、行为表现时好时坏的学生。

"毋庸置疑,一年级小学生的学习成绩、思想表现等均会出现不同程度的差异,这是正常的。所谓优等生、中等生和后进生的区别,我们是出于研究需要或者管理方便,对他们进行类的划分。划分的意义仅止于此。所以,它们不是标签,不能随意贴在某个人某些人额上。它们也不是那些学生的姓名,随意被人呼叫。班主任要充分认识到,人有无限发展的可能,小学生尤其如此。"

学习后进生,又可分为以下几种类型:① 智力不良型,介于正常与迟钝之间智力水平的学生。② 学法不良型,拙劣的学习方法导致很差的学习效果。③ 外因致差型,因个人的疾病、社会的不良影响、家庭的种种变故、学校教育教学的种种失当导致学习成绩差。④ 自制力不足型,这类学生智力正常,但缺乏自制力,十分贪玩,导致学习成绩不理想。

思想品德后进生,又可分为以下几种类型:① 生性好动型,后进生中的好动型学生占有一定的比例,这类学生比较聪明,生性好动,耐不住寂寞。② 逆反心理型,这类学生智力正常,多是比较聪明,遇事认真,凡事有自己的主见,对校长、教师的期望甚高。③ 娇生惯养型。④ 受腐蚀型。⑤ 破坏攻击型。

(3) 后进生的特点

一是注意转移的速度慢。正常学生的注意转移具有一定的自觉性,而后进生的注意转移速度则比较慢,需要老师的提醒和引导。课堂上不能随老师灵活运转,一系列的学习、活动都明显落后于其他学生。

二是行为的盲目性。一些学生犯错误并无特殊的目的,只是出于好奇、好动等心理,经不起外界的刺激和诱惑,而导致各种不良行为的发生。

三是心理意识的逆反性。部分后进生因经常得不到别人的赞赏等而产生逆反心理,很多情况下是明知故犯,做一些损害集体、他人的事情,不接受别人的意见和建议。

## （4）后进生的教育和转化

引导并促使每一个学生健康和谐地发展是教育工作者义不容辞的责任。在一个班里，后进生虽然人数不多，但能量却不小，有一定的破坏性。做好后进生的教育转化工作关系到班集体的形成和预期目标的实现，因此，班主任要针对后进生的特点，采取有效措施，帮助后进生尽快转化。班主任对后进生的教育要把握以下几点：

第一，纠正心理偏向，确立正确教育观念。如何对待后进生，在实际工作中存在两种不同的态度。一种态度是视后进生为"祸害"和累赘，因而对他们反感、歧视、嘲讽、放任自流。另一种态度是不反感，不嫌弃，真诚地、耐心地、持久地帮助他们。

要转化后进生，班主任首先必须建立一个基本的信念，即后进生是可以转化的。唯物辩证法告诉我们，一切事物都是不断发展变化的，而且依一定的条件向自己的对立面转化。后进生并不是天生的，当初他们也是先进生、中等生，是在一定条件下逐步变成后进生的。他们当然也会有两种变化结果，要么变好，要么继续变坏。面对已经出现的后进生，教育者的责任就是创造条件，促使他们向好的方面转化。唯物辩证法还告诉我们，事物的发展变化是内因与外因相互作用的结果。内因是变化的根据，外因是变化的条件，缺一不可。转化后进生的关键在于创造一种教育环境，这种教育环境的影响力深入后进生的内心，激发他们的内部动力，使他们自己行动起来，争取进步。

### 【案例 4-8】

### 别拿"差生"不当孩[1]

翻看学生日记，这样一段话引起了我的留意："数学课上，老师又把那几个好学生挨个问了一遍，剩下的都不正眼瞧一瞧，更不用说我们这几个被老师视为坏学生的人了。唉，也难怪，谁让咱技不如人呢。但我不明白的是，大家同在一个教室里学习，可为什么老师总是把几个好学生挂在嘴上，似乎我们这些人就不是他的学生似的，这也太不公平了……"

乍一看，知道这是学生在发牢骚，但细一想，这话也不无道理，本来嘛，都是一个班的同学，但由于个性差异或其他原因造成学习成绩有好有坏，这也是情理中的事，可是被人为地分为三六九等，一些老师不是对学生查缺补漏、分类推进，而是偏爱好生，冷落"差生"，更有甚者，对"差生"经常讽刺讥讽，稍不如意就要体罚，在他们头脑里，似乎只有好学生才是他们真正的学生，全然没有意识到这些所谓的"差生"也是他们的"杰作"，有些甚至与他们的所作所为有着最直接的因果关系，不去检点自己的行为反倒把责任往外推，真是岂有此理！

---

[1] 余弓.别拿差生不当孩[N].中国教育报，2003-02-21(4).

行文至此，我记起了曾经看过的二则消息：

其一，当一名记者夸奖美国总统的母亲有一个伟大的儿子时，这位母亲回答道："我还有一个种地的儿子，他也同样伟大。"

其二，2002年诺贝尔物理学奖获得者之一的日本科学家小柴昌俊在得奖后，深有感慨地说："我是以倒数第一的成绩毕业的，但东京大学却接受我当讲师、教授，我非常感谢东大的知遇之恩。"

要成为一名合格的教师，不但要有爱心，还必须像春雨滋润万物一样把这份爱雨洒到教室的每个角落，关注好学生，更要关爱"差生"，要勇于承担起属于自己的那份职责和义务。以学生为本，尊重每一名学生，还他们平等受教育的权力。

➢ 扫描本章首二维码，阅读《谁是优生，谁是差生》。

第二，用心关爱，尊重信任。对后进生，班主任要有一片爱心。"亲其师，信其道"，情感教育是对后进生进行教育的前提。班主任对学生的期待和关爱，是激励启发学生萌发进取意识的外在动力，也是教育成功的最基本、最关键的条件。由于后进生平时表现不好，学习成绩差，经常会受到老师的批评和集体舆论的谴责，因此容易与老师产生隔阂，甚至会产生对立情绪。但是，后进生也有强烈的自尊心，希望得到别人的尊重和理解。这就要求班主任对后进生倾注真诚的爱，从感情上亲近他们，从兴趣上引导他们，从学习上帮助他们，从生活上关心他们，增加共同语言，施以朋友式的爱，消除师生之间的隔阂，缩小心理距离，形成心理相容，使他们能真正感受到班主任对他们的爱。这样，他们才乐意接受班主任的指导，把外在的教育转化为自身的需要，不断努力，逐步走向成功。对后进生的爱，要真挚，发自内心深处，而不能有半点虚假。和后进生建立感情并不简单，因为他们常常处在疑惧和戒备之中。班主任必须与他们尽可能多地交往，跟他们交心，跟他们一起玩耍，一起活动，指导他们完成集体交付的工作，帮助他们补习功课，为他们排忧解难。班主任要相信期望的力量，对后进生的前景有一个美好的期望，这样才能在交往中加深理解，在共同活动中建立感情。

对后进生，班主任要尊重他们的人格。每个人都有自尊心，转化后进生离不开对他们自尊心的珍视和培养。后进生自尊心很强，同时又很自负、自卑。他们既不能容忍老师当众的批评训斥，也难以接受老师以恩赐态度或对弱者庇护的口吻对待他们。他们渴望得到尊重，但是却不懂得要尊重别人。教师尊重他们，就会唤醒他们的自尊心，树起新的精神支柱。班主任必须给后进生以同样民主、平等的人格地位，倾听他们的心声、苦衷，倾听他们的愿望和建议。他们一样有参与集体工作和集体活动的权利，并应得到同等的待遇。

为此，班主任必须谨言慎行，绝不做伤害后进生自尊的事情。对后进生的了解，应尽量在自然交谈中、家访中和活动中进行，避免"内查外调"式的举动。当然，对于他们的问题和缺点也不要故意掩饰，而是以实事求是的态度和最能引起他们自我反思、自我教育的方式适时地予以指出、分析，使之逐步改正。他们的点滴进步，都应得到肯定性评价。

【案例4-9】

近日,在街上遇到一名以前教过的学生,他告诉我:"老师,杨玉兰中专毕业后进入一家中外合资企业上班了,待遇特别好!""杨玉兰?""就是辍学一年后,又插入我们班的那个女生。您忘了吗?"怎么能忘记呢?那时,我教五年级。一天,校长把我们几个五年级的班主任召集在一起,说有一名辍学一年的女生要求重新插班读书。大家看了看她的测试卷都不说话了,因为语文、数学、外语三科中只有语文及格,其余两科都只有十几分,这样的成绩对于当时我们包班(就是语文、数学全由班主任任课)的老师来说,无疑是一个巨大的负担。一个因厌学而辍学的学生纪律又怎样,大家心里也自然清楚。校长看着我们迟疑,决定用抽签的办法来决定。我看着那站在窗外的女孩儿,又望望在墙角坐着的家长,感觉他们就像在等待宣判的囚徒。如果真的由抽签来决定,那又会在他们身上留下怎样的印迹?于是,我决定让她插进了我们班。此后的一年中,我失去了当年的教学奖,因她违纪失去了评选三好班集体的机会。说实话,有时我也曾在心中问自己这样做是否值得,可今天,这个同学的话让我找到了一个肯定的答案,因为她的一生因我而改变。

我想,大家都知道珍珠的形成过程吧!一粒普通的沙砾被偶然放入蚌壳之内,蚌在痛苦之中放出珍珠质,包裹沙砾,最终沙砾成了一颗光彩夺目的珍珠。形成珍珠的过程,对于蚌来说无疑是一种痛苦,但正是这种痛苦却成就了一颗沙砾变成珍珠的传奇。其实,每一个后进生插入班中毫无疑问会给班级管理带来一定的负面影响,就如沙砾进入蚌壳,每个教师都会因为有后进生进入而感到痛苦烦恼。但如果我们教师也能像蚌一样用爱心的"珍珠质"把他包容起来,那么你会发现原来他也能成为一颗璀璨的明珠,只不过我们改变的不是沙砾,而是一个孩子的一生。

第三,对症下药,因材施教。要关怀一个人,首先就要了解他,而要了解一个人,则必须进入其情绪和思想领域中去,以他的思想来推理他的一切。后进生普遍性的心理特点,从积极方面看,他们多有期待心理、表现心理,也多有争取进步的愿望,不甘心常居下游;从消极方面看,可能有自卑心理、惧怕心理,还可能有逆反心理、报复心理。后进生既有普遍性的心理特点,每个人又有各自的心理矛盾:有强烈的自尊心而得不到尊重的矛盾,有好胜心而品尝不到成功喜悦的矛盾,有个人的某些合理需要而得不到满足的矛盾,有要求上进与意志薄弱的矛盾,等等。每个后进生之所以后进,原因各不相同,班主任对后进生的心理状态要仔细观察分析,只有找准原因,才能选择合适的方法进行转化工作。

后进生一般都表现出各自与众不同的显著特点,这些特点也往往是造成他们落后的重要原因。班主任必须通过仔细观察、深入调查研究,找到问题的关键,针对他们各自的特点做到有的放矢、因材施教,才能收到良好效果。例如,对自卑感强的学生,要善于发现他们的优点,可以适当降低一些学习的难度,使其取得成功,获得自信;也可降低衡量评价标准,对其进行纵向比较,他从自己的起点出发,每迈出一步,便是进步,久而久之便能树立起自信心。对聪明但好动、爱捣乱、爱搞恶作剧的学生,可以让他担任一定的班级工作,发挥他的积极性;同时,班主任对其要做好"任前教育培训"工作,并提出严格的、具体的要求,让他在工作中约束自己。对于那些任性、脾气倔的学生,在犯了错误之后,不要马上处理问题,不要与其正面交锋,而要采取延时处理、冷处理的方法来解决,使他的倔劲无用武之地。总之,班主任做后进生转化工作的方法多种多样,只有对症下药,方有成效。

【链接】

### "差生"的心理[①]

(1)"恨"。恨自己"笨""不成器""不成钢"。这种心理主要是那些学习态度尚端正,但学习成绩总是无大起色的学生。他们不是没有拼搏过、奋斗过,却一次一次尝到失败的"苦果"。于是,他们退却了,丧失了自信。

(2)混。不正视。这种学生虽是"差生",往往因家庭境况较好,而无紧迫感,热衷于穿名牌,交朋友,追明星,玩电脑,看到别人学习艰苦认为不值得,且寻得"欢乐""开心"就行,做一天和尚撞一天钟,混到个毕业文凭就行。

(3)悔。这部分"差生",他们对以往由于自身的所作所为而造成的某方面"差"的状况后悔,为目前差人甚远而担忧,为找不到正确的方向而彷徨,为没有正确的"向导"而发愁。这部分人在"差生"中绝不占少数。

(4)灰。自暴自弃。这也是"差生"中较普遍的心理。他们认为,自己在思想品德或学习方面的"差",甚或"双差",如今已是积重难返。长期以来,老师已经形成了"某某是差生"的概念,我即使想努力,也未见有什么用。特别是那些"双差"生,以往可能跟老师发生过争执,给老师留下过不好的印象,他们看自己前途一片黑暗,于是也就缺乏前进的动力,缺乏前进的目标,而采取自暴自弃的态度了。

(5)毁。这种心理的"差生"是极少数。他们往往是因为经常受到老师的批评而恼怒,或受到误解而形成一种扭曲的变态心理,于是就产生一种想毁掉自己或毁掉别人的念头。这种人人数甚少,但危害极大。若不注意防范,妥善处理,往往容易酿成苦果,造成极大的损失,所以一定要特别注意。

当然,实际表现中,情况则更为复杂,有的是半悔半恨,有的则是既"灰"又"混",有的则是由"恨"而"灰"而"毁",不一而足。

第四,抓住"闪光点",扬长避短。每个学生都有优点和缺点,后进生身上虽然有许

---

① 王国兵.差生你我他[J].课程教育研究,2012(18):6.

多缺点,但多少也蕴藏着一些不引人注目的优势,也存在着闪光点。这就需要班主任老师平日多观察、多了解、多调查,努力发现他们身上的闪光点,并将这些闪光点扩大再扩大,而不要总盯着他们的缺点,一味地进行批评。当他们有进步的愿望时,要及时予以肯定,帮助他们树立信心;当他们取得进步时,要及时进行表扬,帮助他们获得自信;当他们有突出表现时,要精心培育。这样,才能极大地调动他们的潜在能力,取得最佳的教育效果。

任何后进生都是有闪光点的,关键在于是否发现、是否抓住。所谓闪光点,不能要求过高,一点进步,一件好事,一次克制不良习惯的表现,一次较好的作业……都是"星星之火",班主任及时给予肯定,有分析地加以引导,这样闪光点就会逐步扩大,引起质的变化。这样的例子是很多的。

有些后进生有突出的爱好、特长,班主任要创造条件,让他们去满足自己的爱好,去展现自己的特长,形成转化他们的突破口。有些后进生实在难以找出优点,怎么办?可以设计"技能测试站",只要学生本人提出自己在某方面的优点,即由"技能测试站"测定,得到确认后一样给予奖励。有些班主任,在班队活动中设立"飞跃奖""进步奖",评选"小十佳",成立"争气组",给后进生安排适当工作等方法都是行之有效的。总之,班主任要运用矛盾转化的规律,发扬积极因素,克服消极因素,找出后进生的"闪光点",长善救失,因势利导地加以教育。

### 【案例 4-10】[①]

由于原班主任外出进修,我接手六年(1)班,不久发现班上黄远远同学,脾气暴躁,爱惹是生非,在班级中影响极为不好,同学们敬而远之。通过调查了解,他天不怕地不怕,父母老师都对其束手无策。我深感问题严峻,也更感到自身的责任重大,于是我给自己下了"军令状":天下没有教育不了的学生,任何学生都会有他的可爱之处,无论花再多的时间、再多的心思也必须教育好他。经过细心观察与深入的了解,我发现这位同学虽然脾气暴躁,好惹是生非,但他很讲义气,重感情,而且体育素质相当不错,特别是长跑。当时,恰逢我校运动会,黄远远同学在1000米中取得了第一名的好成绩,在颁奖仪式上,我特别为他颁发奖状,并紧紧握着他的手说:"黄远远,你很了不起,老师十分佩服你顽强的意志,希望我们成为好朋友!"那时,他默默注视着我,手微微颤抖。过后他告诉我:就是那么一句很简单的话,他却记住了我。

有一天中午放学时,我刚要下班,他突然到我办公室找我说:"老师,我想找您谈

---

[①] 黄国邦. 小学班主任班级管理案例研讨[EB/OL]. http://blog.sina.com.cn/s/blog_4d5b80230100965q.html(有改编).

一下,您有空吗?"我说:"好啊!非常欢迎!我能帮你做些什么事呢?你尽管说,别客气。"他吸了口气说:"老师,为什么同学们不喜欢我?都不选我当体育委员?我很生气,也很烦恼,老师,你能帮助我吗?"当他讲完这一番话,我看到了一双充满渴望的眼睛,仿佛看到了一个全新生命诞生的希望。于是,我抓住时机,耐心地与他一起分析了其中的原因:首先,我肯定了他在体育方面的优势;其次,让他认识了体育委员必备的品德条件;再次,引导他认识到了自身的不足之处,并鼓励他扬长避短。离开时,我握住他的手,郑重地向他承诺:"只要他愿意,随时可以来找我,我一定是他最信得过的好朋友",这时,我发现他的眼睛亮了,恼怒、不满的情绪没了,露出了微微的笑容。他也认真地向我承诺:"今后绝不再惹是生非,有什么不明白的事一定先听老师的意见。"

从那以后,他真的进步很大,不久凭借优秀的表现,当上了班级的体育委员,学习也较以前努力了许多。后来,他升入初中,遇到一时难以解决的问题,回来向我寻求帮助的时候,了解到初二时,他已成为品学兼优的学生。

第五,捕捉教育契机,调动内在积极性。重视新开端。学校和班级的新开端是很多的:新学期开始,新学年开始,一次大的教育活动之后,换新的班主任,班级成员调整等。任何学生在"新的开端"总有一些新的想法和打算,这些想法和打算带有积极上进的色彩,后进生也不例外。这是一种"亢奋"的心理状态,即争取进步、跃跃欲试的心态。班主任要善于观察了解后进生此时的心理,给予鼓励和促进。比如帮助他们制定计划,给他们表决心的机会,给他们安排适当的工作,与他们促膝谈心,向任课教师介绍他们的表现,都是可行的方法。

针对个性特点,选择突破口。每个后进生都有自己的个性特点,班主任把握他们的个性特点,有利于选择促使其转化的突破口。这种突破口可以从个性优点开始,也可以从个性弱点开始,因人而异。比较普遍的做法是,满足他们的成就动机,使之产生成功的喜悦;满足他们表现的心理,给他们以适当的表现机会;满足他们的自尊需求,及时给以肯定的评价;满足他们的求助心理,给以及时的关怀和帮助;满足他们的感情需要,跟他们坦诚相待,交知心朋友。对后进生的全部教育,只有引起他们的自我教育,才会产生积极的效果。因此,班主任要千方百计调动、刺激积极因素发挥作用,克服消极因素,引导学生自觉地规范自己的行为,形成良好的习惯。案例4-10中,黄老师极为敏锐地捕捉到教育契机,抓住黄远远同学追求进步的期望,从而调动其内在积极性,最终促其成功,成为品学兼优的学生。下面这则案例同样说明了后进生转化中"捕捉教育契机,调动内在积极性"的道理。

## 【案例4-11】

某小学五年级有个叫王成的学生,经常搞恶作剧,三天两头与别人打架,对教师不讲礼貌,是扰乱班级秩序的"头号人物"。前几天,他与六年级一位男生打了一架,起因是那男生故意推倒本班的一位无辜女生。当天,班主任在一张两指宽的纸条上写了一句话:"家长同志,您的孩子助人为乐,见义勇为。"然后,把王成叫到办公室,把折叠好的纸条交到他手上,对他说:"把这个纸条交给你的家长,让家长签字后明天早上再送给我,但送去和送回都不准拆开看。"其实,老师怎能不知道这孩子肯定要看纸条上的内容?第二天,王成第一个到校,喜滋滋地把家长写有"孩子有进步,我非常高兴,谢谢老师!"的纸条交给了班主任。那一天,老师注意观察了他,一天中他特别规矩,也特别精神。从此,这位班主任与每个学生都保持了"单线联系",时不时地给他们一个纸条,上面根据学生的特点分别写有"您的孩子热爱劳动""您的孩子书读得很好""您的孩子作文写得很棒""您的孩子团结同学,讲文明,有礼貌",等等,并暗中与家长联系好,一定要写上鼓励性的回音,每次仍然要求学生不看纸条。半个学期过去了,班主任从未惩罚过任何一个学生,但班里却秩序井然,好人好事层出不穷,纪律、卫生、文体活动样样争先。

第六,弥补基础学力,培养学习兴趣。认真进行学习辅导。班主任对后进生的学习辅导不能忽视,后进生的学习上不去,会影响其他方面的进步。学习辅导要从实际出发,分类进行,尽量多做个别指导,逐步开发后进生的智力。后进生学习不好,与他们的智力基础和智力活动状况有关。为了提高他们的学习质量,必须在培养他们非智力因素的同时,有步骤地开发他们的智力。

## 【案例4-12】

优秀班主任魏书生老师在实践中摸索出一套有效的经验。第一,他先以自己的热情和信心去点燃学生的热情和信心。第二,结合教学实践,培养学生的基本智力因素——观察力、思维力、记忆力、想象力,并且教给学生具体的方法。第三,引导后进生进行定向的智力活动,把各种知识用"树"的形式表示出来,要求学生自己填写"学习病例",自己有"病"自己治,使得学生的盲目智力活动变为定向的智力活动了。第四,引导学生进行智力的规则活动。不仅要求学生把训练的内容与时间紧密联系起来,要求达到一定的效率标准,而且教后进生如何把诸科训练内容统一于一个时间常数之中,制订出每天、每周、每月、每年的德、智、体、美、劳的综合练习计划,要求时间具体、内容具体、数字具体、方法具体。第五,引导学生进行智力的惯性活动。着力克服后进生推一推、动一动的弱点,使他们的智力活动养成良好的习惯。每项计划制订了就坚决执行。各项活动都形成制度,培养习惯,改变了后进生做事拖拉、时紧时松、时好时坏的毛病。经过长时间努力,魏老师的这套做法见到明显效果,后进生逐步摆脱了学习困难状态,班上的8名后进生都以较好成绩考上了高中或职业高中。

第七,形成教育合力,常抓不懈。后进生的转化工作,仅靠班主任的力量是远远不够的。班主任要寻找各种教育因素、教育途径来增强教育效果。其一,与家长合力。教师一旦发现学生有不良行为或教育效果不明显,或感到问题棘手,要及时向家长反映,取得家长的配合与支持,及时把握学生心理、行为动态,同时与家长商讨教育对策,从而形成良好的家校教育合力。班主任与后进生家长联系,必须注意方式方法,要"多报喜,巧报忧",对后进生的家庭教育指导要花更多的力量。其二,与任课教师合力。班主任关注后进生的思想行为时,要与任课教师配合,了解后进生在其他课上或在某一方面的表现,尽量做到了解透彻,扬长避短,使他们的不良思想、行为能得到有效控制,从而形成师师合力的良好局面。其三,运用班集体的力量。集体是转化后进生的大熔炉,一个好的班集体,具有"同化"的功能,它的纪律、舆论、风气、传统都是一种强大的力量,使每个成员,包括后进生,不得不约束自己,以适应班集体的良好氛围。班主任应有意识地把后进生组织到班集体的运转机制中去进行教育转化工作。除了要把他们视为班集体的一个平等的不可缺少的成员之外,还要具体地为他们安排合适的角色地位。让他们从和谐的人际关系中得到鼓舞,在集体的成绩面前受到激励,在亲自经历的活动实践中受到自我教育。其四,在班集体中成立帮教小组。注意学生的交往情况、感情基础,要坚持自愿的原则,生拉硬扯不会有好的效果。

后进生的转化是一个复杂、艰难而漫长的过程,绝不是一朝一夕就能完成的,要持之以恒,正确对待反复。反复是后进生思想转化过程中带有规律性的现象。后进学生思想上的反复,并不是简单的重复,不是退回到原地。在出现反复以后,他们也不是心安理得的。班主任要树立信心,保持耐心,深入研究出现反复的原因,激励他们克制自己,做到少反复,不反复。

**【案例4-13】**

刘某,三年级的学生,是刚转进来的,第一天就有人频频来报告:"老师某某人打我。"问他们原因,好像没有什么大事,就是玩玩就打了,于是我就找他教育了一番,可是接下来天天都是这样,难道是他有这个爱好?喜欢打人?怎么办呢?于是我找来了他的父母,了解一些情况。令我惊讶的是,他父母告诉我:"老师,孩子不乖,你打好了,他就是这样,我们没有办法,只能打。"看着他们,我想孩子喜好打人的毛病要改掉,还要连同他的父母的这种错误的想法一起改掉,其实这个孩子一点也不笨,脑子还挺聪明的,就是喜欢打人,于是我的心里就暗下决心,一定要改掉这毛病。

通过调查,我认为他的行为形成的原因之一应该是家庭不良的教育因素影响。针对他的情况,我实施了一些干预措施。首先改变其家庭教育环境。我同他父母进行了一次诚恳的谈心。通过谈话使他们明白,孩子的成长离不开良好的家庭教育。要求他的父母多抽一些时间来关心他的学习和生活。当孩子有错时,应耐心开导,而不应辱骂、踢打。

另外,利用集体的力量影响他,使其养成良好的行为习惯;发挥孩子的长处,改善孩子的打人毛病。经过多次观察,我发现孩子写作业的速度很快,而且还比较喜欢帮助周边的同学,于是,我就看好了孩子的这优点,鼓励孩子,让孩子写好作业后去帮助班级中需要帮助的同学,这样他有了事干,就慢慢地忘记了打人,班中的同学看见刘某的优点,也渐渐忘记了其打人的缺点,与他交朋友,一起玩了。

第八,讲究评价的艺术,善用批评。后进生往往受批评最多,而批评方法不当,常常会损伤他们的自尊心和积极性。批评的目的在于引起自我批评。批评艺术的核心就在于"引起自我批评",即由"他律"而变为"自律"。优秀教育工作者从实践中找到了许多批评的好方式,如满含期待的批评、开导式的批评、寓贬于褒的批评、建议性的批评、激将式的批评、示范式的批评、防疫式的批评等。同时,要杜绝那些不利的批评方式,如发泄式的批评、讽刺挖苦式的批评、揭短亮丑式的批评、漫骂式的批评等。有的班主任在评价过程中,创造了一些独特而有效的评价方式,如让学生自己给自己写信。学生犯了错误,老师作为"惩罚"的手段就是让犯错误的同学站在第三者的角度给自己写信。这封信既要叙述犯错误的过程,又要剖析自己犯错误的原因,还要列举错误的危害,同时要指出今后的路该怎么走……这封信不是很容易写的,有时要几易其稿,反复修改。学生反省不到位,老师也不尖锐批评,而是和风细雨地指出问题的实质,帮助学生提高认识水平。

### 【案例 4-14】[①]

我和以往学期一样,来到了教室,扫视了两个多星期不见的孩子们,忽然目光停在王明身上,他正专心致志地看书,多好的孩子啊!

说起王明呀,上课数他最捣蛋,一会儿大喊大叫,一会儿东蹿西跳,一会儿挑衅闹事,完全没有把课堂当课堂,把学校当学校。原先班级的班主任科任老师拿他没办法,学校领导也无可奈何。

---

① 黄国邦. 小学班主任班级管理案例研讨[EB/OL]. http://blog.sina.com.cn/s/blog_4d5b80230100965q.html.

有一天,我刚迈进教室,忽的教室像炸开的锅,举起了一双双小手,这个说王明,刚才打人,那个说王明拿他的东西。再看看,王明装出一副满不在乎的样子,在教室里大摇大摆地走动,完全没有把老师的存在当一回事。不治治他,这课怎么能上得下去呢?

虽是生气,但多年的班主任工作经验告诉我:要沉得住气。这时,我用严肃的目光扫视台下的每一个座位,同学们知道这是我做"重要讲话"前的习惯。然后,我把目光停留在王明同学身上,顿时教室里鸦雀无声。我先让大家说说这时老师最讨厌什么?孩子们可机灵了,尽说王明的种种不是。这下,王明火了,手握拳头,吹胡瞪眼,冲着说他不是的同学直叫嚷。真没有把老师放在眼里。"来,接着说没关系。"我提着嗓门说。这时我仔细打量着这个孩子,只见他涨红了脸,放松拳头,眼光不时地扫视大家,显然,有些慌张。"好,老师知道,同学们和老师一样讨厌的是王明身上的缺点,对不对?""对。"大家异口同声说。"好,说了这么多,我想王明同学肯定也知道自己身上的缺点。其实,过去他也是好学生,对学习充满了兴趣,助人为乐,热爱劳动。记得有位同学在作文中还夸奖过他。可现在他已误入迷途,作为他的同学,我们应该伸出温暖的手拉他一把,决不让他掉队。"在附和和肯定的话音中,我偷偷地看到王明眼睛里流露出一种诧异和不安的神色。最后,我提议每人给小明写封信,信的内容要情真意切,动之以情,晓之以理。给自己的同学写信,同学们都感到十分新鲜,他们沉思片刻,便埋头疾书起来。那天,王明同学收到整整38封信,那是38颗火热的心,一双双期待的眼睛!第二天,我在办公桌上意外发现了一张"检讨书",小明同学在检讨书上说:"老师,我错了,今后我……"看完检讨书,我疾步来到教室,偷偷地"窥视"这个孩子,他把头压得低低的,眼睛红红的,我敢肯定,他昨天晚上哭了。

从那以后,我详细了解他的家境。家贫如洗,没有母亲,父亲没有什么文化,教育子女的方式极其粗暴。从小,只要他一做错了,父亲便对他一顿毒打。在这种没有欢乐的家庭中长大,小明充满了暴力倾向。

面对这孩子我深表同情,决心用自己爱的力量来感化他。上课时,我把他调到第一桌,多给他发言机会,不断鼓励他的自信心。课后,经常和他促膝谈心,嘘寒问暖,给他讲做人的道理。一发现有不好的苗头,马上给予引导。渐渐地,我欣喜地发现他进步了,不仅能尊师守纪,友爱同学,还是个爱看书、爱学习的好孩子。

每每想起这事,兴奋与思考,总是在心中萦绕。在现实生活中,特别是农村学校像小明这样的特殊的孩子,屡见不鲜。作为老师,不能歧视他们,冷落他们,疏远他们,而要善待他们,把师爱偏向他们。

作为班集体的领头羊——班主任,应当努力构建一种平等、自由、宽松的班集体,让孩子们理解集体生活必须有基本规范,个人必须遵守、服从集体这个规范。写到这儿,我想强调的是,老师应该用真诚的爱来感化他们,因为他们现在是调皮的学生,将来可能会为社会做出你意想不到的贡献。

总之,做好班级个别教育工作,班主任一定要注意研究、探索不同类型学生的特点及其教育策略,使他们成为品德高尚、素质全面、勇于创新的小学生。

## 第三节　班队偶发事件的管理

班队工作千头万绪,教育目标、教育内容的多样性,学生身心特征的复杂性,教育过程中的生成性,都决定了班队工作不可能都按照事先设定的程序运行,肯定会有一些意想不到的事件发生。如班内失窃、伤害事故、学生生病、遭遇意外、严重违纪、离家出走、师生矛盾、食物中毒等,一般都是在班主任没有思想准备的情况下突然出现的。

所谓班队偶发事件,亦称班队突发事件,指在班队教育过程中发生的事先难以预料、出现频率不高,但必须迅速做出反应、加以特殊处理的事件。尽管班队偶发事件是学生中发生的事先没有估计到的、出人意料的一些事件,不是每天必然发生,但它需要班主任迅速做出判断,并做出相应处理;班主任应当树立一种,偶发事件每天发生、随时发生的可能性,时刻保持警醒,一旦发生及时处理的管理意识。正确处理偶发事件,是班主任工作的难点,也是班主任老师的一项基本功。

### 一、偶发事件的特点

一般说来,偶发事件具有以下几个显著特点:

#### (一) 突发性

偶发事件的出现常常是突然的,表现出不可预料和突发的特点。尽管有时在发生发展过程中也有一定的先兆,但因偶发事件的发生常和社会上的重大事件、学生家庭的重大变故或学生本人的意外遭遇联系在一起,事件的发生发展往往是一个急剧变化的过程。伴随偶发事件的发生,人们总有出乎意料的感觉。如学生在校受到严重伤害、病患——骨折、眼伤、急腹症等,往往在班主任缺乏足够的思想准备的情况下突然发生。

#### (二) 偶然性

偶发事件的孕育发展具有较大的隐蔽性和潜在性,这类事件发生在什么时间,怎样的场合,发生在谁身上以及发生的性质程度都是难以估计的,这也是不可避免的。相对于班级常规管理工作所碰到的问题来讲,偶发事件发生的频率比较低,有较大偶然性。但其一旦发生,往往在班级和学生个体中造成爆炸性的反应,轻则中断正常的课堂授课,重则影响全校教学秩序。

#### (三) 紧迫性

偶发事件发生突然,有时涉及面广、震荡性大,一旦发生必须马上予以处理,否则教育活动就难以为继,学生心理就难以疏通,师生关系就难以理顺。这就要求班主任迅速而正确地做出判断,对积极的事件要因势利导,及时强化其良性作用;对消极的或有伤害性的事件则要随机应变,采取应急措施,防止事态扩大产生不良后果。由于其特殊性,处理偶发事件有时不能依靠常规办法解决,需要班主任运用高度的教育机智加以特殊处理。

### (四) 冲击性

偶发事件的发生往往会打乱班主任原有的部署,使原本井井有条按部就班的教育活动无法按计划进行,活动的效果会大打折扣,甚至背道而驰。偶发事件的发生及发展趋势往往会产生一定的影响,震撼人们的心灵。对个人来说,或许会对他的思想品德和个性才能发展产生深远的影响;对于班级集体来说,偶发事件会产生震荡效应,有时会冲击大多数人的思想。

### (五) 多样性

偶发事件涉及的范围相当广泛,可能发生在学生之间、师生之间,也可能发生在学生与社会有关人员之间,也有些在非人际关系方面发生,如不幸溺水、热天突然中暑晕倒等。它的表现形式也多种多样,从性质上看,有的是积极的,有的是消极的;从动机上讲,有的是有意的,有的是无意的;就发生场合来看,可能发生在课内、校内,也可能发生在课外、校外。其成因往往也非常复杂,难以预料和确定,班主任对此应有充分的心理准备。

## 二、正确处理偶发事件的意义

### (一) 正确处理偶发事件是对班主任工作艺术的考验

偶发事件是一种特殊矛盾的反应,也是对班主任的特殊考验。它可以全面测试班主任的思想修养、情感意志、思维品质、组织能力等,处理不善就有可能造成师生、生生之间的严重对立,使班级组织混乱,损害班集体的形象和声誉,降低班集体的影响力,甚至可能给学生造成心理压力。所以,班主任必须十分注意偶发事件的处理,注意研究偶发事件的特点、成因和处理方法。

【案例 4-15】

## "五个光头"事件[①]

11月28日,是我最紧张的一天。这天省里的领导要到我校来进行教育现代化验收。学生的仪表、教室的卫生自不必说,理应展现学校的风采。

---

① 杭霞."五个光头"事件[EB/OL]. http://www.jste.net.cn/train/files_upload/content/material_bzr002/ziyuan_a11.htm.

> 早上七时,我信心十足地向教室走来……
>
> 教室里乱成了一锅粥。我刚走到教室门前,一个男生就冲我喊来:"报告老师,昨晚停电,可是咱教室却倍儿亮!有'五个灯泡'!"接着教室笑声一片。
>
> 我走进教室一看,五个男生一块剃了光头。我如平常一样在教室走了一圈,站在讲台上。笑声、吵声渐渐停下了。48双眼睛出神地凝望着我。做了迅速的分析判断,片刻沉默后,我开始处理这件棘手的事情:
>
> 师:"同学们,五个同学一块剃了光头说明什么?"
>
> 生甲:"违反校规,给处分!"(说明校规已是同学们的准绳了,我心中一喜,却摇头否定了这种说法)
>
> 师:"校规上写的是'男生不留长发怪发,女生不烫发染发',没有不许剃光头这一条!——再想想,说明了什么?"
>
> 众生:?(目光中充满了不解,剃光头的都趴在桌上不愿抬头)
>
> 师:"同学们,这件事,老师以为只能说明两个字,我们班同学'心齐'!"(剃光头者热烈鼓掌,接着其他同学也鼓起了掌)
>
> 师:"同学们,五个光头只有我们班可以办到。(鼓掌)我的态度是:一,剃光头不违反校规,未剃者不必取笑;二,头发剃掉不能很快长上,不美。"
>
> "那么什么人什么情况下才剃光头呢?一般情况是,首先,婴儿要剃光头,不论男女,为的是更好地生长发育;其次,老头要剃光头,为的是洗头方便。特殊情况是,其一,囚犯要剃光头,以防滋事和自杀;其二,出家人要剃光头,为的是要受戒;其三,有的影视演员要剃光头,是角色的需要。以上诸方面情况说明,剃光头也是一部分人生活的需要。"
>
> "我们新世纪的中学生本应朝气蓬勃,仪表堂堂。因此,剃光头,不美。"
>
> "根据以上理由,剃光头的同学,三人以上结伴行动者,我认为是消极抵抗校规中'男生不留长发'的规定,要批评。"
>
> "另外,下午体育课后,剃光头的同学在操场等我,老师要与你们合影。"(后来我和他们五人合了影)

在学校迎接检查验收的关键时刻,"我"班出了"幺蛾子",五个男生剃成光头,相当耀眼。我当然清楚这是对校规的逆反心理,这样一个突发事件确实考验班主任的智慧和处理问题技巧。"我"作为班主任面对如此棘手的局面,冷静处理。第一,稳,即稳住人心,再做疏导;第二,析,即说明剃光头是生活的需要;第三,引,即剃光头不违反校规但不美,不使逆反心理激化;第四,导,即给同学照相,让同学的表现心理充分暴露。

### (二) 正确处理偶发事件有利于促进青少年健康成长

偶发事件也有两面性,它往往是教育的契机。心理学研究表明,一般情况下,学生的心理处于相对平衡状态,而偶发事件的爆发使这种心理平衡被打破。这时,他们对周围信息反应特别敏感,思想矛盾特别尖锐,是学生最容易接受教育的时机,抓住这个最佳时机,常可收到意想不到的教育效果。不仅可以防止事态的进一步发展和意外事故的发生,而且可以教育当事人和全体学生,提高学生明辨是非的能力。

【案例 4-16】

开学初,男生刘星哭丧着脸向我汇报:"老师,我的铅笔不见了!"经了解,刘星今天早上带来一支自动铅笔,那是他阿姨从香港买来送给他的,在体育课后就不翼而飞了。

事情发生得突然,我立即对全班学生进行了一番思想教育,并进行询问,可学生们无一承认。我用目光扫视着每一个学生的脸,我发现小 A 的脸涨得通红,看老师的眼神闪闪烁烁。我基本确认,自动铅笔就是小 A 拿的。这么小就偷东西,长大了怎么得了? 真想直接收书包,来个"人赃俱获"! 可看着小 A 一副大难临头的可怜样,我心软了。谁没有犯过错误呢? 难道小 A 以后就活在同学们异样的目光里? 还是给小 A 一次机会吧! 我微笑着对学生们说:"老师已经知道是谁拿的了,而且还知道这位同学只是想开个玩笑,没有想到事情这么严重,是吗? 好了,只要在放学前,把拿的铅笔放进老师的办公室抽屉里,老师一定既往不咎,帮他保密!"说完信任地看了小 A 一眼。

中午,刚打开办公桌抽屉,就发现里面端端正正地躺着那支漂亮的自动铅笔,下面还压着一张纸条:"老师,对不起! 早上我想向刘星借那支自动铅笔看看,可是他就是不肯借,还说让我自己去香港买! 我当时特别生气,所以就趁体育课拿了。我知道这是错误的行为,别人的东西再好也不能拿,我以后再也不敢了。谢谢老师为我保密! 小 A"透过这一行行端端正正的字迹,我分明看到了一张知错就改的脸,一颗坚定无比的心!

我把自动铅笔还给了刘星,并且告诉学生们:"知错就改还是好孩子! 我们为这位同学,为自己鼓掌!"掌声久久回荡在教室上空……看到小 A 长长地舒了一口气,开心地拍着手掌,我笑了。①

小学生正处于好奇心特强的阶段,有时对某些新奇的文具和食物,因好奇而产生占有和尝试的欲望,当他向家长或同学提出而遭到拒绝时,便会采取不告自取的手段来达到目的。我们作为教师,对学生初犯要加强教育,避免这种不良行为发展下去,既要使学生认识这是严重的错误行为,又不要伤害学生的自尊心。在处理时,不要轻易冠以"小偷""偷窃"之类的帽子。

---

① 史文娟. 老师,我的铅笔不见了……[EB/OL]. http://www.jste.net.cn/train/files_upload/content/material_bzr002/ziyuan_al8.htm(有节选).

### （三）正确处理偶发事件有利于防止事态升级或意外事故发生

偶发事件处理得好，可以迅速有效地平息事端，化干戈为玉帛，甚至变坏事为好事。相反，如果处理不及时、不妥当，很可能促使矛盾进一步激化、恶化，导致意外事故的发展，严重损害学生和集体的利益。

【案例4-17】

#### "杨不管"事件[①]

2008年6月12日，某中学七(2)班上午的最后一堂课是地理。当课上到大概一半的时候，授课老师杨某(后被网友称为"杨不管")面对黑板写字时，坐在第三排的陈某和同桌同学杨某不知为什么突然发生了争执，随后两个人在课堂上当着正在上课的老师的面打了起来。杨老师颇为生气，讲了一句："你们要是有劲，下课到操场上去打。"说完之后，杨老师照常上课。结果学生陈某与杨某大打出手，越打越凶。在老师没有发话的情况下，坐在旁边的四五个男同学赶紧过去拉架，将2人分开。然而，不一会儿，杨某突然头部向后仰起，搭在后排同学的课桌上，同时全身颤抖、口吐白沫、脸部发白。几位同学以及陈某觉得杨某异常，立即起身将杨某送到医院。杨老师一直上课直到下课铃声响起。学生杨某在送医院途中停止呼吸，年仅14岁的杨某离开了人世。

案例中的结果是谁都不愿意看到、谁也不希望发生的，事后证实学生杨某身体具有潜在的诱因。这一事件虽然是个案、特例，但是提醒班主任及其他教师，对待偶发事件一定要有正确的态度，对事件要有清醒冷静的判断与认知，能够快速并正确地选择最佳解决方案，及时有效地化解矛盾，防止事态恶化。

### 三、班级偶发事件的处理原则

正确处理偶发事件利于促进青少年健康成长，同时也是对班主任工作艺术的考验。班级偶发事件处理得好，不仅可以迅速有效地平息事端，保证教育、教学活动正常进行，而且还能为教师提供施展教育机智的良好机会，赢得学生敬重。处理班级偶发事件应遵循这样一些原则：

#### （一）及时平息，防止事态扩大

偶发事件多种多样，事件本身涉及人数的多少、严重性与危害程度各有不同，事件本身的性质和学生的个性特点存在着差异，因此，班主任在处理某些偶发事件时，要灵活地根据当时事件发生的时间、性质大小、严重程度，以及肇事者的个性特征、

---

① 综合网络有关"杨不管"事件。

年龄特征等各种差异,进行多方面分析、权衡,在时间和程度上要有所区别,不可生搬硬套一刀切。偶发事件一旦发生,往往要求班主任当机立断,迅速处理,平息事态,以保证学校教育、教学活动的正常进行,以免影响学生的身心健康,扩大事件的不良影响和危害。

### (二) 调查研究,弄清事实真相

"了解"是教育的钥匙,是处理偶发事件的前提。偶发事件来得突然,会对当事者或其他人产生一定的心理压力,班主任首先要了解情况,尽量弄清事件的来龙去脉,审时度势,分析思考,把握处理的分寸。

偶发事件的发生往往存在着复杂的原因,如果对偶发事件的发生与发展状况不经过充分、周密的调查研究和分析,弄清事件真相,明确问题的性质,确定正确的策略,就急于表态仓促处理,或仅凭一面之词主观武断,那么就容易导致对事件处理的不当,甚至出现失误。没有调查就没有发言权,处理偶发事件尤其要注意这一点。比如打架,这种行为当然不对。但是,参与打架的学生有各种不同的情况:有的是侵略性的,以大欺小、以强欺弱;有的是自卫性的,还有打抱不平者。如果不区别情况,同样对待,就会处理不公,从而带来严重的反教育效果。

【案例4-18】

第四节上课铃响过后,我习惯性地注视着本班教室。孩子们早已做好上课准备,数学老师正在讲台上示意上课。我很高兴,回头却发现班上颇为顽皮的一个男生满头大汗向教室跑。"这孩子肯定是又满校园地跑着玩去了或者听到上课铃声才去厕所!"我经常在班里强调上课不能迟到,如去厕所一定要在上课铃之前去。所以,我心里很生气,快走几步,将小天在教室门口截住。小天停步之后,颇有礼貌地喊"老师好",眼中还流露出一丝疑惑。见状,我忍住大声喝骂的冲动,轻声问道:"怎么来晚了?跑一头汗!"顺势抽出一张纸巾,替他擦了擦额头和鼻尖。平日里大大咧咧的小天有点扭捏起来,小声道:"老师对不起,朱老师让我帮着捡皮球,迟到了。"原来如此,体育课结束,孩子们匆匆返回教室上课,他被朱老师留下来帮忙。"没有什么对不起,是老师错怪你了。进去吧,不要耽误上课了。"小天竟然又向我鞠躬,神色颇为激动。

### (三) 正确处理,尽量挽回影响

偶发事件在班级教育中屡见不鲜,偶发事件的不定性,容易使班主任在处理问题时急而出乱,或是冲动随意,易造成不良后果。通常情况下,整体问题,当场处理;局部问题,个别解决;个别问题,悄然处理;对待一般偶发事件要说服教育、促成互谅;对待恶性事件要具体问题具体对待;等等。

### (四)协调善后,巩固处理效果

处理偶发事件的目的不仅是为了澄清是非、化解矛盾、分担责任,更重要的是为了教育当事人,使其认识到出现过错的真正原因。对情节严重、性质恶劣的事件,还应该使当事人明白其行为对个人、他人、家庭、班级、学校、社会带来的危害,以及发展成违法犯罪后,必须承担的经济和法律责任。

与此同时,班主任还要做好事后的教育工作。某些事件在班级会产生负面影响,集体舆论对是非曲直有时可能会有不正确的导向,为了防止偶发事件的反复发生,在处理完偶发事件后要采用后果强化的方法,用现成的实例对其他学生进行说服教育,使学生从这次事件中接受深刻的教训。偶发事件虽然表面上暴露出的是肇事者与当事人的矛盾与问题,但是,如果我们对不同年龄的学生所发生的偶发事件做一个比较对照,就会发现,偶发事件大多呈现出与年龄特征相符合的特点,从深层次上看,偶发事件实质上暴露的可能正是班集体潜在的矛盾与问题。尽管偶发事件多半发生在少数学生身上,但处理偶发事件却要着眼于大多数,班主任要善于"借题发挥",从偶然事件中让学生认识某种必然的道理,从中汲取生活的经验和教训,使学生提高生活能力和为人处世的本领。

【案例4-19】

## 学生摔伤后……[①]

"小徐,快来!不得了了,王宇的胳膊断了,现在在博爱医院。"原班主任外出就医,原本在远乡支教的我被学校突然召回,作为临时班主任上任才两周就接到这突如其来的电话。我还不能准确地将学生名字对应上本人,除了着急,我心里全是问号。

急忙赶到医院,在病床上见到了又瘦又小的王宇和正在了解情况的范老师。原来,早晨第三节体育课,学生照常到操场集合,但等了好久没有见到体育老师,见体育老师正在办公室忙着,孩子们就自行活动了。马上要开运动会,有参赛项目的学生就各自练习。王宇也报了名,是和另一位同学合作参加"两人三足疾步走"。在练习时,双方没有配合好摔倒了,王宇感觉右胳膊非常疼,他很害怕,没敢告诉我和范老师,约了跟他要好的同学偷偷溜回了家,告诉了家长。家长将王宇领到医院检查,结果是右小臂骨折,从他三个月前接骨的地方齐齐折断,得再动一次手术。家长认为此事发生在学校,动手术需要的钱,得学校出,所以便着急地给他熟悉的范老师打电话。

---

[①] 徐莲香. 学生摔伤后……[J]. 班主任之友(小学版), 2015(07-08): 79-80.

事故是在校园里发生的，牵扯到钱，牵扯到其他学生和老师，而我又对王宇的情况一无所知，选拔运动员时我让学生根据自己的特长自愿报名……现在发生这样的事，我感到非常棘手。而且学生和家长对我这个新上任的班主任还缺乏了解和信任，对我的处理未必认同。

想来想去，我认为最好的办法还是让学生们帮我一起做决策。

下午，品德课时间，我在班里就此事请孩子们发表自己的看法。比如，你怎么看待这件事？在这件事中，你有什么做得不到位的地方？该怎么处理这件事？要求每个孩子都必须严肃认真地思考，写下自己最真实的想法和建议。20分钟后，我收来所有纸条，归纳梳理后，达成以下共识：

1. 如果碰到上课没有老师的情况，学习委员要主动去找老师上课或通知班主任，或由班长组织上自习。体育课要集体整队训练，不能自由活动；如果自由活动，也得由各小组组长或班干部负责带领和监督。

2. 发生突发事件时，要第一时间通知老师，能补救的要动脑筋采取办法，但不能私自离开学校。出校门必须写请假条，老师批准后才能走出校门。

3. 安全是重中之重，每个人都要引起警惕，学会自我保护。

4. "两人三足疾步走"活动对参赛学生的要求很高，没有默契，练习时很容易摔倒，已经有好多学生摔倒过，能不能建议学校换个项目。

5. 王宇同学出现意外，有他自己的原因，也有学校老师的责任。

（1）他的胳膊不久前刚摔伤做过手术，还报名参加比赛，这次因训练出现意外，他是好心做了坏事，自己该承担一部分责任。

（2）体育老师没有按时到操场上课，该承担主要责任。

（3）班主任老师在给学生报名时没有了解清楚情况，也应承担一定的责任。

（4）具体解决办法应该由学校、老师、家长协商解决。

除此之外，还有好多学生写到自己在这件事中的失误，我被深深触动了。我从来没有想过学生有这么大的潜力，想问题这样细致，给我的建议这样中肯。

我和范老师找学校领导请示解决办法，领导让我们先报案，再找保险公司解决。因为学校给每位学生和老师投了"校园安全险"，专管校内发生的意外事故的理赔，当然也包括体育课学生活动时受伤的理赔。谁的课堂谁负责，谁的学生谁监管。保险公司只报销一部分，还有一部分钱没法报销，体育老师和我各承担一点。

王宇爸爸了解到儿子同班同学的讨论结果后，表示："我不是成心要哪个老师赔钱，既然学校不出钱，老师个人就算了。"

**案例分析：**

这是一例典型的校园意外伤害事故，也是一例典型的偶发事件。这类校园意外伤害事故适用于教育部《学生伤害事故处理办法》，我们认为学校和徐老师在处理王宇同学的意外事故处理上还是比较到位的。学校没有推卸责任，体育老师和班主任均主动看望受伤学生和承担赔偿责任。尤其是作为临时班主任的徐老师得知消息后第一时间赶回学校了解和处理，然后以此事故为契机，根据班级议事制度，让全班学生参与讨论，分析事故发生原因并得出共识以及如何避免类似事件再次发生。师生均从中接受教训和教育，并形成了一套较为可行的处理程序。

另外，学生购买了校园安全险也是非常重要的举措，可以减轻伤害带来的经济压力。严格说来，此事件中体育老师有失职之嫌，因为优育老师是学校正式职工，其失职责任首先应由学校承担，其后学校再追究老师的失职。

总之，班主任要想方设法，使处理偶发事件的过程真正成为教育的过程，不仅教育当事的学生，而且教育全班学生，甚至是老师的自我教育。

### 四、处理偶发事件的方法

班级偶发事件的处理与其说是一门科学，不如说是一门艺术。诚如"教学有法，但无定法"一样，偶发事件的处理也有一定的方法，但需要班主任灵活机智地加以运用。

#### （一）趁热打铁法

趁热打铁法是指当偶发事件发生时，教师应抓住时机，马上给予处理，以取得最佳教育效果。此法往往能使偶发事件及时得到解决，并给学生以强烈的思想震动和深刻影响，对日后偶发事件的产生起震慑作用。

对于犯错误的学生，班主任要坚持批评与正面的说服教育相结合。要引导学生宽容、友好地对待同学，学会做人，使学生形成正确的是非观，充分认识自己犯错的原因。同时班主任要谅解、尊重他们，采用宽容、发展、期望的眼光对待他们，往往会使学生产生负疚感，引发强烈的自责、自省，从而达到事半功倍的效果。

对于没有犯错误的学生，班主任也要适时抓住契机，通过晨会、班团活动等让他们认识到此类事件的严重性，并通过集体的力量帮助犯错误的学生改正，同时消除偶发事件在班级中的不良影响。

【案例4-20】

记得本学期临近期中测试的时候，一天下午放学后，我将几位还没有订正好复习作业的学生留下来。我发现其中一位夏同学由于错误太多来不及订正，变得十分焦急而沮丧。本来我想借此机会好好帮他分析自身的问题时，没想到，他突然冲着我大吼大叫起来："我恨你！让我做这么多作业！"接着就开始冲砸教室的桌椅。

看到眼前的这一幕，真令我恼火，同时也感到很委屈（我可是利用下班时间帮他复习）。可是，当时面对情绪失控的夏同学、周围几个正在订正作业的学生以及在教室外接孩子的家长，我不得不快速、妥善地处理好这件事情。

于是我想到的第一步就是冷静。毕竟我眼前的只是一个三年级学生,一个不善分析,不善表达的孩子。很快我从夏同学愤怒的话语中发现他陷入了"我做的作业比别人多,老师总在为难我"这样错误的想法中,为了让他尽快地从这个想法中走出来,并且能正确认识自己学习上的问题,我采取了第二步,就是利用集体舆论的力量来(因为此时的夏同学对我的教育是相当的排斥)教育他。于是我就"为什么他们会比别人多做作业?""对于作业中的错误可不可以解决?怎么解决?""对老师将他们留下来订正作业这件事怎么看?是不是老师在故意为难你?"这几个问题询问其他几位同学。当夏同学听了那几位同学的回答后,开始慢慢思考自身的问题,情绪也比开始平静了许多。这时我采取了第三步,这是用真心去打动他。我走近他,摸着他的头心平气和地对他说:"每个人都会像你一样遇到这样和那样的问题,情绪变得急躁、失控,王老师理解你,不怪你。不过,你认为这是帮助你解决作业中的错题,提高学习成绩的好办法吗?"经过我的教育,夏同学不但主动向我道歉,第二天还将自己未完成的作业全部补好交给了我。事后,我还及时与家长进行了沟通,希望他们在夏同学遇到困惑,想不通时能及时与他沟通,教会他冷静处理问题,从而避免今后再产生类似事件。

案例中,"我"很好地控制住了情绪,虽恼火和委屈,却没有真的愤怒发火,也没有置之不理。而是,抓住暴露出来的问题和此时的教育契机,乘势化解了夏同学的愤怒,使他认识到自己的错误并改正。

### (二) 降温处理法

降温处理法是指班主任暂时采取淡化的方式,把偶发事件暂时"搁置"一下,或是稍作处理,留待以后再从容处理的方法。此法能使教师有比较充裕的时间去考虑,选择恰当的教育方案,能够冷静地处理偶发事件。

发生偶发事件后,学生多半头脑发热,情绪不稳,因此很难心平气和地接受教育;班主任也容易心理失衡,较难有充分的教育准备和冷静细致的分析。这样就出现了学生和班主任准备都不足的状况。因此,对待偶发事件,常用的办法就是降温处理。班主任不要轻易下结论,但要对偶发事件的处理做一个预先的"交代",并让学生理解这样处置的理由。此法不是对事件不处理,而是尽量减少偶发事件的负面影响,争取调查了解的时间,等待最佳的教育时机,为全面、干净、彻底解决偶发事件,做好充分准备。

【案例4-21】

课间,两个学生在教室的走廊上打架,值日班长急忙喊我到"战场"。此时,两人正你揪着我的头,我抓你的衣领。他们已意识到我站在身边,但谁也不愿先放下手,仿佛谁先放下手,谁就是理亏的一方。于是,我用平静的口气说:"怎么能打架呢?都把手放下来!"两人几乎同时放开对方,随我走进办公室。两个学生眉宇间都透着怒气,大有一触即发之势。此时,我若有半句责问的话,便会在办公室引发一场火辣辣的争辩;我若提出批评,他们又没有申辩的机会,问题也一下子处理不了。片刻,我用十分平静的语气说:"你们先各自想一想,看自己有哪些不对的地方。"我把"自己"二字强调得很重,说完,便改起作业来,借改作业之机留心他们的神情和举止。起初,一个仰面朝天,一个扭头望窗外,互不相视。一会儿,他们偷偷地看我改作业,此时,他们的情绪缓和了一些。良久,当他们都意识到我似乎不问他们的事,只是忙于改作业时,都低下头沉思起来。再过一会儿,两人露出好像都想偷偷地看对方的神情,当两人视线碰在一起时,几乎禁不住一齐"扑哧"一声笑起来。此时,我放下笔,不无幽默地说:"你们平时本来是一对要好的朋友,一定是为了鸡毛蒜皮的小事才动手。我看,一个巴掌打不响嘛,是不是?"没等我把话讲完,两人便争先恐后地检讨自己的错误,主动向对方认错,并保证今后再也不打架了。

### (三) 移花接木法

班主任处理偶发事件时,有时会遇到这样的情景:当时所要完成的任务和时间都不允许着手进行对偶发事件的调查和处理,而不进行处理又无法平息个别学生的情绪,或是这样的事件原本也不必弄个水落石出,过一段时间,这样的事件就不再成为"事件"。对此,班主任可用移花接木的方法,利用学生身上的某个"闪光点",根据学生注意力容易发生转移的心理特征,巧妙地把对偶发事件的处理转移到另一件事情上去。

**【案例4-22】**

课间,两个学生发生口角。上课铃响了,班主任劝他俩进教室。一个学生很快进去了,另一个学生因吃了亏,不愿进教室。班主任没有硬拖他进去,而是根据这位学生平时乐于助人的优点,亲切地对他说:"你看我双手拿着这么多东西,你能帮我把小黑板拿进教室吗?"这位学生看了看老师,就接过黑板走进教室。老师马上对大家说:"刚才两位同学吵了架,但是有的同学顾全大局,为了让大家上好课,还帮老师拿黑板进来,我相信他定能上好课,有问题课后解决。"后来,那位同学回到自己座位,比较安心地听课了。

### (四) 以退为进法

许多偶发事件,事情本身并不大,但需要处理。此时,班主任可不必急于解决,而是巧妙地反过来把事情抛给学生处理,引导学生自我教育。以退为进,不是不处理,而是充分地相信学生,引导学生自我教育,自我管理,从而达到自我提高的目的。这种方法的使用，要求班主任必须全面了解学生，必须努力形成较为融洽的师生关系，必须善于发现和捕捉偶发事件中的"闪光点"和转化的"契机"，挖掘积极因素，化不利为有利，将偶发事件的处理迅速纳入最为有利的轨道。如：一位教师上课时，发现某学生看小说，就突然提问他。可这个学生站起来嬉皮笑脸地说："这个问题嘛，我可以给全班开个讲座了。"全班哄堂大笑。这时教师沉着地说："好呀！正好教学计划中有个专题讨论，下周进行，你来做中心发言。"那个学生一下子泄了气。课后为了下周的发言，他查找了许多资料，做了充分准备，发言时效果很好。教师表扬了他，他也公开向老师道歉了。

### （五）幽默化解法

有些偶发事件，形成了一定的尴尬局面，但却不值得争个曲直长短，如果非追究下去不可的话，结果只能是越搞越糟。遇到这种情况，聪明的办法就是用幽默来进行化解。运用幽默，不仅是为调节情绪，缓解冲突，更主要的是，它本身就是教育的武器。幽默是智慧的表现，也许能将一场冲突消于无形。如：某个活动需要面粉打浆糊，班主任要求每人带点面粉。有人喊道："我家揭不开锅了。"教室里哄堂大笑之后一片宁静，等着挨训吧！班主任对那个学生说："放学后你不要回家。"大家紧张地等待下文，教师却微笑着说："反正你家揭不开锅了，到我家去吃饭，饿坏了你，我们可心疼呀！"听这话大家如释重负，欢笑起来。笑声是对班主任宽宏大量的赞美，也是对他成功运用幽默教育艺术的肯定。

恩格斯说："所谓偶然的东西，是一种有必然性隐藏在里面的形式。"班主任要善于从偶然中认识必然，防患于未然。处理偶发事件只有和积极预防相结合，才能显示出更大的教育功效。对于偶发事件也应以积极、灵活、慎重的态度处理，尽可能减小事件的负面影响，化不利因素为有利的教育因素，主动、适时地开展教育，从而使班级稳定、良好发展。

学生生病、离校出走、校园伤害、食物中毒等有严重后果的偶发事件，是班主任直接面临的一场"危机"，因此班主任也要树立"危机管理"意识。这类偶发事件的处理若依照一定的规范和程序，方法就要严肃、正规得多。班主任只有不断地丰富自己的各种知识，充实自己各方面的经验，全面了解偶发事件的特点，正确分析其产生原因，具备敬业爱生、沉着冷静、深思慎处、通情达理、机敏幽默等素养，才能因势利导，机智巧妙地处理好偶发事件，使之统一于正常的教育教学过程中，从而将班级管理工作推上一个新台阶。

### 思 考 题

1. 小学班队日常管理的工作内容有哪些？
2. 如何对小学生进行生活指导？
3. 如何对小学生进行学习指导？
4. 什么是个别教育？个别教育的策略有哪些？

5. 什么是偶发事件？它有什么特点？

6. 及时处理偶发事件有什么意义？处理偶发事件的原则和方法有哪些？

### 实践探索

1. 选取一所小学对该校小学生的阅读情况进行调查并写出调查报告。
2. 用学习风格量表对某小学一个班的学生学习风格进行测量。

### 案例研究

**案例1：**

"周老师，小谢说头很疼！"吃完饭，我刚回到办公室坐下来，班里的一位同学就急匆匆跑来跟我说。

由于不清楚小谢的情况到底是轻微的头痛还是发烧的那种头痛，于是我打算放下手头的工作先去教室看看情况。

正当我离开办公室走向教室时，刚才那位报告同学又跑来了，这次声音似乎更加着急了："周老师，小谢倒在地上了！"这时我意识到了问题的严重性，快步跑到教室，冲到小谢旁边。只见他头贴着地，整个人缩成一团趴在地上，我把他的身体翻过来，发现他的瞳孔停滞，嘴巴旁边有白沫，我在他眼前晃了晃手，叫了叫他，他仍旧没反应。由于他整个人坐不起来，于是我先找了一个书包让他头靠在书包上平躺着，再让周围的学生散开，保持空气的流通。接下来我快速拨通了学校领导的电话，就在这时最让我着急的事情发生了，他的家长手机关机，我一时联系不到。由于他们家只留了一个电话号码，唯一的办法只能问小谢的哥哥，等到校领导过来后，我赶紧跑到他哥哥的班级问到了他家长的电话并及时通知到了他们，等我带着他哥哥再次赶到小谢旁边时，他躺在垫子上，不远处有他吐出来的东西。体育老师正在给他做一些急救措施，周围的同学也把桌椅移开腾出了尽量大的空间，不一会儿救护车也过来了，医护人员把孩子抱上了车，我跟随着来到了附近的滨海医院。

在车上，我忐忑的心仍不能平静，小谢的意识还不是非常清醒，护士给他插氧气孔他也会抵抗，护士摸了摸他的额头，初步判断是发高烧。到了医院，医生给他量了体温，抽了血，测了血压，确认是39.8度的高烧，医生立即给他打了一支退烧针。医生表示，一般来说，5岁以后由于发烧而引起抽搐或痉挛的现象是不太有了的，而该孩子已经10岁了还会出现这种现象，建议去大医院再做脑电波的检查。

孩子的意识一点点地恢复了，烧也慢慢退下来了，此时家长也赶到了，说出了孩子以前也发生过一次由于发烧而引起抽搐的事实，那是在二年级的时候在家里发生的，当时也做过脑电波的检查，没什么问题，但医生建议要密切关注这个孩子，不能让他发烧。这次又发生这样的事情，为了孩子的安全着想，我们都建议还是带他到绍兴或柯桥较好的医院再做一次脑电波的检查,以防万一,家长也同意了我们的建议。

于是下午一点左右,我陪同他们来到了县中心医院,在途中我们都一直观察小谢的状况,他的意识已经比较清醒了,只是烧还没有完全退下来,到达医院后他做了20分钟的脑电波检查,医生表示,从检查结果来看没有问题,但10岁的孩子还会由于高烧而引起抽搐这个问题值得关注,建议再带他到杭州知名的神经科医院做一次彻底的检查。

事后我也多次联系家长,建议他们听从医生的话,确保无事了再来上学,家长也表示认同。

请结合这位班主任处理偶发事件的过程,分析班主任应该树立怎样的偶发事件的处理意识?

**案例2:**

我班有两名调皮的男生小强和小刚,不仅学习不好,而且特别好动,总喜欢缠在一起打闹,经常影响班级纪律。我苦口婆心地教育他们,但收效甚微。元旦前夕的一个课外活动,我与文艺骨干们正在操场上排练舞蹈,有学生跑来报告说他俩在走廊里打闹,不小心打碎了玻璃。我急忙赶到教室,两人正有说有笑地清扫碎片。他们告诉我玻璃是他们打碎的,并主动提出赔偿。这难道只是换块玻璃那么简单吗?

请你帮我参谋一下,我该怎么做?

## 拓展阅读

1. 沈嘉祺. 小学班队管理[M]. 北京:高等教育出版社,2014.
2. 邓艳红. 小学班级管理[M]. 上海:华东师范大学出版社,2010.
3. 张艳芬,王颖. 小学班主任工作原理与实践[M]. 北京:北京师范大学出版社,2016.
4. 李江. 小学班级管理[M]. 杭州:浙江大学出版社,2014.
5. 李家成. 班级日常生活重建中的学生发展[M]. 福州:福建教育出版社,2015.
6. [美]珍妮特·沃斯,[新西兰]戈登·德莱顿. 学习的革命[M]. 陈标,许静,译. 上海:上海三联书店,1998.

# 第五章
# 小学班队组织建设与管理

给班干部"权力"
任性加把锁

**学习目标**

1. 了解班集体的概念、特征和功能。
2. 了解班集体的形成和发展过程的几个阶段,学会有意识地建设班集体。
3. 掌握班级和少先队的组织结构,学会民主、科学、合理地产生和培养班队干部。
4. 了解班队中的群体与非正式群体,以及对非正式群体的教育策略,学会正确对待班队中的非正式群体。

## 第一节 小学班集体的形成

### 一、班集体的概念与特征

#### (一) 班集体的概念

班集体是一个特定的教育学概念,并不是所有的班级都能够称得上"班集体"。对于一个刚刚组建的班级而言,班集体是为了加强班级管理、促进学生的身心发展而设置或构建的一种教育目标和理想教育实体,也可以说,班集体是教育者对班级未来发展理想状态的设定,它反映了特定社会对班级及其成员发展的要求。

班集体不是自发形成的,也不是学生个体的简单集合,而是通过成员间彼此的交往,以班主任为主的各种教育力量的教育、培养和引导而形成的具有正确的教育方向,具有较强的核心与骨干力量,具有良好的纪律、舆论、班风,具有良好的人际关系,团结友爱、积极向上的高层次的班级群体。

我们不可随便拿一群个别的人作为集体。集体是活生生的社会有机体,它之所以是一个有机体,就因为它有机构、有权能、有责任,有各部分之间的相互关系和相互依赖。如果这样的因素一点也没有的话,也就没有集体了,所有的只是随随便便的一群人罢了。①

### （二）班集体的特征

马卡连柯认为，所谓集体不是随意地聚集在一起的一群人，如临时乘一辆电车的乘客不是集体，同在戏院里看戏的观众也不是集体，"集体是由于目的一致、行动一致而结合起来的，由管理、纪律和负责任的机关所组织起来的劳动者的自由集团"。集体应具备下面四个特点或条件：

一是有共同的目的和统一的行动。只有具有共同的目的，集体才有整体性，才有统一的行动，这种共同目的与个人目的要一致。共同目的要体现集体的利益，个人目的才能做到服从集体目的，达到统一。

二是要有组织性和纪律性，还要有正确的集体舆论和作风。组织性和纪律性是建立集体和巩固集体的根本条件之一，是达到共同目的、完成共同任务的有力保证，任何真正的集体，一定要有一套集体的行动准则，每个人都要遵守。而正确的舆论和良好的作风具有很高的德育价值，它是巩固学生集体的精神力量，是教育集体成员的主要手段。

三是要有统一的领导机构和一定的组织形式。在马卡连柯的工读学校里，把儿童分成若干小分队，每个分队大约10～15人，推选优秀队员任分队长；由分队长组成的队委会，是日常处理事务的机构；由全体社员组成的社员大会，是最高权力机构。

四是要建立集体各个部分之间的有机联系。马卡连柯把集体分为基层集体（小集体）和共同集体（大集体），公社就是一个统一的大集体，分队就是基层小集体，基层集体是个人与大集体联系的环节，基层集体的利益应该和大集体以至整个社会的集体利益统一起来，不能只顾基层的利益而脱离共同集体的利益。

我们认为，班集体具有以下几方面的特征：

1. 明确的方向性

即符合国家和社会关于教育的主流价值观念，符合国家有关的教育方针和政策。这是一个班集体形成的重要条件，舍此条件就不足以成为一个集体。毕竟，班集体是具有鲜明的意识形态特征的一种组织形式。否则，任何一种组织严密、凝聚力强的群体都可以成为集体了。

2. 共同的奋斗目标

班集体具有明确的而且为绝大多数成员发自内心接受的共同的奋斗目标，并且把对这种奋斗目标的追求具体化为日常学习、生活的方方面面。在共同的奋斗目标的基础上，班级成员对班集体具有较为强烈的心理上的归属性，发自内心地把班集体当作"自己"的班集体。

---

① ［苏］马卡连柯.马卡连柯全集（第5卷）[M].北京：人民教育出版社，1956：226.

3. 健全的组织机构和严格的规章制度

每一个成员都通过一定的组织形式,为了完成学习任务或者其他任务而被组织起来,在各种各样的活动中自然涌现出的一批优秀分子构成了班级的领导核心。除了学校的各项规章制度外,班集体在全体同学与班主任充分协商的基础上形成了健全的班级规章制度,班级成员都能够自觉、严格地遵守。

4. 良好的班风、学风

绝大部分成员具有基本一致的且积极向上的、健康的价值观念,班级有健康的集体舆论,成员之间关系和谐、友爱,学习氛围浓郁,能够开展恰当的、有益的学习竞争,学习成绩优良。

## 二、班集体的功能

班集体作为班级的高级发展形态,一方面是班级发展的目标和理想状态,另一方面还是教育的巨大资源,具有极其重要的教育功能。

### (一) 社会化功能

社会化,是指一个人内化社会价值标准、学习角色技能、适应社会生活的过程。社会化的结果是个体把外在于自己的社会行为规范、准则内化为自己的行为标准,成为社会认可的合格的社会成员。从某种角度说,社会化就是个体由自然人到社会人的转变过程。个体的社会化是在一定的社会环境中实现的,班集体就是个体实现社会化的一个重要环境。班集体在促进班集体成员在掌握社会的价值观念、确定恰当的个体生活目标、学习系统的科学文化知识、获得社会生活的基本技能和特定的社会角色意识等方面具有极其重要而又不可替代的作用。

班集体在推动学生心理和行为社会化方面能够发挥重要作用,主要表现在:个体在集体中将会获得以集体主义思想为指导去处理社会生活、人际关系的基本态度和经验,体验团结合作的重要性以及由此而来的欢乐,学会礼貌待人与妥善行事;学会协调个人利益和集体利益的关系;掌握在集体中正确处理自己的角色行为的能力;取得通过集体合作去合理地制定目标、计划以及规划活动的经验。

### (二) 发展功能

班级是青少年学生的重要成长和发展环境之一,其性质和发展水平在很大程度上影响甚至制约着青少年学生的身心发展方向和水平。班集体作为班级的高级发展阶段,对青少年学生身心发展的作用尤为显著,在自我定向、自我评价、自我调节以及与他人之间的相互沟通、竞争与合作等方面的价值更为明显。作为由同龄人构成的一种特殊的社会组织,班集体为学生的身心发展提供了极其重要的发展平台,尤其是在发展学生的自我认识、人际交往以及意志品质等方面,班集体的作用更为显著。

相关研究证明,越是平等的人际关系,对人的社会能力发展的促进作用越大。因为只有在这种人际交往当中,个人才会获得模仿、展现、质疑、沟通、竞争、调解及合作的充分机会。因此，以相互关系平等为特征的班级等同辈群体在促进学生社会能力发展方面的潜力和实际影响要大于家庭与学校。

### （三）保护功能

青少年学生正处于由童年向成年的过渡时期，身体、心理各方面的发展都尚未成熟。他们一方面血气方刚、意气风发、理想远大，另一方面往往又情感脆弱、承受力差、意志薄弱，因而容易受到各种内在和外在因素的负面影响甚至伤害。班集体作为青少年学生身心发展的重要环境，能够为青少年身心的健康发展，尤其是情感、自尊等方面的健康发展提供一定的保护或支撑。这种保护或支撑主要表现为：班集体对个人合理行动的支持，对个人远大理想和正确态度的认同，对个人进步的肯定与承认，对个人遭受失败或不幸的同情与抚慰，对个人失误的谅解与宽容，对严重错误的批评与帮助，等等。与此同时，集体生活的欢乐、同学之间真挚的友情等也能使个人获得精神上的慰藉、心理上的安全感和抵御各种不良内外影响的免疫机制。学生在这样的集体中学习和生活是安全和幸福的。

保护功能还表现为学生同辈群体为其成员提供了一种相互支持的"社会基础"。这种社会基础往往成为学生向成人规则与权威进行反抗乃至挑战的力量源泉。……学生同辈群体往往自觉地或不自觉地都带有一点与成人权威相抵触、相抗衡的色彩。这常常成为成人，尤其是教师与学生交往时遇到困难或遭到失败的重要原因。[①]

### （四）个性化功能

如果说班集体的社会化功能主要是促进青少年学生心理和行为的社会化、同一化，那么班集体的个性化功能则指的是班集体在促进青少年学生心理和行为发展的个性化、主体化方面的独特作用。这种个性化功能就在于按照学生身心发展的特点、水平以及形成和发展的规律，通过学生自身的内化机制，形成和发展学生的个性，使得学生从社会化的对象——客体的我，转变为个性化的主体——主体的我。

这种个性化功能具体表现为：首先，丰富多彩的集体生活和集体活动，对于培养学生不同的兴趣、爱好、特长，形成和发展学生的不同方面的能力具有重要作用。其次，多种内容和各种层次的集体活动和人际交往，对塑造学生的性格、形成学生的独特个性品质具有重要影响。尤其重要的是，伙伴或同学之间的相互比较和评价以及班主任、班干部的相关工作，在促使学生的自我认识、自我评价进而促进自我意识的发展方面的作用更为关键。据美国学者帕森斯的研究，学生在班级中的表现与其将来的升学或就业有着密切的关系，学生在班级中的定位对其将来在社会中的自我意识和实际表现有着深刻的影响。

---

① 吴康宁.教育社会学[M].北京：人民教育出版社，1998：230.

> 【链接】
>
> 根据西方某些心理学家的观点,从而提出班集体的主要功能是实现人的社会化和个性化。这一提法并没有揭示班集体功能的本质特征,因为不仅是集体,一切社会群体包括反社会集团都具备这样的功能!人的社会化和个性化都是在群体的直接影响下实现的。对于儿童与青少年来说,家庭、学校、伙伴群体等都是他们实现社会化和个性化的主要场所与重要因素。
>
> 集体在促进学生社会化和个性化的过程中与非集体的群体相比具有以下特点:① 明确的方向性;② 养成性(有目的的教育);③ 整体优化性;④ 有序性;⑤ 参与性;⑥ 创新性等诸多特点。因此,班集体能使儿童与青少年的社会化达到其他一切群体都无法达到的水平。①

## 三、班集体的形成与发展

鲁洁教授曾经提出过班级发展水平指标的问题。她认为,班级发展水平的指标可以全面标示班级的社会因素、结构、功能等诸方面的特征和状态,是制定班级建设规划的基础,也是班级发展趋势预测的工具。班级发展水平的指标系统,包括班级的社会功能、班级的群体发展和班级的教育、管理等方面的诸多要素,而尤以班级的社会功能要素较为重要。班级的社会功能指标一般包括以下四个方面的内容:

第一,班级履行基本社会职能的指标。包括入学率、合格率、优秀率、毕业率、教育质量、教学效果等。

第二,班级符合、维护社会规范的指标。包括班级组织的政治气氛,人际关系结构,多数人的共同行为方式,班级中多数人的态度、舆论以及班风、传统、纪律性等项目。

第三,班级系统的稳定性与适应性水平。这方面指标的最优状态是班级与整个社会政治、经济、科技和文化发展趋于一致,既能接受社会的积极影响,又能抵御社会的消极影响,既得益于社会的发展,又为社会的发展贡献人才。

第四,班级保证和促进每一个成员个性全面充分、自由发展的程度,包括个性社会化的成熟度、角色选择和职业选择的社会适应力、个体的主动性、独特性和自我调节能力、天赋、特长、才能和潜能等自我发展水平等。②

从结构化以及社会功能维度来看,参考现有的关于班级发展水平的指标系统的基本内涵,班集体的形成大致要经过以下阶段:

### (一)松散的群体阶段

班级组建初期,班级成员的关系处于孤立期,来自不同环境、情况各异的学生按照学校编制组织在一起,学生之间都很陌生,师生之间也互不了解,缺乏横向沟通,学生之

---

① 龚浩然,黄秀兰.班集体建设与学生个性发展[M].广州:广东教育出版社,1990:129.
② 鲁洁.教育社会学[M].北京:人民教育出版社,1990:432.

间的交往活动带有互相试探的性质，彼此不轻易袒露真实思想，大多数学生实际上是孤立的个人。但在不断的人际交往中，成员之间的关系开始分化，部分学生有可能结成一些小群体，只是这种接触或交往基本上都是建立在情绪和冲动基础之上的。这一阶段，班级对学生的吸引力不大，表面上既无争论也无共同的意见与统一的态度，但是全班同学都意识到属于一个群体，只是大家对班级的目标和活动都还没有一种明确一致的认识和相应的主动行为。班级活动与工作任务均来自教师或学校的外部要求，班级组织、计划、活动等工作基本上依靠行政手段，主要由班主任或临时确定的学生干部来主持开展工作。此时班级共同的价值目标和规范尚未形成，班级学生自我管理的机制尚未真正建立，不存在真正的学生骨干核心，学生自身缺乏自律性的要求，学生群体本身也缺乏教育能力，处处依赖班主任的决策和指挥。

### （二）联合的班级群体阶段

经过一段时间的了解之后，班级成员的关系开始进入同化期。学生之间在自然因素和个性因素的基础上，有了较密切的交往圈，形成了分散的伙伴群。班级成员在班里的地位与作用也开始分化，出现了种种活动的主导者与追随者，涌现出了一批热心为大家服务，主动承担责任的积极分子。这些主导者或积极分子自然而然变成了学生中的骨干，并在班主任的领导下和学生的支持下，通过一定的组织程序组建起班级委员会，发挥组织管理和自我教育的功能。一些适合本班的规范要求和必要的规章制度也开始建立起来，班级工作逐步步入正轨。

### （三）初级班集体阶段

有组织的班级在班主任、学生干部、学生等多方面的共同努力下，初步形成了班级的核心与骨干，一些学生干部和班级先进分子崭露头角，在各自的岗位上施展自己的才华，形成班级的核心层，并在班主任的引导下，独立地开展班级工作。班级的规范要求和制度也开始转化为学生自身的自觉要求，班级的是非观念增强，并在大多数情况下有正确的集体舆论。班级成员也形成了集体的归属感，并以自己的归属为荣。教师作为统率者也直接与学生建立了纵向联系，班级组织进入一个新的发展阶段。

### （四）稳定的班集体阶段

这时，班级已经有了自己的奋斗目标，并且已经被全体成员所确认而内化为个人的目标，班级也有了坚强的核心以及健全的组织结构。班干部各司其职，有组织、有计划地开展各项工作，绝大多数班集体成员关心集体、互帮互学，并且主动参与班集体的工作，有强烈的集体荣誉感。团结、融洽的班级风气和正确的舆论导向构成了一种巨大的教育力量，对班级成员起着潜移默化的教育作用。班级也有了严格的组织性和纪律性，并成为促进全班学生自我教育、健康成长的教育主体。

### （五）优秀班集体阶段

班集体的核心、骨干力量在扩大，班级涌现出更多的积极分子，优良的班风和正确的舆论导向进一步得到巩固，班级组织结构既有民主，又有集中，体现了大多数人的愿望。组织纪律严明,有班级发展的明确目标和具体要求,对内保持一种友好、互助、稳定的学习环境,对外则以团结一致、朝气蓬勃的集体面貌出现,在学校各项工作与活动中表现为一个富有战斗力的集体,并成为同年级甚至全校其他班级的楷模。

【案例5-1】

## 每天一起进步一点点[①]

我从县实验小学调到城南小学任教,领导安排我教毕业班。后来才知道这个班的学生不仅学习成绩差,行为习惯也不好,从二年级开始就没教师愿意教,每学年安排课务时领导都很头痛,要到处求人代课。学生个体没梦想,集体没目标。我当然不能撒手不管。于是,我请大家当小老师,每人写一句自认为适切的目标,然后组织全班同学讨论,并通过投票选出大家"公认"的班级目标:"每天一起进步一点点"。目标制定后,我便在班级组织"共享成长"活动。每天晨会,我都让一些学生向大家介绍自己的"进步",课间也要求同学之间相互交流自己的"进步",班会课还会让一些同学汇报在课间听到的你认为最值得与全班同学分享的"同伴的进步"。实施一段时间后,大家有了较大的进步,于是,他们不再满足于"进步一点点",而是追求"我们还能有更大的进步"。小E开始向"优秀"挑战,小F一直在追求小组中"不让一个人掉队",班长小G还策划毕业后全班同学如何"共享成长"……

扫码阅读案例详情

**案例分析:**

这是一个六年级的后进班级的建设之路。这个后进班级"从二年级开始就没教师愿意教,每学年安排课务时领导都很头痛",学生"不仅学习成绩差,行为习惯也不好",家长"本身就没有什么追求",无非就是希望孩子在学校平安长大而已。虽然最初并不愿意接手这一个班级,但是作了班主任后,"我"不能眼睁睁地看着孩子们就这样度过小学中的最后一个学年。

或许,小学毕业时,这个班级仍然没有达到优秀班集体的标准,但是"我"充分调动了一盘散沙、毫无追求的全班同学参与,从确定班级共同目标开始:每人写一句自认为适切的目标,然后组织全班同学讨论,并通过投票选出大家"公认"的班级目标"每天一起进步一点点"。"我"其实是懂教育规律和儿童心理发展特点的,"每天一起进步一点点",是成功教育,符合"最近发展区"理论的。然后,为实现共同目标而努力,共享成长经验。当取得一定成绩后,适时提升目标"我们还能有更大的进步"。案例中也可以看出,班级的班风、学风也逐渐好了起来。如果再给他们一点点时间,这个班级一定能够成为优秀班集体。

---

① 杨娟.每天一起进步一点点:一个后进班集体建设的故事[J].江苏教育研究,2015(Z5).

## 第二节 小学班队组织结构

组织结构是组织的全体成员为实现组织目标,在管理工作中进行分工协作,在职务范围、责任、权利方面所形成的结构体系。在日常的班队管理中,班级成员只有通过班级中的组织结构,才能更好地开展各项活动。在小学班队中,发挥组织结构功能的有两条主线:班委会和少先队。

### 一、班委会组织结构

#### (一)班委会的成员构成

班级作为学校正式的基层组织,需要建立在一定的组织管理机构基础之上。班级中的正式组织管理机构主要是班委会,它是班集体的核心,是保证班级各项工作正常运行的引导组织。

班委会是班级学生委员会的简称,是学生独立开展自我管理、自我教育、自我服务的组织,是班主任开展班级管理工作的助手。班委会一般由七人组成,包括班长、学习委员、宣传委员、文艺委员、体育委员、生活委员以及劳动委员等。班委会在班主任的带领下,由班长负责,共同管理班级中的各项工作。班委会组织结构如图5-1所示:

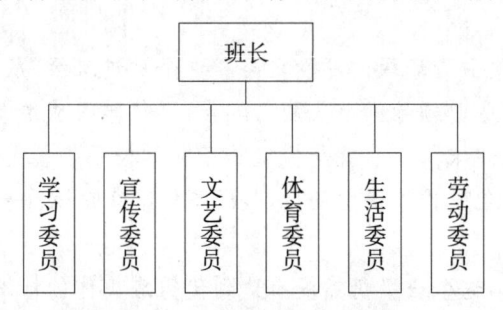

```
                    班长
     ┌────┬────┬────┼────┬────┐
    学习  宣传  文艺  体育  生活  劳动
    委员  委员  委员  委员  委员  委员
```

图 5-1 班委会组织结构图

班委会成员根据班级人数多少灵活设置。教学点或村小的一个班级可能不足10人,或许仅设置二三人;某些地方小学人满为患,六七十人的大班,或许需要设置副班长、课代表等成员,甚至设置双班委。

#### (二)班委会主要成员职责

1. 班长的职责

在班级各项活动中做好榜样示范作用;主持班级日常工作、主题班会以及班级活动;制定班委会学期工作计划;进行班务管理,督促班委会成员做好本职工作;定期召开班委会,检查各委员工作情况;在教师不在的情况下及时处理好班级中的突发事件;定期向班主任反映同学的意见和要求;抓好班级纪律,协助值日班干部做好班级管理工作;上下课时喊好口令,做好上课仪式;完成学校、班主任、老师交办的其他工作等。

2. 学习委员的职责

组织好全班同学的学习,帮助、监督课代表的工作;注意班级同学学习中存在的问题,及时与有关课代表一起向班主任及任课教师反映;管理班级学风,调动班级学习氛围,督促同学认真学习,随时指出并及时纠正学习中的不良现象;对学习成绩退步、学习困难的同学及时予以帮助;掌握全班同学学习情况,及时向班主任和任课教师反映;用各种形式(黑板报、墙报等)交流学习经验。

3. 宣传委员的职责

设计、布置教室环境;定期或不定期出黑板报和墙报;负责节庆日及各项活动的宣传工作、收集同学中的好人好事和不良现象并写出报道交给学校广播站;积极采写广播稿和参加征文竞赛活动。

4. 文艺委员的职责

主持并带领同学排演节目,参加区、校各类文艺演出;组织全班性的文艺晚会;配合音乐老师的教学工作;根据班级同学的具体情况,组织和建立各种文艺小组,定期举行文化活动,丰富班级同学的课余生活。

5. 体育委员的职责

帮助和督促班级同学认真做好广播体操;配合体育老师的教学工作;负责领借、归还体育活动中使用的体育用品,如有损坏及时报告体育老师;组织班级同学积极参加区、校运动会以及冬季锻炼,做好各项体育赛事的报名和准备工作;组织各类班级体育比赛。

6. 生活委员的职责

负责班级同学的生活管理工作;中午带领班级同学有序就餐,管理好纪律及饭后卫生;及时、全面地掌握同学们生活中的问题和困难,帮助同学们尽快解决问题;合理有效地规划使用班费,使其能够物尽其用。

7. 劳动委员的职责

安排、监督同学每天的值日工作,按时进行教室的卫生检查;定期组织大扫除;保管好劳动工具,及时上报损坏情况;制定班级清洁卫生制度;组织班级同学参加各种劳动。

此外,班委会下设有小组长。小组长的职责是负责预习、背诵等工作的检查;维持小组的活动纪律和正常秩序;在课堂学习的小组讨论中,做好组织分配工作,对于组员的意见和回答做好记录,并向教师汇报讨论成果;按时收发作业,协助教师完成一些力所能及的日常教学工作;协助其他班干部做好班级管理工作。

作为一个班集体的领导核心,班委会全体成员应以身作则,为同学们起到榜样带头作用。成员之间要团结协作,优势互补,当好老师的助手,尽心尽责为班级同学办事,带领班级成为优秀班集体。

## 二、少先队组织结构

《中国少年先锋队章程》规定"我们的组织:在学校、社区建立大队或中队,中队下设小队。"大队、中队、小队是少先队的基层组织。少先队组织结构见图5-2:

```
            大队
    ┌────────┼────────┐
   中队     中队     中队
  ┌─┴─┐   ┌─┴─┐   ┌─┴─┐
 小队 小队 小队 小队 小队 小队
```

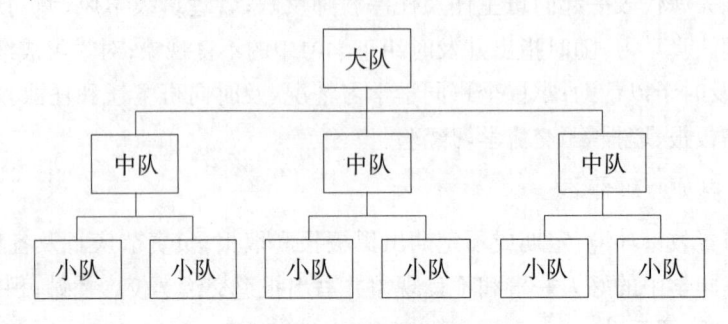

图5-2　少先队组织结构图

在学校建立大队还是中队,要依据《章程》规定和学校规模大小来确定。原则上大队下设中队,中队下设小队。大队领导中队,中队领导小队。

### (一)小队

"小队由5至13人组成,设正副小队长。"(《章程》)

小队是少先队的基层组织,在学校里,教学班即少先队中队,教学小组即少先队小队。小队一般由5至13人组成,设正、副小队长各一人。这样将教育、教学、少先队活动合为一体,便于组织管理,也便于开展各项活动。小队建设要做到"自愿组合、合理编队、自取队名、自定目标、经常活动、建立阵地、辅导员自聘",充分尊重队员的意愿,照顾队员的兴趣爱好和伙伴友情,考虑到家庭居住的远近和积极分子的分配,优化组建小队,每周开展一次活动。

少先队小队是少先队的"细胞",是最基础的单位。因此,组织开展好丰富多彩的小队活动,是少先队活动保持活力的因素所在。

### (二)中队

"中队由两个以上的小队组成,成立中队委员会,由3至7人组成。"(《章程》)

在校内,中队一般以班级为单位编成,凡两个小队以上的班级都可以成立中队。在农村、乡镇,按行政村组建少先队中队;在城市,按居民小区、街道居委会去组建少先队中队。中队工作主要由中队委员会领导,中队委员会一般由3至7人构成,其中包括中队长1名,中队委员2至6名。其主要职责是:制订中队计划,组织中队活动,讨论队员的学习和品行问题,关心和帮助困难队员,执行并完成大队部的决议。中队另聘中队辅导员。在小学,中队辅导员通常由班主任兼任,并由学校大队部(或与学校行政部门联合)聘任。

中队是少先队日常生活中最为经常活动的基层单位,因此,中队建设要做到组织好、活动好、阵地好,每月集会不少于一次。

### (三) 大队

小队中队之外,还有少先队大队。"大队由两个以上的中队组成,成立大队委员会,由7至13人组成。"(《章程》)

通常情况下,一个学校就是一个大队。如果一个学校的队员人数不足两个中队,可以单独成立大队,独立开展工作和活动;如果学校规模过大,则可以按年级组建大队,在全校建少先队总队部。大队工作由大队委员会领导。大队委员会一般由7至13人组成,主要职能是制订大队工作计划,组织大队活动,讨论、研究有关全大队的事情,领导各中队工作。"大队和中队委员会可以根据工作需要,设队长、副队长、旗手和学习、劳动、文娱、体育、组织、宣传等委员。"(《章程》)大队长和大队委组成的大队委会必须分工合作,各司其职,齐心协力地做好大队工作。大队委员会可配大队辅导员一人,大队辅导员应由共青团组织选派或聘请,由上级团委(或与教育行政部门联合)聘任。

少先队大队委员会是少先队基层组织的领导、工作机构。建设好大队委员会、建设好大队,是活跃少先队的重要保证。

## 三、班队干部的产生方式与培养

班队干部是班集体的核心,是班集体凝聚力的中坚力量,也是使班集体团结的源泉所在。如果一个班集体拥有一支队伍健全、素质优良和能力较强的班队干部队伍,就能够引领所有成员朝着更加健康、全面的方向发展。

▶【链接】

### 魏书生如何选择学生干部

接手一个班时,对学生不甚了解,魏书生就先注意发现上学、放学身后都有一些学生跟着的"孩子王"。老师们都清楚,这样的学生一般都有组织能力,所以成为学生中的领袖人物。魏书生再从这些"孩子王"中,选择那些心地善良、胸怀开阔、有一定威信的学生,淘汰了几位,最后从剩下的几位"孩子王"中,选择头脑聪明、思维敏捷的学生。所以,魏书生选择学生干部就这三条原则,一是组织能力,二是心地善良、胸怀开阔,三是头脑聪明、思维敏捷。而且一般情况下,魏书生只选择班长(也称常务班长)一人,其余成员由班长组阁,在选择学生干部时,魏书生一般采用任用制、推选制、竞选制。

## (一)班队干部的产生方式

在小学中,班队干部的产生方式主要有以下五种:

### 1. 班主任任命制

班主任任命制又称"班主任指定制",即班主任确定班干部时,通过向同班同学或以前的任课老师了解,亲自任命班干部。这种形式在班级刚刚组建时比较多见。在教育实践中,这种班干部的选拔方式运用的较多,班干部的数量不多,班干部一经产生,几乎变动不大,除个别情况下调换个别班干部外,其他几乎为终身制。班级管理工作无论从计划的制定,还是到具体的实施,都在班主任的掌控之中,班干部的工作就是在班主任的指挥下被动地完成各项任务,很少体现出学生的主观能动性,这种方式充分体现了班主任的权威。而班主任在任命班干部的时候往往会受到许多因素的影响,比如为了便于班级工作的管理,班主任往往会选择曾经担任过班干部的有经验的学生来担任,这就容易造成"担任班干部的永远就是那几人"的局面。

对于维护班级秩序、纪律和班级集体活动的顺利展开,班主任任命制的确有一定的优势,但制度也存在着一些弊端。比如:班干部仅仅是由班主任包办任命产生,在很大程度上忽略了学生在班级中的主体地位;班主任不民主的管理班级的方式会严重影响学生们建设班集体的积极性;由于所任命的班干部不一定是绝大多数学生心目中合适的班干部,学生体会到的只是班主任的权威和服从,不利于学生的民主意识的培养。从这个层面上来讲,班主任任命制无法体现民主与公平。

对于被任命为干部的学生来说,作为班干部是一种荣耀,一定程度上能锻炼到自己相应的能力,但吴康宁教授在其研究中指出:"长期担任班干部(3 年以上者)的学生在班级活动中普遍具有较强的成功感、积极参与集体活动,并具有较强的要求别人服从自己的权威意志;而无班干部经历的学生则相去甚远。"[①]这些要求他人服从自己的主观想法,会直接影响到班干部与其他人之间的关系,而且长时间担任班干部的学生也极容易沾染官僚习气等问题,不利于学生的健康成长;对于大多数没被当选的学生来说,可能会认为班干部都是老师"青睐"的对象,是老师安排在班上的"间谍",那么同学之间应有的相互信任在这种情况下必然会丧失。

### 2. 选举制

选举制是通过学生提名和投票选举产生班干部的方式。由这种方式产生的班干部,一般是众望所归,因此往往具有较高的威信,有利于班干部队伍的充实和完善,也利于发展班干部学生的民主思想,调动全班学生共同参与班队管理工作的积极性,同时,班干部队伍也与大多数学生的关系比较融洽。

民主选举的程序是这样的:首先班主任根据班级情况设定班级班干部岗位,然后把各个职位通过一定的方式公开呈现,接着,由全班同学不记名投票,选出他们心目中最

---

① 吴康宁.教育社会学[M].北京:人民教育出版社,1998:282-284.

适合担任各个班干部职位的人选,最后,当场投票、唱票、监票,当选者为该职位票数最多者。这种方式可以体现出民主与公平、公正,有利于学生民主意识的培养。当选的同学作为学生代表,在今后的班级工作中应以身作则,发挥带头作用,对班级有较强的责任感,对于学生社会化也有一定的帮助。

通过民主选举产生的班干部往往是成绩较为优秀,在大多数学生中有一定的威望。但是,使用这种方式产生班干部的问题是对于班上成绩中等的学生或后进生几乎无缘于班干部职位。和直接任命制一样,在民主选举制中班干部职位被少数学生占有,仍然没有实现绝大多数学生参与班级管理的理想状态。这种以人人都可参与的选举方式确确实实地掩盖了班级中中等生和后进生无法当选的不公平性;再者,民主选举还易造成班上出现"小团体"的现象,出现拉票、买票等不良行为。

3. 班干部双轨制

班干部双轨制是选拔班干部的一种方式,在这种方式中,班干部通过全班同学民主选举和教师任命两种方式共同确定。单纯使用班主任任命制或民主选举制都存在缺陷。班干部双轨制的产生就是希望克服单一使用班主任任命制或民主选举制的弊端。民主选举产生的班干部多为成绩优异、人际关系良好的优等生,可发挥他们在班级管理中的创造性和积极性,起到模范带头作用,维持班级秩序,提高班级工作的效率。由于民主选举产生班干部会导致优等生成为班干部的主角,而其他同学成为班干部的概率较小,为了弥补这种制度的缺陷,除学生民主选举的班干部外,老师可以在这中间做适当的平衡,将某些易发挥特长的职位(如文娱委员、体育委员)给中等生和后进生。班干部双轨制可以为普通学生参与班级管理提供机会,一定程度上显示了公平性;有利于班上同学的心理健康;但是,班主任任命和民主选举孰重孰轻?它们之间的比例应为多少?哪些职位用民主选举?哪些职位用班主任任命?等一系列问题都还值得商榷,若其中的哪个问题没处理好,那和单独使用班主任任命制或民主选举制所得到的结果也没什么区别,那么该制度存在的合法性也会受到质疑。

4. 竞争制

竞争制是指在自由平等的气氛中,学生根据自己的能力和兴趣,自我推荐到相关职务上,竞争该职务。竞争制面向全班学生,人人都可参与,一般包括以下几个步骤:首先学生自主报名要竞选的班干部职位;然后所有报名的学生在全班同学面前发表演说,演说一般包括参加竞选的原因,自己的优势及竞选成功后的规划等;最后,同学们通过比较所有发表演说的同学的能力、素质,把票投给自己认为能胜任的那位同学。

通过这种方式产生的班干部,往往具有很好的"人缘",这就有利于凝聚班级力量,增加班级向心力;利于学生远大志向、信念、自信心、进取心等个性品质的形成;也有利于班干部工作的顺利开展。相应的,当选的学生,由于这是自己喜欢的职位,有利于其提高工作积极性。这种方式为学生们提供了一次自我审视的机会,让学生更好地认识到自己身上的优势和不足。即使对于未被当选的学生来讲,这次机会对于锻炼其语言表达能力和台上的表现能力也是有益的。

但竞争制有时会带来不良竞争和盲目竞争,可能会使学生之间因为竞争而产生隔阂,从而对班级团结造成不良影响。

【案例 5-2】

## 假　如①

在暑假里,我早就有了计划:继续实行小组合作管理机制,并争取在上一届学生取得了成功的基础上更进一步。小新找我报到时,我就喜欢上了这个孩子:瘦小的个子,大大的眼睛,带着来自乡野的自然黑的肤色,说话风趣幽默、妙语连珠……军训几天的观察让我看到了不少像小新一样具有领袖气质的孩子。在我的管理模式中,7个小组长就是最终的班委会成员。小组长竞选班会上,自信而又优雅的小新,以全票当选——包括他自己的那一票在内。然而,两天过后,我便收到了关于小新不搞卫生、骂同学的报告,我也觉察到了他的状况。小新的"梦想起航"组在第一次评比中仅获得第五名,他的小组周总结字迹潦草不堪,透露着对整个小组成员的不满,而完全没有对自己责任的承担意愿。

我及时找他谈话,分析一周情况,希望他更好地成长。然而在短短的一个月里,整个小组处于"无政府"状态,小新继续以他卓越的口才吹嘘着自己的"丰功伟绩",而"梦想起航"组的同学却在刘雅的带领和坚持下完成了小组文化的建设、小组承担班会的构思与举行、小组规章制度的建立,等等。"梦想起航"组一直在前进着,而小新,早已成为了组外的人,连小组总结,他都由最开始的按时交,到后来的推迟交,变成了后来的不交。我另外成立了班干部监督委员会,但此举对于小新来说,只是又多了几个因为"忍无可忍"而举报他的人而已;我保持着每周一次找他的谈话,收效甚微,每次谈话后能"三分钟热度",但没过三天还是老样子;我召开了主题为"假如我是组长"的主题班会,目的就是想促进小新管理意识的增强,同样收效甚微。

我拨通了小新妈妈的电话,而小新妈妈说了一句话:"老师,他一直是一个不善于与同学相处的人,容易骄傲自满、目空一切,却不肯踏踏实实做事,凡事'三天打鱼,两天晒网'。你不妨换一个组长,或许一切都好起来了,我了解他!"

我发现走入了一个死胡同,一个难以"脱身"的死胡同。假如我开学一段时间以后才开始组织竞选,让我能多一些对他的了解,也许情况就不一样;假如我和全班同学不那么"以口才"取人,就不会这样;假如我不是采取全班统一竞选,而是分组完毕以后由组内同学自主选举组长,也许会出现不同的结果;假如我一开始不过分表达

---

① 温剑文.假如[J].班主任之友(小学版),2015(01、02):37-39.

我对他的喜欢,也许他就不会这样有恃无恐;假如我一开始就做好了家校沟通工作,从家长的口中得到更多的对他的了解,也许今天就不会是这样一个局面;假如我能想出更好的办法,帮助小新摆脱这种心理状态,也许就不会这么纠结不堪……而假如我下定决心换掉这位组长,或许我就会失去一个让他成长的机会,也许我还会给他带来难以承受的伤害,也许他更加不会配合新组长的工作……

但我最终还是决定:由小组同学集体提议改选组长。我知道事情到了这一步,不能将错就错。组长民主选举是毫无悬念的,刘雅用她努力的付出和诚恳的态度获得了同学们的一致好评,被选上,而小新,却低下了头。

我找到了小新,告诉他:老师仍然期待着他有一天能改正自己的缺点,重新获得同学的认可。我试图将可能的对他的伤害降低到最低程度,但最终,他只说了一句话:"老师,你放心,不当组长,我也一样会是最好的!不信,你走着瞧!"

往后的日子里,"梦想起航"组一天天变得优秀。刘雅成了全班最优秀的组长,出乎我意料的是,小新的表现却一天天好起来了,再没有往日的骄傲,话少了很多、为人友善了、学习也积极了……

但他的内心呢?又经历了怎样的心路历程?也许是怨恨,怨恨我和同学们让他丢尽了脸面;也许是隐忍,"化痛苦为力量",想努力证明我们换掉他是错误的决定;也许是把自己想象成一头困兽,要与整个世界为敌;也许是他真的明白了自己的不足,明白了骄傲自满和目空一切是一件多么愚蠢的事情,只有时刻反思和觉醒,才是真正的成长……

我不知道,我错过了好多个假如,我能做的,也许只有等待!

5. 轮换制

班干部轮换制又称换位制,是指根据一定的规则,班干部所有职位由全班同学以一定时间和形式轮流担任。班干部主要是通过抓阄、抽签、依次轮、小队轮、值日班长等多种形式产生,适当增加班干部的名额,扩大班干部数量,打破班干部"终身制",让更多的学生可以得到担任班干部的体验,为同学们服务。所有的班级事务都由本届班干部自己策划、自己组织、自己解决,老师只起因势利导的作用,绝不包办一切。通过轮换制进行班干部选拔的设计初衷就是让每一个学生都可以成为班干部,都可以真正成为班集体的主体,都可以通过班干部这样一个平台实现自身的发展,学生在某一班干部职位上的任期是灵活可变的,根据不同的岗位特性和需要具体变化。轮换制可以不看学生的成绩、能力等条件,使所有的学生都有机会在班级内任职并得到锻炼,无论成绩好坏,能力强弱,都有成为班干部的机会,所有学生在担任班干部这件事上是平等的。

但是,在轮换制度中,人员变动较为频繁,学生能力参差不齐,从而比较难形成一种连贯有序的管理方式,在人员衔接过渡时,也需要教师的指导和帮助。

少先队干部的产生方式与其组织的特点有密切关系。作为儿童自我管理的组织,少先队干部的产生主要采用民主选举制。"小队长和中队、大队委员会都由队员选举产生。半年或一年选举一次。"(《章程》)中队干部需要通过"申请、审核、参选、投票"等重点环节,由全体队员选举产生,原则上采取定期轮换制度。在少先队干部产生过程中,要求辅导员做到"三个不准":一是不准直接指定小干部;二是不准对小干部提名、选举等施加不公正的影响;三是不准违反小干部选任的相关程序。要确保小干部公开、公平、公正产生。(少先队干部产生方式见第一章)

**(二) 班队干部的任用与培养**

1. 精心选拔,大胆任用

班队干部是班主任做好班集体工作的助手,是沟通班主任和学生之间的桥梁,是全班学生学习的榜样,也是班集体建设的重要内容和手段。古人云:"将帅无用,累死三军。"如果不能挑选到恰当的人选担任班队干部,会给班主任的工作以及班集体建设带来巨大的负面影响。因此,在选拔班队干部的问题上,班主任一定要慎之又慎,一定要仔细斟酌,细细挑选,本着宁缺毋滥的原则,宁愿让已经被选中的学生身上的负担重些,也不要随意挑选。而一旦确定人选之后,班主任则要大胆使用,给予班队干部以充分的信任,要充分相信他们的能力,充分相信他们的责任感,放手让他们去工作。"疑人不用,用人不疑。"班主任如果选择了某个同学而又怀疑他的能力或品行,不给他放手展现才能的机会,则可能既伤害了该同学的自尊心和荣誉感,也影响了班队工作。

2. 信任与严格要求相结合

教师一方面要给予班队干部以充分的信任,充分信任他们的能力、责任心和自律精神,同时对他们的要求也要更加严格。班队干部是学生的表率,他们的一言一行代表着班队的主流舆论,也代表着班主任的工作理念和作风。某一个班队干部的问题,已经不是他本身的问题了,而是涉及班集体建设全局的大事。因此,班主任对班队干部的要求一定要严格。另一方面,虽然班队干部都是学生中的优秀分子,但是他们毕竟也是正在成长中的学生,各种各样的不成熟以及能力方面的欠缺是在所难免的事情,对他们严格要求,有利于他们能够尽快地成长,有利于班集体的建设。

3. 具体指导与放手工作相结合

一般情况下,班队干部上任后,责任感较强,"当家做主"的愿望也较高,但他们的认识水平、工作能力、组织才能都处于学习、积累阶段,工作中往往干劲有余,经验不足。班主任应该给予适时的指导,比如经常和他们一起分析、讨论班队的实际情况,教给他们一些处理问题的方法,指导他们制订班队工作计划,细心纠正他们工作中的一些偏向。班主任尤其要对小学低年段的班队干部工作给予具体指导和帮助。与此同时,班主任也应该意识到,任何一个班队干部的成长都不是一蹴而就的,都需要一个长期的不断积累经验和提高素质的过程。因此,班主任应该鼓励学生干部放手工作,不要担心他们出现的各种各样的问题。一方面,学生干部由于自己的能力、经验等方面的原因,出现各种各样的问题是不可避免的,班主任不能"因噎废食",不能因为怕出问题,就什么事情都事必躬亲;另一方面,这些问题对于班队干部来说,是一笔笔宝贵的经验教训,是他们未来工作的法宝。因此,班主任要通过细致的工作,力争工作不出岔子,同时也不要害怕学生干部在工作中出现问题。

4. 维护班队干部威信与加强群众监督相结合

班队干部的威信是他们做好班队工作的重要基础,班主任应该尽可能地维护班队干部的威信,想方设法增强他们的威信。比如,坚定支持班队干部的工作,充分肯定他们的工作成绩,等等。与此同时,也应该充分发扬民主精神,加强全班同学对班队干部的监督作用。这种监督,一方面有利于班队干部自己时刻注意严于律己,不断增强班队干部的工作水平和能力;另一方面,有益于班队民主和谐氛围的养成,有益于每一个学生的成长。班主任可以通过制度化的措施来进行这种监督,比如定期召开对班队干部和班队工作的评议会,让每一个同学畅所欲言;也可以通过小范围或者一对一沟通的方式,随时听取学生对班队干部的意见和建议,并把它们及时地反馈给班队干部。

总之,班主任要做好班队干部的任用与培养,促进他们更快成长,更好地为班队及同学服务。同时,班主任也要做好班队干部的监督与管理,防止班队干部"异化"。

【案例5-3】

### 班级"关键人物":积极教育理念下的儿童角色体验[①]

在传统的班集体生活中,往往仅由班主任和一小部分班干部当主角,绝大多数学生仅以参与者和旁观者的配角身份存在,其作用难以得到真正发挥。这在一定程度上束缚了更多学生的个性与创造力,遏制了他们自我意识的发展,造成了学生角色意识的缺失和错位,导致其存在感的缺失。作为教育者要善于退后一步,把发展的空间还给学生。积极教育理念下的班级"关键人物",是基于班级生活需要,根据学生自身独特的个性、特长、能力等优势,因人设岗,因事设岗,通过身份认证、存在体验、优势生长、角色跃迁等方式,实现学生积极的角色期待和自我教育。

扫码阅读详细内容

讨论:请认真研究案例,谈谈对班级管理的启示。

---

① 周慕华. 班级"关键人物":积极教育理念下的儿童角色体验[J]. 班主任之友(小学版),2015(11):32-35.

## 第三节 群体与非正式群体教育管理

### 一、班队组织的正式与非正式群体[①]

班队就如同其他社会组织一样,同时存在着正式结构和非正式结构两种结构系统。班集体建设过程中固然要重视正式结构的构成和运作,但同样也不可忽略非正式结构。

班队正式结构分为三个层次,第一层次是对全班工作负责的角色,即班干部、中队干部;第二层次是对小组工作负责的角色,即小组长、小队长;第三层次是对自身任务负责的角色,即一般成员。许多学者认为,这种金字塔式的结构,对于学生体验地位差异以及形成权威——服从观念是有一定的作用的。

非正式结构通常指班队组织中的非正式群体。这种非正式群体具有四个主要特征:第一,人数较少,一般3到5人;第二,吸引力强,非正式群体任何两个成员之间均互相选择,整个群体内部为全员互相选择;第三,"集体性"强,群体成员多半自觉维护本群体的利益;第四,沟通效率高,群体内任何一个成员得到的信息,都能在短时间内迅速传达到其他所有成员。非正式群体对班队组织的作用既可能是积极的,也可能是消极的。其积极作用主要有:满足学生的交往与表现自我的需要;促进班队组织内部意见沟通等。消极作用主要有:群体内部的过多接触,容易影响其成员对班队组织活动的参与;群体利益的一味保护,容易导致群体发展成为班队组织内的"独立王国"等。

表5-1 正式群体与非正式群体的主要区别

|  | 正式群体 | 非正式群体 |
| --- | --- | --- |
| 形成方式 | 明文设立 | 自发形成 |
| 领导产生 | 上级认可 | 自发涌现 |
| 结构维度 | 正式、清晰 | 非正式、松散 |
| 群体意识 | 视群体 | 较强 |
| 对成员的控制方式和力度 | 多样化强 | 单一性弱 |

在一个班上,除了有一个学生都必须参加的班集体之外,实际上还存在若干个比较正式的群体和非正式的群体。正式群体指的是,在学校、班主任或者社会团体的领导下按一定的章程组织起来的学生群体,包括班级、班团支部、班少先队中队等,除此之外,

---

[①] 吴康宁.教育社会学[M].北京:人民教育出版社,1998:281-288.

还有为了配合开展集体活动,完成某一方面的任务而组织起来的学生小组,如学科小组、文体小组、学习小组等。正式群体有学校的支持、班主任和相关教师的领导,目的明确,成员稳定,有一定的组织纪律和工作计划。

## 二、非正式群体的教育管理

### (一) 非正式群体的类型

小学班级出现非正式群体是一种正常现象,中高年段成为普遍现象。所谓小学班级非正式群体,是指存在于小学班级中,由学生以共同情感与兴趣爱好等为基础,在交往过程中自发形成的无正式规定的小群体。非正式群体又称自然群体,是学生自发形成或组织起来的群体。这种群体主要以情感成分为主要调节机制,以满足成员的心理需要为主要功能,包括因志趣相投、感情融洽,或者因地缘、血缘等关系以及其他需要而形成的学生群体。非正式群体按照结合的媒介可以分成友谊型群体、兴趣型群体、地域性群体等;按照非正式群体的作用,可以分为积极型群体、中间型群体和消极型群体。

### 【链接】

**小学班级非正式群体的数目及成员数**[①]

调查表明,班级中的非正式群体是客观存在的。一般而言,班级规模越大,非正式群体的数量越多。班级人数在40人左右的班级有8~10个非正式群体,50人左右的班级有11~12个非正式群体,60人左右的班级有13~14个非正式群体。低年级参加非正式群体的人数占总人数的73.9%、中年级占总人数的76.9%、高年级参加非正式群体的人数占比最高,达91.5%。

数据还显示,低年级非正式群体的平均人数是3.2人、中年级3.5人、高年级4.1人,群体成员数随年级的增长而上升。非正式群体的规模以2~3人为最多(68%),4人规模的非正式群体占18%左右,到了高年级才有5~6人以上的非正式群体出现。班级中的非正式群体以同性别为主,高年级有少量5~6人规模的男女混合型非正式群体。

非正式群体大都自愿组合,三五成群,人数不等;成员性情相近,志趣相投,有共同的兴趣爱好;领导人物一般自然形成;交往与活动频繁,但活动成员不太稳定,易受外部环境和人际关系的影响。非正式群体一般而言充满活力,是学生进行学习、娱乐、生活和交往所必需的,也使得班级群体生活充满友谊和欢乐。因此,非正式群体与正式群体同样具有重要的价值,对学生的身心发展都具有不可忽视的影响。当然,非正式群体也可能有消极的一面。比如有的小群体具有排他性,容易影响班级人际关系的和谐;有的

---

[①] 宋艳. 小学班级非正式群体的特点及教育策略研究[J]. 江苏教育,2013(20).

小团体可能缺乏高雅志趣，片面追求物质刺激等。

### （二）班级中非正式群体形成的原因

班级中出现非正式群体，并不是一种偶然现象，它是出于满足学生的某种心理需要而产生的。由于学生的需要是多层次、多方面的，而班级集体不可能使这些心理需要都得到满足，于是各种各样的小群体相继产生。具体说来，形成非正式群体的原因有以下几种：

1. 相似的个性心理特征

某些学生的兴趣、爱好、性格、气质差不多，他们在学习之余，经常接触，很容易形成小群体。如喜欢漫画的学生聚集在一起交换漫画书，讨论漫画人物和情节；活泼、好动的学生喜欢和爱玩耍的学生在一起等。

2. 志向、观点、品质的一致性

在班级中，几个学生志向相同，可以使他们志同道合；几个学生对某些事情的看法一致，可以使他们变得十分接近；某些学生品质上的类似，也可以使他们成为挚友。

3. 某种利益的一致性

某些学生由于利益的一致，他们之间相互支持、相互帮助，这样就逐步形成了以利益为基础的小群体。比如，几个学生为了对抗与他们不友好的同学，而结成的帮伙。

4. 经历、遭遇类似

某些学生因为家庭破裂、父母不和，或者先天生理缺陷，或犯过错误等缘故，平日沉默寡言，往往成了老师、同学遗忘的角落，使他们产生一种孤独感，精神上得不到满足，很容易从与自己同病相怜的同学中寻找友情和安慰，进而结成小群体。

### （三）全面、热情地对待各种学生群体

1. 班主任要有正确的群体观

班主任不可偏爱正式群体，非难、歧视和打击非正式群体，而要关怀和尊重非正式群体。既要看到非正式群体可能存在的消极方面，也要看到其对班集体建设的积极意义。要善于引导非正式集体，尽可能地使他们与班集体建设目标相一致。把那些在非正式群体中涌现出来的有威信、有能力的学生选拔出来，进入班级的核心层，就能使得正式群体与非正式群体之间关系融洽，目标一致，为了集体的目标和利益，积极地发挥各自的作用。对于在非正式群体中存在的某些不良倾向，要及时地予以批评和引导。对那些过于消极的群体，班主任要从关爱、教育出发，有意识有目的地引导、教育，促进其转化，也可以在动之以情、晓之以理的基础上，让他们逐渐淡化以至松散开去。

班主任尤其要重视同辈群体对班级学生的重要影响，积极引导和恰当利用同辈群体对青少年学生的潜移默化的教育作用。同辈群体是青少年学生极其重要的参照群体，它对青少年的行为和个性形成有着重要的影响。人在儿童时期就有了与同龄人交往的需要，这种同龄伙伴关系是亲子关系、师生关系所不能替代的。中小学生可能附属

的同辈群体是学校班级里的友伴团体、兴趣小组、体育运动队、俱乐部、各种邻里的友伴团体、街头伙伴、与异性朋友的社交圈子,等等。同龄伙伴之间的交往,是青少年获得信息的特殊渠道。他们可以从伙伴那里了解许多他们所关心的事情,包括他们从成人那里得不到(或成人不愿告诉他们)的知识。在同龄伙伴关系中,人们之间是平等的,当他们意识到自己属于某一群体时,会产生一种情绪安定感。青少年非常重视自己在同辈团体中的形象,他们把同龄伙伴的承认和赞许往往看得比父母、师长的评价更重要。因此,学生在班级社会经历着学校的正规期望与同辈群体的非正规期望之间的冲突。同辈群体作为青少年成长的重要环境,对青少年的身心发展影响深远,在班集体建设过程中,班主任和教师要科学、巧妙地加以引导,努力发挥同辈群体在青少年身心发展以及班集体建设中的积极作用,千方百计减少其消极作用。

2. 指导交往

非正式群体成员间互相切磋、学习,可以增长知识,交流感情,增进友谊,尤其是在困难时,互相帮助,起到了补充作用。从这一角度上说,那些积极向上的非正式群体应该以鼓励为主,促使其不断进步。但是,学生毕竟社会阅历浅,人际经验缺乏,要想把握好交往的尺度,确非易事。把握失度,就会产生消极影响。

那些被轻视、被遗忘、被厌恶的弱势群体,他们在班里难以有知心朋友,不少人也向往集体生活,想与其他同学交往,但常受到冷遇。他们希望在班队里取得较高的地位,有的试图用各种手段吸引同学的注意,有的则因不满自己的处境而结伴逃学,有的甚至去街头伙伴中寻找同情,有的则时常表现出无理取闹、借故起哄、逃避集体活动等反社会倾向,被社会、学校、家庭称之为"难以管教"的学生。这一类的学生如果由于不走正道而形成群体,极易产生很大的负面影响。班主任应不让他们过从甚密,以松散型为宜,即使出现问题也便于各个击破。同时,要设法把他们吸引到丰富多彩的活动中,产生积极向上的精神需要。要知道,这些有反集体倾向的学生虽然是少数,但其影响极大,应与家庭、社会配合,关注其交往群体,敦促他们远离不良群体。对于那些因家庭造成不幸的学生,应帮助他们走出那个相对封闭的圈子,分散自己过多沉湎于痛苦中的精力,多与班队里的其他同学交往与接触,把家庭的不幸,用勤奋的学习和对远大的理想的追求来替代,走出阴影,走向阳光。

对于那些在班队里享受高度信任和威望的优势群体,由于他们各方面的优越,成为"明星""宠儿""受欢迎的人"是很正常的。这些学生虽然有着别人难以企及的闪光点,但是如果不加以指导,往往会成为利己主义者,尽管他们有时看起来十分积极地参加社会活动,但很大程度上是个人利益驱使。他们爱发号施令,经不住批评,过分关心与维护自己的核心地位,这些"明星"若不正确引导,同样可能成为"难教儿童"。因而,对于这一类的学生群体,应指导他多以集体利益为重,在学会关心他人、尊重他人、帮助他人的过程中提高自己,同时,清醒地认识到自己的弱点,不能总拿自己的优点与他人的不足相比而沾沾自喜,启迪他们跳出圈子看世界,懂得山外青山楼外楼,不做井底之蛙。

现代教育理念告诉我们:教师不仅要当经师,更要当人师。教师指导学生如何与人交往,当好人生导航员,在学生的成长中尤为重要。教师应根据学生交往的需要、能力的差异性,指导他们正确认识周围的人,懂得如何避免和解决冲突,积累交往的经验。当然,最关键的还是教师用爱心去努力营造一个互相信任的情境,尽最大可能让学生在信任中获得沟通,在成功中恢复自信,在考验中明辨是非,在冲突中锻炼意志,在道德选择中走向成熟。

3. 群体交流与合作

一个凝聚力很强的班队,并非简单的群体之和,而是一种整体大于局部的整合。在这方面,班主任应注意不能因自己的先入为主思想,刻意把学生划分为三六九等而导致人为的隔阂。各种非正式群体形成后,学生之间的交流相对局限于自己加入的那几个人形成的圈子内,与他人、其他群体之间交际相对少。特别是那些具有消极倾向的小团体,他们以自我为中心,利己主义严重,只顾群体成员的利益而妨碍班集体的利益,这种群体则应加以疏散。他们之间也许因为一时冲动而走到一起,长此下去,必然会削弱整体——班集体的力量。因此,就内部而言,应注重利用非正式群体的内部效应,为更多的学生参与到班队课堂中创造机会;利用群体的内部帮助,纠正老师无法一一纠正的错误;利用群体的内部竞争,让更多的学生有自我表现的机会。就群体外部而言,应引导学生多进行群体之间的交流与合作,以培养学生参与意识、尊重意识、学习意识、合作意识、表现意识,提高其表达、理解、评价、综合、协调等方面的能力。通过这样的交流与合作,把群体的积极的共同的认识,转化为全班的共同认识;通过群体互助,纠正群体的局部性错误;通过群体竞争,促进群体共同进步,而不是把班队瓜分为几个孤立的部落,彼此之间互不往来,各自为政。

在平常的班队管理中,班主任要创设机会,通过多种途径促进学生群体参与正常的交流与合作。比如,安排优势群体学生与弱势群体学生自由选择与组合结成帮扶对子,其效果会优于老师的"拉郎配"。在集体活动中,有意识地从不同群体中挑选具有代表性的学生参与其中,尤其是要让被人冷落、遭人遗弃的学生体会到集体的温暖、同学的真情,而不致自暴自弃。即使是"志趣相投"与"共同进步"型群体,也应加强交流与合作,既让更多的同学在共同进步的基础上有一技之长,又能促进积极向上的非正式群体不断壮大;还可以在他们之间引入竞争机制,促使他们在竞争中前进。

对优势群体取得的成绩,表扬奖励应恰如其分,掌握分寸,以免夜郎自大,故步自封。对于弱势群体,千万不要总拿他们去与那些"明星"相比,而迫使他们离班集体愈去愈远,更不能号召其他同学"不要与某人交友""避开某同学""不要总与某些同学在一起",等等。因为他们或许才是最需要集体的温暖、老师的关心、同学的帮助的群体,如果在他们的伤口上再撒上一把盐,只会把他们从"偏集体"推向"反集体"的深渊,后果不堪设想。有经验的老师,为了使同学之间互相帮助,总是开展一些活动,让同学们合作与交流。如"我的爱好""我的性格""理解万岁""世界需要热心肠"等主题班会、竞赛活动,通过丰富多彩的班队活动来形成班队合力,避免产生消极狭隘的"群体意识"。

4. 注意发挥群体中核心成员的作用

非正式群体的成员,一般有其公认的代表、智囊,在某一群体中有着领袖的地位或核心作用。该生在非正式群体中的威望与他在正式群体中的地位有时会不一致,也就是说,这些"领袖"在班队里不一定是班长、团支部书记,也许连小组长都不是,但他们在非正式群体中的影响,可能会胜过父母的赞许、老师的评价、同学的认可。因而,有效地利用非正式群体中核心成员的作用,必然会得到以点带面,牵一发而动全身的效应。班主任不妨经常与这些同学接触交谈,通过他们把握该群体的思想动态,听取他们的呼声。你会发现,通过他们去做好其他成员的工作,有时比老师直接做某个同学的工作效果更佳。

有意识安排这些同学到班队的管理层中来,也不失为一种有效联络方法。因为,他们至少在某一方面有一些突出的,会有较强的说服力。如果他们在正式群体中是一个"干部",两种群体间就会和谐合作,并充分发挥功能。倘若把他们排斥于班集体的各级领导层外,稍不留神便会造成两种群体领袖间的对立。还可以根据实际情况,把一些工作安排交由这些非正式群体学生去完成,编小报、研究性学习、各类比赛等,会发挥他们的群体优势。当然,还要注意打消这些核心成员的"出头椽子先烂"的思想顾虑,通过他们,带领一大批的同学融入班集体中来,朝着整个班队的目标共同前进。这,不正是我们所期望的吗?

教育社会学认为,班队中非正式群体是客观存在的,正确对待并实施有效的教育是建设良好班集体的重要环节。一旦非正式群体的目标、价值规范等逐步与班集体统合起来,集体的每个成员就会都能够在班队、小组中找到有社会价值的、自己感到满意的位置,每个人会逐渐成为同龄伙伴所喜欢和重视的人,每个人就会感到自己在班内是不可替代的一员。在教育教学中,我们要一方面抓好正式群体的教育,也要从另一方面重视对非正式群体的教育,这样,才会促进团结进取、奋发向上的班集体形成。

### 思 考 题

1. 什么是班集体?班集体形成有哪几个阶段?
2. 班干部的产生方式主要有哪些?
3. 如何培养班干部?
4. 如何正确对待班队中的非正式群体?

### 实践探索

1. 考察一所小学,搜集这所小学班主任组织和建设小学班级的事实材料,并用学过的理论知识对他们的做法进行评价。
2. 考察多所小学,与不同年级的小学班主任交流,了解班委会产生方式,比较分析各自特点和应用效果。

3. 你认为在班级发展的不同阶段,班主任的工作重点是什么?

| 班集体发展阶段 | 工作重点 |
| --- | --- |
| 松散的群体阶段 | |
| 联合的班级群体阶段 | |
| 初级班集体阶段 | |
| 稳定的班集体阶段 | |
| 优秀班集体阶段 | |

### 案例研究

**案例1:**

小红同学因成绩好而担任班级的学习委员一职,但她在生活中却比较高傲,不愿意与同学交流,没有什么朋友。所以,她在处理一些班级事务时总是四处碰壁,似乎其他同学都在与自己作对,自己布置下去的任务总是无人理会。

久而久之,小红每次工作都是应付了事。比如收作业时,如果有同学交不上,她也不询问原因,也不做记录,而是直接把收好的作业交给老师。当小红协助老师布置作业时,同学们也嗤之以鼻,对她很反感。时间久了,面对同学们的爱理不理,小红心理也渐渐意识到问题的严重性,但高傲的她与同学之间的交流太少了,不知该如何入手。

假如你是班主任,如何帮助小红与其他同学建立良好的人际关系?

**案例2:**

一个大胆的念头从脑际闪过:如果增设一个班委,变成两个班委,那么就有十六位同学当选,那些有个性、有特长、长期游离于"管理层"之外的学生就有机会进入他们神往的"组织",一展风采,实现他们在竞选演讲中的设想与承诺了!我指定了两个班长后,其他人员,分工由班长们自己协商、组建。由此,"双班委"正式诞生。

所选的两个班委按月管理班级,互相竞争,互相协助。每月的月尾召开一次小干部会议(两个班委同时召开),对自己的工作开展批评与自我批评。班主任则对大家的工作进行总结、评价(以鼓励为主),同时又对下一轮小干部提出相应的要求。

双班委制的实施,营造出一种既竞争又合作的班内人际关系,让更多的孩子得到了展示自我、锻炼自我的机会,激发出他们强烈的集体责任感,也营造出更为积极、和谐的班级氛围。[①]

如果你是班主任,你如何看待双班委制?(双班委制的运行、适用范围、可能出现的问题等)

---

[①] 陆伶俐.特别关注:"双班委"诞生记[J].班主任之友(小学版),2011(2):19.

## 拓展阅读

1. 史春伟.优秀的班干部从这里起步:合格班干部的自我培养[M].芜湖:安徽师范大学出版社,2012.
2. 王希永.小学班干部工作手册[M].北京:开明出版社,2009.
3. 徐敏标.中小学班级管理体制改革[M].南京:南京师范大学出版社,2012.
4. 李镇西.我这样做班主任:李镇西30年班级管理精华[M].桂林:漓江出版社,2012.
5. 阅读国内近十年正式出版的专门研究小学班级的刊物。

# 第六章
# 小学班队文化建设

怎样布置你的"教室王国"？
教育真性情·制度篇

### 学习目标

1. 理解班队文化的概念，明确班队文化建设的内涵。
2. 了解班级教室物理环境建设的基本要求。
3. 明确班级教室环境文化设计的内容与原则。
4. 了解班队规范的概念、类型和内容，理解班队规范内化的意义，学会制订科学合理的班队规范。
5. 了解班队精神文化建设的主要内容，正确树立班队目标、培育优良班风、优化班队人际关系。

## 孩子们从生活中学习

如果一个孩子生活在批评之中，他就学会了谴责。
如果一个孩子生活在敌意之中，他就学会了争斗。
如果一个孩子生活在恐惧之中，他就学会了忧虑。
如果一个孩子生活在怜悯之中，他就学会了自责。
如果一个孩子生活在鼓励之中，他就学会了自信。
如果一个孩子生活在表扬之中，他就学会了感激。
如果一个孩子生活在接受之中，他就学会了爱。
如果一个孩子生活在认可之中，他就学会了自爱。
如果一个孩子生活在分享之中，他就学会了慷慨。
如果一个孩子生活在团体之中，他就学会了合作。
如果一个孩子生活在诚实和正直之中，他就学会了真理和公正。
如果一个孩子生活在安全之中，他就学会了相信自己和周围的人。
如果一个孩子生活在友爱之中，他就学会了这世界是生活的好地方。

（节选）
——多萝茜·洛·诺尔特

班队文化是班队师生在班队生活中所创造的各种物质和精神财富总和,既包括显性的环境文化或物质文化,也包括隐性的制度文化和精神文化。班队文化可以理解为班队的一种气氛、一种风尚、一种"班队的生活方式",它是一种潜在的教育力量,无时无刻不在潜移默化地影响着学生。班队文化具有引导与规范功能、凝聚功能和激励功能。

## 第一节 班队环境文化建设

班队的环境文化,也称班队的物质文化,是指班队及其成员拥有及创造的一切物的因素的总和,包括各种设施与教室布置所形成的环境。班队的环境文化一方面是班队正常运转与发展的基本条件;另一方面也是班队组织人格的外在标识,体现着班队师生们的价值与追求。班队环境文化是班队文化建设的基础,也是班集体发展水平的重要标志。除了学校统一配备的教育设备外,班队环境文化集中体现在教室环境的布置方面。

教室是学生学习和课余生活的主要场所,也是教师对学生进行思想品德教育的重要舞台和班集体建设的主要基地。教室环境直接影响着学生的心境,反映着班队的精神面貌,也在一定程度上反映了班主任工作的能力和水平。教室布置主要包括教室的基础设施、教室的物理环境和空间安排三大部分。

### 一、教室基础设施

教室的基础设施包括两方面:一是指教室自身,比如面积达标,通风良好,温度适宜,采光充足,色调宁静,低背景噪声,符合安全要求等;二是指班级正常学习生活的必备物品,除了课桌椅之外,还包括脸盆、毛巾、肥皂等洗手用具,拖把、水桶、扫帚、废纸篓、簸箕、痰盂等卫生用具,鲜花和花盆、鱼缸、桌套、椅套等美化班级的物品也可以视班级实际情况予以配备。在这些必备物品中,有些是要长期且经常使用的,必须以节省占地空间为原则将其固定化,并要求使用者应放回原位,尽量保持整洁。这样既能节省空间,又可以培养学生的责任心和接受社会约束的能力。

【案例6-1】

**班级要做到"八有"**[①]

教室里要养花,要养鱼,窗户上还要有窗帘,教室前面要有脸盆、毛巾、香皂等洗

---

① 魏书生.班主任工作[M].沈阳:沈阳出版社,2000:199.

手用具；还要有暖壶、茶杯等饮水用具；有推子、剪子等理发用具；有纸篓，有痰盂。这些加在一起是8种公用物品，我们管它叫"八有"。

培养学生的集体主义精神，最有效的办法便是吸引他为集体出力，为集体流汗，为集体贡献个人智慧和力量，吸引他为集体倾注心血。倾注的多，感情自然会深起来。个人对集体，集体对个人，父母对子女，子女对父母，基本如此。

除了"八有"之外，魏书生还要求课桌要有"桌罩"。"一走进每个班级，显得整齐、干净，学生看着自己洁白的桌罩，也有一种美感。"另外，班级要有"班级日报"，每个学生的课桌上要有"座右铭"。这种座右铭是一件很好看的五面体，上面写满了字，主要包括三部分内容：自己最崇拜的人的名字或照片；自己要追赶的同学的名字；针对自己的思想弱点写一句医治这一弱点的格言。

随着教育投入增长、教育条件的改善，一些传统必备物品（如脸盆、毛巾和香皂等）淡出师生视野，一些新物品（如书柜、搁物架等）、新的教学设备（如投影仪、电脑、电子白板系统）等出现在教室中。这些先进的高技术设备在带来教学便利的同时，也因为价格昂贵而带来更重的管理责任。

## 二、教室空间安排

教室的空间安排主要指课桌、讲台的安排，这里主要有两个方面的问题值得注意，一是课桌的编排方式，二是班级课桌摆放的管理。座位编排方式在班级文化中有重要的作用，其要义实际上是教学空间、文化空间的组织形式。实践与研究均已证明，不同的空间组合形式直接影响班级文化活动中的师生交往、生生交往，影响学生间的人际关系，影响学生的动机和态度，影响文化活动的效果。

➡ 【链接】

### 讲台摆放的心理学

讲台，是我国学校里司空见惯的设备，但在欧美学校却很少见到，只有当演讲者或教师面对许多听众或学生时，才使用。这是为什么呢？最近有人从教育心理学角度对其进行了解释。我国传统文化提倡"师道尊严"，特别强调教师对学生的影响作用，因而十分注重塑造教师的权威。在教学这种特定的交往过程中，教师如果所处物理位置相对升高，会提高其心理地位，增强其优势体验。教师心理地位越高，学生心理地位就越低；教师权威性越强，学生自由思维的可能性越小，盲目崇拜和被动接受性就越强。而西方教育界认为学校要强调人的个性发挥、要强调师生平等，注重发展学生特长。教室不设讲台，客观上就不会形成师生之间的心理位差，教师的引导和启发就易于在学生主动思考的前提下发挥作用。小小的讲台，实质上折射出东西方两种文化、两种教育观乃至两种教育教学方式的差异。至于讲台摆放与否,我们完全可以在实践中尊重具体教师的意见,进行不同的尝试。

**(一)课桌摆放管理**

常见的课桌摆放可以采用传统的边上两列靠墙、中间两列聚拢的方式;也可以为了更好地利用墙壁,采用拉开靠墙的两列桌椅与墙壁的距离,与其他列聚拢,教室中间空出走道的方式等。具体怎样摆放应主要根据班级的实际情况做出选择和安排。当桌椅摆放位置确定之后,班主任和学生一定要注意对课桌椅摆放的管理,整齐的桌椅摆放能显示出班级的纪律、风貌,也能让学生和老师心情舒畅,没有什么能够比乱糟糟的桌椅更能让人感受到班级的混乱了。

**(二)座位模式**

座位模式是指为满足教学活动对教学空间的不同需要,将教室内课桌椅按照一定形式的排列,它是一种教学空间的组织形式。座位模式是形成教学环境的一个重要因素,不同的座位模式具有不同的空间特点和功能。不同的教学空间组合形式影响学生的学习动机、学习态度和课堂学习行为,并最终影响整体教学效果。

1. 传统座位模式

传统的座位模式是所有课桌全部面对黑板、学生面对黑板而坐。自从夸美纽斯提出班级授课制以来,这种座位模式就一直主导着中小学的课堂座位安排。研究者发现,座位选择与学习者行为两者之间关系密切。坐在前排的学生大多数是过分依赖型的学生或学习热情特别高的学生,坐在后排的往往是一些喜欢捣乱和不太听讲的学生。坐在前排和中间的学生的学业成绩要比坐在后排和两边的学生要好一些。坐在前排的学生,由于他们与教师之间的空间距离较短,心理距离也相对较短,这些学生往往能博得教师的表扬和称赞,因而也会以较大的热情投入学习活动中去,学业成绩也相对较好。而坐在后排的学生则对学习持消极态度,也由于他们与教师的空间距离较远,因而心理距离也相对较长,从而这些学生表现出对自己获得学习上的成功缺乏信心。研究还发现,学生参与课堂教学的程度受学生座位的影响相当大,教师与学生之间的交流集中发生在教室前排和前排中间一带的区域(如图6-1),人们一般将这个区域称之为"行动区"。处在"行动区"内的学生在课堂上表现活跃,发言积极,与教师交流的机会和次数明显比其他区域内的学生多,因为"行动区"处在教师的视觉监控范围之内,这个区域内学生的一举一动都受到教师的严格控制,从而能在学习上表现出较大的投入,而行动区以外的区域是教师视觉上的"盲区",处在这个区域内学生的一举一动,教师都较难以控制,因而捣乱、做小动作的现象也就随之出现了。因此,这部分学生在课堂上的学习并不十分有效。

传统座位模式的优点:所有学生都面向教师,教师容易控制全班,容易发挥教师在教学活动中的主导地位,师生之间的课堂交往比较容易,因而传授知识的效果比较理

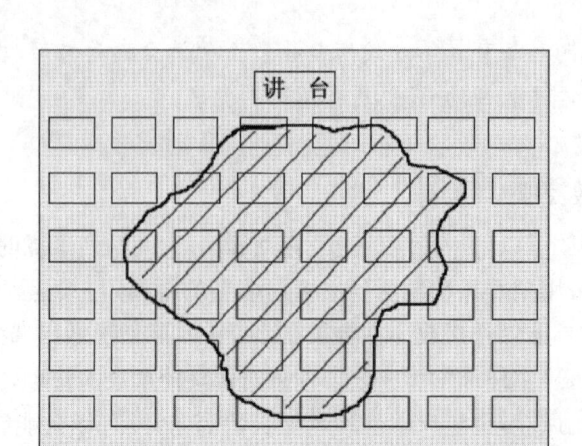

图 6-1 传统座位模式

想。传统座位模式的缺点：只突出教师的主导地位，客观上造成师生地位的不平等，学生之间基本上没有什么交往活动，不利于学生的社会化成长。在传统座位模式中，学习热情高、学业成绩好的学生往往是部分学生（前中排学生），班级中的其他学生（后排学生）有的成了"差生"，有的则成了捣蛋鬼。传统座位模式所能做的，除每隔一段时间变换座位之外，没有其他的办法，这样总是有 1/3 的学生长时间地处在"盲区"内，这对于这些学生学习动机的激发以及学业成绩的提高都是相当不利的。正由于传统座位模式所固有的一些缺陷，因此，从 20 世纪 70 年代开始，人们对常规的座位安排方式提出了异议，探索出了几套新的座位编排方式。

## 【链接】[①]

在七年级二班整整一天的听课过程中，我一直十分注意柯斯嘉。他最喜欢的、无论在哪一个教室都坐不厌的位置是靠左边的最后一个角落。全班也一致会让那放在最后角落里的课桌归他一人独用。我记得柯斯嘉去年、前年都坐在那个地方，于是我明白了：正是他这种躲在后方的独特的战术助长和培养了他的惰性。我与班主任商量，决定让他坐到中间一行第一张课桌上去。起初小伙子觉得自己有如扔在冰上的鱼，因为那些揉皱了的练习簿子显得太难看了，众目睽睽之下更难以在课上偷懒。过了一周我们发现更换位置对他有了帮助，在老师经常督促下，他不得不经常地回答问题，学习用品也放得整整齐齐的，再说，也没有人可以逗着玩了。

那么，教室里老师的位置在什么地方最合适呢？总不该老是坐在教员桌旁吧。如果学生站在地图边答问，在黑板上写字，那么教师就应该站在后排课桌旁，他应该与全班学生一起听，一起评议，提出自己的看法。在学生独立完成书面作业时，教师最好位于各排课桌之间——这样可以直接在作业课上了

---

[①] H.考尔提什科夫(苏联).教室的座位如何安排[J].班主任之友(小学版),2011(12):37.

解到学生作业本上反映出来的成功、怀疑和问题等有价值的情况。

学生在教室里应该如何安排座位,这是学校教育生活中琐事之一。我想补充一点,这是重要的琐事之一,因为它在很大程度上影响着学校上课的效果。

2. 非正式座位模式

传统课堂座位模式之外的座位编排方式,国外一般称"非正式座位模式",它能使学生与学生之间、学生与教师之间产生更多的交流,是突出学生作为学习主体的最好的环境。据国外的研究,对小学低年级儿童来说,由于学生的知识、经验比较匮乏,尚未养成良好的行为习惯,教师对学生的知识与学习行为要有较多的控制,因此,一般采用传统的座位模式为好。但随着学生年龄的增长,知识经验的增多,学生与学生之间的交往变得十分迫切,这时采用非正式座位模式为好。在采用非正式座位编排之初,可能会产生一些纪律上的问题,一时会出现"乱哄哄"的现象,但随着学生对这种非正式座位编排方式逐渐适应后,纪律问题会随之消失。

非正式座位编排模式一般有圆形、会议式、马蹄形和小组式及其变式,它们分别适用于不同的教学目的与要求。

(1) 圆形排列法。圆形排列法就是学生围坐成一个或几个圆圈,教师则处于教室前方(如图6-2)。这种座位排列法,大大增加了学生之间、师生之间的言语和非言语交流的机会,有利于消除师生座位的主次之分,有利于师生之间平等融洽的人际关系的形成,有利于课堂讨论和互相学习。有时,班级人数超过25人,则可采用双圆形的编排方式,这时教师处于教室的正前方,两排圆形的前方有开口端(如图6-3)。

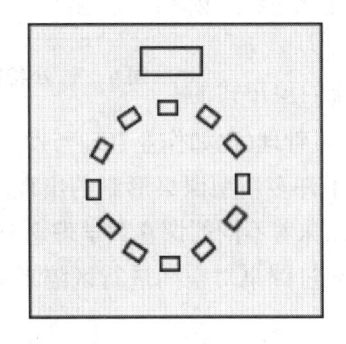

图6-2　圆形排列法图　　　　图6-3　双圆形排列法

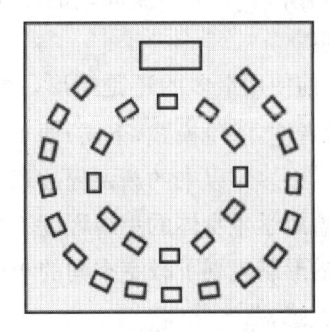

(2) 会议式排列法。会议式排列法类似一般会议室的布置,学生与学生相视而坐,教师仍处于学生座位的前方。这种排列法的优点与圆形排列法相似,特别适用于课堂讨论和学生间的交流。这种座位模式以不超过25人的班级为好。若超过25人,可以将课桌椅排成四列(如图6-4)。

(3) 马蹄形排列法。马蹄形排列法就是将课桌椅排列成马蹄的形状,教师则处于马蹄的开口处(即U形,如图6-5)。这种排列法,既可以增进师生之间的交流,有助于问题讨论和实验演示,同时又可以突出教师对课堂的控制,发挥教师的主导作用。学生与教师有较多的视觉交流,适用于学生的自学活动。缺点是不适合人数较多的班级。有时,班级人数超过25人,则可采用双马蹄形排列法(即W形,如图6-6)。

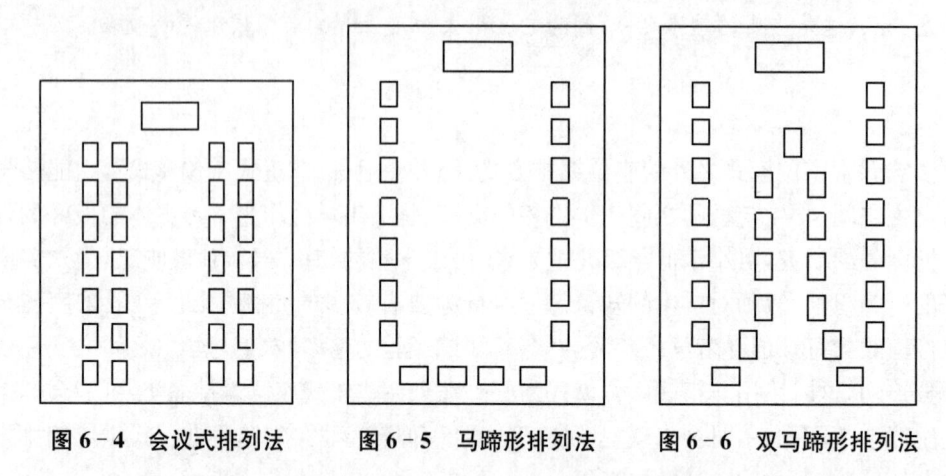

图6-4 会议式排列法　　图6-5 马蹄形排列法　　图6-6 双马蹄形排列法

(4)小组式排列法。小组式排列法是将课桌椅分成若干组,每组由4~6张桌椅构成(如图6-7)。小组式排列法在美国、加拿大等国家的中小学中非常流行,小学、初中的课堂座位编排多采用这种座位模式。这种座位模式的优点是比较适合讨论、作业课,可以最大限度地促进学生之间的相互交流和相互影响,加强学生之间的关系,促进小组活动;增加了学生与学生之间的互动,给予学生较多的参与不同学习活动的机会,有利于学生学业成绩的提高以及合作能力、创造能力的培养。

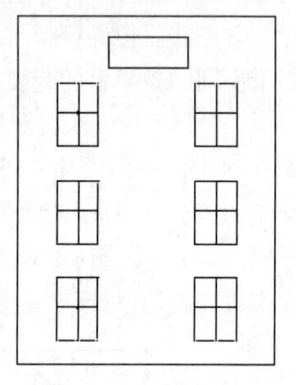

图6-7 小组式排列法

"我国目前使用最多的还是矩形,这种主流的秧田式的课桌形制(编者注:座位模式,下同)便于形成学习管理(比如作业管理与发言秩序等)的'行政小组'。十多年以来的新课程改革,引发了许多新型课桌形制的出现。不同的课桌形制意味着对学生身体的束缚程度不同,更意味着不同的课堂教学理念与身体观、知识观。课桌的形制规划了教室空间的布局,即通过课桌对空间进行区隔来形成学生的空间感与位置感。"[1]

## 三、教室环境文化设计

教室环境文化设计是指通过装饰的手段对教室墙面空间等进行美化,以此使教室拥有优美、温馨的文化环境,从而发挥它的教育功能。

教室环境文化设计与室内装潢设计一样,是一门学问。设计得不好,不但不能发挥它应有的陶冶情操的教育功能,相反会影响学生的日常学习生活。如,有的教室布置得

---

[1] 王硕.课桌形制:课堂教学变革的突破口[J].教育发展研究,2015(22):80-84.

五颜六色,花里胡哨,像一个游戏娱乐的场所,学生在此难以安心听课;有的教室挂的标语、挂图过多,内容太广,主题不突出,容易分散学生的注意力;有的教室布置过于强调升学及成绩,使得身在其中的学生始终处于一种竞争压力下。所以,要使教室真正成为学生成长的乐园,教师在带领学生布置教室时就要用心设计。

### (一) 教室环境文化设计内容

今天的小学校,普遍有一幢或几幢教学楼,每班一个固定教室,宽敞明亮,是小学生学习的主要场所。作为班级环境的重要组成部分,墙壁的形象、内容和安排体现了班级的精神面貌和风格,同时墙壁也是师生之间、学生之间进行交流、沟通、宣传的重要阵地。

因此,教室墙面设计是班级建设的重点之一。教室的四面墙壁除了前方的黑板之外,左右两边除去窗户的部分、后面的墙壁或黑板都可以用来布置和安排。班级公约、卫生制度、表扬与批评、班级荣誉、各种公告、励志的名人名言等都可以在这些部位张贴或宣传,教室后墙的黑板报更应该精心设计和布置,以凸显班级建设的主题或班级的精神风貌。具体说来,可以运用窗帘来调节与平衡环境中的材料、色彩、温度和照明与阴影;可以在墙壁上贴上名人警句,用于励志;可以贴上班徽这一最具有班级文化特征的物品,或在窗台、讲台上摆上绿色植物,或是充分利用教室后墙的宣传与美化作用,以加强美感。

▶【链接】

表 6-1 让每一面墙都说话

| 功能模块 | 功能介绍 | 功能单元 |
| --- | --- | --- |
| 学习栏 | 学习栏是帮助学生巩固知识,拓宽学生视野。可以根据学生正在学习的学科内容,设计一些相关的内容,增加知识对学生的刺激,起到巩固的作用。比如,设计一个生词栏,把最近一周的生词做成一张活页,每周替换。另外,也可以介绍相关书籍,激发学生的兴趣,引导学生课外阅读。 | 单元重点 |
| | | 好书介绍 |
| | | 读书心得 |
| | | 科学新知 |
| | | 伟人名言、事迹 |
| 荣誉栏 | 荣誉栏是对班队中学生的思想、学习、行为上的先进事迹和取得的进步给予表扬、肯定,鼓励大家向先进学习,树立正确的舆论而设置的。有的班队会张贴班队或个人在各项活动中获得的奖状的荣誉证书;有的班队会具体宣传某人的事迹;有的班队则评出各类班队明星,张贴他们的照片。 | 好人好事 |
| | | 班队荣誉 |
| 公告栏 | 公告栏是对班队中常规安排事项和实施情况的呈现,主要是为了使大家明确自己的任务、职责,了解实施的情况,督促学生自觉地完成各项任务。 | 作息时间表 |
| | | 课程表 |
| | | 班队岗位值日 |
| | | 班队常规公约 |
| | | 班队管理统计 |

(续表)

| 功能模块 | 功能介绍 | 功能单元 |
| --- | --- | --- |
| 作品栏 | 作品栏展示学生的各类作品,一方面激发学生的荣誉感,另一方面也营造一种良好的文化氛围,培养学生的艺术情趣和审美能力。 | 绘画、书法、摄影作品 |
| | | 作文、作业展示 |
| 专辑栏 | 专辑栏是班队针对各类节日和主题活动而专门设置的一种宣传专栏。内容主要是背景介绍、活动介绍和成果展示。 | 节日专辑 |
| | | 活动专辑 |
| 中队角 | 中队角是帮助少先队员了解少先队的历史与使命等基本知识,培养良好品德和行为习惯,启发生活志趣;介绍本中队基本情况、特色活动等。 | 少先队基本知识 |
| | | 中队特色 |

除了内部四面墙壁,教室至少还有一面外墙。这面外墙壁主要是指教室外走廊一侧、教室前后门之间的墙壁部分。这面外墙壁的布置在一定程度上能够首先吸引关注的目光,进而可以激发探究班队的欲望(如图6-8)。

图6-8 福建教育学院附属学校教室外墙文化设计

门是墙壁的一部分,起着交通作用,又有空间隔离作用。学生每天进出教室,不能无视"门"的存在。因此,教室的门尤其是前门大有"文章"可做。

【案例6-2】

## 教室门文化[①]

每当开学之时,同学们或自发或在老师的带领下,将自己的教室装扮得得体、美

---

① 陈玉梅.教室门文化[J].教育艺术,2007(9):54.

观、大方;黑板上方是醒目且鼓舞人心的班训;教室两侧墙上的名人画像及名言,时刻感召着学生;教室后墙上学生的计划、学习总结及不定期的优秀作文展评,为学生提供了展示自己的舞台。在这些教室文化建设过程中,有一个地方,是老师和学生往往忽视的,但它却是非常重要的,它就是每个教室的前后门。

每天,每一节课同学们都从这两扇门进进出出。门里门外,两个不同的世界。门里是孜孜不倦的莘莘学子,门外是朝气蓬勃的青春少年。

在工作中,我紧紧抓住这两扇门,在两扇门上做足文章,将一些自编或从报刊摘录到的名言警句,印后张贴在门上,产生良好的教育效果。

新学年开学之初,为了增强学生的自信心,我贴上了"走进教室,满怀信心;走出教室,意气风发"的励志语,并借此鼓励学生相信自己一定能行,增添一股青春的锐气和傲气。

有一段时间,我发现课堂及个人纪律涣散,部分同学高谈阔论,严重影响其他同学的学习。我及时换成"入门即静,怕苦莫入""不敢高声语,恐惊苦读人"等警示语教育学生"出门求学不容易,每个同学身上肩负着家长们望子成龙、望女成凤的愿望,大家有责任、有义务为自己、为他人创造一个良好的学习氛围"。一番教诲,两句警示语,使学生时刻意识到不遵守课堂纪律,是对自己家长的不负责任,更干扰了自己的至亲同学。

针对有些同学贪玩之心严重,没有意识到学习的重要性,我及时在教室门上张贴了"用三年努力,换幸福一生""既来泰西,不学何为"的警示语,并在每天的德行自省时间,以此作为宣誓词,增强了教育效果。

除了在门上张贴警示语外,我要求每天的值日生除将教室内外地面卫生打扫好外,还必须将教室门擦得干干净净,不留任何污渍。教育学生:教室门就像一个人的脸面,要像注重自己的脸面一样重视!

我们班有一个练体育的女生,由于课外活动要训练,每天晚自习要比其他同学晚到十分钟。她个子较高,座位在后排,可她仍然气喘吁吁从教室前门进,途径大半个教室才到自己座位上,使许多正在自习的同学对她行"注目礼"。怎么办?单独找她谈话,恐怕会伤其自尊;不找她呢?可她的这一举动确实在干扰其他同学的学习。思量再三,我决定开个小型班会,主题是"迟到了,我该怎样进教室?"通过激烈的讨论,同学们一致达成共识,迟到的同学,进门一定要轻,以离自己的座位最近为原则,选择前门进,还是后门进。无须敲门无须打报告,因为这些常规礼仪对于教室这个特殊环境来说,并不适合,这些举止会干扰正常的教与学。同学们只需轻轻推门,在老师示意下进入教室,课后主动向老师说明情况即可。这次班会后,再也没有迟到的同学大摇大摆、无所顾忌地进入教室的情况发生了。再后来,我发现,迟到的学生明显减少,偶尔有之,也都能做到"来去静悄悄"。这是由教室门引发的特殊的礼仪教育课,也算是教室门文化的延伸吧!

**案例分析：**

陈老师抓住教室文化建设过程中通常被老师和学生忽视的前后门做文章。她的做法是"将一些自编或从报刊摘录到的名言警句，打印后张贴在门上，产生良好的教育效果"。是啊，无论是教室的前门还是教室的后门，是一道两个不同"世界"的区隔物。跨过"门槛"，进入门内，意味着孩子们将进入一种学习生活状态，意味着遵守教室规范，意味着阅读、书写、对话，也意味着知识生成、习惯养成，等等。跨出"门槛"，孩子们固然要遵守其他规范，但是更多意味着短暂或较长时间紧张学习的放松，嬉戏、奔跑、欢笑成为常态，同学间的交流多了日常生活的内容。

进入教室，不是每个孩子都能自觉地进入学习生活状态。于是，那些不断变化的名言警句，传递出不同的主题信息，传递着老师的教育信念。

"教室门就像一个人的脸面，要像注重自己的脸面一样重视！"所以，教室门干干净净，不留任何污渍。坐后排的高个子体育生因训练常常迟到，从前门进入而影响晚自习中的同学们，全班讨论之后，开方便之后门，延伸了教室门文化。

陈老师的"门文化"做得很多了，充分设计和建设班队环境文化。我们还有可能进一步挖掘，比如班名、班徽等可以出现在前门，在增强孩子们班队认同感的同时，也可以增加班队的识别度。中国楹联文化发达，教室门框是否也可以由让孩子们编撰并书写励志对联呢？

**（二）教室环境文化设计原则**

1. 教室环境文化设计要体现以学生为主体的原则

在明确而具体的布置实践中，班主任首先要确立以学生布置为主，教师指导为辅的意识，不放过教室布置过程中对学生自主能力培养的任何一个好时机，让学生通过参与教室布置活动，实现同学之间的人际交流、成果共享、合作创新等教育目标。比如开学初布置教室之前，一般会先组织班级干部和学生代表开一个策划会，确定本学期班级文化建设的若干主题。然后通过晨会、主题班会等形式组织同学讨论，最终确定一个大家认可的方案。在教室布置的过程中，应处处体现以学生为主体的原则，由学生自主策划、自主设计、自主实施、自主评价。全体同学群策群力、积极行动，为教室布置留下自己的精彩一笔。

2. 教室环境文化设计要体现生生参与的原则

生生参与的过程中，让每一个学生都具有主人翁的意识，从而认识到在班级这个集体中，我们每一个人的作用都是不可缺少的，教室里的每一面墙上，都应该呈现出班级里每一个同学积极参与的痕迹，因而让每一个学生都能真正体验到参与的快乐、实践的喜悦。只有真正做到生生参与，学生的积极性和主动性才能被真正调动和激发起来，才不会使教室布置流于一种刻板的形式、一种学习之余的负担。实践中应让学生各尽其能，各尽所长，使学生明白自己能参与教室布置活动本身就是一种值得肯定的行为。当教室里的某一个角落有了学生主动参与的成果，学生便会更加爱惜教室里的每一方寸。教室布置极大地增强了学生之间的团结互助意识和集体主人翁观念。

3. 教室环境文化设计要体现常换常新的原则

小学生的年龄及生理特点决定了他们容易对一些新鲜的事物感兴趣,一成不变的教室布置很容易让学生产生视觉和审美疲劳,从而弱化或失去教育的功能。因此,每学期组织学生制订学期教室布置计划时,建议学生要注意常出常新。通过定期灵活更换一些栏目和内容,让教室每一天都能以崭新的面孔示人,从而给学生每一天的学习带来新鲜感和激情澎湃的源源动力。

4. 教室环境文化设计要体现形式多样的原则

教室布置的形式要多样化,黑板报、图书角、合作交流专栏、伟人画像、名人名言等形式都可以选用。当然,可以先根据班级特点固定一些优势栏目,以体现稳定性。对学习交流、作品展示等专栏,则可以定期更换,尽量让班级的每一个同学都有机会在这些专栏中展示自己最新的学习或创新成果。如遇到元旦、春节、三八妇女节、清明节、五一劳动节、端午节、六一儿童节、教师节、国庆节、中秋节、重阳节等重要节日,可以适当安排专题栏目,结合节日主题开展专题教育,在班级里营造一种积极向上的教育氛围,感染每一个学生。

### (三) 教室环境文化设计注意事项

苏霍姆林斯基曾经说:"无论是种植花草树木,还是悬挂图片标语,或是利用墙报,我们都将从审美的高度深入规划,以便挖掘其潜移默化的育人功能,并最终连学校的墙壁也在说话。"于是,"让每一堵墙都会说话"成了校园文化建设中一句响亮的口号。然而有的老师提出在教室布置中的"留白"问题,你认为,是否矛盾?或者说教室环境文化设计应该注意什么问题?

整洁、美观、优雅的室内环境,犹如细雨润物,容易给人营造良好的心境,使学生获得心理上的平衡;一个安静、和谐的学习与生活空间,可以催人奋进,可以影响学生对事物的判断和看法,可以改变学生的学习与生活方式。教室环境文化设计要注意以下事项:

(1) 教室布置突出文化性。教室布置突出博雅的核心文化。各专栏布置凸显文化韵味、符合要求、内容丰富、富有个性。

(2) 教室布置突出教育性。一切教育设施和布置,都具有教育的意义,让人随时增知受益,能围绕书香班级和特色班级的创建,对学生进行常规教育。

(3) 教室布置突出实用性。班级文化展示围绕班级核心文化来创建,应给学生搭建展示的机制和平台。

(4) 教室布置突出美观性。教室布置要干净整洁,大气美观,赏心悦目,温馨和实用。有花草绿意点缀,物品摆放有规则要求,要整合,戒烦琐,注意保护墙壁。

(5) 教室布置要突出参与性。孩子是教室生活的主体,没有他们的参与,教室环境文化建设没有活力。

【案例6-3】

## 教室布置中的"留白"①

不知何时起,"让每一堵墙都会说话"成了校园文化建设中一句响亮的口号。走进一个个校园,走进一间间教室,班务栏、公告栏、学习园、竞赛园、展示台、荣誉榜,还有名人名言……挂满了四周的墙壁。

不可否认,每堵墙都"说话",这让学生充分展示了才艺,享受了成功的乐趣:一幅幅绘画作品,展示着学生的美术天赋;一块块书法条幅,是小小书法家的墨迹;一句句豪言壮语,书写着学生的伟大理想。我也一度赞叹于这样的创意。但后来,看到满目的标语挤压着我,鲜艳的色彩刺激着我,眼睛所到之处,都是一片刻意的教育天地时,我害怕了,也开始质疑这样的环境布置究竟是否科学?

最近朋友在装修房子,让我去看看。进去时,她正在和设计师讨论。朋友指着客厅的一堵堵墙壁,谈着自己的设想,名家字画啊,根雕竹艺啊,玉石盆景啊,反正她喜欢的,都想搬进来。但是设计师友好地提醒道:"客厅是你们闲聊休息的场所,如果墙壁上挂满了字画,地板上放满物品,你就会很压抑,一天的劳累很难释放,如果遇到情绪不好,也很难调节。装修是要讲究留白的。"

留白?我豁然开朗,悬着的疑问终于找到了答案。房子装修要留白,教室布置自然也要留白,教师总想把重要的内容张贴出来提醒学生,也总想让每个学生的才艺得到更多的展示,所以不断地在墙上"填空""补白"。到最后,填得没了空档,补得没了白墙,满眼是色彩、字画、标语,不是你的眼睛在看什么,而是所有的东西都强制性地往你的眼睛里钻。即使所有的东西都是美的,你也会陷入审美疲劳。那么所有美丽的东西,都成了损害眼睛、影响情绪、压抑心理的垃圾,甚至是毒品。

此时,也突然唤起了我对于"留白"的记忆与联想。记得读师范学国画时,美术老师非常强调留白,老是跟我们说什么"虚虚实实,实实虚虚"。其实不止艺术,世上万事万物都需要留白,需要空间,需要生命力。

我们教室环境的布置也应该讲究留白,为学生创造一个舒服的学习场所。

第一,要让白墙白起来。心理学研究表明,白色对心脏、精神、神经和情绪有很好的安抚作用,也有助于培养活力和获得支持性的情感。所以一般情况下,墙壁都是白色的。学习时眼睛、精神都很容易疲劳,如果望出去都是满满的色彩,那么就无法释放疲劳,调节情绪。时间久了,还会精神压抑,产生心理厌倦。作为教师,一定要充分认识到这一点,还白墙以本来面目。

---

① 郭连芬.教室布置中的"留白"[J].中国德育,2009(1):53-54.

（1）让空白保留。布置教室的时候，宁少勿多，少做加法，多做减法。看着白色的墙壁，该思考哪些地方应该留白，不能张贴，而不是看见有空白的地方就想去填空。

（2）让留白自然。我们看到最多的留白形式，就是在墙上贴一张方形的大纸，四周留些空白。要知道，我们面对的是学生，这样机械呆板的形式，会扼杀他们丰富的想象力。墙壁的留白，要自然，要随意，不要机械地割裂。

（3）让色彩和谐。在用色上，低年段的教室布置尤其要注意。我们总觉得孩子小，喜欢颜色鲜艳的，就把教室布置得色彩缤纷，红色的花朵，黄色的太阳，绿色的叶子……这样不仅刺激了眼睛，产生视觉疲劳，而且极大地分散了学生上课的注意力，影响了学生的听课效率。所以，用色上，首先要尽量不用彩色；其次，在学生上课的视觉范围内，尽量用淡雅的色彩。另外，各个板块要围绕着主色调设计，体现一定的变化，但不能色彩纷呈。

第二，要让空间空起来。空间上的留白，是整个教室的"气眼"。有了气眼，才能呼吸，才有灵动的气息。所以教室布置一定要让空间空起来。

（1）物品摆放要有所取舍。教室四周，尽量多留些空间让学生课间嬉戏，平时不用的小黑板，多余的课桌椅，以及一些暂时搁置的教具，要清理出教室，使得空间宽敞有序。讲台一定要改掉以往高大威严的形象，摆放一个和学生的课桌椅差不多高大的桌子，从空间上架设和学生平等对话的桥梁。舍弃一些物品，学生就得到了一个可以自由呼吸的空间。

（2）物品添加要发挥学生自主性。教师只需安放最基本的物品，余下的让学生来思考、添置、调整、美化。如何营造一个温馨舒适的氛围，让学生思考窗台上的花，橱柜里的书，让学生自己去购买，或者从家里拿来鱼虾放于生物角，让学生自己喂养……久而久之，学生与这些物品都有了感情，也把教室当成自己的另一个家，自然就更懂得珍惜与爱护。

（3）变换物品要促进学生发展。变换物品要以"根据学生需要、促进学生发展"为原则。学生上好了美术手工课，可以把精美的制作予以展示，让他们享受成功的喜悦；科学课上研究石头，就让学生把各色各样的小石头一一展览，增长见识；语文课上要写作文，可以把可爱的洋娃娃，或者小鱼小虾，带进教室，共同观察、习作。根据课内外学习的需要，不断撤换一些物品，留住了气眼，保持了新鲜，也带来了活力。

总之，给教室留白，也就是给学生的健康发展留个宽敞的空间、绿色的空间、自由的空间。

讨论：
有人说要让教室"每一面墙都说话"，有人说教室布置要"留白"，你认为呢？

# 第二节 班队规范文化建设

班队管理中的规范文化,即制度文化,是指班队中以一系列规范、规章制度为载体的,蕴含着班队成员价值追求的,班队成员共同遵守与维护的一套行为规则和价值观念。班队中的规范文化是由有形的制度文本和无形的制度价值内核共同组成的。制度是文化的精华,文化是制度的内核。班队规范文化既表现在显性的、成文的制度文本(如《小学生日常行为规范》《班队规范》等)中,也表现在各种隐性的、不成文的习惯、规则上。

班队规范文化建设应该包括两个方面:外显的规范制度的制订与内隐的班队成员对规范制度的认同与内化。后者即班队规范制度在班队成员心中的确立,是班队制度文化建设的核心。

## 一、班队规范的制订

班队规范是班集体为实现共同的奋斗目标而制订的规则和章程,是在学校规章制度的基础上,在教师指导和全班同学认可的情况下,根据班队实际情况制订出来的,对班队每个同学都有约束力。班队规范实质上是社会规范在学校生活中的具体表现形式,也是班集体形成和发展的准绳。一个班集体是否已经形成,一个重要的条件就是要看有没有全体成员共同遵守的严格的规章制度。它既是对全体成员的约束,也是对全体成员的引导;它既是一种对个性自由的限定,也是一种对个体正当权力和利益的保护;既能够维持正常的学习生活秩序,又能够锻炼学生的意志。

### (一) 班队规范的类型和内容

对于刚从幼儿园升入小学的儿童而言,他们的规范意识还较弱。所以,作为班队管理者,首先应该做两件事情:制订可以遵循的规范和教会学生如何遵守规范。

班队规范涉及班队生活的各个方面,内容和形式很多,有时间规定、课堂规定、作业规定、值日规定、饮食规定等。按照不同的标准,大致可分为如下几类:

按照作用的对象,班队规范可以分为个人自律规范和群体协调规范。个人自律规范是有关对学生个体要求的规范,目的在于帮助学生养成良好的学习与生活习惯,主要涉及班队作息制度、生活起居之类的要求和安排。群体协调规范是协调班队群体活动中群体与个体、个体与个体之间关系的标准,主要涉及社会公认的规范、人际关系规范等。

按照执行的严格程度划分,班队规范可以分为强制性规范和非强制性规范。强制性规范是明确规定的、学生必须遵守的规范,主要是指班队常规。如《中国少年先锋队章程》规定:"每个队员都要遵守纪律,服从队的决议,积极参加队的活动,做好队交给的工作,热心为大家服务。"学校常以检查、奖惩等强化手段确保规范得以执行。非强制性规范则缺乏此种约束力。

按照学生活动场所划分,班队规范可以分为教室规范、队室规范、办公室规范、家庭生活规范等。

按照涉及的范围划分,班队规范可以分为如下几类:文明礼仪规范、少先队礼仪规范、学习规范、少先队活动规范、生活规范、卫生规范、劳动规范、健康安全规范等。

一般来说,大多数的班队常规主要是以所涉及的范围角度呈现的。具体表现为以学生在校一天的主要活动为标准制订的"一日常规",其中包括入校、早读、两操、课堂、课间、卫生、集会、就餐、就寝、离校等活动规范。

### (二) 制订班队规范要注意的问题

1. 制订班队规范要合法、合情、合理

合法。班队规范的制订要以国法、校纪为依据,要符合国家的教育方针和学校规章制度的精神。在制订班队规范时,教师应学习相关法律、法规,在与《小学生实则》《小学生日常行为规范》、学校规章制度等相一致的基础上,结合本班的实际情况去制订、细化。同样制订少先队规范要以《中国少年先锋队章程》等为依据。

合情。每个班队都有自己的具体情况,所以,班队规范一定要根据不同的班队,符合学生、班队实际,切忌好高骛远,没有可操作性。班队规范应具有人情味,让学生接受管理时心里没有什么怨言。

合理。各种班队规范一定要讲求一个"度"字,以不触犯学生合法权益、不妨碍学生正当行为的自由为度,让学生易于接受,同时班主任老师在制订规章制度时,要向学生讲清其意义,执行后将产生的效应等。学生了解了这些后,对班队规范、班约就很容易接受。

2. 制订班队规范应具有群众性

班队规范是班队成员共同遵守的行为准则,制订班队规范要经过全班学生的反复酝酿,充分发扬民主,要让每个学生都有机会表达自己的观点和看法,要尊重每个学生的意见和建议,以提高执行的可行性。

3. 制订班队规范应具有可操作性

班队规范,从某种意义上讲,它是国家、学校颁发的中小学生的行为规范、守则的实施细则,因此,它必须明确具体,易懂、易记、易行,为班队学生所接受,以利于执行。

> 【链接】

### 陶行知先生对学校"会场"的 14 条规定[①]

我国历来就有学规、学则,用以规范学生的日常行为,教育家陶行知先生十分注重发展学生的个性,培养学生的创造意识和能力,但他并未忽视对学生进行日常行为规范的培育。例如,他对"会场"提了十余条规定,认为"集会"是"学生学习运用民权的基本原则",现摘录如下:

(1) 一切集会,都要迅速、整齐、安静;
(2) 集合预备钟响,即把坐凳送到会场摆好;
(3) 分队长检查人数后,后来者即算迟到;
(4) 集合时,精神集中,注意口令,口令后即不得说话;
(5) 遇友来,注目点头,无声招呼;
(6) 开会前,休息时,邻座可以低声说话;
(7) 检点仪容;
(8) 轻步进出;
(9) 会未毕,不退,离开会场必得值日分队长允许;
(10) 不大声咳嗽、随地吐痰、瞌睡;
(11) 端正而坐;
(12) 不看书报;
(13) 有意见发表先举手得主席允许而后发言;
(14) 值日中队长、干事负责布置会场,维持会场秩序。

4. 制订班队规范应具有严肃性

班队规范的制订要严肃、慎重,有关规定要保持相对的稳定性,不能朝令夕改。否则会丧失制度的权威性,使学生无所适从,也会造成班级秩序的紊乱。同时,班队规范一经确立,就应该组织学生反复学习,坚决贯彻执行,并通过监督检查、评比表彰等措施,使其充分发挥规范学生行为、调节各种关系的作用。

## 二、班队规范的内化

对学生而言,班队制度文化的形成,要经过"树立—服从—同化—内化"的过程。班队规范的制订是开端,学生对规范的内化是目的。相对而言,规范的制订较为容易,但如何使得这些规范内化为学生愿意遵从的规范才是最为困难、最为重要的环节。班队规范内化的策略主要有:

---

[①] 吴志宏.新编教育管理学[M].上海:华东师范大学出版社,2000:235.

## （一）解释规范

班队规范建立后，教师应该对班队规范有充分的说明，组织学生讨论规范的重要性，让学生充分认识到规范对班队及对他们自身发展的意义，提高学生遵守制度的自觉性。

一年级学生刚入校门，对学校生活不熟悉，为了迅速让他们熟悉学校生活，适应新的角色，有经验的班主任常常在接班前已制定好相应的班规。这时期，按照皮亚杰的理论，儿童处于单方面地尊重权威阶段，他们有一种遵守成人标准和服从成人规则的义务感，认为服从权威就是"好"，不听话就是"坏"。而且，把人们规定的规则，看成固定的、不可变更的。他们从行为的物质后果来判断一种行为的好坏，而不是根据主观动机来判断。例如，打碎杯子数量多的行为比打碎杯子数量少的行为更坏，而不考虑有意还是无意打碎杯子。看待行为有绝对化的倾向，如儿童在评定行为是非时，总是抱极端的态度，或者完全正确，或者完全错误，还以为别人也这样看，不能把自己置于别人的地位看问题。所以，针对这些儿童，要他们深刻理解规范的难度较大，教师可以直接提出要求，告知他们在某种情境中应如何作为和不作为，完成某项具体任务时所应有的程序步骤，等等。

随着年级的增高，儿童思维发展到具体运算阶段和进入形式运算阶段，具有守恒和可逆性的特点。学生对学校的行为规范已有了初步的了解，并已形成了一定的行为规范意识。这时各班所制订的班队规范往往是针对班队中存在的问题提出的。他们对问题有了独立的判断能力，不再绝对服从成人的命令或把规则看成不可改变的条文。儿童对理想、观念、意识形态产生情感，能根据自己的价值标准对一些道德问题做出判断，并把公道的原则作为道德判断的内在基础。因此，教师在对中、高年级学生进行规范教育时，对规范的解释应该更多地侧重于制订的理由。可以组织学生讨论，让他们自己理解、认识这些规范的重要性，以此增强他们对规范的认同感。

## （二）提供样例

在理解每一规范所表达的含义的基础上，教师应提供适当的样例帮助学生理解某一规范的具体行为要求。尤其是对低年级的学生来说，教师应讲解常规要求，示范标准动作，告知学生相关程序和规则。例如，参加升国旗仪式时，如何站立，如何行礼；上学、放学时如何排队，怎样走，在什么地方散队；在校内见到老师时如何行礼问好等。在少先队实施的队前教育中，辅导员也可以请高年级队员来为新队员做各类队规示范。在这个过程中，要树立遵守班队规范的学生典型，发挥其模范带头作用。

"身教重于言教"。教师的一言一行对学生都有着潜移默化的影响。尤其是具有向师性特点阶段的小学生，在他们的心目中，教师是神圣的、高大的，因而他们会在不知不觉中，有意无意地模仿教师的行为。教师的一言一行乃至气质、性格等，都对学生起着熏陶、感染的作用。教师不经意间的一个动作，也往往成为学生模仿的行为。教师不但要用真理和说教去激励学生,而且还要用自身人格和自己的亲力亲为去影响学生。教师要以身作则,在向学生提出行为规范的要求时,要时刻注意自己的行为,加强个人的修养,凡是要求学生做到的,教师应该首先要做到,而且要做得更好,时时、处处、事事为学生树立榜样。

### (三) 反复操练

学生行为规范的养成是不可能靠一味灌输、说教而奏效的。规范要成为学生的一种行为准则和习惯,必须经过反复操练。反复操练对于学生来说是养成良好习惯最好也是最基本的方法。

从个体儿童的身心发展角度来看,儿童天生冲动,好奇心强,而且以自我为中心,规范对他们来说是一种束缚。所以,每个学生在良好行为的养成过程中,总会存在这样那样的问题,有时他们虽然知道应该如何做,但是由于控制不住自己,常常违规。例如,早晨起不来迟到,回家先玩不做作业,上课不能专心听讲等。这些问题的出现均源于学生在执行规范时缺乏恒心、毅力,因此,执行规范的过程也是自控力、意志力培养的过程。而培养学生的自控力、意志力,最有效的方式就是持之以恒地反复训练。教师应与家长合作,保持学校教育与家庭教育的一致性,共同督促学生良好行为的养成。对于一年级新生,许多学校往往会在入学初的第一个月集中开展常规教育,以帮助小朋友尽快适应学校生活,完成角色转变。对其他年级的学生,许多教师也会采用集中教育与日常教育相结合的方式实施常规教育。例如,每学期开学的第一个月,集中进行班规操练,或按周规定养成教育的内容,分阶段重点开展教育。

在行为训练中,教育者要注重引导,切忌方法简单,一味强迫学生必须遵守规范,要把学生当作人,而不要把学生看作机器,要注重学生思想上的引导,让他们认识到不良行为习惯对他们未来成长的危害性,鼓励学生进行反省,自觉地改正不足。教师应认识到,教育性的训练与简单的强迫行为不同,常规教育不仅要改变儿童的外部行为,更重要的是改变他们的心理倾向。

### (四) 及时反馈

面对班队规范,不是所有学生都会自觉地加以遵守的,他们会在平时的行为中去测试规范的行为约束的限定范围(例如,上课要遵守课堂纪律,那么,如果小声说话,老师是否允许?)或违反规范是否有不良后果(如果上课说话了,老师会怎样处理?)。因此,在建立规范时,明确违反规范的后果,以及实施及时反馈是十分重要的。如此,为的是规范能有效执行,我们在建立规范的同时应随即建立督促机制。

在小学,很多教师会采用小红花、五角星、指示灯,以督促、提醒学生遵守班规。例如,一位教师用脸谱的形式来记录、提醒学生班规执行的情况(见表6-2)。三种脸谱分别代表学生执行班规的情况,教师根据学生一节课和一天的表现,把学生的名字卡放在不同的脸谱中,以此引起学生对规范的注意。

表6-2　班级公约执行卡

| 班级公约执行卡 |
| --- |
| ☺ |
| 😐 |
| ☹ |

为了取得家长的支持，使学校教育与家庭教育保持一致，教师也可以设计有关行为记录表(见表6-3)，让家长在家里督促孩子执行。

表6-3　×××同学行为记录卡

| 目标 | 按时完成作业 | 自己整理书包 | 准时起床、睡觉 | 家长签名 |
| --- | --- | --- | --- | --- |
| 星期一 | ☆ | ✓ | ✗ | |
| 星期二 | ☆ | ✓ | ✓ | |
| 星期三 | | | | |
| 星期四 | | | | |
| 星期五 | | | | |

同时，肯定和表扬也是常规教育中有效的手段。恰当适时的肯定与表扬不但可以使学生看到自己的长处和优点，强化其良好行为，而且还会对其他学生的思想行为起导向作用。在小学低年级课堂教学中，教师常常对那些行为规范良好的学生给予及时的肯定和表扬，比如，号召大家一起为这些学生鼓掌，这种方式对多数学生遵守规范十分有效。

## 第三节　班队精神文化建设

班队的精神文化是班队在一定的社会文化背景中、在社会主流价值观念的影响下，经过社会、学校、班主任和班队成员等诸方面的长期共同影响和作用下形成的为全体成员所共同认可的价值观、信念、态度等。它主要通过班队目标、班队舆论、班队口号、班训等表现出来，是班队文化的核心与灵魂，是一个班队的个性和精神面貌的集中反映。它的直观表现就是班队的目标、风气和人际关系等。

### 一、班队目标

目标是人"想要达到的地点或境地，想要得到的结果"。目的性是人类实践活动的本质特征,是否具有明确的目的是人类实践活动与动物本能活动的本质区别。有了目的,人类的活动就不再是一种无反省的动物性本能,而是一种追求理想和完美的创造性实践活动。有了目的,就有了活动的目标,有了反思活动得失成败并使之趋于完善的标准。①

班队目标是教师和学生对班队未来发展的预期和设想。获得班队认同的班队目标是班集体形成和发展的前提,它规定着班队发展的方向,是推动全班同学朝着既定目标努力的内在精神动力,也是维系全班同学的精神纽带。

按照目标所涉及的时间,班队目标可以分为长期目标、中期目标和近期目标。长期目标是指跨度比较长的目标,一般指三至六个学年度的目标;中期目标一般指一个学年度的目标;近期目标指的是一个学期或者更短时间内所要达成的目标。按照目标所涉及的内容,班队目标可以分为德育目标、智育目标、体育目标等。

### (一) 确立班队目标应遵循的要求

1. 全面性与针对性统一

班队的目标应该统摄班队学习生活的方方面面,应该能够体现出学生的全面发展。既要包括学习方面的目标,又不能舍弃思想品德方面的目标和身心健康方面的目标,也不能舍弃国家教育方针所规定的其他方面的内容。与此同时,又能针对班队的实际情况,制订出符合班队现实情况的目标。

2. 长远性和渐进性统一

班队既要有长远发展的目标,为班队的发展提供稳定的发展指向,又要把这一长远目标详细分解,形成详尽的中期和近期目标系统,使得每个学生和班队在每个时间段内都对自己的任务和目标做到心中有数。学生经常能够体会到进步的喜悦,日积月累、前后衔接、循序渐进、不断提高,班队建设就会逐步实现长远目标。

3. 先进性和可行性统一

一方面,班队的目标要有一定的难度,要超越目前班队的发展水平,要具有一定的拓展性,只有这样才能激发全班同学的上进心和动力;另一方面,目标又不能定得太高,不能超出班队同学的能力范围,如果班队的目标脱离学生的实际,被学生认为是无论如何都不能达到的话,班队目标就只能是贴在墙上的摆设了。

### (二) 确立班队目标的方法

1. 民主协商

民主协商指的是班主任同班干部以及全体同学一起协商、讨论确定集体目标的方法。这种方法适用于那些发展状况良好的班队。这种方法的好处在于:首先,可以集思广益,使得目标的制订更符合班队和学生的实际情况,具有较强的可行性。其次,能充

---

① 檀传宝.学校道德教育原理[M].北京:教育科学出版社,2003:57.

分调动学生参与的积极性和主人翁精神,满足学生的情感需要,也使得提出的目标更容易被学生所内化,成为每个学生自觉自愿的发展要求。第三,密切师生关系,增强班队的凝聚力,还有利于培养学生自我教育的能力和习惯。案例 5-1 中,杨老师的班集体建设首先着手的就是发动全班同学参与确定班队共同目标,然后围绕这一共同目标展开工作,取得了极好成效。

2. 班主任定夺

当班队的发展状况不好,或者班队刚刚组建的时候,民主协商在短时间内不太可能实行,班主任也可以自己决断提出班队目标。这种方法的最大缺陷就是,不利于调动学生的积极性和主动性,班队目标不容易被学生所接受和内化。因此,班主任在提出班队目标之前,务必要深入学生中间进行调查研究,尽可能吸收学生的愿望与要求,尽可能使目标符合学生的实际情况。当目标提出之后,班主任还要对学生反复进行宣传、讲解,努力促成每个学生认可和接受班队目标。

【案例 6-4】

接任"阳光灿烂班"班主任的第一周,在常规检查中,我发现每项都有小红旗,沾沾自喜了一阵。可有好心人提醒我:光有红旗还不够,要想竞争文明班级,还得看分数,也就是得看在年级的排名。不看不知道,一看吓一跳。分数统计结果是我班排年级第 16 名,总共 18 个班级。再统计红旗,我班红旗有九面,来自六个单项,学校每周的常规检查每个单项的前三名各奖励红旗 1 面,也就是说每周就要奖励红旗18 面,成绩同样惨不忍睹嘛! 一向孩子们打听,说:我们一般情况下不是倒数第一就是倒数第二。他们神色自若,似乎说着别人家的事,似乎认命了!

唉,看样子他们习惯了自己吊车尾了,怎么办?"阳光灿烂"一点也不灿烂嘛!有好些年没做班主任了,仿佛"专业技能"有点生疏,又是在毫无准备的情况下接了这份工作,接任的班级还是在年级"榜上有名"的班,压力之大不是能用言语可表达的。

"文明班级"那也得年级前三名才有的荣耀。我的"阳光灿烂班"距目标有点远啊! 一时半会儿就不要想了。第一周班会的主题就围绕"阳光灿烂班"班名做文章,剖析阳光意蕴,弘扬灿烂精神,"班级要有新气象,同学要有新面貌,师生共创新局面,我们要有灿烂的笑脸,我们要有阳光的风韵,给点阳光我们就灿烂……"

根据最近发展区理论,我们要体验到成功的快乐。于是自己先研究熟悉学校常规检查的条目,设立一个短平快目标——班级卫生——既能实现成功,又能改善班级环境,何乐不为? 我物色了一位极能干的卫生委员,负责维持班级卫生;然后身体力行,人们常说"喊破嗓子,不如干出样子"。我每天带着值日生督促他们扫地、拖地、擦窗户等,让他们知道每一步要做到位,态度上有意识地很轻松,常常在似乎不经意间表扬他们、鼓励他们,说一些自己做学生时的事;有时也装出可怜相,说:你们看,老师就怕周一,尤其怕宣布常规成绩,就怕宣读时一下把初一(9)班搁过去,作为年级组长的我,怎么好意思面对办公室的同仁呢?功夫不负有心人,"威逼加利诱",在接任班主任的第二周,常规排名年级第三,师生是雀跃一堂。

看到了一丝阳光,这批孩子干劲足了,好像从睡梦中醒来,每个人都感叹:我们也能得第四哦。听了这话,我是既感动,又心疼。有了第一次的成功,下面的工作就容易多了,我对他们的要求一步一步提高,不时地告诉他们:第一,不想做将军的士兵不是好士兵;第二,一个人要是看不起自己,谁还会看得起你呢?第三,一屋不扫,何以扫天下。在紧接着的努力中,我们的常规一直列于年级中上游,每次周一晨会上看见宣布名次前他们的紧张劲和宣读后的大松一口气,不由得感叹:谁说我们九班是问题班呢?有一次竟然荣获年级第一,孩子们像过节一样,我还自己掏了腰包请他们吃巧克力了,算是对付出努力的回报吧。本学期的期中考试我们班也有很大的进步,在校春季运动会上我们还取得了团体第四的好成绩,并且荣获道德风尚奖,学生自己设计的班徽和标语也获得好评。

**案例分析:**

案例中的"阳光灿烂班",班级灿烂,学生灿烂,班主任也灿烂,其灿烂自有其"历史原因"。接任班主任的第一周,"我"由原来的沾沾自喜到一筹莫展,可谓是阳光灿烂到阴雨连绵,而"我"没有被困难吓住,反而利用了这一弱势群体,把弱班变成了强班。这得益于班级目标的有效设置。第一步,设立一个短期能够实现的目标,找到切入点,改变学生的精神面貌。"自己先研究熟悉学校常规检查的条目",从班级卫生入手,根据学校的相关目标一步一步地落实:物色一位能干的卫生委员,班主任身体力行和严格监督,不经意地表扬和鼓励。在"我"的威逼利诱和同学们的努力之下,第二周常规检查的班级成绩排名即达到年级第三,果然,同学们感受到了成功的喜悦,意味着阳光灿烂的开始。

第二步,制定更高目标。目标中不仅包含常规目标,也有非常规目标。成功实现的目标要保持,其他方面的目标要兼顾。在常规目标基础上,"我"对同学们的要求自然也提高了。由点到线,由线及面,全方位的目标制定也在情理之中了。在目标的指导下,在同学们的努力下,"期中考试我们班也有很大的进步,在校春季运动会上我们还取得了团体第四的好成绩,并且荣获道德风尚奖"。真是"一分耕耘,一分收获",一个被认为是"问题班"的班级真正成为"阳光灿烂班"。

班队管理需要有一定的目标,有了目标才会有努力的方向。不管目标是不是远大,但都需要一个一个短期的、小的目标组成,并从小目标入手达到班队管理的总目标,所以管理中,必须将班队管理的目标细化到可以操作才能产生效果。

## 二、优良班风

### (一) 班风的概念、特征与作用

班风,指一个班队的精神风貌,是一个班队稳定的、具有自身特色的集体作风。班队的风气,是班队中大多数学生的思想觉悟、道德品质、意志情操、学习态度和精神风貌的集中反映,又被称为"组织人格"。班风是一种巨大的教育力量,对于生活在特定班队的学生来说,班风是一个看不见、摸不着,但又无处不在的精神环境。班风建设内容包括学风、教风、考风和纪律习惯等。优良的班风对于一个班集体来说,至关重要。

优良班风主要有以下几个特征:整个班队积极进取、奋发向上;学习目的明确,人人勤奋好学、各个学有所长,互帮互助、严守纪律、团结友爱;课外活动内容充实,丰富多彩;学生的主动性、积极性、创造性和主人翁精神得到充分发挥。

优良的班风对于集体来说,有以下四个方面的作用:第一,引导作用,即对集体的行为进行引导、加强或减弱;第二,评价作用,对集体及集体中的个人行为进行评价,从而调节其社会行为;第三,调节作用,即抑制或鼓励班集体成员的活动;第四,指标作用,舆论水平常常是班集体水平的重要指标。

### (二) 培育优良班风的策略

1. 确立班风的目标

要培育良好的班风首先要有一个明确的方向和目标,班风建设的目标通常用几个字或词简要概括,如"勤奋、团结、求实、创新","静、竞、敬、净"等。班风建设的目标要发动师生讨论,充分发扬学生的主动性和参与性,充分听取学生们的意见和建议,然后加以确定,以使得班风建设的目标被全班成员充分理解和接受,只有这样才能真正起到引导和约束的作用。

【案例 6-5】

### 班名、班徽、班歌……[①]

### 李镇西

我启发学生们为自己所热爱的班集体提出一个奋斗目标。经过反复讨论,大家一致认为我们班应成为既洋溢着集体主义温暖又充满进取创新精神的富有鲜明个性的班集体。学生还提出了基本实现这一目标所需要的时间——两年,同时又决定为自己的班集体取一个响亮的名字,并设计一系列标志。

班名:"未来班"。这是在"方志敏班""海迪班""希望班""奋斗班""雄鹰班"等几十个班名中,同学们经过反复比较讨论后选定的。最初这个班名的基本含义是:我

---

[①] 节选自《正直 团结 勤奋 创造——关于"未来班"的实验报告》。

们是祖国未来的栋梁。一年后,小平同志发表了"三个面向"的题词,我们的班名又增添了新的含义:面向未来,全面发展。

班训:"正直、团结、勤奋、创造"。我们把"正直"放在首位,因为这是做一个人最起码的道德品格。"团结"是对整个班集体的基本要求,我们希望班集体充满真诚和睦、互相友爱的温暖。学生的主要任务是学习,因此"勤奋"是必不可少的。在学习知识的同时,我们还应面向未来培养多种能力,于是,同学们在班训中明确加上"创造"。

班徽:由红日(上半圆)、大海(下半圆)和中间的"V"字形构成的图案。上半部的红日,象征着可爱的祖国如日初生,充满生机;下半部的大海,既象征着知识的海洋,又隐喻我们宽广的胸怀。中间的"V"图案,既象征着海燕,象征着我们沐浴着祖国的阳光,在知识海洋上,在人生的风浪中展翅翱翔、英勇搏击;又像打开的书本,象征着我们对科学不懈的追求;也像初绽的幼芽,象征着我们朝气蓬勃的生命力;还像英语 victory(胜利)的第一个字母 V,象征着未来的胜利一定属于我们!班徽图案由朱红色(红日)、蔚蓝色(大海)和金黄色(V)组成。红、黄、蓝是三原色,可以调和成无数其他色彩,这象征着我们在学的知识虽然有限,但只要掌握了扎实的基础知识,培养了多种能力,那么,今后我们所获得的知识、创造的财富将是无限的。整个班徽呈圆形,象征着全班同学的真诚团结。班徽下半部为 W、L、B 三个字母,这是"未来班"的汉语拼音缩写。

班旗:印有红日海燕图案的红旗。把班徽图案经过简化(保留红日和海燕的轮廓),用金黄色的丝绸织在鲜红的旗帜上,便成了"未来班"的班旗。

班歌:《唱着歌儿向未来》。歌词由全班同学集体创造,我修改定稿后,寄往北京中央歌舞团,请著名作曲家谷建芬同志谱曲,谷建芬同志收到歌词后再请她的老搭档、著名词作家王健同志修改,最后为"未来班"谱写了《唱着歌儿向未来》,歌词如下:

蓝天高,雁飞来,青松树排成排,我们携手又并肩,唱着歌儿向未来。老师同学多友爱,心灵纯洁似大海,勤奋学习身体壮,未来之花校园里开。

蓝天高,雁飞来,青松树排成排,我们携手又并肩,唱着歌儿向未来。圆明园烈火永不忘,雨花台热血胸中澎湃,先烈战旗接在手,我们是奋发的新一代。

蓝天高,雁飞来,青松树排成排,我们携手又并肩,唱着歌儿向未来。比高山,比大海,比不上我们对祖国的爱,今朝同唱理想歌,明日报国创未来。

**案例分析:**

首先,个性班名(班徽、班歌)彰显教育魅力。

20 世纪 80 年代的中小学,"年级加数字"为班级命名是学校、班主任的标准做法。所以,无论是学校管理者,还是教师、学生,或学生家长,大都习以为常,鲜有人动过改动的心思。即使今天,有很多学校依然坚持这一传统。

相较而言,传统教育重共性、轻个性,过多地给予学生统一化的要求,诸如校服统一,校规统一,课间操统一,班级名称也是如此。过度统一,固然有利于学校的管理与教师的教育,但是,统一背后磨灭的却是学生的个性。学生在教育者整齐划一式的要求与规范中,慢慢失去了独一无二的原生态"自我"。这与现代教育发展学生个性、培养学生独立意识与创新精神的价值意蕴无法吻合。而个性化班名,从某种程度上正是对学生个性的尊重、对学生个体的正视,也是教育"去统一化"的有益尝试。

李老师给班级取名并设计一系列标志相当具有开创性、创新性,为新时期班级管理提供了全新的视角和宝贵的经验。今天,实践证明,个性班名带给师生的不仅是班级名称的改变,更是一种教育理念的深层变革。个性化班名不再只是班级的代号,更是班级精神文化的简约化凝结。班名来自全班师生,集纳了全体师生的智慧,代表着一种精神价值的共同取向。这样的精神价值因其自发性而更具规范性,可在无形中引导全体师生共同朝预定的精神价值目标去努力。也许,师生在命名时未必能够深刻挖掘班名的潜在深意,但相信随着时间的推移,加之师生共同的完善,其内在的精神内涵会得到凸显,对学生的影响也将愈来愈大。这也需要学校管理者,以此作为思想道德教育的重要载体和宝贵的教育资源,赋予其深刻的精神内涵。

当然,对于学校而言,教育改革,绝不能仅仅局限于班名的个性化,更应当在教育理念上引发深层变革,正视学生个性,彰显学生个性,发展学生个性,让教育顺应每一个学生的发展。

其次,班名引领学生做班级的主人。

作为班主任,都有过立志让自己所带的班富有勃勃的生机和强烈的凝聚力的豪情,让每一个孩子在我的班上感受到成长的快乐。这当然是没有错的。但要达到这个目的,首先就得使教师的意图变成学生的意图——当然不是把教育者的意图简单地强加给学生,而是在教育者的目的同孩子的愿望之间找一个自然和谐的结合点,应该让全班学生有一个统一的奋斗目标,因为只有目标才能产生动力。正如苏霍姆林斯基所说:"集体主义教育的实践,首先在于激励学生自由地、自觉地实现集体的目标。"特别重要的是,这个目标不应该仅仅由教师一个人提出来,而应该在老师的引导下由学生提出来。

于是,为"我们班"起个名字这样的想法诞生了。李老师的做法充满智慧。

为什么李老师要给班集体取一个名字并设计标识呢?他说:"这是为了让我们的班变得'有意思'些,让孩子们觉得'我们的班就是与众不同',这是符合儿童心理的。所谓'情趣',所谓'浪漫',都在这种种'与众不同'之中了。"

更何况,他把确定班名、提出班训、创作班歌、构思班徽、绘制班旗的过程,引导为对学生进行集体主义教育和创造精神培养相统一的过程。人人动脑,个个动手,并通过"班名班训讨论会""班徽班旗图案展评""班歌歌词朗诵会""最佳班级标识评选"等主题班会,充分调动每个人关心集体的热情和创造精神。

未来班、阳光班、幸福班、追梦班、神舟十号班……名字不同,内涵有别。班名不仅仅是一系列外在的标志,而首先是一种内在的集体追求。因此,学生们在确定目标、设计标志后,便把成立"某某班"作为一个集体的奋斗方向。制订一些具体的条件,由于目标明确,因此班内风貌明显优于过去,大家在各方面能自觉严格要求自己,整个集体朝着自己的目标不断迈进。

2. 培养正确舆论

班主任应通过各种形式,使学生明确是非标准,形成正确的价值观念。班队会、晨会、班队文化、队报等都是弘扬班级正气,抵制歪风邪气的主阵地。班主任要充分发挥这些舆论阵地的宣传作用,不断提高学生判断是非、识别真假、辨别美丑的能力,从而使他们在是非、美丑、善恶等问题上做出正确选择,抵制形形色色的不健康思想,班队内形成一致的正确舆论。例如,为了让学生养成良好的行为习惯,有的教师利用每天晨会时间,和孩子一起学习《养成教育》歌谣,然后鼓励孩子用日记的形式反思自己一天的行为,并精心挑选出优秀日记在班级墙报中展出,从而促进小学生日常行为规范的养成。

3. 严格要求,坚持不懈

良好的班风不是一朝一夕能够形成的,而要经过师生双方长期艰苦的努力建设。班主任应注意引导学生把班风建设目标细化为日常行为规范,制订严格而细致的班队规范,并从班级实际情况出发,循序渐进,从易到难,由简到繁,逐步提高要求。日常学习生活中,应该认真贯彻执行,经常检查,及时总结和评比。对于容易出问题的地方,要反复抓,抓反复,力争每个同学都能够把班风建设目标内化为自己的行动指南,形成行为的动力定型。

4. 扶正祛邪,树立榜样

所谓"扶正",是指要在班级里树立起积极向上的、符合学校和社会主流价值观念的风气,让每个学生从思想上明确什么是对的,什么是错的,什么是好的,什么是坏的,并且要让这种风气居于班级舆论的主导地位。"扶正"主要通过说理教育、榜样示范、品德评价、以身作则等途径来实现。所谓"祛邪",指的是去除掉那些影响班集体建设、阻碍班集体进步的歪风邪气。对于那些不利于班级团结、不利于班集体进步的现象和风气,班主任要立场鲜明地加以反对和批评,决不能姑息迁就,任其泛滥,对不良风气的宽容和放纵会极大损害学生的积极性,破坏良好班风的形成。

### 三、优化班队人际关系

构建和谐的人际关系对精神文化建设有着重要意义。班队里有两种非常重要的人际关系要处理好:生生关系和师生关系。

#### (一) 处理好师生关系

师生关系决定着班队的文化氛围和精神特质。教师不仅应该是做人的典范,治学的表率和严格的师长,同时,又应该是学生们的知心朋友。良好的师生关系是良好班集体形成的重要条件,也是教育获得成效的保证。

教育的过程是师生之间不断交流的过程,既有各种信息的发出和反馈,又有情感的相互交流。这种互动构成教育、教学的氛围、背景,在师生之间形成了"知识场"和"心理场"。作为班队教育者,在师生交往中应随时注意和调节双方的心理距离,既要有教师的尊严,又要努力形成自身的凝聚力和向心力。这要求教师必须对学生有至诚的情感和态度,从而引起学生情感共鸣和心理认同。正如古人所云"亲其师"才能"信其道",也才能"受其术"。同时又必须注意师生平等,学生在人格上和在真理面前是平等的,要充分相信每个学生具有发展的潜能。只有这样相互尊重、相互信任、相互关怀和相互帮助,良好融洽的师生关系才能建立起来。

教师要热爱学生;教师要提高自身素养和人格魅力,让学生喜欢自己;教师应通过自己的言行树立威信;教师要培养民主作风;教师要了解学生的心理特点,用发展的眼光看待学生;教师对学生不抱成见和偏见,公平对待全体学生;当与学生发生冲突时,要善于理解学生。

### (二) 引导学生处理好同学关系

研究表明,随着学生年龄的增长,他们出现了独立性意向和参与社会活动的需要、受人尊重的需要、友谊的需要和交往的需要,等等。这种社会性的需求,引起人际关系的重大变化。为此,我们应创设友爱环境,指导学生形成正确的班集体心理氛围。为满足学生的交际需要,在指导学生交往上,班主任要悉心创设交往情境,引导学生组织参加丰富多彩的教育活动,鼓励学生特别是那些不善交往的学生介入交往,并让他们懂得团结友爱在集体中必不可少。班主任要运用教育艺术,将学生个人情感融于集体之中,同时干预不正当交往,从而增强班队凝聚力,维护班队和谐的局面。学生的集体心理气氛是在丰富多彩的集体活动中产生的。在开展内容充实的集体活动中,应使每个学生自觉地把自己融入集体之中,逐步养成关心他人、关心集体的习惯,创设其乐融融的班队氛围。良好的同学关系表现为:提倡助人为乐;心中有他人;看人要先看别人的优点和长处;正视自己的缺点和不足;培养学生的幽默感;要有团队意识和合作精神等。

### (三) 和谐的班队心理气氛

良好和谐的班队人际关系反映在班队的心理气氛。班队心理气氛是指在师生之间、学生之间与学生小群体之间的交往中形成的较稳固的人际关系及与之相应的心理环境,是班队情绪和情感倾向的集中反映。班队心理气氛是影响班队管理工作的重要因素之一,班队心理气氛和谐或紧张,良好或恶劣,直接影响到班队管理工作的好坏和学生的健康成长。一个好的班队心理氛围会使学生比较容易获得快乐的情绪,由此喜欢班队这个集体;反之,不好的心理氛围,对学生心理的发展产生阻碍,会使学生容易感受到压力,使他们对班队产生回避。班队心理氛围,就像一种媒介,虽然看不见,但却弥漫在整个班队之中,深深地影响着每一个人。

不同的班队,气氛是不同的。有的班队散漫无序,喧闹如菜市场;有的班队静中有序,普遍勤奋好学;有的班队沉默寡言,压抑拘谨,给人一种沉闷之感;有的班队生机勃勃,积极而活跃,显示出一种欢乐、明朗的氛围;有的班队则关系紧张、冷漠而令人压抑。学生在班队中学习、生活,不可避免地会受到班队心理氛围的影响。那么,为什么不同的班队会呈现出不同的心理氛围呢?关键是因为不同的班队由不同的教师和学生组成。

从班主任方面来看,班主任是班队的主导者,班主任的领导方式、对学生的期望,以及班主任的焦虑等因素对班队心理气氛起着决定性的作用。比如,班队心理氛围的形成与班主任的领导风格和个性特质有着密切的关系。不同的领导方式会产生不同的班队心理气氛。民主型教师的领导方式易形成和谐愉快、积极向上的班队心理气氛,师生关系是和谐而健康的;专制型的教师易导致情绪压抑、气氛紧张,师生关系自然也是紧张的;放任型教师则易使班队心理气氛自由散漫、我行我素、互不合作,师生之间同样各行其是。一个严厉刻板的班主任所在的班队,其心理氛围大多数严肃沉默、拘谨畏缩的;而一个温和柔弱的班主任所带的班队,其氛围可能是热闹而杂乱的。

从学生方面来看,学生是班队活动的主体。因此,学生之间的关系及互动特点对班队气氛的形成有着重要的影响。若学生之间彼此团结、心理相容、凝聚力强,就易于形成良好的班队心理气氛;若学生之间钩心斗角、离心离德、各行其是、凝聚力低,则很难形成良好的班队心理气氛。此外,学生对集体目标是否赞同,学生个人的需求和课堂教学目标是否一致,学生的集体舆论、角色期待以及学生之间的合作与竞争等,这些都会影响学生的学习情绪,进而制约着班队心理气氛。

总之,尊师重道、互助互学、比学赶帮、友好团结、紧张活泼的学风的形成,有助于改善人际关系、提高学习士气,对形成良好的班队心理气氛具有极为重要的作用。

### 思 考 题

1. 什么是班队文化?它的功能有哪些?
2. 教室物理环境的基本内容有哪些?如何安排教室空间?
3. 教室环境文化设计的内容、原则有哪些?
4. 班队规范的类型和内容有哪些?如何促进班队规范内化?
5. 何谓班队目标?如何确立班队目标?
6. 什么是班风,其特征有哪些?其作用是什么?如何培育优良班风?
7. 如何优化班队的人际关系?

### 实践探索

1. 考察小学教室布置情况,结合小学生身心发展特点分析其中的教育意义。
2. 收集小学班规,分析其利弊,体会其中蕴含的教育观、学生观。

3. 考察当地某小学班队文化建设状况，特别收集各班文化建设中富有特色的举措。

### 案例研究

以下内容摘自一位班主任的班队建设反思案例：

学生发展需要什么样的班级？

第一，学生的发展应当是"自尊地发展"。发展是每一个学生的权利，而并非少数学生的专利。应当使班级中的每一个学生都公平享有发展机会，而不能让少数学生的发展以牺牲大多数学生的发展为代价。学生的发展首先是同"个体尊严"这四个字联系在一起的。

学生的"自尊地发展"需要"平等的班级"。在平等的班级中，所有成员都只有三个身份：一是"人"，二是"公民"，三是"学生"。这三种共同身份与学生的性别、家庭背景、学习成绩及是否班干部等都毫无干系。

平等的班级有利于学生之间的互动，并因此而达到相互理解；平等的班级也有利于学生之间的互补，并因此而产生相互欣赏；平等的班级还有利于学生之间的互爱，并因此而乐于相互帮助。在平等的班级中，没有学生会遭受不公，会因此而蒙羞，并感到自卑。只有在平等的班级中，学生的发展才能成为"自尊地发展"。

第二，学生的发展应当是"自由地发展"。教育的一个基本使命，就是要帮助学生充分彰显其天性与潜能，使学生在尊重他人、不伤害他人的前提下，最大限度地表达自己、表现自己、发展自己。这样，学生的发展也就离不开"自由"。

学生的"自由地发展"需要"包容的班级"。在包容的班级中，鼓励的是大胆创新，而不是因循守旧；推崇的是通情达理，而不是吹毛求疵；欣赏的是丰富多彩，而不是整齐划一。

包容的班级会让学生感到宽松，这有助于学生别出心裁；包容的班级也会让学生感到轻松，这有助于学生追求多样；包容的班级还会让学生感到放松，这有助于学生阳光开放。在包容的班级中，文化攻击、道德谴责乃至"政治批判"等没有生存空间。只有在包容的班级中，学生的发展才能成为"自由地发展"。

第三，学生的发展应当是"自主地发展"。教育对于学生发展的最大帮助，不是全盘包揽、全面操控学生的发展，而是通过指导学生——尤其是指导学生对于班级集体生活的——自主设计、自主实施、自主监督及自主评价，让学生逐步学会自主管理自己、自主发展自己。

学生的"自主地发展"需要"民主的班级"。民主的班级是"生有"的班级，因为班级属于全班学生；民主的班级也是"生治"的班级，因为班级治理由全班学生共同进行；民主的班级还是"生享"的班级，因为班级建设的目的首先是为了全班学生的发展。

民主的班级治理是全员性的，它有助于调动全班学生参与治理的积极性；民主的班

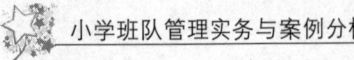

级治理也是协商性的,它有助于全班学生对班级秩序的广泛认同;民主的班级治理还是体验性的,它有助于学生通过对班级治理实践的亲力亲为,学习、理解并尝试各种民主方式,逐步形成民主的意识与能力。在民主的班级中,学生通过集体自治的过程而不断认识自己、发展自己。只有在民主的班级中,学生的发展才能成为"自主地发展"。

平等的、包容的、民主的班级,才能使学生自尊地、自由地、自主地发展。这样的班级,这样的学生发展,才真正孕育着社会的美好未来。

研究上述反思案例内容,结合本章学习谈谈对班队建设有什么启示。

### 拓展阅读

1. 唐思群,屠荣生.师生沟通的艺术[M].北京:教育科学出版社,2007.
2. 赵凯.好班规打造好班级[M].重庆:西南师范大学出版社,2009.
3. 学习教育部网站(http://www.moe.gov.cn/)和当地教育行政部门网站中的"政策法规"。
4. 学习、领会苏霍姆林斯基的自我教育理论与陶行知的学生自治理论。

# 第七章
# 小学班队活动管理

体育与健康学习领域目标
"我的毕业档案"中队主题活动
基于学生成长需要的系列活动
拓展阅读

> **学习目标**
>
> 1. 了解班队活动的内涵、特点和教育意义。
> 2. 明确班队活动的类型和组织方式。
> 3. 了解班队活动的组织和开展步骤,学会设计和开展主题班会和少先队活动,能够正确及时处理活动过程中遇到的问题。

## 第一节 班队活动的内涵、特点与教育意义

班队活动与课堂教学是学校教育的两个重要途径,它们相辅相成,又相互独立。课堂教学是以学科知识的教与学为中心的活动,而班队活动则以更广泛的育人为核心。班队活动是学生认识世界、认识他人与自我、适应学校生活与社会生活的重要途径,也是建设良好班集体的重要组成部分。

### 一、班队活动的内涵

班队活动是指在班队管理者组织领导下由学生参与的为实现班队目标而举行的各种教育活动。班队活动是对学生进行思想、政治、道德、心理教育的基本形式,是通过学生集体来教育和影响学生个体的较为普遍采用的教育形式,也是学生个体进行自我教育行之有效的方式。

#### (一)班队活动是一种特殊形态的课程

教育不能让学生远离生活世界。班队活动为学生开辟了一条与其生活世界交互作用、持续发展的渠道,丰富了学生对自我、社会和自然之间内在联系的整体认识与体验。班队活动正是基于生活常识、经验,密切联系学生自身生活的社会生活的一种课程形态。班队活动这种特殊形态课程的实施,是多种课程的延伸、连接与运用,可以实现课

内与课外的整合。这是一种以学生的经验与生活为核心的活动性课程,它不是其他课程的辅助或附庸,而是具有自己独特功能和价值的相对独立的课程,它与其他课程具有等价性与互补性。

### (二) 班队活动是一种教育性实践

班队活动可以营造一种无论何时学生都能向人求助的意识,在活动中建立起友谊、依赖等人际关系。在这种关系中,每个人的存在都能够得到大家自觉的尊重与认可。在此基础上,自然会形成这样的班队——全班孩子有依赖感、彼此帮助。这种关系对于孩子会有奇迹般的影响力与教育力。班队活动会使那些令人苦恼的小孩转变为愉快的工作者;会使出名的破坏者变成他们周围环境的最热心的保护者;会使一个行动杂乱无章的吵闹喧嚷的孩子,转变成为一个精神宁静、有秩序的人。

### (三) 班队活动是一种生命体验过程

班队活动不是为活动而活动,而是一种激发学生的情绪体验、活跃学生的思维的过程。这一过程是知识、能力与情感态度价值观的有机统一。因此,学校科目相互联系的真正中心,不是科学,不是文学,不是历史,而是儿童本身的活动。教师可以通过班队活动的实施来实现对学校课程实施的延伸与运用。孩子们在活动中所感受到的欢乐,使他们能热情完成他们遇到的每一件事。于是,学生和他生活的世界形成了一个有机整体。

## 二、班队活动的特点

小学班队活动有它自身的特点,明确这些特点,可以帮助我们更好地进行班队活动管理。

### (一) 目的性

小学班队活动是学校教育的重要形式,是思想教育的重要载体。班队管理者是为了促进全体同学德智体美劳诸方面的全面发展与健康成长组织班队活动的,这是班队活动的教育目的。因而,目的性就是班队活动管理的首要特点。没有明确教育目的的班队活动,便失去了意义。

不管是制订一个学期的活动计划,或者是组织一次班队活动,都应当有明确的目的。活动的目的应切合学生实际,这样班队活动的教育功能才能实现。这需要班主任深入学生生活,多和小学生进行心与心的交流,把握他们的思想脉搏,了解他们的所作所为。从一次班队活动到一学期的班队活动计划,直至整个小学阶段的班队活动,班主任都要根据班集体和学生实际情况的"小气候",针对学生思想上存在的典型或共性问题,确定教育目标,并据此选择学生感兴趣的、具有启发教育作用的内容组织开展班队活动;精选现实而又新鲜,真实可信,发生在平日具有强烈说服力和感染力的典型事例进行教育。这种从"班情""生情"实际出发确定教育目标,有的放矢、抓住教育契机开展的班队活动,学生才会感兴趣,才能解决学生的实际问题,班队活动的教育功能才能实现,班队管理也才能发挥最优效益。

　　班队活动对学生的教育培养,是一个持续并不断深化的过程,围绕着某一个教育目标,常常需要开展一系列的教育活动。在小学阶段,低、中、高三个年级段的学生,在智力、体力等方面有较大的差异,因而同样的教育目标,对于不同年级段的学生,班主任要善于选择不同的教育内容。如培养学生劳动观念的班队活动,对高年级的学生,可以组织他们参加公益性劳动,比如参加义务植树、到福利院打扫卫生、参与社区志愿者服务等活动;对低年级的学生,更适合组织他们进行自理性劳动,比如开展穿衣服、扣纽扣、系鞋带、整理书包等比赛活动。不同年龄的孩子,喜欢和适宜的班队活动形式是有差异的。班主任在组织低年级学生的班队活动时,比较适宜采用谈话、游戏、表演等方式,而组织高年级学生的班队活动时,则比较适宜采用讨论、竞赛、社会活动等方式。

### (二) 自主性

　　小学班队活动是以小学生为主体开展的具有自我教育特征的活动。小学生是活动的主体,班主任是活动的指导者,因而在小学班队活动中,教师的指导作用和学生的自主作用始终是融合并存的。小学阶段的学生身心变化大、发展迅速,因而在不同年级段的班队活动中,教师的指导作用与学生的自主作用在活动中所处的主次位置是不同的。这就使得不同年级段要采用不同活动模式,小学生的自主性在不同的年级段有不同的表现,班主任的参与程度也是不同的。

　　在低年级,学生年龄小,知识面窄,能力不强,班队活动主要由班主任设计并组织实施,学生在教师的指导下参与活动。这一阶段班队活动特点是以班主任指导为主,学生自主为辅。到了中年级,学生的知识与能力都得到了一定的发展,同时也有了参与班队活动的体验与实践,因而,班队活动就逐渐过渡到在班主任的指导下,班主任与班干部和活动骨干共同设计、组织、实施的阶段。这个阶段班队活动的特点是班主任的指导与学生的自主并重。进入高年级后,学生的知识与能力进一步得到发展,同时有了一定的组织班队活动的经验,因而班队活动就逐渐过渡到在班主任的指导下,主要由学生干部和活动骨干设计和组织实施,全体同学参与的阶段。这个阶段班队活动的特点是学生的自主为主,班主任指导为辅。由此可见,小学班队活动,始终是在班主任指导下,同时小学生在活动中的自主性和自我管理作用逐渐加强。

### (三) 系统性

　　组织一个班队活动,是围绕一定的教育目标,通过活动设计、活动准备、活动实施、活动评价来完成的,这四阶段构成了一个完整的教育过程。

　　学校的教育教学活动是按学期为单位组织的,围绕着教育总目标,一个班级在不同年级段的每一个学期都有各不相同的阶段性的教育目标。班队管理者围绕着阶段性教育目标制订学期班队活动计划,开展班队活动。每一次班队活动都是实现阶段性教育目标的一个环节。一个学期的班队活动构成一个相对独立而完整的教育阶段。

　　我国小学学制是六年,一个班级从它组建到结束的这六年是一个完整的阶段。对一个小学生来说,在这个集体中生活的六年就是他的小学生涯。从班级组建的那一天起,班队管理者就应当对学生培养有一个总的教育目标,也应当对班集体建设有一个总的建设目标。尽管这六年中,学生将从一个六七岁的儿童成长为一个十二三岁的少年,身心将会有很大发展,尽管作为班队管理者的班主任可能会有变化,但不管是组织一次班队活动还是制订一个学期的班队活动计划,班队管理者都应当围绕这个教育总目标而开展,最终使得小学六年的班队活动成为一个完整的系统。

### (四) 计划性

班队活动的目的性决定了班队活动具有计划性。班队活动的计划性体现在两个方面:一是班队活动应制订具体的活动计划;二是实施计划的过程有细致周密的安排。

不管是一个学期的班队活动还是一次班队活动,班主任都要制订详细周密的计划。就一个学期的班队活动而言,首先需根据本学期学校教育的总体要求,根据班队学生状况,确定学期活动的教育目标;然后围绕着这个教育目标,统筹考虑安排哪些活动,这些活动分别安排在什么时候。就一次班队活动而言,在设计时,首先需要明确这一活动在本学期班队活动中,是从什么方面来为实现学期教育目标服务;然后据此确定具体的活动内容,选择合适的活动形式,安排由哪些同学做什么准备工作,需要进行哪方面的指导,活动什么时候举行等。

## 三、班队活动的教育意义

> "学校作为高尚的道德和文明的策源地,如果没有集体的丰富而多方面的精神生活,那是不可思议的。"
>
> ——苏霍姆林斯基

### (一) 班队活动是小学生全面发展的有效形式[①]

#### 1. 班队活动是开展小学生品德教育的有效形式

活动是对小学生进行全面教育的载体,活动与交往是形成学生思想品德的源泉。一方面,个体的思想品德是在活动与交往中逐渐形成的。青少年正是在与外界社会接触和相互作用中,接受来自家庭、社会和学校等各方面的影响,逐步形成和发展了自己的道德思想和行为习惯,并且在活动与交往中不断加深认识、丰富情感体验、磨炼意志。另一方面,思想品德又在活动与交往中表现出来。只有在活动与交往中反复表现出的某种行为才算是具备某种品德。

小学生年龄小,精力充沛,兴趣广泛,活泼好动,他们的思想尚未定型,行动也未"习惯化",可塑性强,正处于教育的最佳时期,而且小学生接受事物在很大程度上是以形象思维为主。因此,培养小学生的思想品德,通过形象生动的活动能够达到事半功倍的效果,具体形象的活动能使他们获得更直接的感受,留下深刻的印象,从而把老师的教育

---

① 沈嘉祺.小学班队管理[M].北京:高等教育出版社,2014:126-128.

要求变成自己的实践结果。

**【案例 7-1】**[①]

在北京奥运会举办前夕,北京某校五年级 6 班开展了"我与奥运"的班级活动。同学们围绕"我是小学生,我能为奥运会做什么"这个问题,积极思考,献计献策,最终形成了四套方案。根据方案,全班分成了四个队,分别开展了活动:

第一队是为一年级弟弟妹妹们宣传奥运知识:为了符合一年级学生的特点,他们还扮演成福娃,把奥运知识编成了有趣的小节目。

第二队是去社区寻找不文明的现象:他们对乱停放自行车、在景区内钓鱼、招牌上的错别字都给予了纠正。

第三队围绕"绿色奥运"这个主题,对周围公园街道进行了考察,并向园林部门提交了一份"奥运场馆周边绿化建议"的小论文。

第四队向社区居民分发了自己绘制的从社区到各个奥运场馆的地图及最佳出行路线。

### 2. 班队活动是满足小学生个性发展的有效形式

班队活动的主体是小学生。小学生不仅具有学习求知的需要,还有交往的需要、独立做事和从事创造性活动的需要,以及发展个性、完善人格的需要等。也就是说,小学生在学校除了学习活动,还要进行社交活动及文化娱乐等活动。他们可以依据自己的需要、兴趣、爱好选择活动的内容,确定活动的形式,这有利于发挥学生的特长,使他们的个性品质、兴趣和才能得到充分的表现。同时,他们也可以通过活动更好地了解自己,以便不断地调整和发展自己。

经验表明,性格偏内向的学生,会因多次在活动中获得满意的角色而愿意积极参与班队活动,其智慧和特长也会得到发挥,从而变得活泼、开朗,喜欢与别人交往;而热情欠踏实的学生,会因在团体活动中多次承担较复杂的任务而锻炼得比较冷静、实在;特别是那些学习基础较差、负担较重、个性受压抑的学生,也能在活动中产生极大兴趣和强烈的求知欲望,从而增强学习的信心。

### 3. 班队活动是提高小学生思维能力的有效形式

实践出真知。活动为小学生的认知发展储备了动力资源。儿童认知能力的发展是其认知结构从不平衡到平衡再到不平衡的过程。心理学家皮亚杰认为,只有鼓励儿童多观察,多活动,增加产生兴趣的机会,才能使知识结构打破原有的平衡,走向新的不平衡,从而推动认知结构的进一步丰富和认知能力的进一步发展。

在班队活动中,小学生能广泛接触现实社会和自然界的各种事物,在实践观察、操

---

[①] 邓艳红. 小学班级管理[M]. 上海:华东师范大学出版社,2010:99.

作过程中，获得大量的感性经验，使头脑中的旧材料在记忆里复活起来，在同化新知识、确立新概念的过程中，产生兴趣，形成使学习活动持久的动力，由此推进认知结构的进一步发展，将所学的抽象理论，通过具体、生动、鲜明的客观形象活化起来，更加深刻地理解书本知识，形成技能和能力，并使其在与实践的结合中得到巩固和发展。

4. 班队活动是促进小学生社会交往的有效形式

在策划和实施具体的活动时，小学生既要收集材料、细心地体会，又要与不同的人员打交道，客观上能扩大他们的交往面，提高交往频率。因此，在每次活动中，他们必须了解自己所组织的活动性质、目标，了解参与活动者的能力及其他特点，合理配置资源，建构活动所必需的分工、合作关系。而在建构这种关系的过程中，学生们必然要涉及角色分配、相互协调、尊重他人和学习他人经验等问题。经验是最好的老师，活动可以让学生积累丰富的经验，学会与他人相处，增强与人合作的机会，提高社会交往能力。同时，在活动的交往与合作中，他们互相理解，形成向心力，促进合作意识的形成和团队协作能力的发展。

5. 班队活动是培养小学生审美情趣的有效形式

在班队活动中，组织小学生参加文学、美术、音乐、展览、旅游、参观、节日庆祝等各种丰富多彩的文化艺术活动，不仅有助于增长学生社会、自然等方面的知识，而且还有助于发展学生发现美、感受美、评价美和创造美的能力，提升学生的艺术兴趣和创造才能，陶冶高尚情操，使学生的审美情趣得到良好的发展。如果没有实践活动，美育的内容、形式就会变得平凡和单调，也难以收到良好的效果，学生认识美、鉴赏美、创造美的能力就无法得到很好的发展。

**（二）班队活动是班集体建设的有效方法**

1. 班队活动有助于增强班队的凝聚力

一般说来，增强班队凝聚力总是从组织有益的班队活动开始的。在班队活动中，学生们一起出谋划策，一起面对困难，一起分享情感，相互支持与鼓励，彼此之间的感情以及对班队的感情会逐渐深厚。此时，班队中的每个成员不再是一个个分散的个体，而是一个团结一心的整体。"班级中一个个性格各异的孩子就像是一颗颗玲珑剔透的珠子，要想把它们串成一条美丽的项链，丰富多彩的活动就是一根最合适的丝线。"于是，班队的凝聚力随之增强了。反之，如果一个班队不开展班队活动，它将永远只是类似一盘散沙的一个学生群体。凝聚力是班级发展成为班集体的重要标志，从这个角度上说，班队活动是使小学班队发展成为班集体的有效方法。

2. 班队活动有助于形成良好的班风和正确的班队舆论

在丰富多彩的班队活动中，正确的、健康的、积极的观念、行为得到大家的肯定和赞许，错误的、不良的、消极的观念、行为得到大家的否定与批评。久而久之，良好的班风和正确的舆论会自然生成，并逐渐稳固下来。可以说，班队活动是良好的班风和正确的班队舆论形成的摇篮。良好的班风和正确的舆论是班级发展成为班集体的又一重要标志。因此,没有班队活动,就没有班集体。

**(三)班队活动是小学班主任提升专业素养的有效途径**

随着小学班主任的专业化发展,对小学班主任专业素养的要求越来越高。班队活动的有效开展,需要小学班主任有敏锐的教育眼光、先进的教育理念、广博的专业知识、多样的教育才能以及富有魅力的教育品格。因此,在班队活动的组织与指导过程中,小学班主任的专业素养势必会得到提高。可以说,班队活动是小学班主任实现专业发展的必经之路。

## 第二节 班队活动的类型与组织方式

### 一、班队活动的类型

班队活动因分类标准而有不同的类型。依据班队活动的途径,可以分为校内活动(主要是课堂教学和课外活动)和校外活动;依据班队活动的规模,可以分为班集体活动、小组活动和个人活动;依据班队活动的复杂性,可以分为专题性班队活动和综合性班队活动;依据班队活动的主体身份,可以分为班级活动和少先队活动;依据班队活动的内容,可以分为教学活动、保健活动、道德教育活动以及文体、科技活动。常见的有以下几种:

**(一)班会**

班会是班主任对学生进行思想教育、开展班级管理的重要组织形式,也是学生民主管理班级和自我教育的重要途径。班会通常包括班级例会和主题班会。

1. 班级例会

小学班级例会是在小学班主任的领导下,由班主任或者班委会成员定期召开会议,对班级中的全体小学生进行常规教育的一种班级活动形式。它的类型主要有两种,即班级周会和班级晨会。

(1)班级周会。按照教育部中小学教育教学大纲的要求,班级例会是在课程表中专门设置的一节课。班级例会每周一次,由班主任或班干部主持。这种每周一次的班级例会又叫班级周会。班级周会的主要内容有:贯彻落实学校工作计划,研究部署班级工作;对学生进行日常行为规范教育;学习动机教育;选举或调整班级干部;表彰好人好事,评选三好学生和优秀学生干部;处理班级偶发事件,听取犯错误学生的自我批评,讨论对犯错误学生的处理意见;总结班级工作;等等。

(2)班级晨会(夕会)。晨会(夕会)是《九年义务教育全日制小学、初级中学课程计划

(试行)》(1992)中明确规定的活动课程。晨会(夕会)已经成为小学班级普遍开展的一种班级活动。班级晨会(夕会)是在每天早晨上课前(或下午放学前)召开的班级例会,时间控制在10分钟,也称之为晨间谈话。班级晨会(夕会)的内容包括:解决前一天出现的问题,安排布置当天的学习、劳动等方面的任务;向小学生提出学习、生活上的希望与要求;针对班级近期出现的带有普遍性的问题,依据培养目标对学生进行持续的教育。

2. 主题班会

主题班会是根据教育目的与任务的要求,针对班级大多数学生的思想状况,紧紧围绕一定主题召开的班会。它是学生自我教育的一种集体活动,也是班主任通过学生集体教育、影响学生的重要形式。主题班会与班级例会相比,主题鲜明,有较强的针对性。对于主题班会来说,确定明确的主题尤为重要,它是主题班会的灵魂。

【案例7-2】

## "喜欢树"长啊长[①]

(本节班会课荣获四川省小学主题班会优质课展评活动第一名)

【活动背景】

现在的儿童多数是独生子女,由于家庭环境等原因,致使他们多以自我为中心,自私自利,不懂得如何与人友好沟通和相处。如有好东西不愿意与人分享,不懂得怎样与人合作,不喜欢主动帮助同学,不懂得欣赏与赞美别人,嫉妒心很强,眼睛里只有别人的缺点,看不到别人的优点。不少小学低年龄段的孩子,在交往的过程中常常觉得别人不喜欢自己,他们因此而烦恼,但又很少去探究自己为何不受人喜欢。所以,班主任老师很有必要召开一次班会课来指导他们,让他们做个受人喜欢的人,阳光快乐地生活。

【活动目标】

1. 知识目标:懂得有了分享、助人、赞美等美德会让别人更喜欢自己,美德越多,越受人喜欢。
2. 情感目标:通过活动,激发学生希望受人喜欢的强烈愿望。
3. 能力目标:初步具有解决交往烦恼,寻找受人喜欢的妙招的能力。

【活动过程】

扫码阅读"活动过程"

---

① 张静,龚秀梅."喜欢树"长啊长[J].班主任之友(小学版),2016(9):28-31.

这是一个已经成功开展过的主题班会,无论是设计还是实施都是非常优秀的,效果同样极好。难能可贵的是案例中展示出来的设计意图,对启发新手班主任领悟主题班会主旨有重要作用。

### (二) 主题教育活动

主题教育活动是指在教师指导下,以学生为主体,围绕某一主题,组织开展的具有教育意义的班队活动。它以解决学生发展问题及提升发展需要为目标,其目的是让学生在主动参与策划、实施、反思的过程中学会自我教育、自主发展。因此,一次主题教育活动并不简单地呈现为一节班会课,它包括策划、实施、反思的整个过程,包括事前、事后准备的一系列活动。时间可以是一周,也可以是几个月,所有相关活动围绕一个主题展开。

主题教育活动比一般性的活动更富有教育价值,是因为主题教育活动更能体现素质教育的综合性,更能发挥学生的创造精神。在某种意义上讲,主题教育活动是学生展现潜能和才华的一个重要舞台,也是学生锻炼能力的机会。因此,主题教育活动富有研究价值和实践价值。在学校教育中,开展主题教育活动是班队管理者的一项非常重要的工作。

与其他班队活动比较,小学班队主题教育活动有两个显著特点:一是主题鲜明、选材集中、教育目标明确、针对性强。二是形式活泼多样,富有时代气息和童年情趣,而且内容开放,贴近小学生的真实生活,深受小学生的喜爱,教育性强。因而主题教育活动已经成为小学班主任对学生进行思想品德、行为规范、人际交往等某一方面教育的有效形式。它是小学班主任组织和开展班队活动的主要类型。

常见的主题教育活动有主题班会、学习活动、文艺活动、体育活动等。

### 【链接】

**学习活动的种类**

(1) 作业展览。在班级一角设置作业展示栏,可以张贴学生的优秀作业或有特色的佳作,也可以是教师推荐的学生作业,面向所有学科,聘请学生做裁判,重在对学生成果进行交流,鼓励小学生认真学习他人的长处,提高学习积极性。

(2) 学习经验交流会。可以邀请本班、其他班级和其他学校的学习优秀的同学来讲述其学习心得,也可以请学习进步比较大的同学交流取得学习进步的经验。

(3) 学习方法指导。一般采用讲座的形式,请任课教师或者同学就某一学科的学习方法进行具体介绍,也可以从综合的角度说明有效学习方法的一般步骤。

(4) 知识、智力竞赛。主要结合学生的学习和发展特点开展,出席、组织、裁判可以完全由学生们负责,教师做好指导工作即可。

(5) 课外阅读活动。由任课教师和班主任推荐阅读书目,成立班级图书园地,可以定期或不定期举行读书交流会。

### (三) 科技活动

科技活动是提高学生科学文化素质的重要途径,它可以培养学生的动手能力,发展学生的观察能力和思维能力,培养学生对科学的兴趣,提高学生的科学素养。一般来讲,班级科技活动内容包括开展阅读科技书画,讲科学家的故事,看科技录像和电影,参观博物馆、科技作品展以及科技游艺,等等。班主任组织学生开展科技活动的形式与方法是多种多样的,常用的活动形式有探究型活动、实践型活动、专题型活动、展示型活动等。常用的方法包括观察法、实践法、操作法、发现法、交流法、创造法、解疑法、辅导法、展示法等。班主任组织学生开展科技活动,首先要注意激发学生的科学兴趣。兴趣是参与活动的动力,只有充分激发学生的兴趣,才可能使活动的开展得到学生的认可与欢迎,这样,活动的开展才能取得比较好的效果。其次,科技活动内容应该符合学生的知识水平和年龄特征,使之成为课堂教学活动的延伸和补充。再次,活动的操作性、实践性要强。班主任要尽可能给学生提供一个动手操作的场所,一个参与科技活动的机会。通过科技活动,学生不仅学到了知识,更重要的是培养了他们操作的技能技巧。最后,要因材施教。在活动中要尊重学生的个性和爱好,不能要求全班统一,要针对学生的特点,选择合适的活动内容。

### (四) 文体活动

文体活动包括文艺活动与体育活动。

1. 文艺活动

班级文艺活动对于陶冶学生情操、净化学生心灵、养成学生审美素质、形成班级合力等方面具有重要的作用,因此有效地开展班级文艺活动是建设班级文化的重要措施。班主任是活动组织者,在组织文艺活动过程中,要善于发现学生特长,激发学生兴趣,培养学生爱好,组织学生从实际出发,确定活动,帮助学生选择活动项目,为学生参加活动提供条件。在这一过程中,班主任要坚持下面几条原则:

首先,要坚持思想性和文艺性的统一。对文艺活动的选择,首先,应注意内容的思想性,要选择健康、先进、鼓舞青少年积极向上的文艺作品,要有利于年轻人树立正确的人生观、世界观、价值观,同时也要求表现内容的审美形象生动、鲜明、有感染力和说服力,能激发审美者的情感和想象。其次,要坚持情感体验和道德判断相结合。艺术的特点是以情动人,以美感人,是情感与思维交织的过程。班主任要引导学生不仅有情感投入,还要有逻辑思维,特别是要有正确的道德标准来衡量是非和善恶。最后,要坚持知识传授与技能训练相协调。艺术不仅是一种知识,更是一种技巧、能力,文艺活动中更多的技能要通过反反复复的训练才能学好。班主任要根据不同艺术形式的特点,根据活动者的特点,把传授知识、训练、欣赏安排好,协调好,争取获得最佳效果。

2. 体育活动

体育活动是班级活动中比较常见的,也是深受学生欢迎的一项活动类型。组织好班级体育活动,对于促进学生身体发展,增强体质,巩固和提高体育课中所学的知识技能,提高运动技术水平,培养学生自觉锻炼身体的习惯,丰富学生的课余生活,调剂身心健康,都具有重要作用。在学校教育中,除了日常的体育课程以外,还有许多其他形式的体育活动,譬如,长跑、游泳、跳绳、跳橡皮筋、踢毽子、游戏、旅行、野营等,甚至许多的民间体育项目,也可纳入班级体育活动之中,它们一同构成了班级体育活动的内容。

2006 年教育部、国家体育总局、共青团中央发布的《关于开展全国亿万学生阳光体育运动的通知》指出,充分利用广播操和课间操时间,有效利用自由活动时间,增设游戏活动时间,全面推动阳光体育运动在全国的深入实施,班主任在组织班级体育活动的过程中要遵循以下一些规律,首先,活动的形式要多样化,要让学生保持新奇感;其次,遵循生理变化规律,量力而行;最后,具有教育意义,通过体育活动不仅要增强学生的体质,而且要增强班级凝聚力,形成积极向上、团结友爱的班级文化,促进学生全面发展。扫描本章首二维码,阅读"体育与健康学习领域目标"。

(五) 少先队活动

《章程》第十四条明确规定:"我们的活动:举行队会,组织参观、访问、野营、旅行、故事会,开展文化科学、娱乐游戏、军事体育等各种有意义有趣味的活动,以及参加力所能及的公益劳动和社会实践。"

1. 少先队活动的含义与特点

少先队活动是以少先队中队为单位,在辅导员的指导和帮助下,由少先队队员学当主人,自己组织的活动。少先队活动是少先队教育和自我教育的基本途径和方法。因此,与班级活动相比,少先队中队活动一般有以下特点:

(1) 自主性。少先队组织作为一个相对独立的社会组织,有相对的独立性。少先队活动需要辅导员的指导,但不能由辅导员包办代替。因此,少先队中队活动是在中队委员会组织领导、中队长指挥、辅导员指导下进行的,是以少先队队员的主体精神为基础的。与班级活动相比,它更强调学生的自我教育,立足自立、自主、自动、自律是少先队工作的基本原则。

(2) 组织性。少先队是"中国少年儿童的群众组织,是少年儿童学习中国特色社会主义和共产主义的学校,是建设社会主义和共产主义的预备队"。因此,从活动目标来讲,它更侧重理想教育和集体主义教育。热爱组织、争当主人是少先队活动的重点。从活动组织形式来看,以中队的组织形式开展,而且在开展活动时要配合使用中队所特有的组织形式——少先队中队队会仪式。

> 【链接】

## 少先队中队队会仪式

1. 整队、报告人数。

（中队长下令：各小队报告人数！小队长面向全体队员：第×小队队员起立！转向中队长，跑步至中队长距中队长约两步的位置立定，敬队礼：报告中队长，我小队应到×人，实到×人，报告完毕！中队长还队礼并回答：接受你的报告。中队长敬礼，小队长还礼后回到本小队前发出命令：第×小队队员请坐！跑步归队。小队长向中队长报告完毕之后，中队长跑步至辅导员老师距中队长约两步的位置立定，敬队礼：报告辅导员老师，我中队应到×人，实到×人，××主题中队会一切准备就绪，邀请您参加我们的队会并给予指导，报告完毕。辅导员还队礼并回答：接受你们的邀请，参加你们的活动，并预祝你们的主题中队会圆满成功！中队辅导员敬礼，中队长还礼。）

注意：

（1）整队时，队长首先要说明口令下达的范围，口令要响亮、振作、有力；

（2）报告时，双方的对话要洪亮、清楚、流利，要产生振奋人心的效果；

（3）队长要佩带好红领巾、队长标志。

2. 宣布主题中队会开始。（中队长向辅导员报告结束后，主持人或中队长面向全体队员宣布："××中队××主题中队会现在开始!"辅导员、队员鼓掌）

3. 全体起立、出旗、敬礼。（放出旗曲录音，中队旗手执旗，护旗手敬礼，全体队员行队礼时目送队旗前进，出旗方向是逆时针绕场或从队长的右侧至左侧，根据队列方式而定。）礼毕。

4. 唱队歌。（放伴奏录音，队歌要唱完整）

5. 中队长讲话。（说明队会主要内容、意义）

6. 宣布活动开始，进行活动。（即事先确定的队会内容）

7. 中队辅导员讲话（队会内容的简单总结，应带有激励性、号召性，以振奋士气）。

8. 全体起立。呼号（由辅导员或来宾中最受尊敬的人领呼）。此时，中队旗手和护旗手站在队列前，中队旗手执旗，使旗面上的星星火炬正面向全体队员，护旗手面向队旗左手拉旗角，右手呼号。领呼人走到队旗前，面向队旗举起右拳，全体队员随之举起右拳。

领呼："准备着：为共产主义事业而奋斗！"

队员齐回答："时刻准备着！"

领呼人放下右拳，全体队员自动放下右拳。中队旗手和护旗手退到呼号前的位置。

9. 退旗、敬礼。(鼓号齐奏退旗曲,中队旗手执旗,护旗手敬礼,全体队员向队旗敬礼目送队旗前进,退旗方向与出旗方向相反,退场至原出旗的位置)。礼毕。

10. 宣布主题中队会结束。(××中队××主题中队会到此结束)

备注:

(1) 中队辅导员参加主题中队会必须佩戴红领巾。

(2) 若受场地、天气或时间条件的限制,队会举行时可从实际出发,省略部分次要程序。但出旗、唱队歌、呼号、退旗等程序不能省略。

2. 少先队活动的类型

少先队活动内容广泛,丰富多样,它的主要类型有[①]:

(1) 组织管理活动。少先队组织管理活动,是指通过少先队组织日常的自身特有的事务管理工作向队员进行教育的活动。它包括入队、低年级建队(编队)、队长(委)选举、奖励批评、离队、少先队代表会议(或代表大会)、队长学校等教育活动。少先队教育活动内容中"热爱组织、学当主人",多是采用这一类活动进行的。组织管理活动具有培养组织性、民主性、规定性和教育性等特征,具有培养组织观念和民主精神、锻炼队长(委)的管理才能等功能。

(2) 阵地教育活动。利用由少先队组织参与建设和管理的教育场所和工具,向队员进行教育和自我教育的活动。阵地教育活动又可以分为五类:组织教育类,有队室、光荣榜、民主信箱、值日中队及其监督岗和鼓号队等;宣传教育类,有壁报、黑板报、广播台、红领巾电台、红领巾角、小型展览橱窗、午间文艺擂台等;兴趣教育类,有科学技术兴趣社团、文化艺术兴趣社团和体育游戏兴趣社团等;劳动实践教育类,有种植、饲养类阵地、红领巾小事业、工艺技能小组和公益活动阵地等;综合性教育类,有夏令营、假期乐园等。

阵地教育活动具有实践性、经常性和多样性诸特征。它是少先队教育基本手段之一,能促进少先队教育常态化和队员的个性发展,某些阵地活动还具有创造经济价值的功能。

(3) 队日活动。在中小学统一规定的队日活动时间,以及利用其他时间,少先队大、中、小队举行的以主题活动为主的一种少先队活动。

这一类活动针对性很强,根据全国少工委提出的活动方向,结合队员的思想、道德、学习、生活实际确定主题,有的放矢地开展活动。

上述三类活动属于途径性的活动,他们像三根顶梁柱支撑着少先队教育的大厦。

---

① 张艳芬,王颖.小学班主任工作原理与实践[M].北京:北京师范大学出版社,2016:224-225.

在此基础上,根据一个标准来划分一个类别活动的原则,又可以做下列分类:以组织级别可分为大、中、小队活动;以教育内容可分为理想教育活动、道德教育活动、组织教育活动、智育活动、体育活动、美育活动、劳动教育活动等;以教育方法可分为参观访问式活动、实践操作式活动、科技制作式活动、文艺娱乐式活动、体育游戏式活动、报告演讲式活动、讨论对话式活动、小课题研究式活动和综合式活动等。

【案例 7-3】

## "我的梦,中国梦"主题中队活动方案[①]

【活动实施的背景】

习近平总书记代表党中央提出了实现中华民族伟大复兴的中国梦。"中国梦"是人民的梦,每个中国人都是"梦之队"的一员。为了增进少年儿童对"中国梦"的理解、认同和情感,我们中队开展了"中国梦,我的梦"队日活动,为少先队员播种梦想、点燃梦想,让少先队员敢于有梦、勇于追梦、勤于圆梦,培养少先队员热爱伟大的祖国、中华民族的真情实感,为实现"中国梦"做好全面准备。

【预期目标】

1. 鼓励少先队员畅谈梦想,认识梦想对每个人都很重要,引导学生确立梦想。

2. 认识中国梦,明白个人梦想与国家梦想是紧密相连的,引导学生增强作为一个中国人的自豪感,激发爱国之情。

3. 通过实践活动,初步理解实现梦想需要坚持,需要努力,需要积极探索。

【活动主题】 我的梦,中国梦

【活动时间】 2013 年 9 月 24 日

【活动组织分工】

1. 召开"我的梦,中国梦"主题队会的动员工作。

2. 中队干部召开会议,确定主持人,确定活动议程(大合唱、诗朗诵、视频欣赏、写梦想卡)。

3. 确定各项目的负责人,各负责人组织人员搜集资料。

方案策划、组织活动——全体中队委、中队辅导员;课件制作——吕泽文(指导老师:何慧盈);司仪——陈紫婷、何晓敏;旗手——张乐婷;诗朗诵《梦》——罗秀芬;短片:王亚平的航天梦——杨海祺;短片:追逐电影梦——何铭乐;短片:伟大的中国梦——吴嘉辉;短片:付丽娟的跳伞梦——梁智扬;合唱《中国梦》——梁慧欣;宣誓词——梁晓妍;梦想名言——熊国荣;合唱《我的未来不是梦》——黄世豪。

---

① 何慧盈. "我的梦,中国梦"主题中队活动方案[EB/OL]. http://drjs.gdcyl.org/Article/ShowArticle.asp?ArticleID=1453.

4. 队员利用课余时间排练要表演的节目,司仪训练,课件制作。辅导员做适当指导。

【主题队会内容安排】

一、整队、报告人数

二、出队旗,唱队歌

三、中队长讲话

四、中队活动开始

(一) 营造氛围,明确"梦"的重要意义

甲:尊敬的老师们!

乙:亲爱的同学们!

合:大家好!

甲:五(2)中队"我的梦,中国梦"主题队会现在开始。

乙:"梦"是个诱人的字眼。梦是什么?还记得《开学第一课》的片段中王亚平的梦吗?

(播放视频"王亚平的航天梦")

甲:梦就是理想,理想就是梦,它指引人生前进的方向,照亮人生前进的路程。

乙:一个没有梦想的人,就像鸟儿没有翅膀,就像打桩的没有准备。

甲:没有梦想,就没有坚定的方向,没有坚定的方向,就没有生活。

乙:罗勃朗宁曾说过:人类的伟大不在于他们做什么,而在于他们想做什么。

甲:福尔摩斯也说:世界上最重要的事,不在于我们在何处,而在于我们朝什么方向走。

乙:上面所讲的"想做什么""朝什么方向走"指的就是我们头上的一颗指路明星——梦想。那么,同学们,你们知道什么是梦想吗?(同学们答:梦就是对未来的向往和憧憬。)请听诗歌朗诵《梦》,表演者罗秀芬等,掌声欢迎。

(诗歌朗诵《梦》)

(二) 谈自己的梦,实现梦,塑造自信心

甲:真好听,每个人都有一个梦想。请看视频片段。(观看视频"追逐电影梦")

甲:是的,梦想是一盏明灯,为我们指明方向,让我们重新获得动力。你的梦想是什么,请与小组里的同学分享你的梦想。(提问)

乙:只要我们从小便树立梦想,并为之不断地努力,我们的梦想就一定能实现!

(三) 努力实现自己的梦,坚定信心,增强毅力

甲:我们的祖国也有一个伟大的梦想——实现中华民族伟大复兴。(观看视频"伟大的中国梦")

甲：实现中国梦要靠我们年轻一代。下面让我们一起唱响《中国梦》这首歌曲。

乙：为了实现我的梦和中国梦，一定要不怕辛劳，历尽千辛万苦，克服种种困难，才会成功。我们再来看看《开学第一课》中的付丽娟吧，为了实现梦想，他们每天艰苦训练，请看视频。（观看视频"付丽娟的跳伞梦"）

乙：同学们，你认为我们要为实现梦想做些什么？请与小组里的同学讨论一下，怎样才能实现我们的梦想？

甲：要成功，一定要付出努力，谁来说说自己的想法？（提问）

乙：是啊，我们必须从今做起，努力学习，加强锻炼身体，养成良好的行为习惯，为自己理想的实现而努力。

甲：不仅仅这样，我们还要把我们的梦想与中国梦紧紧地结合起来，从现在起，确定目标，努力学习，为实现中国梦出一份力。下面请大家起立，让我们在国旗下庄严宣誓。

（四）庄严宣誓

（五）歌曲《我的未来不是梦》

甲：梦想，伴随着我们每一个人。我们虽不像鸟儿有可以飞翔的翅膀，但有一颗会飞的心。有了梦想，我们大家就都拥有一双"隐形的翅膀"。

乙：下面让我们跟随着张雨生的歌曲《我的未来不是梦》感受一下梦想的魅力。

（六）梦想名言

甲：人生是船，梦想是帆，让我们扬帆起航。

乙：下面我们一起大声朗诵梦想名言，并细细品味其中的含义。

（齐读名言）

甲：谁来说说你最喜欢刚才的哪一句名言？你知道这句名言是什么意思吗？（提问）

乙：对，这些名言寓意深刻，我们要好好体会。

（七）结束语

甲：梦想很美，有梦就有未来，可实现自己的梦想却需要付出艰辛的努力。梦想永远和眼泪、汗水在一起，假如梦想和眼泪、汗水不在一起，就变成了空想。

乙：俗话说：没有做不到，只有想不到。一个人要想幸福、一个国家要想兴盛，我们就一定要有梦想，每一个孩子的梦想聚集起来，就汇成了明天的中国梦。

甲：同学们，让我们从现在做起，好好学习，不断进取，放飞我们的梦想，期待明天的成功！最后祝愿，在不久的将来，我们都能实现自己的梦想，都能为实现中国梦贡献力量。

乙：我想，大家通过这次队会，定会树立远大理想，创世纪辉煌，为自己的人生书写一首不朽的诗篇。

甲：下面请辅导员总结，掌声欢迎。

五、辅导员总结

六、呼号、退队旗

七、宣布队会结束

【宣传报道】

学校在红领巾广播站中报道，并把活动信息上传到"中山教育信息港"和"中山少先队"网站。

【活动总结】（略）

**案例分析：**

这是一个比较典型的中队活动方案。活动主题选择适当，切合时代背景；活动要素齐全，从背景介绍到活动总结，逐一呈现；内容选择切合主题，有歌曲有短片；活动分工明确，活动实施有保障；活动程序符合中队活动规范。整个活动，以《开学第一课》的名人梦想故事为依托，筑梦、谈梦、逐梦："王亚平的航天梦"，以及诗歌朗诵，使少先队员理解了什么是梦想，梦想对每个人都很重要；"追逐电影梦"引发队员们畅谈自己的梦想，塑造自信心；视频"伟大的中国梦"和"付丽娟的跳伞梦"让队员们明白要实现自己的梦想，必须坚定信心，增强毅力，同时，队员们还讨论了怎样才能实现自己的梦想；队会中，队员们还唱响了《中国梦》《我的未来不是梦》，从中感受梦想的魅力；通过宣誓表达自己为实现梦想而努力的决心；最后的名人名言更是让队员们知道梦想一直以来就应该是我们为之努力奋斗的目标，要实现梦想一定要付出努力，要付诸行动，才能为实现伟大的中国梦贡献自己的力量。

▶请扫描本章首二维码，参阅"我的毕业档案"中队主题活动，并比较两个中队活动的异同。

## 二、班队活动的组织方式

### （一）讨论式

讨论式是指师生围绕班级大多数学生感兴趣的话题或带有共性的问题，展开研讨，各抒己见，以期达成共识的班级活动形式。运用"讨论式"开展班级活动，首先，班主任应该精心筹划组织，根据学生思想上的热点，拟出讨论提纲，并委托班干部将学生按不同的观点分成小组做好充分准备；其次，创造一种宽松的环境，让大家畅所欲言，鼓励学生敞开思想，踊跃发言，展开热烈的讨论；最后，班主任要进行总结和点评，班主任要客观公正、实事求是地谈出自己的看法或倾向性的意见，增强学生对问题的进一步认识，消除偏见误解。讨论式班队活动对学生也有一定要求，更适合中高年段小学生开展。

### （二）报告式

报告式是围绕某个教育主题，请人做专题报告会的活动形式。报告人可以是校外的，也可以是校内的领导和老师，有时也可以围绕一个主题让学生上台做报告。报告内容可以是学生共同感兴趣的话题,也可以是英雄人物的事迹报告。专家与老师的报告因其思想深邃、内容翔实、事迹感人,常常能给学生带来启迪与震撼,收到良好的教育效果。而同学所做的报告往往因其事迹具体,容易引起学生的共情反应,因此说服力较强。选择"报告式"组织班级活动,首先,报告人的选择要有针对性,报告人最好选择那些学生比较认可,甚至比较崇拜的人物,这样容易得到学生的认同;其次,报告的事迹要典型,能够增长学生的见识,拓宽学生的视野,震撼学生的心灵,激发学生的情感共鸣;最后,报告后要及时引导学生反思,通过展开讨论、写听后感等形式,使教育意义进一步凸显。

### (三) 竞赛式

竞赛式活动是针对学生争强好胜心强的特点,通过满足他们的心理需求,调动他们参加集体活动的积极性,激发他们的上进心,培养竞争精神和团队意识的班级活动形式。如何开展班级的各种竞赛活动呢?首先,竞赛内容要丰富多彩,学习竞赛、劳动竞赛、文体活动竞赛、环保知识竞赛、奥运知识竞赛都可以成为竞赛主题。其次,竞赛要求应详细具体,竞赛活动之前,要根据竞赛内容,拟好竞赛细则,规定标准,确定比分,讲清程序,指出注意事项。如歌咏比赛,要规定好必唱歌曲及选唱歌曲、参赛人数、具体要求、限定时间等,并拟定出队列、精神面貌、演唱形式、音调准确、音律丰富、声音洪亮、指挥、表情一系列的评分标准;又如口头作文竞赛,必须拟定好主题、选材、构思、结构、表达、普通话等每一项具体的比分及要求。有了这些明确具体的要求,参赛者就能有的放矢地做好准备,评委成员就能较好地把握分寸,避免挫伤参赛者的积极性。最后,组织要健全,建立健全竞赛组织是活动顺利进行并取得实效的重要保证。组织各种竞赛活动,应注意如下几个问题:班主任要始终站在主导者的位置,当好总设计师和总导演;竞赛的内容和种类要有整体规划,必须切实可行;要给优胜者一定的奖励,要有一整套完整的奖励措施,对于在竞赛中的优胜者要及时进行奖励(精神奖励为主)。

### (四) 表演式

表演式活动是一种寓教于乐的活动形式,它针对学生表现欲强的心理特点,通过歌曲表演、诗文朗诵、演讲、书法、相声、小品、魔术等多种形式,给学生提供展示才华的平台,并在此过程中,锻炼学生的胆量,增长学生的才干,丰富学生的业余生活,同时增进班级的凝聚力。案例7-3主要采用了表演式。在表演式活动中,班主任要尽可能地调动每一个学生的积极性,为每一个学生提供合适的角色,使他们都能在活动过程中获得成功的体验。此外,班主任在运用"表演式"组织开展班级活动时,还要注意活动与学科的结合,活动的主题应尽可能与学科的内容结合起来,不能单纯地为了表演而表演,这样才能充分挖掘活动的教育意蕴。

### (五) 游戏式

游戏式活动是通过角色扮演使学生在虚拟的情境中获得真实的生活经验,学会合作,学会交流,学会和平共处,克服妒忌、自傲、孤独心理,明白人际交往的规则,从而逐渐完成社会化的过程。

游戏是儿童活动的一种形式，也是儿童生活的组成部分。游戏是儿童的天性。通过各种游戏，儿童内心活动和内心生活得以外在呈现，儿童从而获得愉快、自由和满足，并保持内在与外在的平衡。一旦将游戏运用到小学生教学活动中，将知识通过有趣的游戏活动传授给小学生，他们就可以在玩中学，学中玩，将他们的视、听、做以及思维和语言结合起来。这种游戏学习是主动又富于创造性的活动过程，有利于促进儿童想象、情感、思维的发展，并能有效地培养儿童的观察力、分析综合能力、创造才能和审美情趣，使学习不再是一种枯燥无味的事情。

通过游戏活动的设计、组织、实施，学生们可以深刻理解班级建设目标，认同班队发展理念，共同为建设优秀班集体而努力；游戏是学生交往的一种方式，通过游戏活动，学生之间建立起共同规则，从而相互理解，相互信任，形成团结和谐的班队人际关系；游戏是一种促进学生个性全面发展的活动，在游戏中，学生们学会了共同面对顺境和逆境、胜利和失败、选择与放弃、果断与犹豫等不同情况，树立起团队意识、竞争意识和坚韧不拔、永不言弃的进取精神。

### （六）课题式

课题式活动是学生尝试用课题研究的方式，在老师的指导下，自主发现问题、自主研究问题、自主解决问题的一种探究性的活动方式。班主任开展课题式活动时，要注意以下一些准则：其一，选题要有价值，课题应尽可能是学生自己在生活中遇到的问题，解决这类问题能提高他们的认识，促进他们的发展。其二，选题的难度要适中，课题要适合学生的研究水平和研究能力。其三，要发挥学生的主动性，真正的班级活动应该以学生为主体，充分发挥学生的自主性、能动性、创造性，一旦忽视了学生的主体地位，班级活动就成了"班主任活动"，那么，它对学生的教育意义也就大打折扣了，只有充分调动学生的积极性，让他们积极探究、体验，学生的能力才能得到切实的提高。

## 第三节  班队活动的组织与开展

### 一、班队活动的组织

#### （一）选择活动主题

任何班队活动都必须有一个明确的主题，设计班队活动主题应遵循以下三个原则：

其一，凸显时代特征。学校教育是动态的、开放的、发展的，它始终与时代发展保持着密切的联系，因此反映班队活动灵魂的活动主题也不可能是固定的或绝对预期的。

其二，立足学生需要。班主任在设计活动主题时，考虑的不是我能够做些什么，或者学生应该做些什么，而是应该考虑学生关心什么，学生需要什么，要更多地考虑到学生的年龄特点、经验兴趣和他们的现实生活。不同年龄阶段的学生有着不同的生理、心理特征，活动主题的设计需要与之吻合。

其三，面向生活。活动主题还应与学生的生活相关联，并能对学生生活产生积极的影响。如果主题脱离了学生的生活实际，那么活动也就失去了存在的意义。

班队活动主题主要是指为落实班队活动教育内容而挖掘的素材。班队活动主题的来源主要有三个方面：

第一，从小学生的身边选择题材。小学生的日常生活是丰富多彩的，在学习、劳动、生活和娱乐中有许多欢乐，也有许多烦恼，许多事情都富有教育意义，可以从中提炼出班队活动的主题。比如：在学习方面可以开展"我是明星"之"进步之星""完美作业之星""课堂回答之星"等，其他方面可以开展"自己的事自己做""今天我值日""我是班队小主人""我是纪律小标兵"等活动。

第二，从有意义的节日中选择题材。一年中，有许多的节日、节气、纪念日，班队管理者可以通过各种方式来开展庆祝、纪念活动，充分利用有意义的节日选取较好的班队活动主题。例如，适逢母亲节，组织"让我们记住母亲的生日"主题班会，在学生没有任何心理准备的情况下，让学生说出自己母亲的生日，让那些能够记住母亲生日的同学说说自己是如何记住的，使那些记不住母亲生日的同学自感惭愧，进而对学生进行亲情教育，同时还可以布置家庭作业——"我为母亲做件事"等。"六一"儿童节期间，举办"少儿艺术周""雏鹰展翅，飞向明天"等活动。

第三，从学校周边环境中选择题材。在我们生活的环境中，独特的自然风光、风土人情和悠久历史蕴含着丰富的教育资源，我们可以从中提炼班队活动的题材。例如，连云港师专一附小三(4)班根据学校所在地毗邻闻名遐迩的花果山，设计了以"大话西游"为主题的形象生动的主题班会活动，对学生进行了热爱家乡、热爱祖国大好河山的教育，增强学生们对古典文学的了解和兴趣。此外，我们还可以组织学生走进社区，开展社区服务等。

【案例7-4】

经过调查分析，袁文娟老师在以前每学期设计活动的基础上，借用年历的方式对学校活动做一个整体的、系统的设计。这份年历，对于老师来说，每年要做哪些基础性的活动一目了然；对于学生来说，要参加哪些活动也是可以预知的。学生活动年历设计要坚持与上级活动要求相结合、与年级系列活动相结合、与家庭教育活动相结合、与节庆纪念活动相结合和与学校传统活动相结合的"五结合"。[①]

---

① 袁文娟."学生活动年历"的设计[J].班主任之友(小学版)，2009(9):32-33.

| 月份 | 活动内容 | 备注 |
| --- | --- | --- |
| 一月 | 1. "新年,我有一个愿望"<br>2. "瞧,我真棒!"家长开放日 | |
| 二月 | 1. "喜迎新春"亲子活动<br>2. "春联"大搜索<br>3. "年俗"探究活动 | |
| 三月 | 1. "生命教育周"<br>2. 走进雷锋<br>3. 红领巾跳蚤市场 | 常州市生命教育周<br>3月5日雷锋纪念日<br>3月15日消费者权益日 |
| 四月 | 1. 读书节<br>2. 祭扫烈士墓<br>3. 我们只有一个地球 | 4月5日清明节<br>4月22日世界地球日 |
| 五月 | 1. 艺术节<br>2. 追星一族<br>3. 同在一片蓝天下<br>4. "我是一个兵"少年军训活动<br>5. 献给妈妈的歌 | 5月18日全国助残日<br>5月第二个星期日国际母亲节 |
| 六月 | 1. "六一"庆祝活动<br>2. "手拉手"地球村活动 | 6月1日儿童节<br>6月5日世界环境日<br>五月初五端午节 |
| 七月 | "党是阳光,我是花" | 7月1日中国共产党诞生日 |
| 八月 | 1. 家务劳动我能行<br>2. 寻访常州历史,感受古城巨变<br>3. "城乡儿童手拉手"夏令营 | |
| 九月 | 1. "民族精神代代传"主题教育活动<br>2. "校园形象代言人"选拔<br>3. 手拉手一起走进新学期 | 弘扬民族精神宣传月<br>中秋节 |
| 十月 | 1. "我自豪,我是中国人"<br>2. 寻找"爱国百分百宝藏"<br>3. 红领巾人才市场 | 10月1日国庆节 |
| 十一月 | 1. 科技节<br>2. 小公民道德实践活动<br>3. 解决烦恼我能行 | |
| 十二月 | 红领巾体育节 | |

➤ 扫描本章首二维码,参阅《基于学生成长需要的系列活动》。

## （二）选择活动内容

严格说来，班队活动内容包括班队活动首先确定的主题、实施过程中具体的活动、准备的各种材料和详细的实施步骤等。在班级活动内容的选择过程中，应把握三个准则：其一，角度要小。小题大做，才能对主题进行深度发掘，使主题更加突出。其二，内容要新。活动内容要新颖有创意，这样容易激发学生兴趣，从而调动学生的参与积极性。活动内容主要有：讲故事、说笑话、朗诵诗歌、表演小品、观看视频等。其三，材料要精。班级活动内容所涉及的材料要典型、精致、翔实，能够引发学生的思考。活动中需要的材料一方面需要班主任去搜集，另一方面需要学生去准备。比如，活动实施过程中的小品表演，班主任需要事先安排或鼓励学生主动申请参加表演，提前编写小品剧本进行简单的排练，有准备的表演既能增强活动效果，又能提高孩子们的表演能力和交往能力。

## （三）选择活动形式

班级活动的形式在一定程度上影响着班级活动的最终效果。在选择班级活动形式时，一般要考虑以下几个方面：

一是要考虑到学生的心理特点、年龄特点以及学生的个性倾向，尽可能使活动形式贴近学生的需要。对于低年级段的班队活动而言，游戏式活动更能让孩子们理解和参与；中年级段的孩子表达能力、理解能力更强，讨论式、表演式都是不错的选择；而到了高年级段，报告式、讨论式、竞赛式都能顺利开展并收到良好成效。

二是要使活动形式与活动主题相匹配，内容决定形式，脱离主题的活动形式，必将背离教育的主旨。在组织开展"好书伴我成长"读书活动时，可以采取经验交流会、知识竞赛、演讲会以及出专刊等形式；组织"服务班级，服务同学"志愿者活动时，以个人的或团体的活动形式比较好；组织书画、科技制作活动的成果汇报时，以展览、比赛等形式比较好。

三是要具有操作性。在选择活动形式时一定要考虑时间、场所和班主任的特长等各种现实条件，一厢情愿的理想，最终只能是美丽却不可及的海市蜃楼。在开展爱国主义教育活动时，如果学校附近有教育基地、革命纪念地、名胜古迹等，可以采用参观形式；如果能请到革命前辈、英雄模范，就可以举行报告会；如果不具备这些条件，可以开展以"可爱的祖国"为主题的诗歌朗诵演唱会，或者开展以"爱祖国，知国情"为主题的国情知识竞赛活动等。作为班主任，语文老师对组织开展"成语接龙""谚语大赛"等活动胸有成竹；音乐老师组织一场文艺演出或"献给春天的歌"的活动就具有得天独厚的优势；体育老师组织"小小运动会""技能竞赛"等活动就当仁不让。

## （四）拟定活动方案

当班级活动主题、内容、形式确定以后，班主任要将这些要素具体化、细节化，最终形成活动方案。活动方案有简案和详案两种，简案的特点是规划性较强，而详案的特点是操作性较强，具体选择哪种方案要视主题、内容和班主任的已有经验而定。多年带班的老班主任，由于无数次组织不同主题、不同形式的班队活动，经验丰富，可以轻松处理活动过程中出现的意外，因此可以写简案。相对而言，初次带班的班主任或者组织较为复杂的活动,为避免不可预料的情况,班主任应当考虑周详,写一个详案。无论哪种方案,都应该包括以下一些要素:活动名称、活动目的、活动时间、活动地点、主持人、参与人、活动内容与形式、活动步骤与过程。

## 二、班队活动的开展

开展班队活动是将班队活动设计的蓝图变为现实的过程,在这一过程中,班主任要统筹兼顾,安排好各项具体工作。

### (一) 布置活动场地

一个适切的活动场地能够给活动的开展提供一个良好的平台。班主任在开展活动的过程中首先要组织学生布置和美化活动场地,在活动场地的布置与美化过程中,要坚持教育性、新颖性、审美性原则,使得场地与活动内容和形式协调统一;在场地布置过程中,尤其要尊重学生的积极性和创造性,放手让学生自己去设计布置教室的方案,切不可由教师一手包办。学生自己选择的场地可能没有教师考虑得那么理想,但那是学生内心世界对生活的真实理解。教师应把场地布置过程变为培养学生自治、自强能力的过程,要发挥集体的智慧。这样的机会使得学生更加热爱自己的班集体,不仅使教室得到了美化,而且使学生从中增长知识,陶冶情操,其实践能力也能得到锻炼,学到许多在课本上学不到的知识,提高学生的组织能力和集体意识,大大丰富教育的内涵。

对于不需要布置的自然环境类活动场地,为安全起见,班主任应当实地考察,至少要熟悉场地情况,发现可能的安全隐患,选择安全通道,做出相应预案。

### (二) 分配活动人员

开展班队活动,应最大限度地发挥学生的作用,使学生觉得自己有所作为,特别是要使那些不大为人注意的学生发挥特长,施展其才华。假如开展活动时,只是少数学生在"动",大多数学生处于观看、陪同的地位,那就无法取得满意的效果。在活动中,要使每一个学生都能在活动中找到自己的位置,使每一个学生的能力都得到锻炼。这就需要班主任在开展活动过程中统筹规划,根据学生的能力倾向和个性特点,合理分配任务,使学生各司其职、各尽其责。

### (三) 调控活动进程

在活动开展过程中,虽然要充分发挥学生的主动性,但这并不意味着班主任可以放手不管,班主任应该针对活动中出现的偏差,及时指导,提供帮助,这样方能使活动顺畅进行。

### (四) 提供保障服务

活动的开展涉及一系列的环境与技术问题,单单依靠学生自身的能力来解决比较困难,因此在活动开展过程中,班主任应该尽可能考虑得周全一些,做好活动需要的保障工作,提供活动需要的条件和技术。

【案例7-5】

## 班队系列主题活动
马凌然

自2014年起,我和孩子们开始逐步走向新教育。几年来,我们每学期开展丰富多样的活动,"让教室里的每个孩子穿越课程和岁月,朝着有德性,有情感,有知识,有个性,能审美"的方向发展,让生命一天天的丰盈,一天天的成长。

一、爱他人,知感恩

如今的学生大都是独生子女,在父母的呵护中长大,他们很少从父母的角度去体谅父母的艰辛与不易,甚至还常常埋怨父母的唠叨、麻烦。他们大多数不懂得感恩,不懂得尊重,不懂得珍惜,认为一切都是顺理成章、理所当然的。为了让我的孩子们懂得"爱他人,知感恩",我结合品社课程教学,自三年级以来,就开展了一系列以"感恩"为主题的班级活动。我要让孩子们知道在自己成长的过程中有多少人付出了努力和关爱,从而学会感恩,进而用实际行动表达自己的感恩之情。

表7-1 "感恩之旅"系列活动①

| 年级 | 活动主题 | 开展时间 | 开展形式 |
| --- | --- | --- | --- |
| 三年级 | 我想对您(你)说…… | 2014年3月 | 孩子与父母相互写信 |
| 四年级 | 我要感谢您…… | 2015年3月 | 主题班会 |
| 五年级 | 我要回报您…… | 2016年3月 | 献爱心 |

二、爱阅读,诵经典

随着学校开展的新教育活动——"爱阅读,诵经典",我结合班级实际情况,多次开展"营造书香班级,享受快乐阅读"读书交流活动。我和家委会、班委会成员共同商量制订了班级读书计划。

首先是营造图书角。在班级微信群里,我向家长汇报了学校开展"爱阅读,诵经典"的活动,希望能得到他们的配合支持,也希望家长与孩子共同阅读,共同交流,营造书香家庭。我还向家长推荐了一些书目,比如《三寄小读者》《昆虫记》《三国演义》《没有一艘船能像一本书》……家长们非常配合,有的与孩子一起去新华书店买书,有的将自家的书带来,捐给班级。这些书涉及面很广,我经过筛选,从中挑出最适合他们阅读的书,然后和班委会几个成员一起进行整理,根据不同的内容,分门别类编上书号,登记入册后,排列整齐,放在教室后的一角,让学生阅读。然后在全班选出一名图书管理员,负责借阅归还登记。

---

① 限于篇幅,编者以表格呈现马老师开展过的班队活动。

新的图书角建立起来了,一本本图文并茂的新书好书,更增添了班级的"书香"氛围,当然我们图书角的书是要进行"漂流"的。三年来,闲时阅读,已成了我们班常态。课间特别是中午吃完饭后,同学们不用谁招呼,自觉地坐在教室里看书,没有人大声说话。刚开始别班的同学都以为他们在上课呢,时间一长,才知道他们是在午读。阅读真的有让人意想不到的效果,我们班原来有两个特坐不住的孩子,别的同学都说他们有"多动症",可自从阅读经典以来,他们的"多动症""不治而治"了,可谓"环境熏陶人"。现在读书已成为我们班的一大景观。

在"爱阅读,诵经典"的活动中,我还结合语文课程教学,向学生介绍阅读的方法和技巧,比如:做批注,摘抄好词好句,做好读书笔记……阅读课上一起交流汇报读书心得。此外,我还指导学生设计编撰读书小报,开展丰富多彩的与读书有关的活动:美文诵读比赛,成语故事比赛,文学常识比赛,汉字书写比赛……并利用教室后墙方寸之地,开辟一块"读书园地",展示孩子们的优秀作品,让孩子们在书香中享受快乐,在书香中体验成功,在书香中继续行进。

表7-2 "读书之旅"系列活动

| 年级 | 活动主题 | 开展时间 | 开展形式 |
| --- | --- | --- | --- |
| 三年级 | 营造"书香家庭" | 2014年9—10月 | 营造图书角、亲子阅读 |
| 四年级 | "晨钟启明,暮鼓宁心" | 2015年10月 | 手抄小报展示、读后感 |
| 五年级 | 读书交流 | 2016年10月 | 读书交流会 |

三、爱艺术,心乐观

新教育说:静静地守住一间小小的教室,就是守住教师的良知,守住每一个孩子的心灵。在这里,我希望为我的孩子们打开一扇又一扇的门,希望他们拥有健康、美丽的心灵,更希望他们的生活更快乐,他们的生命更丰富,他们的成长更精彩!

表7-3 "心灵之旅"系列活动

| 年级 | 活动主题 | 开展时间 | 开展形式 |
| --- | --- | --- | --- |
| 三年级 | 亲子活动 | 2014年6月 | 玄武湖户外亲子活动 |
| 四年级 | 学会调控情绪 | 2015年5月 | 文艺活动 |
| 五年级 | 亲子活动 | 2016年6月 | 扬州远足 |

(南京市栖霞中心小学)

**案例分析:**

我们可以看出,马老师的班级活动案例很精彩,系列主题,内容丰富,形式多样,时间分布合理。这些班队活动,既有孩子们自己参与的,也有孩子与家长共同参与的;既有在安全温馨的教室或家庭里开展的,也有在生机盎然的大自然中开展的;既有在鲜花盛开、万物复苏的春季开展的,也有丹桂飘香、硕果累累的秋日开展的,是不同主题、不同时间、不同地点,孩子、家长共同参与的班队活动。活动策划与组织者需要设计全面且精彩的活动方案,对活动的开展考虑细致周详,否则,任何一个环节出现差错,其后果都是非常严重的。

### 三、班队活动的总结

班队活动不仅需要重视设计与过程,同时也需要重视结果。对于一项班队活动而言,无论最后的成效如何,都应该进行总结,分析成败得失,这样有利于巩固和提升活动效果,为今后的活动积累经验。总结应当以肯定成绩和鼓励为主,这是激发学生信心的良好契机,但是在总结的过程中也比较忌讳一味地唱高调,对于活动中出现的问题也应该实事求是地进行剖析,找到原因、分析症结所在,总结经验教训,这样才能使学生认清不足,为下次活动的开展做好铺垫。

总结是回顾,也是展望;总结是积累,也是反思;总结虽然是在活动结束后,但是在活动过程中也应当审视。

**【案例7-6】**

## 班级实践活动后的思考[①]

今天上午,我带学生到莱阳市朝日绿源公司参观奶牛养殖和蔬菜种植。一路上不断地发现问题,不断地引导教育,始终保持心平气和。听到邻班的Y老师挺着大肚子在大发雷霆,我有些心疼。下午,和Y老师谈起这件事情,我们俩一起讨论:有没有可以不发脾气的办法?她想了想,又摇了摇头,说:"目前还没想到。"我就把我是如何做的告诉了她:

班会课,提前给学生打"预防针"。

我在四天前的班会课上就给学生上了专题班会。从自身安全、文明有序、礼貌待人、遵守纪律、探究学习等几个方面进行了引导,尤其是强调了安全和纪律两个方面,并布置学生回去查找相关资料。

临走前,进一步强调要遵守的各种规则。

早晨七点四十集合,我利用十分钟,又进一步让学生回忆了班会课上讲到的几个方面的问题。为了让学生更清晰地了解要求,我举了几个例子说明,例如,上车要排好队,行动听指挥等。最后,因为外出情况多变,我告诉学生遇到问题要大家一起想办法灵活处理,等等。

---

① 孙彦华.班级实践活动后的思考[J].班主任之友(小学版),2016(4):46-47.

在路上,遇到问题立刻相机引导。

上车的时候,我要求排好队上,学生做得很好,正在排队的时候,旁边的姜老师发现中间的门也开着,就喊了一声"中门也可以上"。后面的学生立刻从中门一拥而上。上去之后,我先让孩子们系好安全带,然后告诉学生,听姜老师的建议从中门上是对的,但上的方式仍然应该是排好队有序地上。后来,又上上下下好几次,学生就明白了应该如何做了。

听了我的办法,Y老师恍然大悟。接着,她谈起了自己发脾气的两个原因:一是有的学生拔萝卜的时候碰到小的就丢掉重新另拔,最后捡了十几个丢掉的胡萝卜,装了一塑料袋子;二是有的学生把擦手的纸丢在地里,搞得到处都是垃圾。这两件事情看得出学生的以自我为中心和不讲公德,的确需要批评。但,有没有不发脾气也能解决问题的办法?是不是只有发脾气才是最好的解决方式呢?我们俩继续讨论,发现学生出现这种现象的原因主要是老师处理得不够恰当。

首先,活动前要讲清规则。

体育老师提前告诉学生,胡萝卜拔出来之后,无论是大的还是小的,都得留着,不允许随便丢掉再拔。我立刻重新强调了一遍,这是规则,不允许破坏。学生在做的时候,自然想到老师提到的要求。我们班培森拿到的胡萝卜只有大拇指粗,但他没有重新另拔,这是班级里其他孩子发现并告诉我的,我在班会课上表扬了他的行为。

其次,活动中要做好监督检查工作。

开始拔萝卜了,我让第一排的先拔,另外三排学生蹲下观察,起到了监督作用,第一排拔完之后,到后面把叶子摘下来。其他三排依次进行。所以,这个环节,也不是我们班学生比Y老师班的自觉,而是监督检查的方法起到了作用。

分析到这里,我们发现,两个班级的孩子相差不大,主要是老师的处理办法不同,效果也不同:老师定好规则是前提;老师想好办法,拔的过程中做好监督是条件。

再次,活动中要恰当地进行激励和批评。

老师批评学生,是把问题的重点放到了学生身上,而没有觉察到自己身上的问题。此是第一错。其次,Y老师认为发现了问题就要立刻进行批评教育,所以,让全班学生就地站好,面对所有的学生进行批评。这样做,对那些没有做错的孩子是不公平的。这是第二错。

雷夫老师在道德发展的六阶段理论中指出,第一阶段是我不惹麻烦,靠惩罚起作用;第六阶段是我奉行既定的准则,靠境界起作用。Y老师班里那些做对的孩子完全是靠自己的境界起作用,而老师的批评把他们和第一阶段的"靠惩罚起作用"的孩子放在了一个道德水平上。老师应该把做错的孩子叫出来,有针对性地批评,而对其他孩子应该大加赞赏。如此,正面表扬和反面批评同时使用,效果会大不一样。

做对的孩子自信满满,做错的孩子在集体的力量之下会以此为戒。

Y是一个喜欢思考、喜欢学习的老师,分析到这里,她很用心地说,会从今天的交流中找到问题,再做出改进。我相信她一定会做得更好。她也是我的一面镜子。很多时候,我也因为没有控制自己的脾气而大发雷霆。情绪失控的最直接结果是大脑变得简单起来,智慧完全丧失。以她为镜,思考改进和完善自己的教育管理方式和方法。

最后,活动后要做好总结和引导。

最后一节课,我走进教室,针对这次实践活动召开了一次班会,对学生进行进一步的引导和教育。我先在黑板上写了七个大字——"离'文明'只差一步",然后,让学生谈谈在这次实践活动中看到的文明的事情。学生纷纷表扬那些文明有序、先人后己、有团队意识的同学,并用掌声表示鼓励。被表扬的学生脸上洋溢着自豪和自信。接着,我告诉学生,这次活动中,还有些同学做出了不太文明的行为,这是因为心中有一颗"不文明"的种子,我们需要把它从心里清除出去,然后才能长出新的"文明"的种子,希望这样的同学能够有勇气站起来承认错误。小孩子的心那么柔软,立刻发现了自己的问题:有的孩子说,她拔断了一个萝卜,趁大家不注意又放到了地里,重新另拔了一个;有的孩子说,他把擦手的纸放到了车座上;有的孩子说,自己参观的时候没有想到别人,在靠前的位置站了那么长时间……最后,我把"离'文明'只差一步"改成"做'文明'人",总结之后,结束了这次实践活动。

这次实践活动不仅给学生留下了深刻的印象,更是对他们的心灵进行了一次洗礼,还给两位班主任老师在管理工作方面留下许多的思考——怎样才能在教育过程中生成更多的教育智慧?我们需要在工作中总结经验,在观察比较中发现问题。做到智慧教育不易,心平气和地教育更是不易,只有不断觉察,不断修炼,不断调整,才能做得更好。

讨论:

请评析案例中"我"的班队活动组织与开展的成功之道。

## 四、活动中的问题解决策略[①]

### (一) 活动中可能出现的问题

班主任在设计与组织活动时要未雨绸缪,对于活动过程中可能出现的问题要进行充分预设,并尽可能设计多种解决方案。这样,若当真发生问题,也能做到临危不乱。班主任可以从以下几方面考虑可能遇到的问题:

(1) 安全问题。这是最重要的问题。比如春游,首先就要考虑行车安全问题;其次

---

[①] 邓艳红. 小学班级管理[M]. 上海:华东师范大学出版社,2010:113.

是活动地点自然环境的安全问题,如是否靠近水边,是否需要登山,等等。

(2) 学生问题。首先是学生的身体问题,如外出乘车时的晕车问题;其次是结组活动时学生的搭配问题;个别有困难的学生如何帮助的问题;等等。

(3) 环境问题。如外出活动天气突变怎么办,活动过程中突然停电怎么办,等等。

(4) 组织问题。在活动没有真正开展起来时,谁也无法保证肯定会成功。很多时候设计得很好,但真正实施的时候,因为各种原因没有达到预期的效果,甚至会失败。所以,活动前要充分考虑针对问题的处理预案。

(二) 突发事件的应对

突发事件最能考验班主任的智慧、胆量和品格。班主任在应对突发事件时要注意几点:

(1) 班主任自己首先要镇定。一旦发生突发事件,所有的学生都会期待老师帮助妥善解决。作为成年人,老师的镇定会给孩子们带来安全感,减少骚乱的发生。

(2) 一切决定要以保护和尊重学生为出发点。当学生出现失误或做出不适宜的事情时,班主任不能简单、粗暴地训斥,而要用宽容的态度对待学生。一方面,及时反思:为什么会这样?是哪方面教育的缺失造成的?另一方面,注意尽量大事化小。

(3) 从不好的现象中寻找好的因素,因势利导,使事情向好的方面发展。

(4) 及时寻求领导、同事等他人的帮助。活动前预设可能出现的问题时,如果需要他人的帮助,班主任应提前找到相关人员加以说明。

**【案例7-7】**

秋天来了,小张老师决定带孩子去乡村秋游,体验乡村生活。她精心设计远足计划,征求了家长意见,得到了学校批准。小张老师开了班会,宣布了秋游注意事项和一些准备要求。孩子们离开钢筋水泥的城市,进入到广阔的大自然,无拘无束,开心极了。小张老师和两位志愿者家长紧张地盯着孩子们蹦蹦跳跳地欢乐行走在乡村小路上,游戏在苹果树下,唱着愉快的歌谣。中午的农家饭,孩子们没有挑食吃得格外满足,下午的活动一切显得秩序井然,一天的秋游将会圆满地结束……

"张老师……哇哇……"哭喊声惊动了小张老师、两位家长和所有同学,晓明和小峰两个男生跌跌撞撞从树丛里钻了出来,紧跟着传来轻轻的嗡嗡声。"马蜂?"小张老师脱口而出。刚走出校门两年的小张老师,面对传说中的"捅了马蜂窝",不知所措,竟然愣了。幸好,那位男性家长飞快地冲过去,挟起两个小男生斜斜冲进灌木丛,远离了其他同学。三人钻进灌木深处,马蜂在头顶盘旋了一阵回巢。其时,一个女生跌倒擦伤了手掌和膝盖,两个女生崴了脚,哭得那个可怜与伤心……两个小男生毫发无伤,那个家长胳膊被马蜂蜇了两个大包……

> 返校后,小张老师一直处在矛盾中,第一次组织校外活动就砸了,怎么向三位受伤学生的家长交代?以后还组织校外活动吗?
> ▶扫描本章首二维码,参阅《一堂失败的班会课教给我……》。

### 思考题

1. 什么是班队活动?如何理解班队活动的内涵?
2. 班队活动的特点有哪些?
3. 班队活动的教育意义是什么?
4. 什么是班级例会、主题班会?
5. 简述班队活动的类型。
6. 简述班队活动的组织方式。
7. 简述班队活动设计的内容。
8. 简述班队活动开展的步骤。

### 实践探索

1. 请进入实践教育基地小学,分别观摩班级周会、班级晨会,做出详细记录,然后与自己的同学交流,用学过的相关知识对这些班级例会做出评价。
2. 请进入实践教育基地小学,分别观察不同班队、不同班主任的主题教育活动,用学过的相关知识做出评价。
3. 请利用教育实习机会,根据实际情况设计一份主题活动方案,并在小学里尝试组织和开展这个活动。活动结束后,请进行评价与反思。

### 案例研究

**案例1:**

五年级某班。班主任发现,少数少先队员对红领巾很不爱护:有的放学后走出校门就把红领巾摘下来,揉成一团塞进书包;有的用红领巾抽打别的同学;有的用红领巾绑在脚上做游戏。更有一次,班主任发现,有人用红领巾蒙住另一个同学的头,其他同学则乘机敲这位被蒙住头的同学。

请问针对以上现象,班主任应当如何进行教育。

**案例2:**

2014年4月10日上午,海南澄迈县老城经济开发区某学校组织学生春游,自愿参加,每人交费一百元。春游目的地距学校约百公里,班主任及任课老师带队跟随。学校租用14辆大巴车运输586名春游学生。11时许,下着小雨,路面湿滑,其中一辆客车驾驶由于人为走小路躲避交管部门的检查、驾驶不当造成大巴车侧翻,当场造成8名小学生死亡、32人受伤,其中4名重伤。后经核实,此次事故中仅为事故学生承保了"学生平安保险",其中死亡伤残赔付每人2万元,医疗为每人1.5万元。而事故大巴被保险人海航某公司投保了交强险、商业第三者责任保险,而没有投保相应的车上人员责任险及客运承运险。

如果你是班主任,如何详细策划,安全组织校外活动,既达到活动预期目的,又尽可能避免学生伤亡事故的发生?

**拓展阅读**

1. 芮秀. 班主任班队活动管理艺术[M]. 长春:东北师范大学出版社,2010.
2. 吴琤光. 小学主题班队活动设计集萃[M]. 杭州:浙江教育出版社,2005.
3. 关注中国少年先锋队网,http://zgsxd.k618.cn/.
4. 鞠文灿. 班队活动设计与管理[M]. 长春:东北师范大学出版社,2007.

# 第八章
# 小学班队教育力量管理

书信，让我拉紧家长的手
教育真性情·家校篇

**学习目标**

1. 了解小学班队各种教育力量。
2. 了解班主任与科任教师的关系，明确班主任协调科任教师的任务，理解协调科任教师进行班队管理的策略。
3. 了解家长在班队管理中的作用，理解家校合作的含义与意义，学会用合理的途径与方式进行家校合作。
4. 了解社区资源的教育功能，明确社区教育资源的内容，学会开发利用社区教育资源。

班主任要"经常与任课教师和其他教职员工沟通，主动与学生家长、学生所在社区联系，努力形成教育合力"。班队管理是个开放的系统，班队管理资源丰富多样，它既包括校内管理资源，又包括校外管理资源。校内管理资源包括科任教师资源、学校管理与后勤部门等资源；校外资源包括学生家庭、社区、社会机构等资源。此外，管理资源还包括报刊图书、广播电视、网络等媒介资源，班主任在管理班级时必须充分开发、利用和整合各种管理资源，才能取得好的效果，实现管理目标。

## 第一节 班主任与科任教师的协调

在班队管理中，班主任不仅直接领导与管理着整个班级，还通过对班队管理团队的领导进行着班队管理。这个管理团队是由班主任与科任教师共同组成的。班主任与科任教师间的协调，是班队管理者之间的协调。

## 一、科任教师作为班队管理者

### (一) 课堂教学同时也是课堂管理的过程

课堂教学即所谓的"班级授课制"。当教学在一个组织中进行时,教学就不仅是知识传递与技能训练的过程,同时也是管理的过程;科任教师不仅是知识的传递者,同时也是管理者。

课堂教学是一种有组织的活动,它是在组织成员相互作用中实现的。关于课堂教学组织的研究表明,教学目标的实现与课堂组织的特征相关。科任教师是课堂组织的领导者,教师不同的领导作风(如"民主型""专制型"和"放任型"),对课堂的氛围会产生不同的影响。

### (二) 科任教师是班级组织管理团队的成员

课堂教学是班级生活的重要形式,可以说一个班级大部分的活动都是课堂教学。班队管理目标的实现与课堂教学联系在一起。

班级组织建设的最高目标是形成集体。班集体不是抽象的存在,它要体现在班级的全部生活中。如果说课堂教学是学校教育活动的主渠道,那么良好的班集体应当能在课堂教学活动中得到最好的体现。班集体目标中核心的部分,就是促进学生的课堂学习。从这个意义上说,课堂管理是班集体建设的过程,也是班集体形成的体现。科任教师进行课堂管理,就是对班集体建设的参与。

课堂教学也构成了班级日常生活,因此班级日常管理包括每天的课堂教学管理。班主任并不能对每一堂课进行管理,但是通过科任教师可以实现班级日常管理的一部分工作。科任教师在课堂教学中也参与了班级日常管理。

## 二、班主任协调科任教师的任务

协调意味着合作,在班队管理中,班主任与科任教师的协调,不只是科任教师对班队管理工作的支持,也是班主任对科任教师工作的支持。这种支持恰恰是管理上的相互支持。搞好课堂管理是科任教师的直接责任,但也是班主任的管理责任。支持科任教师进行课堂管理,就是进行班队管理;科任教师良好的课堂管理也是整个班队管理的组成部分。

### (一) 了解科任教师课堂管理情况

班主任对班队管理有直接管理和间接管理两个方面,直接管理是班主任直接面对班队全体学生开展管理活动,间接管理是班主任通过其他途径进行班队管理,对课堂教学的管理就是间接管理。由于间接管理要借助于其他的力量,因此了解科任教师课堂管理的状况,就是实施间接管理任务。

### (二) 对科任教师进行课堂管理提供指导和支持

为课堂提供良好的组织条件,应当是班队管理的目标。而一个班队某一课程的课堂管理，也不是孤立地进行的。某一课程课堂管理的质量，与整个班队管理的状态相关，也与其他课程管理情况相关。首先科任教师要听取班主任的指导。这并不是说科任教师的课堂管理要按班主任的指令进行。班主任对科任教师课堂管理的指导更多是提示科任教师注意或关注某些同学，或者在思想、方法上提供一些帮助。然而，科任教师是课堂管理的直接管理者，是第一责任者，有义务和责任维持教堂秩序，保证教学活动顺利进行。因此，为了达成这个目标，科任教师的课堂管理也需要相关班队管理活动的支持，尤其需要班主任的支持。

### 三、班主任协调科任教师进行班队管理的策略

#### （一）引导科任教师尽可能参与班队活动

教育是一项系统工程，没有科任教师参与的班队管理是不完美的、不和谐的。班主任要引导科任教师充分认识班队教师团结合作对于班集体建设、班队学生发展和学科教学的重要意义；引导科任教师努力在学科教学中做到教书与育人相结合，自觉通过学科教学服务班队管理；组织科任教师参与班队计划的制订、执行和完善，尽可能参与班队活动。

#### （二）引导科任教师热爱和尊重班队中的每一个学生

班主任向新的科任教师介绍学生情况时，要用全面的、发展的观点评价学生。如某学生好，好在哪里，还有什么不足；某学生差，差在哪里，还有什么优点。切忌"某学生成绩太差，没有希望了"之类的评价。这种戴上有色眼镜的介绍，会使科任教师形成认识上的定势，失去教育信心，不利于教育教学工作的开展和后进生的转化，也会为以后的师生冲突埋下隐患。

#### （三）树立科任教师在学生心目中的威信，教育学生尊重科任老师

有些学生对班主任和科任教师采取不同的态度，一方面是因为两者的约束权力不同；另一方面是因为对科任教师缺乏了解。

师生关系是教育过程中最基本的人与人的关系，只有尊师爱生，才会出现乐教乐学的生动局面。班主任要发挥学生在感情上依赖、信任的优势，积极地做好科任教师的宣传和介绍工作。这要求班主任努力全面地去了解每一个科任教师的教学风格、处事方式、优点长处，要把科任教师最闪亮的一面介绍给全班学生。作为班主任，切忌在学生中间抬高自己而贬低其他科任教师。在工作当中，当学生对个别任课教师的能力提出异议后，班主任要多深入课堂，了解情况并及时、坦诚地把学生的意见反馈给任课教师，但绝不是指责和批评，要像好朋友一样，真诚地提出改进的意见。对待学生的反应，班主任要竭力维护科任教师的职业权威，要引导学生积极地去适应和配合科任教师的教学工作，而不能因为消极情感影响学科学习。班主任还可以组织科任教师与学生一起召开教与学的研讨会，让任课教师把自己的教学设想告诉学生，让学生把自己不清楚的知识点告诉任课教师，使师生之间的沟通正常化。科任教师要按着学生的合理要求去

改进教学,学生也要积极地适应任课教师的教学方式。

【案例 8-1】

某班音乐老师岑老师,个头不高,衣着朴素,刚毕业三年,平时又不常跟学生多说话,于是学生干脆就不把他放在眼里。这样一来,音乐课的课堂纪律混乱。发现这个问题以后,班主任就与岑老师聊天,建议他改善自己的教学形象,树立威信。另外,班主任还适时地向学生介绍岑老师在上大学时的优异成绩,并且在上大学时就入了党,是一位品学兼优的大学生。这三年,他在市镇各类音乐比赛中获得多项奖励。学生了解到这些后,一个个睁大了眼睛,有的还发出惊讶的赞叹,学生从内心对岑老师产生敬佩之情。自此,学生不但喜欢岑老师,还主动要求岑老师教他们唱歌,大大提高了学习音乐的兴趣。

### (四)协调科任教师之间以及科任教师与学生之间的关系

在教育教学活动的过程中,教师的协调一致是十分重要的。有的教师对学生要求严格,有的教师对学生要求相对较低,较差的学生对要求较严的科任教师常会产生反感,而较好的学生则对要求较低的老师也会产生不满。班主任要经常和所有科任老师取得联系,对学生的要求宽严适度,尽量一致,保持平衡。

另外,班主任还要及时妥善地处理科任教师与学生之间的各种矛盾,消除师生之间的对立情绪,有利于建立和谐的师生关系。教师与学生之间经常会发生一些小的摩擦,这会影响师生之间正常的合作关系。班主任应以人际协调者的身份,架起师生之间沟通的桥梁。矛盾发生后,班主任要细致了解情况,并根据事实做出客观公正的处理。要达到使科任老师满意,当事学生心悦诚服,全班同学信服,并能引以为戒。一方面,班主任要先做好学生思想工作,主动找科任教师承认错误,让学生心悦诚服地接受科任教师的批评与帮助。另一方面,班主任还要向科任教师介绍学生的性格特点以及处事方式,希望科任教师以宽广的胸襟去接纳和包容有错误的学生,使师生之间不会因为一件小事而产生合作的障碍和消极的情感体验。切忌听了科任教师汇报后,就不分青红皂白地找当事的学生或在班上公开训斥,那样做问题不仅得不到解决,反而会使学生误认为,一定是科任教师向班主任"告了状",因而产生逆反心理,达不到应有的教育效果。同时,教育学生要换位思考,换一个角度看问题,多几个"假如……",对学生的处理一定要先和科任教师通气,还要做好科任教师和学生的善后工作。

**【案例 8-2】**

任小艾老师做班主任时,就让学生为每个上课的老师准备一杯水,并在杯上写着"亲爱的老师,请喝水!"一杯水并不起眼,可是它表达了学生对老师的关心,所以教师们都愿意到任老师的班上上课。他们说:"我们就爱到任老师班上上课,他们班有水喝!"难道老师缺水喝吗?当然不是,其实,老师们透过这杯水,感受到的是学生的爱心。

### (五)协同作战,与科任教师共同提高教学水平

首先,班主任不能为提高自己教学科目的水平,利用班主任的特殊身份挤掉学生学习其他科目的精力和时间,而应引导学生把学各科的时间进行科学分配,不搞"一枝独秀"。

其次,班主任应该与科任教师共同分析全班的学习环境、知识基础、努力方向、学习程度,还要深入了解每一个学生的学习目的、态度、成绩,并在此基础上,协同科任教师激发学生的学习动机,培养学习兴趣,再经指导使用科学的学习方法,使学生的各门各科知识得以全面发展。

另外,班主任还应积极采纳科任教师的意见。科任老师最能体验到班队管理工作的优劣。班主任在拟订班务工作计划、班规,选配班干部与科代表,设想安排班队建设,科任老师通报学生对课堂教学的建议要求等工作中,如果能尊重、采纳科任老师提出的建议和意见,并迅速实施,不仅能促进工作,激发科任老师关心班队工作的热情,同时还能消除原有的种种顾虑,互相配合,同舟共济。若班主任认为科任老师的意见和建议无足轻重,消极对待,不仅会挫伤其积极性,还会出现互相埋怨的现象,影响工作。

## 四、班主任协调科任教师的方式

### (一)建立"协调会"

班主任与科任教师的班队管理共同体,最好以"协调会"的方式建立。"协调会"应当是由班主任牵头,所有科任教师参与的班队管理者共同体。

建立"协调会"的目的在于协调班主任与科任教师的班队管理行为,确保班队管理目标的实现,其作用在于统一班队管理者的思想,互通管理工作信息,提供相互支持。

当班主任或新学年(新学期)科任教师发生变化时,班主任应召集科任教师开会协商,共同确认建立"协调会"制度,并商定"协调会"定期举行的时间和协调会主要解决的问题。协调会一般可1月举行1次。频繁开会,会加重教师负担,且不经济,但若遇特殊情况可临时召集。

协调会的主要内容有:互通实施班队管理的情况;提出班队管理中需要共同解决的问题;商定协调解决问题的办法;协调会召集的方法。

## （二）与科任教师进行个别沟通

班主任应经常与科任教师进行沟通和交流，做到信息互通，及时了解科任教师对班级情况的认识，了解师生关系状况。遇到问题时要主动与科任教师交换意见，做到有商有量，共同解决，取得他们的支持与配合。班主任除了在平时工作中与科任教师进行交流，还应在以下几个关键时期主动与科任教师沟通：

1. 开学初期

新学期刚开始，班主任应就学生名单、班干部的组成人选、座位的排定、成绩的情况、贫困生的情况等跟科任教师交流，让他们心中有数；还有，班级座位一般由班主任安排，但是允许科任教师自己变动；另外，班主任要了解科任老师对上课以及作业的要求等，对各科老师的要求做到心里有数，而不是只要求学生遵从自己的要求。

2. 班级发生新问题、新情况时

班级如果发生一些新的情况，比如学生转学、教师调动或其他一些偶发事件，都应及时交流意见，对科任教师的建议与合理要求要十分重视，切忌表现出烦躁心态。班主任必须认真倾听，并及时回应，这样科任教师才能体会到自己被尊重，对班集体的情况才会主动关心，并愿意与班主任交流。

3. 考试前

由于考试竞争激烈，每位科任教师都具有强烈的事业心、责任感，因而都会或多或少从本学科出发，对学生布置大量的作业，利用一切可利用的时间进行辅导。班主任在赞扬和保护教师积极性的同时，及时了解各学科教学进度，进行合理调整，使各科学习负担与学生的承受力维持平衡，安排好各科辅导、练习时间。这样相对减轻学生的学习负担，保证学生学习和生活的正常运转。

4. 科任老师教学中出现问题时

班主任不能把科任教师在教学中遇到或发生的问题，简单而又片面地以为那是他们自己的事，应由他们自己解决，与己无关，或袖手旁观，或有意回避。班主任在这种情况下必须主动与老师沟通，协助科任老师解决教学中遇到的困难。

苏联著名教育家马卡连柯指出："如果五个能力较弱的教师团结在一个集体里，受一种思想、一种原则、一种作风的鼓舞，能齐心一致地工作的话，那就比十个各随己愿单独行动的优良教师要好得多。"所以班主任应该主动协助科任老师开展工作，使科任老师的工作得以顺利开展。正确处理好班主任与科任老师的关系是构建优秀班集体的保障。

【案例8-3】

## 班主任工作中的一次触礁[①]

从事班主任工作将近七年，人际关系可以说是我的软肋，不善交流沟通，与家长也好，与科任老师也好，总是能躲就躲，能避就避，也因此给自己制造了很多不必要的矛盾和误解。

记得那是自己接手这个班的第三年，因为原先数学老师调动，我们班就换了个数学老师。一段日子接触下来，我发现这个数学老师教学上非常认真负责，对学生也有自己的一套，来了没多久，我们班的同学就在她的感化下在学习、纪律等各方面都有不同程度的进步和改进，心里不禁暗暗窃喜。但时间一久，我发现，不管班级里的啥事情都少不了她了，处理班级突发事件也好，与家长沟通也好，哪里都有她的身影，我的心里不由得升起阵阵的落败感。有时候也不免在心里埋怨，到底我是班主任还是她是班主任啊？总感觉自己有点被架空了。

后来一次，她跟我提及，我们班的学生时间观念似乎不是很好，做事情老是拖拖拉拉，不知道什么时候该干什么，应该在教室里挂个钟，培养他们的时间观念。我一听也觉得有道理，想着啥时候有空去买个钟挂上，但后来因为各种琐事给耽搁了。过了两天，正是早自修的时间，我组织学生在教室晨读，自己回到办公室拿书，她一看到我很开心地说："钟我买来了，电池也装上了，我这就去挂上。"说着拿起钉子和锤子就往外走。我想也没想就说："下课再去吧，现在他们正晨读呢，你一去挂，他们读书的心思也没有，肯定就看你挂钟了。"谁知她好像非常生气，回转身来，把锤子重重扔在了桌子上，嘟着嘴坐下了，啥话也没有。我顿时愣住了，我想我也没说错什么啊，晨读时间本来就少，她这一去，这个晨读就算报销了，这个钟下课去挂也没关系啊，不差那么几分钟啊，她有必要这么小题大做吗？于是，我也非常生气地回教室了，总感觉自己受了莫名的委屈，她凭什么对我扔锤子啊，我也没说错什么啊。再说这是我班主任的事情，我自己会做的，只是这几天忙忘了而已。就这样，也许是因为内疚，也许是因为羡慕妒忌，我没有主动去跟她沟通，相互憋了好几天的气，谁也没有跟谁讲话。

后来跟一个同事说起这事，同事一语点醒我这梦中人，都还不是为了班级，为了学生吗？你们的出发点、目标是一致的啊！是啊，不都是为了这个班集体吗？作为班主任，我应该为有这么一位为班级尽心尽力的同事而感到高兴不是吗？如果把一个班级比作一艘航行的船的话，我是掌舵的舵手，而她这个科任教师不就是推波助澜的水手吗？一艘扬帆远航的船上，只有舵手，能航行多远？如果途中遇到鲨鱼，触

---

① 郑国福.班主任工作中的一次触礁[J].班主任之友(小学版),2011(11):38-39.

到礁石,仅靠舵手一人,能脱离危险吗?船要远行需要水手的鼎力支持,怎能因为这点小事任性地去怪罪她呢,岂不是太小气,太狭隘了!

于是,我主动拉下脸皮去跟她套近乎,说班级的最近情况,说个别学生的特殊表现,她也很大度地原谅了我,班里有任何情况,哪个学生有不对的苗头,她都会及时地提醒我,并给我出主意。

搭档三年了,虽然偶尔因为自己的嘴拙还是会有矛盾和不愉快,但很快也都过去了。因为我们的方向目标是一致的,一切为了班级里的孩子好。马卡连柯说:"哪里教师没有结合成一个统一的整体,哪里就不可能有统一的教育过程。"一个班级的建设与管理仅靠班主任一人是不行的,不同科目的任课老师能够看到学生的不同方面,不同的任课老师对班级的管理与建设也有着自己与众不同的见解。因此,作为团队的组织者、协调者,经常与任课老师进行交流是每个班主任必须进行的一项工作。

**案例分析:**

班主任不是一个人在"战斗",也不可能一个人在"战斗"。即便是包班制的国家,"Classroom Teacher"仍然需要与其他老师或者学校工作人员的协助才能完成教育教学工作。我国的班队管理是班主任与科任老师、学校工作人员、家长等共同努力协作工作的结果。班主任应该主动协助科任老师开展工作,使科任老师的工作得以顺利开展。正确处理好班主任与科任老师的关系是构建优秀班集体的保障。

案例中,班主任与数学教师之间的关系很微妙,互有误解。"不管班级里的啥事情都少不了她,处理班级突发事件也好,与家长沟通也好,哪里都有她的身影,我的心里不由得升起阵阵的落败感。"班主任认为本职工作、分内责任被抢而感觉被"架空",因此而感到被忽略、被轻视的气愤;数学教师则因为"我本来是为了你的班"被误解为"多管闲事",因此而感到"一种否定,一种不满"的委屈,于是双方矛盾终于在安装"时间钟"的问题上暴发。"也许是因为内疚,也许是因为羡慕妒忌,我没有主动去跟她沟通,相互憋了好几天的气,谁也没有跟谁讲话。"好危险,如果相互置气不是几天,而是几周、几月,那么结果受到伤害的不仅仅是班主任和数学老师,或许最终受伤害最大的是他们共同的学生吧。

然而,"当局者迷,旁观者清",同事一语点醒我这梦中人,都还不是为了班级,为了学生吗?班主任作为班队管理的首要管理者,充分认识到"我们的方向目标是一致的,一切为了班级里的孩子好"。所以,他"主动落下脸皮去跟她套近乎,说班级的最近情况",最后和数学老师化解矛盾,形成合力。但是,我们认为案例中班主任在对班主任工作的认识还有一些误区,比如"主动落下脸皮去跟她套近乎",难道主动与一位科任老师沟通很丢脸,伤自尊吗?更何况"数学老师教学上非常认真负责,对学生也有自己的一套……我们班的同学就在她的感化下在学习、纪律等各方面都有不同程度的进步和改进"。

作为团队的组织者、协调者,经常与任课老师进行交流是每个班主任必须进行的一项工作。同时,我们在第二章班主任的能力素养中谈道:"只有那些善于交往、能团结人的班主任,才能够更好地协调各方面的教育力量,才能把班主任工作做好。"因此,班主任应树立主动沟通、积极交流的思想意识,提升人际交往能力,并在方式方法也多加注意。

## 第二节 家庭教育资源的开发和利用

家长是孩子的第一任老师,家庭教育对学生发展具有深远的影响。因此,班主任应该注意引导家庭教育资源向积极方向发展,让家庭教育配合学校教育,形成促进学生发展的班队家庭合力。小学阶段是一个学生成长的关键期,小学是儿童走出家庭接触到的第一个正规教育场所,再加上儿童身心发展还不成熟、可塑性大,小学生更容易受到家庭和学校两方面的影响。

### 一、家庭在班队管理中的作用

#### (一)家长是班队管理中重要的教育力量

一个家庭即可视为一个微型的组织,父母是家庭的管理者。每一个家庭都会有自己的特征,因为不同的人,价值观不同,选择的行为方式也不同。家长根据自己的家庭需要来进行家庭管理,他们会对孩子提出行为方式的要求,对于学生来说,他们的行为受到父母很大的影响。父母是孩子的第一任而且是终身的老师,父母长期以来的言传身教对学生的影响作用,远远超过与学生只有几年接触的班主任和科任教师,也超过社会环境对他们的影响。

家长参与班主任的班队管理,就是参与学校对孩子的教育。随着社会的发展进步,人们越来越认识到家庭教育的重要性。从这一意义来说,家长也是班队管理中一个重要的教育力量。

#### (二)家长是班队管理中重要的支持者

一个指向班队组织目标、遵循着班队组织目标规定的行为方式开展生活的班队,能够使学生习得良好的行为方式,这种行为方式不仅是学生在班队中采取的行为方式,也是学生在校外,包括在家庭采取的行为方式。如果学生在班队中习得的行为方式,在社会中、家庭里,尤其是在家庭里不能够得到支持,那么学生在行为的选择上,就会遇到冲突。冲突的结果,或是他坚持了学校班队中获得的行为,但是他的行为在家庭环境中就会遇到困难;或是他放弃了学校班队中获得的行为,但是他的行为在班队环境中就会遇到困难。这种相互冲突的班队与家庭环境对学生的成长是极为不利的,由于学生身心发展水平有限,尤其是小学生的自主性发展还不够,他们将难以应付行为冲突的环境,在这种情况下行为问题的产生就不可避免了,而行为问题又必然导致班队管理中的问题。

### (三) 家庭是班队管理中重要的教育资源

家长来自社会的各个方面,他们的工作经历、社会经验、人生感悟都是很丰富的,是班队对学生进行教育的不可多得的教育资源。班主任可以邀请家长在主题班会上为学生做一些专题报告、讲座等,也可以利用黑板报等形式创造家长和孩子交流的机会。这样既能开阔学生视野,拓宽知识面,又可以拉近家长和孩子的距离,还能够激发孩子的自尊、自信,这对于学生的成长是难得宝贵的资源。

班队管理的要求与家庭生活的要求具有一致性,是班队组织目标实现的必要条件。由此可见,班队管理需要家长的支持和协助。家校合作是家庭教育资源开发和利用的主要形式。

## 二、家校合作的含义与意义

### (一) 家校合作的含义

家校合作是指在教育活动中,家庭和学校相互支持、相互配合、共同努力、合力育人,使孩子受到来自两方面系统一致、各显特色、相辅相成的教育影响力。

这一概念把家校合作所涉及的范围界定在学校和家庭两个领域。对学生最具影响的两个社会机构——家庭和学校之间形成合力对学生进行教育,使学校在教育学生时能得到更多的来自家庭方面的支持,而家长在教育子女时也能得到更多的来自学校方面的指导。家校合作既是一种关于家庭教育与学校教育两者关系的理念,也是一种处理两者关系的行为模式。学校是从事教育工作的专门机构,教育与教学的物质设施齐全,具有组织性、计划性和系统性。教师受过专门训练,具有较高的文化素养,具备教育教学、心理学方面的知识,教育学生的效果较好。

家庭是儿童接受教育的重要场所之一,特别是小学阶段,儿童还是未成年人,家长对孩子的教育和影响不能忽视。因材施教是家庭教育的最大优势,特别是现代家庭的物质生活条件和教育条件有了很大的改善,家长特别重视对子女的教育,这是教育的有利条件,但过高的希望也会产生一些问题,如以家长的意愿决定孩子的喜好,很少考虑孩子的实际情况;一些家长缺乏培养和教育孩子的经验;个别家庭父母双方对孩子的教育观念和教育方式不一致,也会降低家庭教育质量,而当下困惑家长的首要问题仍然是缺乏教育子女的科学知识和方法。

### (二) 家校合作对班队管理的意义

**1. 家校合作能增进班主任对学生的了解**

了解学生是班主任做好班队工作的基础,班主任可以通过多种途径和方式了解学生,其中家长是不可缺失的渠道。通过多种形式的家校合作,班主任可以从家长那里了解学生入学前的情况,还可以及时跟踪了解入学后学生在校外的各种表现;不仅了解每个学生的个性特点,还可以通过家长了解学生成长的家庭环境(包括物质的、精神的、人际的)。班主任对学生及其家长情况了解得越多,就越能够准确地诊断学生并采取比较有效的因材施教的教育对策。

2. 家校合作能巩固班队管理的效果

班队管理的效果不仅体现在班主任在场的时空和场所,也会延伸到校外生活场所,尤其是在家庭生活中。如班主任在班队管理中对小学生进行良好行为习惯的训练,这些行为习惯训练不是在校期间就能产生好的效果的,需要学生在校—在家—以贯之地保持,这就需要家长的配合、支持和监督,才能最终巩固良好行为习惯。

3. 家校合作能拓展班队管理的教育资源

家长从事不同的职业,具有不同的爱好、特长等,这是非常丰富、有用的教育资源。学年之初,可询问家长是否愿意同孩子共享他们的才能或经历,以激发孩子们的兴趣;为辅助课堂教学和丰富课外活动,学校可请家长来介绍他们的事业、爱好,讲述他们的人生经历,指导学生兴趣小组等。

4. 家校合作能增强班集体建设

研究表明,家长对班队活动的参与和支持能增强孩子对班队生活的安全感、归属感和荣誉感。这些是影响班集体形成的重要心理因素,因此,在班集体形成时期,家校合作有利于帮助孩子们尽快适应新的集体生活,建立起良好的班队人际关系。而在班集体形成之后,家长的支持和配合,可以使得班集体活动更加顺利和丰富多彩,有利于增强班集体凝聚力和荣誉感。班集体的班风、学风都和家庭的影响息息相关。

【链接】

家校沟通的"多"与"少"[①]

1. 多一份理解——少一份误解

班级中的几十个孩子来自不同家庭,家长的文化层次不同,从事的职业不同,不同的家庭环境必然孕育出不同品格的孩子。为了孩子的健康成长,我们必然要和家长保持联系,有时也难免会遭遇一腔热血换来冷水泼面的尴尬。当我们陷入困境时,不妨冷静思考造成这样局面的原因是什么?是家长的素质太低,还是我们的方法出现了问题?是孩子表达不清让家长和老师产生了误会,还是有什么特殊情况导致家长情绪失控?当我们静心思考,就一定会找

---

① 于青. 家校沟通的"多"与"少"[J]. 班主任之友(小学版),2011(11):25.

到问题的关键。

2. 多一份主动——少一份被动

为了孩子,我们与家长有了更多话题,同样还是为了孩子,家长却有可能与我们反目,特别当孩子的人身安全受到侵害时,家长往往会显得很不冷静,对老师大发雷霆。我们也很冤枉啊!这些意外事故大多是因同学间的玩耍打闹导致,一遇到事情,即便是平时和老师交往很融洽的家长,也拉下了脸面。孩子们都是一个个鲜活的个体,我们总不能让其静止不动吧!在遇到突发事件时,老师一定要保持冷静,多一份主动,毕竟孩子受伤,家长心疼着呢!

3. 多一份思考——少一份鲁莽

对同一种事物,不同的人,从不同的方向,在不同的时间都会有不同的观点,何况我们面对的是几十个有思想、有社会阅历的家长。那么,当家长的观点与我们的发生冲突时,我们应采取怎样的态度呢?

4. 多一份等待——少一份失意

十年树木,百年树人。育人是一项艰难而持久的工作。真正转化一个孩子不是一天、两天,而是一年、两年,甚至是更长时间。每一个孩子的背后都会有很多故事,尤其是后进生,我们做老师的不愿让任何一个孩子掉队,为了能转化一个孩子,愿意倾其所有,可是我们的诚心能够得到家长的理解和认可吗?

5. 多一份智慧——少一份压力

常听家长们感叹,老师们真是了不起,每天面对着几十个叽叽喳喳的孩子,这需要多大的耐心!尤其面对低年级的孩子,整天的唠叨常使老师们口干舌燥,嗓子沙哑,还要疲于应对学校工作,哪里还有对班级工作探索的激情?所以,工作中往往缺少了一份智慧。

良好的家校沟通是一门艺术,一门科学,只要我们在与家长的沟通中注意方法、技巧,充分发挥家长参与班级工作的积极性,我们的工作就一定会走到家长心中,我们的工作脚步就会变得更加轻松。

## 三、家校合作的途径和方式

### (一) 家长教育途径

(1) 举办家长学校。举办家长学校的目的是帮助家长掌握教育孩子的科学知识和正确方法,更好地协助学校进行教育教学活动,同时也可借此机会向家长传递学校的相关信息。

首先,建立组织机构。设立家长学校领导班子,组织一支有学校领导、中层干部、骨干教师及校外人士参与管理的领导机构。

其次,根据家庭、家长的实际,合理安排适当的学习内容。如家庭教育的重要性;家庭教育的原则与方法;孩子良好品行习惯的培养、良好学习习惯养成和创造力培养;自我保护意识的培养及家庭急救;家长如何配合学校教育孩子,怎样看待学生的学习成绩,等等。

再次,制定相关的制度、规章,如《家长学校规程》《家长学校学员管理条例》《"好家长""优秀学员"表彰条例》等,这样,使家长学校的办学制度化、规范化。

(2) 举行家庭教育经验交流活动。家长学校不能只局限于讲座形式,只给家长讲几堂课,更应该根据家长的需求和兴趣,以他们亲身经历和实际生活中出现的问题,作为鲜活的教材,使他们得到相应的家庭教育知识。可以在家长会上开展以班级为基础的家长经验交流活动。

(3) 印发相关的家庭教育资料,动员家长订阅家庭教育书刊。

【链接】

### 学校办起"家长课堂"①

为了更好地提高家长科学教育子女的能力以及加强家校沟通联系,深圳南山区港湾小学在本学期开启了"同爱家长学校课程"。开课前,学校对全校家长组织问卷调查,了解学生家长的知识结构、专业领域以及他们最迫切需要哪方面的家庭教育指导等。

"学校只是教育的一部分,学生良好的生活习惯、品行等,这些不是学校教育能够完全取代的。家庭教育和学校教育形成统一性,对孩子的教育才能够形成合力,使他们发展得更好。"罗朝宣举例说,比如教育、教学方式发生变革,学校引入 iPad 进课堂辅助教学,有的家长担心引入后影响孩子的视力,有的则十分赞成,认为移动互联技术进入课堂十分必要。这时,如果双方有很好的沟通,给家长一些专业的意见,就有助于家校在学生教育方面形成合力。

在罗朝宣看来,学生在不同阶段会遇到不同的问题,家庭教育也需要"相匹配"。"比如学生从幼儿园升入一年级,在学习、生活上发生了很多变化,家长该如何应对?再比如到了六年级,孩子进入青春期,家长这时又应该做什么?这些都需要科学应对。而且家长在学生入学时应该很好地了解学校的办学理念、思想、课程设置等,并在家庭教育中尽可能地去配合,保持一致,才能和学校教育一起,形成'1+1>2'的效果。"

目前港湾小学"同爱家长学校课程"每月开展一次,主要以讲座、沟通形式进行,课程内容主要是家长面临教育子女的困惑以及学校发展中的重大事项沟通等。学校也组建了较为专业的讲师专家团队,其中包括从社会邀请的知

---

① "家长学校"如何叫好又叫座?[EB/OL]. http://epaper.southcn.com/nfdaily/html/2016-04/06/node_2.htm.

名心理学专家、家庭教育专家等。

## (二) 家长访校途径

家长访校不仅可以使家长们了解自己孩子的教育环境,熟悉孩子的老师和同学,而且也为教师和家长们提供了交流的平台。

1. 举办家长会

家长会可以帮助家长提高家庭教育水平,掌握孩子发展情况,了解学校教育现状,能够及时沟通家长、学生和学校的思想感情,排除教育中消极的因素。为使学生健康成长,根据班级学生的具体情况以及各阶段的教育任务,可以有计划设计组织内容、形式各异的家长会。如报告式家长会、交流式家长会、展览式家长会、表演式家长会、会诊式家长会,等等。

【案例8-4】

### 家长会上的特殊报告[①]

和往常一样,我笑意盈盈地走进暖暖的教室。装作漫不经心的模样,我说:"期末考试之前,我们准备举行一次家长会。"

才四年级的孩子好像有好多顾虑——

"啊? 又要开家长会? 要倒霉喽!"

"老师,你不会排名次吧?"

"老师,你不会告我的状吧?"

……

眼瞅着一张张惶惶不安的小脸,那眼巴巴的眼神让你不由得漾起爱怜。

于是,我抛出憋了许多日子的主意:"老师最喜欢有自己想法的孩子。想不想挑战一下? 你们自己来准备、主持这次家长会行吗?"

或许是太过意外,一双双黑亮的眼睛纷纷显出错愕的神情。

"譬如把自己最大的收获、最得意的作品、最想说的心里话告诉爸爸妈妈……"

我的鼓励终于引起了"共鸣",教室里到处是孩子们叽叽喳喳的讨论声……

家长会的准备工作有条不紊地进行着。

仅仅两天,小伟同学往我办公室来来去去跑了十几趟。第一趟,小伟说自己的口算进步更大,可不可以讲口算的进步;第二趟,小伟提出自己可不可以把口算和简便计算的进步一起说说;第三趟,小伟红着眼睛跑来说同学们嘲笑他数学成绩不及

---

① 王其梅,杨正刚.家长会上的特殊报告[J].班主任之友(小学版),2011(5):17-18.

格,没资格发言,可不可以换成美术或者跑步、跳远……最后两趟,小伟似乎下定了决心,还是准备生字听写的材料吧……

小伟的焦虑好像会传染似的,其余的孩子纷纷"效仿"。我耐心去安抚、去疏导——你最想告诉家长什么？你觉得最大的进步是什么？先放表现良好的作业呢还是"不像样"的作业？可不可以拣最要紧的"报告"放在成长记录袋的最上面？如果说不好,可不可以通过画图、唱歌、吟诵等方式来表达？

……

这天升旗仪式刚刚结束,小伟和几个伙伴就兴冲冲地来找我。

"老师,可不可以帮我们复印？"

"唔？复印什么？"

"复印……嗯……复印(我们)开学(初)的两次(单元)词语听写。"

小家伙们似乎有点不好意思。

这才发现,眼前这几位竟然都是词语听写的"落后分子"。

这想法有点新奇,复印这两次听写干吗？一个个都不少于七八处的错误。

"嘻嘻……班长给他们出的主意,伟大的爱因斯坦做了三次小板凳！"办公室外一个声音喊道。

我恍然大悟,问小伟他们:"真的要复印？"

几个小家伙都低下了头,默认了。

"还有……还有……还有上星期的听写也要复印！"小伟结巴着补充。

勇于面对失败,这需要多大的勇气！一种莫名的感触涌上心头。

我,还有孩子究竟在做什么？仅仅为了一次家长会吗？这样的家长会筹备值得吗？

我不知道别人会怎么想。自己却又心甘情愿地再一次奉献了上午的两节语文课。

我在听,听小伟等几个同病相怜的伙伴们断断续续地告诉我那一根曲线(学业报告曲线图)的由来和变化——从第一单元、第二单元一直到第七、第八单元；从错了近十个生字到八个、六个和最近的四个……

我不禁想起小伟等一些同学早自修怎么捣乱,怎么在生字听写时偷看,后来……这些同学又怎么给生字编故事——譬如"蠢":春天的两个虫子又懒又笨；这些同学又怎么想出了相互听写；又怎么想出了"我们是战士,我们是战士,消灭生字,消灭生字"的可爱儿歌……

一切似乎都在朝好的方向发展——主持人、开幕词、闭幕词都定下了；说、演、唱,表达形式越来越丰富了；成长纪录袋的整理和收集越来越全面,因为"我要让爸爸妈妈清楚地看到我的进步"……

我像一个观众,又像一个剧务,跟着这一群导演,这一群主角。

……

家长会开始前,小伟和他的父母便早早地来到学校。看得出,小伟的父母既兴奋又紧张。小伟的语文成绩还远远处在班级的平均分以下，甚至徘徊在及格线边缘，这是事实。但是小伟在生字书写、听写和词语的积累、应用等方面有了长足进步，尤其是在这学期后半段表现出了较大的学习积极性。

小伟的父母还是有些忐忑不安，问道："孩子真的行吗？"

"你们是指今天的发言吗？"

"嗯……"

"我只问你们一个问题，对于小伟今天发言，你们会感到丢脸还是骄傲？"

"哈哈哈……"小伟的父母听到这个问题却不约而同地笑出声来，"小伟代表发言，这是我们家的头等大事，小伟读书后还从来没有代表发言呢！"

既然如此，我也不再多说，和小伟的父母握了握手，肯定地说："那你们就放心吧！"

"小小少年很少烦恼，眼望四周阳光照……"歌声响起，家长会开幕了。

……

班长琪琪小组设计的节目别具匠心——好学生也有心理问题！在小伙伴们的协助下，一起把六块展板搭成了一个"小屋顶"。琪琪边走边介绍……清脆的童音抑扬顿挫，引得大人们"啧啧"称赞。

……

"接下来是一个让人意想不到的故事——我只错了4个生字……"

小伟和父母互相看了一眼，勇敢地站起来走入会场中央。在小伟的指挥下，小伙伴们迅速行动起来，将一份份复印后的纸张一一发放，标题赫然写着"××的第一次听写"。顿时，场下一片哗然。

"这是谁家的孩子呀？""30个词语竟然错了11个？""哎哟，幸亏不是我家的孩子……"说话间，几张小纸条迅速地递到我的手里。

我捏着纸条浏览了一遍，不置可否，因为我捕捉到了来自小伟和他父母脸上尴尬的信息。小伟揉搓着衣角，忽闪的眼神和我一碰而过，赶紧和伙伴们再次散发了"××的第二次听写""××的第八次听写"。

这次人们的反应有了明显的转变："虽然还是错了4个字，但进步明显。""孩子确实在努力，字写得方正了，撇和捺有笔锋了呢。""琪琪的先扬后抑，小伟的爱因斯坦翻版故事，殊途同归，学业成就报告的应用非常形象。"……

小伟勇敢地承认了，这三次听写都是他自己的。家长们不仅没有嘲笑，反而集体报以热烈的掌声，与前一位优秀班长相比，这掌声似乎更响，更热烈……

小伟深深地吐了一口气，他也出示了自己的"学业成就报告"曲线图，指着那根弯弯的、粗粗的曲线，开始讲述"我怎么和汉字成了好朋友……"虽然语言表述还是存在明显的停顿、重复，但家长们却耐心地听着，像对待自己孩子一样静静地听着……

最后一次掌声响起时,我注意到了小伟的父母,很激动——巴掌拍得最多、最起劲;小伟呢,白净的小脸上泛起了一阵阵潮红,笑得跟花儿一样……

临近尾声,孩子们和家长一起分享各自成长记录袋的内容,包括语文、数学、科学、音乐、美术、体育……整个会场显得有些零乱,但每一个家庭、每一个组合都很认真、很投入。我和几位任课教师也相继加入这些阵营,和他们一起分享孩子的进步,和他们一起探讨尚需努力的方向,和他们一起畅谈孩子的学习和生活……

后记:争议突起

家长会快过去一个星期了,我和同事们还沉浸在成功的喜悦中,与会的家长表现出了持续的热情——譬如孩子的爱好、性格、脾气;对学业成就报告更是表现出了浓厚兴趣和极大关注……

然而,当我再次打开班级博客时,几条新增的评论立刻引起了我的注意:

"这次所谓的家长会,是否有作秀的意味?如此高密度的准备、排列,不得不让我产生怀疑——真的不会影响孩子的日常学习吗?"

"呵呵,真搞笑!一个语数考试都不及格的小学生,竟然在这次家长会中了头彩!"

"在素质教育的今天,家长会竟然让平均分和应试技巧大行其道,是不是有悖常理?"

……

其实这样的非议与质疑,在我们的身边也能听到,当时的一刹那,心中不由自主地涌起一股立马与之辩驳的冲动。但是经历了这次家长会的前前后后,我理性了不少,甚至附带衍生了一种有趣的想法:有争议?未必是坏事!教师自己是否也应该设计一份"教学成就报告",让数据说话,让曲线说话,让事实说话,岂不妙哉?

讨论:

请研究案例思考,你如何看待家长会上学生唱主角做报告?你如何评论后记中班级博客中的家长评论?

**案例分析:**

家长会是家校合作的重要途径和方式。对班主任而言,是向家长介绍本班情况、阐述教育教学理念和班队管理思想、反馈学生学校生活的重要机会;对家长而言,是了解班主任教育教学理念和班队管理思想契机,也是了解孩子在校生活情况的良机,理论上说,班主任与家长都应当重视家长会。一般而言,家长会是在期中、期末考试结束后进行。于是乎,家长会可能就成了学习"成绩报告会",甚至成为"告状会""训斥会"。案例中孩子们听说开家长的反应"啊?又要开家长会?要倒霉喽!""老师,你不会排名次吧?""老师,你不会告我的状吧?""每一次家长会后,家长生气,孩子受气、挨打的情况层出不穷,极端情况下还会发生孩子离家出走、自残自杀的事件。"[①]

---

① 雨茂.家长会不是"训斥告状"会[N].中国青年报,2016-06-01.

王老师爱怜孩子,创新家长会,孩子们成为主角。他们积极参与,搜集材料,甚至自揭黑历史。文中着墨最多的是"后进生"小伟,然而我们欣喜地看到"小伟的父母,很激动——巴掌拍得最多、最起劲;小伟呢,白净的小脸上泛起了一阵阵潮红,笑得跟花儿一样……"如果按传统家长会的方式来开,会有这种效果吗?或许,家长会的特殊报告是一个可喜的成果。但是,我们认为最大的收获应该是孩子们在家长会准备过程中的思考、选择以及父母看到孩子们的进步而发自内心的理解和支持吧。

至于有家长在班级博客中的评论,总会不同声音,算是"仁者见仁,智者见智"吧!

2. 设立学校开放日活动

家长们久违了学校的生活,他们对学校的一切变得陌生了。孩子在学校干些什么?吃得怎么样?学习怎么样?这些都是家长比较关心的问题。设立开放日活动,可以使家长了解孩子的学习生活,体验学校生活。比如,可以安排家长参加升国旗仪式,进食堂参观,进课堂听课,参加学生的课外活动,与教师、学校领导交流,填写意见建议表等。

3. 观看学生演出、学生体育比赛,参观学生作品展览等

对学校来说,展示教育成果可以提高学校的声誉,对家长来说,可以了解孩子或学校技能教育的状况,同时可以增加彼此之间的可信度。

### (三)书面沟通途径

书面沟通方式多样,比如,喜讯单、便条、家长联系卡、家长意见表、告家长书、学生品行表现联系单、学生素质报告单等。通过这些途径可以让家长全面了解孩子的情况,也能密切教师、学生和家长之间的关系,同时,学校也能通过此举收集反馈信息,不断改进学校工作。如学生的综合素质报告单是每学期期末班主任对学生的综合素质的评价,是向家长汇报学生在校一学期的学习、工作、生活等综合情况,其中不仅有教师的评语,还有家长的反馈意见,这是极其重要的家校交流途径。

▶扫描本章首二维码,阅读《书信,让我拉紧家长的手》。

### (四)教师家访途径

家访是教师同家长加强联系,谋求共同教育孩子的途径,是教育学生的一种必不可少的有效手段。

1. 家访形式

面访,就是教师到学生家里同家长面对面交流思想。

电访,就是教师打电话给家长,在电话里向家长反映情况,交换意见。当下,教师也可以通过实时通信软件(如微信)以文字、语音、视频等方式实现家访。电访弥补了面访的不足,可以说是现代社会的一种家访形式。学校在班级里建立学生通讯录,教师就随时可以与家长取得联系,比较方便。

书访,就是教师不能与家长本人取得联系时,写便条或书信给家长。

2. 家访内容

了解性家访。通过家访了解学生的兴趣与爱好、个性特点,学生在家里的表现情

况,家长的文化素养及对孩子的教育方法等。

鼓励性家访。当学生,特别是学困生有进步时,在家访中当着学生的面,向家长做恰如其分的报告,及时给学生与家长以鼓励和警示。

探望性家访。学生如病休在家,或者家庭发生变故,教师可及时登门探视、慰问,并帮助解决一些力所能及的问题。这对于教师联络学生与家长的感情,密切学校与家庭的关系极为有利。

开导性家访。对于学生犯了错误或与父母发生矛盾,以致害怕家长打骂不肯回家等,教师要及时进行家访,一方面要耐心开导教育学生,稳定学生的情绪,另一方面要向家长交流看法,取得教育的一致性。

防治性家访。教师发现学生有异常的思想"苗头"或轻微的过错行为时,应及时进行家访,不失时机地向家长及孩子委婉说理,可以起到防微杜渐的作用。如学生进游戏厅打游戏,私自下河游泳、拿同学钱、与同学打架等。

3. 家访时机

家访需要选择适当的时机。一般地,下列时机进行家访是适宜的:一是学生思想或学业有进步时。对于孩子的进步,家长都会感到高兴。此时去家访,一方面带给他们喜讯,另一方面可以增强他们教育子女的信心。二是学生思想或学习下降时。学生某方面退步,单靠学校老师教育是不够的,需要与家长取得联系,进行共同教育。三是学生获得某种荣誉或表扬时。四是学生病休在家时。五是学生家庭发生意外事故或遭遇灾难,此时去家访,可以沟通教师与学生同家长间的感情,密切学校与家庭的关系。

## 【案例 8-5】

### 一次家访,燃起一个希望①

去年的9月1日,班里转进了一个男孩子,听熟悉情况的老师说,这个男孩子是上届二年级因腿受伤休学的(还有一个原因是他成绩太差,班主任刚好借此机会劝他休学,家长也想让他留一级,看看成绩能不能跟上),所以现在复学到我们班了。用同事的话说,是我"中奖"了!

开学几天,我就发现上课时,他的眼神经常游离在课堂外,不是东张西望,就是把铅笔、橡皮当玩具,一下课,就冲出教室到操场上疯跑。为了试探他的学习状况,我把他叫到身边,让他认了几个常用字,十个字只能认出两三个。他的听写本更是不堪入目,到处画着圈圈,没能写出几个字。我想跟他家长了解一下情况,但他都是

---

① 吴利青.一次家访,燃起一个希望[EB/OL]. http://www.shaoxing.gov.cn/jytyj/xxjl/xxgl/bjgl/201501/t20150112_329314.shtml.

自己步行回家的,家长从不来接。打电话过去,家长总说生意很忙,没时间管孩子。我感觉接了个"烫手番薯",有苦头吃了!

从前任老师那儿我了解到,这个孩子从一年级起,家长几乎从不管孩子的学习,也很少和老师沟通,平时的回家作业如果他爷爷有空,会看看,若爷爷没空,他就不做。再加上他注意力很不集中,记忆力也不太好,所以学习总是一知半解。上了二年级,识字量一下子增大了许多,他更加跟不上其他同学的节奏了,干脆"破罐子破摔",连课堂作业也不想做了。现在复学到我们班,以前的同班同学看到他,都会用异样的眼光看他,有的还故意到我们班来跟他打招呼:"你怎么留级了?哈哈,又要重新读二年级了!"他听了更加难为情了,下课还会追着他们跑。在这样一个陌生而又尴尬的环境下,他的状况可想而知了。有时,我会找他谈谈话,但他总是低着头一言不发,一副无所谓的态度,这着实让我懊丧。

有一天放学,我辅导他完成作业后,已是4点30分,为了他能安全到家,并顺便了解他的家庭情况,我决定骑自行车送他回家。当我提出这个点子时,他直摇头,不停地说:"没关系的,我会自己走回家的,你不用送我的。"在我的一再要求下,他终于跨上了我的自行车后座,指挥我往他家的方向骑,一路上,他不停地提醒我哪里要转弯了,哪里要过桥,哪里要过一个红绿灯,这是他跟我说话最多的一次!

当他把我引到港越桥下的一个推拿店时,就说:"吴老师,我家到了!"他进去了好一会儿,才出来一个中年妇女,自称是他的妈妈。他妈妈一见我,就喋喋不休说自己是多么忙,又没文化,孩子的学习就靠老师,孩子成绩差,自己真的没办法。听到这些,我想再说学习上的事已没有意义,就说了些孩子的优点,比如人长得结实,做值日好;跑步快,以后可以参加运动会;人忠厚老实,不会欺负同学之类的,最后还提了他视力不太好,坐在后面看黑板,眼睛经常眯起来,希望能带他去检查一下视力,如果近视了,最好配副眼镜。没想到他妈妈听了这些话,两眼放光,高兴地说:"没想到孩子在你眼里还有这么多优点呢!我还真不知道,谢谢老师能这么看得起我儿子,我一定会配合老师,让他爷爷多管一下他的学习!"随后,还硬要拉我去做个按摩,最后在我百般推脱下才放我回家了。

第二天,他的表现进步了不少,生字抄写本上的字竟然也在课堂上写完了,我奖励了他一张奖券。过了几天,我看他的视力实在不行,就把他的座位调到了最前面。这样,他上课专心了一点,如果做小动作,我只要轻轻点一下桌子,他就马上停下来看黑板了。我趁机让全班同学用掌声表扬了他。有时,学的生字比较简单,我会让他站起来读几个,读不出的,请其他小朋友读一遍,再让他读一遍。一段时间下来,他认识的字多起来了,上课也自信多了。

通过上次的家访,我知道他家离我家也不远,有时,我会故意往港越路方向骑,路过他家时,我就会停下来叫他一声,叮嘱他认真完成作业。有一次,他爷爷听到我的叫声,快步走出来,非得让我去他家坐坐,我稍作停留,顺便表扬一下他的一些小

> 进步,他爷爷笑得眼睛眯成了一条线。从他的家庭作业情况来看,这段时间,他爷爷管得多起来了,字也一天比一天好。后来听说他爷爷以前当过老师,我就更加放心了。
>
> 经过大家的共同努力,二年级的两个学期期末测试,他两门功课都及格了,其中数学还得过79分。现在,他已经升入三年级了,虽然成绩还不怎么样,但他已经变得自信了,学习劲头也足了,尤其是他的字,端端正正,很有笔锋,得到了同学和老师的一致认可。
>
> 学校召开的运动会,我还让他参加了200米跑步比赛,虽然与前三名失之交臂,但看得出,他很珍惜这次表现的机会,是很卖力地在跑的。随后,在运动会结束后,我特意表扬了他。但愿通过我和同学们的鼓励,他的进步会更大!
>
> 我想:这次休学、复学,对他来讲,值了!

**案例分析:**

孩子是一个不断变化的个体,在小学低年级,老师的关心与重视对孩子来讲尤其重要,特别是对这些成绩差、行为差的学生,更要多加关注,因为每个学生都有被关注、被尊重的愿望。对这个复学的学生来讲,留了一级,已经在他的内心深处划了一道伤痕,如果我们经常批评他或者放任他,后果不敢想象。班主任一次偶然的家访,改变了告状式的诉说,而是换了一种方式,以放大优点的夸奖,让孩子的家长觉得老师是看得起自己孩子的,使他们重新燃起了对孩子的希望。随后,经过一次次非正式的家访,既让孩子感受到了老师对他的爱,又在无形中督促了他做作业,一举两得。

有准备的家访,目的性更强,或许能解决很多问题。但是,非正式的、偶然的、临时的家访也能达到意想不到的效果。案例2-7中张香君老师的一次临时家访,不仅了解了班上一个普通孩子背后的不普通,而且进一步领会"爱学生"的第二个教育信条:爱学生,就是去了解、理解你的学生。

### (五)家长委员会

组建家长委员会,目的在于进一步密切家校关系,沟通教育信息,提高育人水平,从而对学校教育教学工作起支持、参与和监督作用。

1. 家长委员会的组织形式

家长委员会的组织模式可以选择"学校家长委员会—年级家长委员会—班级家长委员会"三级机制。班级委员会是开展活动的基本单位,具有一定的独立性。

家长委员会的条件:必须是在校学生的家长,热心学校和家庭教育工作,有一定的组织能力和语言表达能力,有奉献精神,乐于义务承担学校或其他家长委托的工作。同时还应考虑到组成人员的先进性和代表性。

2. 家长委员会职责

协助学校宣传党的教育方针,和学校教师、领导一起探讨教育思想、培养目标和实施素质教育的方法和途径。家长委员会要经常了解学校教育教学情况,反映学生校外表现情况和思想动向,沟通和协调师生关系、家校关系。家长委员会成员应注意搜集学生和社会对学校教育教学工作的评价信息,定期以口头或书面等形式,反映学生家长、社会对学校工作的意见、建议和要求,为学校教育出谋献策。

3. 家长委员会的日常工作

(1) 每学期初,家长委员会均按时召开全体成员会议。讨论研究并制订全学期家长委员会工作计划,并予以层层落实。

(2) 班级家长委员会根据学校家长总会的工作计划,在年级家委会的牵头下,召集全体成员讨论,制定各班级家长委员会分会工作计划,并召开家长会,予以分头落实。

(3) 每逢学校举行重大庆典和演出活动,各级家长委员会要召集家长,协助学校维持秩序,做好场务及学生化妆等事项,并协助学校做好与有关部门的联系工作。

(4) 每学期,班级家长委员会根据家长和社会上的反馈意见,填写"对学校教育工作的建议、意见表",递交学校办公室,以供学校及时改进日常管理工作,全面提高学校教育教学质量。

总之,家校合作教育途径的探究是开拓家校合作教育的主渠道。各级各类学校还要切合本校实际探究具有可操作性的家校合作教育的有效途径,从而密切家校之间的关系,提高家长对学校、老师的信任度,更好地促进学生健康成长。

【案例 8-6】

## 班主任培训情景剧

某校小学五年级(4)班晚自习课,全班寂静,班主任坐在讲台旁认真批改作业。突然"轰"的一声几乎全班闹了起来。只见女生李芳芳与一瘦小男生(成绩较好)扭打起来,周围同学在瞎起哄,场面非常混乱,那个男生明显吃亏,鼻血都出来了。班主任很恼火,心想:这李芳芳也太嚣张,已经多次欺负同学了,该好好教育教育。班主任气呼呼地冲下来,分开他们,着手处理。

(第一幕情景)

班主任:(一脸的严肃)李芳芳你们俩人跟我到办公室来,其他同学保持安静!

班主任:李芳芳你先讲,怎么回事?

李芳芳:他老是嘀咕嘀咕骂我,我火起来了,我承认先打了他一巴掌。但他也还手的呀!

班主任:你学习用不上劲,每次吵架打架很积极。他骂你,为什么不报告老师?我对你的忍耐也够了,自己打电话叫家长来。

李芳芳:是他先错,他的家长也要来。

班主任：听你的还是听我的？（抄起手机接通家长的电话）李芳芳家长吗？你女儿又打架了，快过来带回家，停学一个礼拜处理。（刚说完"咔嚓"一声关机）约五分钟后，家长急匆匆、神情紧张地赶来：老师！我女儿犯了什么事，要停学啊？

班主任：李芳芳的品行很成问题，动不动就出手打人。我没有别的办法，带回去反思一个礼拜吧！这是经学校政教处同意的。

家长：老师，我好好责骂她，让她知错，向同学道歉，行吗？

班主任：那不行，当着我的面打人，太嚣张了！一定带回去！

家长：老师，我们都上班，没法管她，再说一个礼拜，功课怎么办？是不是停学一天，我请假严管？

班主任：绝对不行，她的不良品行就是你惯出来的。有你这样的家长，最后都是你自己倒霉。

家长：（一脸的气愤）我的女儿我最清楚，她心地善良，人缘好，就是有时脾气很躁，会骂人摔东西。从小在家里就这样，现在好多了，除非忍无可忍。

班主任：请尊重我的决定，带回去一个礼拜，为了你好！

家长：对不起，你无权这样做，我是不会带回去的。

班主任：既然这样，我们一起到政教处，由领导处理！

家长：去就去！（班主任很尴尬，难以下台）

（第二幕情景）

班主任：李芳芳，你们到办公室去，其他同学保持安静！

班主任：（一脸严肃）你们俩位先把事情经过详细写出来。（打通了李芳芳家长的电话）李芳芳家长吗？我是班主任某某老师，李芳芳这段时间多次发生打人事情，想再请您过来一下，了解一下情况，商讨怎么教育，现在方便吗？（家长爽快答应，没过几分钟就赶到了）

班主任：（为家长泡了一杯茶，让家长先看了李芳芳写的材料，叫李芳芳和那男生回教室）李芳芳家长，我觉得你女儿脾气不太好，情绪急躁，容易出手打人。但是，事情既然发生了，班主任总得处理，这是班主任的职责。

家长：（语气缓和）是的，应该教训教训。她的脾气是很急躁，从小就这样。但现在好多了。

班主任：李芳芳家长，你觉得你女儿的性格脾气怎么样？

家长：我女儿脾气从小就不太好，在家里稍不顺眼就朝我们发火，但这几年好多了。

班主任：我想让她停学几天，反思反思。不知你是否同意？

家长：有这么严重吗？我们都上班，家里没人管她，再说功课落下来，那怎么行！

班主任：你讲的情况也可以理解，但你可能还没有认识到你女儿的坏脾气会造成什么后果。再说青春期也快到了，这三五年很关键，是一个人的性格脾气、修养品行的定型期，我们应该重视点啊！

家长：噢！是这样的。那你班主任看着办吧！怎么处罚都行！（语气显得不满）。

班主任：她的同学关系比较紧张，任课老师也反映她脾气有点古怪，你试想象一下，假如她的躁脾气不改，今后会怎么样？

家长：（表情略显紧张）恐怕会影响同学关系、朋友关系、同事关系，甚至将来自己的家庭关系，等等。

班主任：如果这些"关系"处理不好，她一辈子可能过得很不顺。当然，你现在能认识到这一点，我很为你高兴。可我总感觉你经常有意无意护着她，其实，你想过没有，这样反而会害了她。

家长：（有点不好意思）我承认有点惯她，现在看来问题也挺严重的。老师，您帮我想想办法吧？

班主任：如果还是像以前那样对你女儿进行思想说教，恐怕没什么效果，有必要来点惩罚性措施。我们把注意力放在惩罚的过程而不是惩罚本身，让她切身感受到自己的坏脾气会给自己带来很大的麻烦。这样，行吗？

家长：那，怎么惩罚？

班主任：让她停课一天，你也请假一天盯牢她，怎么样？

家长：那这样，我要被扣工资……

班主任：这是一个难得的机会，你就明确告诉她，今天不管怎么扣工资也要帮她改改脾气，再说女儿的将来才是最重要的啊！

家长：那她的学习怎么办？

班主任：上午要求她按时起床自习新课，中午罚她搞卫生，下午责令她书面反思近年来多次发脾气的大致情况，及其后果。晚上责令她自己设想，假如再次冲动无故朝别人发脾气，用什么办法让自己快速冷静下来，并以书面保证。至于学习，请放心，我会请各任课老师帮忙补课的。这样的处理，你有意见吗？

家长：没有任何意见，我完全接受。能遇到您这样认真负责、讲究方法的班主任是我们母女俩的幸运。现在，我就把她带回去，老师，再见！

讨论：
以上情景剧中，两个班主任处理问题的方式有什么不当和巧妙之处？

### （六）电子信息交流

现代化信息技术的发展，为家校合作提供了更多手段和更广阔的平台。建"博客"，树立个性化的形象，展示班队建设管理想法、措施、经验，提升家长共识和支持。开辟"班级工作园地"网站，设立电子公告栏、班主任信箱等。建立微信圈、QQ群，建立家校交流平台，开展"在线交流"。如在《书信，让我拉紧家长的手》中，朱海英老师就很好地利用了这些现代化信息技术，班主任的很多想法得到了家长的理解和体谅，班队活动得到了家长的支持和参与。

班级公共交流平台建设的注意事项：① 制定平台信息交流规则，保证交流时间、内容、形式等方面的合理、合法。② 坚持思想引领和政策指导，聚焦成长价值和学生发展。③ 信息发布渠道归一，规范从简，确保信息的时效性、完备性和针对性。④ 要心态平和、相互尊重，不要攻击谩骂、抱怨指责。

## 四、新时期家校合作的基本要求

随着社会价值观越来越多元，教育理念与家庭结构、功能等的不断变化，科学技术尤其是信息技术的迅猛发展，家校合作的功能、内容与形式等也发生了巨大的变化，家校合作面临许多的问题与挑战。新时期家校合作应注意以下几方面的要求：

### （一）协调教育目标

通过对子女的教育达到家庭境遇的改善，必然会成为绝大多数家庭不约而同的目标。但学生来自各不相同的家庭，各不相同的家长往往根据家庭生活的现实状况和自己对未来的认识、子女对家庭未来的意义和子女本身是否能过上幸福的生活等，来确立教育目标，因此家庭目标呈现出多样化的特点。而学校的目标主要立足于教育的社会价值和个体发展价值，如我国的教育以培养"全面发展的人"为目标，体现出较强的统一性。统一的目标之于多样的选择就可能在教育的协同性方面出现这样或那样的问题，如家庭对学校教育在内容、手段和方式上的责难，学校对家庭教育中出现的问题感到无能为力等。但就教育规律而言，无论是学校还是家庭，缺少任何一方的配合，教育的效果都将会大打折扣。学校的任务就在于用代表社会利益的教育价值观调节多元价值观，使人们有更多的共同语言和凝聚力，以维护教育目标的先进性。

教育目标的协同取决于达成以下共识：第一，无论是学校还是家庭，他们的教育均是力求对现实的超越，均是面向未来而实施的教育；第二，对未来的设计是在学校与家庭引导下的学生的自我设计，设计的水平主要依据学生的认识能力和家庭与学校的引导能力，谁也难以越俎代庖；第三，在实现目标的过程中，学校是主阵地，学生是主体，一切超越学生现实需要的做法都是不科学和不可取的；第四，学生的发展必须依靠学校的课程，离开了科学的课程体系，要实现人的全面发展，任何目标都只是空谈。以此为基础，确立以下基本原则：① 立足于学生的全面发展，通过提高学生的整体素质实现教育对社会和家庭的意义；② 坚持目标的层次性，双方均应根据学生的心理、生理水平确定好近期目标，目标着眼于学生的最近发展区，从而提高目标达成度；③ 突出目标的可行性，根据学生的志趣特长，鼓励学生个性发展。

### （二）认同学校教育方式

苏霍姆林斯基指出："只有在这样的条件下才能实现和谐的全面的发展，就是两个'教育者'——学校和家庭，不仅要一致行动，要向儿童提出同样的要求，而且要志同道合，抱着一致的信念，始终从同样的原则出发，无论在教育的目的上、过程上还是手段上，都不要发生分歧。"家庭对学校教育方式的认同是学校对学生实施教育和管理的基本条件,如果无此认同,学校教育就可能受到牵制而处于被动。学校在运用教育方式和手段时应注重事先设计和准备,以增强工作的规范性。同时,应担负起引导家庭认同的责任,即帮助家长形成对学校教育方式合理性的认识,引导家庭认同学校的规章制度及为执行制度而建立的合理的激励与惩戒手段;认同学校对班级教师的配备及教师管理班级的权力;认同学校为提高教育效果而开展的各项活动。就教学活动而言,引导家长形成对教师讲课风格的认可,对学生学业评价的认可等。

### (三) 规避不良影响

家庭教育中可能出现各种问题,如家长不能很好地引导孩子,越来越多的家庭无法满足孩子的需要,家庭不能为孩子提供良好的道德环境,等等。同样,学校也难以有效地将社会的不良风气堵于校门之外。"知识中心"的功利主义教育观、教师职业道德的滑坡等也削弱了道德课程对学生的正面影响。因此,确立身教意识,树立榜样形象,应成为家庭与学校的共同承诺。教师和家长要做日常行为的示范者。学生日常行为规范是对学生的学校生活、家庭生活和社会生活的规定,既有对健康的行为方式的倡导,也有对青少年容易形成的不良习气的明确否定。其一,家长和教师要与学生一道从身边事做起,从小事做起。教师和家长要形成对教育尺度的约定。不当的教育尺度主要表现为失之过宽或失之过严。有时出于爱护而淡化教育,使学生得不到明确的价值指引;有时言辞粗暴甚至施以体罚,造成教育者与受教育者的对立。其二,教师和家长要纠正不健康的兴趣爱好及不良行为方式。有人将不道德的来源归之为"不良偏好"、"缺乏对他人利益的关心"和"缺乏理性的自我控制",这或多或少地存在于学校或家庭之中,如学校成员的行为失范(责任不到位、不良言行、营业性家教等),对困难学生的漠视、冷淡、同事关系紧张等;家庭成员不健康的娱乐、生活方式(赌博、酗酒等)、事不关己高高挂起的思维方式、情感的不正当宣泄方式等。双方均要对此进行反思并予以纠正。

### (四) 建立沟通机制

第一,建好沟通组织。如通过家长委员会、社区教育委员会等组织接受家长代表的质询,家长代表在与学校协商一致的基础上向其他家长通报信息。这种沟通形式能够解决家校合作中的重大问题,具有效率性特点,因此被多数学校采用。此外,规模较大的学校还可以按年级建立家长委员会的分支机构,根据不同年龄段学生的身心发展特点开展教育活动。第二,完善班主任工作制度。班主任既是学生和学校之间的桥梁,也是学校与家庭的中介,信息化背景使班主任与家庭的沟通变得更便捷。学校应根据班主任的工作特点,以制度的形式(如家庭背景档案、学生成长记录、家庭访问记录等)落实其在家校合作中的责任。第三,丰富沟通途径和方式。如对话讨论式、展示式、专家报告式或联谊式、参观游览式等。第四,要完善监督制度。学校具有特殊的社会责任,有必要接受社会的监督,而家长对学校的认识或感受相对具体,学校为优化管理可以实行家长监督制度,通过家长对教师职业道德、学校服务质量、学校办学行为等方面进行全面、全过程监督。

## 第三节 社区教育资源的开发和利用

社区作为人们社会交往的组织空间和地理的活动区域，与人们的社会生活息息相关，对人的思想观念、行为规范、生存和发展有着深刻的影响。社区在青少年校外教育中的积极作用越发明显地表现出来，并以其广泛的覆盖面和强劲的实力，为校外教育注入了新的活力。社区中的教育资源也越来越引起人们的重视，有效地开发和利用社区资源优势，对于新时期青少年教育工作有着特殊的意义。

### 一、社区资源的教育功能

陶行知的"生活教育理论"告诉我们：人的教育离不开社会。社会是个大课堂，是一本取之不尽、用之不竭的鲜活教材，它为我们的教育提供了生动丰富的内容，也为学生的学习提供了详尽、感性、富有人情味的环境。鲁洁教授说："我们不能将课程的实施只限定在课堂的时间和空间范围内，而是要自觉地促使课程去追随学生的生活。"课堂教学只是学生生活的一个组成部分，课堂生活并不是自足的、自成目的的，它要不断地从课堂以外的生活中吸取营养，也要不断地为学生其他方面的生活提供营养，只有在我们的努力下建构起课堂生活和课外生活之间的良性生态关系时，这样的课堂才在严格意义上称得上是"生活"，否则它只能是生活之外的什么东西。为此，在课程实施中要自觉地、有意识地将学生课内课外、校内校外的生活连成一体，把课程带出课堂，使课程延伸和扩展到课堂之外，让课堂教育的作用辐射到整个生活，而不是仅仅满足于课堂上的效果。从这个意义上说，社区教育相当重要，班主任工作应与社区教育紧密结合，充分发挥社区作用，挖掘社区内的各种教育资源，动员社会各界中的力量，形成教育合力，共同培养学生，努力达到事半功倍的效果。通过社区教育活动培养学生社会责任感，锻炼学生的组织能力、交往能力、协作能力、生存能力，促进学生合理智能结构的形成，使学生得到全面健康的发展。

> 【链接】

#### 国外社区青少年教育掠影[①]

荷兰"社区与文化发展"计划将各种不同的教育体系一起来，学生可以在社会发展、基础教育、艺术文化和娱乐四个领域中任选一个。其核心原则是

---

① 马奇柯.国外社区青少年思想政治教育的经验与启示[J].中国青年研究，2007(4).

要学生去学习和探索如何独立地塑造他们的文化和社会环境,学习怎样通过群众性组织、通过提高兴趣来激发和支持人们改善生活条件、居住条件和工作环境的活动。

芬兰社区建设已成为全社会的事情,通常是市政服务、社会保障、社会福利、社区教育和社区综合管理配套进行,形成基层社会的有序结构,寓管理于服务青少年之中,寓服务于福利之中,创造出安定和谐的社区氛围。在首都赫尔辛基草湾社区的规划建设中,有可供数千名艺术家进行创作的文化艺术中心,中心里不仅有艺术家的工作室、艺术学校,还有广播电台、博物馆、歌舞剧院、健身中心等,并可举办各种展览,使草湾成为青少年活跃的文化社区。

美国开展社区教育形式主要有两种,一是把学校教育社区化。学校教育社区化大体可以分成两种情况,一种情况是依托普通大、中、小学校开展社区教育;另一种情况是直接创办新颖的社区学校或社区学院,"社区中每一个想要学习的人都可以在这里找到适合于他的一套桌椅"。二是把社区活动教育化。众多社会问题的解决、福利事业的推进、社区文明程度的提高,依赖于通过教育提高青少年的文化素养、道德水准与适应能力。街坊节(Street Fair)是美国社区的民间节日。有的街坊节有固定日子,有的却是"心血来潮"。只要街坊们高兴,随便哪一天都可以给自己过个节。街坊节主要包括三种:一种是具有共同族裔背景的街坊节,如"中国城"的春节;一种是具有共同文化背景的街坊节;还有一种就是同一居住地区的街坊节,这类街坊节一般在春秋两季的星期六和星期日举行。在曼哈顿只要留意纽约时报星期五的"周末版",都会有许多关于街坊节的消息。在华盛顿还举办"邻里安全日"活动,以创造良好的邻里和社区氛围。在邻里相处方面,有一句格言"我的自由到你为止",意思是自己的自由决不能对别人造成妨碍。只有充分尊重他人,不妨碍别人,才能营造良好的居住环境,也才有邻里共同的和谐生活。

日本《社会教育法》指出:"努力创造环境,以便全体国民能够利用一切机会和一切场所,自主地根据实际生活需要提高文化教养水平。"由于日本重视社会教育的全员、全程、全方位化,全体国民的教养和素质普遍得到提高,人们的观念也发生了变化。人们不仅自觉接受社会教育,而且逐渐兴起了志愿者活动,利用各自的专长,主动、积极地参与社会教育活动。

德国的"邻里之家"为青少年举办许多活动,其目的在于改善青少年的生活条件,提高他们的生存能力,特别是帮助青少年通过自己的努力去争取自己的利益。如一年一度的"睦邻节",活动内容包括时装表演、儿童杂技、戏剧、音乐会、宣传吸烟危害的讲座等。"邻里之家"经常举办各种讲座,有青少年报告会、出国工作者回国后交流会、家庭伦理道德报告、戏剧及电影评论、中国按摩技术、化装晚会以及法律咨询、孕妇交流等活动,营造了一个温馨、美好的社区生活氛围。

## 二、社区教育资源的内容

### （一）社区人力资源

校外教育是一项群众性较强的社会活动，仅仅靠有限的专职校外教育工作者远不能适应广大青少年对校外教育活动的要求。而社区集中了社会贤达，发动和依靠社区有识之士尽其所能参与其中，对于搞好校外教育有着十分重要的作用。根据我国校外教育的实践情况，社区教育可开发的人力资源主要有以下几个方面：

社区管理人员。有相当一些社区的党政领导人，从国家和民族发展的战略高度认识青少年教育，重视社区教育活动，可以在辖区内为校外教育办好事、办实事。如为校外教育筹集资金；为学校与辖区单位牵线搭桥；统筹各个部门，协调各方面关系，解决校外教育在社区活动中的各种矛盾和问题等。

企业界人士。在社区内的各类企业中，有一批热心教育事业的企业家和优秀工人的代表。企业有更强的经济实力和更多的自主权，可以为校外教育活动提供社会实践基地。学校也可以聘请一些优秀企业家和优秀工人代表担任校外辅导员。

专家学者。这些人学识渊博、受人尊重，可以为校外教育提供智力支持。他们作为校外辅导员可以向学生普及自然科学和社会科学的基本常识，介绍最新的学术前沿问题，开阔学生的视野，扩大知识面。

各行各业的工作人员。组织学生去社区中的超市、银行、学校、邮局、美发厅等场所，比如采取"小记者采访"形式，开展"为我们服务的人"主体系列活动，让学生了解身边的劳动者，尊重和体谅他们的辛苦。

### （二）社区物质和环境资源

社区物质和环境资源是社区内的乡土文化资源，社区内的设备、设施以及社区内的山、水、动植物等。

当前教育改革应树立大教育资源的观念，社区活动是素质教育的必然选择，这在很大程度上依赖于社区物质和环境资源的开发和利用。

在社区以居民委员会、村民组织等为依托，因地制宜地建立学校、社区、家庭三结合的多功能社区青少年活动站，能够弥补一些地区文化设施不足的缺陷。对学生来说，公园、动物园，工厂、农村、机关、部队、商场等各类场所或单位，为学生提供了了解自然和社会、从事实践活动的条件，充实了校外教育的活动内容，增强了教育活动的实效性。

### （三）社区文化资源

社区文化是通行于一定区域范围内的特定文化现象，是社会大文化在社区内的反映。社区文化主要包括社区居民的信仰、价值观念、行为规范、社会习俗等。这些要素通过一系列行为和态度表现出来，决定着人们赞赏什么，追求什么，选择什么样的人生理想和生活方式。积极向上的精神文化氛围是校外教育最可利用的教育资源。比如由社区组织开展的拥军优属活动、尊老助残活动、志愿者活动、五好家庭评选活动、社区环境保护活动等,都为校外教育提供了广阔的活动空间。

## 三、开发利用社区教育资源的途径

### (一)挖掘社区特色教育资源,开展主题探究活动,开辟第二课堂

班主任应根据学校所在社区资源的特点,因地制宜开展活动,最大限度地提高社区资源的利用率,为学生的体验性、探索性学习创造条件。例如,社区中的文化场所主要有博物馆、图书馆、电影院等,班主任可以组织学生到博物馆探索体验,以培养其科学精神和探索能力;到图书馆去参观学习,以激发其阅读兴趣;等等。而不同地区又有其特有的自然资源,比如山水湖泊,树木花草等,这些都可以成为学生探究的对象。社会是个大课堂,把小小的课堂搬到广阔的大自然,让学生走出课堂和学校,走向生活。在社会的大环境里去学习和探索,不仅能开拓学生的视野,还丰富了课外知识,这不是简单的社会实践活动,它是以社会为大课堂,在大课堂中运用科学的方法与知识去探究、去感悟、去学习的活动。在大自然中学生可以经历在教室里无法实现的科学探究过程和研究过程,可以亲自触摸自然,感受自然,领悟文化,这对学生今后的学习、生活和成长都会有很大的帮助。

### (二)聘请校外辅导员,参与班队教育

学校可以聘请一些有责任心、热爱儿童的老教师或家长做校外辅导员。他们可以结合自身工作特点,充分发挥自己的职业优势、社会资源和个人专长,为学校工作创造更有利的条件和提供有力的支持。

### (三)与社区有关单位建立联系,开展社会实践活动

学校要主动与街道、派出所、消防队、敬老院、交警队等单位建立联系,通过创办少年警校、聘请社区辅导员,积极开展消防安全演习、交通安全图片展、法制专题讲座、敬老院献爱心、社区环境调查、"我为社区添新绿"植绿护绿等活动,整合社会教育资源,形成教育合力,共同培养学生。

### (四)与社区建立社会教育协调组织,共同抵制社区内不良教育影响

良好的社区环境,浓郁的教育氛围,是学生健康成长的重要保证。首先,学校主动协助社区净化教育环境,打击黑网吧、地下网吧、游戏机室,整治校门口的"三无"产品,彻底改变校园脏、乱、差的周边环境。其次,创办社区宣传橱窗、读报栏、板报,积极开展健康向上的群众文娱活动,如举行亲子互动竞赛、家庭文艺会演、合唱比赛、书画比赛、征文比赛、棋类竞赛、运动会、联欢会等,让孩子们能在良好的氛围中成长。

社区是学生成长过程中的一个小社会,在这里,学生的社会性不断得到提高,因此,优质学校需要树立大教育观念,将社区看成是学生成长的一个大环境,社区将其获得的信息、价值传递给学校,学校又将其教育活动与效果推向社区,通过向社区宣传科学教育知识,为促进社会发展提供智力支持。

当社区环境对学生产生不良影响时,班主任在整合社区教育资源时,须注意以下几

点:一是合作性。班主任在制订教育计划和设计活动方案时,要注意调动家长和社区相关人员的积极性,鼓励他们献计献策。二是全面性。班主任在制订教育计划时,既要重视发挥常规课程的功能,也要注意彰显非常规的隐性课程的作用,使学生在密切接触社区生活的同时,能受到社区环境潜移默化的影响。三是系统性。班主任要深入思考教育计划,不论是在拟订学年计划、学期计划时,还是在拟订月计划、周计划、日计划时,都要把社区的各种教育资源考虑其中。四是趣味性。班主任所设计的活动,不仅要有教育意义,还要使学生感兴趣,能激发学生参与的主动性、积极性和创造性。

### 思考题

1. 在班队管理中,班主任与科任教师各自的作用是什么?如何进行协调?
2. 家校合作的途径和方式有哪些?
3. 开发利用社区资源的途径有哪些?

### 实践探索

1. 开学前给一年级新生家长写一封信,帮助家长了解:入学前要做哪些准备;一年级新生入学时可能遇到的问题;这时期家庭教育的重点。
2. 假如你是小学一年级班主任,请就小学生"学习习惯养成"设计一份家长会方案,并模拟演讲。请小组同学对你的演讲提出建议。

### 案例研究

**案例1:**

学校门口开设了几家小商店,各年级小学生出入其间,流连忘返。于是,新奇低劣小玩具充斥课堂,教师无奈;"三无"小食品同学间分享,常常引发拉肚发烧疾病。附近不远就是网吧,班级有几个同学在其中出没,因此,撒谎、骗钱、逃课、成绩下降,家长和老师都已劝说、批评多次,但情形仍无改变。

如果你是班主任,该怎么办?

**案例2:**

### 红岭小学:打造家校合作的"红岭模式"[①]

如何建设一个平安而又富有活力的校园,是一个考验学校管理者、家长和社会各方智慧的问题。2007年4月10日,深圳市首家家长义工站——红岭小学家长义工站成

---

① 南方教育时报的博客。http://blog.sina.com.cn/s/blog_bc3064e30101crqu.html。

立,23名家长成为第一批成员。同时,家长义工开通了自己的博客网站和热线电话。2009年,学校又成立了家长委员会。红岭小学对家长义工制的探索,逐渐形成了一套系统的方案和理论,使义工工作走向制度化、程序化和规范化,孕育了"服务孩子,共同成长"等六大家长义工文化。

红岭小学不把家长义工服务局限在学期内,而是拓展延伸到整个教育过程,渗透到学生生命发展的全过程。家长义工带领孩子们参观医院、邮局等单位,进行社会体验和职业模拟,感受社会大课堂。值得一提的是,与春游式、活动式的模式不同,红岭小学把家长义工的校外实践活动变成"社会实践课程",这是学校常态化的创新教学模式,成为课堂的有力补充。这样的实践,无疑也是对"生活即教育"的诠释。

深圳市红岭小学创造性地引领家长义工有序参与学校管理乃至教学工作,并有效整合了社区多方力量,逐步形成了独具特色的家庭、学校、社会共建共治的"红岭模式",为现代学校制度建设提供了一种崭新的思路。(更多内容请扫描本章首页二维码)

请结合该案例,试分析如何有效实现学校、家庭和社会教育力量的整合?

## 拓展阅读

1. 黄河清.家校合作导论[M].上海:华东师范大学出版社,2008.
2. 李家成,王培颖.家校合作指导手册[M].北京:北京大学出版社,2016.
3. 方轮,胡艳.城市社区教育资源开发与整合[M].广州:广东人民出版社,2009.

# 参考文献

1. 沈嘉祺.小学班队管理[M].北京:高等教育出版社,2014.
2. 邓艳红.小学班级管理[M].上海:华东师范大学出版社,2010.
3. 张艳芬,王颖.小学班主任工作原理与实践[M].北京:北京师范大学出版社,2016.
4. 李江.小学班级管理[M].杭州:浙江大学出版社,2014.
5. 张永明,宋彩琴.小学班级管理[M].北京:北京大学出版社,2014.
6. 庞云凤,王燕红.小学班队管理[M].济南:山东人民出版社,2014.
7. 许丹红.打造小学卓越班级的38个策略[M].北京:中国轻工业出版社,2014.
8. 张万祥.给年轻班主任的建议[M].上海:华东师范大学出版社,2006.
9. 李镇西.做最好的班主任[M].桂林:漓江出版社,2014.
10. 魏书生.班主任工作漫谈[M].北京:文化艺术出版社,2014.
11. 王晓春.做一个专业的班主任[M].上海:华东师范大学出版社,2008.
12. 王树洲.班级管理:班主任最需要的工作艺术(小学版)[M].长春:世界图书出版社,2013.
13. 刘正荣.中小学班级管理:从技巧到技术[M].北京:知识产权出版社,2011.
14. 陈海滨,徐丽华.优秀班主任60个管理创意[M].上海:华东师范大学出版社,2013.
15. 田恒平.中小学班级常规管理[M].上海:华东师范大学出版社,2008.
16. 芮秀.班主任班队活动管理艺术[M].长春:东北师范大学出版社,2010.
17. 李镇西.我这样做班主任:李镇西30年班级管理精华[M].桂林:漓江出版社,2012.
18. 徐敏标.中小学班级管理体制改革[M].南京:南京师范大学出版社,2012.
19. 段作章,刘月芳.德育与班级管理[M].南京:南京大学出版社,2014.
20. 教育部教师工作司.小学教师专业标准解读[M].北京:北京大学出版社,2013.
21. 教育部教师工作司.教师教育课程解读[M].北京:北京大学出版社,2013.
22. 林崇德.发展心理学[M].北京:人民教育出版社,2009.
23. 李家成.班级日常生活重建中的学生发展[M].福州:福建教育出版社,2015.
24. 史春伟.优秀的班干部从这里起步:合格班干部的自我培养[M].芜湖:安徽师范大学出版社,2012.
25. 王希永.小学班干部工作手册[M].北京:开明出版社,2009.
26. 唐思群,屠荣生.师生沟通的艺术[M].北京:教育科学出版社,2007.
27. 赵凯.好班规打造好班级[M].重庆:西南师范大学出版社,2009.
28. 吴琤光.小学主题班队活动设计集萃[M].杭州:浙江教育出版社,2005.
29. 鞠文灿.班队活动设计与管理[M].长春:东北师范大学出版社,2007.

落……连友邦等一些外资险企也未能免俗。数据显示,2004年全国共有人身保险公司29家,其中中资公司9家;人身险业务保费收入3 228.25亿元,同比仅增长7.22%,增速有所放缓,不过增长质量、效益和业务品质均得到明显提高,2004年也因此被视为我国人身保险行业发展的一个拐点。

2004年年末,我国保险业结束入世过渡期,进入全面开放阶段,这对国内人身险市场提出了更高要求。2004年伊始,部分保险公司就开始了结构调整。此外,一些头部机构在2004年前后相继上市,这也成为助推个人代理人渠道转型的一个重要诱因。2003年开始,我国险企迎来一波上市潮。2003年12月18日,中国人寿于中国香港、美国纽交所上市,2007年1月9日又登陆上海证券交易所;2004年6月24日,中国平安在香港主板上市,2007年3月1日回归A股;中国太保,2007年12月25日A股上市,2009年12月23日登陆H股……上市之后,由于资本市场更看重险企个险渠道、新业务价值成长,险企开始将精力更多地放在个险期交业务方面。

但是,2008年横扫全球的金融危机,第一次给了国内寿险行业一个深刻的教训,不同的企业开始有了不同的思考,进一步加速转型步伐。平安人寿和太保寿险成为这一轮转型中的典型,其策略有类似之处,即主攻个人代理人渠道,主攻高价值的期交业务,同时极力压缩价值较低的银保渠道。以太保寿险为例,其在"转型1.0"阶段提出"聚焦个险、聚焦期交",在转型完成之后,银保渠道只保留了很少的业务份额。同时,个人代理人渠道发展中存在的种种问题引发了原保监会的高度关注,相继下发一系列旨在推动个人代理人转型的文件,包括2009年10月1日正式实施的《保险专业代理机构监管规定》,2010年9月的《关于改革完善保险营销员管理体制的意见》,2013年的《关于坚定不移推进保险营销员管理体制改革的意见》等,倡导行业内高素质、职业化营销员体制的建立,并鼓励保险公司设立专业的保险中介公司。其中,2011年,保险代理人市场得到清理整顿,保费收入以及代理人数出现大幅下降。

回望这一时期的转型,无论是业界还是监管部门都已经认识到了发展中存在的种种问题,但行业困难都是暂时的,行业高速发展的基础仍在,市场主体缺乏彻底"革命"的动力和勇气,所有的转型本质上仍是基于销售逻辑、业务结构,而非客户逻辑、客户需求。

**(五) 2015—2018年:改革发展期**

2001年到2014年,随着人口红利和改革红利逐渐消失,保险公司的代理人依然保持着大进大出的状态,很多人成为匆匆过客;代理人质量参差不齐,对保险产品一知半解甚至是误导诱导消费者的行为,市场对保险代理人的评价一落千丈,很多保险公司的热情开始从代理人转向了银行渠道,代理人规模增加陷入了停滞状态。银保渠道销售的产品非常简单,类似于理财,很容易吸引客户购买;而当时我国资本市场非常热,利率很高,保险公司非常喜欢从银保渠道吸入大量保费,然后投入资本市场去赚取利差,保险公司当时推出了年化7%以上的产品和保单。当时我国处于"偿一代"体制下,对保险公司几十年后的财务指标和核算体系的监管也不是很规范,且持续多年的高 GDP 增长率,发展银保和发展个险在资本上的消耗差别不是十分显著,因此当时很多大型头部保险公司在追求规模效益还是价值效益的战略思路上发生了摇摆。除了银保渠道抢占资源,互联网开始走入人们视野,很多保险公司纷纷投入资金布局和建设互联网渠道。当时曾经有过互联网是否能够取代代理人的大讨论;而互联网巨头也在 2015 年以后加入保险市场的竞争,推出互联网保险产品,真正是江湖乱纷纷,你方唱罢我登场。

在当时迷茫的行业背景下,友邦公司依然保持着比较清醒的战略意识。友邦在跑马圈地后也曾有十多年的迷茫期,友邦的代理人也曾经出现早起阿姨拿着菜篮子开晨会后再去买菜回家做饭的情况,当时大多数的代理人都是兼职,比例可能超过 50%,团队风貌和现在的友邦代理人形象差距极大。在 2001 年,保险行业进入低潮期,友邦转型的思路是从兼职到全职,增加面试环节,吸纳高学历人才等举措。经过 10 多年的精英化路线政策后,友邦的公司形象和服务评价在客户和国内市场排名很高,呈现了巨大的优势。

2015 年 4 月,新保险法取代保险销售代理制度;历经几年的转型之后,寿险业在 2015 年迎来又一项重磅政策。为响应"简政放权"的号召,促进经济发展,2015 年,原保监会彻底取消了代理人资格考试——下发《中国保监会关于保险中介从业人员管理有关问题的通知》,明确保险代理人资格证书不再作为保险执业的必要条件,保险公司重新获得代理人考核录用的权利。虽然一直以来代理人门槛并不高,但此次彻底放行之后,行业代理人仍然出现了一波高涨。2015 年到 2017 年平均每年新增人数过百万。此外,2017 年,随着"偿二代"制度的实施,市场监管趋于严格;而同时我国经济增速放缓,投资压力增大,资本市场回报率下滑,银保渠道的吸引力也逐渐下降。保险公司对于银保渠道的投入降低,资源开始转入和聚焦到个险,增加了对代理人渠道的资源投入,友邦模式也被其他保险公司纷纷模仿,吸引高学历、社会人脉圈较为广泛的精英人才加入。

数据显示,2015 年 8 月,代理人资格考试取消之后,由于代理人准入门槛大幅降低,保险行业经历了一个粗放增长时期,2015 年年初,代理人数量只有 325 万人,到 2015 年年底已经增长至 471 万人,一年内净增近 150 万名代理人,到 2017 年,更是达到 806.9 万人。有数据统计显示,2014—2017 年,保险代理人的年均复合增速高达 35%[①]。与个人代理人数量飙涨同时出现的是,人身险新单保费以及总保费的快速增长,再加上资产驱动负债型险企的大干快上,保险牌照成为当时资本市场上炙手可热的金融牌照类型,排队等待批筹的险企数量最高达到了 200 多家。

身处彼时的人身险行业,感受到的是对于自身"朝阳行业"定位的进一步肯定,是各种艳羡的目光,但谁也不会想到,这就是行业最后的"高光时刻"。几年后,人们把

---

① 数据来源:保险中介信息监管系统。

2015年的代理人大扩容定性为"行业最后一波人口红利",由于数千万人先后从事过代理人行业,很多消费者已经拥有保单,行业快速从增量市场进入存量市场,市场逻辑彻底转换。

**(六) 2018 年至今:转型变革期**

2018年至今,客户觉醒,彻底转型的开始。资产驱动负债模式的问题曝光之后,保险行业结束了持续数年的"高光时刻",之后是原保监会与原银监会合并,监管逻辑也发生重大变化,"保险姓保,监管姓监""防风险"成为行业共识。2017年134号文和2018年19号文的出台更进一步推动了行业的转型,代理人增长开始放缓,但惯性是巨大的,整体仍处于增长阶段,2018年个人代理人数量超过871万,2019年更进一步增至912万。虽然人力还在顽固地向上增长,但个人代理人的"颓势"在2018年已经开始显现。一个显著的信号是,头部公司个险新单期交保费在2018年开始负增长,2018—2020年连续三年下滑且幅度越来越大。这种个险新单期交保费的负增长是深度的、持续性的、大面积的:个险渠道开门红的产品形态开始趋同银保渠道产品,新业务价值率开始下滑,甚至保单继续率也开始出现下滑。从价值和投入的比值来看,投入不断加大,投产比其实在恶化。结果就是,人力在2018年、2019年虽然在增长,但新业务价值却是在下滑。

2020年发布的《保险代理人监管规定》建立起风险防控制度后,又进一步扎紧了制度的笼子,代理人结构再次得以优化。到2020年,就连"人力上涨"这最后一块遮羞布也不复存在了,个险渠道的困境彻底暴露。各个公司都开始直面人力发展的瓶颈问题,人们彻底意识到,原有的通过人海战术快速扩张业务的方式已经难以为继,人身险公司纷纷将重点转向提升人均产能。2021年2月1日重疾险新定义生效之前,险企集中进行了重疾险炒停售,加速了客户资源的透支,从2月开始,重疾险的销售市场受阻,无法进一步增加。在"2021年慧保天下保险大会"上,与会嘉宾齐呼"一夜撞墙",代理人渠道已经到了必须改革的时刻——彻底不再纠结数量问题,淘汰落后产能,招募高素质代理人,探索独代、专业中介等渠道,整合医养资源,提升客户服务水平。

银保监会披露的2021年年底保险公司销售从业人员执业登记情况通报显示,截至2021年12月31日,全国保险公司在保险中介监管信息系统执业登记的销售人员为641.9万人。其中,保险代理人590.7万人。值得注意的是,银保监会2021年年初发布的数据还显示,2020年年末的保险代理人为842.8万人。这就意味着,按照同一口径,一年时间,保险代理人减少了252.1万人,同比下降29.9%。在保险代理人数量急剧下降的背景下,保险公司纷纷开始创新型改革,主要有以下几种改革方向:其一,精英化代理人:友邦人寿通过招募高标准、专属培训,结合数字平台,打造高水平、高收入的营销员。其二,科技化赋能:太平人寿,公司通过一系列科技手段从效率和获客方面为保险代理人赋能,助力代理人提升和转型。智能双录和iFamily家庭保障分析来高效赋能代理人团队。目前,太平人寿科技赋能实现了销售行为管理集成在线上,能够对关键过程进行线上指导,随时服务销售队伍。其三,压缩代理人层级:平安着力于通过队伍分层精细化经营,优化队伍结构。第一层为钻石业务员,人均首年保费是整体队伍的5倍以上;第二层为潜力队伍,通过数字化活动管理,推动队伍活动率改善;第三层为新人队伍。目前,平安高质量新人占比30%,目标是3年内达50%。其四,独立代理人:2020年《保险代理人监管规定》和《关于发展独立个人保险代理人有关事项的通知》的先后发布推动了国内保险市场关于独立个人保险代理人模式的探索和实践。在此之前,阳光保险在2016年获批试点独代,2019年将专属代理门店推广到全国。2021年,大家人寿开展星链计划,开始摸索独代模式。

# 第三章 保险个人代理人渠道相关政策梳理

近年来,为了进一步推动个险代理人制度的健康发展和高质量转型,中国银行保险监督管理委员会出台了多项政策[①]。例如,2020年5月出台《关于落实保险公司主体责任 加强保险销售人员管理的通知》,落实保险公司主体责任;2020年11月出台《保险代理人监管规定》,对各类保险代理人在经营规则、市场退出和法律责任等方面建立了相对统一的基本监管标准和规则,进一步维护了市场公平,强化事中事后监管,强化保险机构主体责任;2020年12月出台《关于发展独立个人保险代理人有关事项的通知》,引导保险公司有序发展独立个人保险代理人,推动保险市场发展壮大形成一支更加专业化、职业化和稳定化的销售人员队伍,从独立个人保险代理人定位、条件标准、行为规范、选拔机制、公司管理、监督管理等方面提出具体的监管规则;2021年3月下发《关于提供佣金制度有关材料的函》,主要集中调研各人身保险公司的营销队伍组织架构、营销员佣金分配机制、代理人渠道存在问题及公司的应对措施、佣金制度改革建议和需要关注的风险等内容。整体来看,虽然个人保险代理人已经不再需要银保监会授予准入资格,但其作为个人代理人仍然属于银保监会的监管对象,有义务遵守《保险法》和银保监会对个人代理人及其销售行为的各项规定;银保监会有权力对个人代理人的违法行为进行监督管理,甚至进行行政处罚。现将相关发展政策梳理如下。

## 第一节 准 入

### 一、关于保险公司招聘营销员的规定

(1) 2007年9月18日《关于规范保险营销团队管理的通知》:公司应当明确被增员人员的标准、条件、培训方案、计划和业绩考核标准,不得仅以增员数量提供物质或者现金奖励。公司应对增员保险营销人员的人员予以授权,被授权增员的人员应当是与公司签订委托代理协议的正式保险营销员,并且没有投诉、误导等不良记录。

(2) 2019年12月19日《保险代理人监管规定》:保险公司、保险专业代理机构以

---

[①] 相关政策全文见报告附件。

及保险兼业代理机构不得以缴纳费用或者购买保险产品作为招聘从业人员的条件，不得承诺不合理的高额回报。

（3）2009年9月《关于加强和完善保险营销员管理工作有关事项的通知》：各公司要严格保险营销人员的准入标准，改变现行保险营销人员选聘机制中重数量、忽视素质的做法。禁止授权现职保险营销人员以任何形式单独招聘保险营销人员。不得允许现职保险营销人员单独举办招聘推介会、发布招聘信息。涉及保险营销人员权益的重要事项应当明确告知，并建立签字确认制度，不得允许现职保险营销人员单独面试他人。

（4）2020年5月12日《中国银保监会办公厅关于落实保险公司主体责任 加强保险销售人员管理的通知》：保险公司应制定统一的销售人员招录管理办法。按照审慎原则严格审核个人信用及工作经历。保险公司应严格控制招录权限，加强招录宣传资料管理，规范招录信息发布，严禁模糊单位主体、误导职位性质、混淆合同类型、夸大收入水平等做法，严禁怂恿销售人员频繁无序流动。

## 二、关于执业资格的规定

《保险代理人监管规定》：一是关于行业禁入的规定。"有下列情形之一的，保险公司、保险专业代理机构、保险兼业代理机构不得聘任或者委托：（一）因贪污、收回、侵占财产、挪用财产或者破坏社会主义市场经济秩序，被判处刑罚，执行期满未逾5年的；（二）被金融监管机构决定在一定期限内禁止进入金融行业，期限未满的；（三）因严重失信行为被国家有关单位确定为失信联合惩戒对象且应当在保险领域受到相应惩戒，或者最近5年内具有其他严重失信不良记录的"。二是关于专业资质的规定。"个人保险代理人、保险代理机构从业人员应当具有从事保险代理业务所需的专业能力。"三是关于执业登记的规定。"保险公司、保险专业代理机构、保险兼业代理机构应当按照规定为其个人保险代理人、保险代理机构从业人员进行执业登记。个人保险代理人、保险代理机构从业人员只限于通过一家机构进行执业登记。"四是关于禁止转代理的规定。"个人保险代理人、保险代理机构从业人员不得聘用或者委托其他人员从事保险代理业务。"

## 三、关于岗前培训和在职培训的规定

《保险代理人监管规定》规定："保险公司、保险专业代理机构、保险兼业代理机构应当加强对个人保险代理人、保险代理机构从业人员的岗前培训和后续教育。培训内容至少应当包括业务知识、法律知识及职业道德。"

《中国银保监会办公厅关于落实保险公司主体责任 加强保险销售人员管理的通知》中对建立销售人员职业培训体系、加强销售人员法律法规和职业道德培训以及强化销售人员培训效果管控进行了规定，要求"将法律法规、监管规章制度、从业规则标准、职业道德规范作为销售人员入职和在职培训基本内容，每人每年培训时间不得少于30小时"，"建立健全入职和在职培训效果的考核机制，完善培训档案管理……

不得为入职培训考核评估不合格人员办理执业登记。授权销售人员销售新保险产品前,也应组织专门培训及测试"。

## 第二节 管 理

### 一、关于代理人的行为规范

《保险法》第 131 条规定保险代理人在办理保险业务活动中不得有欺骗投保人、隐瞒与保险合同有关的重要情况等十项禁止性行为。

### 二、日常管理的规定

《保险代理人监管规定》规定"保险公司、保险专业代理机构、保险兼业代理机构应当承担对个人保险代理人、保险代理机构从业人员行为的管理责任,维护人员规范有序流动,强化日常管理、监测、追责,防范其超越授权范围或者从事违法违规活动";"保险公司应当制定个人保险代理人管理制度。明确界定负责团队组织管理的人员(以下简称团队主管)的职责,将个人保险代理人销售行为合规性与团队主管的考核、奖惩挂钩。个人保险代理人发生违法违规行为的,保险公司应当按照有关规定对团队主管追责"。

《关于加强和完善保险营销员管理工作有关事项的通知》中要求"严格约束和规范向保险营销人员收取押金、费用等行为,对基层机构拟收取押金的种类及金额应当建立严格的事前审查和批准制度,同时严格要求基层机构在与保险营销人员签订合同时,应当清楚说明它们的性质、用途、退还条件与程序,并经保险营销人员签字确认。"

### 三、资质分级的规定

《中国银保监会办公厅关于落实保险公司主体责任加强保险销售人员管理的通知》中对资质管理及建设销售人员销售能力分级进行了阐述,"中国保险行业协会及地方行业自律组织要结合保险产品类型研究建立销售人员销售能力资质分级体系和相应的培训测试机制","保险公司应严格保险产品销售授权管理,综合考察销售人员从业年限、保险知识、学历状况、诚信记录等情况,区分销售能力资质实行差别授权,销售能力资质高的销售人员多授权、销售能力资质低的销售人员少授权"。

## 第三节 佣 金

### 一、关于直接佣金和间接佣金构成比例的规定

一是《保险代理人监管规定》第 77 条规定"不得以直接或者间接发展人员的数量

作为从业人员计酬的主要依据"。

二是《关于加强和完善保险营销员管理工作有关事项的通知》(保监发〔2009〕98号)中要求"要建立科学的业绩考评和计酬制度,改变现行保险营销员绩效考核机制中计酬层级过多、间接佣金比重过大的价值导向"。

三是《关于规范保险营销团队管理的通知》(保监发〔2007〕93号)中要求"公司有关管理制度应明确保险营销员可以只做业务,不增员和管理保险营销团队,且不得在计酬制度中有歧视性规定"。

## 二、关于直接佣金比例的规定

《关于规范人身保险业务经营有关问题的通知》(保监发〔2011〕36号):保险公司应按照保险代理协议约定向代理人支付佣金,佣金应采用分期形式支付,但短期人身保险业务除外。保险公司向代理人支付佣金应充分考虑代理人对投保人的服务品质,应通过对首期佣金水平、续期佣金水平以及支付期限的合理调节,提升代理人在保单存续期间对投保人的服务水平。

# 第四章 保险个人代理人渠道现状及问题表现

## 第一节 整体情况

### 一、全国保险市场发展情况

根据银保监会和国家统计局公布的数据,2021年我国实现保费收入44 900亿元,2021年国民生产总值达1 133 239.8亿元,2021年全国人口14.126亿,2021年保险深度(保费收入/国内生产总值)是3.96%,2021年保险密度(保费收入/总人口)约是3 178元/人。sigma(瑞士再保险)的数据显示,2021年,世界平均保险深度达6.96%,其中我国排名第40位;世界平均保险密度是874美元/人,我国在世界排名40位。2014年,国务院发布的《关于加快发展现代保险服务业的若干意见》提出,到2020年,保险深度达到5%,保险密度达到3 500元/人。从数据来看,保险业发展未达预期,保险深度和保险密度与此前设定的目标均有一定距离。

#### (一) 保费收入和总资产

我国原保险保费收入近十年的变化如图4.1所示,整体来看,我国原保险保费收入整体呈上升趋势。但在2021年,在疫情常态化影响和车险综改等因素影响下,人身险和财产险(见图4.2)均出现负增长,原保险保费收入也略有下降。从增长速度来看,2012年以来,我国原保费收入增速先升后降、波动较大,十年复合增长率约12.55%。2021年原保费收入增速为-0.79%,十年间首度为负,也是十五年来的第二次负增长;大陆地区保费收入自2017年超过日本跻身全球第二以来,连续三年占据全球第二保费市场份额,持续稳定地为全球保险市场贡献力量。

近年来,我国保险行业总资产规模持续增长。中国银保监会数据显示,截至2021年年底,保险业总资产规模达24.89万亿元,保险资金运用余额达23.23万亿元,规模稳步增长。保险业资产总额由2012年的7.4万亿元增加到2021年的24.9万亿元,保险业总资产年均增速达11.4%(见图4.3)。这表明,我国保险行业在稳定中发展,保险的风险管理功能日益突出。

图 4.1　2012—2021 年原保险保费收入

数据来源：国家统计局

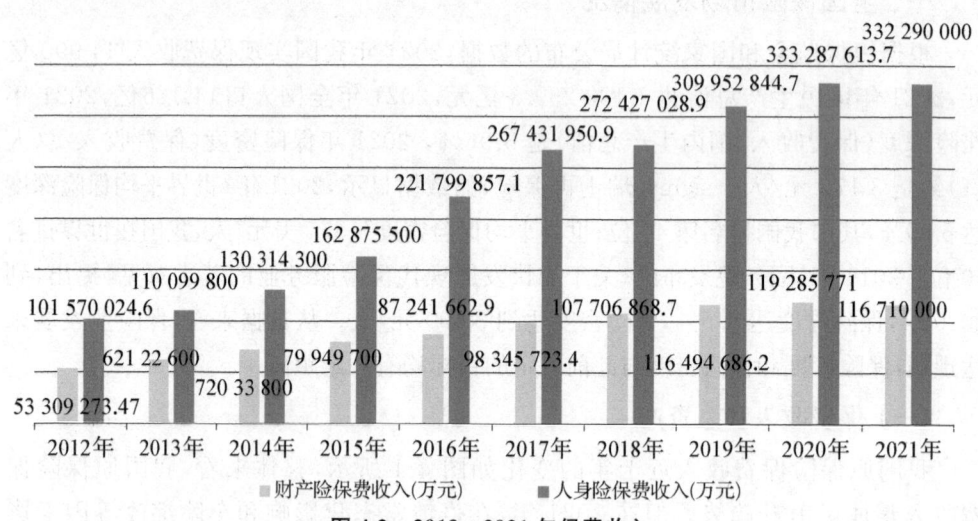

图 4.2　2012—2021 年保费收入

数据来源：国家统计局

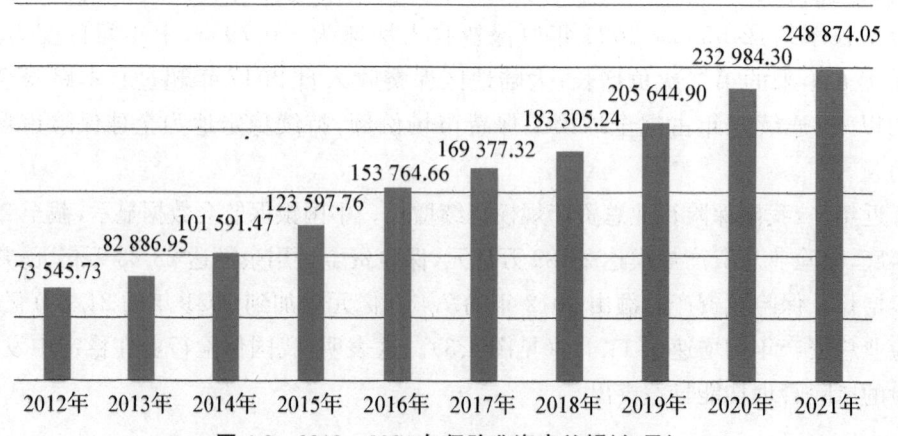

图 4.3　2012—2021 年保险业资产总额（亿元）

数据来源：国家统计局

将视野放到国际市场上,我国大陆2021年保费收入规模世界排名第二,占据全球市场份额的10.1%,而美国的保费规模达到2 718 699百万美元,占据全球市场份额的39.6%。自2017年我国保费收入超过日本以来,我国已经连续5年占据全球第二保费市场的位置,且正逐渐拉开与日本的距离,尽管与排名第一的美国还有较大的差距,但是我国已经成为世界保险市场的中坚力量。2021年保费收入排名前20位的国家或地区的保费总额占据全世界的近90%,国际保险发展极不平衡(见图4.4和图4.5)。

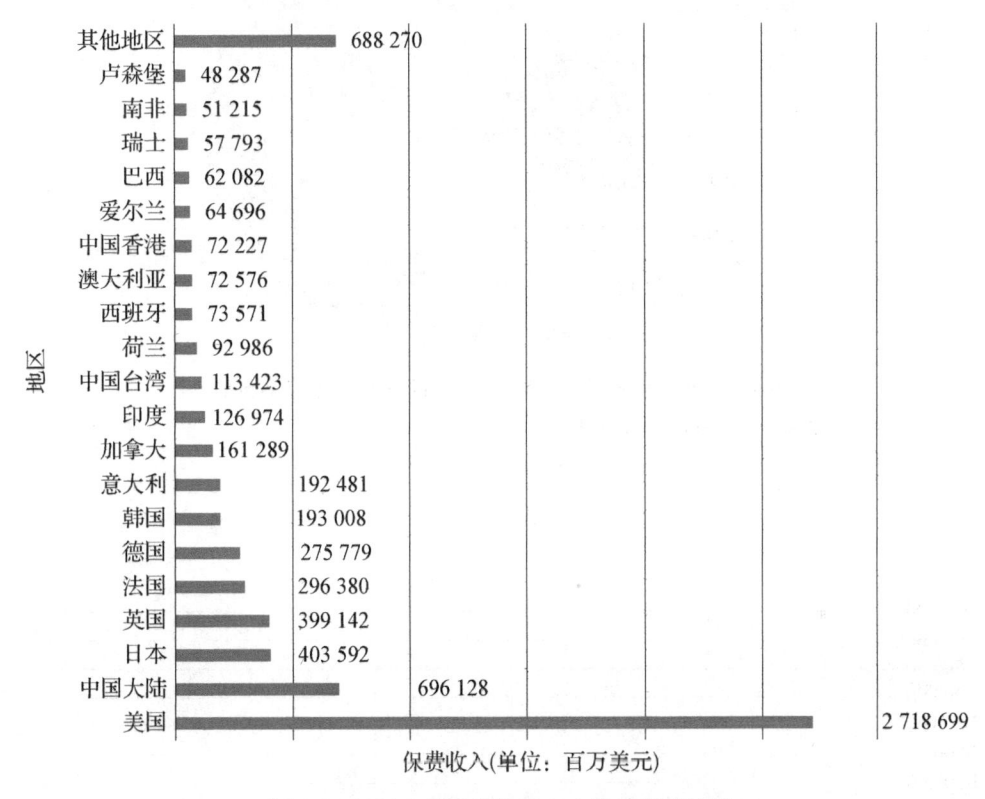

| 地区 | 保费收入(单位:百万美元) |
|---|---|
| 其他地区 | 688 270 |
| 卢森堡 | 48 287 |
| 南非 | 51 215 |
| 瑞士 | 57 793 |
| 巴西 | 62 082 |
| 爱尔兰 | 64 696 |
| 中国香港 | 72 227 |
| 澳大利亚 | 72 576 |
| 西班牙 | 73 571 |
| 荷兰 | 92 986 |
| 中国台湾 | 113 423 |
| 印度 | 126 974 |
| 加拿大 | 161 289 |
| 意大利 | 192 481 |
| 韩国 | 193 008 |
| 德国 | 275 779 |
| 法国 | 296 380 |
| 英国 | 399 142 |
| 日本 | 403 592 |
| 中国大陆 | 696 128 |
| 美国 | 2 718 699 |

图4.4 2021年保费收入前二十的国家或地区

数据来源:sigma(瑞士再保险)

从省份分析我国保险发展的地域差异,在2021年,广东省的保费收入达4 153.2亿元,排列全国第一,其次是江苏省(4 051.1亿元)、山东省(2 816.49亿元)、北京市(2 526.93亿元)、浙江省(2 484.66亿元),后五名是甘肃省(490.32亿元)、宁夏回族自治区(211.14亿元)、海南省(198.30亿元)、青海省(106.89亿元)、西藏自治区(39.98亿元),排位第一的江苏省的保费规模是最后一名西藏自治区的近100倍,区域保费规模发展并不协调,沿海省份的保费远高于西部地区(见图4.6)。

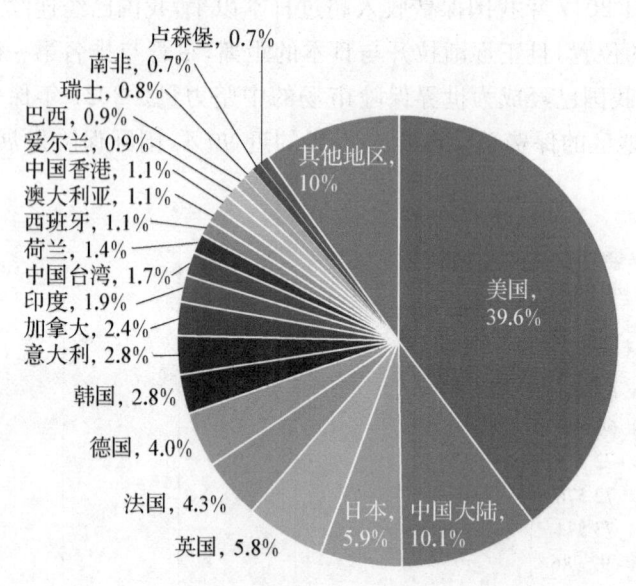

**图 4.5　2021 年保费收入前二十的国家或地区的市场份额**

数据来源：sigma（瑞士再保险）

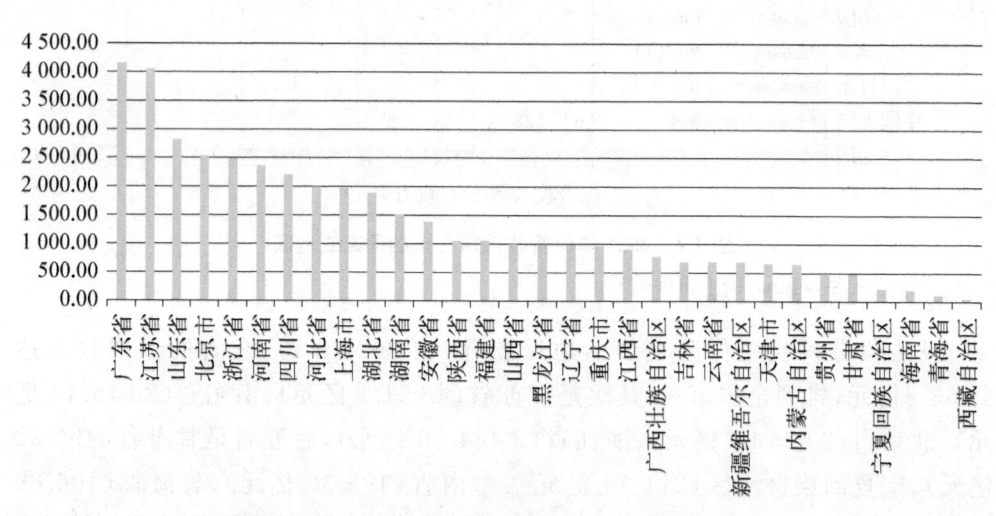

**图 4.6　2021 年各地区原保险保费收入（单位：亿元）**

数据来源：银保监会

从保险市场集中度来看，2021年我国原保险保费收入为44 900亿元，中国人寿保险（集团）公司的原保险保费收入为7 555.48亿元，约占据市场份额的17%；中国平安保险（集团）股份有限公司原保险保费收入是7 606.95亿元，约占据市场份额的17%；中国人民保险集团股份有限公司原保险保费收入是5 810.7亿元，约占据市场份额的13%、中国太平洋保险（集团）股份有限公司原保险保费收入约是3 633.84亿元，约占据市场份额的8%（见图4.7）。这四家保险公司占据了超过一半的市场份额。

**（二）保险深度和保险密度**

2021年我国保险深度（保费收入/国内生产总值）是3.96%，2021年我国保险密度（保费收入/总人口）约是3 178元/人。sigma（瑞士再保险）的数据显示，2021年，世界平均保险深度达6.96%，其中我国排名第40位，美国、英国等发达国家的保险深度则保持在10%以上，因而我国保险深度仍然具有很大的上升空间；世界平均保险密度是874美元/人，我国在世界排名第40位。

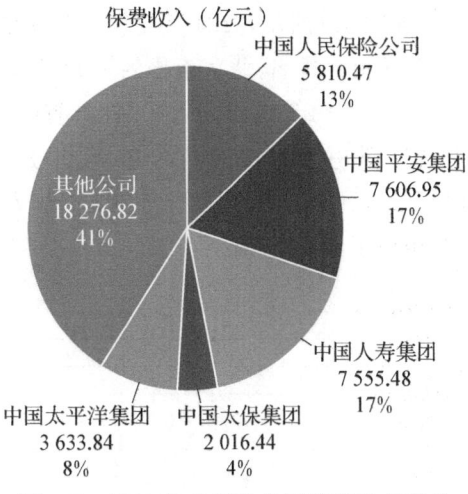

图4.7 2021年各保险公司原保险保费收入规模及占比

数据来源：各保险公司2021年年报

现通过数据分析我国不同地区间的保险深度和保险密度的发展情况，保险深度的前五地区分别是黑龙江省（6.69%）、北京市（6.28%）、吉林省（5.22%）、河北省（4.94%）、甘肃省（4.79%），最后五名海南省（3.06%）、云南省（2.54%）、贵州省（2.53%）、福建省（2.15%）、西藏自治区（1.92%）。我国无任一地区的保险密度达到世界平均水平。全国保险深度达到2014年提出的5%的目标的只有三个地区：黑龙江省、北京市、吉林省（见图4.8）。

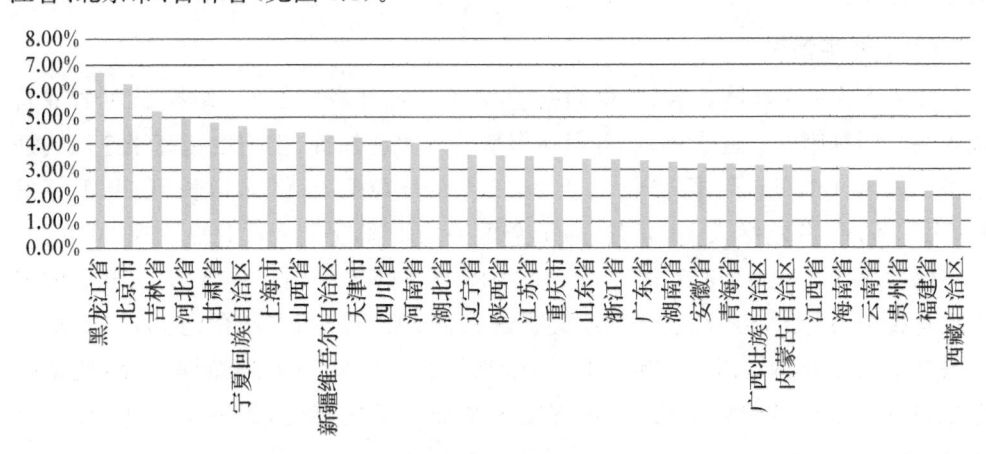

图4.8 2021年各地区保险深度图

数据来源：银保监会、国家统计局

如图 4.9 所示,2021 年全国各省份的保险密度前五分别是北京市(11 543.76 元/人,若按世界排名,北京市排名第 28 位,相当于西班牙的排名)、上海市(7 918.44 元/人)、天津市(4 810.42 元/人)、江苏省(4 763.20 元/人)、浙江省(3 799.17 元/人),最后五名分别是青海省(1 799.49 元/人)、广西壮族自治区(1 549.73 元/人)、云南省(1 471.64 元/人)、贵州省(1 288.32 元/人)、西藏自治区(1 092.35 元/人,世界排名 63 位,相当于俄罗斯的位置)。

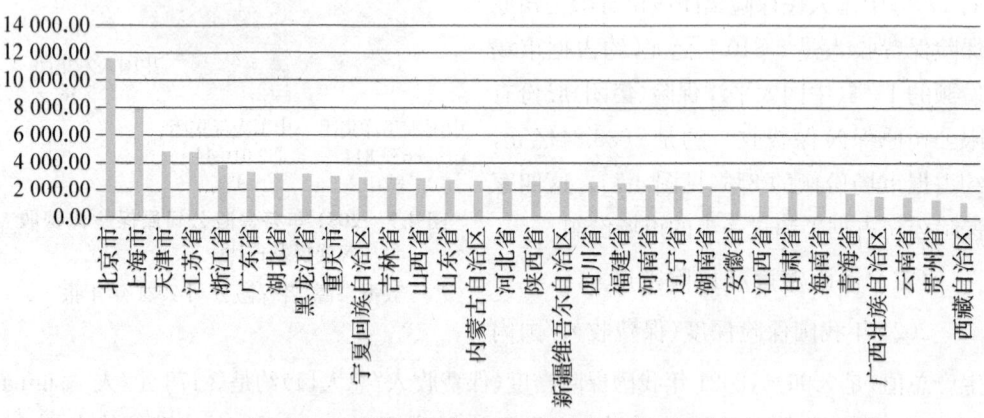

图 4.9 2021 年各地区保险密度图(单位:元/人)

数据来源:银保监会、国家统计局

## 二、江苏省保险市场发展情况

选取江苏省作为研究对象,是因为江苏省的经济发展、保险市场和保险代理人具有代表性,依此得出的结论和相关建议可以推广至全国。本研究是基于江苏省保险市场进行的研究,在研究意义部分也已经阐述了选取江苏省作为研究对象的实践意义。作为经济发达省份,现将江苏省保险市场发展情况总结梳理如下。

### (一) 基本情况

江苏作为一个经济大省,其保险行业发展名列前茅。在 2021 年,江苏省保费收入在全国排第二。近十年,江苏保险保费收入实现翻番,年均增速高于全国同期水平。如图 4.10 所示,保费收入从 2012 年的 1 301.28 亿元增长到 2021 年的 4 051.11 亿元,年均增长 13.45%,高于全国平均增速近 1 个百分点。在 2018 年,江苏保险保费收入为 3 317.26 亿元,较 2017 年下降 3.83%。具体来讲,江苏的财产险是稳中有升的,但寿险"134 号文"①的实施,按照回归保障的思路,对寿险产品设计提出了新的要求,直指 2016 年以来销售正旺的一系列短期产品,使得险企主打的年金产品期限拉长,一定程度上增加了销售难度,影响了 2018 年的保

---

① 指《中国保监会关于规范人身保险公司产品开发设计行为的通知》。

费(见图4.11)。

**图4.10　江苏省2012—2021年原保险保费收入规模变化图**
数据来源：国家统计局

**图4.11　江苏省2012—2021年保费收入**
数据来源：国家统计局

具体分析到地级市，南京市的保费收入在全省排第一，紧追其后的是苏州市，而后三位则是连云港市、淮安市、宿迁市。江苏省内保险发展不平衡，区域性差异非常明显，第一名南京市的保费收入是最后一名宿迁市保费收入的近10倍(见图4.12)。

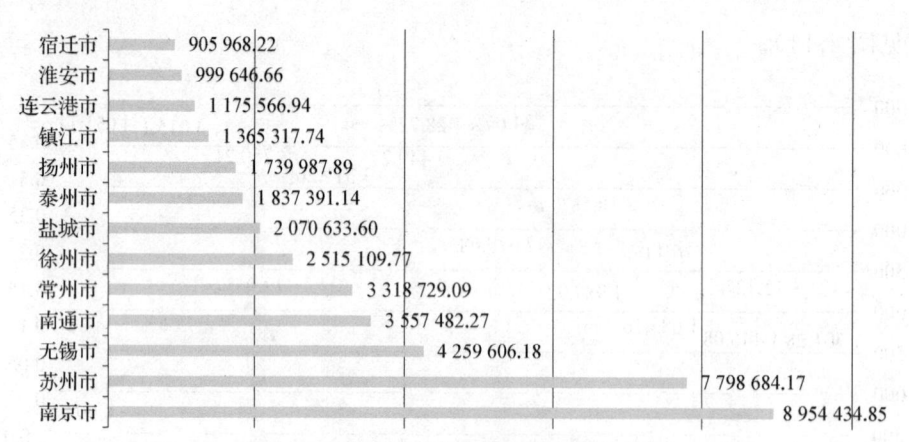

| 城市 | 原保险保费收入（万元） |
|---|---|
| 宿迁市 | 905 968.22 |
| 淮安市 | 999 646.66 |
| 连云港市 | 1 175 566.94 |
| 镇江市 | 1 365 317.74 |
| 扬州市 | 1 739 987.89 |
| 泰州市 | 1 837 391.14 |
| 盐城市 | 2 070 633.60 |
| 徐州市 | 2 515 109.77 |
| 常州市 | 3 318 729.09 |
| 南通市 | 3 557 482.27 |
| 无锡市 | 4 259 606.18 |
| 苏州市 | 7 798 684.17 |
| 南京市 | 8 954 434.85 |

图 4.12 2021 年江苏省地级市原保险保费收入（单位：万元）

数据来源：银保监会

## （二）保险深度和保险密度

江苏省保险深度长期低于全国，2021 年为 3.48%，但仍低于全国 0.48 个百分点，位列全国各省区市第十六位。其中南京市的保险深度高达 5.47%，是江苏省省内唯一达到 2014 年中央预期的地区。南京市和常州市的保险深度达到江苏省的平均水平。国际保险业发展的普遍规律表明，随着经济发展水平提高，保险业将在国民经济中占据越来越大的比重。相较于地方经济发展水平，江苏保险业当前的规模优势尚不突出，未来增长空间仍然很大（见图 4.13）。

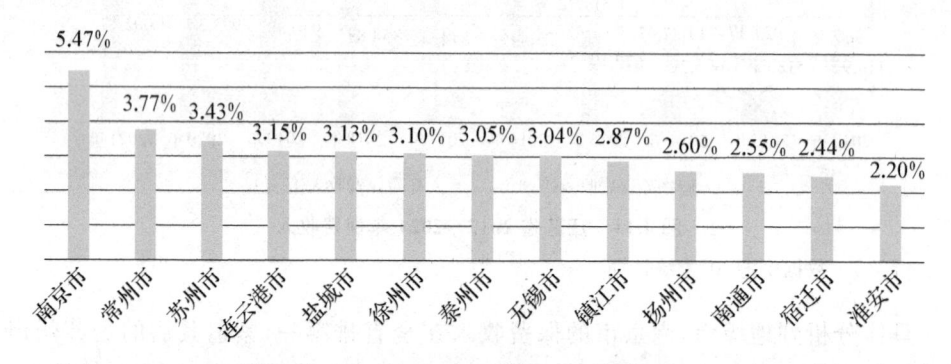

| 城市 | 保险深度 |
|---|---|
| 南京市 | 5.47% |
| 常州市 | 3.77% |
| 苏州市 | 3.43% |
| 连云港市 | 3.15% |
| 盐城市 | 3.13% |
| 徐州市 | 3.10% |
| 泰州市 | 3.05% |
| 无锡市 | 3.04% |
| 镇江市 | 2.87% |
| 扬州市 | 2.60% |
| 南通市 | 2.55% |
| 宿迁市 | 2.44% |
| 淮安市 | 2.20% |

图 4.13 2021 年江苏省地级市保险深度图

数据来源：各地级市统计局

2021 年，江苏省平均保险密度达到 4 763.20 元/人，约为全国平均的 1.5 倍，位居全国各省区市第四位，仅低于北京、上海、天津等直辖市。江苏省内 13 个城市中有 8 个城市达到国家平均水平，南京市的保险密度甚至高达 9 502.34 元/人（见图 4.14），约是全国水平的 3 倍，约是江苏省平均水平的 2 倍，同样高于世界平均水平。从地理分布来看，苏中和苏南的保险密度相较于苏北明显提高。

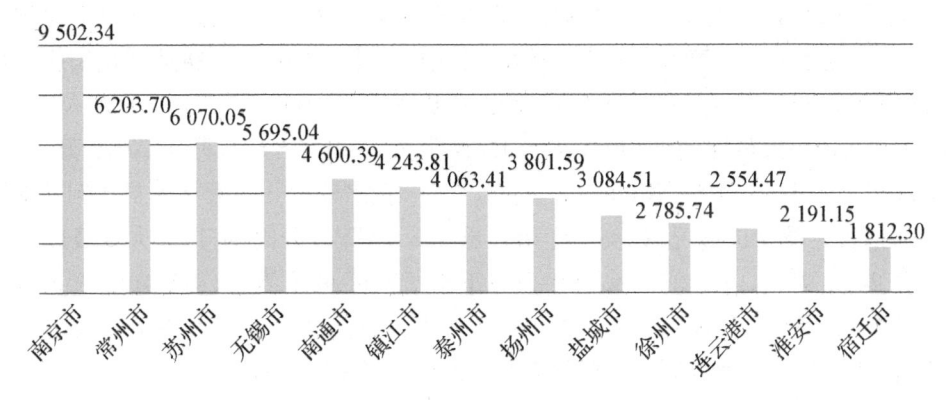

图 4.14　2021 年江苏省地级市保险密度（单位：元/人）

数据来源：各地级市统计局

### 三、代理人发展概况

我国自 1992 年友邦公司引入保险代理人制度开始，在这 30 年的时间里，粗犷式发展使得代理人数量得以快速增加。2015 年 8 月，代理人资格考试取消之后，由于代理人准入门槛大幅降低，保险行业经历了一个粗放增长时期。如图 4.15 所示，2015 年年初，代理人数量只有 325 万人，到 2015 年年底已经增长至 471 万人，一年内净增近 150 万名代理人，保险代理人增速高达 44%。在 2019 年，保险代理人规模达到峰值——912 万人，但在 2020 年，内因（保险代理人数量饱和）和外因（新型冠状病毒感染疫情暴发）的双重冲击下，保险代理人数量开始下降，到 2021 年，保险代理人数量只有 590.7 万人，与 2015—2016 年水平相当，相较于 2019 年的峰值，保险代理人数量减少了 300 多万人。

图 4.15　2012—2021 年保险代理人规模及增速

数据来源：保险中介信息监管系统

截至2021年12月31日,全国保险公司在保险中介监管信息系统(以下简称中介系统)执业登记的销售人员641.9万人。其中,92家人身险公司执业登记销售人员472.8万人,占比73.7%;90家财产险公司执业登记销售人员169.1万人,占比26.3%。从销售人员性别结构看,女性434.7万人,占比67.7%,男性207.2万人,占比32.3%。其中,人身险公司女性人员占比74%,财产险公司男女性人员比例基本持平。从销售人员学历情况看,高中学历人员302.8万人,占比47.1%,大专及以上学历人员246.5万人,占比38.5%,初中及以下学历人员92.6万人,占比14.4%。从销售人员合同类型看,代理制销售人员590.7万人,占比92.0%,员工制销售人员41.4万人,占比6.5%,其他合同类型销售人员9.8万人,占比1.5%。

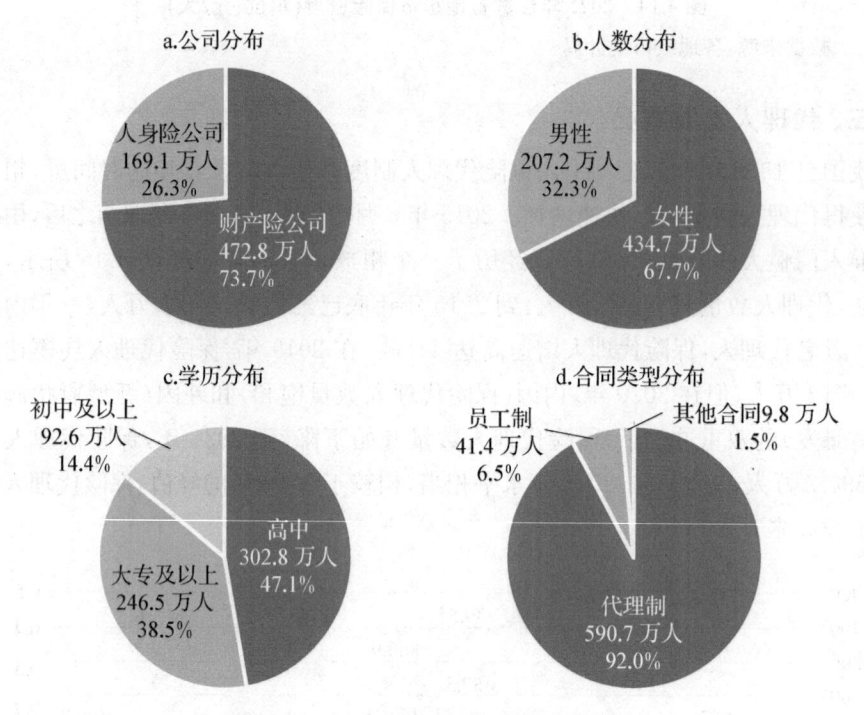

图 4.16  2021年保险销售人员分布情况

数据来源:国家统计局

从2012年开始,我国保险公司的注册数量总体处于递增态势,保险公司数量从2012年的164家增至2021年的235家(见图4.17)。其中中资保险公司机构数缓步上升,中外合资保险公司机构较为稳定的维持在60家左右(见图4.18)。

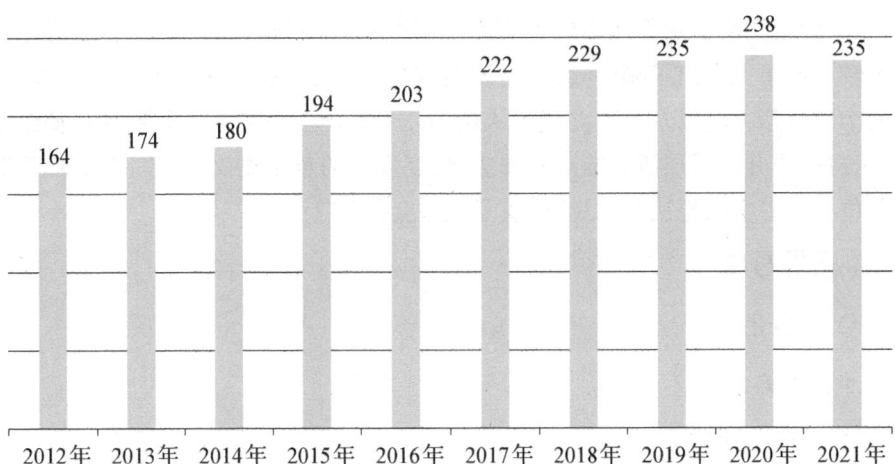

**图 4.17　2012—2021 年保险系统机构数（单位：个）**

数据来源：国家统计局

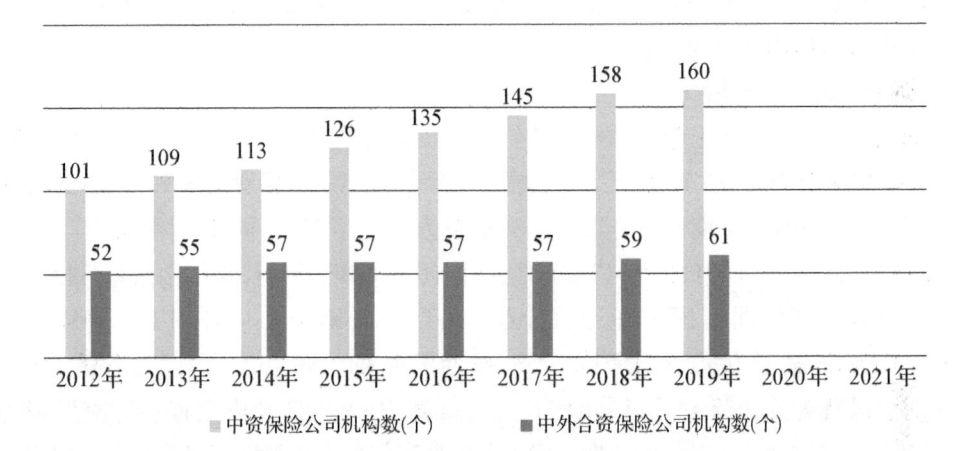

**图 4.18　2012—2021 年保险系统机构数**

数据来源：国家统计局

# 第二节　省级层面公司管理层调研

## 一、背景介绍

为保证研究的严谨性、研究结论的实效性，编写组于 2022 年 6 月 29 日开展了省级层面寿险公司座谈会。会议地点设在太平洋人寿江苏省分公司，与会的包括友邦人寿江苏省分公司、大家人寿江苏省分公司、太平人寿江苏省分公司、泰康人寿江苏省分公司、太平洋人寿江苏省分公司、新华人寿江苏省分公司在内的六家寿险企业，同时银保监会的部分专家也出席了此次会议。会上讨论了目前各公司个险营销基本情况;在个险营销渠道层面面临的主要困境与难点;针对存在的问题,各公司在代理人渠道转型改革上做出了哪些尝试、是否有成效、转型过程中遇到了哪些困难;未来看好的个险转型方向以及对独立代理人的看法;对个险渠道数字化转型的看法及运用;关于进一步开展基层研究的研究方法、角度方面的意见建议。编写组认真听取了会上各位行业专家的想法和意见,形成了座谈会报告。

## 二、问题总结

### (一) 大型企业

1. 中国人寿

(1) 个险渠道现状。

中国人寿保险(集团)公司(简称中国人寿),为中央金融企业,是国有特大型金融保险企业公司。2021年以来,中国人寿个险板块坚持高质量发展,渠道转型不断深入,业务发展整体稳健。本研究根据《中国人寿2021年年度报告》和《中国人寿2022年半年报告》,做出如下总结:

① 个险渠道业务情况。

如表4.1所示,2021年,中国人寿个险板块总保费为5094.89亿元,同比下降0.3%;续期保费为4079.73亿元,同比增长4.3%;首年期交保费为822.54亿元,同比下降17.4%,其中,十年期及以上首年期交保费为415.80亿元,同比下降26.0%。2021年,个险板块一年新业务价值为429.45亿元,同比下降25.5%,首年年化保障口径新业务价值率为42.2%,同比下降5.9个百分点。截至2022年6月30日,中国人寿个险板块总保费为3524.87亿元,同比下降3.1%;续期保费为2740.16亿元,同比下降3.9%;首年期交保费为689.57亿元,同比增长0.5%,其中,十年期及以上首年期交保费为302.12亿元,同比增长4.7%,十年期及以上首年期交保费占首年期交保费比重同比提升1.76个百分点。2022年上半年,个险板块新业务价值为241.85亿元,同比下降16.5%,首年年化保障口径新业务价值率为30.4%,同比下降6.1个百分点。

表4.1 中国人寿个险渠道业务情况

| 年份 | 总保费(亿元) | 同比增长 | 续期保费(亿元) | 同比增长 | 首年期交保费(亿元) | 同比增长 | 新业务价值(亿元) | 同比增长 | 首年年化保障口径新业务价值率 | 同比增长 |
|---|---|---|---|---|---|---|---|---|---|---|
| 2021年 | 5 094.89 | −0.3% | 4 079.73 | 4.3% | 822.54 | −17.4% | 429.45 | −25.5% | 42.2% | −5.9% |
| 2022年上半年 | 3 524.87 | −3.1% | 2 740.16 | −3.9% | 689.57 | 0.5% | 241.85 | −16.5% | 30.4% | −6.1% |

② 个人代理人情况与组织架构。

从个人代理人基本情况来看,2021年,中国人寿的个险代理人面临较大负增长,负增长达到40%。2022年,个险代理人规模趋于稳定,流失率控制在10%以内。在这两年中,绩优人群的占比都保持稳定。其中,2021年,个险销售人力为82.0万人,相比去年减少了55.8万人,同比减少40.5%。其中,营销队伍规模为51.9万人,减少了32.2万人,同比减少38.3%;收展队伍规模为30.1万人,减少了23.6万人,同比减少44.0%。个险板块月均有效销售人力同比有所下降,但绩优人群稳定,队伍基础总体稳固;截至2022年6月30日,个险销售人力为74.6万人,相比去年减少了9.0%,其中,营销队伍规模为47.6万人,减少了8.3%,收展队伍规模为27.0万人,减少了10.3%,其中绩优人群占比保持稳定。

从个人代理人组织架构来看,中国人寿在最新的组织架构中,建立了大个险业务中心,下设营销发展部、收展发展部、个险企划部、个险运营部、个险培训部和综合金融部等六个部门。

(2) 主要问题表现。

① 代理人留存难题。

自从2021年以来,中国人寿个险代理人流失接近50%。根据中国人寿个险代理人座谈会的发言总结,代理人入职门槛极低甚至无门槛,但是留存门槛高,新人2年内的留存率最高只有10%。原因主要有以下几点:第一,新人薪酬较低。尤其对于从外地来工作的代理人来说,中国人寿3 000元的津贴无法覆盖房租和伙食费,生活压力较大。第二,培训力度不足。目前中国人寿的新人代理人培训模式是:三天半的签约班+十六个半天培训,并且新人在培训期间还要接受业绩考核,在业务不熟练的情况下进行销售。然而从公司的角度考虑,公司并没有足够的资源和时间给新人进行长时间的培训。第三,公司激励不足。公司的大多数激励方案效果是逐渐递减的,甚至会出现套利现象。为了减少套利问题,公司将前端激励(基本法佣金)砍半,但后端并没有补回来,不利于队伍的稳定性。

② 代理人生存与客户利益存在冲突。

保险代理人销售误导现象屡禁不止。代理人为了优先保障自己的生存,提高销售业绩,可能会不根据客户的实际情况,建议引导客户盲目投保。比如,中国人寿的传家产品,应当面对资产更高的客户售卖,而现状是15万保额就售卖,只需要不到3万元的保费,但对于这些家庭来说,这笔钱并非有效资金,而是一种负担。

2. 太平人寿

(1) 个险渠道现状。

太平人寿作为传统型寿险公司,自开业之初个人代理渠道即成为主要销售业务渠道,随着太平人寿近年银邮代理渠道转型和快速发展,个人代理业务保费占比虽有下滑,但仍占据主要地位。2022年1—5月,个人营销渠道保费收入20.84亿元,占比达56%。

① 营销员基本情况及佣金体系。

代理人队伍数量方面,太平人寿自2018年人力峰值后大力清虚,人力规模连续三年大幅下滑,通过队伍高质量发展转型且早于市场率先清虚,率先实现人力企稳和反弹。2022年5月末,在职人力12 246人,较年初增长13%,代理人13个月留存率78.8%,队伍稳定性得到大幅提升,其主要得益于收入大幅提升;1—5月在职人力人均月收入8 400元,较去年同期增长12.5%,其中主管人均月收入超3万元。

② 组织架构。

个险营销队伍组织架构遵循组织发展的理念,组织架构采取三级管理,自下而上分别为营业组、营业部、营业区,人员职级采用四阶九级制,自下往上分别为业务员、业务经理、高级业务经理、区域总监。截至2022年5月末,太平人寿业务员11 452人,业务经理584人,高级经理184人,区域总监26人。组织架构与人员职级的对应关系如表4.2所示。

表4.2 组织架构与人员职级表

| 阶 层 | 职 级 | 组织结构角色 |
| --- | --- | --- |
| 业务员 | 试用业务员 | 营业组成员 |
| | 正式业务员 | |
| | 业务主任 | |
| 业务经理 | 业务经理一级 | 可担任营业组主管 |
| | 业务经理二级 | |
| 高级业务经理 | 高级业务经理一级 | 可担任营业组、部主管 |
| | 高级业务经理二级 | |
| 区域总监 | 区域总监 | 可担任营业组、部、区主管 |
| | 区域总经理 | |

个险传统营销渠道代理人收入主要来源包括销售收入和《基本法》收入。销售收入为直接佣金,根据产品设计的佣金率按所售保费计提;《基本法》收入为间接佣金,公司根据直接佣金间接支出的绩效收入,各层级可享受的《基本法》收入项目不同。公司在《基本法》佣金分配原则与行业中大部分主流同业一致,更多倾向主管和新人。

(2) 主要问题表现。

① 从个人产能看,营销员队伍两极分化严重。

绩优代理人方面,在高端服务、资源的加持下,逐步实现对中高端客户的突破,百万绩优和千万绩优均呈现上升趋势,2022年1—5月百万期交人力89人,较去年增加6人,贡献期交占比43.5%,较去年同期提升107个百分点,另外期交50万以上人力还有101人。大众代理人方面,由于受到疫情反复扰动和经济形势变化的影响,主力客户群体的购买意愿和消费能力有所下降,大部分代理人的收入出现不同程度的下滑,低产能人员逐渐增多,从业信心受到打击,团队的结构有所恶化。

② 从队伍结构看,偏老龄化是当前理想的结构配置。

个险营销队伍整体仍呈低学历化和高龄化。从性别看,女性代理人占比74%,贡献期交保费超过87%,仍是代理人队伍的主要群体。从学历看,营销员整体学历水平偏低,本科及以上仅占15%,大专占24%,超六成的业务员学历在高中及以下。从年龄看,26~35岁占比30.4%、36~45岁占比35.2%、45岁以上占比31.8%,而团队主管中45岁以上占比在54%以上。从其产能贡献上看,40岁以下代理人承保期交保费占比仅18%,40~45岁贡献期交占比16%,45岁以上贡献占比最高,达66%。但从长期发展看,适度年轻化仍是必然趋势,以适配新生代客户在年龄结构、消费习惯和知识层次方面的差异。

③从组织发展看,队伍规模将持续减少。

一是增员难。2022年1—5月太平人寿新增人员合计956人,而2020年、2021年同期分别为2 694人、1 721人,增员数量持续下滑,增员难度加大且增员成本提高,在外部人口红利减退的背景下,较低的增员和考察门槛导致人均增员成本上升。二是新人整体收入提升难。虽然太平人寿13个月留存率较高,但部分原因是2022年放缓了清虚进度和力度,多数新人持续开单能力仍较差,收入并未对其产生续从业的激励。三是主管考核难。人力减少直接导致团队的架构出现动摇,主管下辖团队人力减少、产能下降,辛苦但管理津贴下降,直接影响了主管的增员和辅导意愿,形成恶性闭环。

表4.3 各职级月均收入及成长情况

| 职 级 | 总 监 | 高级经理 | 业务经理 | 正式业务员 | 试用业务员 |
|---|---|---|---|---|---|
| 2021年月均 | 9.4 | 3.6 | 1.3 | 0.34 | 402 |
| 2022年1—5月月均 | 12.2 | 4.7 | 1.9 | 0.37 | 352 |
| 变化 | 29.8% | 31% | 46% | 9% | −12% |

④从外部环境看,复杂多变的发展环境致使短期内业绩承压。

一是疫情影响和多点散发仍未消退,对私营企业和个体工商户影响最大,其销售收入和经营利润同比下滑均超过25%,个人财富大幅缩水,导致其对保险的需求及购买力降低,同时代理人面接客户和销售难度加大;二是新产业、新业态冲击加黑产多发,快递外卖、直播带货等新兴产业兴起,且因其门槛低、收入看的见且相对稳定,很大程度上分流了增员来源,同时黑色产业链成扩散之势,对保险公司的正常经营与管理产生很大的影响,同时也对保险的社会正面形象造成损伤;三是"普惠型"商业保险陆续推出,城市定制型商业医疗保险、专属商业养老保险、城乡居民大病保险、长期护理险等,在政府和监管的推动下迅速发展,为居民提供了实惠的保障服务,一定程度上替代了普通商业保险产品,致使销售难度加大;四是"双录"①对销售效率的影响,从长期看,"双录"能够推动行业更加规范健康地发展;从公司发展看,"双录"却造成短期至中期内人力和保费双降,代理人收入差距拉大,低绩效代理人收入持续下滑,组织发展普遍遇到瓶颈。

---

① 保险双录指的是录音和录像。

### 3. 太平洋人寿

(1) 个险渠道现状。

① 个人代理渠道保费规模及占比。

2022年1—5月,个人代理渠道总保费44.01亿元,占比82.7%。苏锡常是独立分公司,其保费规模超过其他10家地市级。苏锡常从江苏公司独立出去,占江苏的45%,10家地市占55%。这几年随着高质量发展、产能提升制度等的落地,其义务保费规模这3家地级市是其他10家地市的1.5倍。在南京保险市场中,太保苏锡常占比最高,占比12%左右,而国寿在南京市占比10%左右。在保险业内部系统,江苏分公司规模较大。从策略来说,分化周期长,这几年在总公司的贡献越来越高,江苏分公司基本持平,占比是4.4%~4.5%。

② 留存率。

2021年代理人数量接近17 000人,5月末总人力11 408人(按实动人力计算①),同比下滑52.2%;2021年,个险代理人13月留存率17%、25个月留存率8.6%;月人均收入4 586元。

③ 营销队伍组织架构。

营销队伍组织架构分为寿险营销营业区(简称"营业区")、寿险营销营业部(简称"营业部")、寿险营销营业室(简称"营业室")三层架构,各级营销组织在公司和上一级营销组织的管理和规范下拓展业务。按职级划分,分为区总监、部经理、室经理和保险规划师四个职级。截至2022年五月末,在册人力中区总监47人,占比0.4%;部经理352人,占比3.1%;室经理1 312人,占比11.5%;保险规划师9 697人,占比85%(见图4.19)。

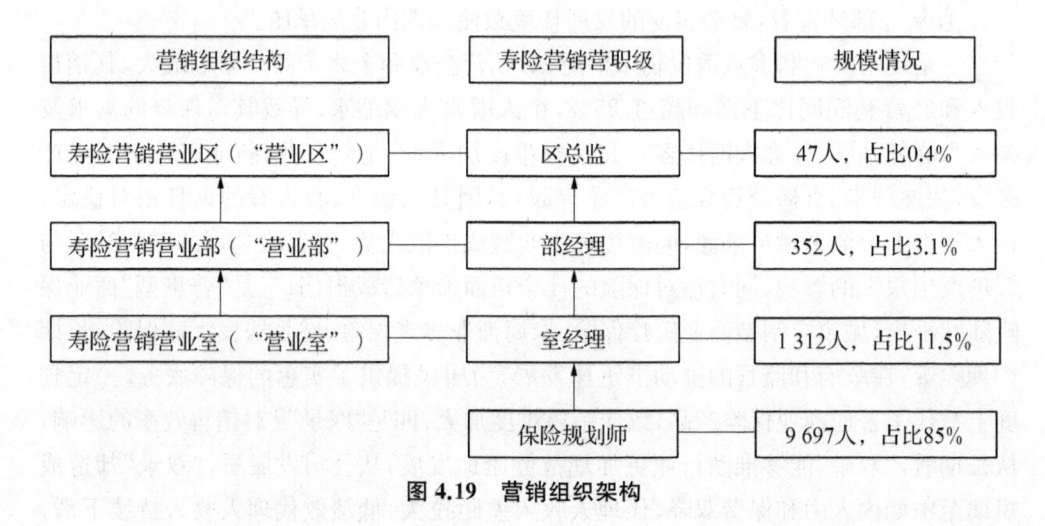

图 4.19 营销组织架构

---

① 标准人力是指保险营销员的数量与业绩的一种统计,主要反映保险公司从事保险营销人员的真实情况,是保险公司生命力和盈利能力的重要反馈。绩优人力:太保的标准是月首年佣金2 400元以上。

④ 佣金分配机制。

个险营销渠道个人代理业务人员佣金收入包括直接佣金收入和间接佣金收入。直接佣金收入包括新保佣金收入和续期佣金收入；间接佣金收入包含个人季度奖、个人年终奖、主管管理收入、育成收入等（见图4.20）。

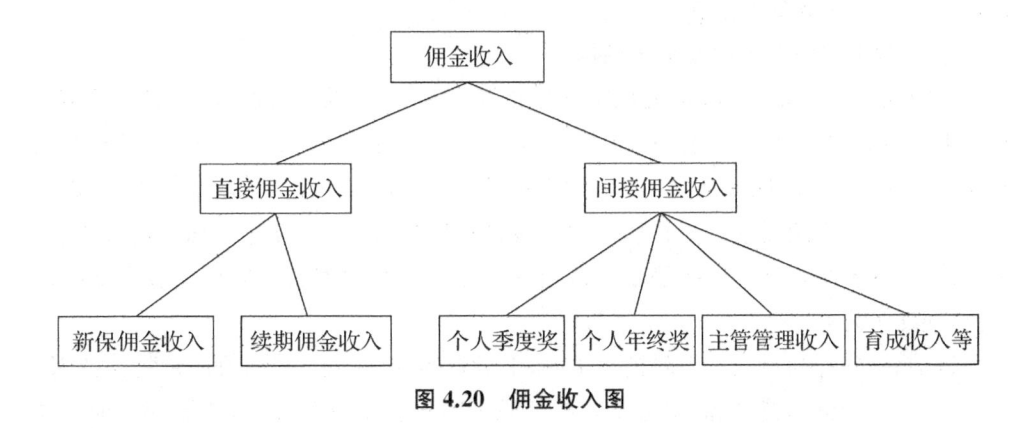

```
                        佣金收入
                   ┌──────┴──────┐
              直接佣金收入        间接佣金收入
              ┌────┴────┐    ┌────┬────┬────┬────┐
         新保佣金收入 续期佣金收入 个人季度奖 个人年终奖 主管管理收入 育成收入等
```

图 4.20 佣金收入图

（2）主要问题表现。

① 业务层面。

业务层面主要面临四个关键问题。其一，销售模式需要改变：个险渠道仍存在急于转化客户、活动平台快速收割保费的情况，缺乏对需求的深度挖掘和对客户的长期经营；其二，过度押宝开门红：年末匆匆收官，押宝开门红"毕其功于一役"；其三，业务节奏激进：基金产品＋激励方案叠加，且作用越来越弱，短期激励结束，业务平台指数级下降，业务高点一浪低于一浪；其四，继续率隐患承压：队伍的流失，孤儿单的增加，继续率承压，形成恶性循环，任何一个单点的改进都无法斩断恶性循环的旧模式。

② 人力层面。

人力层面则主要面临三个问题。其一，新人寡留双降：成本逐年增加，新人质和量都明显不足，仍以低学历、高年龄居多，新人保费贡献占比持续下降，新人13个月、25个月留存率逐年下跌；其二，代理人能力不适配：中产阶级收入相对稳定，但消费更为理性，对人情单接受度较低，有较高的家庭负债及消费意愿，对养老、教育、生活品质等都有更高的要求，对服务队伍专业度要求更高，现有大部分代理人专业能力不适配当下中产阶级市场；其三，代理人收入低：队伍活动度走低，高产能、高收入人员占比较低，低产能低、收入人员占比较高，大部分代理人收入低于社会平均工资且缺乏稳定性，队伍流失较大。

4. 新华人寿

（1）个险渠道现状。

新华人寿保险股份有限公司（以下简称"新华保险"）是全国性的大型寿险企业，

立志成为我国最优秀的以全方位寿险业务为核心的金融服务集团。目前新华保险已经确立"1+2+1"战略,即以寿险业务为主体,以财富管理和康养产业为两翼,以科技赋能为支撑,逐步形成协同发展模式,共同构筑起具有新华特色和长远生命力的发展格局。本书根据新华人寿保险股份有限公司南京中心支公司总经理的发言以及新华保险历年年报做出如下总结:

① 个险渠道保费情况及组织结构。

2021年,新华保险个险渠道积极应对外部环境变化,推动渠道转型发展,挖掘客户需求,均衡产品结构,实现保费收入1 198.32亿元,同比增长2.1%,其中,长期险首年保费154.38亿元,同比下降3.0%;续期保费1 013.53亿元,同比增长5.2%。2022年上半年,个险渠道受新型冠状病毒感染疫情影响较大,新业务发展承压,在续期业务支撑下,保费规模基本保持稳定。截至6月30日,个险渠道实现保费收入695.52亿元,同比下降0.5%。

目前,新华保险设立了个险销售中心,下设营销部、收展部、培训部、销售支持部4个一级部门。其中,营销部、销售支持部由原个险销售部拆分设立;收展部由原保费部更名设立。此外,设立东、西、南、北4个个险销售区域,每个区域下设督导组、培训组。

② 个险代理人情况。

由表4.4可见,新华保险个险代理人规模持续下滑,2021年同比降低35.8%,2022年上半年同比降低27.9%。月均合格人力不断降低,月均合格率不到20%,且2021年、2022年都有小幅降低。但是,新华保险个险代理人月均人均综合产能有较大增长,2022年上半年达到3 840元,同比增长23.7%。

针对上述情况,新华保险总裁助理表示,从个险代理人队伍方面,合格人力的可持续性不强,但是绩优人力的可持续性强,绩优稳定性强就会贡献比较大的保费。在客户方面,普通消费者的消费预期在下降、购买力下降、购买欲望下降,但中高端消费者的消费能力不减,消费意愿增强,大客户购买的保单,无论是保额还是保险费都在增长。尤其2023年以来,民众存款急剧增加、可投资的项目减少,保险产品因为其安全性等特点,反而在2023年上半年得到了广大中高阶层的喜爱,这也是公司产能提升的重要原因。

新华保险前几年一直在追求做大销售队伍规模,江苏新华的人力规模在2020年最高时达到3万人,但是在近来这一年多面临较大的负增长,2022年新华保险在江苏省的个险销售人员数量为1.8万人,同比下滑接近30%。此外,江苏新华个险营销员队伍年龄偏老化,高中以下学历占比60%,兼职人力较多,2022年人均月收入水平7 000多元,同比下降7%。

表 4.4　新华保险个险代理人情况①

|  | 代理人规模(万人) | 同比下降 | 月均合格人力(万人) | 同比下降 | 月均合格率 | 同比下降 | 月均人均综合产能(元) | 同比增长 |
|---|---|---|---|---|---|---|---|---|
| 2021年 | 38.9 | 35.8% | 9.1 | 28.9% | 19.1% | 4.7% | 2 725 | 4.1% |
| 2022年上半年 | 31.8 | 27.9% | 6.1 | 41.9% | 17.5% | 1.6% | 3 840 | 23.7% |

(2) 主要问题表现。

① 代理人队伍大幅下降。

2021年以来，新华保险个险代理人持续脱落，新华保险个险代理人数量从2020年的60.6万人跌落至2022年6月的31.8万人，下降率达47.5%。一方面，由于疫情冲击，传统的线下代理人展业模式遇到较大困难；各保险公司间的产品逐渐同质化，竞争更为激烈；客户保险观念转变，导致保险代理人拓展业务难度变大、收入下滑；外卖、快递等其他人力密集行业的兴起，成为部分低绩效代理人的更优选择。另一方面，新华保险主动清虚人力，压实保险队伍，提高人均产能，强化个险队伍高质量转型发展。多种因素共同作用，导致个险代理人队伍大幅下滑。

② 代理人素质与客户需求不匹配。

随着保险数字化的不断深入，单一化与标准化程度高、件均保费低的简单保险产品业务或许将逐渐被互联网保险渠道取代，客户之间将通过网络自行投保。未来代理人渠道更具优势的领域，将是定制化程度高、件均保费高的复杂保险产品业务，这对代理人的专业性要求更高。此外，在传统的营销时代，客户对保险的认知以及对保险产品条款的关注比较弱，更看重的是保险公司的大小或品牌的知名度。而如今保险的消费群体已经向80后、90后倾斜，这一群体普遍地对保险的认知观念高，喜欢自主地从互联网上获取信息，不喜欢被保险代理人牵着鼻子走，这对代理人的综合能力提出更高的要求。而新华保险现有业务员大部分是高中或大专学历的60后、70后群体，月均合格率不足20%，整体素质偏低。目前新华保险个险代理人的专业能力尚不足以应对新的挑战。

(二) 中小型企业及外资企业

1. 大家人寿

(1) 个险渠道现状。

大家保险成立于2019年6月，是由安邦保险重组之后成立的保险公司。原先安邦的产品销售以银保渠道为主，个险渠道缺乏历史积淀，在重组成立了大家保险之后，为了适应保险产品市场业态，不得不重新考量个险渠道的分量。当前寿险市

---

① 注：2022年统计口径为1—6月，数据来源于《新华人寿保险股份有限公司2021年年报》和《新华人寿保险股份有限公司2022年半年度报告》。

场呈现"一超多强"的格局:国寿占据市场的绝对主导地位,个险代理人规模庞大;其他大型寿险公司诸如平安、太保等也深耕个险渠道多年,聚集了一大批拥有深厚资源和优秀能力的保险代理人。大家保险为了规避代理人市场上的过度竞争,选择另辟蹊径,果断尝试构建独立个险代理人渠道,逐步形成个险代理新模式与保险销售新业态。

① 业务情况。

大家保险近年业务情况如表4.5、表4.6所示。

表4.5 2021年个险渠道业务情况

| 2021年 | 个险新单期缴保费(万元) | 保费占比 | 代理人数量(个) | 同比增速 | 人均月收入(元) |
|---|---|---|---|---|---|
| 全司 | 26 085 | 1.1% | 9 307 | 4 189% | 8 437 |
| 江苏 | 1 662 | 0.64% | 416 | — | 7 588 |

(注:江苏分公司2021年3月开办个险业务,2020年12月全司代理人217人。2021年全司银保新单期缴232.9亿元,江苏银保期缴25.8亿元。)

表4.6 2022年1—5月个险业务渠道情况

| 2022年 | 个险新单期缴保费(万元) | 保费占比 | 代理人数量(个) | 同比增速 | 人均月收入(元) |
|---|---|---|---|---|---|
| 全司 | 30 219 | 2.2% | 6 728 | 87% | 13 613 |
| 江苏 | 1 721 | 1.0% | 304 | 275% | 10 718 |

(注:2022年统计口径1—5月,2021年5月全司个险渠道代理人3 592人,江苏在职81人。2022年1—5月全司银保新单期缴136.9亿元,江苏16.4亿元。)

② 营销员基本情况及佣金体系。

在人均收入方面,大家保险代理人2021年月人均收入8 343元(江苏0.86万元),2022年1—5月月人均收入11 503元(江苏1.02万元)。在人均产能方面:大家代理人2021年4—12月月均人均产能21 686元(江苏3.15万元),2022年1—5月月均人均产能47 155元(江苏3.07万元)。在人员结构方面,大专及以上学历占比51%。2022年,公司发布了星河计划代理人招募选材标准,要求必须是大专以上学历、年龄在28~45岁,无不良信用记录,在应聘地工作2年以上。此外,大家保险佣金分配机制主要为:去除层级,降低间佣,增加直佣,提高一线销售人员收入;事务所合伙人代公司管理最小经营单位,履行招募、辅导等经营管理职责,并获得一定的管理收入。

③ 组织架构。

大家保险个险渠道为独代逻辑,以各独立代理人为最基本单位,独立代理人以保险事务所的形式从事保险营销活动。具体组织架构如图4.21所示。

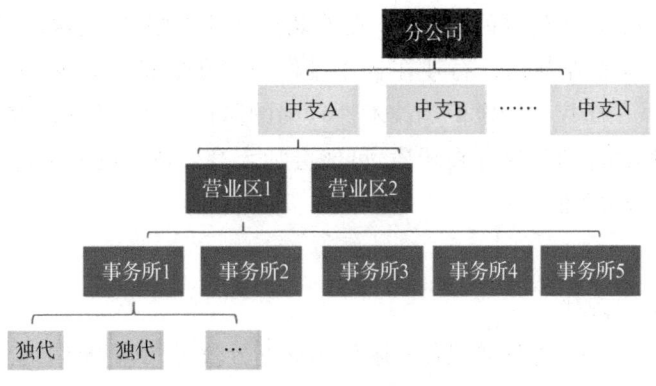

```
           分公司
    ┌───────┼───────┐
  中支A    中支B  ……  中支N
  ┌─┴─┐
营业区1 营业区2
┌──┬──┼──┬──┐
事务所1 事务所2 事务所3 事务所4 事务所5
┌─┬─┐
独代 独代 …
```

图 4.21 大家保险组织架构图

(2) 主要问题表现。

① 高素质人群的招募与培养难以实现。

扁平化组织模式下高素质人群的招募和培养体系建设是难点。独立个险代理人突破了以组织为主线的传统代理人模式,但问题就在于作为一个刚兴起不久的新形式,独立代理人的组织和管理是重要难题。在独立代理人的扁平化组织模式下,招募和销售分离,普通代理人没有招募的动力,因此保险代理人的招募效率难以提高,代理人群体无法扩大,就难以为保险公司的产品销售及业绩增长提供持续动能。除此之外,大家保险重视新人的招募与培训,这些新人往往是不具备保险销售经验的"白板",专业性缺乏,在销售过程中容易出现问题;较传统营销模式而言,独代个人保险代理人模式对代理人的专业知识门槛要求更高,专业人才培养的周期更长。

② 市场竞争激烈致使客源不足。

代理人客户面临枯竭,代理人留存及渠道的可持续发展问题是关键。信息时代客户获取保险专业知识和资讯的能力大幅提升,获客难度增大;已开拓的寿险市场趋于饱和,开拓新市场难度很大,成本较高且容错率低;大量客户集中在少部分险企及其代理人下,市场竞争激烈。

③ "保险+养老社区"尚待探索。

"保险+养老社区"模式处于运营初期,养老社区内人员难以在短期内实现潜在客户的转化。保险资金规模大、成本低、期限长且追求长期稳定收益,与养老产业具有较高的契合度,参与养老社区建设与改造需要投入大量资金,可能会给保险企业的资金配置带来一定程度上的压力,容易造成短期内的亏损与现金流压力;除此之外,养老社区短期内难以实现和保险业务的联动,潜在客户接受商业养老保险产品的理念并实现转化周期较长,保险消费者的"培养"较为困难。

董捷认为,商业养老保险在介入养老地产业时所提供的产品和服务还有待进一步丰富和完善,投资养老社区所需投资金额较大,回报期限较长,对保险公司的运营和成本控制能力提出了较高的要求①。在养老社区建设中,配套医疗服务必不可少,胡芳等认为,寿险企业与医疗行业在合作过程中存在信息不对称,进而引起数据交互、医疗项目投资、医疗费用定价等技术性较强的阶段产生断层;寿险企业的营利性与多数医疗机构的非营利性存在矛盾,可能会加大合作营运的利益冲突与各主体之间风险控制及互动的难度②。

2. 友邦人寿

(1) 个险渠道现状。

本部分选取友邦人寿保险股份有限公司江苏分公司(以下简称"公司")自保险从业资格考试取消至2021年(2015—2021年)较为代表性时期的业务发展历程进行分析,结果呈现如下③:营销员渠道为公司主营业务渠道,近年来公司坚持贯彻卓越营销员策略,深化落实规模增员精英化、经营管理系统化、销售顾问专业化、客户服务标准化、作业平台数字化,致力于为优质人才搭建起长期事业发展平台,并培养高素质、高产能、高收入的卓越营销员队伍,孵化有想法、有目标、坚持职业价值和责任的"保险企业家",进一步巩固了友邦营销员的差异化发展,为省内客户提供优质服务。

① 业务情况。

如表4.7和表4.8所示,2015—2021年近7年间公司在册营销员由2015年年末的4 183人,增长至2021年年末的8 949人,年复合增长14%。首年新单保费由2015年的4.9亿元,增长至2021年的17.5亿元,年复合增长23%。

表4.7 在册人力及增长率  单位:个

| 在册人力 | 2012年 | 2013年 | 2014年 | 2015年 | 2016年 | 2017年 | 2018年 | 2019年 | 2020年 | 2021年 | 2021年至5月 | 2022年至5月 |
|---|---|---|---|---|---|---|---|---|---|---|---|---|
| 实际达成 | 2 141 | 2 343 | 3 087 | 4 183 | 6 777 | 8 587 | 9 770 | 10 402 | 10 973 | 8 949 | 9 407 | 8 547 |
| 增长率 | | 9% | 32% | 36% | 62% | 27% | 14% | 6% | 5% | −18% | | −9% |

表4.8 各年年化首期保费(ANP)及增长率  单位:万元

| ANP (000′) | 2012年 | 2013年 | 2014年 | 2015年 | 2016年 | 2017年 | 2018年 | 2019年 | 2020年 | 2021年 | 2021年至5月 | 2022年至5月 |
|---|---|---|---|---|---|---|---|---|---|---|---|---|
| 实际达成 | 136 355 | 176 503 | 282 032 | 497 489 | 924 934 | 1 311 433 | 1 612 700 | 1 766 624 | 1 618 430 | 1 754 675 | 924 871 | 887 301 |
| 增长率 | | 29% | 60% | 76% | 86% | 42% | 23% | 10% | −9% | 8% | | −4% |

② 营销员收入与佣金体系。

如表4.9所示,2015—2021年公司营销员人均收入由8 364元增长至10 737元,虽然受疫情影响但收入依然增长28%。目前公司佣金比例结构保持稳定,佣金的发

---

① 董捷.我国商业养老保险参与养老产业发展:价值、路径与再思考[J].西南民族大学学报(人文社会科学版),2021(10).
② 胡芳,何逍遥,曹传碧.人口老龄化视域下寿险企业参与养老产业的模式、困境与对策[J].西南金融,2021(8).
③ 数据来自2022年6月29日开展的课题研究座谈会。

放与出席率、回执签回时限、回访完成率、保单继续率等业务品质指标挂钩,并将一定比例的新人津贴发放时间递延且与新人是否活动关联,同时对新人津贴、营业部年度增长奖金等执行业绩回溯的制度,防范营销员套取短期利益,使渠道费用、平均收入维持在一个健康的水平。

表 4.9　人均月收入及增长率　　　　　　　　　　　　　　　　　单位:元

| 在册人力 | 2012 年 | 2013 年 | 2014 年 | 2015 年 | 2016 年 | 2017 年 | 2018 年 | 2019 年 | 2020 年 | 2021 年 | 2021 年至 5 月 | 2022 年至 5 月 |
|---|---|---|---|---|---|---|---|---|---|---|---|---|
| 实际达成 | 3 786 | 4 096 | 5 566 | 8 364 | 10 292 | 10 087 | 10 661 | 11 264 | 9 390 | 10 737 | 12 617 | 14 037 |
| 增长率 |  | 8% | 36% | 50% | 23% | −2% | 6% | 6% | −17% | 14% |  | 11% |

③ 留存率。

如表 4.10 所示,2015—2021 年公司营销员 12 个月的留存率由 39% 降至 30%,主要是受 2021 年留存率大幅下滑的影响,当年增长率与同期相比下滑了 37%,此前 6 年的 12 个月留存率均维持在 45% 左右。随着个险渠道转型的加剧,代理人留存率下滑是一个趋势,公司 2021 年至 5 月的 12 个月留存率仅为 29%,2022 年至 5 月的留存率为 31%,普遍偏低。

表 4.10　12 个月留存率及增长率

| 在册人力 | 2012 年 | 2013 年 | 2014 年 | 2015 年 | 2016 年 | 2017 年 | 2018 年 | 2019 年 | 2020 年 | 2021 年 | 2021 年至 5 月 | 2022 年至 5 月 |
|---|---|---|---|---|---|---|---|---|---|---|---|---|
| 实际达成 |  |  |  | 39% | 45% | 44% | 45% | 47% | 47% | 30% | 29% | 31% |
| 增长率 |  |  |  |  | 14% | −1% | 2% | 5% | 0% | −37% |  | 7% |

(2) 主要问题表现。

2020 年以来,受市场环境以及疫情影响,保险市场出现较大波动,主要表现在以下几点:

① 队伍发展规模受阻。

2015—2021 年公司在册人力年复合增长 14%,但 2020 年以后在册人力出现持续下滑。在册人力下降的直接原因是新招募人数减少,脱落人数增多。深层次原因是外部市场变化及疫情的影响,在此阶段求职者的选择更为谨慎,进入行业后竞争加剧,新人需要快速地进行客户开拓、提升自身专业度,形成较强的客户管理能力,以及将职业专业度转化为让客户有良好服务体验的能力,但疫情下营销员培养周期被拉长(线上培训效率降低)、招募甄选转换率降低,最终体现为在册人力下降,对团队活力以及团队的发展意愿均有影响。

② 成熟市场开拓难。

随着保险市场逐步成熟,营销员展业难度逐渐加大。首先,市场竞争主体增多,如惠民保、网销等,可供消费者选择面较以往更为多样;其次,客户对保险的认知不断加深,以及保险公司产品和服务线日益丰富,对营销员的学习能力以及专业度要求也在逐步提高;第三,"双录"的全面要求和更严格的销售过程管理提升了从业难度、降低了作业效率,使新人起步较为困难,最终营销员个体收入差距被逐步拉大,保险公司业务发展放缓,开拓新市场意愿降低。

③ 社会福利制度以及其他行业的冲击。

现在遇到的代理人瓶颈,既有代理制度本身的问题,也有市场发生转变、有效的消费者需求刺激不起来,更深层次的,还有体制性的原因。社会保障在前已经起到了很好的兜底作用,其与商业保险之间本身就存在一定的替代关系。同时金融业的其他同质化产品进入保险市场也"虹吸"了一部分市场份额,在市场竞争的环境下确实需要承认利益的导向作用,但是代理人行业的利益导向还不足以和其他行业达到同等竞争的地步。代理人职业的社会尊重度也不够,面临诸多拒绝成本以及客户维护、自身情感投入等综合性成本。因此,考虑到金融行业内外部的市场竞争、消费者的需求、资金配给等发生的变化,代理人展业将逐渐趋难。

④ 社会信任度不足。

友邦人寿保险有限公司江苏分公司代表在发言中提到:"目前最大的问题在我看来在于社会的信任不足。几十年的粗放发展造成一个最大的伤害就是,老百姓们现在信保险,但不太信做保险的人。"未来要提升整个社会对保险业的信任度,就需要每一个经营实体达成共识,共同改造行业形象与社会认知。

## 第三节　A公司代理人专题座谈会调研

### 一、背景介绍

考虑到公司规模、代理人发展情况,编写组于2022年8月19日对A公司开展了专题调研座谈会,与会的有性别年龄、职级、从业经历、业绩表现、培训经历等各异的十余名代理人。在系统翔实地了解中国人寿江苏分公司的个险渠道现状与转型尝试、当前困境,完成对省级层面寿险企业的调研与座谈工作之外,编写组认真学习听取了各位行业从业者切身的想法和意见,形成了代理人专项调研报告。

座谈会交流的主要问题如下:第一,保险代理人这份工作是否从薪资待遇、社会地位、生活保障等方面带给您一定的满足感?您认为何种激励方式能够促进业绩增长?第二,保险代理人脱落率这么高,您坚持的原因是什么?第三,您认为在保险销售过程中,一个合格保险代理人应该具备哪些方面的能力和素质?第四,您在营销过程中是否受到了阻碍,阻碍来自哪些方面?第五,在疫情大背景和客户群体代际更替的情况之下,您认为客户画像是否发生了变化,对应的营销方式是否随之改变?第六,您在日常工作中是否使用数字化手段(数字化手段包括公司推出的数字化工作系统、展业App、展业微信小程序等)?您认为数字化手段的使用对于您的工作有何帮助(工作包括产品推销、投保手续办理、客户服务等)？您对您现阶段工作中使用的数字化工具的认可度如何？您认为有哪些值得改进的地方(请指出一两处最值得改进的点)？第七，在时代变革的背景下，您对保险代理人的发展有怎样的看法，您会采取哪些措施来应对这些变化？第八，您认为目前保险公司的代理人制度是否合理，有哪些地方存在改进的空间？第九，保险行业监管的力度和范围对您的工作是否有影响，您对此的建议是什么？编写组对代理人的观点进行了提炼分析，形成了如下的文字结论。

## 二、问题总结

(1) 寿险公司招聘选拔绩优代理人时存在一定偏好。

与会的 A 公司代理人表示，公司在招聘时存在一定的偏好，绩优代理人呈现出相应的特征，如学历偏高、有冲劲、自带人脉资源、有一定的销售相关经验、社会阅历较丰富(人情练达等)。从业时间较长的营销经理们则表示，不同代理人群体确实表现出不同的群体特征。例如，对于应届生群体而言，由于其社会阅历较少，人脉资源较少，在我国这个人情社会，有时需要靠情感打动客户；对于年龄处于 30～40 岁的群体来说，其社会阅历更为丰富，拥有一定的人脉资源，便于展业。在籍贯偏好上，南京本地人虽然有着一定的缘故客户资源，展业更为轻松，但因为这部分群体经济条件较好，无太多经济压力，没有冲劲；而外地人虽然在缘故客户资源方面处于劣势地位，新人期工资无法负担生活费用，生活压力大，经济条件各方面相对较差，但相应的这部分群体更有冲劲，对待工作也更加积极，有斗志。最后是宝妈群体，这部分人群得到寿险公司各营销团队偏好的原因在于其年龄大多位于 30～40 岁，留存率高。同时多因给孩子购买保险而接触保险行业，加之工作时间相对较多，生活状况更为自由。

(2) 代理人团队普遍存在增员难、留人难的共性问题。

代理人代表们普遍表示，队伍数量收缩是发展趋势。市场呈现出明显的两极分化，越高端的客户越容易销售，因为高端市场的客户完成了资本的原始积累，投资态度更为理性，并且复利效应明显。这直接导致对代理人的要求由数量层面提升至了质量层面，代理人队伍数量收缩是未来趋势。参与会议的各团队负责人表示，目前面临的共性问题在于：增员难、留人更难。招募优质代理人难、新人生存难。营销部门代表在发言中提到：一方面，招人难、留人更难。即使招到了优秀的年轻人，也留不住，团队老龄化现象严重。在一批老员工脱落之后，客户资源逐渐流转至收展部门，营销部门的新人反而得不到这部分客户资源。另一方面，老员工和新员工之间还存在断代问题，团队成员年龄普遍偏大，陷入大龄老员工无法离开、后继无人，年轻人因团队过于老龄化而不愿加入的两难境地。收展部门的代表也表达了自己的观点，他们提出会给新人提供孤儿单，这对于新人来说较之营销部门更易生存，对新人的吸引力更大。同时，他们也指出新人进入营销部门完全没有客户资源，关于孤儿单等客户资源建议可以分配一些至营销部门以减轻新人压力。

(3) 公司提供的平台、工具和培训的效果具有两面性。

以此次调研的 A 公司为例,在营销平台支持方面,目前公司以平台销售为主要模式。借助营销平台,能拉近不同(工龄)员工之间的距离,便于团队成员之间沟通交流、相互学习。当没有强大的销售团队,借助公司营销平台的支持,销售人员的个人素质、专业能力就能够得到一个很好的差异化显现。但是,这种依附于公司强大平台的模式,在前期确实适合生存,到后期可能会有一定程度的发展限制。例如,规模较小的保险公司的小规模团队可能因为没有类似于 A 公司的平台支持而自主寻求发展路径,而这是有可能利于后期内驱式自我成长的。在工具支持方面,目前 A 公司寿险营销采用较多的是 521 表,也被称为客户型画像(见表 4.11)。目前还是纸质工具,Excel 文件版还在全国试点推广,把客户信息填写进去得出客户画像。善用工具可以提升素养,实现由话术向专业性的提升。

表 4.11　521 表

| 姓　名 | | | 性　别 | | 年　龄 | |
|---|---|---|---|---|---|---|
| 家庭住址 | | | 联系电话 | | 星　级 | |
| | | 521 客户画像 | 面见前(快速 521) | 面见中(印证 521) | 面见后(完善 521) | |
| 5 官 | | 家庭结构 | | | | |
| | | 购买力 | | | | |
| | 保险情况 | 保险基本构成 | | | | |
| | | 认识过程及关系程度 | | | | |
| | | 最近一次成交时间 | | | | |
| | | 最近一次成交金额 | | | | |
| | | 成交单件最大单 | | | | |
| | | 投资情况 | | | | |
| | | 兴趣爱好 | | | | |
| 2 感 | | 客户为何买(促成点) | | | | |
| | | 客户为何不买(促成难点) | | | | |
| 1 点通 | | 购买方案及预估保费 | | | | |

除此之外,在互联网时代,客户获得保险资讯的渠道非常多,因此保险代理人和客户之间的对接关系也要相应转型。目前 A 公司也会组织代理人学习线上自媒体,利用抖音等平台开展直播等。工具虽好,但代理人们普遍表示,其更新换代速度以及实际操作障碍还是会让很多销售人员感到使用困难。营销团队老龄化是未来发展趋势,对于 59 岁以上的代理人,虽然能一定程度上在心态上接受新工具等带来的变化,但在实际操作上还是有一定的难度。操作流程的变化、"双录"的要求等都会给他们带来切实的压力。目前他们大多处理的是高质量保单,件数较少,对操作流程接触

少,就会更不熟练。最后,在培训支持方面,目前公司提供的包括新技术培训和知识培训等,新技术培训主要是一些线上的培训,如自媒体、制作海报、推广、直播(2 h×20)。知识培训主要靠培训的老师,操作流程靠训练,老师教一部分,师傅带一部分。现场知识现场操作靠主管辅导,靠师傅。例如,教521表,对客户的"望闻问切"。同时也会有一些传统的教材类知识培训,现在在渠道转型的趋势下也在逐渐向线上发展。这部分培训存在的问题是:年轻代理人确实可以很好地运用数字化手段为自己的展业提供帮助,但是年龄较大的代理人在学习和运用数字化手段方面依然存在困难。另一方面,目前针对新人的培训力度不够,现有的培训只有三天半的签约班和十六个半天的培训,并且期间还穿插着业绩的考核,甚至在业务都还没有熟练的情况下就要进行销售,这时的效果显而易见。现在公司陷入了一方面认为培训很重要,另一方面却不愿投入太多的资源和时间让代理人去进行培训的两难处境之中。

(4) 客户画像对代理人的要求有所提升。

目前的客户群体呈现出明显的群体特征,客户画像一方面提升了保险营销的精准性,另一方面也会对代理人的展业与服务提出一定的要求。不同于以往的粗放式营销,客户画像会更要求专业化与个性化。与会的代理人给出了不同年龄层次客户的典型特征,如50后、60后客户,侧重于情感营销,对产品本身不够关注。这部分群体可能在20多年前已经购买过本公司保险产品,有了一定的保险观念;是A公司的客户,信任A公司大品牌;善良、喜欢助人为乐,可以在专业的基础上打感情牌维系关系;同时因为这些客户年龄偏大,太专业的东西他们未必想听;老年人空闲时间多,更需要感情陪伴,可以组织各种活动,以服务驱动业务;1962年这批婴儿潮开始退休,客户被教育过,不会把养老金放到股市、房地产,同时国债每年发行量有限,意味着他们有较多的空闲资金;对于理财产品来说,也是50后、60后群体买的最多,他们有一定的财富积累。对于70后、80后、90后群体,他们的特征是更理性,因此代理人需要提高自身素质。代表们总结出这部分群体的特征包括以下几个方面:年龄阶段处于30~40岁的人群,他们更偏理性,不想讲感情,只想谈利益;对保险观念的认知较上一代有所提升;资金相对有限,理财产品暂时考虑不了,多推销重疾险;30~40岁的客户对重疾险的认知有偏差,希望"用一块钱换一个亿的保障"等。因此,面对更为理性的客户,代理人要靠自身知识能力、对行业的认知展业,要不断提升自己。

(5) 代理人入职后留存门槛高。

一方面代理人团队普遍表示增员难、留存难,另一方面新人表示入职后遇到一系列障碍和问题,留存门槛高。现场的代理人代表指出基本法改革后,新人两年内留存率最多为10%。代理人入职门槛降低甚至无门槛,但留存门槛高。提及背后可能存在的原因,总结代理人们发言,主要体现在以下几点:其一,新人在面对客户时自觉社会地位低,心态上天然地存在弱势性。其二,老一辈客户的保险观念难以改变,初期展业困难。其三,对于新人来说,他们不得不签一些不适合客户实际情况的保单。新人没有底薪,对于外地人来说,3 000元的津贴无法覆盖房租和伙食费,生存压力大。

要优先保障自己的生存,因此只看得到眼前的利益。其四,新人在培训时是在学习以一个理性专业的保险顾问的形象与客户进行沟通,而在实践操作中还是以感性的销售方式为主,理论和实践有所偏差。其五,目前的保险产品销售大多以年金险为主,而年金险涉及养老,与代理人阅历有很大关系,新人代理人在这方面有天然的缺陷。

(6) 公司现有制度存在一定问题,有待完善。

公司的管理激励制度对于大部分新人或者普通代理人来说有一个基础的约束作用,但对绝对的绩优代理人的约束和吸引力并不强。现场的 A 公司代理人表示,公司很多制度(如出勤率的考核)太过于松散,对于对自己有一定要求的优秀代理人来说,不是很喜欢目前这种制度。其次,公司现有制度方面的问题还表现在收展部门和营销人员之间的矛盾。营销团队的业务员在离开之后,优质团队不能留在团队之中,而是被迫转移给收展部门,两个部门存在一定的发展矛盾。最后,单单以金钱来实现团队激励起到的效果是有限的,主管的培训跟不上队伍的发展要求。为了减少套利问题,公司将前端激励基本法佣金减半,但后端并没有补回来,这不利于队伍的稳定性。

(7) 展业难度提升、行业竞争加剧。

与会的代理人普遍表示,目前客户数量远不足以满足业务员的业绩要求,存在明显的行业内卷,而展业难度却在进一步提升,市场竞争压力大。就展业方式而言,代理人们也给出了两种可能的模式比较。一种是传统的陌生拜访,这种展业方式信任感低、获客难;另一种可能的形式是保险公司进社区,但在该种模式下市场流动性优势可能被打破,出现过度竞争现象。此外,目前产品的客户选择不到位,市场现状需要代理人主动要保费,但要向合适的群体要,代理人群体的关注重心没有放至合适的位置。例如,现在比较热门的传家产品,其设计之初的本意应当是面向资产净值更高水平的客户,但目前最低达到 15 万元保额就售卖此类产品,只需要不到 3 万元的保费。看似降低了标准,实则对这些保户家庭来说,这笔钱的支出并非提供了一笔有效资金,反而成了家庭财产流动性的负担。

(8) 其他。

最后,在谈及入职原因时,代理人们给出了不同的回答,总结如下:认可保险的信念文化,有使命感,认可保险行业,想坚持下去;销售业绩直接转化为收入,上不封顶,越努力越幸运;入行门槛低,证券需科班出身,银行无 B 端企业资源;个人拥有销售经验,个人能力突出且有热情有干劲;终身学习,其他稳定的行业可能不是特别注重学习,但时代变化很快,未来可能会有很多风险,终生学习具有吸引力;不稳定中有稳定,依托内职业生涯而并非外职业生涯,如个人能力体现在行业内的专业性、行业的知识、积累的人脉;自律实现自由,高度自律,高度自由;可以挑选喜欢的客户、喜欢的工作时间、喜欢的开拓方式;对于其他行业周末加班,难以得到获得感,内心易产生抗拒情绪,但保险代理人,加班可能有更直观的签单收益,产生为自己工作的心态,产生内动力;看似月月归零,实则月月积累,上个月的绩效本月都会清零,但技能、专业知识、人脉、转介绍影响力都在积累;在收展部门,公司提供孤儿单,相较销售部门难度较低。

## 第四节 基于江苏省面的代理人问卷调查

### 一、背景介绍

现阶段全球经济增长受到疫情影响依然处于复苏状态,第七次全国人口普查所揭示的老龄化与少子化问题尤为突出。人们的保险保障意识和多元化资产配置的主观需求,正在明显提高。保险营销人员是帮助匹配保险需求与保险供给的"前线"群体,他们的健康有序成长,推动了保险市场乃至整个经济的高质量发展;他们富有温度的服务,也直接关系人民的"获得感、幸福感、安全感"。

本节基础数据来源于编写组制作的《江苏保险营销员调查问卷》,调研期间为2022年6—9月。受访者来自包括中国人寿、友邦人寿、泰康人寿、太平人寿、新华人寿江苏分公司等在内的36家江苏省内寿险企业,调研共回收有效问卷1 251份。问卷由问卷星软件制作发放。基于基础数据结果,编写组形成了基于江苏省面的代理人问卷调查分析报告。从基本特征(性别、年龄、户籍所在地、工作所在地、教育背景、自我人格评价、所在公司、公司职位等)、生活状况(生活满意度、家庭婚姻状况、住房情况等)、职业特征(前职业、兼业情况、入行渠道、选择保险销售的原因、职业和社会地位认知、认为保险销售人员最重要的特质、未来继续从事保险销售的信心、转行原因等)、工作状况(日均工作时长、日均拜访量、拜访客户保单成交率、客户池客户数量、客户来源、年收入变化情况、客户开拓的难题、开发高净值客户的障碍等)、其他(对独代的前景认知、对公司各项机制的满意度、数字化应用能力、相关建议)五个层面对问卷结果进行了系统分析,完成了对省内保险营销员的调研工作。

### 二、统计性描述问题总结

#### (一) 基本特征类

1. 性别

江苏省内保险营销员队伍仍以女性为主。具体地,调研对象中女性保险营销员人数为935人,占75%,而男性保险营销员人数为316人,占25%(见图4.22)。

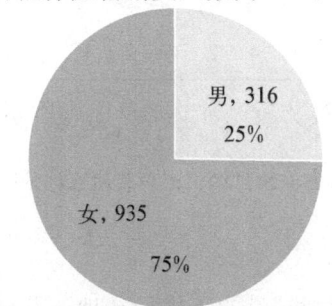

**图4.22 江苏省保险营销员的性别分布**

2. 年龄

从年龄上看,省内保险营销员的年龄大致集中在 30~55 岁。其中,营销员年龄最小的为 20 岁,最大的为 76 岁,平均年龄为 43.86 岁,中位数年龄为 44 岁(见图 4.23)。

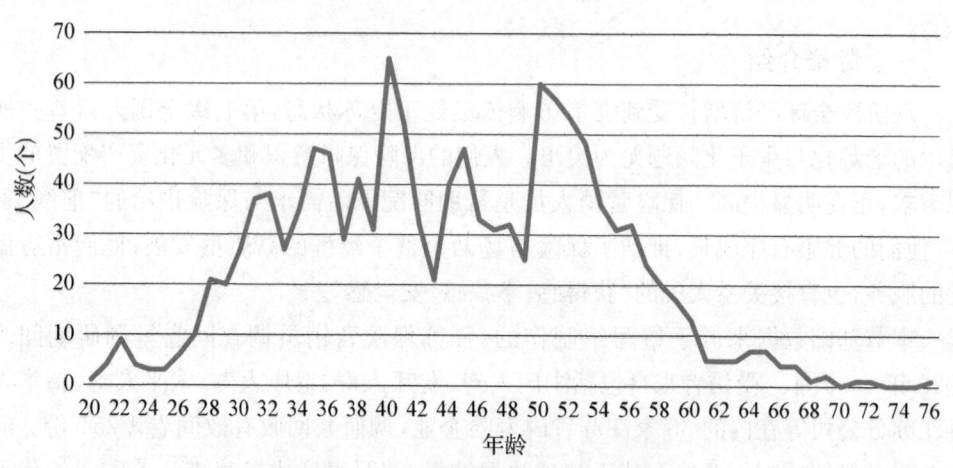

**图 4.23 江苏省保险营销员的年龄分布**

3. 户籍所在地

调研的省内保险营销员户籍所在地位于江苏、安徽、广东、四川等 18 个省、直辖市,其中户籍所在地位于江苏的营销员人数为 1 196 人,占比达到 95.6%,拥有外省户籍的营销员人数为 55 人,占比仅为 4.4%(见图 4.24)。具体到江苏省,此次调研对象的户籍所在地在省内 13 个地级市均有分布。其中,人数超过 200 人、排名前三的城市依次为连云港市(240 人)、南京市(228 人)、盐城市(200 人)。

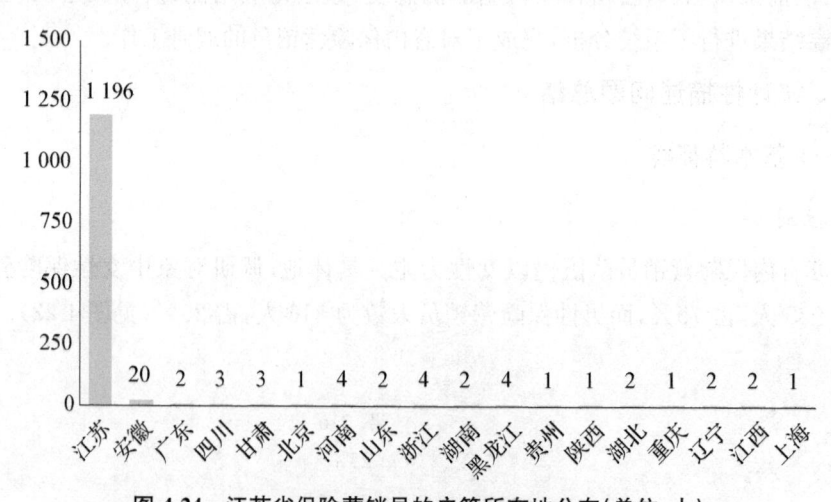

**图 4.24 江苏省保险营销员的户籍所在地分布(单位:人)**

4. 工作所在地

调研的 1 251 名省内保险营销员的工作所在地遍及全省 13 个地级市。其中,在南京市工作的营销员人数为265人、徐州市58人、连云港市243人、无锡市38人、常州市74人、苏州市68人、扬州市20人、淮安市68人、南通市39人、泰州市114人、镇江市34人、盐城市197人、宿迁市33人(见图4.25)。

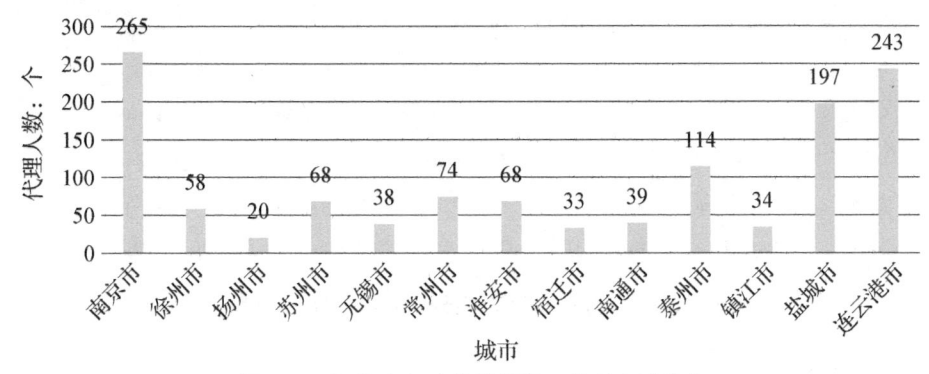

图4.25 江苏省保险营销员的工作所在地分布

5. 教育背景

江苏省内保险营销员的学历水平以大专及以下为主,占到近八成。具体来看,高中及以下的保险营销员人数为533人,占到43%;大专学历的营销员人数为424人,占到34%;本科学历的营销员人数为275人,占到22%;硕士、博士学历的营销员仅有19人,占比1%(见图4.26)。

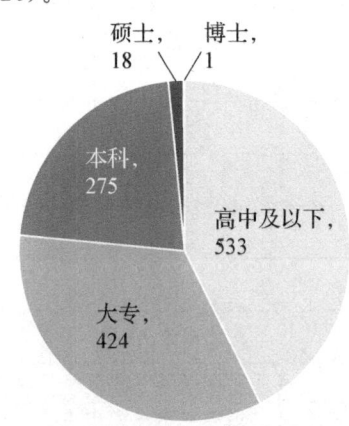

图4.26 江苏省保险营销员的教育背景分布(单位:个)

6. 自我人格评价

参考人格五因素模型,我们在问卷中设计题目让营销员主体从以下五个方面对自我人格进行评价:情绪稳定性、尽责性、开放性、外倾性、随和性。采取5分制评分原则,1分最低、5分为满分,分数越高表明自我评价越接近此种人格选项。从结果中可以看出,省内保险营销员的自我人格评价按平均得分由高到低依次排序为:尽责性(4.59分)、随和性(4.48分)、情绪稳定性(4.24分)、开放性(3.91分)、外倾性(3.84分),如图4.27所示。

第6题：请您从以下几个方面对自我人格进行评价： （评分制:1分最低，5分为满分） [矩阵量表题]

该矩阵题平均分：4.21　查看详细数据

| 题目\选项 | 1 | 2 | 3 | 4 | 5 | 平均分 |
|---|---|---|---|---|---|---|
| 情绪稳定性 | 48(3.84%) | 20(1.6%) | 143(11.43%) | 416(33.25%) | 624(49.88%) | 4.24 |
| 尽责性 | 47(3.76%) | 1(0.08%) | 40(3.2%) | 243(19.42%) | 920(73.54%) | 4.59 |
| 开放性 | 52(4.16%) | 52(4.16%) | 298(23.82%) | 406(32.45%) | 443(35.41%) | 3.91 |
| 外倾性 | 51(4.08%) | 56(4.48%) | 331(26.46%) | 411(32.85%) | 402(32.13%) | 3.84 |
| 随和性 | 43(3.44%) | 8(0.64%) | 74(5.92%) | 305(24.38%) | 821(65.63%) | 4.48 |
| 小计 | 241(3.85%) | 137(2.19%) | 886(14.16%) | 1781(28.47%) | 3210(51.32%) | 4.21 |

图4.27　江苏省保险营销员的自我人格评价分布

### 7. 所在公司

此次调研的省内保险营销员来自包括中国人寿保险股份有限公司江苏省分公司、友邦人寿保险有限公司江苏省分公司、大家人寿保险股份有限公司江苏省分公司等在内的36家保险企业，覆盖面较广，具有一定的代表性。同时，调研人数的分布也与行业整体分布格局具有一定的相似性。比如在调研中，来自中国人寿保险股份有限公司江苏省分公司的保险营销员是最多的，达到了490人，占比40%左右（见图4.28），这与省内寿险营销市场上中国人寿的龙头引领地位也是相类似的。

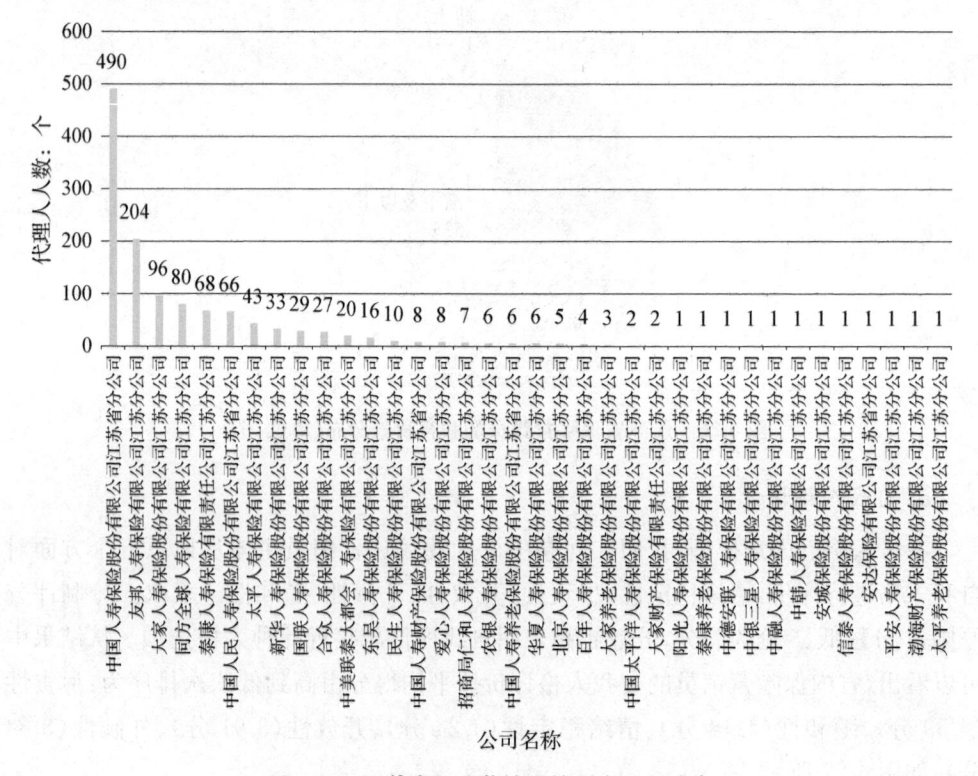

图4.28　江苏省保险营销员的所在公司分布

8. 公司职位

我们在调研问卷中将职位分为五类,分别为:营销员;营业组业务经理/主管;部门业务经理/主管;区级业务经理/主管;独立代理人。问卷结果显示,处于营销员一级职位的调研对象是最多的,达到了 705 人,占总人数的 56%;其次是营业组业务经理/主管,有 311 人,占比 25%;独立代理人和区级业务经理/主管均较少,分别为 91 人(7%)和 26 人(2%),如图 4.29 所示。

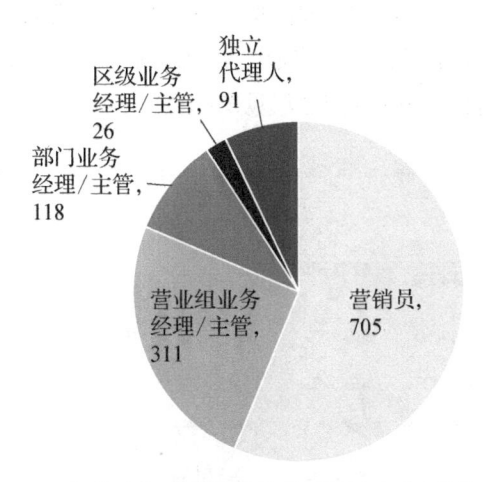

**图 4.29  江苏省保险营销员的公司职位分布(单位:个)**

总体来看,江苏省内保险营销员队伍以女性为主,年龄大多集中在 30~55 岁,学历水平普遍不高,多数位于大专及以下。拥有本省户籍的营销员占到了绝大多数,具体来看,来自连云港市、南京市、盐城市的代理人呈阶梯形分布,居于前列。从工作所在地来看,此次调研的保险营销员工作地域遍及全省 13 个地级市。其中,人数较多的城市有南京市、连云港市和盐城市,和户籍所在地的分布结果表现出了一致性。具体到所在公司,本次调研覆盖了省内 36 家寿险企业,其中来自中国人寿保险股份有限公司江苏省分公司的营销员是最多的,占到近四成,这也与省内市场分布格局呈现出了一致的特征。就职位分布而言,居于营销员一级的人数最多,占比最高,其余依次是营业组业务经理/主管、部门业务经理/主管、区级业务经理/主管和独立代理人都相对较少。最后,在自我人格评价方面,江苏省内保险营销员倾向于评价自我人格为"尽责性"和"随和性",而认为自己为"开放性"和"外倾性"的营销员则相对较少,这也在一定程度上反映出了代理人的性格画像特点。

(二)生活状况类

1. 生活满意度

对调研对象省内保险营销员,分别从家庭关系、心理状况、家人健康、身体状况、住房条件五个方面对生活满意度进行了衡量,并最终给出了他们对生活的总体满意度。结果采用七级量表形式,依次为非常不满意、不满意、较为不满意、一般、较为满意、满意和非常满意。具体来看,江苏省内保险营销员对家庭关系非常满意的占比最高,达到了48.01%,较为满意及以上评价的占比超过了九成;就心理状况而言,占比最高的为"非常满意"(41.57%),较为满意及以上评价的占比接近九成;就家人健康状况而言,占比最高的为"非常满意"(45.32%),较为满意及以上评价的占比超过了九成;就身体状况而言,占比最高的是"非常满意"(41.49%),较为满意及以上评价的占比接近九成;就住房条件而言,占比最高的是"非常满意"(37.97%),较为满意及以上评价的占比超过八成。总体来看,省内保险营销员对生活的满意度较高,这也体现在问卷结果"对生活的总体满意度"一项中,占比最高的为"非常满意"(36.77%),较为满意及以上评价的占比同样接近九成(见图4.30)。

第9题:您对生活各项内容的满意度是: [矩阵单选题]

查看详细数据

| 题目\选项 | 非常不满意 | 不满意 | 较为不满意 | 一般 | 较为满意 | 满意 | 非常满意 |
|---|---|---|---|---|---|---|---|
| (1) 家庭关系 | 12(0.96%) | 0(0%) | 4(0.32%) | 95(7.59%) | 167(13.35%) | 372(29.74%) | 601(48.04%) |
| (2) 心理状况 | 10(0.8%) | 4(0.32%) | 4(0.32%) | 114(9.11%) | 191(15.27%) | 408(32.61%) | 520(41.57%) |
| (3) 家人健康 | 11(0.88%) | 4(0.32%) | 5(0.4%) | 100(7.99%) | 165(13.19%) | 399(31.89%) | 567(45.32%) |
| (4) 身体状况 | 10(0.8%) | 9(0.72%) | 3(0.24%) | 119(9.51%) | 201(16.07%) | 390(31.18%) | 519(41.49%) |
| (5) 住房条件 | 11(0.88%) | 6(0.48%) | 17(1.36%) | 148(11.83%) | 208(16.63%) | 386(30.86%) | 475(37.97%) |
| (6) 对生活的总体满意度 | 7(0.56%) | 5(0.4%) | 10(0.8%) | 120(9.59%) | 216(17.27%) | 433(34.61%) | 460(36.77%) |

图4.30 江苏省保险营销员的生活满意度分布

2. 家庭婚姻状况

江苏省内保险营销员的家庭婚姻状况中,已婚已育状态的有1 051人,占到了绝大多数,占比达到了84%;其余依次为单身143人(11%)、已婚未育46人(4%)、已婚备孕11人(1%)。这也与代理人基本特征中的年龄分布呈现出了一致的特点,代理人大多处于中年,在此年龄阶段已婚已育的人群占到了绝大多数(见图4.31)。

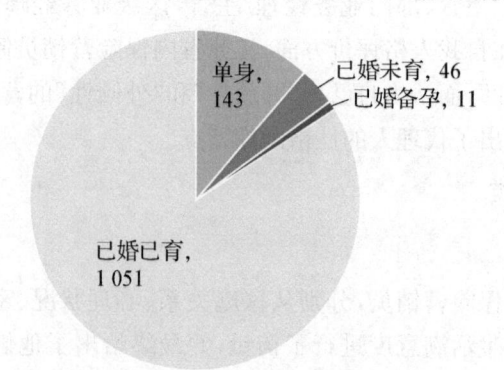

图4.31 江苏省保险营销员的家庭婚姻状况分布(单位:个)

3. 住房情况

就住房情况而言,自购房(无贷款)和自购房(有贷款)的保险营销员占到了绝大多数,均为 531 人,二者合计占比达到了 84%;选择租房的保险代理人为 80 人,占比 6%;其他类型的有 109 人,占比 9%(见图 4.32)。江苏省内保险营销员大多有了属于自己的住房,无论有无背负贷款,这也可以在一定程度上反映出其收入水平和生活质量。在对生活满意度的问卷结果中就可以看出,满意度达到较为满意及以上的占比超过了八成,也侧面印证了这一点。

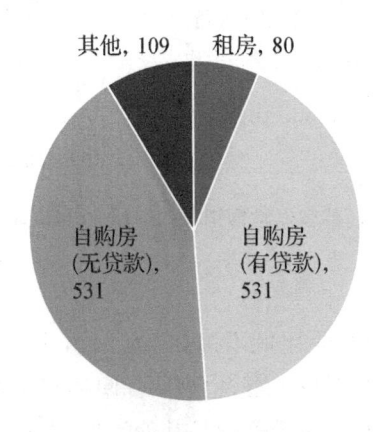

**图 4.32 江苏省保险营销员的住房情况分布(单位:个)**

总体看来,江苏省内保险营销员对生活总体满意度较高,非常满意的占比为 36.77%,较为满意及以上的占比接近九成。具体到家庭关系、心理状况、家人健康、身体状况、住房条件五个方面来看,每一项的满意度均较高,较为满意及以上评价的占比接近九成。就家庭婚姻状况而言,已婚有子女的人群居多,与年龄分布呈现出了类似的特点。虽然有一部分人背负贷款,但是省内大多数保险营销员已经有了自己的住房,反映出了较高的收入水平和生活质量。

### (三)职业特征类

1. 前职业

省内保险营销员吸引了更多职业类型的人加入,工作背景多元化。问卷设计参考《中华人民共和国职业分类大典》,将职业分为 8 个大类进行调研。在从事保险行业前,江苏省内保险营销员之前的一份职业占比最高的为商业、服务人员,占总体的 31.1%;其次为其他类别,占总体的 28.9%;非保险相关销售工作,占总体的 12.87%;专业技术人员(教师、医生、工程技术人员、作家等专业人员),占总体的 11.03%(见图 4.33)。

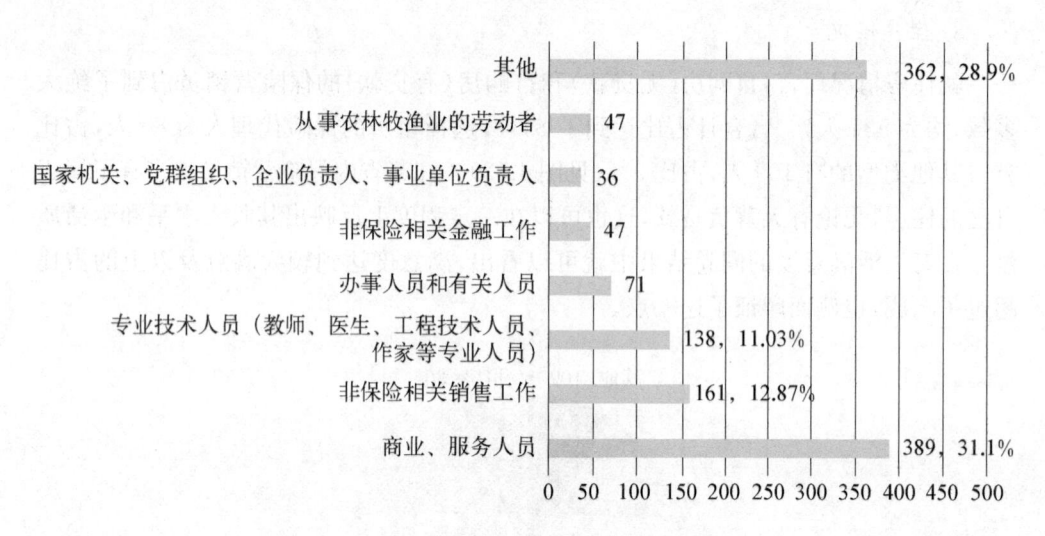

図 4.33 江苏省保险营销员的前职业分布(单位:个)

**2. 兼业情况**

江苏省内保险营销员的兼业比例不高,仅为 9%,全职代理人占到了绝大多数。同时,兼业代理人的第一职业更加丰富,也表明保险销售正在吸引来自更多职业的人群加入。具体来看,兼业职业分布最多的是其他类型,占到了兼业人群的 35.96%,其次是商业、服务人员,占到了兼业人群的 33.33%;专业技术人员(教师、医生、工程技术人员、作家等专业人员),占到了兼业人群的 7.89%(见图 4.34)。

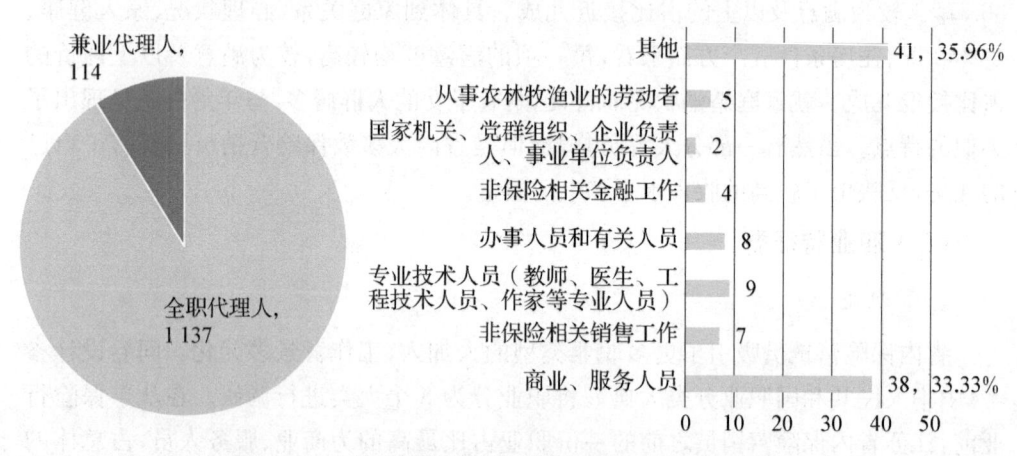

图 4.34 江苏省保险营销员的兼业情况分布(单位:个)

**3. 入行渠道**

"缘故和转介绍"成为江苏省内保险营销员入行的主要渠道,其余依次为人才市场/招募活动、社交媒体、媒体广告,通过回流和猎头招募入行的营销员很少(见图 4.35)。

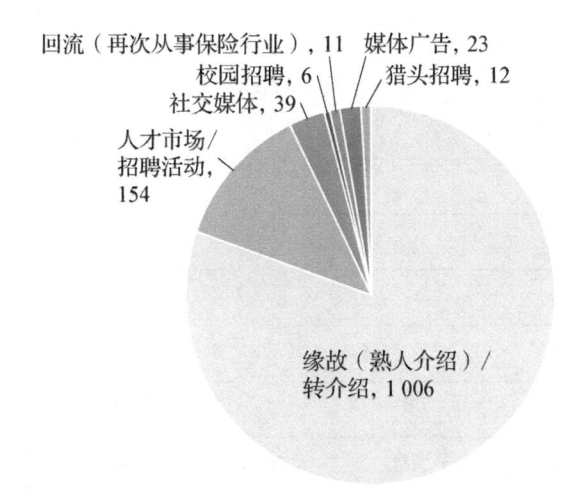

回流（再次从事保险行业），11　媒体广告，23
校园招聘，6　　猎头招聘，12
社交媒体，39
人才市场/
招聘活动，
154

缘故（熟人介绍）/
转介绍，1 006

**图4.35　江苏省保险营销员的入行渠道分布（单位：个）**

4. 选择保险销售的原因

该题设置为排序题：即在7个选项（① 保险业的未来发展潜力；② 日常工作的时间灵活性；③ 可观的收入；④ 与自己的专业知识、兴趣爱好分配；⑤ 认可代理人职业的社会地位；⑥ 周围亲戚、朋友、同学等推荐；⑦ 良好的内部培训、晋升机制，能够获得期望的成就感）中选出前三名的选项，排在第一的选项权重为5，排在第二项的选项权重为3，排在第三的选项权重为1，未被选择的权重为0，通过加权计算得出综合前三分别是保险业的未来发展潜力（3.03）、日常工作的时间灵活性（2.80）、可观的收入（1.43），如表4.12所示。后续依次是良好的内部培训、晋升机制，能够获得期望的成就感（0.90）；周围亲戚、朋友、同学等推荐（0.37）；与自己的专业知识、兴趣爱好分配（0.33）；认可代理人职业的社会地位（0.13）。

**表4.12　保险销售人员最重要的特质**

| 排　序 | 选择保险销售的原因 | 平均综合得分 |
| --- | --- | --- |
| 1 | 保险业的未来发展潜力 | 3.03 |
| 2 | 日常工作的时间灵活性 | 2.80 |
| 3 | 可观的收入 | 1.43 |

5. 职业和社会地位认知

调研得出，江苏省内保险营销员对自身职业社会地位的认知较高，认为自己的职业地位处于中层及以上的代理人占比达到了91.6%[=(600+302+244)÷1 251]，而对自己的职业社会地位不满意或是认为职业社会地位位于底层的保险营销员占比仅为8.3%[=(57+48)÷1 251]。

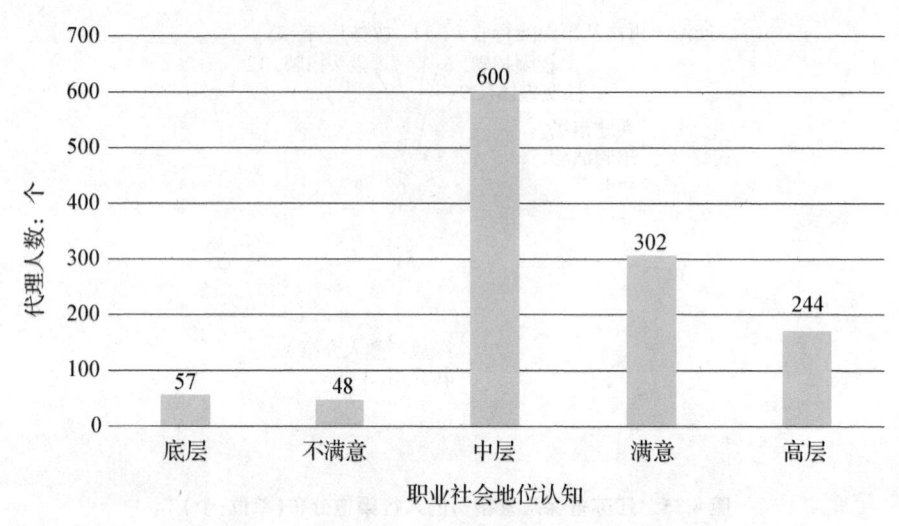

图 4.36 江苏省保险营销员的职业社会地位认知分布

#### 6. 保险销售人员最重要的特质

该题设置为排序题:即在 8 个选项(① 专业形象;② 友善/亲和力;③ 优良口才与解说能力;④ 专业知识与能力;⑤ 时间管理能力;⑥ 行动执行力;⑦ 行政处理力;⑧ 营销科技掌握能力)中选出前三名的选项,排在第一的选项权重为5,排在第二项的选项权重为3,排在第三的选项权重为1,未被选择的权重为0,通过加权计算得出综合前三分别是专业形象(2.85)、专业知识与能力(2.52)、友善/亲和力(1.64),如表4.13所示。后续依次是优良口才与解说能力:0.71;行动执行力:0.60;时间管理能力:0.38;营销科技掌握能力:0.29;行政处理力:0.02。

表 4.13　保险销售人员最重要的特质

| 排　序 | 保险销售人员最重要的特质 | 平均综合得分 |
| --- | --- | --- |
| 1 | 专业形象 | 2.85 |
| 2 | 专业知识与能力 | 2.52 |
| 3 | 友善/亲和力 | 1.64 |

#### 7. 未来继续从事保险销售的信心

如图 4.37 所示,省内保险营销员对未来继续从事保险销售较为充满信心,其中,表示"有信心"和"非常有信心"的有 993 人(=463+530),占比达到 79.38%;而表示"没有信心"和"非常没有信心"的仅有 33 人(=25+8),占比 2.64%。

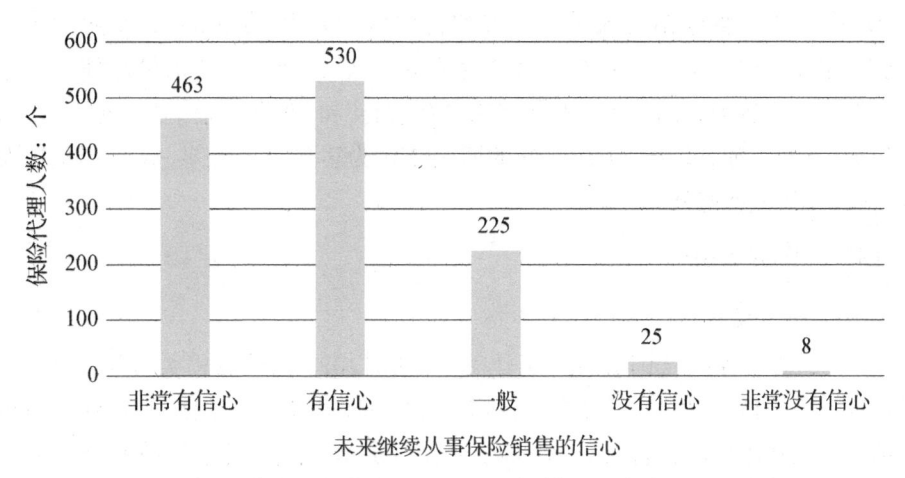

图 4.37 中,463 人非常有信心,530 人有信心,225 人一般,25 人没有信心,8 人非常没有信心(横轴为未来继续从事保险销售的信心)。

图 4.37 江苏省保险营销员对未来继续从事保险销售的信心分布

8. 转行原因

该题设置为排序题:即在 7 个选项(① 收入不足;② 客户源不充足;③ 经验不足,竞争压力大;④ 自己对保代行业失去兴趣;⑤ 社会认同感、自我成就感低;⑥ 客户要求多,工作强度大;⑦ 不适应公司文化与环境)中选出前三名的选项,排在第一的选项权重为 5,排在第二项的选项权重为 3,排在第三项的选项权重为 1,未被选择的权重为 0,通过加权计算得出综合前三分别是客户源不充足(2.61),收入不足(2.34),社会认同感、自我成就感低(1.08),如表 4.14 所示。后续依次是经验不足,竞争压力大:1.04;客户要求多,工作强度大:0.72;自己对保代行业失去兴趣:0.70;不适应公司文化与环境:0.53。

表 4.14 保险代理人转行原因

| 排序 | 转行原因 | 平均综合得分 |
| --- | --- | --- |
| 1 | 客户源不充足 | 2.61 |
| 2 | 收入不足 | 2.34 |
| 3 | 社会认同感、自我成就感低 | 1.08 |

总体来看,在江苏省内,保险营销员吸引了更多职业的人加入,职业背景趋于多元化,在从事保险行业前,江苏省内保险营销员之前的一份职业占比最高的是商业、服务人员,占总体的 31.1%。省内保险营销员的兼业比例不高,仅为 9%,全职代理人占到了绝大多数。同时,兼业代理人的第一职业更加丰富,也表明保险销售正在吸引来自更多职业的人群加入。"缘故和转介绍"是省内保险营销员入行的主要渠道,通过回流和猎头招募入行的营销员很少。代理人选择保险销售的前三大原因依次为:保险业的未来发展潜力、日常工作的灵活性和可观的收入。大多数保险营销员对自身职业社会地位的认知较高,认为自己的职业地位处于中层及以上的代理人占比达

到了91.6%。在对保险销售人员最重要的特质认知方面,专业形象、专业知识与能力、友善/亲和力得到了大多数省内保险营销员的认可。同时,营销员总体对未来继续从事保险销售较为充满信心,其中,表示"有信心"和"非常有信心"的有993人,占比达到79.38%。如若转行,排在前列的原因依次为客户源不充足、收入不足以及社会认同感、自我成就感低。

### (四)工作状况类

#### 1. 日均工作时长

56.2%的省内保险营销员日均工作0~5小时,39.9%的营销员日均工作5~10小时,只有3.9%的营销员日均工作10小时以上(见图4.38)。整体来看,江苏省内保险营销员日均从事保险销售时长适中,或许在一定程度上得益于科技赋能对业务效率的提升。

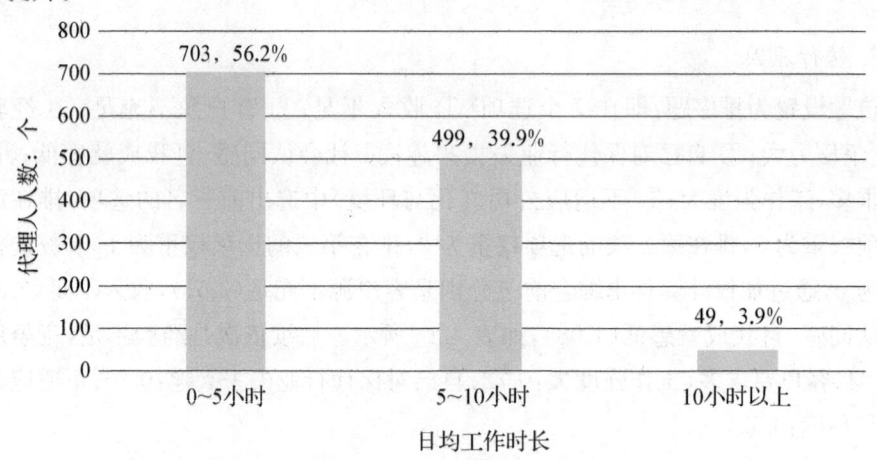

图4.38 江苏省保险营销员的日均工作时长分布

#### 2. 日均拜访量

在调研的省内保险营销员中,66.6%的营销员日均拜访量为1~2访,30.1%的营销员日均拜访量为3~4访,拜访量在5访及以上的营销员非常少,只有3.3%(见图4.39)。

#### 3. 拜访客户保单成交率

总体来看,拜访客户保单成交率不高。25.7%的省内保险营销员的保单成交率介于5%~10%,20.9%的营销员保单成交率位于5%以下,17.9%的营销员保单成交率介于10%~20%,13.4%的营销员保单成交率介于20%~30%,13%的营销员保单成交率介于30%~50%,只有9.1%的营销员的保单成交率在50%以上(见图4.40)。

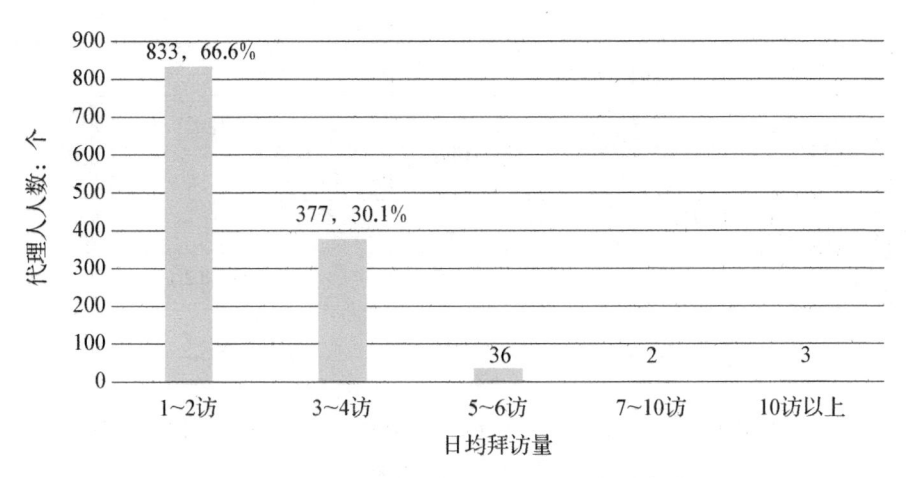

**图 4.39　江苏省保险营销员的日均拜访量分布**

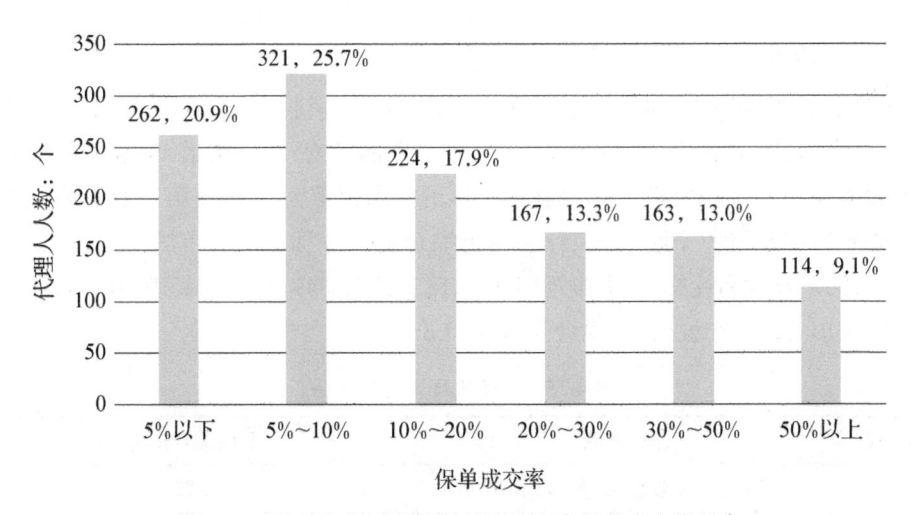

**图 4.40　江苏省保险营销员的拜访客户保单成交率分布**

**4. 客户池客户数量**

总体来看，调研的省内保险营销员客户池中客户数量呈现出明显的两极分化格局，既有营销员客户池中的客户数量能达到 300 位以上，也有营销员客户池中的客户数量不足 20 人。客户池中客户数量最集中的区间是 20～50 位，有 23.5% 的保险营销员客户池中拥有 20～50 位客户。剩余的依次是 300 位以上，占比 22.6%；51～100 位，占比 17.0%；101～200 位，占比 15.7%；20 位以下，占比 13.0%；201～300 位，占比 8.2%（见图 4.41）。

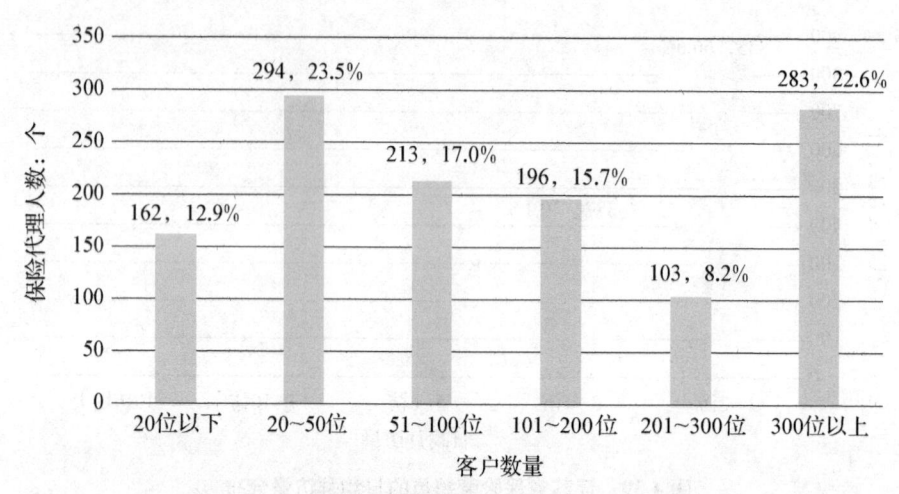

图 4.41 江苏省保险营销员的客户池客户数量分布

5. 客户来源

该题设置为排序题：即在 5 个选项[① 缘故市场（亲戚、朋友、同学等）；② 陌生拜访；③ 转介绍；④ 产说会、创说会等活动；⑤ 互联网社交/线上渠道]中选出前三名的选项，排在第一的选项权重为 5，排在第二项的选项权重为 3，排在第三的选项权重为 1，未被选择的权重为 0，通过加权计算得出综合前三分别是缘故市场（亲戚、朋友、同学等）(4.25)、互联网社交/线上渠道(1.88)、转介绍(1.34)，如表 4.15 所示。后续依次是陌生拜访(1.20)；产说会、创说会等活动(0.35)。

表 4.15 保险代理人客户来源

| 排　序 | 客户来源 | 平均综合得分 |
| --- | --- | --- |
| 1 | 缘故市场（亲戚、朋友、同学等） | 4.25 |
| 2 | 互联网社交/线上渠道 | 1.88 |
| 3 | 转介绍 | 1.34 |

6. 年收入变化情况

51.6%的省内保险营销员表示：从事保险销售后，自身年收入都有不同程度的提升。其中，有 399 名代理人（占比 31.9%）认为与过去的平均年收入相比，保险销售使得年收入有明显提升（大于 10%）；246 名代理人（占比 19.7%）认为年收入有提升但不明显（10%以内），如图 4.42 所示。

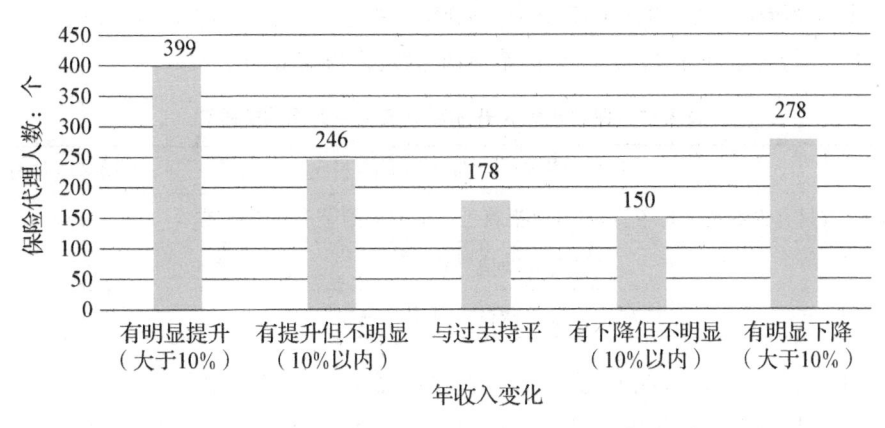

图 4.42　江苏省保险营销员的年收入变化情况分布

**7. 客户开拓的难题**

该题设置为排序题,即在 8 个选项(① 缘故市场基本开发完了;② 陌生拜访拓客难;③ 客户不愿转介绍;④ 专业知识储备不足;⑤ 互联网渠道抢占用户;⑥ 疫情影响客户收入导致购买意愿低;⑦ 政府提供普惠保险满足了基本的保险需求;⑧ 保险市场竞争激烈,保险产品趋同)中选出前三名的选项,排在第一的选项权重为 5,排在第二项的选项权重为 3,排在第三的选项权重为 1,未被选择的权重为 0,通过加权计算得出综合前三分别是缘故市场基本开发完了(2.23)、陌生拜访拓客难(1.85)、疫情影响客户收入导致购买意愿低(1.57),如表 4.16 所示。后续依次是客户不愿转介绍(0.96);保险市场竞争激烈,保险产品趋同(0.91);专业知识储备不足(0.70);互联网渠道抢占用户(0.44);政府提供普惠保险满足了基本的保险需求(0.39)。

表 4.16　保险代理客户开拓难题

| 排　序 | 客户开拓难题 | 平均综合得分 |
| --- | --- | --- |
| 1 | 缘故市场基本开发完了 | 2.23 |
| 2 | 陌生拜访拓客难 | 1.85 |
| 3 | 疫情影响客户收入导致购买意愿低 | 1.57 |

**8. 开发高净值客户的障碍**

该题设置为排序题,即在 6 个选项(① 没有高净值客户;② 只有少数几个高净值客户,但很难进入他们的圈子进一步拓展;③ 专业能力不够,与高净值客户沟通难;④ 客户更愿意把钱投入其他领域;⑤ 同行竞争激烈;⑥ 产品不能精准满足客户需求)中选出前三名的选项,排在第一的选项权重为 5,排在第二项的选项权重为 3,排在第三的选项权重为 1,未被选择的权重为 0。通过加权计算得出综合前三分别是只有少数几个高净值客户,但很难进入他们的圈子进一步拓展(2.85);没有高净值客(2.04);客户更愿意把钱投入其他领域(1.62),如表4.17所示。后续依次是专业能力不够,与高净值客户沟通难(1.48);同行竞争激烈(0.66);产品不能精准满足客户需求(0.46)。

表 4.17　保险代理人开发高净值客户时遇到的障碍

| 排　序 | 开发高净值客户时遇到的障碍 | 平均综合得分 |
| --- | --- | --- |
| 1 | 只有少数几个高净值客户,但很难进入他们的圈子进一步拓展 | 2.85 |
| 2 | 没有高净值客户 | 2.04 |
| 3 | 客户更愿意把钱投入其他领域 | 1.62 |

总体来看,在工作状况方面,得益于科技赋能对业务效率的提升,江苏省内保险营销员日均从事保险销售时长适中。受到疫情反复对线下执业的影响,代理人的日均拜访量维持在较低的水平,过半数的营销员日均拜访量为1~2访,拜访量在5访及以上的营销员非常少,只有3%左右。从拜访客户的保单成交率上看,成交率普遍不高,大多数在30%以下。调研的省内保险营销员客户池中客户数量呈现出明显的两极分化格局,既有营销员客户池中的客户数量能达到300位以上,也有营销员客户池中的客户数量不足20人,客户池中客户数量最集中的区间是20~50位。在客户来源方面,来自缘故市场(亲戚、朋友、同学等)渠道是最多的,其次为互联网社交/线上渠道以及转介绍。从年收入变化角度看,过半数的省内保险营销员表示,在从事保险销售后,自身年收入都得到了不同程度的提升,保险代理工作改善了个人营收能力和水平。受到疫情影响,展业越来越困难。在提及客户开拓的难题时,省内保险营销员给出的回答按重要性排序依次为:缘故市场基本开发完了、陌生拜访拓客难、疫情影响客户收入导致购买意愿低。其次,客户群体及其需求的变化也使得寿险获客竞争日趋激烈。随着经济社会发展和可支配收入的增加,我国的中产阶级迅速崛起,中高净值客户占比大幅增加。对于寿险公司来说,识别并培育中高净值客户就意味着在激烈的获客竞争中占得先机。而在开发高净值客户遇到的障碍中,省内保险营销员给出的答案依次为只有少数几个高净值客户,但很难进入他们的圈子进一步拓展;没有高净值客户;客户更愿意把钱投入其他领域。

### (五) 其他类

1. 对独代的前景认知

独立代理人模式打破了传统的以发展组织为主线的模式,尝试让个险渠道回归保险销售本源,在一定程度上规避了以往组织过于庞大导致的效率低下、分配不均等弊端。以大家保险为代表的独代方向也是个险渠道转型的探索之一,针对这一全新的发展模式,22.9%的省内保险营销员表示对其前景认知非常乐观,31.7%的营销员表示对其前景认知感到乐观(见图4.43)。只有不到8%的代理人表示不看好独代未来的发展,认为其前景不乐观或非常不乐观。总体来看,独代这一转型方向还是得到了省内大多数保险营销员的认同与肯定。

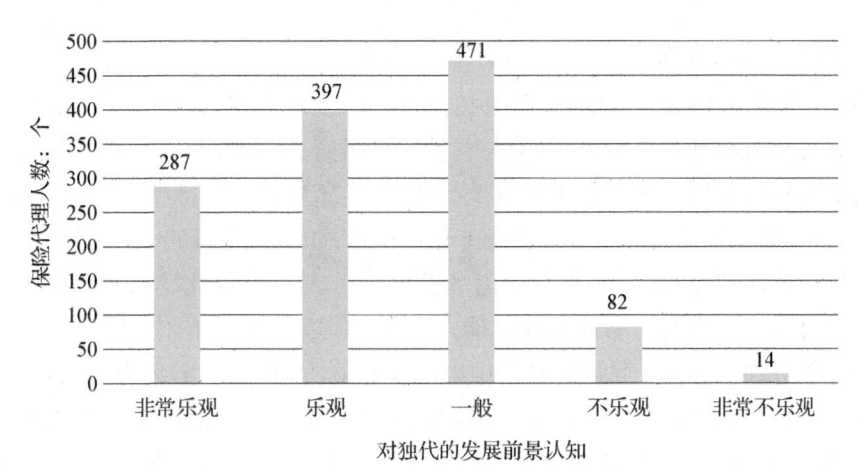

图 4.43 江苏省保险营销员对独代的前景认知分布

## 2. 对公司各项机制的满意度

绝大多数的省内保险营销员对目前公司的各项机制感到满意。具体来看，针对公司目前提供的职业培训，有 80.65%（=18.86%+28.62%+33.17%）的代理人表示较为满意、满意或非常满意；针对公司目前的组织架构，有 71.47%（=15.91%+27.18%+28.38%）的代理人表示较为满意、满意或非常满意；同样，有 77.06%（=16.63%+29.1%+31.33%）的代理人表示对公司目前的员工晋升机制较为满意、满意或非常满意；有 73.15%（=16.23%+27.42%+29.5%）的代理人表示对公司目前的佣金分配机制较为满意、满意或非常满意；有 77.47%（=16.95%+29.42%+31.1%）的代理人表示对公司目前的文化与工作氛围较为满意、满意或非常满意（见图 4.44）。

第34题：您对以下各项是否满意： [矩阵单选题]

查看详细数据

| 题目\选项 | 非常不满意 | 不满意 | 较为不满意 | 中立 | 较为满意 | 满意 | 非常满意 |
| --- | --- | --- | --- | --- | --- | --- | --- |
| (1) 公司目前提供的职业培训 | 13(1.04%) | 21(1.68%) | 19(1.52%) | 189(15.11%) | 236(18.86%) | 358(28.62%) | 415(33.17%) |
| (2) 公司目前的组织架构 | 18(1.44%) | 42(3.36%) | 49(3.92%) | 248(19.82%) | 199(15.91%) | 340(27.18%) | 355(28.38%) |
| (3) 公司的员工晋升机制 | 13(1.04%) | 22(1.76%) | 32(2.56%) | 220(17.59%) | 208(16.63%) | 364(29.1%) | 392(31.33%) |
| (4) 公司的佣金分配机制 | 23(1.84%) | 37(2.96%) | 63(5.04%) | 213(17.03%) | 203(16.23%) | 343(27.42%) | 369(29.5%) |
| (5) 公司的文化与工作氛围 | 15(1.2%) | 29(2.32%) | 45(3.6%) | 193(15.43%) | 212(16.95%) | 368(29.42%) | 389(31.1%) |

图 4.44 江苏省保险营销员对公司各项机制的满意度分布

### 3. 数字化应用能力

中国保险行业协会发布的《保险科技"十四五"发展规划》提出,到2025年,我国保险科技发展机制进一步完善,保险与科技深度融合、协调发展。在科技投入方面,推动行业实现信息技术投入占比超过1%、信息科技人员占比超过5%的目标;在服务能力方面,提出推动行业实现业务线上化率超过90%、线上化产品比例超过50%、线上化客户比例超过60%、承保自动化率超过70%、核保自动化率超过80%、理赔自动化率超过40%的目标。数字化应用能力已成为代理渠道转型、代理人拓展业务、提供全流程服务的必选项。从问卷结果中也可以看出,94.24%的省内保险营销员在工作中使用了数字化手段(包括公司推出的数字化业务平台/系统、微信小程序、App等),如图4.45所示。在对数字化应用的相关评价中,有86.6%(=17.73%+37.66%+31.21%)的代理人表示在工作中使用数字化手段会提高产能;88.38%(=18.58%+35.79%+34.01%)的代理人表示在工作中使用数字化手段会提高工作效率;85.47%(=18.32%+35.79%+31.36%)的代理人认为数字化应用能力对增强其获客能力有所裨益;86.18%(=19%+34.78%+32.4%)的代理人表示学习如何利用数字化手段进行工作很容易,如图4.46所示。总体来看,数字化应用在省内保险营销员中得到了较高的普及,且从反馈上看取得了相当的效果,提高了保险营销的效率、产能、获客能力等,也使得代理人展业变得更加容易,工作更易进行。

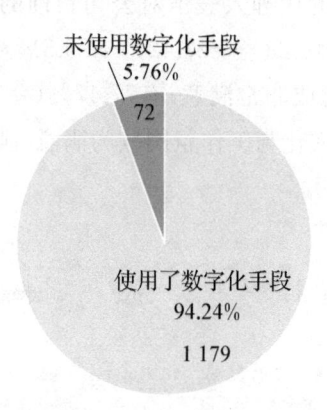

**图4.45 保险代理人使用数字化手段情况分布**

未使用的数字化的原因,即在5个选项(① 认为对工作没有帮助;② 数字化手段操作烦琐,难以学会;③ 习惯于线下展业,不太能接受线上工作模式;④ 接触的大部分其他代理人也不使用;⑤ 公司没有针对数字化系统的使用做过专门的宣传和培训,致使对数字化手段不了解)中选出前三名的选项,排在第一的选项权重为5,排在第二项的选项权重为3,排在第三的选项权重为1,未被选择的权重为0。通过加权计算得出综合前三分别是习惯于线下展业,不太能接受线上工作模式(2.75);数字化手段操作烦琐,难以学会(2.35);认为对工作没有帮助(1.75),如表4.18所示。后续依次是接触的大部分其他代理人也不使用(1.15);公司没有针对数字化系统的使用做过专门的宣传和培训,致使对数字化手段不了解(1.07)。

第36题:如果您在工作中使用了数字化手段,请针对以下问题做出评价 [矩阵单选题]

查看详细数据

| 题目\选项 | 强烈反对 | 适度不同意 | 有点不同意 | 中立(既不不同意也不同意) | 有点同意 | 适度同意 | 强烈同意 |
|---|---|---|---|---|---|---|---|
| (1) 我认为在工作中使用数字化手段会提高我的产能 | 3(0.25%) | 8(0.68%) | 14(1.19%) | 133(11.28%) | 209(17.73%) | 444(37.66%) | 368(31.21%) |
| (2) 我认为在工作中使用数字化手段会提高我的工作效率 | 4(0.34%) | 3(0.25%) | 13(1.1%) | 117(9.92%) | 219(18.58%) | 422(35.79%) | 401(34.01%) |
| (3) 我认为在工作中使用数字化手段可以增强我的获客能力 | 3(0.25%) | 6(0.51%) | 18(1.53%) | 144(12.21%) | 216(18.32%) | 422(35.79%) | 370(31.38%) |
| (4) 我认为学习如何利用数字化手段进行工作很容易 | 2(0.17%) | 4(0.34%) | 17(1.44%) | 140(11.87%) | 224(19%) | 410(34.78%) | 382(32.4%) |

图 4.46 江苏省保险营销员对工作中使用数字化手段评价

表 4.18 江苏省保险营销员数字化应用能力分布

| 排 序 | 未使用数字化原因 | 平均综合得分 |
|---|---|---|
| 1 | 习惯于线下展业,不太能接受线上工作模式 | 2.75 |
| 2 | 数字化手段操作烦琐,难以学会 | 2.35 |
| 3 | 认为对工作没有帮助 | 1.75 |

4. 相关建议

在其他领域,总体来看,首先独代这一转型方向得到了省内大多数保险营销员的认同与肯定,绝大多数的代理人表示对其前景认知非常乐观。其次,省内保险营销员对目前公司的各项机制普遍感到满意,公司目前提供的职业培训、其组织架构、员工晋升机制、佣金分配机制、文化与工作氛围都得到了代理人的肯定。最后,在数字化应用方面,总体来看,数字化应用在省内保险营销员中得到了较高的普及,且从反馈上看取得了相当的效果,提高了保险营销的效率、产能、获客能力等,也使得代理人展业变得更加容易,工作更易进行。

# 第五节 总 结

## 一、制度层面

### （一）委托代理法律与制度不健全

《中华人民共和国保险法》明确规定我国寿险营销在管理模式上采取保险代理人制度，保险公司与营销员之间是委托代理关系，寿险营销员从业的前提是与保险公司签订委托代理合同，在法律层面上双方具有平等关系。但实际上，寿险代理人与保险公司之间的关系更接近于一种雇佣关系而非委托代理关系，两者呈现一种交错甚至混乱的状态。寿险公司对大多数寿险代理人实行员工制管理，最为典型的就是考勤制度。在通常情况下的委托代理关系中，保险公司无权干预代理人的具体工作方式，而考勤制度明显与这一特征有所冲突。保险公司还会通过其他具有员工制特征的管理方式对基层寿险代理人进行约束，如规定工作指标、规定工作地点与方式等。在编写组与中国人寿江苏分公司共同组织召开的代理人座谈会上，有部分代理人表示，优秀代理人往往将高度自律与高度自由相结合，代理制可以帮助他们挑选喜欢的客户、喜欢的工作时间、喜欢的市场开拓方式。这部分代理人群体往往不希望受到公司制度的束缚。可见，在某种程度上来说，制度边界不明晰、代理制度不健全对于提升寿险营销效能来说是一种阻碍。

保险公司除了对代理人拥有某些雇主的权利之外，有时还会承担某些雇主才需承担的义务。根据《保险法》规定，提供技能培训不在作为委托人的保险公司的义务范围之内，但绝大多数保险公司出于业绩考虑，会对新加入的代理人进行无偿培训，这种培训往往带有一定的强制性。虽然从实际作用来看这种做法无可厚非，但不应当在委托代理的关系之下进行，而更应当由寿险行业协会来承担责任，或者还可以借鉴欧美发达保险市场的经验，成立专门的代理人协会来对从业人员进行教育、培训与监督。当前，寿险营销的委托代理制度建设尚不完善，各方权责不够明晰，容易出现管理上的混乱，不利于形成规范有序的寿险市场环境。

### （二）保险代理人培养与监督机制不完善

当前，我国个险渠道转型面临困境的最突出表现即为保险代理人的"大进大出"，而保险代理人培养与监督手段的匮乏无疑是导致这种困境的制度原因之一。

在我国保险行业中，对保险代理人的监督主要依靠保险公司的内部管理实现。保险公司制定基本法和相关的公司规章制度，来约束保险代理人从业过程中的行为，保证其操作的合规性。然而，由保险公司主导保险代理人的监督存在一定的局限：首先，这种监督形式与代理制度本身具有冲突，其原因如上文阐述的那样，代理制度下保险代理人的具体从业方式，保险公司无权干涉，然而在我国，实际情况则是保险公司在代理人日常管理、行为监督方面具有很大的影响力。然后,保险公司对代理人的监督需要在超出代理制度范围与加强监督效能之间做出权衡,但是,保险公司不会主动抉择,也没有在规范的代理制度下运营的激励,在某种程度上说,对委托代理制度进行规范、将保险公司监督代理人的"权力"限制在严格的制度边界内是制度制定者更需要重点考虑的问题。以成熟的保险行业协会、代理人自律组织监督来逐步取代保险公司超出代理制度边界的某些监督管理行为,这不仅可以完善委托代理制度建设,也可以在更有效地保证代理人行为合规性的同时,营造更为开放自由的保险代理人行业氛围。然而,当前我国保险代理人尚没有像代理人、经纪人等保险中介制度发达的英、美等国一样,形成组织较为严密的行业自律组织,监督机制不够完善、效能不高。

除了保险代理人监管层面以外,在教育培训层面上,我国的保险行业协会及代理人自律组织也尚有提升空间。目前,针对保险代理人准入门槛较低的问题,尚未形成体系化、规范化、统一化的从业资格考试制度以及相关的教育培训,现有的准入考核不够严格。同时,也缺乏行业统一标准的保险代理人职级(或是荣誉称号)晋升制度。同样地,就现状而言,代理人教育培训工作目前主要由各家保险公司在自身的框架内进行,实际上更应当由行业协会与自律组织承担这一工作。通过对日本寿险营销员培养流程与考试制度的研究我们发现,日本寿险业拥有"行业协会+寿险公司"双线教育、考核体系,行业体系与寿险公司联合对寿险营销员进行培养,而且日本的寿险营销员与寿险公司之间具备更明显的雇佣制特征,寿险公司对营销员的管理不会超出制度边界。在我国寿险行业中,行业协会与寿险公司的联动性不足,在代理人的培养领域上尤其明显。

## 二、行业层面

### (一)代理人队伍缺乏稳定性

我国各大寿险公司代理人队伍普遍存在队伍老化、留存率低等现状,代理人队伍问题是我国寿险行业个险渠道面临的首要问题。编写组通过数据整理,得到数家代表性寿险公司的代理人留存数据:2020年,中国人寿保险代理人数量为137.8万人,而2021年则下降至82万人,降幅超过40%;太平人寿江苏分公司为实现队伍高质量发展转型,自2018年人力峰值后开始大力清虚,人力规模连续三年大幅下滑;太平洋人寿江苏分公司代理人规模也大幅下降,2021年约为17 000多人,截至2022年5月下降至11 408人;据新华人寿江苏分公司个险业务负责人介绍,公司人力规模在2022年面临负增长,和2021年同比降幅接近30%;还有大家人寿与友邦人寿等寿险公司也处于相同的困境之中。可见,代理人人力规模下降、留存难等行业问题是我国寿险市场的共性问题。队伍的不稳定性制约了个险业务的拓展,也使得寿险业的长期稳定发展缺乏动能。

此外,代理人队伍老化也是不稳定性的表现之一。作为编写组调研对象的寿险公司大多都具有此类问题。以太平人寿为例,从年龄看,其45岁以上代理人占比31.8%,而团队主管中45岁以上的占比在54%以上;从其产能贡献上看,45岁以上代理人承保期交保费贡献占比达66%。据编写组对部分代理人的实地走访调研反馈显示:一些具有良好绩效的代理人团队呈现老龄化趋势。一方面,寿险营销大部依赖缘故市场,团队中的核心——经验丰富的老牌寿险营销员在数十年的寿险营销中积累了良好的客户关系与广泛的客户资源,这些客户习惯于接受他们的服务,甚至建立起一种基于信任感的情感纽带,这种服务者与客户之间的关系在一定程度上具有排他性,客户往往短时间内难以接受服务者变更带来的服务方式甚至服务质量的转变。一些刚刚从业的新人营销员难以适应这样的工作环境与压力,极易产生流动。太平洋人寿方面认为:许多保险老客户对保险认知较深,新人的保险能力难以满足其需求。实际上,一些老牌营销员表露出让年轻营销员接受历练,以便将来挑起团队大梁的想法,他们也试图实现寿险营销缘故关系的"转让",但往往成效寥寥,新人脱落率长期居高不下,造成了代理人队伍的进一步老龄化。另一方面,队伍老化还使得业务员和新客户的年龄不匹配。新华人寿方面认为:现有营销员大多是60后、70后,而当前保险的消费客群已经转移至80后、90后,60后、70后的寿险营销员与80后、90后的客户群体之间缺乏共同语言。

## (二) 代理人组织管理结构有待优化

发展组织是我国寿险销售体系维持的基本条件。如果说寿险销售是一棵枝繁叶茂的大树,那代理人组织架构无异于这棵大树的枝干。我国大多数寿险公司建立的代理人组织结构虽然庞大且严密,却缺乏一定的效率和灵活度。金字塔式组织架构的层级关系过于复杂,是过往通过"人海战术"进行寿险营销的集中体现。这种粗放式的发展模式显然不适应个险渠道改革转型的需要,在此模式下金字塔中各层级代理人的收入与为组织增员相挂钩,带来代理人的增员压力,容易造成代理人目标偏离,即从关注保险产品销售本身转向增员。同时,庞大的金字塔结构还会导致保险公司整体佣金支出大幅增加,这一增加正是源于代理人激励扭曲与组织无序扩张,最终严重降低保险产品竞争力与组织经营效率。缺乏效率的组织管理架构使得代理人内部出现分化,佣金收入的大部分被金字塔上层的代理人收入囊中,这部分代理人往往不需要直接通过保单成交获取收入和晋升,只需要通过发展组织和管理团队得到"层级利益",其利益取决于团队整体业绩。专注产品营销的一线代理人相较而言承受了更大的压力,却难以获得与之相匹配的收入。

破除层级关系、改革代理人组织结构是我国个险渠道转型的必由之路,一些寿险公司已经开始了相关突破,尝试建立独立个人保险代理人制度。独立个人保险代理人制度的显著优势是弱化甚至杜绝了层级利益,一线保险代理人享受到更多的利益倾斜。其扁平化的组织结构显著提高了经营管理效率,有助于实现差异化与精准化销售。独立个人代理人模式对代理人专业素养的要求更高,成本相较于传统模式也明显增加,而各大寿险公司搭建的传统代理人组织架构面临积重难返的困境,短期内转向独立代理人制度缺乏现实可能,需要采取循序渐进式的转型方式。

### (三) 代理人佣金制度不完善

佣金问题与代理人自身乃至寿险行业长期发展密切相关。寿险代理人留存率低的一个重要因素就是佣金制度不完善,激励作用不足。部分保险公司及代理人团队负责人表示,原大多数销售类岗位相同,寿险代理人其收入绝大部分源于成交保单带来的提成,没有基本工资。这种高度不确定性的收入制度设计在有可能为代理人带来高额甚至原则上上不封顶的报酬的同时,也有使得代理人一无所获的危险性存在,最终寿险销售行业的平均收入甚至比不上很多其他收入稳定的工作。多数人又具有风险厌恶本性,这种收入制度一定程度上造成行业内普通底层从业者的压力以及进入行业的阻力。最为关键的是,这种收入差距往往不能通过自身的努力弥补。很多行业新人虽然具有勤奋的工作态度,却无法利用广阔的客户关系和丰富的经验取得更高的收入,造成其难以度过从业初期最困难的时期。

针对以上现象,寿险公司开始尝试佣金制度的优化,许多寿险公司制定了新人激励计划,目的是改善新人待遇,解决新人实际困难。例如,太平洋保险成立了新人创业基金办,对新人职业生涯做出阶段性划分:行为养成期、技能培养期和产能释放期。基金办提供的南京地区新人创业基金为3万元,新人在达成条件后首月和次月分别可以获得15%。新人寿险销售员可以获得一定额的新人补贴,实际上具有一定的基本工资性质。直观上看,新人激励计划有助于缓解新人困境,提高新人留存,但补贴额度相较于许多拥有固定工资的行业以及所在地区收入和消费水平来说吸引力不足。据太平洋保险负责人反映,现实情况是领取创业金的人数非常低,新人激励的实际效果难以达到预期。寿险销售行业新人留存问题仍然严重。

## 三、个人层面

### (一) 代理人素质良莠不齐

提升寿险代理人素质是我国个险渠道改革的题中应有之义。寿险代理人作为服务者,对客户而言代表着整个保险行业的形象。当前,寿险代理人的综合素质水平差异较大,无论是从保险专业素养还是个人道德水平来看,整体上与个险渠道改革的目标仍有不小的差距。通过对部分寿险营销员的实地走访,我们了解到,寿险公司和代理人团队已经认识到以客户为中心、为客户进行画像的重要性,推出"521表"作为精准销售的重要工具,以期引导销售员对客户进行全面分析,制定合理的寿险销售和客户管理策略。但在实际操作中,并不是所有的销售员都有使用521画像技术的意识,部分销售员仍存在寿险展业过程中的不规范操作,不按规定使用521表。这种现象正是寿险代理人保险专业素养不足的缩影。上文所述的代理人队伍老化、培训考核体系不完善等都与代理人专业素质、工作能力问题相互交织,形成了错综复杂的代理人转型困境。参与编写组调研的中国人寿江苏分公司保险代理人代表认为,面对特定客户群体的寿险营销,对代理人专业素养提出了更大的挑战:80后、90后客户更理性,更加重视保险产品本身及其带来的实际收益,其保险认知较高的同时资金相对有限,面对这种类型的客户,代理人更需要依靠自身知识能力及行业认知来进行展业;此外,医生、律师、老师等知识水平较高类型的客户,对代理人素质的要求则更高,这类群体更难以接受固有认知外的知识,致使展业难度更大。

如果说这种专业知识上的不足尚能通过公司的反复培训来纠正、弥补,那么,个人道德素养的欠缺相较而言更加难以逆转,只能用法律或公司规章制度加以约束和监管。一些寿险代理人频繁骚扰客户甚至在销售中存在欺诈行为,给寿险行业整体带来了严重的负面影响。准入门槛较低、缺乏严格的教育培训制度以及粗放的销售和管理模式是这种现象长期存在的关键。

### (二)保险代理人认同感不足

一般来说,个人在从事行业过程中源源不断地获得自我认同、他人认同,是影响其未来发展的重要心理因素之一,职业带来的个人认同往往对是否加入某个行业的个人抉择产生重要影响。将保险代理人职业整体放入当下社会背景中考察,认同感又会上升到来自外界的社会认同层面上。简言之,自我认同与社会认同分别是来自自身和外界的职业认同,对职业具有较强认同的个体往往更容易获得幸福感,拥有更加清晰明确的职业目标。

绝大多数代理人是通过销售保险产品来获取佣金收入,业务中会接触到不同背景、不同秉性的客户,遭到拒绝司空见惯,没有销售类工作经历的人往往难以突破从业初期的心理障碍,不能给自己找到合适的定位,这也是新人留存率低的深层次原因。许多寿险代理人难以在从业过程中获得较高的自我认同,因为毕竟寿险销售需要确立以客户为中心的导向,客户服务是提高自身竞争力的最主要手段。除了代理人的自我认同感匮乏以外,来自外界的社会认同不足也是造成代理人心理"壁垒"的主要因素。20年前我国寿险业尚处于发展初期,寿险代理人岗位为一批具有拼搏奋进精神的从业人员提供了广阔的舞台。经过二十多年的发展,全民对寿险的认知度迈向了更高的台阶,如今热潮退去,寿险代理人的社会定位也逐步明晰。编写组在对江苏省部分寿险代理人进行的问卷调查中,设置了社会认同感相关问题,结果显示:仅有7%左右的受访者把"认同保险代理人职业的社会地位"作为自己进入行业的理由;超过56%的受访代理人认为代理人职业的社会地位处于中低层;社会认同感、自我成就感低,是21%左右受访代理人对未来继续从事寿险代理行业信心不足的原因之一。总而言之,寿险代理人自我及社会认同的缺失是个人乃至社会心理层面的障碍,推进个险渠道转型需要帮助代理人找准自身定位、强化代理人价值认同,树立代理人的荣誉感和社会责任感。

# 第五章 保险个人代理人渠道转型动因分析

在上一章中,我们通过文献梳理、座谈调研、数据收集等方式,从制度、行业、个人三个层面总结出个人代理人转型过程中所面临的痛点、堵点,那么造成当前我国寿险个险代理人转型困境的动因有哪些?事物的发展变化往往伴随着内外部因素的交织,内部因素通常源于事物本身先发生的某些质的改变;而外部因素则是在事物发展的过程中某些外部环境改变形成的外力推动作用。个险渠道转型同样来自外部因素推动与内部因素驱动:外部因素主要有经济金融发展、科技赋能以及近期发生的某些宏观环境的新变化等,它们从外部推动了当下个人代理人模式的变革;内部因素主要有代理制度自身特征、寿险市场竞争、代理人考核监管等,这些因素集中反映了个险渠道内部变化乃至代理问题的日益凸显对模式转型的驱动作用。本章将从外部和内部因素两方面分别分析个人代理人模式转型的动因。

## 第一节 外部因素

### 一、经济金融发展提升社会保险保障意识

关于保险意识的含义,学者们有如下解读。吴磊等(2009)认为,保险意识有狭义和广义之分。狭义的保险意识是指人们对保险这一客观事物的认识、思想、观点、知识、心态和理论的总和,它包括人们对保险现象的感觉、认识和理解,包括人们对保险现实的愿望、要求和情绪[①]。广义的保险意识是指人们对可能发生的突发性危机事件的一种有效的思想准备、思想意识以及与之相对应的态度和行动、知识和技能储备。保险意识主要涵盖三个方面的内容:其一是理性意识,即人们对风险要有正确的态度,对保险要有科学的认知,并掌握一定应对风险的必要手段与保险措施;其二是责任意识,即当人们面临可能发生或已经发生的风险,应借助保险的社会化互助机制规避或化解风险;其三是忧患意识,它要求人们以风险的视角反思过去,用保险的机制回应现实,用保障的理念规划未来。关于保险意识的含义则主要有两点表述:第一是人们自发地对不确定性的担忧;第二是对"保险"的认可与认知。保险意识是人们关于保险的思想、观点及心理反应,它体现人们对保险概念、性质、职能作用的认识及由此产生的理论观点,以及对保险的需求、感觉和评价。保险意识分为两大部分:保险

---

[①] 吴磊,肖池平.保险意识教育:问题的提出及其内涵界定[J].教育导刊,2009(11):42-44.

思想,即人们关于保险的系统化、理论化认识;保险心理,即人们关于保险的不系统的、自发形成的感性认识。相对于保险思想,保险心理对保险现象的认识比较表面和直观,但保险心理是保险思想的萌芽状态,后者是在前者基础上产生的。因此,二者互相依赖、互相作用,共同构成保险意识。总的来看,保险意识包括感性认识与理性认识,其属于社会意识的范畴,因而,物质生产关系决定了人们对待保险的态度,社会环境、经济模式的影响和上层建筑等诸多因素的改变也会推动保险意识的发展。

　　自1992年引入保险代理人制度以来,我国寿险业快速发展,1997年保费收入首次超过财险保费后,寿险业在保险行业占主导地位。我国保险业发展的30年间,社会保险意识显著提升,人们对保险的需求也在日益攀升。随着经济的发展,我国整体保费规模也随之上升,1999年我国保费收入为0.14万亿人民币,到2021年,我国保费收入达4.49万亿人民币,年均增长17%;保险深度由1999年的1.56%到2021年增长到3.96%,保险密度则由1999年的111元/人到2021年的3 178元/人,从数据来看,我国保险市场规模不断扩大,人民保险意识得到有效提升。此外,保险保障的需求层次提高是社会保险意识提升的重要体现。根据马斯洛需求层次理论的内在逻辑,只有低层次的需求得到完全满足时,人们才会产生对高层次需求的追求。因此,经济金融的发展提高了人们的生活水平,在基本的安全需求得到满足的条件下,人们寻求更高层次风险保障需求的意识得到激发。目前,我国保险主要消费群体已经发生转移:60后、70后作为曾经的消费主体,其自主选择保险的比例较小;而80后、90后作为当下保险消费的主体,已经不再满足于社会性的基本保障(如基本医疗保险和基本养老保险),他们更倾向于在基本保险的基础上根据自我需求自行配置其他保险。大多数寿险客户的需求已不单是风险保障,而是更多地向财富管理倾斜。供给侧方面,寿险代理人正逐步实现从保险产品销售驱动向客户投资理财驱动转型。泰康人寿HWP健康财富规划师项目是这一转型的市场典型,致力于打造集保险顾问、全科医生、理财专家为一体的跨保险、健康养老、财富管理三大领域的综合性保险营销团队。寿险公司的市场实践是我国寿险需求层次变化、保险意识提高的风向标。

　　居民对保险的需求上升和保险意识的提高有以下几点原因:其一,改革开放以来,我国快速积累了巨额民间财富。巨额财富培育着日益增长的中产家庭和高净值群体的财富管理需求。伴随着大财富管理时代到来,我国居民家庭资产配置迎来再平衡,配置重心将由房产转移到金融资产,以健康、养老、财富为目标的资产配置需求与日俱增,保险可以满足这一部分人群财富守护的需求,因此保险意识和保险需求提升。人口老龄化进一步催生了居民幸福养老的意识,意识催生需求,养老需求迅速增长、多元化、区域差异化。其二,随着国家教育改革的推进,我国居民的教育水平有了显著的提升,目前全国大学文化程度人口已有2.18亿。随着教育程度的提高,人们对保险的认知更加深入和全面,保险意识显著提高。其三,保险自身具有风险规避功能,随着保险公司的探索和保险产品的创新,保险的功能逐渐丰富,如理财规划、保单贷款等,可以契合居民的风险保障和资产保值等需求,因此居民对保险购买的意识和需求得到提升。此外,在2020年的疫情冲击和逆全球化形势下,风险不确定性增加,寻求稳定的风险保障需求增加,进一步加深了保险意识和保险需求。

在代理人发展的问题表现中,我们概括出一个重要观点:近年来社会保险意识普遍提升,一方面促使消费者加大对商业寿险的投入力度,另一方面倒逼寿险代理人提高自身素质以适应消费者保险意识的提高和保险知识的扩展。因此,经济金融发展带来的社会保险意识的提升无疑推动了个险渠道的改革转型,并且形成了代理人能力与客户需求不匹配的现状。

更深入地分析之后可以发现,保险意识提升引致寿险个险渠道转型的内在机理是:保险业以客户为中心的服务业特征,使得寿险行业必须以客户需求为导向,紧跟客户群体特征的变化而变化。在转型实践中,太平洋保险提出"三化"(即职业化、专业化、数字化)代理人转型发展路径,着力打造与当下市场需求、客户需求相适配的专业寿险营销员队伍,努力引导代理人通过需求分析、客户服务的方式经营客户;太平人寿正在升级"产品＋服务"模式,形成对客户差异化的供给,满足多层次客户的需求。这些寿险公司重视客户需求反映出当下寿险销售从"以产品为中心"向"以客户为中心"的转变,产品营销中更多地被赋予了客户关系管理的内涵。这也充分证明,当下寿险行业个险渠道转型存在如下逻辑:经济金融发展带来的社会保险意识的提升导致客户需求更加理性化,以往的个险渠道模式滞后于这一变化的发生,因而寿险市场与寿险代理人行业出现了与现状改变不相适应的情况,个险渠道处于改革的"十字路口"。

## 二、科技赋能寿险营销挑战代理人市场地位

保险科技赋能寿险将颠覆传统个险营销模式,挑战传统寿险代理人地位,这是个险渠道转型改革不可忽视的重要背景及推动传统代理人模式转变的诱因。

陆晶(2021)分析了保险科技给寿险代理人带来的三大机遇,即差异化的产品与服务供给、多样化的获客渠道以及全流程的展业辅助,同时也总结出保险科技给寿险代理人带来的挑战:弱化增员激励与替代人工销售[①]。可以看出,科技赋能保险业形成了数字化手段,对寿险代理人功能的部分替代,冲击了传统代理人模式。此外,众多行业研究报告中纷纷指出数字化转型对保险业未来发展的重要性。艾瑞咨询研究院发布的《保险新周期——中国保险用户需求趋势洞察报告》显示,我国保险业自1996年开始经历了保险信息化、保险线上化的行业数字化发展路径,当前正处于保险数字化升级阶段,大量数字化、智能化保险应用落地。安永公司的《2022年全球保险业展望》中分析认为:保险公司通过在疫情期间将大量业务数字化,在被动状态下实现科技现代化。当下保险公司面临的数字化挑战仍不可低估,若要完整、成功地构建保险生态系统,就必须重视强大的数据管理能力、一致且高质量的数据以及综合数据基础设施的建设。德勤公司的《2022年全球保险业展望》用了近一半的篇幅着重

---

① 陆晶.保险科技赋能保险业健康发展[J].时代金融,2021(15):72-74.

阐释了保险业及保险公司的数字化转型路径。在整体战略层面,保险公司不仅要出台应对疫情的数字化适应性措施,更要着眼于推动保险行业的长期数字化转型;在数字技术层面,行业需要加强网络安全管理,利用人工智能、数据分析和云技术重塑保险价值链;在客户管理层面,保险公司需要拓展个性化客户互动渠道。种种分析表明,保险数字化是保险业未来发展不可逆转的趋势,作为保险体系的一部分,个险渠道也需顺应潮流。传统寿险代理人模式在保险科技的冲击之下,效能更加难以发挥。因此,必须加快构建新型寿险代理人模式,实现代理人与保险科技加速融合,促进个险渠道的效能层级提升。

近年来,银保监会陆续发布多项政策,数次提到利用现代科技技术改造和优化传统保险业务流程,鼓励和规范保险的数字化转型。例如,2018年9月出台的《中国保险服务标准体系监管制度框架(征求意见稿)》中提出构建以数据为关键要素的数字保险;2020年5月,在新型冠状病毒感染疫情暴发、疫情防控形势严峻的环境下,《关于推进财产保险业务线上化发展的指导意见》出台,其鼓励财险公司加快线下服务的数字化转型,推动线上线下融合发展;此后,《互联网保险监管办法》等政策全面构建了保险业数字化转型的蓝图。随着大数据与人工智能在保险领域的运用逐步拓展,传统寿险代理人的危机来临:他们的专业化服务能力难以匹敌人工智能。王媛媛(2019)认为,保险科技正在重塑保险行业的运营生态。目前,保险科技应用已经渗透到保险运营的各个方面,在产品分销、核保与风险定价、产品设计与开发、理赔等多环节重塑着保险的价值链,其中,销售领域是保险科技最先应用,也是渗透率最高的领域。大数据技术与人工智能可以深度挖掘数据价值,对客户数据进行自动化、精细化处理,效率高的同时误差率极低,便于将碎片化、差异化的海量客户数据进行重新整合,以达到分析客户需求、度量客户风险和提供定制服务的目的[1]。赵强等(2022)分析了大数据、人工智能助力精准客户画像的作用机制,认为保险数字化转型有助于契合消费者心理,增强客户黏性。除了客户管理,保险科技还可以在核保、理赔等流程做出专业化的自动处理,甚至可以提供智能咨询服务,几乎可以在全流程取代传统代理人[2]。除此之外,保险科技在客户隐私保护上显然比传统代理人更具有优势。

互联网保险代理渠道的兴起也是科技赋能寿险营销的重要体现,一批主要借助第三方互联网进行展业的互联网保险代理人冲击着传统寿险代理人的观念和业务方式,他们以年轻群体居多,往往具有灵活的工作时间和较为自由的工作方式,相较于传统代理人其对行业更加具有认同感,更多是出于个人兴趣和实现自我价值而从事保险代理。《中国互联网保险代理人生存状况调查报告》中认为互联网提升了保险代理人留存率,据其调研数据显示:85.9%的互联网保险代理人明确表示未来将一直从

---

[1] 王媛媛.保险科技如何重塑保险业发展[J].金融经济学研究,2019,34(06):29-41.
[2] 赵强,彭海林.基于消费者心理的科技赋能保险客户黏性提升路径研究[J].上海保险,2022(04):59-61.

事保险销售,而传统保险代理人这一数据只有 62.1%。该报告的相关调研显示:75.9%的互联网代理人日均工作时长在 5 小时以下,远高于传统代理人的 50.5%,这一方面表明互联网保险代理人的工作时间更加自由,另一方面也体现出科技赋能可以有效提升保险代理人的工作效率。报告还指出,从保险营销的各主要环节来看,互联网保险代理人展业流程的线上化水平显著更高。个险渠道的数字化转型对寿险营销业务的线上化程度提出了更高的要求,因而互联网保险代理人在产能提升方面相较于传统代理人更具优势。在互联网保险代理新业态兴起的场景之下,互联网代理人具有的种种优势使得传统保险代理人的生存状况更为艰难、市场地位难以为继,个险渠道转型的重要性与紧迫性日益凸显。

为研究科技赋能推动个险渠道转型的机理,本书编写组对江苏寿险市场个人代理人的保险科技、数字化手段运用能力进行了初步的调研与分析。参考 Venkatesh(2008)设计的量表[①],围绕代理人数字化手段使用效能、使用意愿等方面设置问卷问题,问题采用 7 选项李克特量表形式,作为调研对象的代理人从"强烈同意"到"强烈不同意"中选择最符合自身特征的一项,问题题干包括"我认为在工作中使用数字化手段会提高我的工作效率""我可以熟练使用数字化手段进行工作""我会继续在工作中使用数字化手段"等。为了衡量个人代理人的数字化手段运用能力,编写组将"强烈不同意"到"强烈同意"依次标记为 1~7,将所有相关问题的调研结果处理后进行加总求和,再求取算术平均数,得到的数值作为衡量个人代理人数字化手段运用能力的指标,数值越高代表能力越强。编写组以个人代理人收入作为被解释变量,以数字化手段运用能力作为核心解释变量,并加入个人身份特征(如性别、年龄、受教育程度等)、工作状况(如工作时长、拜访量、成交保单件数等)等控制变量,构建了一个简单的多元回归分析模型。在对连续变量进行缩尾处理并使用稳健标准误修正异方差问题后,得出核心解释变量在 5%的显著性水平下显著为正的初步结论,这表明:数字化手段运用能力对个人代理人的收入水平具有一定程度的正向影响。实证分析较为简单浅显,仍有很大改进空间,但这为分析科技赋能推动个险渠道转型提供了初步的证据:寿险营销过程中数字化手段的运用能够在一定程度上提升收入水平,而在前面的分析中我们提到,寿险个人代理人呈现老龄化趋势,以中年代理人为主力的销售团队接受并熟练运用数字化手段进行销售工作往往需要更长的周期,造成服务层面的供需不匹配,在消费者体验下降的同时,代理人收入水平也会受到冲击。因此,强化寿险行业的科技赋能、提高寿险个人代理人数字化手段运用能力,对于加快个险渠道数字化转型,具有显著的理论与现实意义。

在保险与科技的结合日趋紧密的趋势下,无论是保险科技手段的日臻成熟还是互联网保险代理新业态的蓬勃发展,都迫使个险渠道加快转型步伐。在寿险个险渠

---

[①] Venkatesh. Technology Acceptance Model 3 and a Research Agenda on Interventions. Decision Sciences,Volume 39 No.2,May 2008.

道转型座谈会中,太平洋人寿江苏分公司代表对个险渠道的数字化转型提出如下观点:数字化科技对于寿险转型有三大作用,即赋能代理人的经营和服务,提升客户体验,加强风控。既不能高估科技对行业的短期影响,也不能低估科技对行业的长期改变。据了解,除了太保以外,其他寿险公司也纷纷开展了打造数字化寿险代理人队伍的个险渠道转型举措。据以上分析,科技赋能是引起寿险业态转变的重要背景,也是造成个险渠道现状的核心因素之一。

### 三、重大公共危机事件冲击传统个险渠道

疫情这一重大公共危机事件使得寿险行业出现新的特征,进而驱动着个险渠道的转型。近年来,寿险营销面临的最显著的外部冲击正是疫情的暴发。最直观的反映来源于编写组对江苏寿险市场上随机抽取的1 200余名寿险代理人进行的问卷调查中:约56%的代理人认为疫情影响客户收入导致购买意愿低是其展业过程中遭遇的瓶颈问题,更有超过20%的代理人将其视为最主要的难题。太平人寿江苏分公司在座谈会上表示,从外部环境看,复杂多变的发展环境致使短期内业绩承压。一是疫情影响和多点散发仍未消退,对私营企业和个体工商户影响最大,其销售收入和经营利润同比下滑均超过25%,个人财富大幅缩水,导致其对保险的需求及购买力降低,同时代理人面接客户和销售难度加大。二是新产业、新业态冲击加黑产多发,快递外卖、直播带货等新兴产业兴起,且因其门槛低、收入看得见且相对稳定,很大程度上分流了增员来源,同时黑产产业链呈扩散之势,对保险公司的正常经营管理产生了很大的影响,同时也对保险的社会正面形象造成损伤。三是"普惠型"商业保险陆续推出,城市定制型商业医疗保险、专属商业养老保险、城乡居民大病保险、长期护理险等,在政府和监管的推动下迅速发展,为居民提供了实惠的保障服务,一定程度上替代了普通商业保险产品,致使销售难度加大。四是"双录"对销售效率的影响,从长期看"双录"能够推动行业更加规范健康地发展,但从公司发展看,"双录"造成短期至中期内人力和保费双降,代理人收入差距拉大,低绩效代理人收入持续下滑,组织发展普遍遭遇瓶颈。此处提及的首先就是疫情的冲击。根据新华人寿保险股份有限公司南京中心支公司代表的发言以及新华保险历年年报做出的总结来看:2022年上半年,个险渠道受新型冠状病毒感染疫情影响较大,新业务发展承压。截至6月30日,个险渠道实现保费收入695.52亿元,同比下降0.5%。友邦人寿也指出,2020年以来,受市场环境以及疫情影响,保险市场出现较大波动。2015—2021年,公司在册人力年复合增长14%,但2020年以后在册人力出现持续下滑。疫情下营销员培养周期被拉长(线上培训效率降低)、招募甄选转换率降低,最终体现为在册人力下降,对团队活力以及团队的发展意愿均有影响。在编写组发放的问卷中也可以看出,被问及现阶段客户开拓面临的难题时,有相当一部分代理人表示疫情影响下客户收入降低导致购买意愿降低(权重为1.57)。

本书编写组通过对中国人寿、太平人寿、友邦人寿等寿险企业的调研以及查阅相

关文献资料,总结归纳出此类重大突发公共危机事件对寿险营销带来的正反两方面影响。一方面,疫情致使线下展业活动萎缩,线下销售渠道的优势难以发挥;造成了社会公众对未来预期的不确定性,使得非刚性的保险需求进一步收缩,代理人增员、获客难度陡增。在个险渠道数字化转型过程中,存在代理人年龄结构与数字化手段运用能力的矛盾,这一矛盾加剧了代理人队伍的不稳定性,增加了寿险公司成本,也阻滞了代理人组织管理结构变革及佣金制度的优化。另一方面,研究发现,尽管疫情暴发带来许多负面影响与冲击,但其也间接带来一些积极影响。从整个时间维度上看,短期内疫情还是以消极影响为主,但是整体的冲击力度有限。从长远来看,疫情对保险业的转型、数字化进程以及"大国家大保险"等发展模式有着积极的推动作用[1](许闲等,2020)。疫情还促使线上展业渠道兴起,利用互联网渠道、各式自媒体及社交平台进行的寿险营销活动不断涌现,开辟了个险营销的新渠道;同时,疫情倒逼寿险公司加快数字化转型,提升保险科技的运用水平,为寿险全业务的科技赋能提供了契机;疫情还唤醒了人们对生命健康的重视,增强了人民群众的风险意识,激发了潜在的寿险需求。正向冲击也对寿险营销提出了新的要求,增加了个险渠道改革的压力。

### 四、人口结构变化推动个险渠道转型

人口结构又称人口构成,顾名思义,是指把人口总体区分为各个组成部分。人口结构根据人口的不同特征可以划分为人口的自然结构、社会结构与地域构成三大类。人口自然结构包括年龄和性别结构;人口社会结构主要包括阶级结构、民族结构、文化结构、家庭结构等,反映人口社会特征的构成;人口地域结构主要有自然地理结构、人口的行政区域结构和人口城乡结构,往往能够体现人口流动信息。

人口结构变化这一社会学现象往往来自经济社会的发展,而又进一步对经济社会产生重大影响。聚焦保险业发展问题,廖海亚等(2012)认为,保险发展和人口发展息息相关,人口结构状况对保险发展有重要影响。他基于三大类人口结构,分别阐释了人口自然结构、社会结构和地域结构变化对保险发展的具体影响[2]。袁成(2017)以江苏省为例,实证分析了性别比、城镇人口比、大专以上学历人口比等人口结构因素的转变对江苏省人身保险市场发展的影响[3]。滕丽杰(2021)结合省域面板数据,研究了人口结构变迁对寿险消费的影响,其变量的选择同样是根据人口结构的三大类别[4]。基于此,编写组根据近年来我国人口结构重大变化的事实,从我国人口结构变化的三个角度出发,探究其对于现阶段寿险营销转型变革的影响,以及人口结构变化推动我国个险渠道转型的内在机理。

---

[1] 许闲,刘炳磊,杨鈜毅.新冠肺炎疫情对中国保险业的影响研究——基于非典的复盘与长短期影响分析[J].保险研究,2020(03):12-22.
[2] 廖海亚,游杰.中国人口结构转变下的保险发展[J].保险研究,2012(03):24-32.
[3] 袁成,李茹.中国人口老龄化对人身保险消费的影响研究[J].中央财经大学学报,2017(09):22-31.
[4] 滕丽杰.人口结构变迁对寿险消费影响研究——基于省域面板数据实证检验[J].价格理论与实践,2021(08):141-144.

### (一)人口自然结构变化对个险渠道转型的影响

从我国人口自然结构来看,年龄与性别结构都出现了新的特点:国家统计局数据显示,2020年第七次全国人口普查的人口性别比为105.07(女=100),相较于第六次全国人口普查进一步下降;人口年龄构成上的变化更为明显,60岁以上人群占比达18.70%,65岁以上人群比重突破10%,达到13.50%(见图5.1),这两项数据与上次人口普查时相比分别提高了40%与52%,充分表明我国人口老龄化程度进一步加深。接下来将分别探讨人口年龄结构与性别结构变化对个险渠道转型的影响。

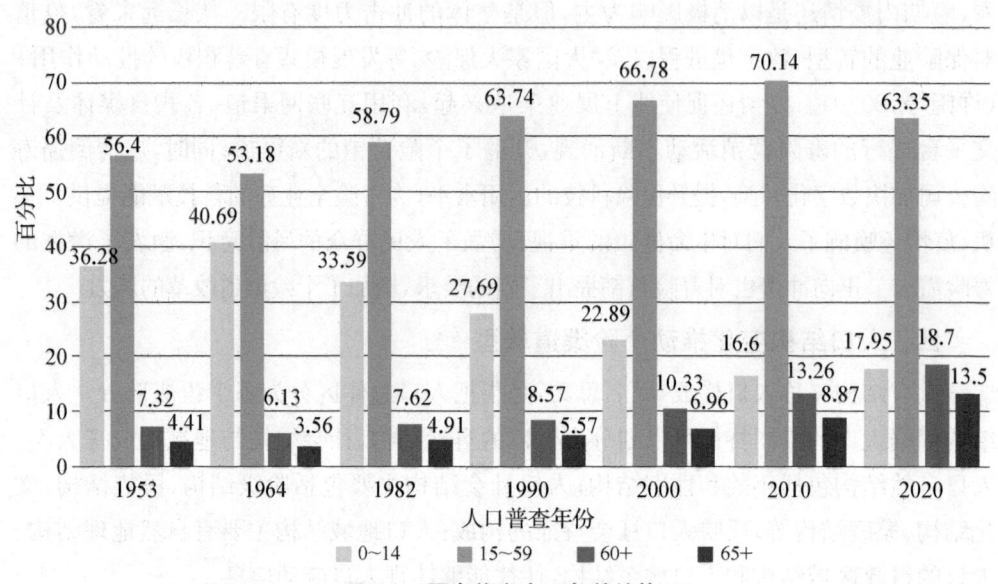

图5.1 历次普查人口年龄结构

数据来源:国家统计局官网

#### 1. 人口老龄化对个险渠道转型的影响

从保险行业视角来看,人口老龄化对我国个险渠道转型乃至整个寿险业的未来发展都具有非常显著的影响,其在加剧社会养老负担的同时,也能够激发民众养老需求、提升社会整体的风险保障意识,进一步成为推动寿险营销转型变革的重要外部因素。

首先,人口老龄化使得寿险营销市场的供需错配问题进一步放大。参与编写组调研的寿险公司普遍认为,过去二十年寿险实现较快发展,"人口红利"是其中的关键因素。然而,近年来人口老龄化使得寿险行业多年的人口红利逐步消退,寿险代理人规模及增速进入下降通道,"人海战术"这一传统代理人模式难以为继,老龄化带来老龄人口的庞大使得社会保险难以承受日益加重的养老负担。但是,老龄化也增强了民众购买商业寿险的意愿,一些拥有保险知识储备且经济独立的年轻群体更倾向于为家中老人购买相关商业寿险产品作为社会养老手段的良好补充或替代,以缓解自身的养老压力。这些群体的年龄层次大部分集中于80后、90后,他们对产品、服务具有更高的要求。传统代理人模式下的众多寿险代理人往往难以达到这一客户群体的需求标准,长期寿险产品的需求增加要求代理人为客户定制综合保障方案,提供长期优质服务,这更加考验代理人的能力,代理人的从业门槛被迫抬高,大大增加了寿险公司在增员、培训等方面的难度与成本。代理团队自身的老化使得这种供需间的不匹配现象愈发严重,长此以往将阻碍寿险业的高质量发展。这正是人口老龄化推动个险渠道转型的重要逻辑之一。

此外,人口老龄化促使社会保障进一步完善,社会养老保障水平的提高对商业寿险的替代性在增加,从而在一定程度上挤压了寿险市场空间。这种现状在编写组制作并发放的面向江苏省保险代理人问卷中也有体现,当被问及现阶段客户开拓难题时,有198人(15.83%)选择了"政府提供的普惠保险满足了基本的保险需求",其中14人认为该情况为展业中遇到的最大困难。

党的二十大报告中明确指出要完善基本养老保险全国统筹制度。相关数据也揭示了我国社会养老保障体系的逐步完善(见图5.2):至2021年年底,我国基本养老保险参保人数达10.07亿人[①],比上年增加0.3亿人,基本养老保险参保率超过90%。全年基本养老保险基金收入65 793亿元,支出60 197亿元,年末基金累计结存63 970亿元。其中城镇职工基本养老保险参保人数为4.807亿人,比上年增加0.245亿人,其中领取待遇人数1.316亿人;城镇居民基本养老保险参保人数为5.48亿人,比上年增加554万人,其中领取待遇人数1.62亿人。从覆盖面看,我国基本社会养老保险体系已经日趋完善。作为我国三支柱养老保障体系的重要组成部分,社会养老保险和商业养老保险在保障居民生活、防范各种风险中承担着不同层次的功能,在促进经济发展和维护社会稳定方面发挥着越来越重要的作用。与此同时,由于二者在保障功能和覆盖面上存在一定程度的重合,社会保险可能存在对商业保险的"挤占"。

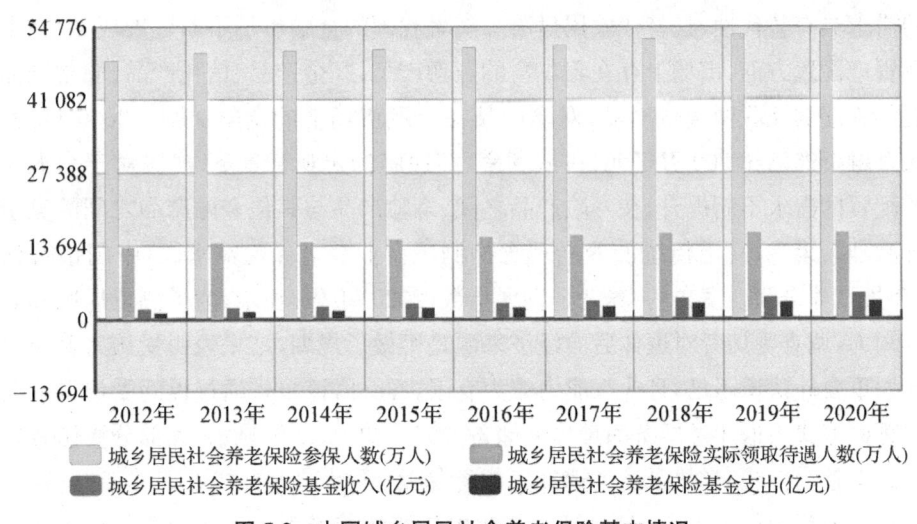

图5.2 中国城乡居民社会养老保险基本情况

数据来源:国家统计局官网

---

① 中华人民共和国人力资源和社会保障部:《2021年度人力资源和社会保障事业发展统计公报》。

近年来我国社会养老保险体系所形成的风险保障机制在一定程度上影响了国民通过商业养老保险抵御风险的意愿,但这一机制在目前的学术研究中仍存在争议。秦雪征(2011)认为,在一定条件下,包括社会养老保险在内的社会安全网的存在对个人保险需求存在"局部挤出"甚至"完全挤出"的作用,随着社会保险体系的逐步完善以及政府财政支出的增长,逆向选择和道德风险的行为可能产生,即居民倾向于减少商业保险的购买,社会保险的发展可能对商业保险形成替代效应[①]。郑路、张栋(2020)实证研究了社会养老保险参与对商业养老保险参与的影响,并进一步分析收入在其中的调节作用。研究发现,社会养老保险参与对商业养老保险参与具有一定的促进作用,但这种促进作用只有当个人收入达到一定水平时才会出现,对低收入群体来说,则表现为抑制作用。这一研究为当前我国社会养老保险挤压商业寿险市场空间的现象提供了合理解释[②]。收入是参与商业保险的前提和基础,目前我国处于收入分配制度改革的深化阶段,仍有相当一部分群体的收入不足,缺乏参与、实现多层次养老保障的物质基础。在社会养老保障水平不断提高的背景下,加之我国传统的储蓄偏好强烈以及养儿防老的观念盛行,商业寿险的生存空间存在"局部挤压"甚至"完全挤压"的情形,致使传统个险渠道面临严峻挑战。具体分析如下:

第一,寿险产品具有非渴求性的特征,消费者对寿险产品不熟悉且缺少主动了解的动力,其对寿险产品的需求动机往往并不强烈,主动购买寿险的习惯更加难以养成。在我国社会养老保险保障水平不断提高的今天,居民最基本的老年生活需求得以满足,加之购买市场上的商业保险成本较高,已加入社会养老保险的居民较少考虑额外的寿险产品。即使有提高养老保障的需求,也能选择市场上其他金融资产配置方式来满足,故社会养老体系的健全对商业寿险产生"挤出"效应。第二,商业寿险产品的需求具有替代性,且替代效用显著。随着我国的金融市场不断发展成熟,在个人金融资产配置方面,市场上存在着丰富的金融产品,基金产品、信托产品、储蓄产品以及近年兴起的互联网金融产品,寿险产品在金融市场上的竞争加剧。2020年,我国个人金融资产已超200万亿元,在低利率、高通胀的宏观背景下,居民对于个人金融资产配置的需求不断提升,在寿险产品之间、寿险产品与其他金融产品之间的竞争都十分激烈。第三,我国传统的养老观念抑制了商业养老保险需求。《中国银行保险报》和长江养老联合发布的《养老金发展指数(2020)报告》显示,为了测量居民养老规划认知力,调查受访者对退休后的经济来源是否做了规划,结果表明受访者普遍对退休规划重要性认识不足,且执行能力较为有限。此外,该报告通过提问受访者最期望采取哪些方式为退休做准备测量养老储备方式认知力,结果显示,大部分受访者在储备方式上较为传统,半数受访者选择了银行储蓄、不动产等方式进行养老储备,选择个人养老保险的仅占17%,这种现象与我国传统的养老观念密切相关。在传统文化

---

① 秦雪征.社会安全网、自我保险与商业保险:一个理论模型[J].世界经济,2011,34(10):70-86.
② 郑路,张栋.城市美好社区指标体系研究[J].社会政策研究,2020(03):11-28.

中,儒家文化长期占据主导地位,几千年来儒家文化在潜移默化中影响了国人的价值观念和行为习惯。儒家文化厌恶风险,在传统儒家氛围的熏陶下,居民的风险厌恶程度较高,家庭的风险资产投资理念受到抑制,进而提高家庭储蓄率水平,偏好储蓄的观念因此形成①(张诚等,2022)。而当个人金融资产选择以银行储蓄的方式配置时,购置商业寿险的能力则降低,进而抑制商业寿险的消费;同时,儒家大力推崇孝文化,"养儿防老"的观念至今仍在很大程度上影响居民的养老选择。在城镇化历程中,我国居民往往将个人资产用于购置房屋,吸引了家庭的大量资金,挤压了家庭的商业寿险消费能力;居民进入老年后又将房屋传承给后代,依托子女进行居家养老,精神需求也能够得到满足。在此观念下,居民难以主动参与商业养老保险,"养儿防老"的观念对于居民养老保险参与具有抑制作用②(曾泉海等,2022)。

综上,我国社会养老保障水平不断提升能够对商业寿险生存空间产生"挤占效用",造成商业寿险销售难度增加。传统商业寿险销售模式一方面无法匹配高净值客户更高层次的风险保障与资产管理需求;另一方面在社会养老保险保障提升以及传统养老观念的影响下,难以吸引中低收入家庭的商业寿险参与。这充分表明:人口老龄化伴随社会养老保障水平提高,一定程度上挤压了寿险市场空间,是引起寿险业态转变的重要背景,也是造成个险渠道迫需转型的核心因素之一。

2. 人口性别结构变化对个险渠道的影响

人口性别结构变化对我国个险渠道的转型亦有一定的推动作用。据国家统计局人口抽样数据显示,2015—2019年我国人口男女比例连续下降,从各年龄段来看,65岁以上人口中性别比开始低于100(女性=100)并逐步下降,且随着年龄的提高,女性比例越来越大(见图5.3)。另据国新办举行的"十三五"卫生健康事业改革发展情况发布会上公布的信息,从2015年到2019年年底,我国居民人均预期寿命从76.3岁提高到77.3岁。2021年12月,国家统计局发布《中国妇女发展纲要(2011—2020年)》终期统计监测报告显示,女性平均预期寿命突破80岁。综合来看,我国人口性别结构存在失衡现象,老年人口中大多数为女性。何贵兵(2002)指出了性别差异对风险偏好的影响:在获利条件下,男性的风险偏好高于女性;在损失条件下,女性的风险偏好则高于男性。袁成(2017)据此进一步得出推论:由于人身保险具有分散风险经济补偿的基本功能,女性对非投资型人身保险的需求会更大③。结合我国人口性别结构现状可知,在女性平均预期寿命相对更长、老年人口中女性占比更大的背景下,商业寿险的整体需求得到提升,传统代理人模式难以承受长寿时代来临下我国人口性别结构失衡带来的需求端压力,只有通过个险渠道转型,才能释放产能、提升寿险营销

---

① 张诚,刘瑜,尹志超.儒家文化对家庭储蓄率的影响[J].北京工商大学学报(社会科学版),2022,37(04):58-71.

② 曾泉海,凌文豪."养儿防老"观念对居民商业养老保险参与度的影响——基于2017年中国综合社会调查数据[J].安顺学院学报,2022,24(04):99-105.

③ 袁成,李茹.中国人口老龄化对人身保险消费的影响研究[J].中央财经大学学报,2017(09):22-31.

质量与效率。

| 指标 | 2019年 | 2018年 | 2017年 | 2016年 | 2015年 |
|---|---|---|---|---|---|
| 性别比(女=100)(人口抽样调查) | 104.46 | 104.64 | 104.81 | 104.98 | 105.02 |
| 0-4岁性别比(女=100) | 113.62 | 113.91 | 114.52 | 115.62 | 116.23 |
| 5-9岁性别比(女=100) | 116.85 | 118.03 | 118.55 | 118.86 | 119.09 |
| 10-14岁性别比(女=100) | 119.1 | 118.62 | 118.46 | 118.54 | 118.59 |
| 15-19岁性别比(女=100) | 118.39 | 118.14 | 117.7 | 117.05 | 116.12 |
| 20-24岁性别比(女=100) | 114.61 | 112.89 | 110.98 | 109.62 | 108.51 |
| 65-69岁性别比(女=100) | 95.9 | 96.94 | 96.23 | 97.16 | 99.91 |
| 70-74岁性别比(女=100) | 94.11 | 94.42 | 93.99 | 96.36 | 96.36 |
| 75-79岁性别比(女=100) | 87.76 | 89.15 | 91.46 | 91.79 | 90.7 |
| 80-84岁性别比(女=100) | 77.24 | 76.97 | 82.76 | 81.76 | 78.94 |
| 85-89岁性别比(女=100) | 70.37 | 71.16 | 71.66 | 68.73 | 67.03 |
| 90-94岁性别比(女=100) | 51.53 | 48.74 | 50.61 | 49.58 | 53.97 |
| 95岁以上性别比(女=100) | 35.29 | 40.07 | 40.36 | 48.25 | 39.36 |

**图 5.3　2015—2019 年我国按年龄分性别比**

数据来源：国家统计局官网

### (二) 人口社会结构变化对个险渠道转型的影响

从人口社会结构看，由于本研究聚焦个险渠道问题，故仅选取与保险行业有明显相关性的文化结构与家庭结构进行分析。受教育程度数据显示，拥有大专及以上受教育程度的人群比重达到 17.22%，相较于上一次人口普查(2010 年)的 10%左右(见图 5.4)，这一比重提高超过了 70%，反映出人民的整体文化水平达到了新的高度。此外，2020 年我国的平均家庭户规模已低于 3，仅有 2.62(人/户)(见图 5.5)，家庭扁平化趋势明显，少子化问题突出。本部分将重点分析受教育程度提升及家庭结构扁平化对个险渠道转型的重要推动作用。

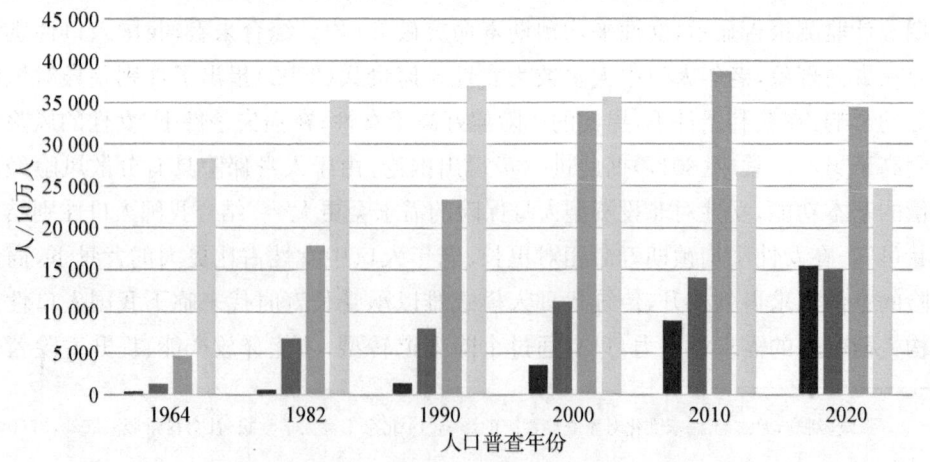

**图 5.4　历次普查每十万人拥有的各种受教育程度人口**

数据来源：国家统计局官网

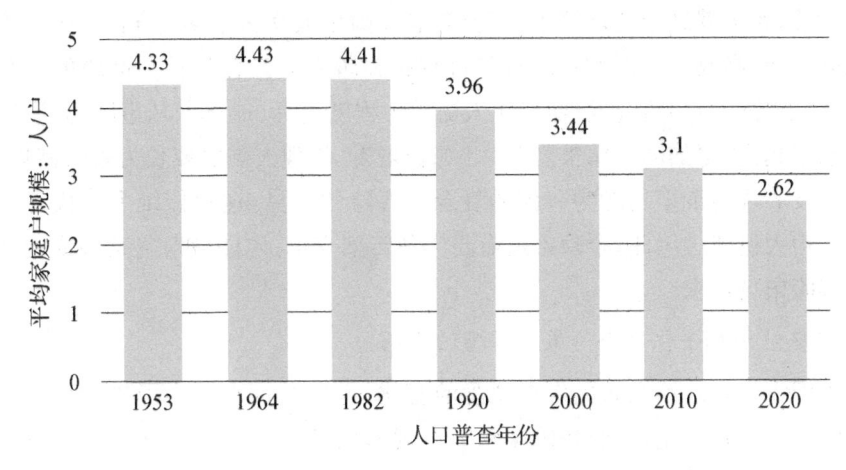

图 5.5　历次普查平均家庭户规模

数据来源：国家统计局官网

1. 受教育程度提升对个险渠道转型的影响

人口受教育程度不断提升是我国人口社会结构发生的显著变化，当下，我国人口呈现知识化、专业化的发展趋势，居民风险意识与保险专业知识与日俱增，对于商业寿险的态度和需求现状也逐渐转变。关于受教育程度提升对寿险需求的影响，学术界还没有得到完全统一的结论，但大部分学者认为，人口受教育程度对寿险需求具有正向影响。卓志（2001）认为：人口的教育水平较低，可能会阻碍寿险的发展[1]；赵桂芹（2006）通过实证研究得出教育水平对寿险需求的影响显著为正的结论[2]；张强等（2017）则聚焦商业养老保险，结合经验数据证明了教育程度对商业养老保险参与的正向影响[3]。学者们进一步分析了这种影响的内在机理，即文化水平、教育水平越高，人们往往越能够掌握和理解更多的保险知识，也能够更加深刻地认识到参与商业养老保险的必要性，故更有可能参加商业保险；同时，文化教育素质提升将提供优质人力资源，使保险发展的大环境趋于优化。

但是，人口受教育程度提升带来寿险业发展机遇的同时，也不可避免地对传统个险渠道产生冲击。在编写组组织召开的个险代理人座谈会上，多位代理人谈及当前寿险营销的难题时指出，高学历人群往往能掌握较为丰富的寿险市场信息和保险相关知识，甚至某些情况是寿险代理人也未了解的，寿险代理人原本的相对信息优势不复存在，信息差大大缩小，这大大增加了寿险销售的难度。此外，传统代理人模式架构下的寿险营销方式，愈发难以满足高学历背景下高净值客户的寿险产品与服务要求，他们往往不再满足于商业寿险提供的基本的风险保障，而更加注重其所具有的财

---

[1] 卓志.我国人寿保险需求的实证分析[J].保险研究，2001(05)：10-12.
[2] 赵桂芹.中国寿险需求影响因素的检验[J].中南财经政法大学学报，2006(01)：96-101+144.
[3] 张强，杨宜勇.商业养老保险参与的影响因素分析[J].华中农业大学学报（社会科学版），2017(05)：138-143+150.

富管理功能;在医养结合的环境下,商业养老保险配套医疗服务、养老社区的模式更加受到高学历、高收入人群的青睐;同时,有相关研究对教育与精神健康的关系进行了分析,左群等(2014)研究发现:老年人受教育程度越高、退休前从事脑力劳动,其精神虚弱水平越高,更加需要精神慰藉①。综合来看,代理人需要成长为集财富规划、健康保健以及心理咨询多功能为一体的复合型寿险营销员,这对传统个险代理人的能力提出了很大挑战。因此,个险渠道需要实现转型变革,才能应对复杂多变而又日益增长的寿险市场需求。

2. 家庭结构扁平化对个险渠道转型的影响

由于国家生育政策和居民生育观念的变化,人口结构出现少子化特征。少子化带来家庭结构的扁平化,当前我国家庭人口规模已低于 3 人/户,这说明相当一部分育龄家庭没有生育计划。家庭结构扁平化进而导致我国寿险市场需求的变化,推动了个险渠道转型。张强等(2017)研究表明:拥有更多的儿女数量者更不可能倾向于参加商业养老保险,这是我国传统的"养儿防老"观念的体现和验证。父母在养老问题上更多地依靠子女,这在一定程度上会削弱其对商业保险参与的需求②。钟春平等(2012)认为,有小孩的家庭负担较重,没有剩余的资金用于购买商业保险,可能导致商业性的寿险需求一直会处于较低的水平③。樊纲治等(2015)通过实证分析证明,家庭规模越大,拥有人身保险的可能性越小。他认为,当家庭规模较大时,家庭成员之间可以依靠经济上分担和共享家庭风险,家庭的自我保障能力也就比较强④。随着我国家庭规模逐渐小型化,人口家庭结构呈现扁平化特征,家庭中可以共同分担风险的成员数量会减少,家庭将不得不更多地借助于保险产品将家庭风险从内部转移到外部,从而增加商业人身保险需求。因此,尽管关于家庭规模对于寿险需求影响的研究仍存在一定争议,但不可否认的是,人口家庭结构变化会对商业寿险市场产生举足轻重的影响,对传统寿险营销模式造成冲击,并在一定程度上推动了个险渠道的转型。

### (三)人口地域结构变化对个险渠道转型的影响

从人口地域结构看,随着城镇化进程的加快,我国的人口流动现象达到了新的高峰,人口城乡结构逐渐发生改变。第七次人口普查结果显示,我国流动人口数量为3.76亿人。人口加速流动所引发的人口地域结构变化,也与寿险市场发展及个险渠道转型产生关联。我们聚焦城镇化带来的人口流动,国内现有文献中关于城镇化影响寿险需求的结论较为一致。袁成(2017)认为城镇化的发展可以带动经济增长和居

---

① 左群,刘辉,刘素平,等.城市老年人精神虚弱相关影响因素[J].中国老年学杂志,2014,34(23):6743-6745.
② 张强,杨宜勇.商业养老保险参与的影响因素分析[J].华中农业大学学报(社会科学版),2017(05):138-143+150.
③ 钟春平,陈静,孙焕民.寿险需求及其影响因素研究:中国寿险需求为何低?[J].经济研究,2012,47(S1):148-160.
④ 樊纲治,王宏扬.家庭人口结构与家庭商业人身保险需求——基于中国家庭金融调查(CHFS)数据的实证研究[J].金融研究,2015(07):170-189.

民收入,刺激人身保险需求和消费①;杨汇潮等②(2014)、许闲等③(2016)都认为我国的城镇化促进了寿险业的发展。按照上文分析,寿险需求的变化势必会推动个险渠道的转型,从而我们可以认为,城镇化带来的人口地域结构变化会对个险渠道转型产生一定的影响,这种影响的统计显著性和经济显著性与否,还需要进一步研究。

## 第二节　内部因素

### 一、代理制度自身问题阻碍代理人效能释放

当前的保险代理人锐减、大进大出等问题首先与保险代理制度本身有着密切的关系。保险代理人制度是指根据保险公司委托,向保险公司收取代理手续费,并在保险公司授权范围内代为办理保险业务的单位和个人的一种规范制度。保险代理人既有单位,也有个人,以个人为主。保险代理人与保险公司之间,就是一种委托关系,只在业务上有"契约",需要登记,在人事关系上没有"契约",进出非常方便。我国于1980年开放寿险市场,为促进寿险市场迅速发展和满足庞大的保险需求,保险行业监管机构降低保险代理人的准入门槛,保险公司为了保险市场份额和公司业绩,利用人海战术而吸纳低质量的保险代理人,这种战术在寿险业发展初期颇见成效,但是随着保险市场的发展和居民保险意识的提高,保险代理人和保险购买者之间呈现不匹配状态;需求侧的变化引起商业寿险服务供给侧问题的集中爆发,委托代理制度自身存在的问题对寿险业的发展产生了负面影响。在考察委托代理制度自身问题时,主要采用法律和经济两个视角,具体表现如下。

#### (一)代理制度的法律问题

在分析委托代理问题时,由于其源泉是委托人与代理人双方签订的具有法律效力的委托代理合同,故而应当基于法律视角,在法律的范畴上明晰代理制度在我国寿险行业实际应用中存在的诸多问题。这些代理制度法律问题的存在,既是我国代理制度有待完善的体现,也是现阶段优化寿险营销、推动个险渠道转型的重要驱动因素。

正如前文问题分析中所述,我国寿险营销实践中,代理人实际在一定程度上受到来自寿险公司的员工制管理;同时,寿险公司也承担了一些雇主义务。甘春华(2015)认为,代理人与寿险公司之间的关系既非雇佣关系也非纯粹的委托代理关系,因而称之为"代理式雇佣关系"。他还指出,做出两者之间关系判断的依据是事实优先原则与从属性原则:"事实优先"是法律上判定劳动关系的国际通行做法,合同形式往往不

---

① 袁成,李茹.中国人口老龄化对人身保险消费的影响研究[J].中央财经大学学报,2017(09):22-31.
② 杨汇潮,江生忠.城镇化促进保险业发展研究——基于面板数据[J].保险研究,2014(08):82-92.
③ 许闲,丁墨海,王丹阳.城镇化进程和保险业发展的互动机制研究[J].保险研究,2016(03):18-31.

足以成为双方劳动关系判断的绝对依据,而要结合实际情况做出判断;从属性则是雇佣关系与其他法律关系的最本质区别,其包括人格从属性与经济从属性[①]。

从法律的角度上讲,学界认为保险行业"行为监管"的理念致使传统个人保险代理人存在身份困惑。刘浩然(2022)指出:在制度理念上需要实现"行为监管"到"营利保护"的转变,而现行立法在加强行为规范的同时,忽视了个人保险代理人在"营利保护"上的特殊诉求[②]。实践中,个人保险代理人无论是人格还是经济都严重依附于保险公司。王天玉(2016)在文章中提到,认定个体与组织之间法律关系(即是否为劳动关系)的关键是判断其人格从属性和经济从属性的强弱程度[③]。根据上文阐述,个人保险代理人对保险公司的从属性较强,甚至与保险公司内部员工之间并无实质差异。个人代理人难以跨越与保险公司事实上的从属性和待遇上的非员工化之间的"鸿沟",也就是说,他们受到了"行为监管"却没有享受同等的"营利保护"。

法律是建立健全委托代理制度体系的核心环节,当前,寿险营销的委托代理相关法律法规尚不完善,各方权责不够明晰,容易出现管理上的混乱,不利于形成规范有序的寿险市场环境。实现个险渠道转型的当务之急是进一步完善《劳动法》与《保险法》,明确各主体责任,保证我国寿险代理人相关制度在合法合规的轨道下运行。

### (二)代理制度的经济问题

委托代理问题在经济领域也有着广泛应用,是信息经济学的重要组成部分,长久以来一直受到经济学界的密切关注与广泛研究。委托代理问题中体现了深刻的经济学原理,蕴含着丰富的经济学思维。这是我们从经济学角度剖析代理制度自身问题对当下我国个险渠道转型内在影响的重要前提。

委托代理理论的中心任务是研究在利益相冲突和信息不对称的环境下,委托人通过最优契约的设计来达到激励代理人,实现经济利益最大化的目标。信息不对称是委托代理问题的前提与核心。张春霖(1995)指出,从信息不对称的角度,代理问题可以被分为两类:一类是逆向选择问题,契约的一方在订立契约的时候已经掌握了私人信息,即所谓的"事前"概念;另一类是道德风险问题,立约的一方在订立契约后才掌握私人信息,与之相对的是"事后"概念[④]。委托代理理论以委托人和代理人之间利益相互冲突且信息不对称这两个基本假设为前提。那么,信息不对称如何造成代理问题的出现?关于这一过程的内在机理,刘有贵等(2006)进行了如下解释:在委托代理关系中,委托人并不能直接观察到或被第三方证实代理人的努力工作程度,而代理人本身对这一信息了如指掌。同时,委托代理理论认为代理结果是与代理人努力水平直接相关的,且具有可观察性和可证实性。由于委托人无法知道代理人的努力水

---

[①] 甘春华,黄晓明.保险业"代理式雇佣关系"的潜在问题与规制策略——以中国人寿广州分公司为例[J].中国人力资源开发,2015(20):85-91+98.
[②] 刘浩然.从去组织化到再组织化:我国个人保险代理人制度重构[J/OL].金融发展研究,2022(09).
[③] 王天玉.经理雇佣合同与委任合同之分辨[J].中国法学,2016(03).
[④] 张春霖.存在道德风险的委托代理关系:理论分析及其应用中的问题[J].经济研究,1995(08):3-8.

平,代理人便可能利用自己拥有的信息优势,谋取自身利益最大化,从而可能产生代理问题[1]。以保险行业现实为例,个人代理人与保险公司是一种松散的经济利益关系,这就容易造成代理人缺乏工作责任感,也缺乏公司归属感和工作认同感,在展业过程中,受到短期利益的驱使,可能存在"逆向选择"和"道德风险"等信息不对称问题。

1. 逆向选择问题

当前,代理人增员快,素质良莠不齐,离职率高,致使某些保险代理人的短期行为诱发了"逆向选择"问题,严重损害了保险公司和客户的利益。

从代理人准入机制来看,保险代理人从业的准入门槛较低,客观上造成了大量学历不高、非专业的人涌向代理人领域,这些人缺乏专业知识,对保险条款也不了解,在开展保险业务时把保险等同于普通商品进行推销,有些甚至采取欺骗的方式推销,必然影响保险代理人乃至整个保险行业的整体形象。2015 年取消了《保险代理人资格证》考核,对代理人专业化程度也不再加设门槛,同时培训机制可能无法及时跟上,导致代理人队伍的整体素质普遍偏低。

从代理人退出机制来看,增员速度过快、培训制度跟不上必然导致离职率高。由于缺乏信用记录与行业记录,保险公司无法对那些以前实施过欺诈、欺骗行为的保险代理人实行有效监控,部分有过不良销售记录的代理人因监管不严格,在信息不对称的情况下甚至可以选择去其他保险公司继续从事保险销售,而销售行为并未得到改善。这种行为既败坏了行业的整体形象,又占据了保险代理人的就业资源,劣币驱逐良币,想正当从事代理人职业的人要进入市场往往受此影响。保险公司多采用个人代理人展业的方式,代理人本身处于食物链的底层,并没有真正意义上被视为公司的编制内员工,收入完全来自保险佣金。因此部分只着眼于眼前短期利益的代理人,为追求保费,吸纳了大量问题保单,对后期的服务带来了极大的挑战。扰乱市场的短期行为不利于保险代理业的长期发展,且导致整个社会对保险行业产生负面看法。

2. 道德风险问题

中国银保监会消费者权益保护局发布的《关于 2022 年第二季度保险消费投诉情况的通报》中显示:2022 年 2 季度涉及人身保险公司的保险消费投诉占比达 64.8%,此外,涉及销售纠纷的投诉占人身保险公司投诉总量的 50%以上。再结合之前季度、年份的相关数据,我们在某种程度上可以得出推断:当下我国寿险销售存在专业化水平较低的问题,寿险销售中违法违规行为频发导致其销售纠纷投诉量大。进一步考察这一现象的内在原因,由于寿险销售过程中存在信息非对称,在经济利益驱使下,寿险代理人有动机采取可能会对其他主体利益造成损害的行为,从而导致"道德风险"的发生。陈昊泽(2021)研究了日本寿险销售主体规制的过程与路径,在日本战后

---

[1] 刘有贵,蒋年云.委托代理理论述评[J].学术界,2006(01):69-78.

寿险业的发展历程中,也经历了寿险营销员"大进大出"的阶段,彼时日本寿险营销员同样存在专业素质低、收入稳定性差、职业认同度低等问题,造成寿险业运行的非效率,甚至产生严重的社会问题。特定的保险公司往往难以全盘掌握这些销售人员的情况,指导其开展业务能力则更加匮乏。然而,根据日本《保险业法》规定,保险公司具有体制整备义务,即寿险公司要为销售人员的销售误导行为承担责任,这导致保险公司与保险销售人之间利益失衡①。与之相似,我国《保险法》第127条也规定:代理人根据保险人(即保险公司)授权代为办理保险业务的行为,保险人承担责任,即如代理人无越权代理行为,在代理权限内代为办理保险业务而由此产生的法律后果(民事责任),保险人也应当承担责任。这一规定一定程度上分散了代理人误导销售行为带来的法律风险,降低了代理人的"机会成本",加剧了道德风险。

在现行的保险代理人制度下,代理人和所属的保险公司追求的利益从某种角度上是"对立"的:保险公司追求的是商业利益最大化,希望尽可能多地获得高保费、低赔付的保单;而代理人追求的是自身利益的最大化。正如前文所说,当作为委托方的公司利益和作为代理方的个人利益产生矛盾且代理人相对于保险公司具有一定信息优势的时候,道德风险就偶有发生。有些代理人为了让客户购买保单,费尽心思替客户隐瞒重要信息(需如实告知的某些情况),甚至在离开公司前将客户保费带走的情况。保险代理人和保险公司的利益取向不同,而从业务员本身来说,基于现行的制度,很难将"保险代理、保险营销"看成一种终身可以为之奋斗的事业,自身对事业的认可有限,从而从某个侧面激化了"道德风险"的出现。

## 二、寿险市场激烈竞争提升获客难度水平

当下寿险行业处于激烈的市场竞争环境中,寿险销售市场逐渐饱和,新市场开拓难度很大。友邦人寿江苏分公司个险渠道负责人指出:当下我国寿险市场开拓难度大,如惠民保、保险网销等市场竞争主体增多,可供消费者选择的产品也较以往更加具有多样性,这是当下寿险市场竞争激烈的表现之一。此外,各家寿险公司对险资接入养老社区建设逐步重视,寿险公司进入养老社区已经成为各大寿险公司市场竞争的重要领域。中国人寿代理人代表认为:各大险企都想参与养老社区建设,可能会导致市场的过度竞争。

获客能力与渠道是寿险销售的关键,但在趋于饱和的市场空间下,获客手段、客户群体以及获客成本等方面发生的变化使得获客难度大大增加,加剧了代理人的流失。

首先,新兴的线上保险营销渠道如互联网保险突破了线下渠道的时空限制,其兴起与蓬勃发展挤压了传统获客手段的生存空间,在新型冠状病毒感染疫情的推波助澜下,线下保险业务加剧萎缩,以往主要通过人情获客的传统代理人渠道受到严重挑战,保险营销线上化、保险服务功能数字化趋势日益凸显。编写组结合相关理论研

---

① 陈昊泽,何丽新.日本保险销售主体规制的改革与启示[J].现代日本经济,2021(06):38-51.

究,对问卷数据进行了简单的实证分析,得到了一些当前的寿险营销正在逐渐脱离以亲缘关系、地缘关系为纽带的传统关系营销的轨道的侧面证据。在编写组面向江苏省部分个险代理人发放的问卷中搜集了他们的籍贯地与工作地信息,数据精确到县级市。参考原东良(2021)、罗进辉(2017)等学者的研究,将收集到的籍贯地与工作地数据手工转化为经纬度(以所在地区行政中心的经纬度为标准),再根据公式计算出代理人籍贯地与工作地之间的经纬度距离[①②],构造异地工作连续变量。以异地工作变量为核心解释变量,以代理人收入水平作为被解释变量,加入年龄、性别、日均工作时长、拜访量等个人数据以及工作地当年 GDP 等宏观数据作为控制因素,形成初步的多元回归模型。在利用 Stata 进行分析后,我们发现异地工作对代理人收入的影响并不显著,即利用现有数据不能找到异地工作距离影响代理人收入的直接证据。若忽略模型设定偏误的影响,同时考虑如下逻辑:工作地与籍贯地距离越近,保险代理人越具有一种天然优势,即家乡的文化认同将大大降低代理人的销售难度,保险代理人的传统关系营销体系将更容易构建。在这一逻辑下,编写组分析的结果将从侧面反映出影响代理人收入水平的主要是其他因素(如教育水平),体现传统关系营销难度的异地工作指标对于代理人收入并没有直接的影响,换言之,传统关系营销对于代理人边际收入的贡献在个险渠道传统模式日渐式微的当下,已经不再具有关键影响力。这表明,以传统亲缘、地缘关系营销为主要发展手段的传统代理人渠道亟须顺应时代潮流,走向数字化转型之路。实现个险渠道的数字化转型就意味着要逐渐摆脱缘故市场的依赖,通过社交软件、自媒体等线上渠道实现引流获客,而这对于个人代理人的技术运用能力是一种挑战。

从当前的队伍结构来看,个险营销队伍整体仍呈低学历化和高龄化。针对江苏省内保险营销员的问卷结果显示,从年龄上看,省内保险营销员的年龄大致集中在30~55 岁。其中,营销员年龄最小的为 20 岁,最大的为 76 岁,平均年龄为 43.86 岁,中位数年龄为 44 岁。从教育背景上看,江苏省内保险营销员的学历水平以大专及以下为主,占到近八成。具体来看,高中及以下的保险营销员人数为 533 人,占到 43%;大专学历的营销员人数为 424 人,占到 34%;本科学历的营销员人数为 275 人,占到22%;硕士、博士学历的营销员仅有 19 人,占比 1%。要在现有团队基础上进行线上获客渠道的推广势必要开展相关培训,无形中增加了相应成本。编写组从省级层面寿险公司座谈会上了解到,太平人寿营销员整体学历水平偏低,本科及以上仅占15%,大专占比 24%,超六成业务员学历在高中及以下。从年龄看,26~35 岁的营销员占比 30.4%,36~45 岁的营销员占比 35.2%,45 岁以上的营销员占比 31.8%。从长期看,适度年轻化是必然趋势,但当前队伍结构还未达到理想配置要求。新华人寿

---

① 原东良,周建.地理距离对独立董事履职有效性的影响——基于监督和咨询职能的双重视角[J].经济与管理研究,2021,42(02):122-144.
② 罗进辉,黄泽悦,朱军.独立董事地理距离对公司代理成本的影响[J].中国工业经济,2017(08):100-119.

负责人也表示,江苏新华个险营销员队伍偏老龄化,同时学历层次较低,高中以下学历的营销员占比60%,兼职人力较多。随着保险数字化的不断深入,单一化与标准化程度高、件均保费低的简单保险产品业务或许将逐渐被互联网保险渠道取代,客户将直接通过网络自行投保。未来代理人渠道更具优势的领域,将是定制化程度高、件均保费高的复杂保险产品业务,这对代理人的专业性要求更高。此外,在传统的营销时代,客户对于保险的认知以及对保险产品条款的关注比较弱,更看重的是保险公司的大小或品牌的知名度。而如今保险的消费群体已经向80后、90后倾斜,这一群体普遍对保险的认知观念高,喜欢自主地从互联网上获取信息,不喜欢被保险代理人牵着鼻子走,这对代理人的综合能力提出了更高的要求。而新华保险现有业务员大部分是高中或大专学历的60后、70后群体,月均合格率不足20%,整体素质偏低。目前新华保险个险代理人的专业能力尚不足以应对新的挑战。在编写组制作并发放的全省保险营销员的问卷中,当被问及现阶段客户开拓的难题时,就有代理人提出互联网渠道抢占客户这一点(所占权重为0.44),此外缘故市场基本开发完了(所占权重为2.23),而陌生拜访拓客难(所占权重1.85)更加剧了这一难题。在中国人寿代理人专题座谈会上,中国人寿个险渠道负责人向编写组反映:在业务过程中,中国人寿也在大力推广数字化工具的使用,但在频繁更新以及实际操作流程中也使得工具的易用性降低,使许多代理人感到使用困难;50岁以上的代理人可以在观念、心态上接受新技术、新工具,但在操作上有难度。个险渠道数字化加剧了寿险代理人之间的业务竞争。

其次,客户群体及其需求的变化使得寿险获客竞争日趋激烈。随着营销队伍的不断扩容和壮大,今天的寿险市场走过荒蛮几经转型。保险消费者也进入客户主权时代,其发展逻辑已然转换:从保单拥有而言,"从0到1"到"从1到N",必然需要更理性专业的保险方案,更强调"保险规划",单纯的推销走不通了;从客户更深层次的需求来说,除了事故发生后的保险赔款,更需要日常高频的保险服务,深入客户生活的场景,尤其是在健康养老方面的多元诉求,更需要"长情的陪伴"。另一方面,随着经济社会发展和可支配收入增加,我国的中产阶级迅速崛起,中高净值客户占比大幅增加。有研究表明,2025年我国高净值人群(个人金融资产超过600万元)规模将超过300万人。中高净值客户群体大多受过良好的教育,是推动经济社会进步的中坚力量,他们有较强的保险意识和投资能力,具有高层次、多样化的保险需求。随着国内高净值客户的逐渐成熟与理性,其目标已经由"创造财富"转为"财富保障",保险作为一种成熟的财富传承工具,已经开始持续受到关注[1](范娟娟,2019)。对于寿险公司来说,识别并培育中高净值客户就意味着在激烈的获客竞争中占得先机。险企陆续开展的转型工作也一定程度上证实了这一点,太平洋人寿负责人在座谈会上表示,目前公司个险正在向职业化、长期牵引、客户经营方向转型。保险业正在进入"第二

---

[1] 范娟娟.变革时代背景下个险营销的发展趋势探讨[J].中国保险,2019(11):29-33.

曲线",传统粗放式增长模式已经走向尽头。我国保险市场前景仍然非常广阔,需求侧有三个不变:经济增长支撑力不变、家庭结构支撑力不变、保障需求旺盛态势不变。下一步个险转型方向有三大关键词:职业化、长期牵引、客户经营。职业化是代理人能够将客户运营、服务作为其职业,不仅仅意味着全职,还要确保代理人在这个职业中可以获得足够的收入。职业化的结果必然伴随着代理人数量的收缩与人均产能的成倍提升。客户经营是改革发力的关键,伴随着老龄化进程的不断加深,客户更希望获得个性化、覆盖生命周期的一整套"保险+健康"解决方案。长期牵引意味着要更加关注人力、关注产能、关注客户,用核心业绩指标的强化实现对寿险经营的长期牵引。太平人寿江苏省公司负责人也提出,保险公司发展一般经历五个阶段:跑马圈地,野蛮生长,存量搏杀,跨界融合,科技决胜。目前市场处于第三个阶段,同业间竞争趋于内卷化,想要获得破局发展必须处理好队伍、客户和服务(产品、增值服务等)之间的关系。客户经营可以分为三个阶段,依次是为客户提供产品、为客户提供服务、为客户创造价值。以客户为中心,就是做好客户流量和客户存量的组合,存量客户也是增量客户,根据客户分类做好获客、留客工作,做到个性化、精准服务。从普通客户到忠诚客户的过程是漫长的,但价值是最大的。未来高端客户群体因其出众的购买力和加保能力,对公司业务平台提升作用巨大,将是保险公司最激烈的战场。在传统保险营销模式和理念中,代理人的销售和服务相对固化,难以满足新时代消费者多样化、个性化的需求[1](严丹,2022)。保险产品作为一种非渴求的产品,代理人的专业知识、销售技能和道德品质对于建立稳定的客户关系形成良好的销售业绩具有非常重要的作用[2](费长江,2015)。然而,增强中高净值客户黏性难度很大,这些客户群体具有很强的获取信息的能力,他们往往掌握一定的保险知识,对市场变化相当敏感,对寿险公司来说其重点是以客户为中心,培养一种基于信任的长期稳定的客户关系,但这对寿险代理人的业务能力与专业素养提出了很高的要求,尤其对初入行业的新人来说更是巨大的压力。编写组对收集的省内保险营销员问卷调查结果进行分析后可以看出,在被问及转行原因时,在七个选项(① 收入不足;② 客户源不充足;③ 经验不足,竞争压力大;④ 自己对保代行业失去兴趣;⑤ 社会认同感、自我成就感低;⑥ 客户要求多,工作强度大;⑦ 不适应公司文化与环境)中,有部分代理人明确表示转行原因包括客户要求多、工作强度大(所占权重 0.72)以及经验不足、竞争压力大(所占权重为 1.04)。谈到客户开拓的难题时,在给出的 8 个选项(① 缘故市场基本开发完了;② 陌生拜访拓客难;③ 客户不愿转介绍;④ 专业知识储备不足;⑤ 互联网渠道抢占用户;⑥ 疫情影响客户收入导致购买意愿低;⑦ 政府提供普惠保险满足了基本的保险需求;⑧ 保险市场竞争激烈,保险产品趋同)中,代理人表示专业知识储备不足(权重为 0.70),无法满足顾客日益多样化的需求。更进一步地,我们在问卷中问

---

[1] 严丹.寿险企业营销人员培训存在的问题及优化对策探讨[J].企业改革与管理,2022(09):102-104.
[2] 费长江.保险代理人向综合金融理财顾问转型研究[J].经济视角(上旬刊),2015(01):28-30.

及了开发高净值客户时遇到的障碍,在 6 个选项(① 没有高净值客户;② 只有少数几个高净值客户,但很难进入他们的圈子进一步拓展;③ 专业能力不够,与高净值客户沟通难;④ 客户更愿意把钱投入其他领域;⑤ 同行竞争激烈;⑥ 产品不能精准满足客户需求)中,通过加权计算得出综合前三分别是:只有少数几个高净值客户,但很难进入他们的圈子进一步拓展(2.85);没有高净值客户(2.04);客户更愿意把钱投入其他领域(1.62)。后续依次是:专业能力不够,与高净值客户沟通难(1.48);同行竞争激烈(0.66);产品不能精准满足客户需求(0.46)。以上结果一定程度上反映出开发高净值客户人群的难度。

最后,寿险市场的激烈竞争还体现在产品同质化,已开拓市场趋于饱和。近年来,我国保险市场结构中垄断程度逐渐下降,竞争因素正在开始占据主要地位[①](邵全权,2015)。由于疫情冲击,传统的线下代理人展业模式遇到较大困难;各保险公司间的产品逐渐同质化,竞争更为激烈。从宏观数据上看,我国保险深度和保险密度与发达国家和地区相比仍有较大差距,产品同质化现状较为明显。长远来看,我国保险市场竞争可能会白热化,甚至发生过度竞争[②](张诗豪等,2021)。陈超(2017)也提出,当前国内保险市场还处于成长阶段,寿险市场产品同质化现象严重[③]。在编写组召开的省级寿险企业座谈会上,江苏新华人寿的负责人表示,"近年来,个险行业持续转型升级,产品数量不断增长,但同质化现状仍很严重,产品供给覆盖面不够广"。大家人寿的代表也指出"已开拓的寿险市场趋于饱和,开拓新市场难度很大,成本较高且容错率低;大量客户集中在少部分险企及其代理人下,市场竞争激烈"。在 A 公司专题座谈会上,代理人普遍表示现阶段存在市场竞争问题,客户数量远不足以满足业务员的业绩要求,存在行业内卷。从编写组回收整理的问卷结果中也可以看出,在"客户池客户数量"和"拜访客户保单成交率"两个数据中,总体来看,调研的省内保险营销员客户池中客户数量呈现出明显的两极分化格局,既有营销员客户池中的客户数量能达到 300 位以上,也有营销员客户池中的客户数量不足 20 人。客户池中客户数量最集中的区间是 20~50 位,有 23.5%的保险营销员客户池中拥有 20~50 位客户。剩余的依次是 300 位以上,占比 22.6%;51~100 位,占比 17.0%;101~200 位,占比 15.7%;20 位以下,占比 12.9%;201~300 位,占比 8.2%。同时,总体来看,拜访客户保单成交率不高。25.7%的省内保险营销员的保单成交率介于 5%~10%,20.9%的营销员保单成交率位于 5%以下,17.9%的营销员保单成交率介于 10%~20%,13.3%的营销员保单成交率介于 20%~30%,13%的营销员保单成交率介于 30%~50%,只有 9.1%的营销员的保单成交率在 50%以上,一定程度上反映出省内代理人

---

① 邵全权.保险业市场结构、产寿险结构对"保险—经济增长"系统的影响[J].保险研究,2015(12):3-20.
② 张诗豪,赵桂芹.产品竞争压力与财务不稳定性——来自我国寿险公司的经验证据[J].保险研究,2021(03):14-31.
③ 陈超.基于客户细分的寿险公司差异化营销策略研究——以 A 寿险贵州分公司为例[J].时代金融,2017(05):274+276.

面临的市场竞争难题。

此外,近年来,银保监会对保险公司的监管力度也在不断提升,特别是对保险代理人的行为监管持续加码,这对代理人群体展业也会产生不小的影响。一些原本就行为不太规范的保险代理人,将无法再适应新的监管要求,无法拓展业务,也就只能知难而退选择从事其他行业,从而一定程度上造成了现有模式上代理人脱落率高、留存率低的现状。

**三、行业考核监管趋严提升代理展业难度**

清华大学五道口金融学院中国保险与养老金研究中心研究总监朱俊生在接受新闻采访时表示,导致代理人队伍下滑的原因主要有两个:一方面是个险新单保费在下降。在保险代理人的佣金收入组成中,新单的佣金收入所占的比重很高。这就意味着,代理人必须要有足够的新单业务才会拿到很高的收入,可是个险新单保费在下降,这就导致了保险代理人的收入也在下滑。另一方面,保险公司的考核标准也在提高。保险公司对代理人的考核要求,使得一些完不成业绩的代理人出现收入下滑的情况。此外,疫情的影响、渠道之间的竞争、消费者习惯的改变等因素的存在,让代理人的生存环境变得更为艰难,变相地推动了代理人的数量下降。根据朱俊生所说,我国近年来趋严的考核监管加速了保险代理人队伍缩减。

过去,我国对保险代理人的外部监管不足,保险代理人的法律地位不足。2015年新《保险法》取消保险销售(代理)、保险经纪从业人员资格核准事项,原保监会取消了保险代理人资格考试和审批,保险业务员准入门槛的设置权由监管层下放到了各家保险公司。代理人准入门槛的大幅降低,刺激了代理人规模的爆发式增长,从2015年的471万人,以每年增加约100万人的速度,达到2019年年末的近千万人。同时,我国保险营销员的法律定位一直是雇佣关系与委托代理关系兼具的混合性质的关系[①]。一方面,同雇佣关系相比,我国保险营销员不受劳动法保护,弱化了保险公司或者保险代理公司作为雇主在劳动保护上的义务。保险公司从自身利益最大化的角度出发,支付较低的底薪,不承担营销员的社会保障费用,并采用与业绩直接关联的佣金作为营销员的主要收入来源,保险公司呈现大增员、低培训的倾向。另一方面,与委托代理关系相比,保险营销员缺少法律地位上的独立性,在展业时受到保险公司的管理,缺少来自外部的监管,更容易由业绩导向做出违法违规的行为。这种制度导致保险营销员队伍稳定性不足,流动性强,保险营销员易为了获取高收入而做出违法违规行为。

在我国保险行业中,对保险代理人的监督主要依靠保险公司的内部管理实现。保险公司制定基本法和相关的公司规章制度,来约束保险代理人从业过程中的行为,保证其操作的合规性。然而,如前文所分析,由保险公司主导保险代理人的监督存在一定的局限:首先,这种监督形式与代理制度本身具有冲突,代理制度下保险代理人

---

① 田雨薇. 从保险营销员的身份定位看我国寿险市场监管问题[J]. 劳动保障世界, 2020, (03):67-68.

的具体从业方式,保险公司无权干涉,然而在我国,实际情况则是保险公司在代理人日常管理、行为监督方面具有很大的影响力。其次,保险公司对代理人的监督需要在超出代理制度范围与加强监督效能之间做出权衡,但是,保险公司不会主动抉择,也没有在规范的代理制度下运营的激励。因此,对委托代理制度进行规范、将保险公司监督代理人的"权力"限制在严格的制度边界内是制度制定者更需要重点考虑的问题。另外,我国暂时还没有形成成熟的组织较为严密的代理人自律组织监督来逐步取代保险公司超出代理制度边界的某些监督管理行为,监督机制不够完善、效能不高。最后,保险公司虽然对保险代理人承担一定的监督连带责任,但在实际业务中,保险代理人直接接触投保人,相比于保险公司能够更准确而全面地掌握投保人和被保险人的信息,在保险公司和保险营销员之间产生的信息不对称,使得保险营销员的短期行为更易逃脱保险公司的监控。

此外,保险市场中的信息不对称问题会在一定程度上造成保险消费者的弱势地位。保险条款相较于银行储蓄,其专业术语更多且条款更加复杂,因而信息不对称问题更趋严重。普通消费者往往缺乏丰富的保险知识,难以准确评估保险产品的优劣、定价是否合理以及保险人与投保人的权利义务是否公平等问题,自身利益容易受到侵害。随着金融创新的发展,信息不对称问题进一步加剧,普通消费者更容易做出非理性决策。

上述种种原因导致了:第一,在传统的"人海战术"模式下,许多寿险公司简单追求队伍数量,忽视专业能力培训和有效育成,这也导致代理人队伍良莠不齐。第二,大部分代理人为了实现业绩目标,先给自己投保,再给家人朋友投保,或者代理人之间互相投保,之后难以为继,这导致保险公司自保单与互保单占比畸高,为后续发展埋下隐患。第三,相当一部分代理人为了延长职业寿命,不惜虚假宣传、夸大宣传、隐瞒条款,误导客户购买不适合自身情况的保险,极大地损害了保险业的形象。第四,大部分保险公司营销激励机制短期化,促使保险代理人只注重短期业绩,出现"重销售、轻售后"行为,为了达成业绩采取种种不合规手段。第五,近年有保险退保被不法组织利用,催生出"代理退保"黑产,这也是由于监管不完善造成的。"代理退保"的主要手段有:招募离职保险营销员获取保险客户信息,主动联系客户告知可进行"代理退保";将人员安插进保险公司,在销售中故意违规销售,在赚取销售佣金离职后联系客户退保,获得退保佣金;假借保险公司售后服务人员甚至监管机构联系客户退保等。

保险监管的实质是在既定约束条件下配置监管资源,为达到某种预期目标,而做出的监管法规、监管组织机构、监管内容和监管方式等方面的制度安排。保险监管不力时将会对企业的发展质量产生影响。古朴、翟士运(2020)研究发现,监管不确定性较高时,企业的应计盈余管理和真实盈余管理都显著增加,盈余质量随之下降,具体而言,证监会换届产生的监管政策不确定性和监管力度下降是影响企业盈余质量的主要原因;外部监管这一治理机制存在不足时,其他治理机制的作用得以凸显,完善的内控体系、良好的审计质量有助于缓解监管不确定性对盈余质量的负面影响①。政府介入可以纠正保险市场失灵。英国经济学家泰勒提出的"双峰"理论认为,金融监管着重于两大目标,即系统稳定(审慎监管)和消费者权益保护(行为监管)。审慎监管关注金融机构安全和健康发展,对有可能危害金融安全的机构进行监管和处罚;行为监管着眼于保护消费者,保持市场公正和透明,维持金融消费者信心,强调"问题导向"的监管实践,采取"前瞻式"干预手段②。

在这样的情况下,监管部门出手整治乱象,持续加大对保险代理人的监管力度。2019年,银保监会下发了《关于开展保险专业中介机构从业人员执业登记数据清核工作的通知》,明确针对保险专业中介机构的从业人员开展执业登记数据清核整顿工作,要求中介机构从人员清虚、隶属归位、信息补全、加强维护四个方面进行自查和整顿。2020年,银保监会发布《关于落实保险公司主体责任 加强保险销售人员管理的通知》,提出建立健全销售人员管理制度,形成层层有责、层层负责、事事明责的工作机制,全方位、全流程加强销售人员管理;公司法人承担管理主责,坚持责任落实主抓法人机构,责任追究首问法人机构;严格招录管理,杜绝销售人员"带病"入岗;严格培训管理,持续提升销售人员职业素养;严格资质管理和从业管理,建设销售人员销售能力分级体系和诚信体系。2021年,银保监会下发《关于提供佣金制度有关材料的函》,全面了解人身险行业佣金制度设计情况,摸清营销体制风险底数,明确人身险行业佣金制度改革方向。银保监会发布《关于深入开展人身保险市场乱象治理专项工作的通知》,严厉打击销售虚假失当、人员虚假失信、数据虚假失真、管理虚设失控等行为。2022年,银保监会下发《人身保险销售行为管理办法(征求意见稿)》,规定自保件和互保件不纳入考核,任何人不能代办退保。银保监会进一步提出《保险销售行为管理办法(征求意见稿)》,对保险销售前、保险销售中及保险销售后的行为规则做出严格规定,明确所有保险产品、保险代理人均须进行分级管理。中国保险行业协会研究形成《保险销售从业人员销售能力资质分级体系建设规划》,根据销售人员职业活动内容,区分产寿险专业方向,对其理论知识和专业技能提出综合性水平规范,形成全行业统一公认、共同执行的销售能力资质分级标准;原则上将销售能力资质由低到高划分为四个等级,第一、第二、第三等级仅为保险产品销售能力资质,第四等级为保险产品及相关非保险金融产品销售能力资质。

各保险公司也纷纷加强了对保险代理人的考核监管力度。一方面,执行监管部门提出的清除"三虚"(虚假人力、虚假保单、虚假架构)的要求,强化退保率及继续率的管理;修改基本法,将利益分配与长期业绩挂钩;强调提高队伍产能,加强对保险代理人的培训,完善培训体系。另一方面,执行行业监管规定,对所属保险销售人员进行分级;运用数字化手段,对保险代理人作业进行全流程监管。比如,太平保险已推

---

① 古朴,翟士运.监管不确定性与企业盈余质量——基于证监会换届的准自然实验[J].管理世界,2020,36(12):186-202.
② 廖岷.银行业行为监管的国际经验、法理基础与现实挑战[J].上海金融,2012,(03):61-65+118.

出"智能双录"系统,根据投保信息,辅以"人脸识别""图像处理""语音播报"和"语音识别"等技术手段,把复杂的双录流程划分成一个个简单的、仅数十秒的权益告知环节。

内外部趋严的考核与监管限制了代理人种种不当销售行为,对代理人的能力提出了更高的要求,提升了代理人的展业难度,短期内导致了大量低产能代理人脱落。不过,长期来看,严考核与严监管对于保险行业的发展利远大于弊。

# 第六章 国内外保险个人代理人渠道先进模式与经验借鉴

本章将对国内外个险渠道的先进模式进行系统性梳理与总结,并从中吸取经验借鉴,旨在为本书最后一部分转型路径相关建议对策的提出提供重要依据。本章分为国内个险渠道转型探索与经验总结、国外个险渠道先进模式与经验借鉴以及其他具有参考意义的国外个险渠道转型实践三个部分:第一节展示了国内具有代表意义的个险渠道转型探索,以案例分析的形式分别总结了大型国有企业、中小型寿险企业及外资寿险公司进行的各具特色的转型尝试,同时对我国台湾地区的个险渠道模式予以重点分析;第二节对具有典型意义的国外个险渠道先进模式进行了梳理,其中美国、英国、日本的个险渠道模式最具代表性;第三节选取德国的独立代理人模式和韩国的行业自律模式进行案例研究,德国与韩国的寿险市场较为发达,分别在欧洲大陆与东亚地区有一定的代表性。二者模式虽与美、英、日的典型模式具有一定的共性,但其中仍有部分有益实践可以为本书的个险渠道转型路径探索提供经验借鉴。为了使研究的体系更加完整、内容更加丰富、逻辑更加严密,故而对其进行分析。综上形成了本章的整体架构。

## 第一节 国内个险渠道转型探索与经验总结

与国外发达保险市场相比,我国保险市场的发展还不成熟,现阶段保险个人代理人渠道还面临极大的挑战。国外市场经过多年发展形成了相对稳定的体系架构,而国内也已经有寿险企业开始探索转型发展路径,其成功模式对本研究具有一定的现实指导意义。现将国内寿险公司按一定标准划分为大型寿险公司、中小型寿险公司和外资寿险公司,并分别进行总结梳理。

### 一、大型寿险公司

#### (一)中国人寿——"鼎新工程"

1. 公司介绍

中国人寿保险股份有限公司(China Life Insurance Company Limited)是国内寿险行业的龙头企业,注册资本282.65亿元人民币,于2003年6月30日在北京注册成立,并于2003年12月17日及18日分别在美国纽约和中国香港两地上市。作为《财富》世界500强和世界品牌500强企业——中国人寿保险(集团)公司的核心成员,公司以悠久的历史、雄厚的实力、专业领先的竞争优势及世界知名的品牌认可度赢得了最广泛的社会信赖,始终占据着国内保险市场领导者的地位,被誉为我国保险业的"中流砥柱"。

中国人寿保险(集团)公司及其子公司构成了我国最大的国有金融保险集团,也是我国资本市场重要的机构投资者。其业务范围全面涵盖寿险、财险、企业和职业年金、银行、基金、资产管理、财富管理、实业投资、海外业务等多个领域。中国人寿集团2021年合并营业收入超1万亿元,合并总资产突破5.7万亿元,合并管理第三方资产超2万亿元。① 2021年,中国人寿集团位列世界品牌实验室"世界品牌500强"排行榜第99位,品牌价值高达4 366.72亿元,在我国金融保险行业中蝉联第一②。2021年中国人寿集团位列《财富》世界500强第32位③、世界品牌实验室"中国500最具价值品牌"第5位④。

作为中国人寿保险(集团)公司的核心成员单位,截至2021年12月31日,中国人寿保险股份有限公司总资产规模达48 910.85亿元,较2020年年底增长15.0%。2021年,公司实现保费收入6 183.27亿元,内含价值达12 030.08亿元,居行业首位,规模价值持续保持行业领先。核心偿付能力充足率和综合偿付能力充足率分别达253.70%、262.41%,偿付能力保持较高水平。公司的投资运作高度专业化,是国内大型机构投资者之一,并通过控股的中国人寿资产管理有限公司成为我国领先的保险资产管理者。截至2021年12月31日,公司投资资产达人民币47 168.29亿元,较2020年年底增长15.1%。2021年,公司始终保持战略定力,强化以资产负债管理为引领,坚定执行中长期战略资产配置规划,围绕投资价值链,持续优化配置管理。截至2021年12月31日,公司实现总投资收益2 140.57亿元,同比增长7.8%;总投资收益率达4.98%。

中国人寿一直致力于打造世界一流的金融保险品牌,通过长期持续的品牌建设,跻身世界知名品牌行列,品牌价值和品牌影响力不断提升。截至2021年12月31日,中国人寿品牌连续15年入选世界品牌实验室(World Brand Lab)发布的《世界品牌500强》,位列第99位,并蝉联世界品牌实验室"2021年(第十八届)中国500最具价值品牌",位列第5名,品牌价值达人民币4 366.72亿元,比2020年上升了208.11亿元。⑤

---

① 资料来源:中国证券报,2022-1-29。
② 资料来源:澎湃网.首次迈进前百!中国人寿位列世界品牌500强第99位.2021-12-09。
③ 资料来源:财富500强公司情报中心.2021年世界500强排行榜.http://www.caifuzhongwen.com/fortune500/paiming/global500/2021_%E4%B8%96%E7%95%8C500%E5%BC%BA.htm? c=&i=.
④ 资料来源:世界品牌大会.2021年《中国500最具价值品牌》排行榜.https://brand.icxo.com/brandmeeting/2021china500/brand/brand1.htm.
⑤ 资料来源:中国人寿保险股份有限公司官网 https://www.e-chinalife.com/xxpl/gywm/gsjs/.

2. 转型探索

(1) 队伍建设。

在"鼎新工程"中,中国人寿通过组织架构调整对诸多部门进行了职能优化。其个险部门由原来的一个部门拓展为六个部门,包括营销发展部、收展发展部、个险企划部、个险运营部、个险培训部和综合金融部。此外,中国人寿将销售转型作为公司转型的首要任务,坚定推进销售团队的管理模式转型。2022年其个险代理人队伍目标是"稳量提质",并将未来的重点放在队伍质量提升上。主要措施有:聚焦制度优化,进行基本法改革,优化资源投入结构,提升队伍的竞争力和驱动力;聚焦专业精英,加速入口端、增育竞留等环节的优化和完善;聚焦优增优育,育存不断地提高,增员方面着力招募和培养优秀人才等。

中国人寿还格外注重对顶尖人才的表彰,建立了"国寿名人堂"。"国寿名人堂"是由中国人寿寿险公司建立的个险渠道至高荣誉殿堂,用以表彰多年来从事个险营销事业,在客户服务、业绩经营、助力公司高质量发展方面做出卓越贡献、在公司及行业内起到标杆引领作用的销售模范精英。2018至2022年,经过层层严格筛选,共计有4名销售精英入选"国寿名人堂"。

为推动个险销售队伍转型,中国人寿发布了队伍建设的4.0体系。4.0体系围绕"走职业化发展之路,做新时代国寿企业家"的文化理念,以制度经营为核心,以主管培育为引擎,以有效新增为基础,以新人育成为保障。相比于2017年的3.0体系,4.0体系在关键岗位人员培训体系、基层落地、制式化课程实战性、重新界定新代理人支持人群等方面做了改善。4.0体系全面推广后,中国人寿实现了业务的正向增长,2021年,中国人寿寿险公司的原保费收入同比增速为1.16%。

(2) 科技赋能。

中国人寿正全力贯彻落实"重振国寿"战略,以双心双聚为战略内核,以市场为经营重点,围绕生产单元、客户、产品、服务等基本要素,深入推进数字化转型,推动公司高质量发展。

① EAC数字化模型。

中国人寿科技建设围绕"双心双聚"战略内核提出并落地了EAC数字化模型(见图6.1),初步建成了数字化转型的基础布局,将科技贯穿公司日常经营活动的全过程。服务生态(E)是服务供给方。聚焦客户的保障场景需求,有效整合相关内、外部资源,借助数字平台直接向服务前端供给保险生态服务。服务前端(A)是销售人员和营销网点的综合体。销售人员通过公司供给的综合服务与客户建立强连接,并围绕应用场景和客户需求,灵活组合定制化产品,满足客户个性化保障需要。客户(C)是公司生存发展的源泉,是平台成败的决定因素。通过社交化方式,引导并迁移客户至线上数字平台,使其与销售人员的交互活跃起来,并从公司整体的视角,整合客户资源和服务,为客户带来极致的全方位服务体验。

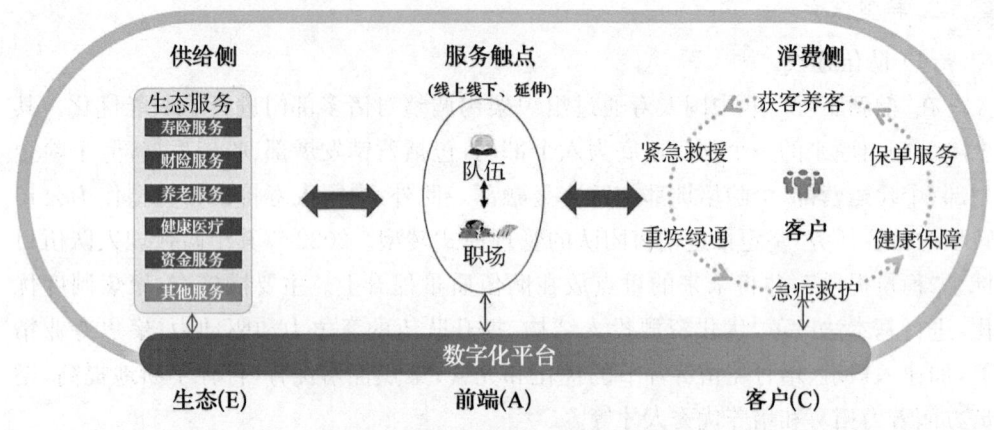

**图 6.1　中国人寿 EAC 数字化模型**

②共享作业模式①。

过去几年,中国人寿逐步实现了各个领域运营的省级集中。但是,随着时代发展,省级集中模式渐渐出现了不能适应高质量运营发展的瓶颈,具体表现为无法彻底解决各单位运营作业人均产能差异较大、作业标准不尽统一、资源利用不够充分、不同时段忙闲不均、作业量波峰波谷明显等问题,服务的效率和效能仍有较大的提升空间。

中国人寿通过一套全新的共享作业模式解决了上述难题。共享作业模式是以作业人员和任务的数字化画像为基础,基于算法智能调配全国待处理的任务,实现运营人力由省间分用到全国统用、作业范围由省内业务到全国业务,将各省本部现有运营在岗人力相对"闲置"的时间集中起来并充分利用。设立共享服务中心(运营板块),代表全国总中心开展集中、有序的共享作业生产组织管理,达到运营人力资源利用最大化。

共享作业模式可以将部分机构当下过多的保险服务任务向当前作业量较少的区域、人员分流,调整机构间不同时段的作业压力,提升服务办理的响应速度,并满足寿险运营服务数字化转型的三大关键连接:一是多触点连接客户,为客户提供一站式、综合化服务;二是多机构数据互联,在充分保障客户隐私和数据安全的前提下,为客户带来简捷快速的保单服务体验;三是多作业人员任务互联,智能调配作业人员待处理任务负载,为客户服务按下"快进键"。共享作业模式为客户服务带来了两大变化:一是客户在全国各地获得的服务品质如一,不同地域客户均可享受相同的高品质服务;二是客户满意度升级,办理保单服务时显著减少了等待时间。同时,共享作业模式还让全集团各成员单位间实现了互联互通,在任务智能调度的过程中做到无缝对接;让客户实现了"电话只拨一次,需求只说一次"的诉求,大幅提升了客户体验。

---

① 中国人寿.国寿寿险:共享作业新模式让服务更高效.2022－09－05.https://www.e-chinalife.com/c/2022－09－05/529033.shtml.

③ 其他举措。

此外,中国人寿还打造了开放共享的保险数字生态圈,接入各类生态应用千余个,与 200 余个地市机构医院进行数据对接,理赔直付实时结算服务客户 1 500 余万人次,赔付金额近百亿元;中国人寿基于云计算理念规划实现了完整的"大后台＋小前端"IT 布局,打造可靠度高、易拓展的 IT 后台与全天候、不间断的互联网,通过移动化、智能化的终端设备,面向客户提供 7×24 小时的 IT 服务;中国人寿还设计了全程无纸化签约平台"e 增员",拓宽销售人员线上增员入口,提高签约环节中各方使用体验,降低销售新人签约中的成本及风险。

(3) 健康养老。

中国人寿的"健康养老"建立在对看护、医疗服务、社会养老等以医疗健康管理和多层次健康养老服务为驱动的完整产业链之上。近年来,中国人寿不断加大商业健康保险产品供给。在丰富健康保险产品体系方面,依托人身险专业经营优势,建立了丰富多元、长短搭配的健康保险产品体系,包括面向个人客户的"国寿福""尊享福""康宁保""康悦"系列产品,面向政府和企业客户的大病保险、长期护理保险、补充医疗保险、计生保险、老龄保险、小额保险、员工福利等系列产品。中国人寿还在集团"大健康"战略框架和强大科技投入下,构建了覆盖全生命周期的健康服务体系。截至 2022 年 6 月底,"国寿大健康"平台已对接提供了 100 余个健康服务项目,面向中国人寿个人、团体客户提供多样化健康服务,持续探索"保险保障＋健康服务"的模式创新。

此外,中国人寿还致力于打造"机构＋社区＋居家"服务体系。其依托 200 亿元规模的"大养老基金",投资打造了国寿嘉园·乐境(天津)、国寿嘉园·雅境(苏州)、国寿嘉园·逸境(三亚)、乐城馨苑康养中心(博鳌)等高品质养老社区,以及位于深圳的普惠型社区居家养老项目国寿·福保社区颐康之家、国寿·康欣社区颐康之家、国寿·盐田区悦享中心、悠享家健康护老中心等,提供机构养老、社区养老及居家上门服务等多层次养老服务,此类以"日常关怀＋专业康养"为主的新型服务广受欢迎。近年来,保险行业积极布局"保险＋医养"市场,中国人寿也深度参与其中。以医疗健康行业全产业链投资为例,中国人寿设立了 500 亿元大健康基金,围绕促进高端医疗装备自主可控、助力提升医药产业链供应链安全性等强化投资布局,先后投资了联影医疗、迈瑞医疗、药明康德、百奥赛图等 50 余个项目。通过整合健康管理、医疗医院等服务资源,更好地满足了全社会健康管理需要。

"十四五"期间,国家提出将建设 15 分钟养老服务圈,健全居家、社区、机构相协调的照护服务体系。未来,"养老圈"将在社区、家庭的基础上,向外延伸至服务业。中国人寿已开始在线下打造"长者服务特色网点",设置地贴指引、老年客户阅读角、爱心服务窗口、爱心专座、防诈专题宣传区等便利设施,为老年客户提供优先叫号、现金通道、专属陪同等尊享服务。

为满足社会日益增长的专业养老护理人才需求,中国人寿充分发挥集团旗下保险职业学院教育培训优势,已设立专门学院培育专业护理、老年服务与管理人才,同时与开设老年健康护理专业的高校加强合作,为未来的养老产业提供更多储备人才。①

3. 经验借鉴

保险业高质量发展的拐点,取决于险企如何统筹好线上与线下的有机结合,如何统筹好老客户的留存与新客户的开拓、新业务的开拓与续期业务的巩固,如何在努力优化升级老的经营模式的同时,积极培育新的经营模式。中国人寿用行动为上述问题寻找答案,为个险转型方案提供借鉴。

(1) 推动代理人队伍高质量转型。

目前我国保险市场正处于从粗放型发展向高质量发展的转型过渡时期,想要实现突破必须提高队伍产能,个险代理人队伍高质量转型是大势所趋。中国人寿正在进行的队伍4.0体系,顺应了整个市场的变化和高质量发展要求。代理人队伍的高质量转型具体可从以下几个方面展开:在增员方面,需要不断提高人员队伍招募和甄选标准。在实际工作中,需要不断"压实"队伍质量,以专业化、职业化、数字化为标准建设队伍。此外,需要更加注重队伍结构,而非关注人力规模。在队伍功能上,细分营销渠道和收展渠道。利用营销渠道进行新客户与新市场的开发,利用收展渠道对之前积累的大量存量客户进行进一步的发掘,发挥自身底蕴优势。

(2) 打造一体化数字化平台。

传统的运营模式已呈现种种问题,比如作业标准不统一、资源利用不充分、作业量分布明显不均等问题,想要实现高质量运营模式的突破,有必要采取数字化手段对公司资源进行有效整合。在实现线上与线下的有机结合上,中国人寿数字化转型成效显著。未来行业可借鉴中国人寿的数字化转型手段,搭建全面开放的数字化平台,通过"平台+服务"的方式,面向用户推出组件化、插件式专业服务模块,贴近市场应用场景灵活组合并高效投放各类"轻"应用;使用AI智能模型推荐高价值客户,创新展业形式,促进销售更加智能、精准和便捷;搭建一体化的云平台,实现公司各部门之间信息传达的畅通以及共享作业模式的统筹管理,提高服务效率和效能,真正做到让客户的诉求只用叙述一遍。

(3) 推进"健康+养老"服务模式。

未来,为了贯彻落实健康中国战略,更好地服务医疗保障制度改革和多层次多支柱养老保险体系建设,大健康大养老是一个战略方向。对于寿险企业而言,要推进金融保险产品与健康养老服务深度融合,推进养老产业布局,大力打造以医疗健康管理和多层次养老服务为驱动的完整产业链,以健康管理、医养康养服务为核心的健康养老服务体系。在养老方面,从机构养老、社区养老、居家养老等方面探索普惠养老可

---

① 资料来源:从"中国人寿样本"看未来养老[N].环球时报,2022-11-03.https://mp.weixin.qq.com/s/TuD1VIKhiB7f4Gd5aWRtPw.

持续发展模式,设立高品质养老社区或康养中心,为客户提供生活照料融合健康关怀的新型养老服务。在健康方面,整合健康管理、医疗、医药、医院等服务资源,提供覆盖全生命周期的健康服务体系,满足社会健康管理需求。

### (二) 太平人寿——"保险＋社区"与"三高队伍"

1. 公司介绍

太平人寿保险有限公司(以下简称"太平人寿")隶属于中国太平保险集团有限责任公司(以下简称"中国太平"),公司总部设在上海,是国内中大型寿险企业之一。中国太平是管理总部设在香港的中管金融企业,已连续五年入选《财富》世界500强。"十四五"时期,中国太平立足新发展阶段,贯彻新发展理念,服务构建新发展格局,按照"央企情怀、客户至上、创新引领、价值导向"的总体要求,积极服务国家战略和民生保障,促进"双循环",维护"一国两制"和港澳长期繁荣稳定,践行"共享太平"发展理念,开启高质量发展新篇章,努力打造我国保险业最具价值成长的国际化现代金融保险集团。

依托集团综合性、多元化经营平台,太平人寿不断拓宽个人代理、银邮代理、服务拓展、电话销售、网络销售与经纪代理等服务渠道与方式,提供涵盖人寿、意外、健康、年金等多种类型的保险产品,同时公司积极推动"医康养"生态圈建设,为客户提供周全的保险保障和一站式、一揽子金融保险服务。截至2022年6月,太平人寿注册资本100.3亿元,总资产超9 200亿元,期末有效保险金额超330 000亿元。服务网络基本覆盖全国,已开设包括38家分公司在内的1 400余家机构,累计服务客户超6 600万人,支付理赔款和生存金总额超1 600亿元。2022年,惠誉国际连续第七年对太平人寿做出"A＋"(强劲)财务实力评级,展望为"稳定"。同时,在最新公布的保险行业监管评价结果中,太平人寿的法人机构经营评价获A级。

在业务发展上,太平人寿始终坚持以客户为中心、高质量发展的经营思路,坚持品质管理,推动业务价值和规模的协同发展。针对客户差异化、个性化的保障需求,推出一系列保险产品,通过产品的组合与迭代,基本形成覆盖客户全生命周期的产品体系和保障方案。

在产业布局上,太平人寿充分利用资源优势,推动健康管理、养老产业两大领域的"齐头并进"——构建以"乐享太平"为核心的医疗健康综合服务平台,借力优质医康资源,深化"保险＋服务"业务模式;打造"乐享养老"养老服务品牌,通过"自建＋第三方合作"建立太平多维度养老服务体系,轻重并举养老服务布局全国。太平人寿以一流的管理标准和服务流程,打造"保险＋医康养"全产业生态链,提供卓越客户体验。

在创新驱动上,太平人寿依托多年积累的线下优势持续发力,在数字化转型方面逐渐形成了以提升客户体验和管理效率为根本出发点,前后端有效联动,线上线下一体,产品、队伍、客户和场景高度联结,业务运行、营销推动、客户服务和科技应用深度融合的发展模式。

作为中国太平成员公司，太平人寿积极参加国家重大战略实施，提升服务民生质效，将"共享太平"的理念转化为社会责任，推进税优健康、税延养老业务，参与教育医疗、健康环保、乡村振兴、灾害救助等公益项目，在赢得客户、员工与社会支持的同时，提升品牌形象和企业声誉。①

2. 转型探索

太平人寿实施以高端客户、高产能队伍、高客平台为核心的"新三高"战略，重培训、重服务、重产能，以贴心服务客户为中心、提升队伍收入为目的，围绕社区件推动打造专业化运作体系。

（1）建设"三高队伍"。

太平人寿获得持续稳健增长与其长期坚持发展"高素质、高品质、高绩效"的"三高"队伍息息相关。从 2018 年的"双轮驱动"、2019 年"产能驱动"，到 2020 年"5G 经理人计划"，再到 2021 年"犇"计划，太平人寿通过精准化分层次的人才培养策略，切实促进了人才队伍高质量发展。

为进一步践行新"三高"，2022 年，太平人寿重磅推出"虓计划"人才招募企划案，并为绩优新人配备了一套较为完整、系统的长期可持续成长路径规划。针对此次"虓计划"新人，太平人寿将从津贴、产品、培育及晋升等方面对新人提供更大力度的支持。其中，保证新人收入是此次计划的重要方向之一。太平人寿将给予新人最长四个月的政策支持，以便帮助新人在入司初期顺利实现行业转型乃至快速提升。在培训方面，除了坚持三次面试的严格筛选，太平人寿还将从全系统中筛选优秀讲师进行岗前入职培训，整合线上线下优质资源，配套展业手册、专业化销售流程示范视频等工具，打造以专业化销售流程为核心的新人培养体系，提升新人技能，促进长期发展。

太平人寿"高质量业务发展战略"中的核心项目"山海计划"已经先行落地，该项目的核心就在于队伍的增量提质，主要方向是扩团队、提技能、抓赋能。人力发展方面，重点在于以下几个方面：一是"抓两头、带中间"。具体而言，一头是抓绩优、抓高级主管，通过强化家族办公室、1929 俱乐部、养老社区等高客资源运作，进一步帮助代理人挑战高目标；另一头是抓新人、抓基层主管，把新的基本管理办法的优势进一步发挥出来，强化培训培育，提升他们的产能和收入。二是加强对代理人的科技赋能。依托科技手段，从线上工具支持到业务场景重构，进一步加大线上线下融合，在营销全流程、全环节帮助代理人提升效率、提升产能。三是强化生态圈支持。依托集团的总体部署，进一步加快医康养生态布局，升级"产品＋服务"模式，形成对客户差异化的供给，满足多层次客户的需求。

面对当前增员难的现状，太平人寿摒弃以往运动式、大跃进的增员模式，小步快跑、常态化增员提升人力数量，以基本法晋升鼓励代理人增员并固化增员习惯，有选

---

① 资料来源：太平人寿保险有限公司官网 http://life.cntaiping.com/about-gsjs/.

择性地分类精准定增,2022年每月增员数量起伏不大,保持相对稳定。

未来,太平人寿将成立跨渠道、跨总分、跨职能的"高质量业务成长项目组",寻找基于当前环境、适应公司现阶段发展需要的更优组织发展形势和队伍做大做优路径。为了形成适合不同模式、不同区域、不同人群的针对性方案,太平人寿将选择部分分公司进行多模式试点,并不断打磨和优化流程,形成从增到育的全套流程和标准,最终打造覆盖各渠道、各机构的组织发展新体系。

(2) 打造绩优新人成长体系,以培训定着留存。

传统的培训课件及模式无法满足新形势下的新人培养和产能提升,太平人寿结合公司战略创新培训模式,抽调专业内外勤,针对培训课件进行优化升级,打造特色的FAP新人成长培训体系,包括新人万薪特训营、主管名校孵化和绩优FAP资产规划师三个方面。

万薪特训营是新人衔接训练的升级,在新人职涯起步阶段给予充足的政策和财务支持,引导其在寿险行业长期稳定发展;名校孵化主要是转正、晋升阶段的培训,联系南京大学、复旦大学等名校,在校内开展培训并邀请校内名师授课,增强体验感和自豪感,激励新人转正和晋升;FAP金融资产规划师重点聚焦高绩效人员培训,与上海财经大学联合办班,课程基本由校内老师授课,打造独具特色的体验式培训,培养绩优成为中高端客户的首选。截至2022年,太平人寿已举办FAP培训三次,累计培训300余人成为太平人寿业务发展的中坚力量。太平人寿坚持把制式培训做实,把非制式培训做优,提升代理人全方位的能力。

(3) 社区件销售提产能、增收入,形成带动效应。

太平人寿于2021年5月下旬确立了以社区件推动为核心的业务发展模式,把握系统和细节,发挥绩优队伍高产能优势,做好活动平台搭建和运作,并取得了巨大突破。2022年,太平人寿持续推动社区件,1—5月销售社区件432件,较2021年同比成长132%,贡献价值占比达49%,成为业绩成长最稳定的来源,同时也有效提升了人均产能,月人均产能26 905元,较2021年全年人均保费提升39%。

(4) "保险+社区"。

在人口老龄化加剧以及政策的大力支持下,康养医养已然成为各大寿险公司必争的赛道。作为金融央企重要子公司和一家成立多年的老牌寿险公司,太平人寿也早已布局这一领域。太平人寿积极打造"保险+社区"现代客户服务生态圈,服务国家多层次养老体系建设,帮助客户享受专业优质养老服务,助力生态圈企业合作共赢。

太平人寿采取的是轻重结合的战略,"重"指的是自建养老社区,重资产模式;"轻"指的是整合市场优质资源,进行合作。太平人寿与第三方机构、地产公司合作,通过品牌授权、租赁、合作经营等方式,灵活发展养老社区、养老公寓等形态,在保险主业发展重点省会城市和二线城市,推动养老服务网络覆盖。重资产方面,太平人寿自建的养老社区包括上海的梧桐人家、三亚的海棠人家以及成都的芙蓉人家。在轻资产模式打造和资源合作上,为了保证和规范第三方机构的服务品质,太平人寿推出了"乐享家"专属服务品牌,加速打造统一的品牌辨识、统一的服务流程、统一的服务平台。目前,太平人寿已拥有十二家"乐享家"社区,涵盖北京、上海、广州、成都、昆明、青岛等重点城市,为全国的太平人寿客户提供了生活配套、康复医疗、社区照料、休闲娱乐为一体的高品质医疗健康养老生活。

以太平人寿最新养老服务定点合作单位——西安荣华清荷园养老社区为例,园区设有养生餐厅、多功能影音室、综合棋牌室、图书阅览室、手工室等多项配套基础设施,目的是在养生度假、一站式医养有机结合等领域树立起西北地区领先的养老标杆形象。整个园区分为荣华·清荷园西北首席CCRC退休社区、清荷之家康复护养院和陕西森工医院荣华院区(荣华康复医院)三大部分,为长者提供独立生活、协助护理、专业护理、便利的医疗服务等多项养老照护服务及预防、治疗、康复、长期照护等全程一站式养老服务,让长者更舒心、子女更放心。①

为了配套养老服务,太平人寿在医疗方面也不断布局。2020年年底,太平康复医院正式投入试运行。此外,太平人寿还参股收购了国际知名医疗集团,同时与国内众多医药企业进行深度合作,为客户提供24小时电话医生、国内外体检、专家门诊预约、国际远程视频会诊等多项服务。

针对老年人群,目前,太平人寿已建立起一套比较完善的能够满足老年人不同需求的多元化养老产品体系。例如,"三高"人群也可投保的医疗险、锁定稀缺高端资源的年金险,以及涵盖老年群体各种出行意外风险和意外骨折专项保障产品等,切实提高了老年人的安全感和幸福感。

(5) 关注高客。

具备资产管理性质的保险产品,其优势正在逐渐凸显。实际上,保险功能早已超出传统意义上只管生老病死的作用,其作为资产管理中的一种金融工具受到越来越多客户的认可。根据央视财经《中国美好生活大调查》显示,保险第5次荣登榜首,成为2021年老百姓资产管理的首选。

"太平1929家族办公室"是太平人寿在2021年正式推出的一个高端服务品牌。其核心模式是充分发挥自身的全球化布局优势,为高净值客户提供高品质的管家式服务,提供多项专属化、定制化的一体式服务资讯。主要涵盖财富传承、精致生活、精英教育、家族家风四大支撑体系,提供子女教育、跨境医疗和品质养老等一揽子解决方案。

太平人寿公布了"太平1929家族办公室"品牌正式发布后的首个高客定制产品——太平传世壹号终身寿险(分红型)。该产品满足了客户对于资产配置安全稳健、身价保障、灵活周转、财富传承的多重需求,适合追求长期稳健资产管理需求的家

---

① 太平人寿. 又添新成员!太平人寿养老服务定点合作单位——西安荣华清荷园养老社区,2022-10-27.https://mp.weixin.qq.com/s/rBeFJlXfugBB6I9KiGL2IA.

庭,精准匹配高净值家庭资产配置需求。

太平人寿还突破保险传统的纯金融属性,不断从新维度增加用户福利,满足用户多样化生活场景需求。此外,聚焦VIP客户家庭生活需求,推出私家医生、私家律师、私家教育与康复安享等服务项目。其中,"私家教育"项目将为太平人寿的VIP客户提供一对一电话私家教育咨询服务,内容包括亲子教养、亲子关系、亲子沟通、教育理念等。

"康复安享"项目则通过深化医疗健康资源合作,为约定范围内的客户提供上海太平康复医院的入院快速通道及住院安排等全周期健康医疗服务。入院前,提供早期康复介入、康复需求评估;入院中,建立健康档案、个性化康复医疗,并由专属床位医师负责;出院后,进行跟踪随访、健康辅导,其着眼点不仅限于延续患者生命,更强调心理和精神上的康复。

除了"康复安享"项目,围绕客户医康养需求,太平人寿给出了专家门诊预约、海外第二诊疗意见、就医援助服务等系列组合拳,发挥的不仅仅是用户健康事后风险补偿作用,更承担起整合健康服务资源、管理客户健康发展的曲线职责。

(6) 转型方向合理性分析。

"保险产品+养老服务"具有一定的内在逻辑性,商业养老险的产品特性与养老服务业相匹配,购买商业养老保险的意义主要是为了使老年生活品质能够有所保障,能够有效补充生活支出。这一产品特性所直接对应的养老细分领域为养老服务业。从服务端来看,养老社区主要服务于老年人群,既有硬件的居住服务,也有软件的生活照料与精神服务,对养老生活有很大的保障作用,且养老社区定位于高端机构产品,其客户画像与保险客户画像具有一定的匹配度。因此保险公司投资开发养老社区及相关保险产品具有天然的优势与能力。①

3. 经验借鉴

目前,保险行业同业间市场竞争趋于内卷化,想要破局获得发展必须处理好队伍、客户和服务(产品、增值服务等)之间的关系。

(1) 坚持组织发展,以有效人力推动提升队伍产能。

当前阶段"人口红利"只是置换并不是消失,代理制仍将是个险渠道的主要业务模式,因此要坚持组织发展不动摇,注重持续优化队伍结构,提升队伍产能。

队伍产能提升的关键在于增量、提质,增量是增优秀新人、引进同业绩优,提质是增量优质、存量优化。增员方面,要固化增员模式,保持增员率是团队保持活力的标志。不愿意增员的原因无非是能效比低、难度大,要锁定能做绩优、晋升意愿强的群体,内勤匹配做好理念及政策到位、技术更新。提质方面,需要从战略上明晰,改变招募模式、培训模式、运行模式,政策和基本法都要跟进,要在整个队伍中建立晋升文

---

① 太平洋保险养老投资管理公司课题组,魏琳."保险产品+养老服务"的内在逻辑、经营模式及盈利模式研究[J].保险理论与实践,2021(06):99-121.

化、绩优文化,打造绩优组织。

真正的绩优需要窄而深的专业知识,而专业知识需要与经过筛选的精品课程匹配,客户需求要与课程匹配。舍得给绩优做培训就是打造绩优个人标签的过程,当绩优有一定数量,才会产生绩优组织,绩优组织的不断裂变,一家公司才有可持续发展的未来。

(2) 做好客户分类经营,高客群体是破局的突破口。

要从不同维度细分客户:按照质量分是高端客户和普通客户;按照性质分是存量客户和增量客户;按照触点分是在职单和服务单;按照购买时间分是老客户和新客户;按照复购率分是多次客户和单次客户;按照产品分类是长险客户和短险客户;按照产品性质分类是理财险客户和健康险客户;按照购买保费额度分是不同VIP等级客户。此外,不是简单地进行客户分类而是多维度地细分市场,针对每一类客户都要做标签,然后归类找到共同点。

客户经营可以分为三个阶段,依次是为客户提供产品、为客户提供服务、为客户创造价值。以客户为中心,就是做好客户流量和留量的组合,存量客户也是增量客户,根据客户分类做好获客、留客工作,做到个性化、精准服务。从普通客户到忠诚客户的过程是漫长的,也是价值最大的。未来高端客户群体因其出众的购买力和加保能力,对公司业务平台提升作用巨大,将是保险公司竞争最激烈的战场。

(3) 服务决胜,加快"医康养"生态布局建设。

保险公司提供给客户的服务从来不仅限于产品,存量搏杀阶段更多是比拼增值服务的内容和质量。保险产品是给客户家庭保障、服务、价值规划的一个工具,当前社会对保险的认知越来越深,同时不同群体、家庭对保险的需求也不同,未来产品销售不再满足于单调的单一产品,千人千产品的时代或将到来,保险私人定制服务将根据客户要求为其设计专属的保险产品。

同时公司竞争不仅仅局限于产品,更多比拼的是服务,服务比产品重要。构建新发展格局的护城河,实质就是把客户留住并持续为客户创造价值,而留住客户的关键就是精准满足客户需求以及创造客户需求。养老社区的真正意义在于通过养老社区可以构建终身自立的、有尊严的养老生活。通过养老社区可以把保险公司的服务上升到维护人生尊严的境界。同时,通过"保险+社区"的组合模式,养老社区也可以成为一种支付模式,并将成为引领客户服务的核心竞争力,既能满足客户需求,又能为保险企业创造现金流。

(4) 独立代理人短期内难有实质性突破,传统代理仍是主导。

从趋势上来看,独立代理人制度是我国代理人渠道发展的未来方向之一,但这需要较长的培育过程,短期内专属代理仍占绝对主导。监管推行独代的整体导向比较明显,且独代模式的优势契合未来专业化发展方向,在市场成熟情况下,一批高产能代理人可能有自我创业意愿,率先向独代转型。但整体来看,目前独代改革并不是近期险企主要追逐的模式,市场条件方面目前亦并不具备试行独代的市场环境。监管方面,合规风险是一个重要考虑因素。基于目前行业代理人专业水平整体不高的现状,如若贸然强制推行独代模式,恐怕将对保险业的口碑再造成一次重创。代理人方面,传统层级制度带来的阻力较大。高层级代理人是独代制度直接伤害的利益群体,天然存在阻力,而普通代理人在业务拓展能力、创业意愿以及承担经营风险的意识方面还比较欠缺,还依赖上层主管的辅导和公司的经营平台,转型独代的动力不足,仅有少部分精英代理人可能具有转型尝试独代的意愿。

(5) 个险数字化转型赋能管理效能提升。

随着客户对自身的保险需求认知更为充分,以及消费习惯的线上化,寿险业的商业模式正逐渐转变为线上主动获客、重视客户经营以及提供高价值的"产品+服务",从而迎合客户保险获取方式和保险需求的变化。此外,险企的营销员管理也亟待变革,虽然疫情影响下保险公司、营销队伍越来越多地建立起线上经营、培训等习惯,但管理方式仍以线下为主,未能充分有效利用数字化管理工具赋能经营管理。以个险数字化转型赋能管理效能提升,包括以下几个方面:

一是以客户大数据驱动公司发展。未来数据将成为保险公司最重要的资产,以客户大数据驱动公司经营和决策。伴随智能穿戴、车联网等数据采集设备的广泛应用,其提供的数据流能够为保险业务链提供更加精准丰富的可用数据,如基于可穿戴设备收集的数据,保险公司能够了解客户的健康状况、死亡风险等,从而指导保险定价及提供健康服务;基于区块链建立的公开透明的可信体系,可以帮助保险公司、医院等各方参与者达成互信共识,实现数据共享;基于"5G+"实现数据传输的实时性和可靠性,更多信息的及时传输能够指导保险业务决策,保险公司将不再单纯发挥被动风险管理的功能,而是能够从事后赔付向事前的风险预警、自动干预等方向延伸,帮助客户从源头降低风险。

二是以线下队伍为根本,销售环节打通线上线下。首先,推动营销员客户经营技术升级;推动营销素材线上化、销售链路线上化、展业线上化、服务经营线上化。伴随着技能升级,让营销员具有线上传播能力、线上交互管理能力、线上展业转化能力。推动营销员从线上+线下引流获客,到线下运营促活,到销售价值转化,再到分享获得新流量,实现客户经营全流程的线上线下融合运作。用线上平台解决客户体验和效率的问题,用线下队伍的专业能力提供平台上无法实现的人性化或是高度专业化服务。

三是优化管理成本,经营管理向线上迁移。传统的营销队伍管理是以职场为落脚点,开展早会、培训、增员等日常经营,其人力和管理成本很高。疫情以来代理人队伍出现大幅下滑,防控要求下传统经营管理模式遇到阻碍,职场也出现大面积空置问题,这也倒逼保险公司开展线上经营管理,加之直播等形式的兴起,两年来代理人也逐渐习惯了线上经营的模式,早会、培训、增员、获客等越来越多地转移到线上。未来代理人队伍将持续减少,职场成本压力进一步加大,线上经营为主+线下管理为辅的模式或将成为常态。职场智能化和功能化改造建设将成为职场管理的重要方向,加大线上经营、培训、学习的频次和力度,以达到提产能、降成本、优服务、稳价值的目标。

### (三) 太平洋人寿——"长航活动"与"三化五最"

#### 1. 公司介绍

中国太平洋人寿保险股份有限公司(以下简称"太平洋人寿")成立于2001年11月,是中国太平洋保险(集团)股份有限公司(以下简称"太平洋保险")旗下专业寿险子公司。太平洋保险是在1991年5月13日成立的中国太平洋保险公司基础上组建而成的保险集团公司,总部设在上海,是国内领先的综合性保险集团,并是首家A+H+G(中国上海、中国香港、伦敦)三地上市的保险公司。

2021年公司实现保险业务收入2 116.85亿元。其中,代理人渠道新保期缴增速11.6%;总资产达到16 310.54亿元;营运利润282.65亿元,同比增长9.2%;偿付能力充足率218%,高于充足Ⅱ类公司监管要求。截至2021年年末,公司在全国设有超过2 700家分支机构,主要经营指标在国内寿险市场上继续保持领先地位。

太平洋人寿建立了覆盖全国的销售网络和多元化服务平台。公司致力于提供基于客户全生命周期的风险保障解决方案,产品覆盖人寿保险、年金保险、健康保险、意外伤害保险等多个领域。公司围绕客户需求,全力打造责任、智慧、有温度的"太平洋人寿服务"品牌,并以"财富""健康""养老"为支点,构建"产品+服务"金三角体系。在"保险+健康管理"方面,持续完善以"太平洋人寿蓝本""细胞冻存服务"为代表的健康服务体系。截至2021年年末,"太平洋人寿蓝本"健康管理服务累计覆盖客户近1 800万人,"细胞冻存服务"累计使用人数超过1.8万人。在"保险+养老服务"方面,构建"城郊颐养、旅居乐养、城市康养"三位一体的"太平洋人寿家园"养老社区。截至2021年年末,太平洋人寿家园已先后在9个城市落地10个项目,其中,成都和大理社区已正式开业。公司不断加快人工智能和大数据等新技术应用,推进投保、核保、理赔、客服等运营服务全流程的数字化、智能化,提升客户服务体验和运营效能。公司坚持诚信经营,认真履行保险责任,切实保障保险消费者的合法权益,连续六年获得保险公司法人机构经营评价A级,2017—2019年连续三年获当年服务评价AA评级。2021年度人身保险(寿险、意外险、健康险业务)服务质量指数达94.74,为行业领先。

太平洋人寿长期坚持对行业发展规律的尊重,长期坚持以客户需求为导向的理念,长期坚持以转型升级推动健康、可持续发展。2021年,面对行业内外深刻变革,公司牢牢把握高质量发展主线创新推出"长航行动",锚定"打造服务体验最佳的寿险公司,做寿险行业的长期主义者"的使命愿景,启动深化转型整体设计,形成长航深化转型一期施工图,推动并实现发展内核与关键模式的深度转变,为客户、股东、员工、行业、社会、环境等利益相关方持续创造价值。[①]

---

① 资料来源:中国太平洋人寿保险股份有限公司官网 http://www.cpic.com.cn/xrsbx/gytpysx/gsjj/.

2. 转型探索

(1) 营销队伍改造。

2021年,太平洋人寿活动人力人均收入是4 580元,而江苏省社会平均工资8 000多元,只占一半左右,无论从收入还是发展前景来讲都没有吸引力,工作开展具有难度。所以太平洋人寿提出职业化、组织化、专业化的改造目标,组织架构和过往相比有些变化,在实行新的营销基本法①之后,太平洋人寿的利益分配机制和原来相似,只是在方向导向上做出一些改变,具体而言,针对营销队伍改造采取的举措如下:

其一,启动"长航活动",坚定走深转之路。太平洋人寿以"打造江苏服务体验最佳的寿险公司,做寿险行业的长期主义者,以实现江苏复兴"为使命愿景,订立"一优二稳三升"的战略目标,即客户体验最优、价值稳定增长、市场地位稳固、业务品质提升、组织效能提升、员工获得感提升。太平洋人寿持续搭建"养老(高端养老社区)、健康(电子医生)、财富(资产全程规划)金三角"与"产品+服务"解决方案,与国计民生同频共振,化解保险供需错配。太平洋人寿建立"后台服务前台,内勤服务外勤,我们一起服务客户"的新客户思维,促进行业转型的高质量发展。面对宏观形势复杂、经济发展承压、转型尚未成功的局势,太平洋人寿坚持保持长期任务的现实紧迫性。

其二,打造"三化五最"创业支撑体系。"三化",即规划"职业化、专业化、数字化"的发展路径,在保险供给侧发力,强化队伍赋能,打造与当下市场需求、客户需求相适配的专业营销员队伍;"五最",即"最丰富的收入空间、最强大的创业平台、最温暖的太平洋人寿服务、最专业的成长体系、最舒心的工作环境",帮助代理人持续提升专业技能,获得长期稳定收入,让代理人和客户都有获得感。

其三,推动代理人从内勤驱动到自主经营。太平洋人寿通过加强职业训练和科技赋能,培养代理人和团队主管的新行为模式,引导他们聚焦客户经营。引导代理人通过需求分析、客户服务的方式经营客户,推动团队主管通过优增优育提升代理人品质,打造自主驱动、专业能力强、长期持续服务客户的营销员队伍。

其四,运用保险科技提升个险渠道效能。太平洋人寿致力于打造"职业化、专业化、数字化"寿险代理人队伍,其中数字化转型是转型战略推进中一项重要项目,以客户为中心,以服务队伍为核心,对接多平台系统,致力于建立全行业领先的代理人科技平台支持体系。数字化科技的运用以客户需求为导向,顺应时代和市场的需求,实现在竞争中脱颖而出,实时满足客户的需求。保险科技主要运用于队伍赋能与客户服务方面。

在保险科技为代理人队伍赋能方面主要有如下工具。"NBS 销售支持系统":流程标准化、工具专业化、分析数字化,以销售计划、需求面谈、成交面谈、服务面谈整合成"1+3"销售基本环节,帮助队伍养成专业化销售习惯;"太好店":太平洋人寿营销员

---

① 《基本法》是寿险营销人员的根本大法,对营销人员的晋升、考核、待遇有着明确的规定,是营销人员的行为规范。

专属线上销售及宣传平台,帮助打造个人品牌;"太好管":团队主管掌上智囊团,具有活动管家、业务秘书、增员招募、辅导顾问、捷报使者五大功能,是团队管理的好帮手。

在保险科技优化客户服务方面则有如下应用。"NBS销售支持系统":以健康保障、养老储备、子女教育、家庭传承、财富规划五大需求为分析维度深度唤醒客户需求,提供专业化保障解决方案;"保单AI管家":实现专业智能的保障检视服务;"掌上大师":一键生成计划书,随时随地解决客户需求;"智享家":集服务办理、服务体验、客户经营、品牌宣传等功能为一体、线上线下互通的智享体验中心,以智能(Intelligence)、交互(Interaction)、融合(Integration)的"3I"服务标准为核心,提供涵盖保单全生命周期的场景式服务体验。

(2) 家庭医保主张。

其一,围绕重疾、养老、资产规划(金三角),重构销售周期。以重疾为例,金融产品容易同质化,太平洋人寿解决同质化的举措是提出"保险+服务"。原来重疾险用于解决治疗的问题,现在太平洋人寿主张前期要介入,预防重疾,满足客户想法。太平洋人寿产品能够提供全面预防疾病的知识,与此同时成立一个生态科技公司——家庭医生管理,客户加入之后,每天会收到推送消息以调整生活规律,不局限于解决治疗问题。其逻辑是从重疾费用治疗前移到预防,前期干预改变顾客的生活习惯,提供前期的一些建议等工作。医院给每位患者的咨询时间受限,但太平洋人寿的家庭医生可以时常提醒使用者,和使用者互动。所以重疾险主张,首先预防,其次诊疗。针对诊疗,太平洋人寿推出了一个太医公司,提供太平洋人寿蓝本,针对疾病推荐医院,为顾客开展服务。太平洋人寿蓝本服务在全国提供2 800多家指定医院,顾客可以去找定点医生、预约专家和安排手术等。

其二,养老。太平洋人寿积极应对人口老龄化国家战略,针对长者在活力、自理、半失能、失能失智等不同阶段的差异化需求,构建"乐养、颐养、康养"三位一体的产品体系,以养老社区为基础资源,开发与养老社区入住及相关服务挂钩的保险产品。目前太平洋人寿在我国的东西南北的成都、杭州、南京、武汉等城市建立太平洋人寿家园,主要服务于高端市场,合作资产达100多亿元,总投资储备床位数居国内上市保险公司第一。

其三,资产全程规划。太平洋人寿提供跟信托进行对接、咨询服务等措施。保险定位人生财务规划和生活风险管理,信托重在对资产的风险隔离与管理分配。太平洋寿险携手上海国际信托有限公司,结合保险与信托的功能与优势,为客户定制稳健投资和财富传承工具,给客户更专业、更强大、更安全的财富管理保障。

(3) 取得成效。

2022年1—5月,太平洋人寿人均产能25 343元,同比增长19.2%;在队伍结构方面,大专及以上学历人员占比2.67%,较去年提升0.06百分点,城区人力占比48%,较去年同期提升0.34百分点。太平洋人寿个险渠道转型探索取得的具体成效主要在公司保费贡献、主力保费贡献瓶颈以及机构市场层级三个方面体现。

其一,公司保费贡献深化。太平洋人寿过往是靠流量的能力带来新增客户,新客户保费贡献占55%;而现在新客户贡献率降到2%,新客户贡献大幅下降。其核心内涵是获客途径的变化。

其二,主力保费贡献瓶颈的变化。太平洋人寿2021年的新人保费贡献达25%～30%,开门红时期达40%以上,2021年江苏省新人的业务保费贡献达到30%以上。但2022年太平洋人寿新的业务保费贡献断崖式下滑,对保险深度进一步挖掘能力下降,新人开单能力下降,新人作业能力跟客户的需求不匹配。客户多是保险老客户,对保险认知较深,而新人保险能力难以满足客户需求。绩优队伍的贡献变化是明显的,也是最大的。FYC(初年度业务佣金)收入新保费收入达到1200元,称之为1优人力。1优人力、2优人力、4优人力原先保费占比超过40%,目前已增加到超过60%。

其三,机构市场层级的分化。在江苏省,以苏锡常为代表的经济较发达城市最早遭遇人力招募的瓶颈,在目前人力招募重点为现有队伍的存量挖潜、队伍技能提升的情况下,近年来人力招募水平呈现持续上升态势。

3. 经验借鉴

代理人发展会依次经历普及阶段—技术转型阶段,这一过程曾出现在制造业、金融业等领域,同样也顺应保险代理人的发展规律。人力驱动曾出现在中国台湾、日本、美国、欧洲等地。但随着时间推移,对质量诉求越来越高,首先体现在改革方面。

(1) 个险向职业化、长期牵引、客户经营方向转型。

保险业正在进入"第二曲线"①(见图6.2),传统粗放式增长模式已走向尽头。我国保险市场前景仍然非常广阔,需求侧有三个不变:经济增长支撑力不变、家庭结构支撑力不变、保障需求旺盛态势不变。下一步个险转型方向有三大关键词:职业化、长期牵引、客户经营。

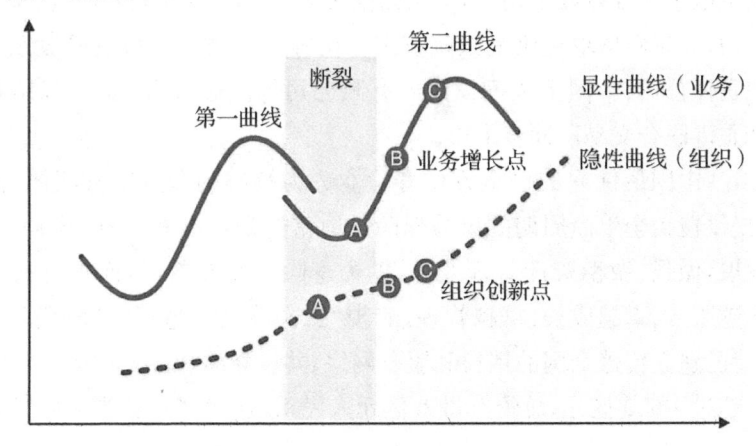

图6.2 "第二曲线"

---

① 查尔斯·汉迪在《第二曲线:跨越"S形曲线"的二次增长》中讲道:在第一曲线达到巅峰之前,找到驱动企业二次腾飞的第二曲线,并且第二曲线必须在第一曲线达到顶点之前开始增长,企业永续增长的愿景就能实现。

职业化是指代理人能够将客户运营、服务作为其职业,不仅仅意味着全职,还要确保代理人在这个职业中可以获得足够的收入。职业化的结果必然伴随着代理人数量的收缩与人均产能的成倍提升。客户经营是改革发力的关键,伴随老龄化进程的不断加深,客户更希望获得个性化、覆盖生命周期的一整套"保险+健康"解决方案。长期牵引意味着要更加关注人力、关注产能、关注客户,用核心业绩指标的强化实现对寿险经营的长期牵引。①

(2) 科技发展赋能保险代理人。

数字化科技对于寿险转型有三大作用:一是提升代理人的经营和服务,为其赋能;二是提升客户体验;三是加强风控。总体来看,不能高估了科技对行业的短期影响,低估了科技对行业的长期改变。十几年后,科技会在不知不觉中全面改变寿险公司的运作模式。寿险转型需注意避免为了科技而科技,为了抓眼前而科技,而是要扎扎实实从客户体验角度,从为代理人赋能角度进行科技投入。保险代理人与人工智能二者能够实现互补,人工智能的运用可以大幅度提升保险代理人的工作效率,提升客户体验,但保险代理人能够为客户提供有温度的个性化的服务是人工智能无法替代的,这是保险营销的核心竞争力。人工智能只能作为工具使用,两者相结合才能取得更大收益。

### (四) 新华人寿——"两大两备"

1. 公司介绍

新华人寿保险股份有限公司(简称"新华保险")成立于1996年9月,总部位于北京市,是国有控股上市寿险公司、中投直管企业、《财富》和《福布斯》世界500强企业之一。公司目前拥有新华资产管理股份有限公司、新华家园养老服务(北京)有限公司和新华世纪电子商务有限公司、新华家园健康科技(北京)有限公司、新华养老保险股份有限公司、北京新华卓越康复医院有限公司等子公司。公司主要股东为中央汇金投资有限责任公司、中国宝武钢铁集团有限公司等。2011年,新华保险在上海证券交易所和香港联合交易所同步上市。

公司锚定"中国最优秀的以全方位寿险业务为核心的金融服务集团"的发展愿景,为客户提供覆盖全生命周期的风险保障与财富规划产品及服务,推动养老产业、健康产业发展,做强、做稳资产管理业务,助力寿险主业发展,全面提升科技赋能水平。践行卓越服务、卓越成长、卓越管理,实现"二次腾飞卓越新华"阶段目标。2021年,新华保险已建立覆盖全国的销售和服务网络,共设立约1770余家分支机构,原保险保费收入超过1600亿元,总资产过万亿元人民币,连续多年获惠誉财务实力评级"A"级和穆迪"A2"评级。

新华保险始终围绕客户对更健康、更长寿、更快乐的需求,探索打造覆盖客户全

---

① http://share.enorth.com.cn/share/news/052073691.html.

生命周期的疾病预防、健康管理、老年护理等全流程产品链和服务生态,搭建完备的保险产品体系。以养老、健康为发展重点,满足不同客户、区域、渠道的多元化及差异化需求。目前,公司形成了以健康无忧、多倍保障为主的疾病保障保险产品体系,以华实人生等为主的年金保险产品体系,以及丰富的附加险产品组合。

为推动解决"因病致贫,因病返贫"的现象,新华保险积极承接政策性健康保险业务,推出政策性健康保险产品,提高百姓医疗费用的报销比例,并向贫困群体采取政策倾斜,减轻当地贫困人口的医疗费用负担,让更多的人收获健康与安心。2021年度,新华保险政策性健康保险业务覆盖了全国8个省份的9个地级市,862万参保人,理赔26万人次。同时,为积极服务国家战略,2021年公司创新推出卓越优选专属商业养老保险,开通线上销售通道并在浙江省(含宁波市)和重庆市开展试点销售。

新华保险主动服务国家战略,积极将公司发展融入党和国家为应对老龄化等问题所做出的重大部署,提升公司服务经济社会发展的整体能力。持续构建"保险—客户—康养"生态圈,深化寿险、康养、财富管理全产业联动,持续优化养老社区经营管理,升级健康服务模式,打造财富管理生态,为客户提供一站式保险保障、康养服务、财富管理规划及服务。

新华保险坚持人才强司战略,秉持"尊重专业、尊重人才"的理念,以市场化为导向,以专业化为依托,致力于建立"科学高效,统一规范,绩效导向,共创共赢"的人力资源管理体系,保障员工权益,促进员工身心健康,为员工搭建成长平台,与员工共享发展成果。公司营造"公平、公正、公开"的用人文化,努力创造包容、平等、互信、协作的工作环境。

新华保险以打造"年轻化、专业化、城市化"团队为目标,搭建具有新华特色、符合寿险专业规律、以绩优队伍建设的培训体系。根据外勤队伍不同阶段的成长模式,有针对性地进行线上线下培训,助力团队有效成长。①

2. 转型探索

(1)"两大两备"。

新华保险的"两大两备"布局,即大增员、大培训、备客户、备产品。"大增员",即增加有效人力,增员不仅仅是增加人头,队伍 KPI 的指标也将逐步得到提升。"大培训"指针对营销的培训,新华保险提出了两条生产线、两个卓越的概念。两条生产线就是新人生产线更加夯实,主管生产线的晋升能力和管理能力都得到好的培训。两大卓越则是对绩优人员进行分级,针对不同的人员制定不一样的授课体系;对卓越管理人员进行国际上领先课程的培训和提升。新华保险将扎实推进新人生产线和主管生产线,同时针对其 60 万营销人力中的 5 000 绩优人员和卓越管理人员进行培训。

---

① 资料来源:新华保险公司官网 https://www.newchinalife.com/spage/cn/companyProfileAboutXH/index.html#businessResults.

新华保险希望通过大培训来实现队伍技能的提升,从而进入2021年的开局战。

"两备",一是备客户,通过对客户的培养完成对客户的转化,从准客户转化到保险客户。二是备产品,即针对开局战的产品,包括其传统年金产品惠金生,以及更价值的重疾险和健康险。未来新华在持续做大做强保险业务的同时,以养老金、第三方资金作为突破口,以科技赋能加强渠道获客能力,进一步丰富产品体系,形成双轮驱动效应,带动负债业务再上新台阶。

(2) 打造绩优代理人队伍。

针对代理人团队转型,新华保险提出了两个"卓越"计划和"优计划",打造绩优代理人队伍,提升新人专业化水平。"卓越5000计划",针对公司数十万个险代理人中的5 000名绩优人员进行专项授课;"卓越管理者"利用Limra课程对团队管理者进行培训。"优计划"从优选才、优培育、优客户配置、优活动管理、优政策支持和优科技赋能六个方面推动传统营销队伍转型。招募年轻化、专业化、城市化的"三化"人群,为新人建立长达三年的成长规划,整合公司现有客户资源、优化薪酬体系、放大奖励系数,分别针对新人和精英队伍研发专属产品以提高产能,让科技赋能增员、展业、服务、管理全流程。

(3) 推动康养布局。

在人口加速老龄化的背景下,新华保险聚焦个人客户特别是中高净值的客户,以解决养老、医疗等痛点问题为切入点,加强康养产业的投资布局,并且推动线上加线下的业务整合,以"保险+服务"的形式来提升公司产品的附加值,推动建立保险客户康养的生态圈。

新华保险将坚持轻、重资产相结合的方式进行布局。重资产方面,新华保险设想布局京津冀、长三角、川渝养老社区来打造东南西北中和全国的产业布局。另外,公司要用轻资产的手段加大服务延伸,包括与养老项目开展养老战略合作等。以此来通过轻、重资产相结合的方式,打造新华保险的产业布局。

新华保险的康养产业已初具规模。在健康产业方面,新华保险已经在全国19个城市建立了健康管理中心;新华保险的康复医院在2021年年初已经获得卫生部门的批准,获取了医疗保险的资质。在养老产业方面,新华保险创立了"新华家园"养老社区品牌,满足老年人活力养生、持续照料、康复护理等不同的养老需求。截至2021年年底,养老社区的入驻资格函签署达到了4 000份,对应的应收保费近60亿元,北京莲花池尊享公寓、海南博鳌乐享社区一直在运营中。

3. 经验借鉴

(1) 优增优育。

保险行业进入精细化运营阶段后,各类保险产品百花齐放;消费者经过互联网的保险教育后,产生了更细分的保险需求,这需要更专业的代理人来满足。同时,代理人是客户与保险公司建立关系的窗口,代理人的素质及专业能力、稳定性及服务能力,直接影响保险公司的品牌及价值率的达成。通过"优增优育"实现个险代理人团队的高质量转型是大势所趋。新华保险的"优计划"包括招聘、培养、薪酬、客户资源、产品研发和科技赋能等,基本上涉及打造高素质代理人团队的各个方面。可以借鉴新华保险通过两个"卓越"计划拔高精英人群,通过"优计划"推动老队伍转型,提高队伍专业化水平,不断探索建立高素质代理人团队。

但在实践中值得注意的是,目前我国个险代理人人口红利已经消失,增员方面存在困难,招募"三化"(年轻化、专业化、城市化)人群的难度更是显著增大。一方面因为目前我国收入更高、更稳定的新就业岗位不断涌现,比如外卖员、快递员、主播、网约车司机等,给部分低绩效代理人和潜在代理人提供了更佳选择;另一方面在于我国自1992年开始个险增员,持续多年采用"人海战术",人群中的潜在代理人大部分都被增过,而新成长起来的人群有了更多元的职业选择,愿意从事个险代理人的比例也较低。

(2)康养模式。

近年来,个险行业持续转型升级,产品数量不断增长,但产品"同质化"情况仍很严重,产品供给覆盖面不够广。为进一步满足群众多样化的保险需求,布局康养产业,实现"保险+健康管理"和"保险+高端养老"的模式,有利于维持差异化竞争优势,增强品牌效应。这一模式不仅要求保险公司资本雄厚,同时也要求拥有一支能服务于中高净值客户群体的代理人队伍,为客户提供全生命周期的服务。因此,对于资本雄厚的公司,可以运用资金优势布局康养产业,以保险为核心纽带,构建全流程健康管理服务体系,探索社区养老模式,提升公司的获客能力、产品竞争能力和服务维系能力,避免低水平的同质化竞争。

**(五)泰康人寿——"保险+医养"与"HWP健康财富规划师"**

1. 公司介绍

泰康保险集团股份有限公司成立于1996年,总部位于北京,至今已发展成为一家涵盖保险、资管、医养三大核心业务的大型保险金融服务集团。泰康保险集团旗下拥有泰康人寿、泰康资产、泰康养老、泰康健投、泰康在线等子公司。业务范围全面涵盖人身保险、互联网财险、资产管理、企业年金、职业年金、医疗养老、健康管理、商业不动产等多个领域。泰康保险集团的愿景是致力于做全球领先的、面向大健康产业的金融保险服务集团,让保险更安心、更便捷、更实惠,让人们更健康、更长寿、更富足,让泰康成为人们幸福生活的一部分。

截至2021年年底,泰康保险集团管理资产规模超27 000亿元,营业收入超2 600亿元。自成立以来,泰康累计服务个人客户4.2亿人,累计服务企业客户超42万家,累计理赔金额超1 000亿元,累计纳税金额超750亿元。泰康保险集团连续四年荣登《财富》世界500强榜单,位列第343位,较前一年大幅跃升81位。

面向长寿时代,泰康创新商业模式,整合保险支付与医养服务,打造长寿、健康、富足三大闭环。满足长寿需求：泰康养老金管理规模超6400亿元，养康宁业务布局26城，泰康之家养老社区11城12社区连锁运营，泰康居民超6000位。满足健康需求：泰康健康险保费收入超670亿元，健康险理赔金额超200亿元，在全国东西南北中布局5大医学中心，泰康拜博口腔近200家门店连锁经营，超2300家健保通网点在全国范围为客户提供一站式健康险理赔服务。满足财富管理需求：泰康致力于打造复利能力，管理资产超27000亿元，其中公募基金管理规模超1000亿元。

泰康始终坚持专业化、市场化、规范化经营，初心不改，创新永续，商业向善，从摇篮到天堂，以覆盖全生命周期的产品和服务，构建"活力养老、高端医疗、卓越理财、终极关怀"四位一体的商业模式（见图6.3），致力于成为全球领先、面向大健康产业的保险金融服务集团。①

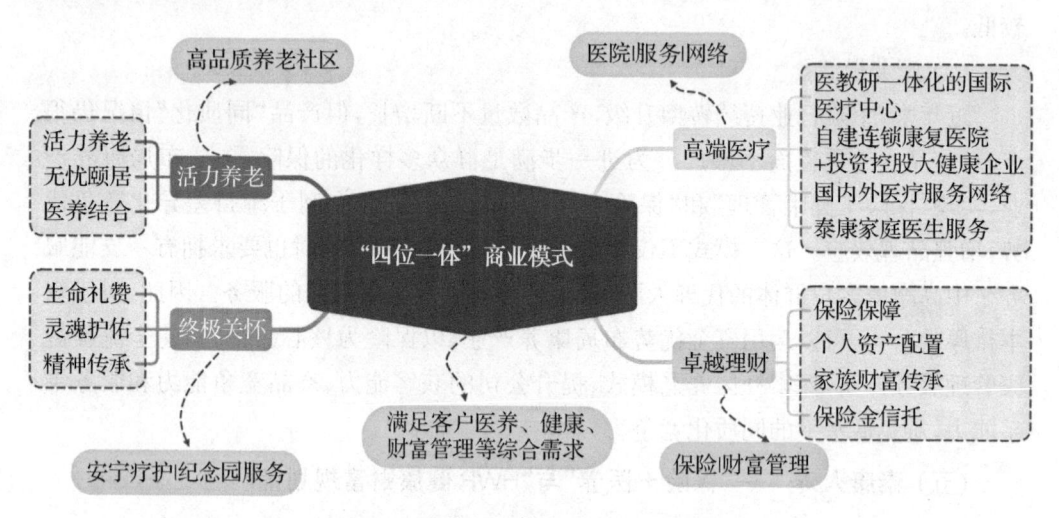

图6.3 泰康人寿"四位一体"商业模式

**2. 转型探索**

2007年开始，泰康开始进军养老产业的尝试，布局医养板块，最终形成深耕寿险产业链，打造大健康产业生态的全新战略。此外，还推出了泰康战略和创新商业模式、虚拟保险与实体医养相结合，从只卖保险产品到四个有约、四位一体产品全销售的全新体系。

面临个险渠道转型问题，泰康人寿保险公司采取了以下举措：推出泰康健康财富规划师（HWP），提供个人和家庭量身定制一站式和个性化的健康财富管理综合解决方案；与IBM合作，利用AI打造数据驱动型英才代理人体系；推出泰康人寿"微课堂"，代理人的移动学习管家等。

---

① 资料来源：泰康保险集团公司官网. https://www.taikang.com/about_cn.html.

(1) 泰康人寿 HWP 健康财富规划师。①

泰康人寿 HWP 健康财富规划师是泰康大健康事业的合伙人、未来金融的顶级标杆、面向未来的全新职业。他们跨健康、养老和财富管理三大领域,专业服务于高净值人群全生命周期和全财富周期,帮助人们应对长寿时代的挑战,满足人们全生命周期内对长寿、健康、富足的需求,为个人和家庭量身定制一站式和个性化的健康财富管理综合解决方案。最新数据显示,自 2018 年 10 月启动以来,如今 HWP 人力已突破万人。HWP 累计保费贡献 80 亿元,人均保费贡献已超过 30 万元,以公司 6% 的人力贡献了超过 30% 的保费"。泰康人寿针对 HWP 建立了完善的发展路径和晋升通道。HWP 拥有六大专属特权,尽享公司顶配资源:制度保障的专属《基本法》、高额的专属财务支持、助力发展的专属培训、专属奖学金、三位一体专属职场、最高规格的专属特权。

2018 年,HWP 项目正式起航,HWP 源于保险,更超越保险,是集保险顾问、全科医生、理财专家三位身份于一体,跨保险、健康养老、财富管理三大领域的综合型经营队伍,是金融行业的顶级标杆,是颠覆传统保险销售的全新职业。在泰康,HWP 享受顶级平台的全方位支持。教育培训中心+健康财富中心+大健康体验中心"三位一体"构成顶尖职场环境。清北有约等名校游学奖励培训,为 HWP 队伍拓展视野、拓宽圈层。有别于传统销售模式,泰康打造了独有的超级体验式营销、超级体验式增员、超级体验式培训的全新营销模式,为客户带来触手可及的极致体验。泰康为 HWP 提供高端专属培训和认证体系,携手顶尖院校,提供定制化、体系化培训课程。2020 年,健康财富规划师(HWP)正式获批国家职业资质,被纳入学校正规教育体系。

在行业观察中,泰康人寿 HWP 队伍衔接了"幸福有约"和泰康之家养老社区,形成协同效应。"幸福有约"是将保险产品与养老社区相结合的综合养老计划,面向中高净值人群,由一份保单和一份《泰康人寿保险客户入住养老社区确认函》共同组成。截至 2021 年年末,"幸福有约"累计销售件数接近 13 万件。自泰康保险布局大型养老社区以来,这种模式逐渐成为大型保险公司进军养老领域的主流思路,并以此形成对销售业绩的协同效应。②

(2) 医养布局。

我国正步入长寿时代,百岁人生时代到来,人人带病长期生存成为普遍现象,健康和康养产业将成为推动社会经济进步的重要产业。泰康方案的本质,就是把虚拟的保险和现实的"医养康宁"的服务相结合,打造长寿、健康、富足三个闭环,构造大健康生态体系,持续地关照人的全生命周期。泰康人寿积极推进"长寿时代、泰康方案"。

---

① 泰康人寿保险,泰康人寿 HWP 突破万人,2022 - 06 - 27. https://mp.weixin.qq.com/s/bqOzDWud1WMWuaqkdFcItA.
② 李致鸿.保险代理人应对转型新支点"保险+养老"模式先人一步?[N].21 世纪经济报道,2022 - 03 - 09(012).DOI:10.28723/n.cnki.nsjbd.2022.000909.

泰康之家是世界500强企业泰康保险集团旗下打造的世界级标准医养活力社区，是我国最大的高品质连锁养老机构。泰康之家已在全国布局24城，其中北京燕园、上海申园、上海锦绣府、广州粤园、成都蜀园、苏州吴园、武汉楚园、杭州大清谷等7地8家社区已经相继开业运营，入住居民超5000人。2021年12月18日，第九家社区南昌赣园正式开业。在2021年年底，开业的社区达到12家，每个社区配建一个二甲或以上康复医院，且纳入医保。未来将逐渐形成"一省两社区"的局面。客户可通过购买泰康指定的保险产品，获取入住资格（见表6.1）。

表6.1 购买指定保险，对接泰康养老社区入住标准

| 计 划 | 总保费 | 保证入住权数量 | 保证入住对象 | 优先入住对象 | 户型选择权益 | 保证入住权期限 |
|---|---|---|---|---|---|---|
| 计划一（青少版） | 100万元 | 1 | 被保人 | 投保人及配偶（2人） | 无特殊权益 | 80周岁前 |
| 计划二 | 200万元 | 1 | 被保人或投保人 | 被保人的父母及投保人配偶的父母（4人） | 无特殊权益 | 80周岁前 |
| 计划三 | 300万元 | 1 | 被保人或投保人 | | 享受优先挑选户型的权力 | 终身 |
| 计划四 | 500万元 | 2 | 投保人本人、父母、配偶、子女、配偶父母；被保人本人、配偶、子女中任意指定2人 | | 享受优先挑选户型的权力 | 终身 |
| | 优先入住权 | 优先行权对象 | 优先入住行权条件 | 优惠入住 | 优惠入住行权条件 | |
| 行权解读 | 投保人及配偶双方任意一方父母都可提前申请优先入住泰康之家 | 投保人的父母及投保人配偶的父母可行权一方父母 | 1. 保险合同有效（总保费达到最低100万元门槛）。2. 额外缴纳20万元入门押金 | 入住方的配偶入住养老社区的同一居室享受优惠入住的权益。1. 免收房屋使用费。2. 居家费用按照解释规定的标准减半 | 入住方已经行权，长期入住泰康养老社区 | |

2021年上线"泰家医"家庭医生服务，拥有超400名全职专业医生，7×24 h为客户提供一站式就医服务。"健保通"一站式理赔服务构成泰康人寿理赔一大特色。截至2022年，泰康"健保通"医院网络已超过2300家，覆盖全国31个省区市，300个地市。2019年，还推出住院免押金服务，消费者可在"健保通"住院免押金医院享受"先诊疗，后付费"结算服务，现已开通住院免押金服务医院200家。

泰康充分发挥医养布局优势,打造超级体验式营销。客户通过去医养实体参观、体验、感受,将传统保险顾问式销售的"听一听""说一说"向体验式的"看一看"转变,解决销售队伍展业的诸多痛点。此外,在体验式场景中,"现货"的养老社区和"期货"的保险都可以销售,改变了过去只面向单一或主流客户的局限,进而服务到整个家族,极大地拓展了销售业务的边界。

(3) 利用 AI 打造数据驱动型英才代理人体系。[1]

2021 年 6 月 5 日,IBM 与泰康人寿宣布,IBM 基于大数据分析与机器学习技术为泰康人寿量身打造的数据驱动型英才代理人招募管理体系已经成功上线,很快将应用到泰康人寿在全国的 36 家分公司、70 万营销人员。随着新体系的大规模应用,犹如"大海捞针"的高绩效代理人甄选不再是难题,这不仅能为泰康人寿更加科学地管理代理人生命周期打下基础,提升其服务于体验时代的人才管理水平,也能更好地支持集团"大健康生态战略"的落地。

IBM 企业咨询服务部帮助泰康人寿以数据分析为驱动,将目前以个人绩优经验为主的招募方式转换为以科学数据分析为基础的增员方法。以往的保险代理人比较依赖招募官的个人经验,招募数据未曾得到有效采集和挖掘,更难以持续赋能代理人的全生命周期旅程。新的方案可以帮助人力资源招聘团队以统一标准、无偏倚的方式从海量候选人中甄别出具有潜力的候选人,并将有关代理人行为特征、甄选反馈等数据进行输入和持续调优,从而越来越接近符合企业需求的甄选模式与成果;同时,通过原甄选问卷与代理人绩效数据的挖掘分析,为招聘团队提供包括面试建议等信息,促进有效沟通;另外,人才招募环节保留下来的洞察还可以为代理人后续的培训、评估、留存、吸引等全生命周期旅程的数据应用奠定基础。

(4) 泰康人寿"微课堂"——代理人的移动学习管家。[2]

2020 年 5 月,泰康人寿在代理人线上展业平台——泰行销 App 上线培训专区"微课堂",面对个、银、新三大业务渠道,搭建系统化的碎片学习资源体系,以随时、随地、随心的学习方式,打造业务队伍专属的自我成长平台。

线上培训平台"泰行销"App 以全场景线上学习方式,衔接代理人线下培训、展业增员、早夕会经营、训练通关等多种场景,为代理人的日常学习和工作提供更便捷、更高效、更务实的数字智能平台。"泰行销"致力于成为代理人遇到难题时,能即时解决问题的"知识百宝箱";团队早会学习时,能有效衔接补充的"专题资源库";队伍增员销售时,可直接赋能业务的视觉化"展业小助手"。这是泰康人寿首次开设线上培训专区,此举将有效降低培训与管理成本,提高队伍的销售技能、整体素质与留存率,是泰康人寿探索科技赋能业务,发力线上经营变革的一个有力举措。

---

[1] 资料来源:IBM 中国. 用技术领跑体验提升,IBM 助泰康人寿利用 AI 打造数据驱动型英才代理人体系(2021/06/06). https://mp.weixin.qq.com/s/RiuzzE3JX0mJaM-sMNmw6w.

[2] 泰康人寿保险. 泰康人寿"微课堂",代理人的移动学习管家. https://mp.weixin.qq.com/s/cHdbaIhYBhWv6z0bbjkGBA.

3. 经验借鉴

目前,在人口老龄化、疫情冲击、客户需求转变等背景下,要在个险渠道变局之中率先实现转型,寿险公司可尝试"保险+医养"的商业模式创新,利用好保险科技赋能,建设绩优代理人队伍。

(1) "保险+医养"模式。

人口老龄化时代背景下,国家不断优化养老产业整体布局并鼓励各行业积极促进养老产业发展,养老产业将迎来广阔的市场空间。在此政策导向之下,保险行业与养老医养产业融合发展成为趋势,寿险企业已经通过多途径参与养老产业并形成不同的参与模式。以泰康人寿为例,作为最早布局养老产业的险企之一,引领"保险+养老"商业模式创新,以重资产、长周期投资建设养老社区或服务实体;同时积极进军养老、医疗、终极关怀产业,推出"活力养老、高端医疗、卓越理财、终极关怀"四位一体的商业模式。目前,中国养老体系和产品主要为养老机构、养老社区(CCRC)、社区居家养老三种模式。其中,社区居家养老属于"相对高级的养老模式",可最大化地助力保险销售。同时,对于重资产模式的泰康,前期拿地,建设成本通常不会摊入运营公司,因此,运营收益空间更大。

(2) 保险科技赋能。

疫情之下,代理人展业停摆;复工复产后,防控工作仍然制约着日常经营节奏的恢复。一众保险公司纷纷加码"保险+科技",加快科技赋能业务部署,聚焦线上经营。疫情的暴发大大加速了保险培训线上化的进程,但这并非疫情期间的权宜措施,而是顺应销售模式变革的大趋势。代理人展业、培训、管理、服务的线上化转型对一家企业的信息化能力要求较高。疫情不啻为对保险公司线上业务水平的一次大考。线上资源储备充足、科技服务水平优良的保险公司将迎来更多机会。

线上微课堂解决展业增员痛点,实现培训赋能。受疫情影响,代理人展业受限,培训、管理等增员环节也缺乏线下场景支持。新人留存、绩优增员、主管晋升面临挑战。稳定队伍、保住队伍成为关键。保险公司可采取线上培训方式,聚焦代理人展业、增员、团队经营难题,聚焦新人、主管、绩优三支核心队伍,搭建线上培训课程体系,提升代理人的能力储备,调动代理人的积极性,稳定代理人队伍,为后疫情时期业务开展打好基础。

(3) 建设绩优代理人队伍。

企业要充分理解绩优代理人的培训诉求,只有针对不同保险销售从业时间、不同绩优路线的人员提供差异化培训,才有助于其拓业和快速成长。例如,泰康为 HWP 队伍打造的培训体系,不仅包含保险顾问培训,还涉及全科医生学院(GPA)、精英财富学院(ETA)医疗和财富管理项目培训,以及相关体验式培训、荣誉资质认证培训,为代理人提供更加专业化的学习内容。

## 二、中小型寿险公司及外资寿险公司

### (一) 大家人寿——"专属独立代理人"

**1. 公司介绍**

大家人寿保险股份有限公司(以下简称"大家人寿"或"公司")成立于2010年6月,总部设在北京。公司主要经营人寿保险、健康保险、意外伤害保险等各类人身保险业务,上述业务的再保险业务,以及经银保监会批准的其他业务。公司目前已开业的省级分公司共计19家,包括江苏、浙江、河北、广东、北京、上海、辽宁、黑龙江、山东、四川、湖北、河南、湖南、江西、吉林、山西、安徽、深圳、天津。大家人寿是大家保险集团旗下专业寿险子公司,通过集团综合化经营平台,为个人及团体提供涵盖生存、养老、疾病、医疗、身故、残疾等保障范围的多种产品,全面满足客户在人身保险领域的保险保障需求。

大家保险集团有限责任公司(以下简称"集团")由中国保险保障基金有限责任公司、中国石油化工集团有限公司、上海汽车工业(集团)有限公司共同出资设立,是一家综合性金融保险集团。截至2021年年底,集团境内外总资产1.13万亿元。集团以保险为主业,下设大家人寿、大家财险、大家养老、大家资产四家保险子公司和健康养老、不动产投资、科技创新三大赋能板块,为公众提供风险管理、健康养老和财富管理一揽子服务,满足人民群众各年龄段、各生活场景下的保障需求。集团以养老为核心战略,以服务型养老为战略突破口,通过布局城心医养、旅居疗养、居家安养等产品线,建立对标国际、符合国情、国内领先的多层次养老服务体系,为不同年龄长者提供从独立生活、协助生活到专业护理的一站式高品质养老服务。

集团各子公司在全国31个省区市设有60家省级分公司、1 400多家地市县级分支机构,机构数量位居行业前列。集团与国内各大型国有银行、股份制银行及部分城商行、农商行超过9万个网点保持长期良好合作关系。集团保险牌照齐全,除寿险、财险、养老险、保险资产管理外,还拥有保险代理、保险经纪、互联网医院和行业稀缺的第三方支付牌照,以及保险系私募股权基金管理人牌照,并发起设立了行业第一支不动产私募基金。

集团秉持"善心、公心、匠心"的核心价值观,践行"坚守合规、尊重规律、服务立司、专业立身"的经营理念,将坚定回归保障,回归本源,做一家负责任的保险公司,以"因责任而生,守护大家美好生活"为使命,致力于成为卓越的金融保险集团,服务大家百岁人生。①

**2. 转型探索**

(1) 新型组织架构。

大家以独立代理人为方向,发展新型个险代理人渠道,改变了以往以发展组织为

---

① 资料来源:大家保险公司官网。http://www.djbx.com/col/col88/index.html。

主线的模式。大家保险尝试让个险渠道回归保险销售本源,规避以往组织过于庞大导致的效率低下、分配不均等弊端。此外,独立代理人在一定程度上存在管理难题,大家保险没有完全放弃传统代理人组织,通过"合伙制"为独立代理人搭建扁平化的组织架构,并以合伙制的保险事务所形式呈现。

(2) 扁平化的分账方式。

大家保险实行扁平化的代理人分账方式。大部分现行保险公司"基本法"都规定了多层级的传统代理人组织架构,过多的销售层级导致底层代理人保费贡献与佣金收入严重不匹配[1],一线保险代理人承担了绝大部分销售任务,但大部分的佣金收入被发展组织的高层代理人收入囊中,进而造成代理人留存率低的问题。大家人寿的独立代理人模式通过扁平化的分账模式,改变传统的交易结构和分账方式,压缩传统的金字塔的组织层级,将利益分配机制与考核机制更加直观地向代理人倾斜,优先保证基层代理人收入,维持代理人队伍的稳定性。

除了组织架构的扁平化,大家人寿的独立代理人模式在内部管理上亦是扁平化。大家人寿承担作为保险公司的主体责任,提供培训和风控等支持。对独立代理人倡导的是合伙人精神,而不是上下级的关系。

(3) 数字化的专业支持体系。

大家保险正在积极研发"个险数字化平台"以支撑公司扁平化的独立代理人新模式,通过"端+平台"模式,连接代理人、客户、管理者,支持个险全业务流程。为代理人提供一站式营销服务,提升代理人的招募、培训、展业及客户服务等多方面的效率;为客户提供一站式自助服务,提供客户自助小程序,包含自助投保、自助核保函件处理、自助服务、自助保全与自助理赔等功能;为管理者提供实时看板,让管理者实时获知业务进展情况与分管区域的各项指标数据。

2022年,大家人寿以满足客户需求为出发点,进行传统柜面服务全面数字化转型,推出云柜面服务,运用生物识别、大数据、云技术等技术手段,打破空间限制,让以往只能临柜办理、复杂的高风险业务也可以通过线上办理,提升了服务效率,为客户带来全新线上体验。

大家人寿还与智保云合作,完成了全链路的产品投保和数据 API 对接,建立 MGA[2] 管理中台,实现了对 MGA 主体和众多销售机构的业务对接、接口互联、数据互通,构建了全流程的数据交互管理,为 MGA 业务的持续稳定发展提供了有力的技术保障。

---

[1] 杨帆.互联网解构代理人传统组织[J].中国银行保险报,2020.
[2] MGA(管理型总代理),是一种特殊的保险中介机构,指为保险人履行一部分管理和承保功能的机构。而后逐渐发展为一种特殊的代理模式,指保险人将其承保权限授权给一家代理人,代理人经授权后代理保险公司签订保险合同。MGA 的本质是保险市场成熟后产生的进一步细化分工,在保险产品端和保险渠道端之间进行匹配与管理,完善保险生态链中的运营与服务链条。

(4) 星河计划——健全代理人招募与培训体制。

大家人寿通过持续打造"招募、客经、训练和运营"四个生态化专业赋能体系，帮助独立代理人打造自身专业的形象和品牌，提升其专业能力。2021年4月，大家人寿推出"星链计划"，面向全国招募保险事务所合伙人和优秀代理人。2022年1月，大家人寿推出"星河计划"，旨在招募和培育高素质"白板"（即无保险从业经历者）代理人，从源头把控代理人质量。

大家人寿全面实施的"星河计划"，通过严格选材（坚持独代队伍高质量发展），与高校合作（深化普及保险基础知识），三方联考（学校、企业、保协三方联合严格实施人才选拔），招募并持续培养具备独代特征的个险代理人。大家保险致力于形成完善、科学的招募与培训体系，减小了以往行业内对有丰富销售经验和客户资源的老牌代理人的依赖。

为了培育具有大家基因的高质量代理人新人队伍，大家人寿通过标准化、系统化和场景化的培训体系，持续提升代理人的产能和收入。为此，大家人寿通过校企合作开展"三年五证"（三年考取健康财富规划师、退休养老规划师、家庭财务安全规划师、私人财富管理师和金融资产管理师五个证）专业资质认证。

2022年8月23日，大家人寿、国际信托与资产规划学会（STEP）与普益标准在北京举行战略合作发布会，为大家人寿的独立代理人学员提供为期6个月的线下培训和考试。这是STEP首次与国内保险公司合作，大家人寿选拔出的首批40位独立代理人将参与此次培训，结训后通过考试成为全球认证的STEP会员。[①]

(5) "保险＋养老社区"。

大家人寿积极参与"保险＋养老社区"业务模式。大家人寿以养老业务为核心，开展保险进社区服务，策划养老社区建设的成熟方案。采取一个代理人扎一个点的策略，培养社区潜在客户的信任感；开展公益宣讲，将重点放在唤醒社区的养老意识上；以客户为中心，将目标客户锁定为老人的子女；积极参与社区改造，营建养老基础设施。

大家保险集团还先后推出"城心养老""海外养老""旅居养老"三大养老产品线。"城心"产品线已在北京市中心布局3个高品质养老社区，2个嵌入式护理站，可提供床位超过1500个。"城心养老"致力于在一线城市核心区建设以"临近医疗、亲近子女、更近人间烟火"为特色的CCRC（持续照料养老社区），为长者提供从独立生活、协助生活到专业护理的一站式高品质健康养老服务。"海外"产品线已提供高品质CCRC养老社区23个，养老床位近4000张。"旅居"产品线已全面启动三亚、杭州、黄山、北戴河等地的项目规划，长期居住的门槛总保费200万元，旅游式短期居住的门槛总保费25万元。

---

① 喻观财经.大家人寿独立代理人：轻舟正过万重山.2022-08-25.https://mp.weixin.qq.com/s/cYL5bw4YIgbuEFKksAyURA.

(6) 未来转型方向。

大家保险认为,独立代理人模式本质上的价值在于:其一,通过去除层级,调优费差,在公司整体投入,以及客户、队伍、公司三者之间的利益分配上,寻求最优模式,破除行业近年来多投、超投导致投产恶化,以及通过损害交易对象利益实现保费增长的恶性循环;其二,通过招募、培养专注于销售的保险代理人(独代),为客户提供长期、优质的服务,回归行业本质、改变行业口碑。

基于上述两点,代理人队伍建设必然向高素质、高产能、职业化、专业化、数字化的方向发展。同时,在人口红利消失、客户需求细分的大趋势下,很难再出现大规模的组织,新的组织特征必然是去中心化、小组织、高产能、高收入。因此,在未来大家保险也会继续朝着独立代理人的方向进行个险渠道转型的探索。

3. 经验借鉴

研究表明,在完全竞争市场下,企业比较倾向选择独立代理;在垄断性竞争市场下,制定较高价格的企业比较倾向选择共同代理,制定较低价格的企业比较倾向选择独立代理,显然,我国的寿险市场不是一个完全竞争市场,更像是一个垄断竞争市场[①]。出现这种倾向的原因是制定较高价格的企业具有支付给代理人较高报酬的优势,所以它会选择共同代理以获得规模经济,而制定较低价格的企业不具有支付较高报酬的优势,所以它宁愿选择独立代理。大家保险在寿险市场上占有一席之地,但正如上文分析的那样,在一超多强的寿险市场格局下,大家保险可能并不具有制定较高价格的能力,故而选择独立代理人模式具有合理性和比较优势。

因此,大家保险个险渠道逻辑值得借鉴之处在于:市场份额较低的中小型保险公司面对个险渠道转型应当具有充分的勇气与毅力,同时还应具备富有前瞻性的眼光。大家保险正是看中了独代模式的可行性与未来性,才在个险渠道改革转型中闯出了自己的道路,形成了自身的独代模式与特有的竞争力。独立代理人模式具有扁平化的组织架构与更向基层代理人倾斜的佣金分配制度,相比于传统个险代理人模式其优势明显,具有很大的复制推广价值。同时我们还要看到,独立代理人模式当前在我国全面推广还面临重重阻碍,一是传统代理人模式尾大不掉,难以在短期内形成有效的转变;二是由于独立代理人模式在扁平化组织下难以实现招募的效率与质量兼顾,使其在运行初期本身存在一定的难题造成转型过程较为困难,这都是该种模式未来发展值得思考的地方。

## (二) 友邦人寿——"营销员3.0"

1. 公司介绍

友邦保险控股有限公司及其附属公司(统称"友邦保险"或"本集团")是在香港联合交易所上市的人寿保险集团,覆盖亚太区内18个市场,包括在内地、香港特别行政

---

① 张帅.市场结构与企业的选择:共同代理,还是独立代理[J].东岳论丛,2017(3).

区、泰国、新加坡、马来西亚、澳洲、柬埔寨、印度尼西亚、缅甸、菲律宾、韩国、斯里兰卡、中国台湾、越南、文莱、澳门特别行政区和新西兰拥有全资的分公司及附属公司，以及印度合资公司的49%权益。

友邦保险提供一系列的产品及服务，涵盖寿险、意外及医疗保险和储蓄计划，以满足个人客户在长期储蓄及保障方面的需要。此外，本集团亦为企业客户提供雇员福利、信贷保险和退休保障服务。集团透过遍布亚太区的庞大专属代理、伙伴及员工网络，为超过3800万份个人保单的持有人及逾1600万名团体保险计划的参与成员提供服务。

截至2020年12月31日，集团总资产值为3260亿美元。2019年7月，友邦保险位列《财富》世界500强榜单第388位。2020年3月，友邦保险入选2020年全球品牌价值500强第95位。2021年《财富》世界500强榜单出炉，友邦保险再次上榜。据排行榜显示，友邦保险以503.59亿美元营业收入排名第213位，排名较上年提升37位。友邦人寿保险有限公司（简称"友邦人寿"）是友邦保险有限公司全资持股的寿险子公司，统一经营友邦保险在内地的寿险业务。友邦人寿拥有专业的保险营销员队伍，并通过多元化销售渠道，为客户提供人寿保险、健康保险、意外伤害保险等各类人身保险业务。

友邦保险于1992年在上海设立分公司，是改革开放后最早一批获发个人人身保险业务营业执照的非本土保险机构之一，也是第一家将保险营销员制度引进国内的保险公司。2020年6月，友邦获批将友邦保险有限公司上海分公司改建为友邦人寿保险有限公司。2020年7月，友邦人寿正式成为内地首家外资独资人身保险公司。①

2. 转型探索

（1）营销员2.0：十字路口的抉择。

友邦在1992年率先将保险代理人制度带到了大陆，推动了现代保险业在大陆市场的第一次革新。2010年前后，被同行大量复制并得以快速发展的营销员制度，出现了阶段性问题，也让保险营销员制度站在了十字路口。原本以精英模式被引入的营销员制度，因行业的"粗放式"增长而转向了低门槛的"人海战术"。营销队伍出现了知识结构、社会观念乃至素质参差不齐等负面情况，保险行业对于年轻客户群体以及精英客户群体的影响力开始下降。作为制度开创者的友邦保险，重新审视营销员制度的下一步发展。面对行业的发展瓶颈，友邦保险清楚地意识到，需要注入新的力量，通过提高营销员的整体素质，来夯实营销员制度的发展基础。

2010年，友邦保险开创性地推出"卓越营销员策略"以及营销员2.0方案，重新定义营销员渠道的成功标准，高度重视品质发展以及从招募、培训到专业发展等各个阶段对营销员素质的培养。通过加大投入来打造"职业化、专业化、信息化、标准化"的"四化"营销员队伍和营销管理团队，一是规范营销员的行为，扭转大众对保

---

① 资料来源：友邦人寿官网．https://www.aia.com.cn/zh-cn/aia.html．

险营销员的刻板印象,提升该职业的社会地位;二是为我国保险行业的发展提供新的源动力,培养一批高素质的保险营销员。营销员2.0方案的推出,无疑是营销渠道的二次革命、一次营销员的重要优化,也成功塑造了友邦保险在行业内"保障专家"的角色。

(2)营销员3.0:把注意力转移到客户价值上来。

如果说营销员2.0制度最重要的是重整营销员队伍,重塑营销员专业化、职业化的精英形象,营销员3.0方案则是将卓越营销员的标准转移到客户价值上来,再度定义营销员在服务和陪伴客户中的新角色。

2015年,保险营销员人数急速回升以及保费增速放缓等,令庞大的营销员群体又一次面临来自行业竞争、个人发展的挑战。为了应对行业的快速变化,在行业转型升级的关键时刻,2018年,友邦基于"新五年计划"推出创新的渠道建设方案,从营销员2.0升级到3.0,更加强调提供高品质、专业、有温度的服务体验,友邦保险营销员由过去的"保障专家"升级为"健康管理伙伴"。从1.0、2.0一路走来,营销员3.0制度将客户体验作为衡量渠道品质的标准,以价值观与专业能力作为营销员培养的两大抓手,倡导"以信为本、点燃希望、为爱奔跑"的核心价值观,并将其作为卓越渠道建设的文化基础,同时,通过推进规模增员精英化、经营管理系统化、销售顾问专业化、客户服务标准化、作业平台数字化策略,全面重塑卓越营销员标准。

提高营销员准入标准是提升渠道质量的第一步,友邦将"营销员渠道优质增员"作为基本战略,逐步实现标准化全流程线上招募管理,通过线上调研系统对新人成长进行全方位调研,助力培训升级。专业是友邦的立身之本,通过标准化客户开拓体系和营销员服务标准评级,友邦不断完善销售体系,建立服务标准。通过提供优质的培训,使营销员学习更多金融、健康、法律、税务和管理等多方面的知识,促进营销员升级成为集"保障专家"和"健康管理伙伴"于一身的专业顾问;同时,友邦致力于通过成熟的发展体系,成为营销伙伴信赖的"创业"平台,将卓越营销员培养成为具备领导力的"保险企业家"。

(3)数字化转型。

目前公司在集团的TDA(技术、数字、分析)战略下从销售及服务、招募培训、管理及评估中构建了营销员渠道全数字化业务生态体系,以促进内部管理团队的细化和客户服务的专业化。基于AI技术,为营销人员定制了AIRolePlay(客户角色仿真演练)营销人员培训工具,收集了数据模型分析,为客户和营销团队提供更高层次的服务和指导,提供丰富、便捷、高效的学习形式,实现"千人千面"。

公司目前新单电子化投保率超过99.9%,理赔电子化率超过98%,保全电子化率超过85%。新单自动审核率突破70%,保全自动审核率突破90%,理赔自动审核率超过17%,电子化理赔最快时效仅需1分钟;电子回访使用率超过86%,电子回执使用率超过99%。主要的数字化工具包括销售及服务渠道的赢家拓客、NBS、爱投保、爱服务;招募及培训渠道的赢家友约、赢家启航、AIA U在线;管理及评估渠道的赢家

365个人版、主管版、内勤版。

（4）合理性分析。

优秀的保险销售团队，不是简单粗暴的"人海"，而应该是有修养、有专业能力、有信仰的一群人，寿险还是应坚持服务为本、品德素质为本的原则。同时，由于市场存在边际效应，最早的一批营销员对于企业来说是很重要的。开业初期营销员的素质，基本上决定了一个公司未来的基调，寿险营销归根结底还是人的问题。正如友邦江苏代表所说："前期的文化策略和思想积累是带动后期爆发性增长的源动力。一定要坚定基础建设，尤其是个人服务能力和专业服务思想的建立。人员素质直接决定业务品质，这是我这些年来最深刻的感受，这其实也是很多人关于企业持久经营发展的思考"。

三四十年的寿险业高速发展表明，营销员这个群体值得尊重、这个职业值得耕耘，但角色定位需要重新定义，需从"销售"进化到"规划师＋伙伴"。"从 0 到 1"，到"从 1 到 N"的新阶段，寿险市场"低垂的果实已经摘完了"，营销员模式的关键在于队伍能力的升级迭代，而优质招募后的新人留存正是渠道高质量发展的"源头活水"。在友邦人寿首席执行官张晓宇看来，在寿险市场的初级阶段、理念培育期，营销员更多承担知识普及、产品销售的功能，让保险这个舶来品走进了千家万户，营销员群体功不可没。但是，随着营销队伍的不断扩容和壮大，今天的寿险市场走过荒蛮几经转型。保险消费者也进入客户主权时代，其发展逻辑已然转换：从保单拥有而言，"从 0 到 1"到"从 1 到 N"，必然需要更理性专业的保险方案，更强调"保险规划"，单纯的推销走不通了；从客户更深层次的需求来说，除了事故发生后的保险赔款，更需要日常高频的保险服务，深入客户生活的场景，尤其是在健康养老方面的多元诉求，更需要"长情的陪伴"。因此，友邦的转型方向具有其合理性，市场环境和客户需求变化都对营销员角色定位提出了新的发展要求，这是营销员必须要直面的新命题。挑战自我迎难而上，才有可能成就营销员发展真正的长期主义。

3. 经验借鉴

（1）积极践行国家战略，坚持保险服务人民。

在 2018 年发布的新"五年计划"中，友邦将建设"中国最受信赖的保险公司"作为自己的愿景，"信赖"是友邦的立身之本。2019 年是友邦成立 100 周年，友邦就像一条大河，源头是外资，但流到今天，已经完全融入我国大地。友邦中国的员工基本上是本土招募、本土培养，友邦中国的营销员以中国用户为中心。不管是过去、现在还是将来，友邦都和中国密不可分。

中国不仅是友邦的发源地，更是至关重要的市场。长期以来，友邦为这片土地的人民提供保险保障，助力保险业在中国健康、繁荣发展。习近平总书记在党的十九大报告中指出："实施健康中国战略。人民健康是民族昌盛和国家富强的重要标志，要完善国民健康政策，为人民群众提供全方位全周期的健康服务。"在"积极发展商业健康保险,丰富健康保险产品"被明确列入《"健康中国2030"规划纲要》的背景下,作为大健康领域的重要一环,商业保险对社会保障体系的补充作用正愈发凸显。友邦积极响应国家战略,依托人民群众不断增长的健康和保障需求,致力于倡导健康生活,并与客户一起付诸行动。通过潜心构筑的健康生态圈,友邦保险为中国人民享受"更健康、更长寿、更美好的人生"保驾护航。

(2) 坚持本土化理念,致力于成为行业贡献者而非市场占领者。

友邦整体的发展文化一直是强调对社会的价值、贡献,其能在全球130多个国家设立分支机构,最大的成功点便在于本着本土化的发展理念,深刻理解领悟当地的文化与政治体制,将对当地社会的价值与贡献作为友邦设立的初心,做每一份业务时都会去了解其背后能为消费者、为社会带去什么。由于疫情的冲击,未来各行各业的变革会更加迅速,未来人们的工作会更加聚焦于服务。保险业处于现代服务业的顶端,未来随着社会财富的进一步积累,对于保险的专业服务需求也会越来越大。

(3) 全面重塑卓越营销员标准,坚定打造营销员渠道的良性循环。

提高营销员准入标准是提升渠道质量的第一步,友邦始终将"营销员渠道优质增员"作为基本战略,逐步实现标准化全流程线上招募管理,通过线上调研系统对新人成长进行全方位调研,助力培训升级。专业是友邦的立身之本,通过标准化客户开拓体系和营销员服务标准评级,友邦不断完善销售体系,建立服务标准。通过提供优质的培训,使营销员学习更多金融、健康、法律、税务和管理等多方面知识,促进营销员升级成为集"保障专家"和"健康管理伙伴"于一身的专业顾问;同时,友邦致力于通过成熟的发展体系,成为营销伙伴信赖的"创业"平台,将卓越营销员培养成为具备领导力的"保险企业家"。

(4) 聚焦专业渠道,做好差异化,减少同质化竞争。

友邦是一个营销驱动的公司,营销是公司的特长。未来如何切入以客户为核心的发展理念上,并以此来规划公司的精英体系是其努力的方向。友邦的精髓正是其最具差异化,也最富竞争力的卓越营销员渠道,正如其年报中所称:卓越营销员渠道和数字化革新举措继续成为逆势成长的强劲引擎,这是友邦的独特差异化发展道路。未来在对保险消费者的差异化需求有了更准确的把握之后,更多的保险实体就能在其中找到适合自己同时符合客户需求的领域,实现自己的差异化经营模式,从而减少行业的同质化竞争。

(5) 强调服务的重要性,以提升客户价值为标准。

友邦所做的代理人3.0转型全面围绕新人发展、产能提升、主管发展三个核心方向进行升级,重新定位了营销员服务和陪伴客户的新角色,以客户服务为核心价值驱动业务发展,实现差异化服务。友邦南京代表在座谈会中提到:"希望未来我们的营销员出现在客户面前时,不是因为我们比其他公司便宜,或者我们的产品比其他公司多一点收益,而是希望让客户看到我们背后强大的养老和医疗服务体系,能够切实帮助客户解决保险购买之后可能发生一些事情的顾虑。这是我们认为3.0改革过程中成败的关键点。"

（6）坚持长期主义、内涵质量与价值的可持续发展之路。

对于友邦保险而言，坚持正道，坚守品格，是企业百年常青的根本，不与同行比拼市场份额和规模，而是比较内涵质量与价值，才是可持续发展之路。企业需要根基的建设，尤其是在人才培养方面。坚持长期主义，即对人的思维能力、专业能力的培养是一个循序渐进的过程，需要长期的积累。

（7）坚持"以人为本"，给予营销员足够的关怀。

友邦始终将人的成就放在第一位，将每个营销员都视为未来的企业家、成功者，加以潜心打造、培养，给予关怀。不将其单纯地作为拉保费的工具，而是希望帮助每位营销员实现其对客户的承诺。打造他的人品，成就他的事业，从而让他感觉到在友邦是正确的选择，形成独特的以奋斗者为本、以人为本的文化价值。正如友邦江苏的沈总在调研访谈中提到的那样："其实，每个管理者内心最大的追求应该就是把这些相信这个行业、相信这家企业的人变成这个行业中的中流砥柱，让其成为社会认可的标杆。未来对人的关怀中最重要的就是让这些营销员、从业者觉得在保险领域是自豪的、有成就感的，这也是友邦整个精英体系中的特色之一。"

### 三、我国台湾地区寿险营销模式

我国台湾地区 2020 年人寿保险保费收入 9 167.33 亿新台币，其中寿险公司本身行销体系的收入为 3 545.50 亿新台币，占比 38.68%；银保渠道收入为 4 792.77 亿新台币，占比 52.28%；传统保险经纪人、保险代理人渠道收入为 829.06 亿新台币，仅占 9.04%。由图 6.4 可以直观看出，银保渠道与寿险公司直销渠道是台湾地区寿险销售的主要渠道。此外，近年来台湾地区银保渠道较为稳定，寿险公司直销渠道略有下降，而保险经纪人与代理人销售渠道呈现小幅增长。

单位：百万新台币

| | 寿险公司 | 银行经代保代 | 传统经代保代 | 合计 |
|---|---|---|---|---|
| 2016年 | 553 776 (42.01%) | 653 816 (51.46%) | 82 929 (6.53%) | 1 270 520 |
| 2017年 | 524 555 (41.62%) | 655 912 (52.02%) | 80 177 (6.36%) | 1 260 644 |
| 2018年 | 530 871 (38.48%) | 760 885 (55.13%) | 88 055 (6.39%) | 1 379 811 |
| 2019年 | 498 064 (39.09%) | 683 140 (53.57%) | 93 484 (7.34%) | 1 274 688 |
| 2020年 | 354 550 (38.68%) | 479 277 (52.28%) | 82 906 (9.04%) | 916 733 |
| 成长率 | −28.81% | −29.84% | −11.32% | −28.08% |

图 6.4　我国台湾地区 2020 年保费收入渠道占比　数据来源：台湾地区人寿保险商业同业公会

截至 2020 年年底,台湾地区寿险注册业务员共 396 224 人,较上一年度增长 1.47%,寿险公司营销员、经纪人与代理人分别占比 57.38%、21.51% 和 21.11%。保险经纪人近年增长率为 3.52%,相较于代理人和寿险公司营销员的增长更快;在 2020 年,保险经纪人注册人数在近五年中首次超越代理人。另据台湾地区人寿保险商业同业公会的统计数据,台湾地区寿险注册业务员中专职与非专职人员的比例维持在 1∶1.1 左右;从年龄结构上来看,有一半以上集中在 25~45 岁;从性别结构上看,2019 年度台湾地区人身保险女性注册业务员占比超过 65%;从受教育程度上看,2019 年度人身保险业务员中拥有大学及以上学历的业务员占比 50% 以上,且 2019 年新注册的人身保险业务员超过 60% 是大学及以上学历,其中大学学历的新注册业务员相较于 2018 年增长 3.77%,研究生学历的新注册业务员更是增长了 16.86%,专科及以下学历的新注册业务员均呈负增长。

相较于大陆而言,台湾地区寿险销售渠道转型开始较早。20 世纪 60 年代初,台湾开放民营保险公司的设立,早期的台湾保险营销员准入门槛很低且管理粗放,营销员主要通过缘故进行展业,随着 80 年代台湾开放外资保险公司准入,寿险营销竞争环境开放导致竞争日益激烈,传统的缘故营销不再适应发生变化的台湾寿险市场。从 20 世纪 90 年代初开始,台湾地区寿险业开始进行营销员制度改革,内容包括严格寿险营销员资格考试,完善教育培训体系,将营销纳入台湾地区《保险法》的监管范畴并颁布监管条例等。进入 21 世纪,随着台湾地区《金融控股公司法》与《银行保险业合作申请推广》等相继颁布,寿险业开始进入银保合作时代,同时银行、证券等竞相投资成立保险经纪代理公司[1](陈晓红、洪灿楠;李葆芳)。

台湾地区目前主流的寿险销售方式是通过银保渠道销售,在个险销售渠道中,寿险公司注册业务员也占据很大比重,也就是说台湾地区个险营销体系是以员工制为主,营销员注册为寿险公司的员工,只销售该公司的寿险产品并接受该公司规章制度的约束。代理制向员工制转变是台湾地区寿险营销制度改革的主要内容之一,可以提高寿险销售员待遇,有效减少寿险营销员队伍脱落,增加留存率,同时也可规范营销员行为,提升业务员的专业水平,但向员工制的转轨也导致寿险公司经营成本的上升,所以近年来代理人与经纪人渠道规模呈现出一定程度的扩大。

由此我们可以得到的启示是,其一,加强寿险从业人员尤其是销售人员的教育培训,并保持教育过程的持续性与实用性,健全寿险营销人员管理规则,完善考核体系,对于考核不合格的从业人员应当依据管理规则中止其业务;其二,优化寿险销售队伍结构,提高大学及以上学历从业人员的比重,招募并培养专职人员;其三,代理制向员工制的转轨不失为个险营销渠道转型的重要方向,有助于减少寿险营销人员的脱落,增强寿险行业长期发展的内在动力。

---

[1] 陈晓红,洪灿楠.我国台湾地区寿险营销渠道的演进与选择策略[J].保险研究,2008(06):90-95;李葆芳.中国台湾地区寿险营销员制度改革及启示[J].中国保险,2012(10):56-64.

## 第二节 国外个险渠道转型探索与经验总结

目前,我国大型保险公司大多以个险代理人渠道为核心渠道,部分中小保险公司则相对更依赖保险中介渠道。为探求我国个险渠道转型路径,不可避免地需要学习了解国外个险渠道发展现状及路径。保险中介起源于西方保险业发达国家,经过漫长的发展时期,现已发展得较为成熟且各具特色,在国外保险市场发展中发挥着重要作用。总体而言,目前主要有三种不同的保险中介模式:以美国为代表的保险代理人与保险经纪人并存;以英国为代表的以保险经纪人为中心;以日本为代表的保险代理人直销体系以及特色的代理店模式。以下将就美国、英国、日本三种典型的个险营销模式展开详细论述,并将其与我国当前模式与转型探索进行多个维度的对比与总结。

### 一、美国

美国的个人寿险销售渠道主要分为独立保险代理人、专属保险代理人、直销渠道和其他渠道,其中独立保险代理人可以代理数家保险公司的业务;专属保险代理人只代理一家保险公司的业务;直销渠道是客户直接通过保险公司柜台购买产品以及通过电话、邮件、互联网等手段进行直接销售,不包括代理公司的直接销售;其他渠道则包括金融机构(银行、证券公司等)、工作地点的保险销售柜台等。据美国寿险行销调研协会(Life Insurance Marketing and Research Association,LIMRA)的美国个人人寿保险销售调查显示,美国个人寿险销售以独立保险代理人为主,占比约50%;其次是专属代理人,占比39%,综合来看,美国个人寿险销售渠道中代理人居于主体地位,且近年来较为稳定(见图6.5)。

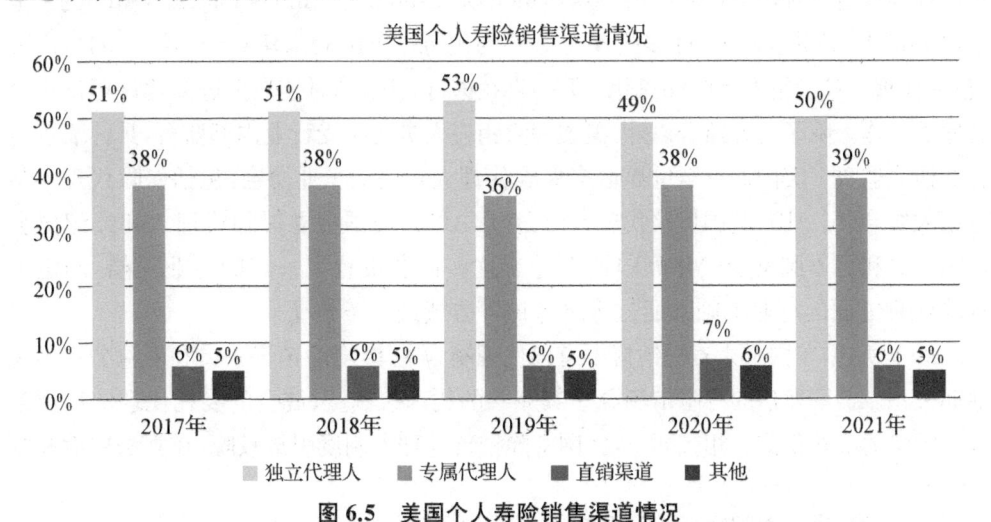

美国个人寿险销售渠道情况

| 年份 | 独立代理人 | 专属代理人 | 直销渠道 | 其他 |
|---|---|---|---|---|
| 2017年 | 51% | 38% | 6% | 5% |
| 2018年 | 51% | 38% | 6% | 5% |
| 2019年 | 53% | 36% | 6% | 5% |
| 2020年 | 49% | 38% | 7% | 6% |
| 2021年 | 50% | 39% | 6% | 5% |

图6.5 美国个人寿险销售渠道情况

数据来源:Insurance Information Institute

美国个人寿险分销渠道中，代理人与经纪人扮演着极其重要的角色，两者都被称为生产者(Producer)，区别在于：一般来说代理人代表保险公司而经纪人代表购买保险的客户，但在实际业务中两者的界限不明确。除了为传统保险公司工作或代表传统保险公司的代理人和经纪人外，还有剩余业务代理人/经纪人（Surplus Line Agent/Broker）。在美国，某州内所有的保险业务必须首先提供给一家获得该州政府执照或批准在本州营业的保险商，如果遭到该保险商拒绝，再提供给其他保险商（被称为剩余业务保险商），类似于招投标的过程。从事这种剩余保险业务的代理人/经纪人则被称为剩余业务代理人/经纪人。

从美国保险代理机构的层级设置来看，依次为总代理人、分代理人和个人代理人。总代理人一般是保险代理公司，在保险公司的授权范围和区域内开展业务活动；分代理人则是直接由保险公司设立的代理机构，其经理是保险公司的雇员，其全部费用由保险公司支付；个人代理人则是由个人与保险公司签订代理合同，独立开展业务活动、承担费用并赚取保险公司的佣金[①]。

根据美国联邦及各州规定，代理人必须接受相关的培训，完成规定的课程且受教育量必须达到规定课时，而且保险代理人必须向监督官提供所完成的课程的书面结业证明，否则不得执业。美国保险代理人的保险业务培训体系分为多个层次：学院培训，由学院为保险代理人提供相关的保险知识培训；专业机构培训，即由专业机构提供专业化较强的培训，保险代理人可以自己选择是否参加；此外，保险公司也为员工提供相应的保险知识培训[②]。

关于美国保险销售人员的监督，Insurance Information Institute 网站上介绍：保险业务由各州监管，保险代理人和经纪人必须获得其开展业务所在州的许可。要获得许可则必须遵守国家的要求，包括专业教育要求，还有关于保险公司终止代理人的规定。在全美保险监督管理协会(National Association of Insurance Commissioners, NAIC)的示范法(Model Law)的基础上，许多州还有额外的规范。美国尚未建立全国统一的生产者（包括代理人和经纪人）许可证制度，但一直在进行尝试，同时还在推进简化许可证审批程序的工作。除了官方监督以外，美国保险销售人员还接受行业内部监督，具体表现为行业协会监督。美国拥有全世界最多保险代理人相关的行业协会，包括保险代理人与经纪人协会(CLAB)、美国保险代理人协会(IYAIA)、美国独立保险代理人和经纪协会(IIABA)和百万圆桌会(MDRT)协会等。这些协会设置了一定的专业门槛，制定了保险代理方面的行业细则并通过等级考试等方式进行考核[③]。

综上所述，美国个人寿险销售渠道以代理制为主体，寿险销售人员和寿险公司不是雇佣关系。美国发达的寿险市场源于其完善的代理人制度、健全的委托代理法律体系以及大量的实践积淀。相较而言，我国寿险销售代理人制度引进较晚，在立法层面和制

---

① 晋玉建.美国保险代理制度及其对我国的启示[J].财会月刊,2005(18):70-72.
② 同上引.
③ 李珺真.美国保险代理人市场经验对中国保险代理人市场的启示[J].中国保险,2021(09):17-20.

度建设层面缺乏实际经验,代理人法律地位尚不明晰,寿险代理人处在代理制和雇佣制之间的交错混乱状态。所以,国内寿险业要推动个险渠道转型必须加强顶层设计,建立健全委托代理相关法律体系,明确委托代理关系与雇佣关系的法律界限。

## 二、英国

英国寿险业历史悠久,是世界上发展最成熟的寿险市场之一,statista 数据统计显示,英国 2020 年寿险直接保费收入居欧洲第一,是欧洲最大的人寿保险市场。截至 2019 年,英国人寿保险业务的市场份额占英国保险市场总量的 70%以上。英国寿险市场的集中度在欧洲相对较低,2020 年英国保费收入排名前三的寿险公司为法通(Legal & General)、英杰华(AVIVA)、保诚(Prudential),保费收入分别为 633.2 亿美元、625.8 亿美元和 559.7 亿美元,较为接近。

英国寿险销售渠道分为三种:直销渠道、代理人渠道和经纪人渠道,没有银行渠道和其他渠道。英国寿险营销渠道的最大特点在于其经纪人渠道相当发达,占所有渠道比重约为 70.0%,远超其他主要的欧洲寿险市场。此外,英国寿险销售的直销渠道占比略高于代理人渠道(见图 6.6)。

| 年份 | 直销渠道 | 代理人渠道 | 经纪人渠道 |
|---|---|---|---|
| 2015 | 21.0% | 11.0% | 68.0% |
| 2016 | 24.0% | 7.0% | 69.0% |
| 2017 | 18.0% | 9.0% | 73.0% |
| 2018 | 20.0% | 9.0% | 71.0% |
| 2019 | 16.0% | 15.0% | 69.0% |

图 6.6 英国寿险 2015—2019 年分销渠道情况

针对英国寿险销售市场上经纪人渠道"一家独大"的局面,有学者做出如下解释:其一,英国保险经纪人先于代理人出现,历史悠久且市场完善,而且劳合社在英国保险市场上具有举足轻重的地位,根据其商业习惯,劳合社内各种保险合同的签订及成立的相关事项必须由保险经纪人来安排,久而久之英国社会形成了由保险经纪人提供保险服务的习惯;其二,英国于 1986 年颁布的《金融服务法》开始推行"两极化"原则,即中介人必须在经纪人与代理人中任选其一,不能兼任,且代理人只能依附于一家寿险公司并为之代销寿险产品,即成为专属代理人,而经纪人却可以销售几乎所有寿险公司的产品[①]。

英国于 1977 年颁布《保险经纪人注册法》(*Insurance Brokers(Registration) Act 1977*),要求所有保险经纪人都必须在保险经纪人注册委员会注册,同时接受教育培

---

① 唐金成,唐思.发达国家保险中介市场比较及经验借鉴[J].西南金融,2017(02):71-76.

训并通过相应资格考试;制定保险经纪人行为准则,规定理事会与纪律委员会的监督职权,并配套一系列纪律处分条例。随着英国保险业的发展和经纪人队伍的壮大,《保险经纪人注册法》被废除,保险经纪人注册委员会也被撤销,当前的英国保险经纪人受到 2000 年颁布的《金融服务和市场法》(*Financial Services and Markets Act 2000*)的约束以及金融行为监管局(Financial Conduct Authority,FCA)的监管。此外,英国的保险经纪人行业自律监管手段也较为发达,英国保险经纪人协会(British Insurance Brokers' Association,BIBA)与英国政府、主要保险公司和其他相关组织保持密切联系,帮助保险经纪行业建立公平、公正和可行的监管制度。BIBA 内部有健全的保险经纪人行为规范指南、保险经纪人评估体系,同时还拥有保险经纪人教育培训、测试平台[①]。

综合美英两国寿险销售渠道及保险中介人(代理人和经纪人)制度情况来看,在寿险销售领域的宏观监管之外,还要附加一层行业自律监管,同时在一定程度上放松宏观约束并严格行业自律规范,让寿险销售人员的监管更加符合市场规律。我国需要在现有基础上建立更加组织严密、行为有序、制度健全的寿险行业协会,由协会在寿险销售人员的行为监督、资格审查、教育培训、准入考核等方面承担更主要的责任。

### 三、日本

如图 6.7 所示,根据日本生命保险协会的统计数据,2020 年度日本寿险注册营业员数量为 248 601 人,比上一年度增长了 4.9%,连续六年呈增长态势;代理店方面,法人代理店数量逐渐减少,2020 年度为 33 114 家,相较于上一年度减少了 2.5%,2020 年个人代理店数量为 48 692 家,连续六年减少,代理店使用人数也连续三年减少。

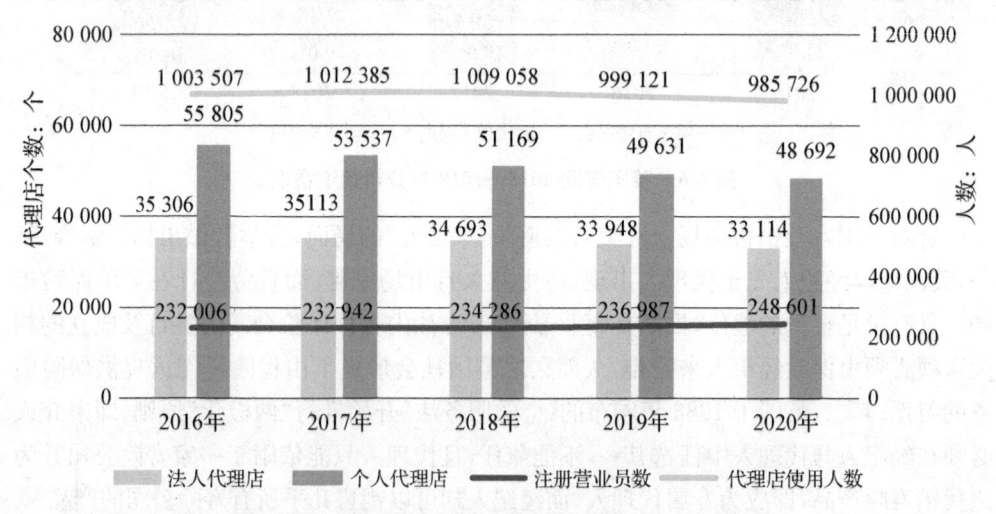

**图 6.7 日本寿险业 2016—2020 年经营渠道基本情况**

数据来源:日本生命保险协会

---

[①] 主要内容来源:BIBA 官网、FCA 官网、英国保险协会(ABI)、legislation.gov.uk.

日本寿险公司的营业体制分为两种，一种是寿险公司在日本全国配置的分公司之下组织设立营业部门，并由该部门所属的营业职员负责进行募集和提供寿险服务；另一种则是由与寿险公司签订委托代理合同的代理店开展寿险营业活动，代理店又分为个人代理店和法人代理店。在日本，寿险销售大部分由依照《保险法》进行过登记注册的营业员进行，业务占比为50%以上，与保险公司属委托代理关系的代理店在产险销售领域更为普遍。近年来，日本寿险销售的代理人渠道明显扩大，日本寿险行业借鉴了产险领域较为成熟的代理店制度，个险代理渠道比重从2012年的6.9%迅速增加到2018年的17.8%，2021年回落到15.3%，但代理制度的崛起尚无法撼动日本寿险销售中保险公司营销员的主体地位。值得注意的是，日本寿险销售的银邮渠道比重较小，出现较为明显的分业经营状态；寿险公司在寿险营销体系中的地位较高，体现出日本寿险业发达的市场化水平（见图6.8）。

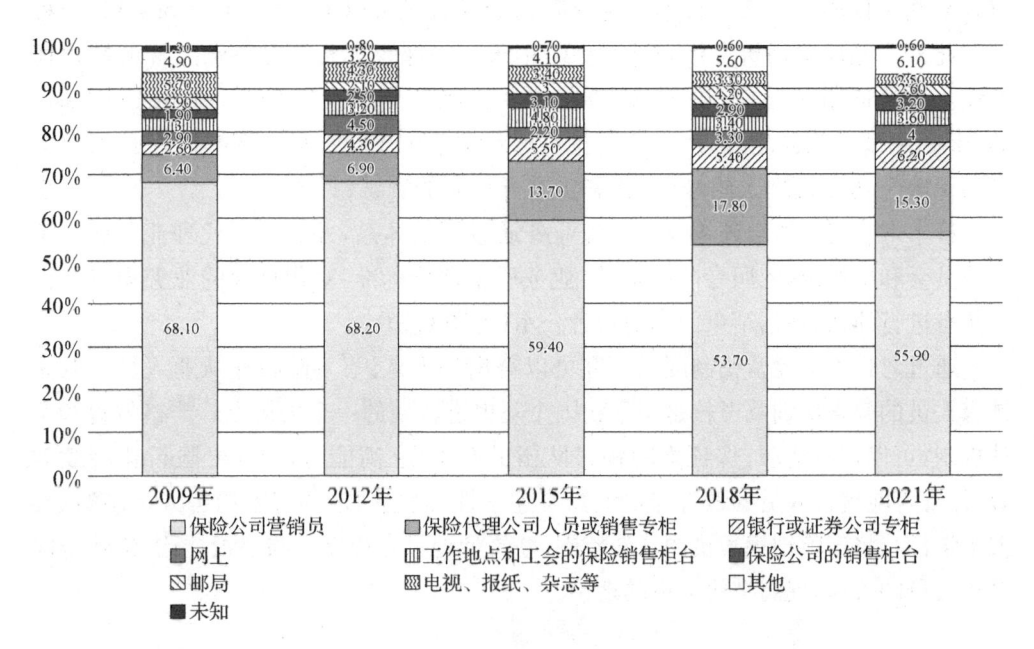

**图6.8 日本寿险销售渠道变化**

数据来源：statista

日本寿险销售的主力军是各保险公司的营销员，他们与寿险公司签订劳务合同，属于寿险公司的雇用人员，享有正式员工的福利待遇。日本寿险营销员雇佣制较为明显的优势是：营销员的报酬中固定工资占有一定的比重，工资由固定工资加浮动工资（绩效）组成，可以有效增加寿险营销员的留存率，并减少行业乱象，维护寿险营销的秩序。

日本寿险从业人员的培训体系较为完善,考核手段相对严格,准入门槛相对较高。日本寿险从业人员的教育制度分为行业通用教育系统和继续教育系统两部分,教育系统同时针对寿险公司营销员与代理商。行业通用教育系统开设一般课程、专业课程、应用课程、人寿保险学院(生命保险大学)课程、变额保险销售资格和外币保险销售资格。普通课程考试主要考核人寿保险的基本知识,寿险销售员在加入公司约三个月后接受指定单位的培训,并依次参加入职简报会、参加入职、参加基础培训,并通过普通课程考试、注册、实践培训等;对于代理商,在基础培训之前将举行业务委托说明会。专业课程考核与保险销售相关的专业知识和一些相关知识,通过专业课程考试的营销员将获得 LC(Life Consultant)的称号。应用课程培养营销员的应用和实践技能,并教授财务规划服务所需的一般知识,通过应用课程考试的营销员将获得 SLC(Senior Life Consultant)的称号。应用课程的目标是培养营销员成为真正的人寿保险财务规划师,通过寿险大学课程考试(共 6 个科目)并符合某些条件的人将获得日本人寿保险协会认证的 TLC(Total Life Consultant)称号。此外变额保险销售资格和外币保险销售资格课程则是针对特殊险种的销售而开设。上述通用课程的考核在 2020 年 4 月由纸质测试改为 CBT(Computer Based Testing)测试。除此之外,寿险业还推行继续教育计划:人寿保险申请人必须每年参加保险公司和代理人的培训,还需要进行相应的测试(见图 6.9)。

日本寿险行业协会还构建了代理业务质量评估体系,并成立了代理业务质量审查委员会和工作组,依照专门制定的《业务质量评价标准》对代理商的业务质量与活动状态进行评估,评估结果面向消费者公示(见图 6.10)。

通过对日本寿险营销制度的研究可以得出如下认识:寿险行业从业人员尤其是销售人员的教育培训及考核是当下我国个险渠道转型的一个关键点。严格教育和考核机制,可以正本清源,保证寿险销售队伍的高素质、高能力;加强寿险行业继续教育,保证寿险销售人员的教育与培训具有连续性;设立一定的寿险销售人员层级(类似于学位),将寿险销售人员的从业范围、薪资待遇一定程度上与层级挂钩;优化寿险销售人员的待遇,提高销售人员的地位。

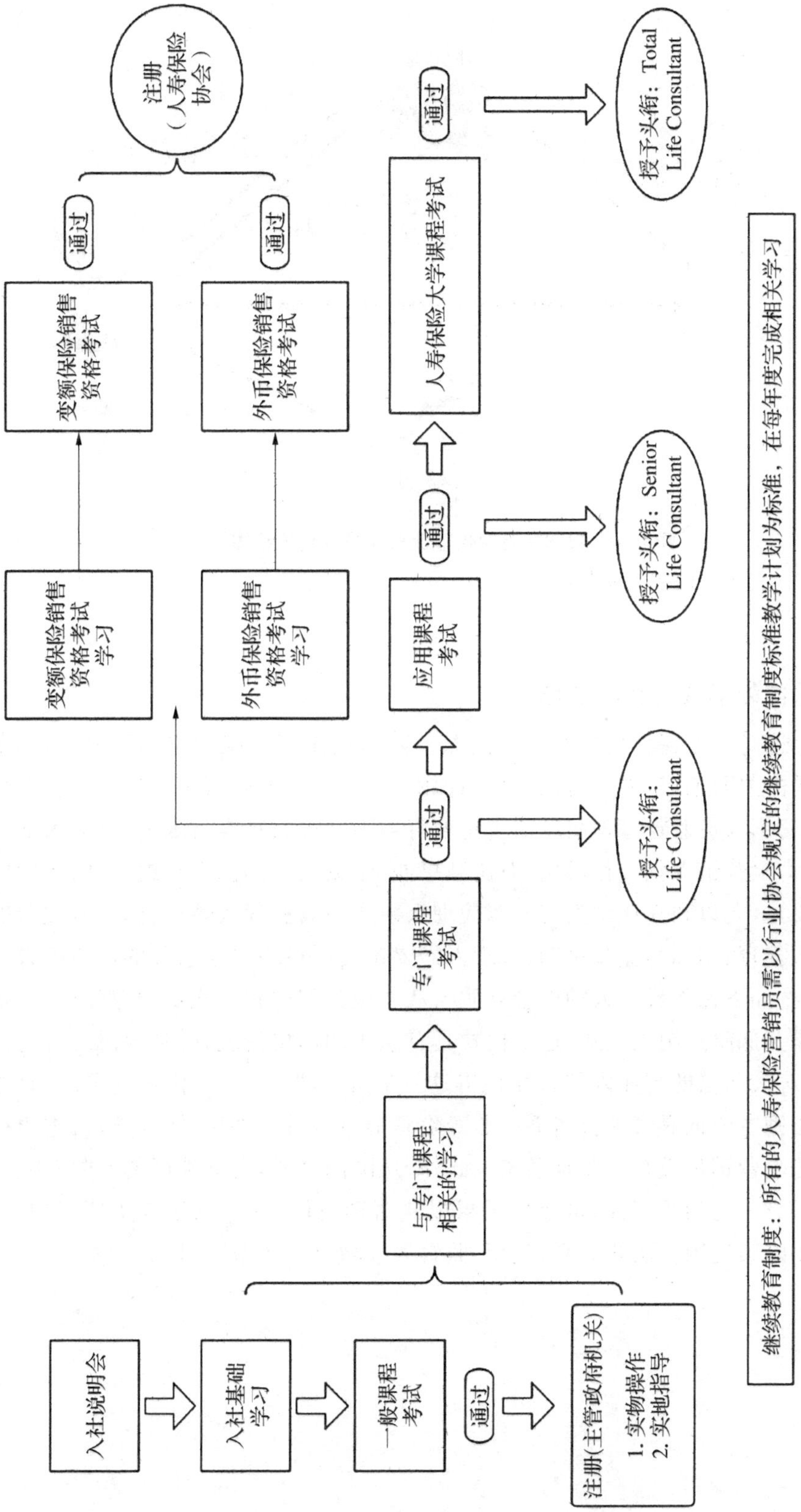

## 第六章 国内外保险个人代理人渠道先进模式与经验借鉴

**图 6.9 日本寿险业通用教育课程体系**

继续教育制度：所有的人寿保险营销员需以行业协会规定的继续教育制度标准教学计划为标准，在每年度完成相关学习

来源：日本生命保险协会

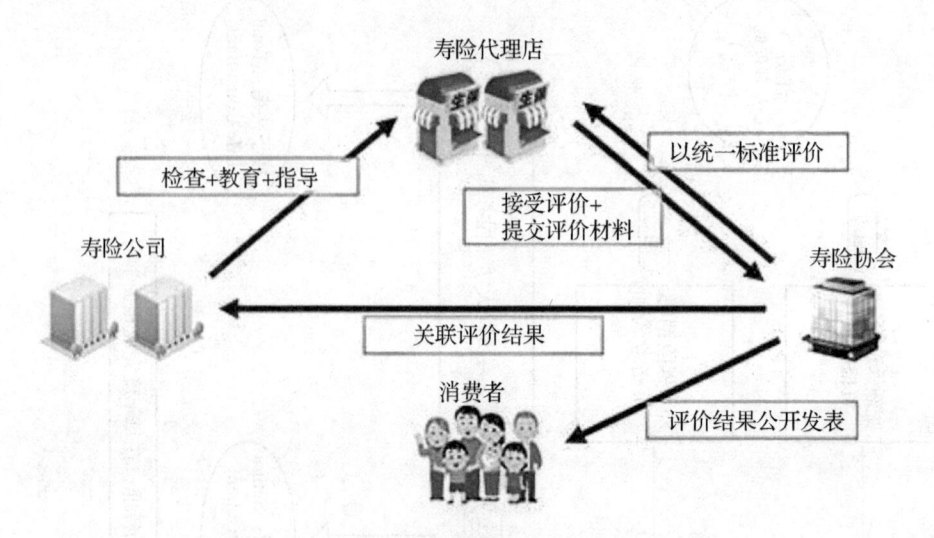

**图 6.10　日本寿险业代理业务质量评价流程图**
图片来源：日本生命保险协会

### 四、国内外模式对比与总结

结合上述对美国、英国、日本三个国家寿险营销渠道情况的整理与分析，本节从寿险分销的主要渠道、寿险营销人员与保险公司关系、寿险营销人员教育及考核制度、寿险营销人员监督管理制度四个角度将美国、英国、日本与国内（分为大陆和台湾地区）寿险营销现状进行对比，对比结果如下（见表 6.2）。编写组发现，美国的个险渠道发达，尤以独立代理人与专属代理人模式最具有代表性，美国具有完善的保险代理人教育、培训与监督机制，代理人需要接受所在州以及联邦的从业教育与监督，双层叠加下保险代理人的综合素质与从业规范都得到了充足的保障；英国最具特色的是其保险经纪人模式，这一模式具有悠久的历史传统，受到国民的普遍认可，保险经纪人严格的行业内部自律使得这一职业专业化、规范化程度很高；日本的寿险销售则主要依靠寿险公司下属的寿险营销员以及代理店，同样地，日本也拥有完善的寿险营销员教育与监督系统。此外，从国内来看，台湾地区的寿险营销与日本模式具有一定的相似性，也经历了粗放式营销阶段，如今已逐步实现转型；大陆地区的个险渠道则在法律关系、教育、监管等领域具有转型空间。

**表 6.2　保险代理模式对比**

| | (个人)寿险分销主要渠道 | 寿险营销人员与保险公司关系 | 寿险营销人员教育及考核制度 | 寿险营销人员监督管理制度 |
|---|---|---|---|---|
| 中国大陆 | 以银邮渠道为主,个人寿险代理人其次 | 法律关系较为模糊,主要为委托代理关系,但又具有雇佣关系的特点 | 中国保险网络大学提供教育与培训。从业培训与入职培训较为基础,准入门槛较低。继续教育有MBA、经济师职称考试等。相关专题培训课程需要缴纳一定的费用 | 保险行业协会约束力不大,销售人员主要依靠寿险公司约束监督以及银保监会进行监管 |
| 美国 | 代理人渠道占绝大部分(90%左右),其中又以独立代理人为主,其次是专属代理人 | 主要为委托代理关系 | 多层次的业务培训体系;学院培训、专业机构培训、保险公司培训。完成规定的课程并获得结业证明后方可执业。两级考核:需要先进行联邦的从业资格考核,然后进行所在州的从业资格考试。各州在培训和考核方面的具体规定不同 | 全美保险监督管理协会制定示范法之外,各州还有各自的规范,监管权下移至各州。寿险代理人还需要接受代理人行业协会的内部监督 |
| 英国 | 主要渠道为保险经纪人渠道、代理人渠道和直销渠道。以经纪人渠道为主,占比约70% | 主要为委托代理关系 | 1977年颁布的《保险经纪人注册法》对保险经纪人执业许可的取得做出了规定,现已取消。当前的培训与考核主要依据行业内部的相关规定,保险经纪人有较高的准入门槛 | 《金融服务和市场法》的约束以及金融行为监管局的监管。除此之外还有保险经纪人行业自律,如英国保险经纪人协会 |
| 日本 | 主要通过保险公司下属的注册营销员销售寿险,其次是法人或个人代理商 | 主要为雇佣关系,寿险公司下属的保险营销员属于外勤职员,与保险公司签订雇佣合同 | 分为行业通用教育系统和继续教育系统两部分。行业通用教育系统开设一般课程、专业课程、应用课程、人寿保险学院课程等,学习课程并通过考试会获得相应的头衔。继续教育系统要求每年必须接受相关培训并通过测试 | 寿险销售员和代理商接受日本金融厅的监管及日本生命保险协会的约束。生命保险协会还有专门的代理业务质量审查委员会和工作组,依照专门制定的《业务质量评价标准》对代理商的业务质量与活动状态进行评估 |

续表

| (个人)寿险分销主要渠道 | 寿险营销人员与保险公司关系 | 寿险营销人员教育及考核制度 | 寿险营销人员监督管理制度 |
| --- | --- | --- | --- |
| 中国台湾地区 | 主要通过银保渠道销售,其次是通过寿险公司下属的注册营销员销售寿险 | 主要为雇佣关系,寿险公司下属的保险营销员与保险公司签订雇佣合同 | 从业人员需接受培训并参加人身保险业务员资格测试,测试合格者方可执业。通过测试后注册为保险营销员后还需要接受继续教育。2020年起,业务员自注册后每年在参加所属公司开设的教育培训外,还要完成6小时的法令遵循课程,未依规定完成法令遵循课程时数者会被撤销资格并通报寿险协会 | 人寿保险相关法律体系、行业自律规定及政府金融部门共同组成了台湾地区寿险营销人员的监管体系 |

## 第三节 其他具有参考意义的国外实践

本节选取德国的独立代理人模式与韩国的行业自律模式进行案例研究。其原因主要是:德国与韩国的寿险市场较为发达,分别在欧洲大陆与东亚地区具有一定代表性;德国与韩国的模式与美、英、日的典型模式具有一定的共性,但其中仍有部分有益实践可以为本研究的个险渠道转型路径探索提供经验借鉴。为了使研究的体系更加完整、内容更加丰富、逻辑更加严密,故而对其进行分析。

### 一、德国的独立代理人模式

德国是欧洲第一大经济体,同时也是欧洲最重要的保险市场之一。根据德国保险业协会(GDV)数据,截至2018年年末,德国保险业累计保费收入2 024亿欧元,其中寿险920亿欧元(占比约45%)、健康险398亿欧元(占比约20%)、产险707亿欧元(占比约35%)。与早期相比,德国的保费结构中,寿险的占比有所提升。德国寿险的行业集中度较高,且近年来行业集中度相对稳定。德国保险业协会资料显示,2017年排名前五的德国保险集团寿险保费收入合计占比为51%,排名前十的保险集团寿险保费收入合计占比为69%,且从2010年起基本保持稳定的行业集中度。

在销售渠道上,德国的保险代理和保险经纪占据主要地位[1],近年来各渠道贡献的保费占比较为稳定。截至2018年年末,德国共有15.2万名保险代理人(其中12.1

---

[1] 傅慧芳,等.欧洲医保体系和人身险行业发展保险行业他山之石系列三.

万名为保险公司注册)和4.65万名保险经纪,其中代理人规模在近几年略有下降,保险经纪的规模基本稳定。从寿险保费的来源上看,有40.1%来自单一保险代理人、35.6%来自保险经纪和多保险代理人、18.6%来自信用机构、2.2%来自直销渠道、3.5%来自其他渠道,近年来各渠道贡献的保费比例基本保持稳定,保险经纪的占比在早期有一定的增加。

纵观世界各大成熟保险市场的发展历程,寿险营销模式的变革,无不经历从依赖代理人数量到聚焦代理人高质量的转型过程。据德国保险统计年鉴数据,2010年以来德国寿险代理人数量逐年降低,且代理人数量逐年减少的趋势较为明显,至2020年共有19.71万名各类型保险代理人在市场执业,比10年前减少了6.62万人。但是,基于客户需求导向的独立代理人的业务占比正呈现上升趋势。德国保险新单业务保费来源显示,从2016年至2020年年末,寿险专属代理人业务占比从40.7%下降至38.8%,而独立代理人业务占比则从33.7%上升至35.4%。

德国保险监管部门主要从资格许可、强制性职业责任保险和市场行为规范等方面对保险代理人的销售行为进行监督和管理。其先进的寿险行业监管体系、寿险代理人管理机制对于探求我国个险转型渠道具有重要的借鉴意义。目前德国已形成以代理制为主体,以专属代理人和独立代理人为核心、保险经纪和直销制度等为补充的保险营销体制。在德国,保险代理人需要通过保险代理人资格考试来获取从业资格,而在此之前还需要接受保险机构2～3年的职业培训,或通过金融、保险相关专业的高等教育。取得保险代理人资格后,申请人要先在保险代理人管理机构登记注册,并在当地工商管理协会登记备案。最终通过监管部门的核查、审批后,保险代理人方可执业。

德国于2005年颁布施行了《保险中介指导方针》,主要目的在于规避保险代理人在销售过程中可能出现的责任风险。其强制要求代理人投保职业责任保险。该保险仅负责赔偿代理人因保险咨询或其他中介活动的过错责任而给客户造成的财产损失,而因代理人故意行为给客户造成的损失为除外责任,将由行业协会按规章处罚。此外,德国保险业协会为提高保险经营品质,允许保险公司在总体遵循保险业协会相关原则的基础上制定代理人佣金扣回机制。通常情况下,保险公司将代理人应收佣金分为两部分,90%的佣金会直接发放,10%的佣金则被转入专门建立的"佣金扣回"账户,该账户将一直累积直至达到设置的金额。扣回机制中同时设置保单退保责任期,如保单在退保责任期内退保,代理人必须按比例偿还部分佣金。退保责任期结束后,如代理人离职或退休,则可支取"佣金扣回"账户的佣金。

综上所述,相较于英美,德国代理人发展经验可为我国发展独立代理人模式提供借鉴。德国作为一个成熟的保险市场,经历了从专属代理人到独立代理人的发展历程。要发展好独立代理人这个重要角色,需要在代理人自身素质、专业知识能力、个人形象品牌等方面努力。中国现有的代理人体系以专属代理人为主,独立代理人模式仍处于发展初期,还需一定的成长时间。在短期内,可从优化队伍结构入手,加强队伍建设,提升代理人的专业素养与品牌素养,在此基础上再逐步摸索独立代理人模式。

## 二、韩国的寿险行业自律模式

韩国寿险市场发展成熟度较高,2020年韩国寿险总保费收入1 099亿美元,位于世界第八位,新交易收入2 842亿美元,有效业务22 504亿美元。从市场发育角度看,2020年韩国寿险深度为6.4%,保险密度为2 050美元,均高于世界水平。在寿险保费收入排名前八的国家中,韩国的寿险深度仅次于英国,寿险密度仅次于英国和日本,在世界市场中处于领先地位。

在经济发展方面,1975年至2020年,韩国人均GDP平均增速达11.6%,人均可支配收入增速为10.8%,过去几十年间韩国社会经济快速发展,人民生活水平不断提升,家庭财富不断积累,为寿险市场发展提供了良好环境;在人口结构方面,韩国同样面临人口老龄化问题,老年抚养比持续上升,2020年达到21.7%,预计到2060年该比例将高达91.4%,居民养老需求不断提高,社会养老负担持续加重。在养老替代率方面,韩国养老替代率逐年降低,10年间从42.1%降至31.2%。在人口老龄化加剧的背景下,预计韩国未来养老替代率将继续下降,推动韩国养老储蓄型保险进一步发展。总体来看,韩国寿险市场具有较高的成熟度,学习了解韩国寿险市场发展经验,对于探求我国个险渠道转型路径具有重要的借鉴意义。

据韩国人寿保险协会官网显示[①],截至2021年年底,韩国共有23家寿险公司,经销商数量为6 154家,比上一年减少3.6%(231家);共运营2 195个销售单元,其中包括87个区域办事处、2 085个分支办事处和23个海外办事处,比上一年减少了691个(23.9%)。其中共有86 006名注册寿险代理人,较去年同期减少23.7%(22 714名)。在注册的寿险代理人之中,20 291人为男性,65 715人为女性,女性几乎占据寿险代理人的80%。在韩国,要拥有资格注册为人寿保险代理人,申请人必须通过由KLIA代表韩国金融服务委员会举办的资格考试,并在过去三年中至少有一年受雇于人寿保险公司。除此之外,这些申请人必须完成2011年7月推出的培训课程,才能成为注册代理人。

从销售渠道来看,韩国寿险市场首期保费贡献最大的为银保渠道,2010年占45.5%,2011年占47.6%,2012年占68.1%,2013年占55.4%;其次是保险代理人渠道,贡献率超过20%;再次是代理公司渠道,占据市场份额6.8%左右;此外还有其他创新渠道,包括电话销售渠道、网络销售渠道等,其贡献率在不同年份之间变化较大,变动范围是4.6%~21.6%。

韩国为促进个险渠道良性发展,其寿险协会执行了一些特色举措:其一,建立"保险欺诈预防系统"。为有效遏制保险欺诈行为发生,韩国寿险协会牵头开发了"保险欺诈预防系统",各寿险公司保单信息皆录入系统并能够进行查询。若客户在短期内

---

① 资料来源:韩国人寿保险协会官网:http://www.klia.or.kr.

购买大量寿险保单,或者购买了与其职业和收入不相匹配的高额保单,寿险公司可以通过该系统进行核查,避免保险欺诈行为的发生。其二,依法审核保险产品广告。根据韩国《保险监管法》,保险公司若要通过电视、广播、报纸、期刊、互联网等方式销售保险产品,该产品的广告需要事先通过韩国寿险协会和财险协会的审核。审核的主要内容为保险产品广告是否存在错误描述、夸大描述、片面比较、欺骗性描述、诽谤性描述等现象。其三,通过行业自律维护寿险市场秩序。为维护行业公平竞争的市场秩序,韩国寿险协会组织制定了一系列行业自律公约及相应的惩罚措施,包括禁止同业之间进行不正当竞争,禁止未获得资格的销售人员销售产品,禁止夸大合同利益、签订虚假合同等。保险公司是否违反自律公约由"公平竞争委员会"进行裁定,该委员会主席由韩国保险协会副主席担任,成员来自公司的主管或销售经理及协会的经理等。

为了更加深入直观地了解韩国寿险代理人情况,这里提供一个经典案例——三星人寿的教育训练和活动量管理①。三星生命保险株式会社成立于1957年,现已发展为韩国第一大寿险公司,占据韩国寿险市场56.8%的份额,是第二和第三大寿险公司市场份额之和的两倍。目前拥有有效客户数量为830万人,管理员工6 508人,寿险理财师42 942名。三星人寿是个险渠道占比最高、利润最大的寿险公司。但近几年三星人寿新单市场份额下滑,主要原因在于个险渠道占比过大,而创新渠道发展没有跟进。该公司个险代理人队伍曾经多达7万人,现在已主动裁减到4万人,以期提升竞争力。

三星人寿的代理人渠道,在教育训练和活动量管理方面享有盛誉。在教育训练方面,三星人寿设置了较为齐全的培训架构,包括培训支援部8人、案例研发部7人、领导力中心28人(48个培训教室,同时可容纳1 600人的培训)、全州研修院12人(39个教室,同时可容纳1 170人的培训)、海云台研修院10人(12个教室,同时可容纳316人的培训)。培训讲师来源于内勤和营销团队骨干。三星人寿的所有营销员培训都是免费的,部分认证考试通过者可以得到公司发放的奖金。三星人寿2014年的人员留存率达到47%,2015年计划达52%,这与其系统实战的培训体系密不可分。三星人寿搭建了从新人入职到工作三年以上的培训体系。新人入职第一个月培训保险基础知识,无底薪但提供免费午餐和专门的培训津贴;新人入职2—7个月,培训市场开拓技能,新人由专门老师带领并陪访辅导,每天上午集中学习、下午市场拓展;新人入职第8—13个月,强化训练注重加保;入职第14—24个月培训养老承保知识;入职第25—36个月培训财务规划能力;入职3年后,公司提供营销员个性定制训练等。总体而言,三星人寿的培训投入巨大,培训较为到位,包括有固定的培训中心、强大的师资、制式和非制式的训练体系等,为营销员提供了强大的能力训练。

---

① 中国保险网络大学.韩国寿险营销管理交流培训班结训总结分享之一.https://mp.weixin.qq.com/s/YDgbxS-feL2ni37WeR9vsw.

三星人寿在活动量管理方面独具特色。首先,活动管理指标。一是出勤率。参加早会被认为是营销管理最重要的事情,目前三星人寿营销员出勤率达到75%左右。二是返回率。营销员在下午5—6点要返回营业区,对当天的拜访情况进行回顾,相当于国内的夕会经营。授课老师所在的营业区返回率为62%左右,营销员晚上7点左右才能回家。三是同意书。即客户同意营销员收集其身份证号码等个人信息的承诺书,这是监管要求,出于客户信息保密考虑。四是保障分析。韩国人均4张保单,新单开拓非常困难,营销员主要从为客户提供保障资产分析切入来接触客户,因此保障分析工具成为活动量管理的重要工具。五是投保建议。六是保单件数。

其次,三星人寿非常强调队伍活动量。日常经营中推崇"活动王",而并非强调业绩。例如,不提供业绩奖励,但根据电话记录拜访情况给予奖励等。活动量管理总结为"1510531",即每天3访,每周拜访15个客户,打10个约访电话,拿到5个客户的同意书,发出3份投保建议,获取1张保单。

通过对韩国寿险营销制度的研究可以得出如下借鉴:在监管层面,既要合理保护寿险公司的权利,也要保护客户利益,在防止客户对保险公司实施欺诈行为的同时也要求保险公司不得展开虚假宣传、误导客户购买保险。同时,行业自律也不可忽视,通过制定行业自律规则减少保险公司之间的不良竞争,引导代理人合理展业,这对于维护公平竞争的市场秩序和打造良好的寿险行业形象都大有裨益。在保险公司方面,可学习三星寿险公司转型路径,打造高质量代理人队伍,为代理人提供体系化的培训,在实施激励方式时不以成交单量作为唯一的考核标准,设置多层次的考核体系等。

# 第七章 转型方向及相关建议

## 第一节 总体思路

由前文分析可知,代理人规模骤降乃是个险发展的必经之路,未来代理人队伍结构将持续优化,个险渠道进入高质量发展阶段。以下基于多个维度的保险活动参与主体,从监管层面、寿险公司层面与代理人层面分别提出加快我国寿险个险渠道转型的相关建议。基于理论分析与实地调研,从以上三个层面着手,总结出一套国内适用的个险转型模式。同时,从专业化队伍建设、差异化经营方式、差异化服务打造、数字化转型等多个方面提出我国个险渠道转型的大方向及针对不同类型保险公司的建议措施,探索个险发展新模式,促进行业健康发展。总的来说,要稳固树立以分层分级、全过程精细化监管为基础,以提升个人代理人专业能力与科技赋能为手段,积极推进寿险公司聚焦业务、差异化经营、科技赋能、模式创新,以多种类、多渠道的转型方向做支撑的多元发展路径。顺应时代发展,走特色模式创新之路;结合数字化转型,打造专业化代理人队伍。

## 第二节 监管层面

### 一、加快独立代理人制度建设

个险销售队伍面对的市场需求正在发生转变,队伍属性也将从过去的强销售属性转向强服务属性,相比传统代理人模式,独立代理人模式更能满足这一转型需求。独立代理人模式打破了原有的金字塔形组织模式,改革了佣金和利益分配机制,能够有效提高代理人收入,吸引更多优秀的人才加入。独立代理人的门槛设置也对进入代理人提出了更高的素质要求。实行独立代理人模式有利于提高代理人收入和素质,从而降低代理人的流失率,提高代理人队伍的稳定性,推动保险行业高质量发展。

在独立代理人制度实施上,需鼓励在更多保险市场较为成熟的城市开展独立代理人制度试点。自 2020 年银保监会鼓励进行独立代理人制度试点以来,目前仅有少数保险公司在少量城市开展了独立代理人制度试点。我国的独立代理人模式仍处于起步阶段,有广阔的发展空间。监管部门可鼓励多个地区、各保险公司探索独立代理人制度建设,为我国独立代理人制度的发展提供典型示范和经验借鉴,推动我国独立代理人制度的建设与完善。

在独立代理人资质认可上,需对独立代理人的选拔标准进行规范。独立代理人必须是一支专业化、职业化、高素质的队伍,但高素质并不意味着高学历、精英化,有许多高素质的代理人只是高中毕业。因此监管部门需要斟酌独立代理人的选拔标准,既不可过低,放任求职者进入,走上传统代理人的老路;也不能过高、"一刀切",将许多学历等硬性指标较低的潜力代理人排除在外。

## 二、提高保险代理人准入门槛

之前我国保险代理人从业门槛较低。2015年之前,取得资格证即可从事保险销售业务;2015年之后取消了保险营销员资格考试,只要具备一定保险代理的专业能力即可成为保险代理人。从业门槛低的后果是保险公司实行"人海战术",保险代理人的数量迅速增长,在2019年达到峰值912万人,代理人队伍大而不精,留存率低,整体素质偏低,损害了保险业的整体形象。

监管部门应提高保险代理人的准入门槛。在学历、征信等方面对保险代理人进行严格审查;根据保险代理人的专业能力等进行销售资质分级,各级别代理人只能销售符合自身等级的产品;监督保险公司或保险中介机构建立严格的考察标准和甄选流程,进行销售能力资格的差别授权;常态化排查不符合标准的代理人。由此来避免行业过度无序竞争,实现代理人队伍的高质量发展。

## 三、整顿保险代理人恶性竞争

在以保费收入为重要考核指标的前提下,保险代理人很容易恶性竞争,产生夸大产品信息、盲目向客户推荐高保费高风险的保险产品、隐瞒保险合同重要事项、模糊保险产品与其他金融产品边界等销售误导行为。这些行为增加了消费者投诉、退保等风险,损害了保险业形象。2022年第二季度,银保监会及其派出机构共接收并转送涉及保险公司的保险消费投诉28 554件,其中,关于人身保险公司的有18 503件,相比上一季度增长了7.75%,占投诉总量的64.80%。

监管部门应重点整顿保险代理人的恶性竞争销售行为。对保险销售进行精细化监管,对于保险代理人销售前中后的行为进行全流程监督,对于多次违规的保险代理人考虑予以取消其资格证;同时,明确问责主体,当代理人出现违规行为时同时对代理人与其所属公司进行追责,从而实现三重监督(保险代理人、保险公司、监管机构)。由此维护消费者权益,提高保险代理人整体素质,改善保险行业形象。

## 四、保障保险代理人合法权益

根据第四章、第五章分析得出,目前我国保险代理人的权益未得到有效保护。保险代理人与保险公司的关系界定不明确,相比雇佣关系,保险代理人不受劳动法保护,保险公司只支付较低的底薪,不提供社会保障费用,将与业绩挂钩的佣金作为代理人主要收入来源；相比委托代理关系，保险代理人缺少法律地位上的独立性，直接接受保险公司的培训、管理和监督，保险代理人相比保险公司处于弱势地位，更容易受保险公司的业绩导向做出违法违规行为。

监管部门一方面需制定相关政策保护保险代理人的合法权益，明确保险公司的职责范围，要求其科学设计佣金，在收入上对一线代理人倾斜，为代理人提供更多保障，从而吸引更多人才加入。另一方面，可推动保险代理人协会等行业自律组织的建立，对保险代理人进行培训与监督，取代部分保险公司的功能，增强代理人的独立性，从而完善委托代理制度，减少保险代理人的违法违规行为，推动保险代理人行业开放、自律氛围的营造。

## 第三节　寿险公司层面

根据第一章分析可知，眼下我国寿险行业的主体大致可分为三种类型：第一类是6家中资大型寿险公司，竞争优势明显，占据我国市场超过60%的份额，由于其占据我国主要地位，大型寿险公司遇到的问题，也是我国寿险市场主要问题。第二类是51家中资中小型寿险公司，数量最多，但只有约33%的市场份额，由于其占据我国市场大部分主体，中小型寿险公司能顺利生存发展，对我国整体保险市场的健康发展十分重要。第三类是26家外资寿险公司，根据保费规模皆属于中小型寿险公司，约占据10%的市场份额，其能顺利发展，对于我国寿险市场的外资进入和开放发展十分重要。以下将分别针对这三类公司提出建议。

### 一、大型寿险公司

#### （一）专业化队伍建设

目前，我国的保险行业已经从初期较粗放激进的发展阶段过渡到较高质量发展阶段。人力坍塌式下滑，严监管成为常态。目标客户群体年龄层次、保险观念改变和市场竞争激烈加剧产品同质化，都昭示着前期粗放的"人海战术"将难以为继，保险代理行业亟须转型升级，打造高素质、高学历、高潜能的"三高"代理人团队将成为未来发展的主要趋势。

保险代理人展业难度逐渐加大，也要求保险公司组建更加专业的代理人队伍。首先，市场竞争主体增多，如惠民保、网销等，可供消费者选择面较以往更为多样，代理人的竞争更为激烈；其次，客户对保险认知的加深，以及保险公司产品和服务线日益丰富，对代理人学习力和专业度的要求也在逐步提高；最后，"双录"的全面要求和更严格的销售过程管理提升了从业难度，降低了作业效率，使新人代理人起步较为困难。

在招募方面，保险公司应摆脱以往一味强调增员的观念，严格设立招聘标准，提高代理人的准入门槛,招募个人素质、学习能力和发展欲望较强的群体,更加关注队伍结构而非队伍数量。此外,可运用大数据手段拓宽线上入口,筛选出合格代理人,辅助增员。在实践中,目前泰康人寿运用基于大数据分析与机器学习技术的数据驱动英才代理人招募管理体系,通过充分调研与数据分析,形成一份具有公司特色的甄选方案,不仅能够从海量候选人中挑选出有潜力的代理人,招募环节中的数据还可以为以后的体系优化与代理人培养奠定基础,这可为行业内其他寿险企业所借鉴。

更加重要的则是培训问题。专业化、体系化的内部培训有助于帮助缔造高质量的团队,提升代理人活动率、产能及价值贡献。个险渠道销售能力和专业能力反映市场竞争能力,而个人代理人的销售能力和专业能力是由公司培训出来的。寿险公司对代理人的培训能力是代理人队伍建设的软实力,也是核心竞争力。传统的培训课件及模式无法满足新形势下新人培养和产能提升的需求,保险公司有必要对培训模式进行转型升级。主要途径有:通过线上调研系统对新人成长进行全方位调研,助力培训升级;安排业绩突出、协调能力优秀的代理人作为指导老师,指导新人参加模拟训练和实际展业;提供金融、健康、法律、税务和管理等多方面知识的培训,培养营销员提升代理人在金融保险、养老健康、财富管理、税收法律等方面的综合能力,促进营销员升级成为集"健康保障专家"和"财富管理伙伴"于一身的专业顾问等。

此外,还需要建立合理有效的组织机制,留存并激励人才,提升渠道经营效率。在传统基本法高额的组织发展利益驱动下,代理人有盲目增员的冲动和压力,专业化销售能力较低。唯有将增量利益下沉至基层代理人,增强基层代理人的销售与增优利益,才能吸引绩优人才,提升代理人队伍质量。因此,各公司应调整个险基本法,对代理人各层级的待遇、考核及福利政策进行升级调整,重点聚焦新人成长、业务员绩效提升及团队健康发展。

值得注意的是,专业化并非精英化,不同市场客群对代理人专业化的需求程度不一,保险公司需根据当地市场状况定制代理人发展方向,分层提升代理人能力。

目前已有多家公司探索代理人队伍改革,并取得了一定成效。中国平安坚持"优+"项目,持续深化寿险渠道改革,以优增优,2022年H1人均新业务价值同比增长26.9%,钻石队伍人均首年保费是整体队伍的4.7倍;中国人寿推出"众鑫计划",加快推动队伍向专业化、职业化转型,人均产能提升60.6%,绩优人群占比保持稳定;中国太平坚持"抓两头带中间"策略,着重加强对代理人的科技赋能,月人均期缴保费较上年末提升15.1%;中国人保以集团卓越保险战略为指引,积极推进"大个险"计划,"大个险"渠道营销员达12.9万人,月人均新单期交保费达5 842元;新华保险坚持打造铁军队伍,积极探索营销队伍转型,月均人均综合产能同比上涨23.7%;中国太保积极推进"长航行动"深化转型落地,加快推进"三化五最"的职业营销转型,代理人月人均首年保险业务收入同比提升33.6%,核心人力月人首年佣金收入同比提升10.8%。[①]

### (二) 差异化经营策略

当前我国区域经济发展极不平衡,华东、华南地区经济较发达,部分城市甚至能达到发达国家水平,但华中、华西、华北地区仍较落后。在同一个省份中,区域发展不平衡的现象也很明显。以江苏省为例,江苏省是全国区域经济发展最平衡的省份之一,但苏南和苏北之间仍存在较大差异。2021年,江苏省排名第一的城市苏州GDP为22 718.34亿元,排名最后的城市宿迁GDP为3 719.01亿元,前者是后者的6倍,经济仍存在较大差距。

与经济发展状况类似,我国的保险市场区域发展也极不平衡。我国北京、上海和深圳等核心城市的指标已经接近甚至超过发达国家水平,但是我国整体的保险深度和保险密度仍远远落后于发达国家。因此,建议寿险公司按照城市划分不同等级,适配不同基本法,实施差异化经营策略。比如在经济发达的城市建设精英代理人队伍,深挖高产能客户;在较不发达地区,仍以人力规模销售为主。

在实践中,目前中国平安实施机构差异化发展、队伍分群经营的策略。根据市场环境、竞争态势绘制机构画像。机构按城市划分为产能型、平衡型和人力型三类发展模式,匹配支持相应的基本法,精准匹配代理人待遇及考核政策,能有效促进队伍量质齐升。

### (三) 特色化服务模式

在人口老龄化的背景下,未来的养老、健康险客户都将是长期客户,缴费期的管理服务、领取期的支付服务、复杂的理赔服务都是客户的直接体验。未来客户将越来越看重保险公司的服务和口碑,客户经营必须建立在基于长期互动和陪伴形成的深度信赖关系的基础上。然而,当前我国保险业产品供给比较单一且同质化严重,而客户已经不再满足于单一的保险产品,更加希望获得涵盖老年护理、慢性病管理等增值服务的"产品+服务"一体化解决方案。因此,差异化的服务竞争将成为保险公司竞争的主要方向。未来,保险公司需从客户需求出发,在健康服务以及养老保险产品设计等方面进行创新探索,增强"产品+服务"模式探索的深度和广度,满足客户更为丰富的需求。差异化服务主要体现为:"保险+健康管理"模式、"保险+养老"模式和超级体验式营销。在完善健康管理服务方面,我国政策充分鼓励险企进行健康生态布局。近十年,我国健康险市场获得快速发展,2022年上半年健康险累计保费收入在我国保险保费收入中占比近20%,但是单纯注重事后经济补偿的传统健康险产品难以满足人们对于健康风险管理的需要。保险公司需要积极加强与医院的合作,构建从预防保健再到治疗的健康产业链,提供覆盖诊前、诊中、诊后的全方位一体化服务。

---

[①] 行业报告研究院. 保险行业分析与展望:寿险筑底反弹重塑韧性,产险延续高景气度. https://mp.weixin.qq.com/s/KZmbUl_HVag7qP3PuuJhiQ.

举例来说,平安人寿已经携手平安健康打造平安臻享 RUN 健康服务计划,重点推出特色体检、控糖管理、在线问诊、门诊预约协助及陪诊、重疾专案管理五大亮点服务,基本覆盖了人们从预防保健到治疗等方面的健康管理需求。

在布局养老服务方面,大型保险公司具有天然的优势。一方面,保险公司资金规模大、运转周期长,叠加业务运作,可以充分发挥自身优势;另一方面,保险公司资金管理经验、产品开发经验更加充足,在完善产品及服务链后可以与保险主业协同形成商业闭环。此外,在这一领域的布局也是承担社会责任的重要体现,有利于提升保险公司品牌价值。以新华保险为例,新华保险通过大力建设养老社区,有效满足了老年人活力养生、持续照料、康复护理等不同的养老需求,助力了高端客户的经营,促进了年金险等大额保单的销售。

超级体验式营销是泰康引领的新寿险销售模式。超级体验式营销的核心是通过场景、工具或流程,带给客户全新体验的营销方式,是在普通营销方式上的创新。超级体验式营销依赖于实体医养,让客户在强大的医养康宁服务体系中参观,切身感受保险的保障作用,进而促进保险销售,保险销售带来客户又能反哺医养康宁实体,形成一个生态闭环。

### (四)数字化转型

根据中国保险行业协会发布的《保险科技"十四五"发展规划》,"十四五"期间,在科技投入方面,发展规划提出推动行业实现信息技术投入占比超过 1%、信息科技人员占比超过 5% 的目标;在服务能力方面,提出推动行业实现业务线上化率超过 90%、线上化产品比例超过 50%、线上化客户比例超过 60%、承保自动化率超过 70%、核保自动化率超过 80%、理赔自动化率超过 40% 的目标;在创新应用方面,提出推动行业专利申请数量累计超过 2 万个的目标。

当下,数字化转型正成为各家保险机构新的竞争点。保险机构加快数字化转型,是保险业顺应数字经济快速发展的必然要求,也是深化供给侧结构性改革、提升自身竞争力的内在需要。

数字化转型可分为五个方面:一是品牌宣传推广,通过塑造数字化品牌体验提升用户忠诚度,将营销投资从传统广告转向沉浸式数字体验,以新方式将消费者与品牌联结起来。二是客户体验,通过卓越的端到端客户体验和持续的对话或联系保持用户黏性,注重多接触点重塑互动和赢得客户的数字化能力。三是生态拓展,通过多种数字渠道推动在线流量并尽可能多地转换销售,注重销售效率和市场份额的数字化。四是产品创新,通过数字产品创新实现差异化,利用数字能力识别、开发和推出新产品。五是成本优化,致力于实现高效率运营、自动化市场细分、目标市场定位,专注于推动成本效益的数字化提升。保险公司进行数字化转型时,既非"一刀切"也非"一窝蜂",而是要立足于自己的资源禀赋、区域特点、现实短板,实现自己的差异化优势。

目前,数字化转型已经融入保险机构经营管理的各个环节。例如,中国人寿推广智能业务模型,已推动个人长险新单服务时效同比提速 37.2%,核保、保全、理赔智能审核通过率分别达 93.4％、99.1％、73.1％，实现非人工服务占比达 88.9％。

**(五) 新渠道：面向数字客户、成熟客户的数字营销、独立代理人等新模式**

如图 7.1 所示，目前，社交软件的普及带来保险客户的线上化，客户自身的素养也在不断提升，他们愿意且能够实现在互联网上独立研究、自我指导、比价、获取、接受来自其他方面的意见，能够做出更加精明的购买决策。当前我国保险公司面临的新课题是：积极开展数字营销，培育线上客户群，并通过专业销售团队实现线上客户资源的线下转化。

## 二、中小型寿险公司

**(一) 业务聚焦**

中小型寿险公司各方面竞争力相比大型寿险公司来说有很多差距，需要坚持"小、专、精"路线，打磨特色产品，在细分市场上形成优势。例如，和泰人寿针对线上渠道特点，用心打造拳头产品，相继推出了"超级玛丽重疾险""金多多年金险""增多多增额终身寿险"等"网红"产品。和泰人寿还与腾讯微信支付首批合作，接通微信卡包与线上理赔系统，在打通医、保支付系统上进行了积极尝试，做到"让理赔更容易"，优化了客户的理赔体验。

**(二) 模式创新**

相比于头部大型寿险公司"牵一发而动全身"的转型，中小型寿险公司可以凭借"船小好调头"的特点参考国外探索经验，创新商业模式，实现先发优势。

例如，大家保险探索"独立代理人"模式，其"星链计划"打破传统金字塔层级管理模式，建立扁平化组织架构，扁平化分账，收入倾斜一线代理人，在基本法上体现出收入高、拿得快、利益长期可持续、收入来源广泛、权益可传承五大特征。其坚持独代制度"扁平、合伙、线上"核心要素，打造了可持续的招募、培训体系。

灵犀保代创造了独特的"三位一体"经营模式，把"独立代理人、灵犀书院、保险科技"三者有机结合，构建了一个以互联网大数据、人工智能、区块链技术、融合场景、保险中央商品库——蜂巢云平台为基础的新生代保险规划师营销服务平台，并结合独立代理人模式深度赋能保险代理人，助力其迅速成长为真正意义上的"保险企业家"。为用户提供全生命周期的保险服务，形成所谓的"保险新零售"。"保险新零售"的核心在于，一切都从用户体验出发，用数据重构"人货场"逻辑。[①]

国华人寿践行产销分离战略，将个险渠道全部转入旗下的华瑞保险销售公司。产销分离战略将销售交给专业中介机构，发挥销售优势，减少了保险公司与消费者之间信息不对称现象；避免了营销员流动带来大量"孤儿保单"，提高了保单售后服务质量；消除了自建代理人队伍的成本弊端，实现了低能耗的成本优势与高产能的效率优势。

---

① 慧保天下．保险新零售｜灵犀保代重新定义人货场，多地跑通模式加速扩容中，新生代们快上车！https://www.sohu.com/a/462166924_465408．

## 图 7.1 当今的保险客户画像

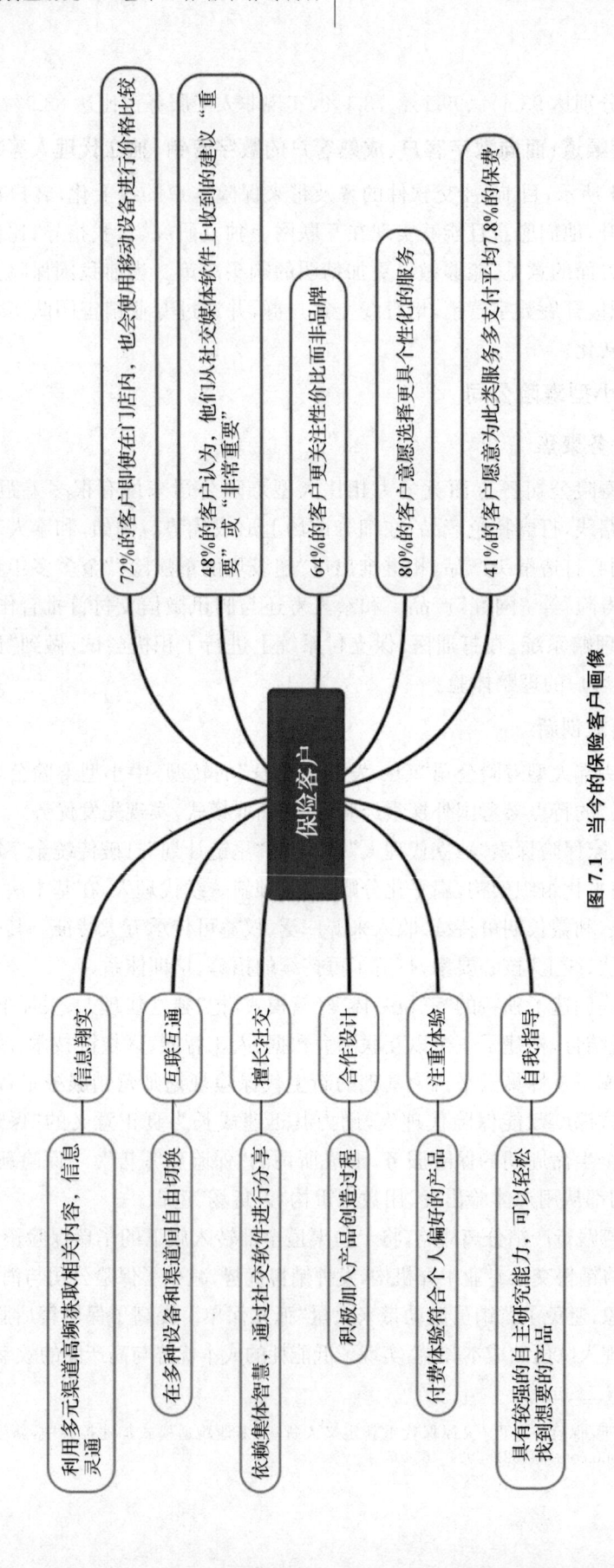

**保险客户特征（右侧）：**
- 72%的客户即使在门店内，也会使用移动设备进行价格比较
- 48%的客户认为，他们从社交媒体软件上收到的建议"重要"或"非常重要"
- 64%的客户更关注性价比而非品牌
- 80%的客户愿意选择更具个性化的服务
- 41%的客户愿意为此类服务多支付平均7.8%的保费

**保险客户行为（左侧）：**
- 信息翔实 — 利用多元渠道高频获取相关内容，信息灵通
- 互联互通 — 在多种设备和渠道间自由切换
- 擅长社交 — 依赖集体智慧，通过社交软件进行分享
- 合作设计 — 积极加入产品创造过程
- 注重体验 — 付费体验符合个人偏好的产品
- 自我指导 — 具有较强的自主研究能力，可以轻松找到想要的产品

保险中介机构还可往 MGA 模式发展。MGA 模式从现有代理人的销售功能拓展至产品研发、销售管理、核保风控、查勘定损等职能。MGA 模式拥有灵活的定价和承保权限、复杂的佣金结构，可有效扩大业务量、约束中介机构的道德风险，能更好地帮助资金有限、运营能力偏弱的中小保险公司降本增效，将资源专注于差异化发展。

### （三）科技赋能

在保险数字化转型进入深水区的当下，唯有进一步加深保险科技的应用，才可实现行业在创新中稳健发展。然而与大型保险公司相比，由于自身规模及资源劣势，大部分中小型保险公司的数字化转型发展遇到以下挑战[1]：

一是数字化尚处于基础支撑阶段。整体数字化转型创新的引领者仍然是头部保险机构或大型保险集团，中小保险公司难以借助数字化转型来创造差异化竞争优势。二是分散式建设，难以统筹考虑。数字化起步晚导致自身 IT 能力薄弱，数据基础较差，需要优先满足业务移动化、线上化的迫切需求。缺乏整体规划导致系统模块复用性差、技术应用零散化，未能实现统筹布局、降本增效的理想状态。三是数字化投入有限，资金投入多追求短期回报，短期逐利的商业本能有悖于数字化成果长期才能获益的特点。

为了进一步帮助更多中小微企业纾困脱困，推动产业数字化转型，2020 年国家发展改革委启动"数字化转型伙伴行动"，构建"政府引导、平台赋能、龙头引领、机构支撑、多元服务"的联合推进机制，以带动中小微企业数字化转型为重点，构建数字化生态共同体。中小险企可以借助第三方专业技术公司来实现转型以及保持产品创新。平安集团总经理兼联席 CEO 谢永林表示[2]，科技助力金融业高质量发展有两条路径，一是"从 0 到 1"，二是"从 1 到 N"。对众多中小金融机构而言，路径二更实际可行，即以金融科技公司为主体，总结 0 到 1 成果，批量化赋能中小金融机构，帮助其分享科技发展红利，提高服务效率和效能，实现普惠金融。

在实践中，大童保险与中企通信合作，采用了中企通信云网融合数据中心，获得高品质的网络连接与云端应用访问体验。借助中企通信的"Managed CONNECT 管理通"一站式多功能服务管理平台，大童保险可随时监控网络的实时情况，及时排除风险。众安保险以搭建数字新基建的方式，帮助保险产业链的客户实现数字化转型。众安科技输出了全栈数字化客服解决方案，覆盖售前、售中、售后全栈服务场景，包含 100＋智能引擎、3 大中台、10＋产品和 N 种渠道管理。2021 年，在科技输出方面，众安保险收入达到 5.2 亿元，同比增长 42%；共服务保险产业链客户 109 家，同比新增 34 家。

## 三、外资寿险公司

### （一）保持高素质代理人优势

外资寿险公司一直以来走精英代理人、开拓中高端市场的路线，在代理人的年

---

[1] 和讯网. 再谈数字化进程：传统保险公司、互联网保险公司、保险中介、保险上下游产业链. https://baijiahao.baidu.com/s?id=1757231997018958190&wfr=spider&for=pc.

[2] 魏倩.平安集团谢永林：科技"双路径"赋能金融 陆金所控股明确转型定位.上海证券报·中国证券网. 2020-06-19.https://news.cnstock.com/news,bwkx—202006-4550953.htm.

龄、入职前工作收入、工作经验年限和学历方面皆有较高要求,严格管控增员入口,推进高学历人才的招聘,通过高素质代理人接触优质客户群,以优增优,助推公司品牌形象,在中高净值客户领域占据优势。因此,2020年,当走人海战术路线的中资头部寿险企业个险渠道承压,大部分外资的保费收入、市场份额的业绩增长均优于甚至数倍优于中资寿险公司。以最具代表性的友邦人寿为例,友邦人寿一直以高素质、高产能精英营销员著称行业。2020年友邦中国MDRT人数达2 687人,排名世界第三。到了2022年,友邦人寿以4 255人的MDRT人数首次登顶全球榜单,成为全球MDRT(百万圆桌)会员最多的保险公司。友邦在疫情背景下的经营业绩也优于中资寿险企业,这得益于其精英代理人的经营优势。

在个险渠道转型中,走人海战术的寿险企业纷纷开始专业化代理人转型之路,但这早已是头部外资寿险公司打磨数年的战略。因此,外资寿险公司需要继续坚持走专业化代理人路线,保持高素质代理人的先发优势。

**(二)深入发展本土化策略**

在博鳌亚洲论坛2018年年会上,我国宣布大幅放宽市场准入,放宽保险行业外资股权比例的限制,放宽外资金融机构设立限制,扩大外资金融机构在华业务范围,加快保险行业的开放进程。自2018年以来,我国保险业不断出台扩大对外开放的红利政策,释放外资保险公司的活力。政策放开的同时,外资寿险公司还需深入发展本土化策略。

一方面,我国的政治制度、经济发展水平、文化观念习俗以及保险市场发展程度都与发达保险市场国家有很大差异,外资公司在发达保险市场的经营不一定适用,需要着重考虑本土化策略。特别是对于合资公司而言,政策放开后,外国股东在公司中的话语权得到提升,需要平衡好与中国股东在公司治理、经营理念和市场发展战略中的分歧。另一方面,我国不同地区的文化观念、保险发展水平都有很大差异,政策的放开能扩大外资寿险公司的市场,需要外资公司在新市场中探索本土化路线。目前外资寿险公司的机构网点相比于中资寿险公司仍较少,主要集中于东部沿海发达城市和内地部分一、二线城市。这部分城市经济发展水平较高,居民对保险的认知水平也较高,保险市场相对更为发达。但在我国的大部分城市,经济发展水平相对落后,投保意识偏低,保险市场的深度和密度也较低,这需要外资寿险公司在扩张中针对不同地区考虑当地的本土化战略。

外资寿险公司可通过人才本土化推进本土化战略。本土人员对当地文化有更深的了解,更知道如何满足客户需求,外资寿险公司应充分利用熟悉我国社会文化和制度的当地员工,并在关键管理岗位上重用本地人才,通过更多的学习培训、晋升机会实现公司人才的本土化。

**(三)引入国际先进经验**

我国保险行业正处于由粗放型发展向精细化、高质量发展的转型期,中产阶级群体壮大,保险消费意识提升,消费者对保险产品和服务的要求进一步提高。外资寿险企业可利用其在发达保险市场的先进成熟经验,在公司治理、风险管控、产品设计、数字技术、投资管理、品牌塑造等方面进一步打造优势,为我国消费者提供更全面、更先进的保险方案,为我国保险市场注入新活力。

此外,我国的保险市场还不成熟,保险产品的种类较少,丰富程度有待进一步提高。而发达保险市场的保险种类繁多,涉及生活与工作的方方面面,如完片保险、失窃险等。外资寿险公司可结合其国际市场经验,推出更多创新保险,为消费者提供更多元的保险产品选择。

## 第四节 代理人层面

### 一、提高专业度

如前文所述,在当前背景下,客户对财富、健康等的管理需求不断增加,保险代理人的门槛不断提高,复合型保险代理人成为发展趋势。在保险代理人实际展业过程中,服务客户的专业度以及各项知识储备的深度越来越重要。一个专业的保险代理人应该了解自己所销售产品的优劣势,对于市场上的同类产品和服务业应该了然于心,能够站在客户的角度,为其推荐最合适的产品和方案;专业的保险代理人还应该熟记保险产品中的各种条款和除外责任,并能够用通俗易懂的语言向客户解释复杂的保险条款。精英保险代理人不仅应该具备专业的保险销售能力,还需掌握相当的财富管理、健康管理、养老规划等知识。从各大险企推出的规划师计划可见一斑。

泰康人寿推出的健康财富规划师(HWP)从传统保险产品的销售者向高净值客户健康和财富管理规划者转变,可为高端客户提供跨保险、健康养老、财富管理三大领域的综合性服务,需要掌握金融、法律、医学等不同领域的专业知识。友邦人寿联合复旦大学经济学院推出"友邦寿险规划师研修班""健康管理规划师研修班"和"财务规划师研修班"三个项目,用专业的保险知识、全面的金融体系武装代理人。人保寿险的保险财富规划师(IWP)需要为客户提供全方位的保险产品及财富规划,满足客户在家庭保障、子女教育、退休计划及财富传承上的需求。前海人寿的医养规划师(HECP)同样有别于传统保险代理人,是一支既懂财富规划和风险规划,又兼具医疗养老专业知识的复合型保险精英队伍,可为客户提供覆盖全生命周期,涵盖医疗养老、风险保障、财务规划等服务。

可见,未来的保险代理人不仅要对保险市场和产品了如指掌,能够从客户的角度配置最佳的保险产品组合和强大的风险管理服务,而且能够为客户提供科学的金融理财规划,甚至还能够为客户提供财务、法律、税务、养老、健康、旅游等全方位的服务方案①。因此,保险代理人应合理利用公司培训资源,努力学习专业知识,向专业化、职业化的方向不断前进。

## 二、运用数字化手段

一方面,随着数字化时代的发展,当前,国内大量保险公司已经基于保险科技在产品开发、销售分销、客户管理、投保承保、保单管理、客户服务、理赔管理等方面的应用加速推进数字化转型,这场数字化变革也将推动保险代理人的全方位数字化转型。保险代理人可依托大数据、人工智能、区块链等科技手段深入分析客户需求,针对性地定制保险服务方案,推进产品和服务的个性化,借助公司的科技产品更好地为客户提供服务。另一方面,保险代理人可以不断拓宽展业渠道,实现更加多元的展业方式。社交媒体在传播领域占据极大份额,尤其近几年疫情频发,代理人线下展业受阻,更多地转向线上沟通。代理人应该主动将社交媒体融入自身数字化营销中。

利用社交媒体销售,不仅仅是让代理人进行线上销售,还意味着让代理人打造个人IP,打造对客户的吸引力,增加辨识度,打造个人品牌价值,让自己成为对客户而言值得信赖的专家。安永在《未来的代理人》报告中指出,人们的生活方式向线上迁移,互联网保险的蓬勃发展,使传统的靠人缘关系来拓客的方式被挤压,未来的保险代理人在数字化世界中将以主动顾问的身份出现。保险代理人可利用互联网的流量传播优势,利用各大社交媒体平台,通过文字、图片、视频、直播等方式,输出优质内容,实现自我营销,打造个人IP。

## 三、以客户为中心

保险代理人是直接面对客户的服务性职业,应该把客户放在首位。而过去的"粗放型发展""人海战术""销售导向""重承保、轻服务"等现象,恰恰说明了之前我国的保险销售对"以客户为中心"理念的漠视,这提高了行业的销售成本,损害了行业形象。在个险渠道转型、保险行业由高速增长转向高质量发展的背景下,以客户为中心、重视客户体验,是保险代理人发展的必经之路。

保险代理人应该转变思维方式,从以销售为目的到以满足客户需求为目的,从以完成销售作为结束转变为从承保到理赔全过程提供服务,如此才能真正立足客户需求,为客户提供服务。保险代理人应该按照不同标准细分客户,有针对性地提供符合客户需求的保险产品和服务,满足多样化异质性的保险客户需求。保险代理人应该从客户效用的角度出发讲解保险,让客户认同保险,而非让客户在焦虑的情况下购买保险,在购买后产生后悔情绪。保险代理人不应该只着眼于眼前的交易,而要更注重可持续发展的客户关系,与客户保持良好紧密的私人关系,提升客户的情感体验和获得感,用优质服务提高客户满意度,积累客户的信任与口碑。保险代理人应该学习最新的行业动态和政策,坚守职业规范,提升职业素养,在服务过程中不触及监管红线。

---

① 朱艳霞.代理人专业化职业化转型提速[N].中国银行保险报.http://www.cbimc.cn/content/2022-10/11/content_469253.html.

# 第八章 专题研究

## 第一节 背景介绍

在本书第四章"保险个人代理人渠道现状及问题表现"的第四节"基于江苏省面的代理人问卷调查"中,我们制作并发放了《江苏保险营销员调查问卷》,调研期间为2022年6~9月。受访者来自包括中国人寿、友邦人寿、泰康人寿、太平人寿、新华人寿江苏分公司等在内的36家江苏省内寿险企业,调研共回收有效问卷1 251份。问卷由问卷星软件制作发放。基于基础数据结果,课题组形成了基于江苏省面的代理人问卷调查分析报告。从基本特征(性别、年龄、户籍所在地、工作所在地、教育背景、自我人格评价、所在公司、公司职位等)、生活状况(生活满意度、家庭婚姻状况、住房情况等)、职业特征(前职业、兼业情况、入行渠道、选择保险销售的原因、职业和社会地位认知、认为保险销售人员最重要的特质、未来继续从事保险销售的信心、转行原因等)、工作状况(日均工作时长、日均拜访量、拜访客户保单成交率、客户池客户数量、客户来源、年收入变化情况、客户开拓的难题、开发高净值客户的障碍等)、其他(对独代的前景认知、对公司各项机制的满意度、数字化应用能力、相关建议)五个层面对问卷结果进行了系统分析,完成了对省内保险营销员的调研工作。基于以上基础数据,课题组进一步展开了相关专题研究,该部分主要介绍专题研究成果《人格五因素对保险代理人职业成功的影响研究——基于江苏省的问卷调查》。①

人身保险是围绕"人"展开的,而作为保险公司与客户之间的桥梁,研究保险营销员的"人"之维度,十分必要。以人为本,不仅仅是基于客户,也是基于自身。为了了解个人性格特征对从事保险营销工作的影响,问卷设计参考了"大五人格"理论框架下的"五因素模型"和"大五人格测试量表"。"五因素模型"是由美国心理学家科斯塔和麦克雷(Costa & McCrae)在1992年提出的,是一种被广泛应用于心理学、社会学领域研究的人格测试工具。五个维度分别为尽责性、开放性、外倾性、随和性、情绪稳定性/神经质。尽责性,通常描述个人具有高度的组织性、认真负责、勤奋努力。通常具有这一特点的人做事更加讲究效率、遵守秩序,且往往体现出自律、克制和进取等特点。开放性,用于描述个人对新的审美、文化或知识、体验等保持开放的态度。具

---

① 文章作者:杨波,刘欣茹,杨晓伟。

有这一特征的人,通常表现出更加丰富的想象力和创造力、情感丰富、兴趣广泛、好奇心强和标新立异等特点。外倾性,是指个人的兴趣和精力,往往更多地投入在外部的人或事物中,而非自身的主观体验。具有这一特征的个人,通常会表现出热情、友好、自信、冒险、活跃、乐观和善于社交等特点。随和性,是指个人在行动中所体现出的合作和无私的程度,包括信任、利他、和顺、直率、谦虚、富有同情心和同理心等品质。情绪稳定性,是指个人的情绪通常不会有急速的变化,且具有比较高的可预测性;而神经质是情绪稳定性的对立面,是指个人情绪处于长期不稳定性,且较容易产生心理方面的困扰,表现为焦虑、敌对、压抑、羞涩、冲动、自卑、脆弱等特质。该部分专题围绕保险营销员的人格特质与职业成功的关系展开研究,力图找到二者之间的关系,提升代理人职业表现,助力行业优质增员。以下利用问卷数据从研究设计、实证分析、研究结论等方面依次进行分析,并就行业制度、公司管理和个人职业选择等方面给出相应的意见建议。

## 第二节　研究设计

### 一、变量选择

#### (一) 被解释变量:职业成功

学术界将职业成功分为主观职业成功和客观职业成功。客观职业成功是指在工作中累积的与工作相关的成就,可以用客观的数据评价职业的方面,一般包括整体报酬、晋升次数和其他可以表示个人成绩的外部指标,本文选择收入和职位衡量保险代理人的客观职业成功。保险代理人对职业成功的主观感受是其对保险销售工作的满意度或者对职业认知的衡量。参考已有文献的变量选取方法(龙书芹,2010),本文选择对职业的认知作为主观职业成功的衡量指标。

#### (二) 解释变量:人格五因素

结合已有文献的研究分析可知,性格和情绪会影响保险代理人的职业表现,从而影响职业成功。人格五因素分别为情绪稳定性(神经质 O)、尽责性(认真性 C)、开放性(D)、外倾性(E)、随和性(宜人性 A)。问卷对人格的五个层面分别进行了 1 到 5 的评分,其中 1 分为最低,5 分则是十分认可自己符合这一人格。

#### (三) 控制变量

参考现有文献对保险代理人职业成功影响因素的研究并进行归纳,本文选取性别、年龄、学历、婚姻状况、住房情况作为控制变量。具体变量说明如表 8.1 所示。

**表 8.1　变量的选取及说明**

| 变量类型 | 变量 | 变量描述 |
|---|---|---|
| 被解释变量 UPGRADE | 收入 | 实际调查数据/万,表示年均收入 |
|  | 职位 | 营销员=1,营业组业务经理/主管=2,部门业务经理/主管=3,区级业务经理/主管=4,独立代理人=5 |
|  | 职业认知 | 底层=1,中下层=2,中层=3,中上层=4,高层=5 |
| 解释变量 ID | 情绪稳定性 | 1—5 评分制 |
|  | 尽责性 | 1—5 评分制 |
|  | 开放性 | 1—5 评分制 |
|  | 外倾性 | 1—5 评分制 |
|  | 随和性 | 1—5 评分制 |
| 控制变量 | 性别 | 男性=0,女性=1 |
|  | 年龄 | 实际调查数据/岁 |
|  | 学历 | 高中及以下=1,大专=2,本科=3,硕士=4,博士=5 |
|  | 婚姻状况 | 单身=1,已婚未育=2,已婚备育=3,已婚已育=4 |
|  | 住房情况 | 租房=1,自购房(有贷款)=2,自购房(无贷款)=3,其他=4 |

## 二、数据来源与样本描述性统计

2022 年 5 月,中国保险学会与南京大学商学院合作设立了"我国个险渠道转型研究——基于江苏省市场的调研"的年度课题,制作并发放了《江苏保险营销员调查问卷》,调研期间为 2022 年 6—9 月。问卷针对保险代理人的个人特征类、生活状况类、职业特征类、工作状况类、其他类五个方面一共设计了 38 个问题。覆盖了江苏省省级及以上的 114 家保险公司,地域上问卷覆盖了江苏省的 13 个地级市。问卷由问卷星软件制作发放,调研共计回收问卷 1 251 份。本文作者作为项目组成员,获取了与本文相关的问卷数据,在剔除 143 份无效问卷之后,共计获得 1 108 份有效问卷。各变量的描述性统计如表 8.2 所示。

根据表 8.2 可知,保险代理人收入的均值是 14.744,标准差为 19.184。近九成的代理人是任职于一家保险公司的,有一半的代理人目前是保险公司的营销员,且数量随着职位的提升大幅减少,是典型的金字塔形结构。保险代理人对自身职业的社会地位认知较高,偏中上层。从控制变量方面来看,样本中女性代理人数目占比接近七成,年龄偏高,均值达到 43.325 岁。学历背景是大专及以下的代理人占比 74.4%。代理人婚姻状况为已婚人士的占据样本的 88.3%,且有子女的占据 83.5%。代理人住房情况比较乐观,有自购房的代理人有 85%,占到了绝大多数。从解释变量来看,保险代理人对自我人格的五个维度的评价均值较高,且差异不大。

表 8.2 变量描述性统计

| 变量名称 | 极小值 | 极大值 | 均值 | 标准差 |
|---|---|---|---|---|
| 收入 | 0 | 300 | 14.744 | 19.184 |
| 职位 | 1 | 5 | 1.794 | 1.154 |
| 职业认知 | 1 | 5 | 3.478 | 0.987 |
| 性别 | 0 | 1 | 0.738 | 0.440 |
| 年龄 | 20 | 72 | 43.325 | 9.725 |
| 学历 | 1 | 5 | 1.876 | 0.832 |
| 婚姻状况 | 1 | 4 | 3.562 | 1.013 |
| 住房情况 | 1 | 4 | 2.521 | 0.741 |
| 情绪稳定性 | 1 | 5 | 4.226 | 0.968 |
| 尽责性 | 1 | 5 | 4.592 | 0.853 |
| 开放性 | 1 | 5 | 3.906 | 1.039 |
| 外倾性 | 1 | 5 | 3.826 | 1.036 |
| 随和性 | 1 | 5 | 4.473 | 0.889 |

## 第三节 实证分析

考虑到保险代理人的职业成功的三个层面数据的差异性,分别构建不同的模型。

### 一、以职业成功中收入作为因变量,选择分层回归分析

#### (一)模型设定

目前国内外研究影响因子的文献多是采用线性回归的实证方法,且保险代理人的客观成功的收入是连续变量,因此我们选择分层回归模型,具体模型设定如下:

$$Y = \alpha_1 + \beta_1 \cdot X_1 + \varepsilon_1 \tag{1}$$

$$Y = \alpha_2 + \beta_2 \cdot X_2 + \varepsilon_2 \tag{2}$$

式中,被解释变量 Y 为保险代理人的平均年收入;$X_i$ 是保险代理人收入的驱动因素,$i=1,2$;$\beta_i$ 是回归方程的系数,$i=1,2$;$\varepsilon_i$ 是回归方程的随机误差项,$i=1,2$。分层回归用于解释新增解释变量后的模型变异,本次分层回归分析共涉及两个模型。模型 1 中的解释变量是保险代理人的人口统计学指标,模型 2 在模型 1 的基础上加入了保险代理人的人格特征。

## (二) 实证结果

采用 SPSS 26.0 进行统计分析,在构建分层回归模型中,以保险代理人的收入为因变量,将年龄、性别、学历、婚姻状况、住房情况作为控制变量,放在模型的第 1 阶层(选用"输入"纳入方式),将情绪稳定性、尽责性、开放性、外倾性、随和性五个自变量作为第 2 层变量加入模型中(选用"输入"纳入方式),进而探讨这五个自变量对保险代理人的收入的作用效应,表 8.3 显示了人格特征五因素对保险代理人收入的回归模型的统计结果。

表 8.3 实证结果

|  | 变量 | 满意度 | |
|---|---|---|---|
|  |  | 模型(1) | 模型(2) |
| 第一步 | 性别 | 0.515 | 0.486 |
|  | 年龄 | 0.259*** | 0.267*** |
|  | 学历 | 5.055*** | 5.044*** |
|  | 婚姻状况 | 0.904 | 0.857 |
|  | 住房情况 | −2.120** | −2.015* |
| 第二步 | 情绪稳定性 | / | −2.291** |
|  | 尽责性 | / | 2.422* |
|  | 开放性 | / | −0.680 |
|  | 外倾性 | / | 2.295** |
|  | 随和性 | / | −1.764 |
|  | $F$ | 11.541*** | 3.952** |
|  | $R^2$ | 0.050 | 0.067 |
|  | $\Delta R^2$ | 0.050*** | 0.017** |

注:* $P<0.05$,** $P<0.01$,*** $P<0.001$。

如表 8.3 所示,控制变量所在层是初始模型,该模型的 $R^2$ 和 $\Delta R^2$ 值相同,均为 0.050,$\Delta R^2$ 具有统计学意义,$P<0.001$。层次 2 的 $\Delta R^2$ 为 0.017,即模型(2)的 $R^2$ 值(0.067)与模型(1)的 $R^2$ 值(0.050)的差,即模型(2)的 $\Delta R^2$ 具有统计学意义。说明在纳入人格五因素后,自变量对因变量边缘的解释能力增加了 1.7%($P<0.01$),即纳入人格五因素变量对保险代理人的收入的预测改善有统计学意义。其中,情绪稳定性($\beta=-2.291,P<0.01$)对收入有显著的负向预测作用,即对自我的情绪稳定性的评分越高,对收入有显著的抑制作用。而尽责性($\beta=2.422,P<0.05$)和外倾性($\beta=2.295,P<0.01$)对收入水平有显著的正向影响关系,即对自我的尽责性和外倾性的评分越高,其对收入的促进作用越明显。开放性和随和性的回归系数均为负,但是没

有呈现出显著性,意味着二者不会对保险代理人的收入产生影响作用。

## 二、以职业成功中的职位作为因变量,构建有序 Logistic 模型

### (一) 模型设定

保险代理人的职位分布中有 1 030 人为保险公司所属保险代理人,78 人为独立保险代理人。通过二元 logistic 回归,并无数据支撑人格因素在两种保险销售工作之间选择的影响作用,进而剔除出职位为独立个人保险代理人的数据,分析职位为公司保险代理人的职位晋升是否受到人格因素的影响。职位为保险代理人的晋升路径为 4 类,且有明显的上升趋势,因此本文在研究职位晋升时选择有序 logistic 模型进行研究,具体模型设定如下:

$$\operatorname{Ln}\left(\frac{P_1+\cdots+P_j}{P_j+\cdots+P_4}\right)=\beta_{0j}-(\beta_1 X_1+\beta_2 X_2+\cdots+\beta_m X_m) \tag{3}$$

式中,$j=1,2,3$。公司保险代理人的职位划分为四类,以第 4 个分组(即保险代理人的职位为区级业务主管/经理)为参照组,共有 3 个方程,有序 Logistic 回归要求不同模型的自变量的回归系数相同,因此 $\beta_{0j}$ 是模型的回归方程的常数项,$\beta_1,\beta_2,\cdots,\beta_m$ 是回归方程的自变量 $X_1,X_2,\cdots,X_m$ 的回归系数。

### (二) 实证结果

本研究选择有序 logistic 回归方法测量人格五因素对保险代理人职业成功的影响程度。首先对模型进行平行性检验,平行性检验的原假设是各回归方程互相平行,$\chi^2=26.886$,$P=0.723>0.05$,说明本次模型通过平行性检验,模型分析结论可行,可继续进一步的分析。模型拟合优度的检验结果 $\chi^2=127.572$,$P<0.001$,在 1‰ 的显著性水平上通过检验,说明偏回归系数至少有一个不为 0,回归方程有意义。皮尔逊和偏差两种检验的 $P$ 值均大于 0.05,认为模型拟合比较好。

从表 8.4 中可以看出,情绪稳定性的回归系数是 $-0.384$,并且表现出 0.001 水平的显著性($P=0.000<0.001$),意味着情绪稳定性会对保险代理人职位晋升产生显著的负向影响关系,情绪稳定低的保险代理人的职位更高;优势比(OR 值)为 0.681,意味着情绪稳定性增加一个单位时,保险代理人的职位会下降 0.681 个职级。尽责性的回归系数是 0.396,并且出现 0.01 水平的显著性($P=0.001<0.01$),意味着尽责性对保险代理人职位晋升产生显著的正向影响关系,工作中越尽责的代理人其晋升的可能性更高,职位更高;优势比(OR 值)为 1.481,意味着尽责性的评分提高一个单位时,其职位提升 1.481 个单位。开放性的回归系数是 $-0.042$,但是没有呈现显著性($P=0.670>0.05$),意味着开放态度不会对保险代理人的职位晋升产生影响。外倾性的回归系数是 0.199,并且表现出 0.05 水平的显著性($P=0.044<0.05$),意味着外倾性对保险代理人职位晋升产生显著的正向影响关系,性格外向的保险代理人更有利于职位的晋升;优势比(OR 值)为 1.220,意味着外倾性的评分增加一个单位时,其

职位提高1.22个单位。随和性的回归系数是-0.131,但是没有呈现显著性($P=0.240>0.05$),意味着随和性不会对保险代理人的职业晋升产生影响。

表8.4 回归分析结果

| 变量 | $b$ | $S_b$ | Wald$\chi^2$ | $P$ | OR |
| --- | --- | --- | --- | --- | --- |
| 年龄 | 0.068 | 0.008 | 63.668 | <0.001 | 1.070 |
| [性别=0] | 0.121 | 0.152 | 0.635 | 0.425 | / |
| [性别=1] | $0^a$ | / | / | / | / |
| [学历=1] | -1.337 | 0.512 | 6.835 | <0.01 | 0.263 |
| [学历=2] | -1.004 | 0.505 | 3.955 | <0.05 | 0.366 |
| [学历=3] | -0.633 | 0.507 | 1.557 | 0.212 | / |
| [学历=4] | $0^a$ | / | / | / | / |
| [婚姻状况=1] | -0.024 | 0.246 | 0.009 | 0.923 | / |
| [婚姻状况=2] | -0.682 | 0.414 | 2.712 | 0.100 | / |
| [婚姻状况=3] | 0.270 | 0.607 | 0.198 | 0.656 | / |
| [婚姻状况=4] | $0^a$ | / | / | / | / |
| [住房情况=1] | 0.582 | 0.418 | 1.940 | 0.164 | / |
| [住房情况=2] | 1.151 | 0.300 | 14.708 | <0.001 | 3.161 |
| [住房情况=3] | 0.953 | 0.295 | 10.458 | <0.01 | 2.593 |
| [住房情况=4] | $0^a$ | / | / | / | / |
| 情绪稳定性 | -0.384 | 0.096 | 16.158 | <0.001 | 0.681 |
| 尽责性 | 0.396 | 0.119 | 11.078 | <0.01 | 1.481 |
| 开放性 | -0.042 | 0.100 | 0.182 | 0.670 | / |
| 外倾性 | 0.199 | 0.099 | 4.049 | <0.05 | 1.220 |
| 随和性 | -0.131 | 0.112 | 1.383 | 0.240 | / |

总结分析可知,情绪稳定性对保险代理人的职位晋升产生显著的负向影响,而尽责性、外倾性对保险代理人的职位晋升产生显著的正向影响关系。但是,开放性和随和性并不会对保险代理人的职位提升产生影响。

### 三、以职业成功中的保险营销职业认知作为因变量,构建多分类Logistic模型

**(一)模型设定**

被解释变量中保险代理人对保险营销职业的认知为5点计分的有序离散变量,因此首先考虑有序Logistic回归模型。有序Logistic回归分析要求在多个回归方程中自变量的系数是相等的。因此需要做平行性检验,其$P=0.000<0.05$,拒绝原假设,认为原数据不能通过平行性检验,因此选择无序Logistic模型。具体模型设定

如下：

$$\text{Ln}\left(\frac{P(Y=j)}{P(Y=1)}\right) = \beta_{0j} + \beta_{1j}X_1 + \beta_{2j}X_2 + \cdots + \beta_{mj}X_m \tag{4}$$

式中,$j=2,3,4,5$。保险营销员的职位认知有五个类别,以第 1 个分组（即认为保险代理人职位位于社会底层的代理人群）为参照组,共有 4 个方程,其中 $\beta_{0j}$ 为第 $j$ 个回归方程的常数项,$\beta_{1j},\beta_{2j},\cdots,\beta_{mj}$ 为第 $j$ 个回归方程的自变量 $X_1,X_2,\cdots,X_m$ 的回归系数。

### （二）实证结果

考虑到各个解释变量之间可能存在相关性,因而有必要在模型估计之前,先进行多重共线性检验。结果显示方差膨胀系数（VIF）小于 10,因此认为不存在多重共线性。实证部分采用 SPSS 26.0 软件进行数据分析与处理,回归结果如表 8.5 所示。

表 8.5　多元无序回归结果

| 变量 | 模型 1(P2∶P1) | | 模型 2(P3∶P1) | | 模型 3(P4∶P1) | | 模型 4(P5∶P1) | |
|---|---|---|---|---|---|---|---|---|
| | $\beta$ | OR | $\beta$ | OR | $\beta$ | OR | $\beta$ | OR |
| 年龄 | −0.074** | 0.929 | −0.056** | 0.945 | −0.077*** | 0.926 | −0.044* | 0.957 |
| [性别=0] | 0.121 | 1.129 | −0.946** | 0.388 | −1.011** | 0.364 | −1.310*** | 0.270 |
| [性别=1] | $0^b$ | / | $0^b$ | / | $0^b$ | / | $0^b$ | / |
| [学历=1] | −25.596*** | 7.654 | −1.653 | 0.192 | −2.072 | 0.126 | −1.881 | 0.152 |
| [学历=2] | −26.340*** | 3.638 | −2.112* | 0.121 | −2.481* | 0.084 | −2.456* | 0.086 |
| [学历=3] | −25.964*** | 5.298 | −1.750 | 0.174 | −2.326 | 0.098 | −2.260 | 0.104 |
| [学历=4] | −25.975*** | 5.236 | −2.078 | 0.125 | −3.356 | 0.035 | −2.833 | 0.059 |
| [学历=5] | $0^b$ | / | $0^b$ | / | $0^b$ | / | $0^b$ | / |
| [婚姻状况=1] | −0.082 | 0.921 | 0.099 | 1.104 | 0.059 | 1.061 | 0.455 | 1.576 |
| [婚姻状况=2] | −0.066 | 0.936 | −0.124 | 0.883 | −0.719 | 0.487 | −0.457 | 0.633 |
| [婚姻状况=3] | 1.448 | 4.253 | 1.197 | 3.311 | 1.518 | 4.564 | 0.635 | 1.886 |
| [婚姻状况=4] | $0^b$ | / | $0^b$ | / | $0^b$ | / | $0^b$ | / |
| [住房情况=1] | 0.229 | 1.257 | −0.605 | 0.546 | −0.723 | 0.485 | −0.950 | 0.387 |
| [住房情况=2] | 0.350 | 1.419 | −0.573 | 0.564 | −0380 | 0.684 | −0.586 | 0.557 |
| [住房情况=3] | 0.454 | 1.575 | 0.042 | 1.043 | 0.467 | 1.595 | 0.216 | 1.241 |
| [住房情况=4] | $0^b$ | / | $0^b$ | / | $0^b$ | / | $0^b$ | / |

续　表

| 变量 | 模型 1(P2∶P1) | | 模型 2(P3∶P1) | | 模型 3(P4∶P1) | | 模型 4(P5∶P1) | |
|---|---|---|---|---|---|---|---|---|
| | $\beta$ | OR | $\beta$ | OR | $\beta$ | OR | $\beta$ | OR |
| 情绪稳定性 | −0.323 | 0.724 | 0.122 | 1.129 | 0.237 | 1.267 | 0.460* | 1.585 |
| 尽责性 | 0.581* | 1.787 | 0.448* | 1.565 | 0.249 | 1.283 | 0.115 | 1.122 |
| 开放性 | −0.484 | 0.616 | −0.613** | 0.542 | −0.494* | 0.610 | −0.336 | 0.715 |
| 外倾性 | 0.561* | 1.752 | 0.449* | 1.566 | 0.579** | 1.785 | 0.864*** | 2.373 |
| 随和性 | −0.325 | 0.722 | 0.060 | 1.062 | 0.070 | 1.073 | 0.040 | 1.040 |

注：*，**，*** 分别表示在 5％，1％，0.1％置信水平上统计显著

根据表 8.5 可知：

就人格层面的情绪稳定性来看，情绪稳定性的评分在模型 4 中系数显著为正，说明保险代理人在情绪稳定上的自我评分越高，相比职业认知为"底层"，代理人的职业越可能选择"高层"。对于人格因素中的情绪稳定性，保险代理人的职业认知为"高层"比"底层"的概率高 58.5％。

就人格层面的尽责性来看，尽责性的评分在模型 1、模型 2 中系数显著为正，说明保险代理人在尽责性上的自我评分越高，相比职业认知为"底层"，代理人的职业越可能选择"中下层"或"中层"。对于人格因素中的尽责性，保险代理人的职业认知为"中下层"或"中层"分别比"底层"的概率高 78.7％、56.5％。

就人格层面的开放性来看，开放性的评分在模型 2、模型 3 中系数显著为负，说明保险代理人在开放性上的自我评分越高，相比职业认知为"底层"，代理人的职业越不可能选择"中层"或"中上层"。对于人格因素中的开放性，保险代理人的职业认知为"中层"或"中上层"分别比"底层"的概率低 45.8％、39％。

就人格层面的外倾性来看，外倾性的评分在模型 1、模型 2、模型 3、模型 4 中系数显著为正，说明保险代理人在外倾性上的自我评分越高，相比职业认知为"底层"，代理人的职业越可能选择"中下层""中层""中上层"或"高层"。对于人格因素中的外倾性，保险代理人的职业认知为"中下层""中层""中上层"或"高层"分别比"底层"的概率高 75.2％、56.6％、78.5％、137.3％。就人格层面的随和性来看，随和性的评分在模型 1 中的系数为负值，在模型 2、3、4、5 中均为正值，但是却没有呈现出显著性，说明在该数据样本中，随和性并不会对保险代理人的职位认知产生显著的影响。

总的来说，情绪稳定性评分越高，保险代理人的职位认知越高；尽责性评分越高，其职位认知越高；开放性评分越高，其职位认知更低；外倾性评分越高，其职位认知也越高；而随和性则无显著影响。

## 第四节 研究结论

通过实证分析,本文得出的结论总结如下:

其一,在分层回归分析中,将性别、年龄、学历、婚姻状况、住房情况作为控制变量,进一步纳入人格五因素之后,以上自变量对因变量保险代理人职业成功或收入的预测有所改善。具有一定的统计学意义,解释能力增加了。

其二,以职业成功中的收入作为因变量,选择分层回归分析,有如下结论:人格因素中的情绪稳定性对保险代理人收入有显著的负向抑制作用,即对自我的情绪稳定性评分越高,代理人的平均年收入越低。而尽责性和外倾性对代理人收入水平有显著的正向影响作用,即对自我的尽责性和外倾性评分越高,其对收入的促进作用越明显。开放性和随和性呈现出负的相关系数,但是不显著,表明二者对保险代理人的收入没有相应的影响作用。

其三,将职业成功中的职位晋升作为被解释变量,通过构建有序 Logistic 模型,得出以下结论:人格因素中的情绪稳定性会对保险代理人职位晋升产生显著的负向影响作用,即情绪稳定性低的代理人职位反而越高;优势比(OR 值)为 0.681,意味着情绪稳定性的自我评分每增加一个单位,保险代理人的职位会下降 0.681 个职级。尽责性对保险代理人的职位晋升产生显著的正向影响作用,即工作中越尽责的代理人晋升的可能性更高、职位更高;优势比(OR 值)为 1.481,意味着保险代理人的尽责性评分每增加一个单位,其职位会相应提升 1.481 个单位。同样的,人格因素中的外倾性与保险代理人的职位晋升之间也有显著的正向相关关系,即性格外倾的代理人职位晋升更快,职级越高;优势比(OR 值)为 1.220,意味着外倾性的自我评分每增加一个单位,保险代理人的职位相应提升 1.220 个单位。开放性和随和性的回归系数均为负,但是没有呈现出显著性,意味着这两种性格特质不会对代理人的职位晋升产生影响。

其四,将第一个分组(即认为保险代理人职业位于社会底层的代理人群体)作为参照组,通过构建多分类 Logistic 模型,以职业成功中的职业认知为因变量,本文发现:其一,就人格因素中的情绪稳定性而言,保险代理人在情绪稳定性上的自我评分越高,相比职业认知为"底层",其倾向于认为自己的职业位于社会中的"高层"。从定量结果来看,对于情绪稳定性,保险代理人的职业认知为"高层"的概率比"底层"高 58.5%。其二,对于人格因素中的尽责性而言,保险代理人在尽责性上的自我评分越高,相比职业认知为"底层",其更倾向于选择"中下层"或"中层"。从定量结果来看,对于尽责性,保险代理人的职业认知为"中下层"或"中层"的概率分别比"底层"高 78.7% 和 56.5%。其三,就人格因素中的开放性而言,保险代理人在开放性上的自我评分越高,相比职业认知为"底层",代理人越不可能选择"中层"或"中上层"。从定量结果来看,保险代理人的职业认知为"中层"或"中上层"的概率分别比"底层"低

45.8%和39%。最后,对人格因素中的外倾性而言,代理人在外倾性上的自我评分越高,相比职业认知为"底层",其越可能选择"中下层""中层""中上层"或"高层"。从定量结果来看,对于外倾性,保险代理人的职业认知为"中下层""中层""中上层"或"高层"的概率分别比"底层"高75.2%、56.6%、78.5%和137.3%。随和性在模型中没有呈现出显著性。

## 第五节 建议与启示

基于以上得出的实证分析结果,本文提出如下几点建议:

在行业制度层面,人身保险是围绕"人"展开的,作为保险公司与客户之间的桥梁,研究保险代理人的"人"之维度,十分必要。同时,过去我国几十年寿险业高速发展表明,代理人群体值得尊重、这份职业值得耕耘,但当下发展趋势需要对代理人渠道重新定位。行业应该重视人格因素对于代理人职业成功的影响,通过重塑代理人标准,设计引入人格因素的评价体系,提升代理人的留存率并推高人均产能。

在公司管理层面,一方面,可以在"人格五因素"理论和"五因素模型"框架下,结合研究结果,设计人格五因素测试量表,更好地了解个人性格特征对从事保险营销工作的影响。在代理人招聘、选用、晋升等环节中除了考虑传统的学历、工作年限、成交保单量等因素外,还可以将人格因素纳入考虑范围之内,全方位地评价和考核其综合能力。通过研究可以看出,人格因素中的情绪稳定性、尽责性、开放性和外倾性都对保险代理人职业成功有一定的正向或负向影响作用,而职业成功与否作为代理人人均产能和个人素质的外在表现,会直接影响营销队伍的脱退率指标。因此,在设计人格测试量表时可以着重关注代理人在这几个维度上的表现,为更好地了解其性格特征和职业成功潜质打下基础。例如,在招募新的保险代理人时可以通过设置专属问题考察其人格特质,并倾向选择情绪稳定性评分较低、尽责性评分较高、外倾性评分较高的代理人,或者在日常管理工作中可以加强该方面的引导与培训。另一方面,提高营销员准入标准,提升渠道质量,将"营销员渠道优质增员"作为基本战略,人格因素也应该成为代理人优质增员的标准之一。

在个人职业选择方面,要有科学正确的职业成功观,同时要对自己有正确的认知,特别是在人格特质方面。很多代理人看重行业发展潜力和收入,选择了保险销售职业,但往往很快因为不适应行业文化与环境、职业发展受限等选择转行。因此,在考虑选择代理人这一职业时,可以将自身的人格或者性格因素考虑在内,综合评价自身能力与发展潜力,从情绪稳定性、尽责性、开放性、外倾性和随和性五个方面对自我人格进行评价,判断是否与行业具有适配度,提升择业的效率与精度。参考性格因素与职业成功的关系,在选择入行之后,应富有同理心和培养合作精神,积极社交并能正确应对工作压力,努力控制和处理好各种情绪,以此助力自身提高,实现职业的良好发展。

# 附 件

**附一 2022年6月29日(江苏南京)课题研究座谈会调研提纲**

座谈会背景：

2022年5月，中国保险学会与南京大学商学院合作设立了"我国个险渠道转型研究——基于江苏省市场的调研"的年度课题，课题编号为：ISCKT2022-N-1-08。为保证课题研究的严谨性、研究结论的实效性，课题组希望听取各位行业专家的想法和意见。特此召开该座谈会。

座谈会交流的主要问题如下：

一、目前贵公司个险营销渠道基本情况(如个人代理渠道保费规模、占比；个人保险代理人数量、增速、留存率、平均收入；现有营销队伍组织架构、佣金分配机制等)。该问题可简单陈述，具体数据如方便烦请提供书面资料，会议中无须公开细节信息。

二、目前贵公司在个险营销渠道层面面临的主要困境与难点(如代理人能力不均、收入低、脱落率高等)。

三、针对存在的问题，贵公司在代理人渠道转型改革上做出了哪些尝试？是否有成效(如人均产能是否得到了提高；人力结构是否得到了优化；业绩总量是否有所增长等)？转型过程中遇到了哪些困难？

四、贵公司未来看好的个险转型方向是什么？如何看待独立个人代理人？

五、贵公司如何看待个险渠道的数字化转型？保险科技的运用将如何推动贵公司提升个险渠道效能(如在展业、代理人培训、代理人管理、客户服务等方面)？保险代理人与人工智能二者如何实现互补？

六、如课题组想进一步开展基层研究，贵公司有没有推荐的值得调研的代表性地区(或基层公司)？

七、贵公司对本课题研究有没有其他方面的建议(研究方法、角度等)？

**附二 2022年8月19日(江苏南京)课题研究座谈会调研提纲**

座谈会背景：

2022年5月，中国保险学会与南京大学商学院合作设立了"我国个险渠道转型研究——基于江苏省市场的调研"的年度课题，课题编号为：ISCKT2022-N-1-08。为保证课题研究的严谨性、研究结论的实效性，课题组希望听取各位行业从业者切身的想法和意见。特此召开该座谈会。

座谈会交流的主要问题如下:

一、保险代理人这份工作是否从薪资待遇、社会地位、生活保障等方面带给您一定的满足感?您认为何种激励方式能够促进业绩增长?

二、保险代理人脱落率这么高,您坚持的原因是什么?

三、您认为在保险销售过程中,一个合格保险代理人应该具备哪些方面的能力和素质?

四、您在营销过程中是否受到了阻碍,阻碍来自哪些方面?

五、在疫情大背景和客户群体代际更替的情况之下,您认为客户画像是否发生了变化,对应的营销方式是否随之改变?

六、您在日常工作中是否使用数字化手段(数字化手段包括公司推出的数字化工作系统、展业 App、展业微信小程序等)?您认为数字化手段的使用对于您的工作有何帮助(工作包括产品推销、投保手续办理、客户服务等)?您对您现阶段工作中使用的数字化工具的认可度如何?您认为有哪些值得改进的地方(请指出一两处最值得改进的点)?

七、在时代变革的背景下,您对保险代理人的发展有怎样的看法,您会采取哪些措施来应对这些变化?

八、您认为目前保险公司的代理人制度是否合理,有哪些地方存在改进的空间?

九、保险行业监管的力度和范围对您的工作是否有影响,您对此的建议是?

### 附三 江苏保险营销员调查问卷

感谢您抽出宝贵的时间填写此问卷,此问卷仅用于学术研究,不做他用。

一、个人特征类

1. 您的性别是:[单选题]*
○男　　　　○女

2. 您的年龄是:[填空题]*
请填写整数:周岁

_____

3. 您的户籍所在地是[填空题]*

_____

4. 您的工作所在地区:[填空题]*

_____

5. 您的教育背景是:[单选题]*
○高中及以下
○大专
○本科
○硕士

○博士

6. 请您从以下几个方面对自我人格进行评价：(评分制：1分最低，5分为满分)[矩阵量表题]*

| | 1 | 2 | 3 | 4 | 5 |
|---|---|---|---|---|---|
| 情绪稳定性 | ○ | ○ | ○ | ○ | ○ |
| 尽责性 | ○ | ○ | ○ | ○ | ○ |
| 开放性 | ○ | ○ | ○ | ○ | ○ |
| 外倾性 | ○ | ○ | ○ | ○ | ○ |
| 随和性 | ○ | ○ | ○ | ○ | ○ |

7. 您目前在哪家保险公司从事保险销售工作：[填空题]*
_____

8. 您的职位是：[单选题]*
○营销员
○营业组业务经理/主管
○部门业务经理/主管
○区级业务经理/主管
○独立代理人

二、生活状况类

9. 您对生活中各项内容的满意度是：[矩阵单选题]*

| | 非常不满意 | 不满意 | 较为不满意 | 一般 | 较为满意 | 满意 | 非常满意 |
|---|---|---|---|---|---|---|---|
| (1) 家庭关系 | ○ | ○ | ○ | ○ | ○ | ○ | ○ |
| (2) 心理状况 | ○ | ○ | ○ | ○ | ○ | ○ | ○ |
| (3) 家人健康 | ○ | ○ | ○ | ○ | ○ | ○ | ○ |
| (4) 身体状况 | ○ | ○ | ○ | ○ | ○ | ○ | ○ |
| (5) 住房条件 | ○ | ○ | ○ | ○ | ○ | ○ | ○ |
| (6) 对生活的总体满意度 | ○ | ○ | ○ | ○ | ○ | ○ | ○ |

10. 您的家庭婚姻状况:[单选题]*
○单身
○已婚未育
○已婚备孕
○已婚已育

11. 您目前住房情况:[单选题]*
○租房
○自购房(有贷款)
○自购房(无贷款)
○其他

三、职业特征类

12. 从事保险行业之前,您的职业是:[单选题]*
○商业、服务人员
○非保险相关销售工作
○专业技术人员(教师、医生、工程技术人员、作家等专业人员)
○办事人员和有关人员
○非保险相关金融工作
○国家机关、党群组织、企业负责人、事业单位负责人
○从事农林牧渔业的劳动者
○其他

13. 您是全职还是兼业代理人:[单选题]*
○全职代理人(请跳至第15题)
○兼业代理人(请跳至第14题)

14. 您的兼业职业是:[单选题]*
○商业、服务人员
○非保险相关销售工作
○专业技术人员(教师、医生、工程技术人员、作家等专业人员)
○办事人员和有关人员
○非保险相关金融工作
○国家机关、党群组织、企业负责人、事业单位负责人
○从事农林牧渔业的劳动者
○其他

15. 您从事保险销售的年限是:[填空题]*
请填写整数:___年

16. 您进入行业的渠道是:[单选题]*

○缘故（熟人介绍）/转介绍
○人才市场/招募活动
○社交媒体
○校园招聘
○回流（再次从事保险行业）
○媒体广告
○猎头招聘

17. 您选择保险销售这份职业的原因是：[按重要性依次选择三项][排序题，请在中括号内依次填入数字]*

[　]保险业的未来发展潜力
[　]日常工作的时间灵活性
[　]可观的收入
[　]与自己的专业知识、兴趣爱好分配
[　]认可代理人职业的社会地位
[　]周围亲戚、朋友、同学等推荐
[　]良好的内部培训、晋升机制，能够获得期望的成就感

18. 您对职业社会地位的认知是（满分5：1-底层；3-中层；5-高层）[单选题]*
底层　○1　○2　○3　○4　○5　高层

19. 您觉得作为保险销售人员最重要的三项特质是：[按重要性依次选择三项][排序题，请在中括号内依次填入数字]*

[　]专业形象
[　]友善/亲和力
[　]优良口才与解说能力
[　]专业知识与能力
[　]时间管理能力
[　]行动执行力
[　]行政处理力
[　]营销科技掌握能力

20. 您对未来继续从事保险销售的信心如何：[单选题]*
○非常有信心
○有信心
○一般
○没有信心
○非常没有信心

21. 如果短期内您有转行的打算，主要的原因是：[按重要性依次选择三项][排序题，请在中括号内依次填入数字]*

[ ]收入不足

[ ]客户源不充足

[ ]经验不足,竞争压力大

[ ]自己对保代行业失去兴趣

[ ]社会认同感、自我成就感低

[ ]客户要求多,工作强度大

[ ]不适应公司文化与环境

四、工作状况类

22. 您日均从事保险销售工作的时长是:[单选题]*

○0~5 小时

○5~10 小时

○10 小时及以上

23. 您每日的平均拜访量是:[单选题]*

○1~2 访

○3~4 访

○5~6 访

○7~10 访

○10 访以上

24. 您拜访客户的保单成交率是:[单选题]*

○5%以下

○5%~10%

○10%~20%

○20%~30%

○30%~50%

○50%以上

25. 您 2021 年成交保单的件数是[填空题]*

请填写整数:件

_____

26. 您的职业生涯中总计成交的客户数量是:[填空题]*

请填写整数:位

_____

27. 您的客户池中有多少客户名单(包括潜在客户):[单选题]*

○20 位以下

○20~50 位

○51~100 位

○101~200 位

○201～300位

○300位以上

28. 您主要的客户来源是：[按重要性依次选择三项][排序题,请在中括号内依次填入数字]*

按您的每种渠道的客户数量排序

[　]缘故市场(亲戚、朋友、同学)

[　]陌生拜访

[　]产说会、创说会等活动

[　]互联网社交/线上渠道

[　]转介绍

29. 您的税后平均年收入水平是：[填空题]*

单位：万(请填写整数)

_____

30. 与过去的平均年收入相比,您认为保险销售对年收入的影响如何：[单选题]*

○有明显提升(大于10%)

○有提升但不明显(10%以内)

○与过去持平

○有下降但不明显(10%以内)

○有明显下降(大于10%)

31. 您在客户开拓方面的难题主要有：[按重要性依次选择三项][排序题,请在中括号内依次填入数字]*

[　]缘故市场基本开发完了

[　]陌生拜访拓客难

[　]客户不愿转介绍

[　]专业知识储备不足

[　]互联网渠道抢占用户

[　]疫情影响客户收入导致购买意愿低

[　]政府提供普惠保险满足了基本的保险需求

[　]保险市场竞争激烈,保险产品趋同

32. 开发高净值客户时,您遇到的障碍是：[按重要性依次选择三项][排序题,请在中括号内依次填入数字]*

[　]没有高净值客户

[　]只有少数几个高净值客户,但很难进入他们的圈子进一步拓展

[　]专业能力不够,与高净值客户沟通难

[　]客户更愿意把钱投入其他领域

[ ]同行竞争激烈

[ ]产品不能精准满足客户需求

**五、其他类**

33. 您认为独立代理人的发展前景怎么样：[单选题]*

○非常乐观

○乐观

○一般

○不乐观

○非常不乐观

34. 您对以下各项是否满意：[矩阵单选题]*

|  | 非常不满意 | 不满意 | 较为不满意 | 中立 | 较为满意 | 满意 | 非常满意 |
| --- | --- | --- | --- | --- | --- | --- | --- |
| (1) 公司目前提供的职业培训 | ○ | ○ | ○ | ○ | ○ | ○ | ○ |
| (2) 公司目前的组织架构 | ○ | ○ | ○ | ○ | ○ | ○ | ○ |
| (3) 公司的员工晋升机制 | ○ | ○ | ○ | ○ | ○ | ○ | ○ |
| (4) 公司的佣金分配机制 | ○ | ○ | ○ | ○ | ○ | ○ | ○ |
| (5) 公司的文化与工作氛围 | ○ | ○ | ○ | ○ | ○ | ○ | ○ |

35. 您是否在工作中使用了数字化手段(比如公司推出的数字化业务平台/系统、微信小程序、App等)[单选题]*

○是（请跳至第36题）

○否（请跳至第37题）

36. 如果您在工作中使用了数字化手段，请针对以下问题做出评价[矩阵单选题]*

|  | 强烈反对 | 适度不同意 | 有点不同意 | 中立 | 有点同意 | 适度同意 | 强烈同意 |
| --- | --- | --- | --- | --- | --- | --- | --- |
| (1) 我认为在工作中使用数字化手段会提高我的产能 | ○ | ○ | ○ | ○ | ○ | ○ | ○ |

续 表

| | 强烈反对 | 适度不同意 | 有点不同意 | 中立 | 有点同意 | 适度同意 | 强烈同意 |
|---|---|---|---|---|---|---|---|
| (2) 我认为在工作中使用数字化手段会提高我的工作效率 | ○ | ○ | ○ | ○ | ○ | ○ | ○ |
| (3) 我认为在工作中使用数字化手段可以增强我的获客能力 | ○ | ○ | ○ | ○ | ○ | ○ | ○ |
| (4) 我认为学习如何利用数字化进行工作很容易 | ○ | ○ | ○ | ○ | ○ | ○ | ○ |
| (5) 我可以熟练使用数字化手段进行工作 | ○ | ○ | ○ | ○ | ○ | ○ | ○ |
| (6) 我会继续在工作中使用数字化手段 | ○ | ○ | ○ | ○ | ○ | ○ | ○ |
| (7) 如果未来推出新的数字化业务平台,我会愿意尝试 | ○ | ○ | ○ | ○ | ○ | ○ | ○ |

*请您填写完本题后结束作答。

37. 您尚未使用数字化手段进行工作的原因是什么?[按重要性依次选择三项][排序题,请在中括号内依次填入数字]*

[　]认为对工作没有帮助

[　]数字化手段操作烦琐,难以学会

[　]习惯于线下展业,不太能接受线上工作模式

[　]接触的大部分其他代理人也不使用

[　]公司没有针对数字化系统的使用做过专门的宣传和培训,致使对数字化手段不了解

38. 您在从业过程中受到过行业协会哪方面的帮助与监管?对行业协会未来发展有何建议?[填空题]*

## 附四 相关政策

银保监办发〔2020〕41号《关于落实保险公司主体责任 加强保险销售人员管理的通知》

为切实推动保险公司落实主体责任,从强管理、提素质、促转变、树形象等方面全面加强保险公司销售从业人员(含个人保险代理人、从事保险销售的员工以及其他用工关系人员,以下简称销售人员)管理,促进保险消费者权益保护,服务保险业高质量发展,现就有关事项通知如下:

### 一、全面提高认识,切实落实法律责任、管理责任

(一)依法承担法律责任。保险公司授权销售人员销售保险产品,允许其以公司名义、依托公司品牌和信用开展业务活动,必须依法承担销售人员相应业务活动的法律责任。

(二)全面落实管理责任。保险公司对销售人员管理负主体责任,应当建立健全销售人员管理制度,形成层层有责、层层负责、事事明责的工作机制,全方位、全流程加强销售人员管理。

(三)公司法人承担管理主责。坚持责任落实主抓法人机构、责任追究首问法人机构。保险公司董事长、总经理及保险中介渠道业务管理责任人应当切实承担起职责,发挥好指挥棒作用。

### 二、加强战略统筹,健全销售人员管理架构体系

(四)建立销售人员管理制度体系。保险公司应将销售人员发展管理作为系统工程,结合公司中长期战略、发展理念、市场定位、资源禀赋和路径选择等要素进行长远谋划,从公司治理体系、管理架构等方面进行全盘统筹,在组织机构、职能分工、工作机制、操作流程、奖惩考核等方面进行全面安排。

(五)建立销售人员管理责任体系。保险公司应按照《中国银保监会办公厅关于加强保险公司中介渠道业务管理的通知》(银保监办发〔2019〕19号)要求,归口专责部门对销售人员进行全流程管理。建立健全目标责任制,总公司主要负责人承担领导责任,分管负责人承担管理责任,相关管理部门和分支机构负责人承担落实责任。

### 三、严格招录管理,杜绝销售人员"带病"入岗

(六)严格招录条件、标准和流程。保险公司应制定统一的销售人员招录管理办法。按照审慎原则严格审核个人信用及工作经历,严禁招录不符合监管规定的人员从事保险销售。积极支持行业搭建平台加强销售人员流动自律管理。

(七)严格招录过程管控。保险公司应严格控制招录权限,加强招录宣传资料管理,规范招录信息发布,严禁模糊单位主体、误导职位性质、混淆合同类型、夸大收入水平等做法,严禁怂恿销售人员频繁无序流动。

### 四、严格培训管理,持续提升销售人员职业素养

(八)建立销售人员职业培训体系。保险公司应针对销售人员入职和在职分阶段制定培训规划,根据公司销售人员数量、业务规模、保险产品复杂程度,建立专业稳

定的培训师资队伍,编制金融保险知识、法律法规制度、监管标准规则、职业道德规范、保险产品等方面的培训大纲和培训教材。

(九)加强销售人员法律法规和职业道德培训。保险公司应切实提升销售人员合规守法意识和诚信规范展业理念,要将法律法规、监管规章制度、从业规则标准、职业道德规范作为销售人员入职和在职培训基本内容,每人每年培训时间不得少于30小时。

(十)强化销售人员培训效果管控。保险公司应制定严格的销售人员培训考核、考评与奖惩制度,建立健全入职和在职培训效果的考核机制,完善培训档案管理。采用线上培训的,应切实进行身份识别,并以完备有效的测试评估保证培训效果。不得为入职培训考核评估不合格人员办理执业登记。授权销售人员销售新保险产品前,也应组织专门培训及测试。

**五、严格资质管理,建设销售人员销售能力分级体系**

(十一)支持行业推进销售人员销售能力资质分级工作。保险公司应顺应保险业高质量发展要求,支持行业自律组织发挥平台优势推动销售人员销售能力分级工作。中国保险行业协会及地方行业自律组织要结合保险产品类型研究建立销售人员销售能力资质分级体系和相应的培训测试机制。有条件的地方行业自律组织可先行先试建立销售人员能力资质分级标准、开发培训教材、组织培训测试等工作,但不得借此向销售人员收取任何费用。

(十二)建立本公司销售能力资质管理体系。保险公司应严格保险产品销售授权管理,综合考察销售人员从业年限、保险知识、学历状况、诚信记录等情况,区分销售能力资质实行差别授权,销售能力资质高的销售人员多授权,销售能力资质低的销售人员少授权。要鼓励引导销售人员持续提升专业知识和业务能力,积极取得高等级销售能力资质。

**六、严格从业管理,建立销售人员诚信体系**

(十三)严密管理销售人员从业行为。保险公司应严格防范销售人员从业中出现《中华人民共和国保险法》第一百一十六条、第一百三十一条列示的禁止性行为,发现销售人员从业违法违规的,要即时惩戒和内部追责。

(十四)加强销售人员诚信管理。保险公司应将销售人员受到的表彰奖励、监管行政处罚等信息,按照监管要求准确、及时、完整地录入保险中介监管信息系统。离职销售人员的相关诚信记录信息录入工作应当在注销其执业登记前完成。保险公司应认真审核审查销售人员诚信记录信息,并对其真实性负责。

(十五)开展销售人员综合评价管理。保险公司应提高销售人员管理的针对性和有效性,建立健全销售人员诚信评价体系和荣誉体系,发挥正向激励倡导与负向警示约束的双重作用。保险公司应积极探索利用科技手段开展客户对销售人员从业过程的评价,并将客户评价结果有效运用到销售人员诚信评价中。

(十六)加强销售人员失信惩戒。保险公司应积极支持行业自律组织搭建销人员失信行为管理平台，建立销售人员失信联合惩戒机制。保险公司不得录用尚处于失信联合惩戒状态的人员从事保险销售服务活动。保险公司发现销售人员在保险销售服务活动或其他经济社会活动中存在严重失信行为的，应及时向失信行为管理平台报告，并严肃处理直至解除代理（劳动）合同，解除合同后两年内不得再次录用。

### 七、夯实基础管理，持续治理销售人员数据质量

（十七）强化销售人员信息化管理。保险公司应开发专门信息系统，记录、管理和反映销售人员的身份信息、业务信息、财务信息等情况，确保数据真实、全面、准确、可回溯。

（十八）加强销售人员基础数据管理。保险公司应严格按照销售人员执业登记管理规定，落实入职、在职、离职全过程的执业信息登记和维护要求。加强不同信息系统之间销售人员数据的勾稽审查核对，确保同口径下本公司销售人员在保险中介监管信息系统中的登记数据、在本公司人员管理系统中的记载数据、在银保监会统计信息系统的报送数据、公司对外公开的披露数据一致。

（十九）完善销售人员档案管理。保险公司应督促各级分支机构建立健全销售人员档案，全面反映销售人员基本情况、从业培训情况、奖惩情况、销售能力资质分级情况等。

### 八、严格监管监督，依法严厉处罚和严肃责任追究

（二十）依法严格监管。银保监会持续加强保险公司销售人员管理制度机制监督检查、强化执业登记要求、开展人员基础数据质量治理，利用大数据、互联网等手段加强销售人员从业信息披露，围绕保险公司销售人员招录、培训、合规、稳定性、基础数据、风险管控等方面研究建立保险公司销售人员队伍管理评价指标体系，开展定期评价评级，对评级差的保险公司依法采取监管措施。

（二十一）依法严格处罚。银保监会及派出机构对违反监管要求、落实销售人员管理责任不到位的保险公司及其管理人员，依法依规严肃处罚追责。对保险公司忽视销售人员管理主体责任，未按照本通知要求建立管理制度、执业登记管理存在纰漏、执业过程管理流于形式、存在违法违规行为或者所属销售人员出现重大失信行为产生恶劣影响的，严格实行对机构与销售人员双罚、对管理人员上下双追责，并依法采取监管措施。

（二十二）严格属地监管。银保监会派出机构应全面落实属地责任，积极探索有效监管手段，切实督促辖区各级保险机构加强销售人员管理。要严查保险机构销售人员管理失职失责行为，严厉打击销售人员违法违规行为，严格防范违规销售非保险金融产品等潜在风险，做到敢管敢查、会管会查、严管严查。

（二十三）严肃监管问责。对监管部门未全面履行监管责任、在销售人员监管方面出现失职失责渎职的，依法依规落实监管问责，坚持有责必问、问责必严，切实把问责压力转化为监管履职动力。银保监会派出机构不履行属地监管责任或监管不力，职责范围内发生销售人员严重违法违规行为、重大风险及严重群体性事件等的，依法

依规进行监管问责。

2. 银保监办发〔2020〕118号《关于发展独立个人保险代理人有关事项的通知》

各银保监局，各保险公司，各保险专业代理机构、保险经纪机构：

为贯彻落实党中央、国务院深化"放管服"改革决策部署，助力国家稳就业保就业工作，推动保险行业高质量转型发展，根据《中华人民共和国保险法》《保险代理人监管规定》等法律法规，经银保监会批准，现就发展独立个人保险代理人有关事项通知如下：

一、独立个人保险代理人应把准市场定位

（一）独立个人保险代理人是指与保险公司直接签订委托代理合同，自主独立开展保险销售的保险销售从业人员。

（二）独立个人保险代理人直接按照代理销售的保险费计提佣金，不得发展保险营销团队。

（三）独立个人保险代理人根据保险公司的授权代为办理保险业务的行为，由保险公司承担责任。独立个人保险代理人开展保险代理活动有违法违规行为的，其所属保险公司依法承担法律责任。保险公司可以依法追究越权的独立个人保险代理人的责任。

二、独立个人保险代理人应符合基本条件

（四）独立个人保险代理人应具备大专以上学历，通过保险基本理论和保险产品知识专门培训及测试。从事保险工作5年以上者可放宽至高中学历。

（五）独立个人保险代理人应诚实守信，品行良好，未曾因贪污、受贿、侵占财产、挪用财产或者破坏社会主义市场秩序被判处刑罚，未曾因严重失信行为被国家有关单位确定为失信联合惩戒对象，最近三年内未曾被金融监管机构行政处罚。

（六）独立个人保险代理人应具有承担经营风险的意识，有较强的业务拓展能力和创业意愿。

三、独立个人保险代理人应遵守基本业务规范

（七）经保险公司授权，独立个人保险代理人可以从事保险产品销售、协助保险勘查和理赔等活动；保险公司兼营保险代理业务的，独立个人保险代理人可以根据其授权，代为办理其他保险公司的保险业务。

（八）保险公司有销售非保险金融产品资质的，独立个人保险代理人经其授权可以销售经金融监管部门审批的非保险金融产品，但需事前符合销售该非保险金融产品所要求具备的资质。

（九）独立个人保险代理人可以按照保险公司要求使用公司标志、字号，可以在社区、商圈、乡镇等地开设门店（工作室）。

（十）独立个人保险代理人所聘请辅助人员可以协助出单、售后服务等辅助性工作，不得允许或要求其从事保险推介销售活动，不得对其设定保费收入考核指标。辅

助人员原则上不得超过3人。

（十一）独立个人保险代理人应遵纪守法、合规展业，严禁出现《中华人民共和国保险法》第一百三十一条、《保险代理人监管规定》第七十至七十六条所列违法违规行为。

**四、保险公司应严格甄选独立个人保险代理人**

（十二）保险公司应确保独立个人保险代理人具备监管规定的条件，建立严格的甄选标准和清晰有序的甄选流程，形成涵盖道德品行、社会信用、学历水平、专业知识、工作经历、业务能力等多方面的综合评价体系，设置包括基本信息审核、从业经历与诚信状况调查、职业性格测试、面试、岗前专业知识培训与合规教育、入职综合测评等多环节的工作流程。

（十三）保险公司应建立上下联动的筛选机制，采取多层面试、多轮面试、下级预选上级决定等多种行之有效的方式，既充分发挥基层机构贴近熟悉市场的优势，又体现上级公司统一标准、严格把关的要求。

（十四）保险公司应搭建由人力、业务、法务等多部门人员组成的综合性面试队伍，挑选既有专业知识能力又有阅历资历的人员担任面试考官。

（十五）保险公司应严格合同签订管理，与独立个人保险代理人签订委托代理协议的应为地市分支公司以上层级。

**五、保险公司应落实独立个人保险代理人管理责任**

（十六）保险公司应杜绝独立个人保险代理人层级利益，严格以业务品质和服务质量为根本建立佣金费用体系和考核制度，开发符合独立个人保险代理人特点的保险产品，科学设置首年佣金分配比例。

（十七）保险公司应为独立个人保险代理人及时办理执业登记，对开设门店（工作室）等固定经营场所的人员，应在银保监会保险中介监管信息系统——独立个人保险代理人模块登记规定事项；规定事项发生变更的，应在5个工作日内做好登记变更。

（十八）保险公司应严格执行销售从业人员销售能力资质分级要求，区分独立个人保险代理人销售能力资质，并综合考察独立个人保险代理人从业年限、业务能力、专业知识、学历状况、诚信记录等情况实行差别授权；授权不得超出公司的业务范围和经营区域。

（十九）保险公司应加强日常管理和风险管控。建立专管员制度、加强行为管理，定期对独立个人保险代理人进行业务指导、开展常态化排查，切实防范销售误导、异常行为和案件风险；开展定期培训，加强业务素养和合规意识；制定应急处置预案，防范独立个人保险代理人参与非法集资等不法活动，处置相应风险。

（二十）保险公司应及时为解除代理合同的独立个人保险代理人注销执业登记，并督促做好清除经营场所保险公司标志、及时转续保险服务等事项。

（二十一）保险总公司及保险省级分公司应在推行独立个人保险代理人模式前

20个工作日内,分别向负有直接监管责任的保险监管部门进行书面报告,报告包括但不限于公司发展独立个人保险代理人的工作规划、管理制度、业务状态、风险管控等方面的情况;此后每月结束后10个工作日内,通过银保监会保险中介监管信息系统填报独立个人保险代理人业务数据。

### 六、监管部门从严落实监督管理

(二十二)保险监管部门依托保险中介监管信息系统建立完善独立个人保险代理人从业信息公众查询服务体系,加强信息披露,对失信或者违法违规独立个人保险代理人强化社会公开。

(二十三)保险监管部门着力加强独立个人保险代理人行为监管,查实有违法违规行为的,依法实行行业禁入等行政处罚和加强失信惩戒等监管措施,并追究所属保险公司责任;涉嫌犯罪的,依法移交公安司法机关惩处。

(二十四)保险监管部门着力查处保险公司不履行对独立个人保险代理人管控职责、虚假提供或者不按照要求提供业务报告文件资料等违法违规行为,依法追究公司及管理人员责任,并采取相应监管措施。独立个人保险代理人引发群访群诉事件的,依法追究保险公司管控责任。

(二十五)保险专业代理/经纪机构及其从业人员参照本通知执行。

### 附五 相关图表

表7.1 2021年中资人身险公司原保费收入及其同比变动

| 排 名 | 公司名称 | 原保费收入(亿元) | 同比变动(%) |
|---|---|---|---|
| 1 | 中国人寿 | 6 197.96 | 1.1 |
| 2 | 平安寿险 | 4 570.35 | −4.0 |
| 3 | 太保寿险 | 2 096.1 | 0.6 |
| 4 | 新华保险 | 1 634.7 | 2.5 |
| 5 | 泰康人寿 | 1 544.91 | 7.3 |
| 6 | 太平人寿 | 1 486.95 | 3.0 |
| 7 | 人保寿险 | 968.47 | 0.7 |
| 8 | 中邮人寿 | 858.09 | 4.7 |
| 9 | 高德生命 | 807.5 | 32.8 |
| 10 | 前海人寿 | 718.41 | −8.3 |
| 11 | 阳光人寿 | 608.27 | 10.4 |
| 12 | 百年人寿 | 568.3 | 5.5 |
| 13 | 信泰人寿 | 489.9 | 7.8 |
| 14 | 建信人寿 | 477.41 | 11.5 |
| 15 | 大家人寿 | 472.81 | 97.2 |

续 表

| 排 名 | 公司名称 | 原保费收入(亿元) | 同比变动(%) |
|---|---|---|---|
| 16 | 国华人寿 | 378.41 | 16.3 |
| 17 | 人保健康 | 358.16 | 11.0 |
| 18 | 农银人寿 | 294 | 11.0 |
| 19 | 合众人寿 | 280.86 | 48.3 |
| 20 | 君康人寿 | 239.32 | −21.8 |
| 21 | 平安养老 | 220.2 | −16.0 |
| 22 | 上海人寿 | 204.5 | 21.4 |
| 23 | 泰康养老 | 192.81 | 66.4 |
| 24 | 利安人寿 | 183.06 | 25.7 |
| 25 | 英大人寿 | 176.92 | 18.8 |
| 26 | 交银人寿 | 169.41 | 15.5 |
| 27 | 光大永明 | 140.88 | 4.6 |
| 28 | 中融人寿 | 138.21 | 13.3 |
| 29 | 幸福人寿 | 131.28 | 36.0 |
| 30 | 珠江人寿 | 130.92 | 80.0 |
| 31 | 招商仁和 | 123.74 | 5.4 |
| 32 | 民生人寿 | 122.04 | −2.6 |
| 33 | 长城人寿 | 111.01 | 26.8 |
| 34 | 弘康人寿 | 94.18 | 14.1 |
| 35 | 渤海人寿 | 88.78 | −2.0 |
| 36 | 横琴人寿 | 67.86 | 2.5 |
| 37 | 太平养老 | 67.11 | 13.5 |
| 38 | 信美人寿 | 65.25 | 93.1 |
| 39 | 东吴人寿 | 63.67 | 79.2 |
| 40 | 财信人寿 | 62.51 | 235.7 |
| 41 | 中华人寿 | 51.64 | 57.7 |
| 42 | 和谐健康 | 48.91 | 1 190.5 |
| 43 | 昆仑健康 | 48.55 | −42.3 |
| 44 | 爱心人寿 | 45.57 | 37.5 |
| 45 | 北京人寿 | 45.47 | 76.7 |
| 46 | 复星联合 | 37.14 | 52.0 |

续 表

| 排 名 | 公司名称 | 原保费收入(亿元) | 同比变动(%) |
|---|---|---|---|
| 47 | 国联人寿* | 34.61 | 71.3 |
| 48 | 国宝人寿 | 26.47 | 38.2 |
| 49 | 华贵人寿 | 25.15 | 24.9 |
| 50 | 国富人寿 | 21.54 | 34.0 |
| 51 | 瑞华健康 | 12.32 | 1 115.3 |
| 52 | 和泰人寿 | 11.22 | −37.6 |
| 53 | 海保人寿 | 8.73 | −0.7 |
| 54 | 三峡人寿 | 6.24 | −43.4 |
| 55 | 太保健康 | 4.86 | 24.9 |
| 56 | 小康人寿* | 0.25 | 36 922.5 |
| 57 | 华汇人寿* | 0.07 | −29.5 |

表 7.2 2021 年外资人身险公司原保费收入及其同比变动

| 排 名 | 公司名称 | 原保费收入(亿元) | 同比变动(%) |
|---|---|---|---|
| 1 | 工银安盛 | 465.74 | 1.3 |
| 2 | 友邦人寿 | 453.3 | 16.8 |
| 3 | 恒大人寿 | 401.72 | −33.4 |
| 4 | 中信保诚 | 268.28 | 14.8 |
| 5 | 招商信诺 | 218.17 | 11.0 |
| 6 | 中意人寿 | 186.97 | 23.0 |
| 7 | 中美联泰 | 155.98 | 3.3 |
| 8 | 中银三星 | 143.39 | 84.1 |
| 9 | 中宏人寿 | 134.1 | 9.3 |
| 10 | 平安健康 | 112.33 | 22.3 |
| 11 | 中英人寿 | 107.52 | 8.9 |
| 12 | 中荷人寿 | 84.37 | 30.0 |
| 13 | 同方全球 | 65.11 | −17.0 |
| 14 | 华泰人寿 | 64.74 | 3.6 |
| 15 | 中德安 | 56.28 | −5.8 |
| 16 | 恒安标准 | 55.43 | 26.8 |
| 17 | 北大方正 | 37.25 | 27.8 |

续 表

| 排 名 | 公司名称 | 原保费收入(亿元) | 同比变动(%) |
|---|---|---|---|
| 18 | 陆家嘴国泰 | 33.68 | 13.5 |
| 19 | 复星保德信 | 32.3 | 24.9 |
| 20 | 汇丰人寿 | 24.46 | 30.5 |
| 21 | 长生人寿 | 23.96 | 26.2 |
| 22 | 鼎诚人寿 | 15.73 | 751.8 |
| 23 | 德华安顾 | 13.83 | 25.9 |
| 24 | 瑞泰人寿 | 12.26 | 51.1 |
| 25 | 中韩人寿 | 9.71 | −3.3 |
| 26 | 君龙人寿 | 5.7 | −34.9 |